조세형사법

송 동 진

SAMIL | 삼일인포마인

차 례

서 문

이 책을 쓸 수 있게 해주신 하나님께 감사를 드립니다.

조세형사법은 세법과 형사법이라는 서로 다른 두 법이 만나서
만들어내는 분야입니다. 이러한 문제들을 해결하기 위해서는 세
갖추어야 하고, 이를 돕기 위하여 이 책을 쓰게 되었습니다.

이 책은 크게 다음의 세 가지에 초점을 맞추었습니다.

첫째, 조세포탈죄의 경우 판례의 구체적 사안을 정리하여 사건별
습니다. 조세포탈죄에서는 특히 부정행위와 관련하여 일반적 · 추상
사건의 구체적 사실관계와 유형이 중요하고, 그 대표적인 예는 해외
탈입니다. 그리고 아직 판례가 없는 법리상 쟁점에 대하여도 적절한
였습니다.

둘째, 세금계산서 등 관련 범죄와 관련하여, 그 판단기준이 되는 세 기
또는 용역의 공급당사자, ② 세금계산서 관련 규정, ③ 세금계산서의 발
체계적으로 정리하고, 이를 토대로 세금계산서 등 관련 범죄를 서술하

셋째, 조세범죄의 처리절차에 관한 쟁점을 「조세범죄의 조사, 수사, 기소
의 시간적 · 논리적 순서로 서술하였습니다. 이를 통하여 조세형사사건의
제기되는 문제들을 정리하고, 관련 판례들을 정리하였습니다. 그 과정에서
절차의 원칙을 필요한 범위에서 서술함으로써 다른 책을 찾아볼 필요가 없
이 책을 출간해주신 삼일피더블유씨솔루션 관계자분들에게 감사합니다.
최고의 지식은 하나님을 아는 것입니다. 이 책을 읽는 모든 이들이 하나님
희망합니다.

2025. 7.

송동진

Contents

제2편

개별 조세범죄

차 례

Contents

차 례

Contents

차 례

차 례

Contents

차례

Contents

제3편

조세범죄의 처벌절차

차례

Contents

차 례

부록

조세범죄 양형기준

법령 및 책의 약어

상속세 및 증여세법 ☞ 상증세법

자본시장과 금융투자업에 관한 법률 ☞ 자본시장법

조세특례제한법 ☞ 조특법

형사소송법 ☞ 형소법

김종근, 조세형사법 해설 개정증보판, 삼일인포마인, 2022 ☞ 김종근

김태희, 조세범 처벌법 제3판, 박영사, 2020 ☞ 김태희

대법원판례해설, 법원도서관 ☞ '대법원판례해설'의 뒤에 호수(號數) 및 발행연도를 덧붙여 표기

송동진, 법인세법 제2판, 삼일인포마인, 2023 ☞ 송동진, 법인세법

이재상 · 장영민 · 강동범, 형법총론 제11판, 박영사, 2022 ☞ 이재상 · 장영민 · 강동범

이재상 · 조균석 · 이창온, 형사소송법 제14판, 박영사, 2022 ☞ 이재상 · 조균석 · 이창온

이태로 · 한만수, 조세법강의 신정13판, 박영사, 2018 ☞ 이태로 · 한만수

안대희 · 조일영 · 윤대신, 조세형사법, 평안, 2015 ☞ 안대희 등

조세법연구, 한국세법학회 ☞ '조세법연구'의 뒤에 호수(號數) 및 발행연도를 덧붙여 표기

지익상, 조세형사법, 법문사, 2023 ☞ 지익상

金子 宏, 租稅法 제23판, 弘文堂, 2021 ☞ 金子 宏,

左藤英明, 脫稅と制裁 (增補版), 弘文堂, 2018 ☞ 左藤英明

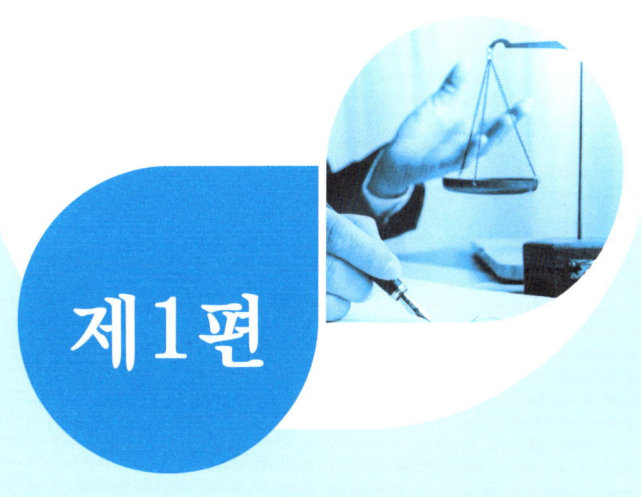

제1편

조세형사법의 일반론

제1장　서론

1. 조세형사법의 규정체계

(1) 국세(관세 제외) 및 지방세

(가) 조세범의 처벌규정

조세범처벌법[1] 제3조 제1항은 **국세**(관세 제외[2])에 관하여 사기 기타 부정한 행위에 의한 포탈죄의 기본적 구성요건을 규정한다. 그리고 조세범처벌법은 제4조에서 면세유의 부정유통에 관하여, 제5조에서 가짜 석유제품의 제조 또는 판매에 관하여, 사기 기타 부정한 행위를 요하지 않으면서도 법정형이 더 무거운 조세포탈죄의 특별구성요건을 규정한다. 또한, 조세범처벌법 제6조 내지 제16조는 조세포탈 자체는 아니지만 그와 직·간접적으로 관련되거나 일정한 세법상 의무위반을 처벌한다. 이하에서는 조세범처벌법 제3조 내지 제16조에 규정된 죄들을 통틀어 **조세범**이라 부르기로 한다.

지방세에 관하여는 지방세기본법 제102조가 포탈죄의 구성요건을 규정한다. 그리고 지방세기본법 제103조 내지 제107조는 조세범처벌법 제7조 내지 제9조 및 제11조, 제13조와 거의 동일한 내용의 처벌조항을 규정한다.[3]

「특정범죄 가중처벌 등에 관한 법률」[4] 제8조는 국세(관세 제외) 및 지방세의 연간 포탈세액 합계액이 5억 원 이상인 경우 징역형과 벌금형을 병과하도록 규정한다.

---

1) 이하 괄호 안에서 약칭할 때 "법"이라 한다.
2) 조세범처벌법에서 "조세"는 관세를 제외한 국세를 말한다(법 2조).
3) 2010. 3. 31. 개정되기 전의 구 지방세법은 지방세의 포탈 등에 대하여 별도로 처벌하는 규정을 두지 않고, 제84조 제1항에서 "지방세에 관한 범칙행위에 대하여는 조세범처벌법령을 준용한다.", 제2항에서 "제1항의 범칙행위의 처벌에 있어서는 조세범처벌절차법령을 준용한다."고만 규정하였다. 이에 따라 지방세의 포탈 등에 대하여 국세의 포탈 등에 관한 조세범처벌법 및 조세범처벌절차법이 준용되었다. 그러나 2010. 3. 31. 종래의 지방세법이 지방세기본법, 지방세법, 지방세특례제한법의 3개 법률로 나누어지면서 제정된 지방세기본법에 지방세의 포탈 등에 대한 처벌 및 그 절차에 관한 규정이 신설되었다.
4) 이하 '특가법'이라고 약칭한다.

(나) 조세범의 처벌절차

조세범의 처벌절차에 관하여는 형사절차의 기본법인 형사소송법이 된다. 이에 대하여 조세범처벌법은 ① 세무서장 등의 고발을 조세범의 소추조건으로 규정하고(법 21조), ② 공소시효의 특례를 규정한다(법 22조).

한편, 조세범처벌절차법은 세무공무원의 범칙조사 및 세무서장 등의 통고처분에 의하여 형사절차 이전의 단계에서 조세범의 처리절차가 종결될 수 있게 하는 특례를 규정한다. 이는 형사소송법이 검사의 소추 및 법원의 판결에 의하여 형사절차가 종결되도록 규정한 것에 대한 중요한 예외에 해당한다. 지방세기본법도 제113조 이하에서 조사공무원에 의한 범칙사건조사와 지방자치단체의 장에 의한 통고처분을 규정한다.

(2) 관세

관세포탈죄 등의 처벌 및 그 절차에 관하여는 관세법이 별도로 규정한다(관세법 270조).

관세법은 관세범의 조사 등에 관한 상세한 규정을 두고 있다(관세법 290조 내지 310조). 관세공무원은 특별사법경찰관리의 지위에 있고, 그 조사활동은 형사소송법상 수사에 해당한다. 관세범의 조사에 관하여 관세법에 특칙이 없는 경우 형사소송법의 일반 규정이 준용된다(관세법 319조). 관세범에 관하여도 관세청장이나 세관장에 의한 통고처분으로 사건을 종결하는 특례가 인정되고(관세법 311조), 관세청장 등의 고발은 관세범에 대한 소추조건이다(관세법 284조 1항).

특가법 제6조 제4항, 제5항은 관세의 포탈세액이 5,000만 원 이상인 경우 가중처벌하고 벌금을 병과하도록 규정한다.

2. 형법의 기본원리

2.1. 죄형법정주의

(1) 의의

죄형법정주의는 범죄와 형벌이 미리 성문의 법률에 규정되어야 한다는 원칙을 말한다. 죄형법정주의는 형법의 가장 근본적 원리로서 헌법 제12조 제1항, 제13조 제1항에 근거를 두고 있고, 형법 제1조 제1항은 이를 구체화한 것이다.

죄형법정주의는 법률주의, 명확성 원칙, 소급효의 금지, 유추해석의 금지 등을 내용으로 한다. 이외에 죄형의 균형도 죄형법정주의의 내용으로 거론되는데,[5] 이에 관하여는 뒤에서 살펴본다.

(2) 구체적 내용

(가) 법률주의

범죄와 형벌은 국회가 제정한 법률에 규정되어야 한다(헌법 12조 1항).

헌법은 법률이 하위법령에 '구체적으로 범위를 정하여 위임'하는 것을 허용하는데(헌법 75조, 95조), 형벌법규의 위임에 관하여는 더 엄격한 기준이 적용된다.[6] **형벌법규의 위임**은, 특히 긴급한 필요가 있거나 미리 법률로써 자세히 정할 수 없는 부득이한 사정이 있는 경우에 한하여, 수권법률(위임법률)이 구성요건의 점에서는 처벌대상인 행위가 어떠한 것인지 예측할 수 있을 정도로 구체적으로 정하고, 형벌의 점에서는 형벌의 종류 및 그 상한과 폭을 명확히 규정하는 것을 전제로 허용된다.[7] 따라서 법률이 처벌근거만을 규정하고 범죄의 구성요건과 형벌에 관한 세부사항을 하위법령에 포괄적으로 위임하는 것은 허용되지 않는다. 시행령이 법률의 명시적 위임 범위를 벗어나 처벌대상을 확장하는 것은 죄형법정주의에 어긋나므로 허용되지 않는다.[8]

범죄와 형벌은 법률에 규정되어야 하므로, 관습형법은 인정되지 않는다.[9] 다만, 관습법은 구성요건이나 위법성조각사유 또는 책임조각사유의 해석에 영향을 미칠 수 있다.[10] 직접적인 조세형벌법규는 아니지만, 국세기본법도 세법의 해석이나 국세행정의 관행이 일반적으로 납세자에게 받아들여진 경우 새로운 해석이나 관행에 의하여 소급하여 과세되지 않는다고 규정한다(국세기본법 18조 3항).

(나) 명확성 원칙

명확성의 원칙은, 범죄와 형벌이 법률에 명확하게 규정되어야 한다는 원칙을 말한다.[11] 형벌법규의 구성요건이 어느 정도 특정되어야 명확성의 원칙에 반하지 않는지는, 통상의 판단능력을 가진 사람이 그 의미를 이해할 수 있는지를 기준으로 판단한다.[12] 한편, 형벌법규가 추상적 용어를 구성요건 요소로 사용한 경우에도, 법관의 보충적 해석작용을 통하여

---

5) 이재상·장영민·강동범, 38쪽
6) 헌법재판소 2007. 7. 26. 2005헌바100 결정
7) 헌법재판소 1991. 7. 8. 91헌가4 결정, 헌법재판소 1996. 2. 29. 94헌마213 결정, 대법원 2002. 11. 26. 선고 2002도2998 판결
8) 대법원 1999. 2. 11. 선고 98도2816 전원합의체 판결, 대법원 2017. 2. 16. 선고 2015도16014 전원합의체 판결
9) ① 관습법은 헌법에서 법원(法源)으로 인정된다. 헌법재판소는 '우리나라의 수도가 서울이라는 것'을 관습헌법으로 인정하였다(헌법재판소 2004. 10. 21. 2004헌마554 등 결정). ② 국제법에서도 국제관습법(customary international law)이 존재한다. 정인섭, 신국제법강의 제12판, 박영사, 2022, 39쪽 이하
10) 이재상·장영민·강동범, 19쪽 ; 2021. 1. 26. 민법의 개정에 따라 친권자의 자(子)에 대한 징계권의 근거규정(민법 915조)이 삭제되었다. 그러나 여전히 친권자의 징계권은 관습법상 권리로서 일정한 범위 내에서 허용된다고 볼 여지가 있다. 이재상·장영민·강동범, 301~302, 314쪽
11) 헌법재판소 2000. 6. 29. 98헌가10 결정, 헌법재판소 2007. 7. 26. 2005헌바100 결정
12) 헌법재판소 2007. 5. 31. 2006헌가10 결정, 대법원 2003. 11. 14. 선고 2003도3600 판결

그 의미내용을 확정할 수 있고 그러한 해석이 해석자의 개인적 취향에 따라 좌우될 가능성이 없다면, 명확성 원칙에 반한다고 할 수 없다.[13)

헌법재판소는 ① '법에 의한 정부의 명령사항에 위반한 자'를 처벌하도록 규정한 구 조세범처벌법 제13조 제1호(2008. 3. 14. 개정 전)가 명확성의 원칙을 위반하여 위헌이라고 판단하였으나,[14) ② 특가법 제8조 제1항 중 '연간' 부분 및 특가법 제8조의2 제1항 중 '영리의 목적' 및 '공급가액 등 합계액' 부분은 명확성 원칙에 위배되지 않는다고 결정하였다.[15)

(다) 소급효의 금지

① 형벌법규의 변경

소급효의 금지는, 형벌법규가 그 시행 이전의 행위에 대하여 소급하여 적용될 수 없다는 것을 말한다(사후입법의 금지). 소급효의 금지는 헌법 제13조 제1항과 형법 제1조 제1항에 명시되어 있다. 한편, 행위 이후 형벌법규가 개정되거나 폐지된 경우 행위자에게 유리한 법령의 소급적용은 인정된다(형법 1조 2항, 3항).

② 판례의 변경

대법원은, 형법 조항에 관한 판례의 변경은 그 조항의 내용을 확인하는 것에 지나지 아니하여 그 조항 자체가 변경된 것으로 볼 수 없으므로, 피고인의 행위 당시의 판례에 의하면 처벌대상이 아니었던 행위를 판례의 변경에 따라 처벌하는 것은 형벌불소급의 원칙에 반하지 않는다고 본다.[16)

대법원은, 피고인의 행위 당시 기존 조세판례에 의하면 양도소득세 과세대상이 아니었으나 이후 판례의 변경에 따라 양도소득세 과세대상으로 되었고, 그 양도소득세의 포탈이 문제된 사건에서, 위 변경된 판례에 따른 양도소득세의 성립을 전제로 판단하였다.[17) 그러나 세법의 해석에 관한 판례가 변경된 경우, 변경 전의 기존 판례에 의한 세법의 해석이 일반적으로 납세자에게 받아들여져 비과세관행(국세기본법 18조 3항)이 성립하였다면,[18) 변경된

---

13) 헌법재판소 2011. 3. 31. 2009헌가12 결정
14) 헌법재판소 2007. 5. 31. 2006헌가10 결정(위헌법률심판의 제청신청인이 지방세를 체납하여 서울특별시장 명의의 추심명령을 받고 이행하지 않았다는 이유로 약식명령을 받은 사건)
15) 헌법재판소 1998. 5. 28. 97헌바68 결정(특가법 8조 1항), 헌법재판소 2013. 12. 16. 2012헌바217 등 결정(특가법 8조의2 1항)
16) 대법원 1997. 9. 17. 선고 97도3349 판결, 대법원 2001. 4. 19. 선고 2000도1985 전원합의체 판결
17) 대법원 2012. 2. 23. 선고 2007도9143 판결 : 토지거래허가구역 내 토지의 매각에 대한 양도소득세의 포탈이 문제된 사건에서, 피고인의 행위 이후 대법원 2011. 7. 21. 2010두23644 전원합의체 판결에 의하여 변경된 세법해석을 기초로 판단하였다.
18) 판례변경이 있는 경우에 관한 행정해석으로 기획재정부 부가가치세과-447, 2017. 9. 1. 대법원은 당초 신탁재산인 부동산의 공급에 관한 부가가치세의 납세의무자를 수익자로 보는 입장을 취하다가 대법원 2017. 5. 18. 선고 2012두22485 전원합의체 판결에 의하여 그 납세의무자를 수탁자로 변경하였다. 이와 관련하여 기획재정부는 위 질의회신에서 신탁재산 매각에 따른 부가가치세의 납세의무자는 수탁자이지만, 위 내용은 위 질

판례의 새로운 해석에 따른 납세의무가 발생하지 않는다고 보아야 할 것이다.[19)20)]

③ 형사소송법의 변경

소급효의 금지는 절차법인 형사소송법에 대하여는 원칙적으로 적용되지 않는다. 다만, 개정된 형사소송법 규정이 행위자의 가벌성과 관련된, 가령 공소시효의 정지·연장·배제를 내용으로 경우에는, 그 소급적용 여부는 법적 안정성과 신뢰보호원칙을 포함한 법치주의 이념을 훼손하지 않도록 신중하게 판단하여야 한다.[21)]

(라) 유추해석(확장해석)의 금지

유추(類推)는 법률에 규정되지 않은 사항에 대하여 그와 유사한 사항에 대한 법률을 적용하는 것을 말하고, 법의 흠결을 보완하기 위한 법관의 법형성 또는 법의 창조를 의미한다. 유추해석의 금지는, 유추에 의하여 행위자에게 불리한 구성요건을 창설하거나 형을 가중할 수 없다는 원칙을 말한다.

형벌법규의 해석은 엄격하여야 하고, 문언의 가능한 의미를 벗어나 피고인에게 불리한 방향으로 해석하는 것은 확장해석금지에 따라 허용되지 않는다.[22)] ① 법인의 사업자등록을 하면서 그 대표자 성명을 다른 사람의 것을 사용하는 행위는 조세범처벌법 제11조(명의대여)의 구성요건에 해당하지 않는다.[23)] ② 대법원은, 구 조세범처벌법 제10조 제1항 제1호의 '세금계산서를 발급하지 아니한 경우'에 '세금계산서를 발급한 후 그 공급가액에 음의 표시를 한 수정세금계산서를 발급한 경우'가 포함된다고 보는 것은 문언의 가능한 의미를 벗어나는 해석이 된다고 판단하였다.[24)] ③ 특가법 제8조의2에 공급가액 등 산정대상의 기초가 되는 서류로 규정되지 않는 매출·매입처별 계산서합계표를 위 서류에 포함시키는 해석은 허용되지 않는다.[25)]

유추해석금지의 원칙은 모든 형벌법규의 구성요건과 가벌성에 관한 규정에 준용되고, 유추적용을 통하여 위법성 및 책임의 조각사유나 소추조건, 또는 처벌조각사유인 형면제 사

의회신 이후에 공급하는 분부터 적용된다는 입장을 취하였다. 위 질의회신은 명시적으로 변경 전의 판례에 따른 비과세관행을 인정한 것은 아니지만, 그것이 성립하였다고 볼 여지를 남겨둔 것으로 보인다.

19) 최완, "조세 판례 변경과 형사처벌의 문제 - 법률의 착오와 비과세 관행을 중심으로 -", 조세법연구 [27-2], 한국세법학회, 2021, 60~63쪽

20) 그 외에도 판례의 변경이 있는 경우 피고인이 변경 전의 판례에 따라 납세의무가 성립하지 않는다고 인식하였다면 납세의무의 존재에 대한 인식이 없으므로, 조세포탈의 고의가 부정될 여지가 있다. 법원은 그러한 경우에도 고의를 인정하였으나(부산고등법원 2012. 6. 28. 선고 2012노111 판결) 그 타당성은 의문스럽다. 제2편 제1장 제6절 2.2. (1)(나) 참조.

21) 대법원 2015. 5. 28. 선고 2015도1362 판결

22) 대법원 2017. 12. 21. 선고 2015도8335 전원합의체 판결

23) 대법원 2016. 11. 10. 선고 2016도10770 판결

24) 대법원 2022. 9. 29. 선고 2019도18942 판결

25) 제2편 제2장 제3절 6.2. (3)(가) 참조

유의 범위를 제한하는 것은 허용되지 않는다.[26] 유추해석의 금지는, 형벌법규가 행정법규에 규정된 사항을 적용대상으로 하는 경우 그 행정법규의 규정을 해석하는 데에도 적용된다.[27] 다만, 피고인에게 유리한 유추적용은 일정한 범위에서 허용된다.[28] 일반적으로 '문언의 가능한 의미'가 형법해석의 한계로 제시되지만, 허용되는 해석과 금지되는 유추의 경계가 반드시 명확한 것은 아니다.[29]

한편, 형벌법규의 해석에서도 법률문언의 통상적인 의미를 벗어나지 않는 한 그 법률의 입법취지와 목적, 입법연혁 등을 고려한 목적론적 해석이 배제되는 것은 아니다.[30]

2.2. 책임주의와 죄형의 균형

(1) 책임주의

책임주의는 형벌은 책임에 기초하고 그 책임에 비례하여야 한다는 원칙을 말하고,[31] 형사법의 기본원리로서 헌법상 법치국가의 원리 및 헌법 제10조에서 도출된다.[32]

헌법재판소는, 양벌규정과 관련하여 ① 종업원이 위법행위를 한 경우 영업주의 귀책사유

---

26) 대법원 1997. 3. 20. 선고 96도1167 전원합의체 판결(공직선거법 제262조의 "자수"를 '범행발각 전에 자수한 경우'로 한정하는 해석은 '언어의 가능한 의미'를 넘어 공직선거법 제262조의 "자수"의 범위를 그 문언보다 제한함으로써 공직선거법 제230조 제1항 등의 처벌범위를 실정법 이상으로 확대한 것으로서 유추해석금지의 원칙에 위반된다)

27) 대법원 2007. 6. 29. 선고 2006도4582 판결, 대법원 2007. 6. 29. 선고 2006도4582 판결

28) 이재상·장영민·강동범, 35쪽. 위 책은 위법성조각사유의 전제사실에 대한 착오를 고의가 존재함에도 과실범 규정을 유추적용하여 처벌하는 것을 허용되는 유추의 예로 든다. 대법원 2024. 4. 16. 선고 2023도13333 판결은, 군형법 제64조 제3항에 따른 사실적시 상관명예훼손죄에 관하여 형법 제307조 제1항의 행위에 대한 위법성조각사유를 규정한 형법 제310조가 유추적용될 수 있다고 판단하였다.

29) ① 대법원 판결 중 유추해석에 해당할 여지가 있는 것으로는 대법원 1978. 4. 25. 선고 78도246 판결(피고인에게 유리한 유추해석), 대법원 2008. 11. 27. 선고 2008도7438 판결, 대법원 2010. 6. 24. 선고 2010도3358 전원합의체 판결, 대법원 2011. 10. 13. 선고 2011도6287 판결 등이 있다. 정해영, "행정형벌의 체계적 특수성", 사법논집 제69집, 302~304쪽 참조. ② 종전의 대법원 판례는, 인터넷 이용자가 링크 클릭을 통하여 저작자의 공중송신권 등을 침해하는 웹페이지에 직접 연결되더라도 링크를 한 행위가 '공중송신권 침해행위의 실행 자체를 용이하게 한다고 할 수는 없다'는 이유로, 링크 행위만으로는 공중송신권 침해의 방조행위에 해당하지 않는다고 보았으나(대법원 2015. 3. 12. 선고 2012도13748 판결), 대법원 2021. 9. 9. 선고 2017도19025 전원합의체 판결은, 링크 행위자가 공중송신권을 침해하는 게시물 등에 연결되는 링크를 인터넷 사이트에 영리적·계속적으로 게시하는 등의 행위는 공중송신권 침해의 방조범에 해당한다고 판례를 변경하였다. 이에 대하여 반대의견은 다수의견이 형법총칙상 방조 개념에 대한 확장해석에 해당한다는 입장을 취하였다.

30) 대법원 2003. 1. 10. 선고 2002도2363 판결

31) 대법원 2007. 4. 19. 선고 2005도7288 전원합의체 판결 ; 책임주의(책임원칙)의 상세한 내용에 관하여는 이재상·장영민·강동범, 316쪽 및 이주원, 형법총론 제2판, 박영사, 2023, 213쪽

32) 헌법재판소 2007. 11. 29. 2005헌가10 결정 ; 책임의 정도를 초과하는 형벌을 과할 수 없다는 책임과 형벌 간의 비례의 원칙은 과잉금지원칙을 규정하는 헌법 제37조 제2항으로부터 도출된다. 헌법재판소 2010. 7. 29. 2008헌바88 결정

여부를 묻지 않고 영업주를 처벌하는 것은 형법상 책임주의에 위반되므로 위헌이지만,[33] ② 법인의 대표자가 업무에 관하여 위법행위를 한 경우 그 법인을 처벌하는 것은 형법상 책임주의에 반하지 않는다고[34] 결정하였다.

(2) 범죄와 형벌 간의 균형

범죄와 형벌 사이에는 적정한 균형이 이루어져야 한다. 헌법재판소에 따르면, 어떤 행위를 범죄로 규정하고 그에 대하여 어떤 형벌을 과할 것인지는 국가의 입법정책에 관한 사항으로서 광범위한 입법재량 내지 형성의 자유가 인정되지만,[35] 형벌은 불법 및 책임과 일치하여야 하고 만일 형벌이 구성요건에 기술된 불법의 내용 및 행위자의 책임과 일치하지 않는 과도한 것이라면 비례의 원칙을 벗어난 것으로서 헌법상 용인될 수 없다.[36]

헌법재판소는 ① '특가법 제8조 제1항이 집행유예의 선고를 하지 못하도록 법정형의 하한을 높게 규정하고 벌금형을 필요적으로 병과하도록 정한 것'과 '구 조세범처벌법 제3조 제1항이 형법총칙상 벌금경합 시 제한가중 규정을 배제하도록 정한 것'에 대하여 합헌결정을 하였고,[37] ② 특가법 제8조의2 제1항이 무거래 세금계산서 수수행위를 가중처벌하는 것은 책임과 형벌 간의 비례원칙에 위배되지 않는다고 보았으며,[38] ③ 관세포탈죄의 예비범을 기수범에 준하여 처벌하도록 규정한 구 관세법과, 관세포탈행위에 대하여 벌금형을 필요적으로 병과하도록 규정한 구 특가법 제6조 제6항 제4호가 책임주의 원칙에 반한다고 볼 수 없다고 결정하였다.[39]

3. 조세형법과 형법총칙

3.1. 행정범론과 형법총칙의 배제 여부

(1) 행정범론

범죄의 성립요건(책임능력, 위법성의 인식 등)에 관한 형법총칙의 규정은 행위자에게 형벌을 과하기 위한 필수적 요소를 규정한 것으로서 형법상 책임원칙의 발현이다.

---

33) 헌법재판소 2007. 11. 29. 2005헌가10 결정
34) 헌법재판소 2010. 7. 29. 2009헌가25 결정
35) 헌법재판소 1992. 4. 28. 90헌바24 결정, 헌법재판소 1999. 5. 27. 98헌바26 결정
36) 헌법재판소 2002. 11. 28. 2002헌가5 결정, 헌법재판소 2007. 11. 29. 2006헌가13 결정
37) 헌법재판소 1998. 5. 28. 97헌바68 결정
38) 헌법재판소 2013. 12. 26. 2012헌바217 등 결정, 헌법재판소 2019. 4. 11. 2017헌가32 결정, 헌법재판소 2019. 11. 28. 2017헌바504 등 결정
39) 헌법재판소 1996. 11. 28. 96헌가13 결정, 헌법재판소 2010. 7. 29. 2008헌바88 결정

그런데 과거에 행정법학계는, 형사범(刑事犯)이 그 자체로 반윤리성·반사회성을 가지는 것[자연범(自然犯)]과 달리, 행정형벌법규를 위반한 행정범(行政犯)은 그 자체로 반윤리성·반사회성을 갖는 것이 아니고, 특정한 행정목적의 실현을 위하여 법령이 정한 명령 또는 금지에 위반함으로써 처벌될 뿐이라는 점[법정범(法定犯)]에서 차이가 있으므로, 행정범에 대하여 형법총칙 중 일부의 적용이 배제될 수 있다고 보았다.[40] 그리고 대법원도 같은 입장을 취하였다.[41] 이에 따라 상당수 행정형벌법규에 형법총칙의 일부를 배제하는 내용이 규정되었고, 그 대표적인 예는 바로 구 조세범처벌법이다.

1951. 5. 7. 제정된 구 조세범처벌법은 제4조에서 당시 시행 중인 의용 일본 형법의 총칙 규정 일부의 적용을 배제하였다.[42] 이후 1953. 9. 18. 대한민국 형법이 제정되자, 이를 반영하여 1954. 4. 14. 개정된 구 조세범처벌법 제4조는, 형법총칙 중 제9조(형사미성년자), 제10조 제2항(심신미약자), 제11조(농아자), 제16조(법률의 착오), 제32조 제2항(종범), 제38조 제1항 제2호(벌금형의 제한가중), 제53조(작량감경)를 적용하지 않는다고 규정하였고, 위 규정은 2010. 1. 1. 구 조세범처벌법의 개정 시까지 유지되었다.

(2) 행정범론의 문제점 및 구 조세범처벌법의 개정

행정범과 형사범 간의 차이로 거론되는 반사회성·반윤리성은 시대 및 장소에 따라 변화하는 상대적 개념에 불과하다.[43] 또한 조세는 국가의 재정을 형성하는 수단이고, 한 납세자가 이를 포탈하면 그 부담이 다른 납세자에게 전가되는 특징을 가지므로, 조세범죄는 반윤

---

40) 독일과 일본에서의 '행정형법'론의 형성 및 전개에 관하여는 김용세, "행정질서벌과 형사제재의 관계 - 질서위반행위의 효과적 통제방안에 관한 연구 -", 형사정책연구 제12권 제2호(통권 46호, 2001년 여름호), 한국형사정책연구원, 33~55쪽 ; 고유한 형법과 구별되는 '행정형법'의 개념은 독일에서 Goldschmidt의 1902년 행정형법(Verwaltungsstrafrecht)이 발간된 후 형성되었고, 일본에서 美濃部達吉의 1934년 '행정벌조의 통일과 그 통칙' 등을 통하여 수용된 후 福田平 등에 의하여 계속 발전되어 일본의 주류적 이론으로 정착되었다고 한다. 이근우, "행정형법론의 비판적 검토", 형사법연구 제21권 제3호(2009), 한국형사법학회, 140~142쪽. 위 글에 의하면, 당시 일본의 입법자들은 독일의 행정형법론의 중요한 착안점, 즉 '행정범의 특수성'을 근거로 특별한 규정을 마련함으로써 형법상의 엄격한 범죄성립요건에 대한 '사법적 심사'를 회피하여 쉽게 처벌할 수 없는 것인지, 또한 효과적인 법집행을 위하여 일정한 법위반행위에 대해서는 이를 관할하는 '행정청이 직접 부과하는 절차'를 둘 수는 없을 것인지에 대하여 검토하였고, 일련의 변형된 절차를 고안해낸 것으로 평가할 수 있다고 한다. ; 과거 독일에서의 행정범과 형사범의 구별에 관한 논의에 대하여는 손기식, "행정범에 있어서 고의", 형사판례연구 제5호(1997), 한국형사판례연구회, 338~341쪽

41) 대법원 1965. 10. 21. 선고 65도564 전원합의체 판결 : "본건 범죄와 같이 행정법상의 목적을 위한 법률의 제정에 의하여 비로소 범죄로 규정되는 이른바 행정범이나 법정범은 그 성질상 경우에 따라서 고의 규정의 배제 등 형법 총칙 중의 일부 조문의 적용이 배제될 수도 있는 것"

42) 1951. 4. 27. 국회에서는 구 조세범처벌법의 제정안에 대한 토의가 이루어졌는데, 형법총칙의 일부를 배제하는 제4조에 관하여는 별다른 의견개진이 없었다.

43) 특정한 조세 등 행정 제도가 도입된 초창기에는 아직 그 규범의 내용이 일반인들에게 충분히 스며들지 않아서 그 의무에 대한 인식이 낮을 수 있고, 윤리와의 관련성이 희박할 수 있다. 그러나 조세 등 각종 행정 제도가 일반 국민들의 생활에 깊숙이 편입되어 그 일부로 내면화되면 자연스럽게 윤리적 성격을 띠게 된다.

리성을 가질 수밖에 없다.[44] 헌법재판소도 조세포탈죄와 실물거래 없이 세금계산서를 수수한 죄가 반사회적·반윤리적 범죄라고 판단하였다.[45] 따라서 일반 형사범과 구별되는 행정범이라는 별도의 범주를 설정할 필요가 있는지 의문이다.

조세범이 복잡하고 기술적인 세법에 기초한다는 특수성을 갖지만, 그것만으로는 형법총칙의 적용을 배제하여 형법상 책임원칙에 대한 예외를 인정하기 어렵다. 따라서 조세범에 대하여도 형법총칙 중 범죄의 성립요건에 관한 부분은 원칙적으로 적용되어야 하고, 세법의 복잡성 및 기술적 성격은 조세범의 고의 또는 위법성의 착오 등을 판단하는 단계에서 고려하면 족하다. 또한, 형법총칙의 양형에 관한 규정들도 적정한 양형을 위한 수단이므로, 원칙적으로 존중되어야 한다.

형법총칙의 일부를 배제한 구 조세범처벌법에 대하여는 많은 비판이 있었다.[46] 이에 따라 2010. 1. 1. 구 조세범처벌법이 전부 개정되면서 형법총칙의 일부 배제를 규정한 제4조의 내용은 대부분 삭제되었고, 벌금형의 제한가중 배제에 관한 부분만이 제20조로 옮겨져 살아남게 되었다.[47] 따라서 형법총칙 중 형법 제38조 제1항 제2호를 제외한 나머지는 조세범죄에 대하여 적용된다(형법 8조 본문). 그리고 기존에 형법총칙 일부의 적용을 배제하던 행정형벌법규들도 대부분 해당 규정을 삭제하여 현재는 그러한 규정은 매우 적은 수에 불과하다.[48] 이에 따라 행정범론은 동력을 상실하여 최근에는 별로 논의되지 않는다.

3.2. 조세범죄의 특성과 형사법상 특례

조세범에 대하여, 단지 행정범이라는 이유로 형법총칙에 대한 예외를 인정하는 것은 불합리하지만, 형법상 책임주의를 훼손하지 않는 범위에서 그 특성을 고려한 특례를 인정할 필요가 있다.

조세범죄는 납세의무자를 중심으로 이루어진다. 그런데 납세의무자가 법인인 경우 대법원 판례에 의하면 원칙적으로 범죄의 주체가 될 수 없으므로, 법인에 대한 처벌규정이 필요하고, 납세의무자가 개인인 경우에도 사용인 등이 조세범죄를 저지른 것에 대한 처벌규정이 필요하다. 이러한 이유로 조세범처벌법은 업무주인 법인 또는 개인과 행위자를 처벌하

---

44) 김태희, 12쪽
45) 헌법재판소 1998. 5. 28. 97헌바68 결정(조세포탈죄), 헌법재판소 2013. 12. 26. 2012헌바217 등 결정(무거래 세금계산서 수수죄)
46) 박정훈, "협의의 행정벌과 광의의 행정벌 - 행정상 제재수단과 법치주의적 안전장치 -", 서울대학교 법학 제41권 제4호(2001), 서울대학교 법학연구소, 286~290쪽 ; 이근우, 앞의 글, 146~148쪽
47) 그러나 벌금형의 제한가중을 배제하는 것은 입법론상 의문스럽다. 제3편 제3장 제3절 3. (2) 참조
48) 현재 남아 있는 행정형벌법규 중에서 형법총칙의 예외를 가장 많이 규정한 것은 담배사업법으로 보인다. 담배사업법 제31조는 여전히 형법 제9조, 제10조 제2항, 제11조, 제16조 등의 적용을 배제한다.

는 양벌규정을 두고 있다. 위와 같은 양벌규정은 조세범에 관하여 형법총칙과 같은 기능을 하고, 형법 제8조의 '특별한 규정'에 해당한다.[49]

한편, 세법의 전문적·기술적 성격으로 인하여 일반 수사기관이 조세범을 처리하기가 쉽지 않은 점을 고려하면, 조세범의 처벌절차를 일반 형사범와 다르게 설계하는 것도 합리성을 가진다. 이를 고려하여 현행법은, 세무서장 등의 고발을 조세범에 대한 소추조건으로 하고, 세무서장 등의 통고처분에 의하여 형사절차 이전의 단계에서 조세범의 처리절차가 종결될 수 있게 하는 특례를 인정한다.

---

49) 이재상·장영민·강동범, 107쪽

제2장 조세형사법의 적용범위

1. 시간적 적용범위

조세범죄 이후 조세형법(조세범처벌법 및 특가법) 또는 형사절차에 관한 법이 개정 또는 폐지된 경우 어느 시점의 법을 적용할 것인지가 문제된다.

1.1. 형법의 시간적 적용범위

(1) 원칙 : 행위시법

형법 제1조 제1항은 "범죄의 성립과 처벌은 행위 시의 법률에 따른다"고 규정하여 행위시법주의를 원칙으로 한다. 이는 헌법 제13조 제1항의 형벌불소급 원칙에 토대를 두고 있다.

형법 제1조 제1항에서 "행위 시"는 **범죄행위의 종료 시**를 말한다.[1] 따라서 ① 범죄의 실행행위가 구법 및 신법의 시행 시에 걸쳐 행해진 경우, 행위시법인 신법이 적용되어야 한다.[2] ② 포괄일죄로 되는 개개의 범죄행위가 법 개정의 전후에 걸쳐서 행하여진 경우에는, 범죄실행 종료 시의 법인 신법을 적용하여야 한다.[3]

(2) 예외 : 재판시법이 더 유리한 경우

(가) 형법 제1조 제2항

형법 제1조 제2항은 "범죄 후 법률이 변경되어 그 행위가 범죄를 구성하지 아니하게 되거나 형이 구법(舊法)보다 가벼워진 경우에는 신법(新法)에 따른다"고 규정한다. 그리고 형사소송법 제326조 제4호는 "범죄 후 법령개폐로 형이 폐지되었을 때" 면소판결을 선고하

---

1) 대법원 1998. 2. 24. 선고 97도183 판결, 대법원 1994. 5. 10. 선고 94도563 판결
2) 대법원 1994. 5. 10. 선고 94도563 판결("1993. 3. 10.의 변호사법 개정으로 비로소 일반의 법률사건에 관한 화해관여행위가 처벌대상이 되었고, 피고인의 원심판시와 같은 사건수임계약 체결과 화해관여행위가 위 변호사법의 개정 이전에 착수된 것이라 하더라도 원심의 인정과 같이 그와 같은 관여행위가 법률개정 이후에 종료된 것이라면 피고인을 변호사법 위반으로 의율한 원심의 조처가 잘못이라고 할 수 없을 것이다.")
3) 대법원 1998. 2. 24. 선고 97도183 판결, 대법원 2004. 7. 22. 선고 2003도8153 판결

도록 규정한다.[4] 재판이 확정된 후 법률이 변경되어 그 행위가 범죄를 구성하지 않게 된 경우에는 형의 집행을 면제한다(형법 1조 3항).

범행 후 양벌규정의 개정으로 법인에 대한 면책규정이 추가된 것도 형법 제1조 제2항의 법률의 변경에 해당한다.[5] 형의 경중은 형법 제50조에 의하여 정해지는데, 법정형을 기준으로 하고, 법정형 중 병과형 또는 선택형이 있는 때에는 그 중 가장 중한 형을 기준으로 경중을 비교한다.[6]

(나) 대법원 판례

종전의 대법원 판례는, 형법 제1조 제2항은 형벌법령의 개정·폐지가 법률이념의 변경에 따른 반성적 고려에서 이루어진 경우에 한하여 적용되고, 그 외의 다른 사정의 변천에 따라 이루어진 경우에는 적용되지 않는다고 보았다(동기설).[7]

그러나 대법원 2022. 12. 22. 선고 2020도16420 전원합의체 판결은 종전의 판례를 변경하면서 다음과 같이 판시하였다. ① 범죄의 성립과 처벌에 관하여 규정한 형벌법규 자체 또는 그로부터 수권 내지 위임을 받은 법령의 변경에 따라 범죄를 구성하지 않게 되거나 형이 가벼워진 경우에는, 종전 법령이 반성적 고려에 따라 변경된 것인지 여부를 따지지 않고, 원칙적으로 형법 제1조 제2항과 형사소송법 제326조 제4호가 적용된다. ② 형벌법규가 대통령령, 총리령, 부령과 같은 법규명령이 아닌 고시 등 행정규칙·행정명령, 조례 등에 구성요건의 일부를 수권 내지 위임한 경우에도, 그 변경에 따라 범죄를 구성하지 않게 되거나 형이 가벼워졌다면, 마찬가지로 형법 제1조 제2항과 형사소송법 제326조 제4호가 적용된다. ③ 한편, 해당 형벌법규 자체 또는 그로부터 수권 내지 위임을 받은 법령이 아닌 다른 법령이 변경된 경우, 해당 형벌법규에 따른 범죄의 성립 및 처벌과 직접적으로 관련된 형사법적 관점의 변화를 주된 근거로 하는 것이 아닌 때에는, 형법 제1조 제2항과 형사소송법 제326조 제4호가 적용되지 않는다.[8] ④ 또한, 법령이 개정 내지 폐지된 경우가 아니라, 스스로

---

4) 대법원은, 헌법재판소의 위헌결정으로 형벌에 관한 법률조항이 소급하여 그 효력을 상실할 경우 형사소송법 제325조 전단의 '범죄로 되지 아니한 때'에 해당하므로 무죄를 선고하여야 하고, 형사소송법 제326조 제4호의 면소사유에 해당한다고 할 수 없다고 본다. 대법원 2010. 12. 16. 선고 2010도5986 전원합의체 판결
5) 대법원 2012. 5. 9. 선고 2011도11264 판결
6) 대법원 1983. 11. 8. 선고 83도2499 판결, 대법원 1992. 11. 13. 선고 92도2194 판결
7) 대법원 1963. 1. 31. 선고 62도257 판결, 대법원 1978. 2. 28. 선고 77도1280 판결, 대법원 1984. 12. 11. 선고 84도413 판결, 대법원 1997. 12. 9. 선고 97도2682 판결, 대법원 2003. 10. 10. 선고 2003도2770 판결, 대법원 2013. 7. 11. 선고 2013도4682 판결
8) 대법원 2023. 2. 23. 선고 2022도4610 판결 : 법무사인 피고인이 개인파산·회생사건 관련 법률사무를 위임받아 취급하여 변호사법 제109조 제1호 위반으로 기소되었는데, 범행 이후인 2020. 2. 4. 개정된 법무사법 제2조 제1항 제6호에 의하여 '개인의 파산사건 및 개인회생사건 신청의 대리'가 법무사의 업무로 추가된 사안에서, 위 법무사법 개정은 범죄사실의 해당 형벌법규 자체인 변호사법 제109조 제1호 또는 그로부터 수권 내지 위임을 받은 법령이 아닌 별개의 다른 법령의 개정에 불과하고, 변호사법 제109조 제1호 위반죄의 성립 요건과

유효기간을 구체적인 일자나 기간으로 특정하여 효력의 상실을 예정하고 있던 법령이 그 유효기간을 경과함으로써 더 이상 효력을 갖지 않게 된 경우, 형법 제1조 제2항과 형사소송법 제326조 제4호에서 말하는 법령의 변경에 해당한다고 볼 수 없다.

(다) 신법을 배제하는 경과규정이 있는 경우

범죄 후 개정된 신법의 형이 구법보다 가벼운 경우에도, 신법에 경과규정을 두어 형법 제1조 제2항에 의한 신법의 적용을 배제하는 것은 허용되고, 형벌불소급의 원칙이나 신법 우선의 원칙에 반한다고 할 수 없다.[9] 대법원 2020도16420 전원합의체 판결은 개정·폐지된 형벌법규에 경과규정이 없는 경우에 대한 것이므로, 경과규정에 있는 경우에는 그에 따라 신법의 적용 여부가 처리된다.

1.2. 조세형법의 시간적 적용범위

형법의 시간적 적용범위에 관한 규정(형법 1조)은 조세범처벌법에 따른 조세범죄에도 적용된다(형법 8조 본문).

(1) 조세법령의 개정

대법원 2020도16420 전원합의체 판결에 의하면, 해당 형벌법규 자체 또는 그로부터 수권 내지 위임을 받은 법령이 아닌 다른 법령이 변경된 경우 형법 제1조 제2항과 형사소송법 제326조 제4호를 적용하려면, 해당 형벌법규에 따른 범죄의 성립 및 처벌과 직접적으로 관련된 형사법적 관점의 변화를 주된 근거로 하는 법령의 변경에 해당하여야 한다.[10]

그런데 납세의무의 근거인 조세법령은 조세범처벌법으로부터 구성요건의 규정을 수권 또는 위임받은 것이 아니고, 일반적으로 **조세법령의 변경**은 조세범죄의 성립 및 처벌과 직접적으로 관련된 형사법적 관점의 변화를 주된 근거로 하는 경우에 해당하지 않는다. 따라서 조세범죄 후 조세법령이 변경되더라도, 형법 제1조 제2항과 형사소송법 제326조 제4호가 적용된다고 보기 어렵다.

대법원은, 물품세의 포탈 후 관세법의 개정에 따라 물품세의 세율이 낮아진 사건에서, 조세채권의 성립 후 조세법이 개정된 것은 구 조세법에 따른 조세채권에 영향을 미치지 못하

구조를 살펴보더라도 법무사법 제2조의 규정이 보충규범으로서 기능하고 있다고 보기 어려운 점 등을 종합하면, 위 법무사법 개정은 형사법적 관점의 변화를 주된 근거로 하는 법령의 변경에 해당하지 않는다고 한 사례

9) 대법원 1992. 2. 28. 선고 91도2935 판결, 대법원 1999. 7. 9. 선고 99도1695 판결, 대법원 2011. 7. 14. 선고 2011도1303 판결

10) 대법원 2022. 12. 22. 선고 2020도16420 전원합의체 판결

고, 위와 같은 **세율의 변경**은 형법 제1조 제2항에 규정된 '형의 변경'에 해당하지 않으므로, 피고인의 포탈세액은 종전의 세율에 따라 산정하여야 한다고 판시하였다.[11]

(2) 조세형법의 개정

조세범죄 후 **조세형법**(조세범처벌법 또는 특가법)의 **개정**에 의하여 그 행위가 범죄를 구성하지 않거나 법정형이 구법보다 가벼워진 경우에는 형법 제1조 제1항에 따라 신법을 따라야 한다.[12] 그리고 신법의 가벼워진 법정형이 공소시효의 기준으로 된다.[13]

법률의 개정을 전·후하여 형의 경중의 차이가 없고 경과규정도 없는 경우, 검사가 개정 후 신법의 적용을 구하였더라도 법원은 행위시법인 구법을 적용할 수 있다.[14]

한편, 개정된 조세형법에 기존 사건에 대하여 구법을 적용하도록 하는 **경과규정**이 있는 경우에는, 구법이 적용된다. 대법원은, 2010. 1. 1. 조세범처벌법이 개정되면서 '납세자가 정당한 사유 없이 1회계연도에 3회 이상 체납하는 경우'를 처벌하도록 규정한 제10조가 삭제되었지만, 위 개정된 조세범처벌법 부칙 제2조에서 '이 법 시행 전의 행위에 대한 벌칙의 적용은 종전의 규정에 따른다'고 규정한 경우, 개정 전 조세범처벌법의 시행 당시 제10조를 위반한 자는 그 행위 당시의 법에 따라 처벌된다고 판단하였다.[15]

1.3. 형사소송법의 시간적 적용범위

범행 후 형사소송법이 개정된 경우, 행위시법주의 또는 소급효금지는 적용되지 않고, 구법과 신법 중 어느 것을 적용할 것인지는 입법정책의 문제이다.[16] **고발의 필요 여부**와 같은

---

11) 대법원 1984. 12. 26. 선고 83도1988 판결(피고인들이 보세장치장에 반입되어 있던 물품을 수입면허를 받음이 없이 무단반출하여 관세를 포탈하였는데, 해당 물품 중 일부에 대한 세율이 범행 당시 100퍼센트였으나 그 후 관세법의 개정(1978.12.5 법률 제3109호)으로 40퍼센트로 변경된 사안)

12) 대법원 1983. 9. 13. 선고 80도902 판결(피고인이 2,469,632원의 관세를 포탈한 행위 당시에는 구 특가법 제6조 제2항 제2호의 적용을 위한 포탈세액이 100만 원 이상이었는데, 이후 1980. 12. 18. 구 특가법 제6조 제2항 제2호에 따라 포탈세액이 500만 원 이상으로 상향된 사건에서, 구 특가법 제6조 제2항 제2호를 적용할 수 없다고 판단한 사례)

13) ① 대법원 1987. 12. 22. 선고 87도84 판결, 대법원 1988. 11. 8. 선고 85도1675 판결(물품세의 포탈행위 당시 시행된 구 조세범처벌법 제9조 제1항이 이후 개정된 사안), ② 대법원 2008. 12. 11. 선고 2008도4376 판결(관세포탈 미수로 인한 관세법 위반의 점이 행위 당시에는 2005. 12. 29. 개정되기 전의 구 특가법 제6조 제7항에 해당하였으나, 이후 2005. 12. 29. 위 특가법 규정의 개정으로 위 규정의 적용대상에서 제외되고 구 관세법의 적용을 받게 된 사안)

14) 대법원 2002. 4. 12. 선고 2000도3350 판결, 서울고등법원 2007. 5. 23. 선고 2006노1181, 2006노2407(병합), 2007초기138 판결[공소장의 적용법조로 2005. 12. 29. 개정된 구 특가법 제8조 제1항이 기재되었으나, 행위시법인 위 개정 전의 구 특가법 제8조 제1항을 적용한 사안 : 대법원 2007. 10. 11. 선고 2007도4697 판결(상고기각)]

15) 대법원 2011. 7. 14. 선고 2011도1303 판결

16) 이재상·조균석·이창온, 9쪽

소추조건의 변경은 형법 제1조 제2항의 규정대상에 포함되지 않는다.[17]

개정된 형사소송법에 **경과규정**이 있는 경우에는 그에 따라 처리된다. 2007. 6. 1. 개정된 형사소송법은 부칙 제2조에서 구법 당시 진행된 소송행위의 효력은 그대로 인정하되, 신법 시행 후의 소송절차에 대하여는 신법을 적용한다는 취지로 규정하였다(혼합주의).[18]

공소시효를 정지·연장·배제하는 신설 또는 개정된 법령에 경과규정이 없는 경우, 소급 적용 여부가 특히 첨예하게 문제된다. 대법원은, '공소시효를 정지·연장·배제하는 특례조항을 신설하면서 소급적용에 관한 명시적인 경과규정을 두지 않은 경우 그 조항을 소급하여 적용할 수 있는지에 관해서는 보편타당한 일반원칙이 존재하지 않고, 적법절차원칙과 소급금지원칙을 천명한 헌법 제12조 제1항과 제13조 제1항의 정신을 바탕으로 하여 법적 안정성과 신뢰보호원칙을 포함한 법치주의 이념을 훼손하지 않는 범위에서 신중히 판단해야 한다'고 판시하였다.[19]

2. 인적·장소적 적용범위

내국인이 죄를 범한 경우 그 범죄장소가 대한민국 영역 내이든 아니든 언제나 형법이 적용된다(형법 2조, 3조 : 속인주의).

외국인은 ① 내란의 죄 등 중대범죄의 경우에는 범죄장소에 관계없이 형법의 적용을 받지만(형법 5조 : 보호주의), ② 그 외의 죄에 관하여는 ㉮ 대한민국 영역 또는 대한민국의 선박 또는 항공기 내에서 죄를 범한 경우(형법 2조 내지 5조 : 속지주의),[20] 또는 ㉯ 대한민국 영역 외에서 대한민국 또는 대한민국 국민에 대하여 위 죄를 범한 경우(형법 6조 본문 : 보호주의)[21] 에 한하여 형법의 적용을 받는다. 외국인이 국외에서 조세범죄를 저지른 경우 이는 대한민국에 대한 범죄로서 위 ②의 ㉯에 따라 조세범처벌법의 적용을 받을 수 있다(형법 8조 본문).

죄를 지어 외국에서 형의 전부 또는 일부가 집행된 사람에 대해서는 그 집행된 형의 전부

---

17) 서울형사지방법원 1991. 8. 20. 선고 88노784 판결 ; 김종근, 29쪽
18) 대법원 2003. 11. 27. 선고 2003도4327 판결 ; 형사소송법(1995. 12. 29. 법률 제5054호로 개정된 것) 부칙(1995. 12. 29.) 제2항은 형사절차가 개시된 후 종결되기 전에 형사소송법이 개정된 경우 신법과 구법 중 어느 법을 적용할 것인지에 관한 입법례 중 이른바 혼합주의를 채택하여 구법 당시 진행된 소송행위의 효력은 그대로 인정하되 신법 시행 후의 소송절차에 대하여는 신법을 적용한다는 취지에서 규정된 것으로서, 위 개정 법률 시행 당시 법원 또는 검찰에 계속된 사건이 아닌 경우에 위 개정 법률이 적용되지 않는다는 것은 아니며, 위 개정 법률은 그 시행일인 1997. 1. 1.부터 적용되는 것이다. ; 대법원 2008. 10. 23. 선고 2008도2826 판결
19) 대법원 2021. 2. 25. 선고 2020도3694 판결
20) 다만, 미성년자약취·유인죄 등의 처벌규정은 대한민국 영역 밖에서 죄를 범한 외국인에게도 적용된다(형법 296조의2 : 세계주의).
21) 행위지의 법률에 의하여 범죄를 구성하지 않거나 소추 또는 형의 집행을 면제할 경우에는 예외로 한다(형법 6조 단서).

또는 일부를 선고하는 형에 산입한다(형법 7조).

한편, 대통령은 내란 또는 외환의 죄를 제외하고는 재직 중 형사상 소추를 받지 않는다(헌법 84조). 그리고 국제법상 치외법권을 가지는 외국의 원수와 외교관 등에 대하여는 형법이 적용되지 않는다.

제3장 양벌규정

1. 조세범처벌법 제18조

(1) 조세범처벌법 제18조의 입법경위

2010. 10. 28. 개정되기 전의 구 조세범처벌법 제3조 본문은, 법인 또는 개인의 종업원 등이 조세범칙행위를 한 경우 행위자를 벌하는 외에 그 법인 등에 대해서도 벌금형에 처한다고 규정하였다.[1] 이러한 규정을 양벌규정이라고 한다.

헌법재판소는 2010. 10. 28. 구 조세범처벌법 제3조 본문이 법인 또는 개인의 사용인 등의 범칙행위에 대하여 업무주인 법인 등의 책임 유무를 묻지 않고 그 법인 등을 처벌하도록 규정한 것은 책임주의원칙에 반하여 헌법에 위반된다는 결정을 하였다.[2][3]

2010. 10. 28. 개정된 조세범처벌법 제18조는, 본문에서 '법인 또는 개인의 사용인 등이

---

1) 미국세법도 조세범죄의 처벌대상자에 법인의 임원 또는 직원 등이 포함된다고 규정한다(미국세법 7343조). 제2편 제1장 제1절 3.2. (1) 참조

2) 헌법재판소 2007. 11. 29. 2010헌가14 등 결정. 이에 대하여 ① 대외적으로 법인의 의사를 표명하고 대내적으로 법인의 전체 업무를 관리·감독할 수 있는 지위에 있는 대리인·사용인 등의 범법행위에 대하여 법인에게 형사책임을 귀속시키더라도 책임원칙에 반하지 않으나, 그 외의 대리인·사용인 등에 대한 선임감독상 과실이 있는 법인을 고의의 본범과 동일한 법정형으로 처벌하는 것은 헌법에 위반된다는 별개 위헌의견, ② 법인이 종업원 등의 업무상 위법행위를 막지 못한 경우 처벌하는 것이므로, 책임주의에 위반된다고 보기 어렵다는 반대의견, ③ 구 조세범처벌법 제3조 본문 등의 문언상 '법인의 종업원 등에 대한 선임·감독상의 과실'이 명시되어 있지 않더라도 그와 같은 과실이 있는 경우에만 처벌하는 것으로 합헌적 해석을 전제로 할 때 위 법률조항들이 책임주의원칙에 위반된다고 볼 수 없다는 반대의견이 있었다.

3) ① 종래 대법원은, 양벌규정에 선임감독상 주의를 기울인 영업주에 대한 면책조항이 없는 경우에도, 양벌규정에 따른 영업주의 처벌이 영업주의 선임감독상 과실에 따른 책임이라고 판시함으로써 영업주가 선임감독상 주의를 기울인 경우 면책될 여지를 (비록 실제로 인정된 사례는 거의 없지만, 논리상으로나마) 인정하여 왔다[대법원 1987. 11. 10. 선고 87도1213 판결, 대법원 2006. 2. 24. 선고 2005도7673 판결]. 이는 양벌규정에 대하여 합헌적 법률해석을 한 것으로 볼 수 있다[주선아, "양벌규정 위헌결정에 따른 실무상 문제점에 대한 연구", 재판자료 제123집 : 형사법실무연구, 법원도서관(2012), 118쪽]. 그러나 ② 헌법재판소는 2007. 11. 29. 2005헌가10 결정에서 영업주에 대한 면책조항이 없는 '보건범죄 단속에 관한 특별조치법'상 양벌규정에 대하여 '종업원의 범죄행위에 대하여 영업주의 선임감독상 과실이 인정되는 경우'라는 요건을 추가하여 해석하는 것은 문언의 범위를 넘어서 허용될 수 없다고 보면서(위 결정의 반대의견은 합헌적 법률해석이 허용된다고 보았다) 위 규정이 위헌이라고 판단하였고, 2007. 11. 29. 구 조세범처벌법 제3조의 양벌규정에 대하여도 위헌 결정을 하였다(헌법재판소 2007. 11. 29. 2010헌가14 등 결정).

그 법인 등의 업무에 관하여 범칙행위를 한 경우 그 행위자를 벌할 뿐만 아니라 그 법인 등을 벌금형에 처한다'고 규정하고, 단서에서 '업무주인 법인 등이 위반행위의 방지를 위하여 상당한 주의·감독을 게을리하지 않은 경우 면책된다'고 규정한다.

(2) 양벌규정의 기능

조세범처벌법 제18조의 양벌규정은 조세범의 주체, 조세범에 관한 정범과 공범, 그리고 특가법 제8조의 적용 여부를 결정하기 위한 출발점 기능을 하고, 조세범죄 체계의 논리적 기초 또는 근간을 이룬다.

(가) 처벌대상자의 확대

과거에는 행정법규에서 일정한 업무주를 행정상 의무의 수범자로 보아 기본적 처벌규정을 둔 다음 그 업무를 실제로 집행하는 자가 위반행위를 한 경우 '행위자를 벌하는 외에 그 법인 또는 개인에 대하여도 각 본조의 벌금형을 과한다.'라는 식의 양벌규정을 두는 경우가 종종 있었다.

대법원은, 구 건축법 제57조의 양벌규정이 같은 법 제54조 내지 제56조의 적용대상자인 건축주, 공사감리자, 공사시공자 등이 아닌 행위자의 처벌규정임과 동시에 그 위반행위의 이익귀속주체인 업무주(業務主)에 대한 처벌규정이라고 판시함으로써 양벌규정의 **수범자 확대기능**을 긍정하였고,[4] 이후 계속하여 같은 입장을 견지하고 있다.[5]

조세범처벌법 제18조는 '행위자를 벌할 뿐만 아니라 그 법인 또는 개인에게도 해당 조문의 벌금형을 과한다'라고 규정함으로써 행위자 및 법인에 대한 처벌근거로 될 수 있음을 입법으로 명확히 하였다. 이에 따르면, 조세포탈 행위를 한 대리인 등이 납세의무자가 아닌 경우에도 조세포탈죄의 주체로 될 수 있다.

(나) 법인 처벌의 근거규정

법인에게 범죄행위의 주체가 될 수 있는 범죄능력이 있는지에 관하여 견해가 엇갈리고[6] 대법원은 이를 원칙적으로 부정하였다.[7][8] 이에 의하면 법인은 특별한 규정이 없는 한 형사

---

4) 대법원 1999. 7. 15. 선고 95도2870 전원합의체 판결. 이에 대하여 위 판결의 반대의견은 "구 건축법의 양벌규정에서처럼 단지 그 소정의 '행위자를 벌하는 외에'라고만 규정하여 그 규정에서 행위자 처벌을 새로이 정한 것인지 여부가 명확하지 않음에도 불구하고 형사처벌의 근거 규정이 된다고 해석하는 것은 죄형법정주의의 원칙에 배치되는 온당치 못한 해석"이라고 보았다. 위 반대의견과 같이 양벌규정의 수범자확대기능을 인정할 수 없다고 보는 견해로, 이재상·장영민·강동범, 형법총론, 109쪽
5) 최근의 판례로 대법원 2017. 12. 5. 선고 2017도11564 판결
6) 견해대립의 상세한 내용에 관하여는, 이재상·장영민·강동범, 형법총론, 103~106쪽
7) 대법원 1984. 10. 10. 선고 82도2595 전원합의체 판결 : "… 형법 제355조 제2항의 배임죄에 있어서 타인의 사무를 처리할 의무의 주체가 법인이 되는 경우라도 법인은 다만 사법상의 의무주체가 될 뿐 범죄능력이 없는 것이며 그 타인의 사무는 법인을 대표하는 자연인인 대표기관의 의사결정에 따른 대표행위에 의하여 실현

처벌의 대상이 될 수 없다. 그런데 대법원 판례에 따르면, 양벌규정은 처벌대상자를 확대하는 기능을 하므로, 조세범처벌법 제18조는 법인에 대한 처벌근거가 된다.

(다) 형법총칙에 대한 특별규정

양벌규정은 형법 제8조의 '특별규정'에 해당하므로, 그 한도에서는 형법총칙의 적용이 배제된다(형법 8조 단서).[9]

2. 업무주인 법인 또는 개인의 처벌

2.1. 처벌의 요건

2.1.1. 행위자의 업무 관련 조세범칙행위

(1) 행위자

양벌규정이 적용되려면 '법인의 대표자, 법인 또는 개인의 대리인, 사용인, 그 밖의 종업원'이 조세범칙행위를 하여야 한다. 이에 관하여는 '조세포탈의 주체' 부분에서 상세히 살펴보기로 한다.[10]

(2) 업무관련성

양벌규정이 적용되기 위해서는, 법인 또는 개인의 사용인 등이 그 법인 또는 개인의 '업무에 관하여' 조세범칙행위를 하여야 한다(법 18조 본문).

대법원 판례에 의하면, '법인의 업무에 관하여' 행한 것으로 보기 위해서는, 객관적으로 법인의 업무를 위하여 하는 것으로 인정할 수 있는 행위가 있어야 하고, 주관적으로는 피용자 등이 법인의 업무를 위하여 한다는 의사를 가지고 행위하여야 한다.[11]

행위자가 객관적·외형상으로 법인의 업무와 관련된 범칙행위를 한 경우, 업무주인 법인

될 수 밖에 없어 그 대표기관은 마땅히 법인이 타인에 대하여 부담하고 있는 의무내용대로 사무를 처리할 의무가 있다 할 것이므로 법인이 처리할 의무를 지는 타인의 사무에 관하여는 법인이 배임죄의 주체가 될 수 없고, 그 법인을 대표하여 사무를 처리하는 자연인인 대표기관이 바로 타인의 사무를 처리하는 자, 즉 배임죄의 주체가 되는 것이라고 새겨야 할 것이다."

8) 다만, 대법원은 양벌규정이 있는 경우 법인 대표자의 고의에 의한 위반행위에 대하여 법인 자신의 고의에 의한 책임을 진다고 보므로(대법원 2010. 9. 30. 선고 2009도3876 판결), 그 범위 내에서는 법인의 범죄능력을 인정하는 취지로 보인다.

9) 이재상·장영민·강동범, 형법총론, 107쪽

10) 제2편 제1장 제2절 2. 참조

11) 대법원 2006. 6. 15. 선고 2004도1639 판결

또는 개인의 이익이 아니라 자기 또는 제3자의 이익을 위하여 한 때에도, 업무관련성이 부정되지 않는다.[12] 가령, 법인의 대표자 또는 종업원이 법인의 재산을 횡령하기 위하여 매출누락·가공비용계상을 하고 법인의 소득을 과소신고한 경우, 법인의 종업원이 매출실적을 높이기 위하여 허위 세금계산서를 발급하는 경우가 그에 해당한다.

(3) 조세범칙행위

행위자가 조세범처벌법을 위반하는 행위를 하여야 한다. 양벌규정을 적용할 때 조세범죄의 고의는 행위자를 기준으로 판단된다.[13]

한편, 국조법 제57조의 위반행위는 조세범처벌법 제18조의 적용대상에서 제외된다.[14]

2.1.2. 업무주인 법인 또는 개인의 고의·과실

(1) 업무주인 법인 또는 개인

(가) 법인

업무주인 법인에는 사법상 법인뿐만 아니라 공법인인 지방자치단체도 포함될 수 있다.[15] 법인 아닌 단체 중에서 '국세기본법 제13조에 따른 법인으로 보는 단체'는 조세범처벌법 제18조의 '법인'에 포함된다.

법인이 설립되기 이전에 자연인이 한 행위에 대하여 양벌규정을 적용하여 법인을 처벌할 수 없다.[16] 합병으로 인하여 소멸한 법인이 그 종업원 등의 위법행위에 대해 양벌규정에 따라 부담하던 형사책임은, 그 성질상 이전을 허용하지 않는 것으로서, 합병으로 인하여 존속하는 법인에 승계되지 않는다.[17] 이에 따르면, 분할 전 법인이 부담하는 양벌규정의 책임은 분할 후 법인에 승계되지 않을 것이다.[18]

---

12) 대법원 1987. 11. 10. 선고 87도1213 판결, 대법원 2002. 1. 25. 선고 2001도5595 판결
13) 대법원 1983. 3. 22. 선고 81도2545 판결
14) 국조법 제57조의 위반행위를 한 세무공무원은 조세범처벌법 제15조 제1항의 위반죄로 처벌되지만, 그 세무공무원이 속한 법인인 국가에 대하여는 같은 법 제18조의 양벌규정이 적용되지 않는다. 이는 국가가 자신에 대하여 스스로 형벌권을 행사하는 것은 상정하기 어렵기 때문으로 보인다. 제2편 제3장 제9절 2.2. 참조
15) 대법원 2005. 11. 10. 선고 2004도2657 판결 : "헌법 제117조, 지방자치법 제3조 제1항, 제9조, 제93조, 도로법 제54조, 제83조, 제86조의 각 규정을 종합하여 보면, 국가가 본래 그의 사무의 일부를 지방자치단체의 장에게 위임하여 그 사무를 처리하게 하는 기관위임사무의 경우에는 지방자치단체는 국가기관의 일부로 볼 수 있는 것이지만, 지방자치단체가 그 고유의 자치사무를 처리하는 경우에는 지방자치단체는 국가기관의 일부가 아니라 국가기관과는 별도의 독립한 공법인이므로, 지방자치단체 소속 공무원이 지방자치단체 고유의 자치사무를 수행하던 중 도로법 제81조 내지 제85조의 규정에 의한 위반행위를 한 경우에는 지방자치단체는 도로법 제86조의 양벌규정에 따라 처벌대상이 되는 법인에 해당한다고 할 것이다."
16) 대법원 2018. 8. 1. 선고 2015도10388 판결
17) 대법원 2007. 8. 23. 선고 2005도4471 판결, 대법원 2015. 12. 24. 선고 2015도13946 판결

법인이 해산하여 소멸한 것은 공소기각 결정의 사유에 해당한다(형소법 328조 2호). 다만, 법인의 해산 및 청산등기 전에 기소된 경우에는, 피고 사건이 종결되기까지 법인의 청산사무가 종료하지 않고 형사소송법상 당사자능력도 존속하므로, 공소기각 결정의 대상이 아니고, 양벌규정에 따른 책임을 질 수 있다.[19]

(나) 개인 : 법인 아닌 단체의 포함 여부

업무주인 개인은 양벌규정에 따른 형사처벌의 대상이 될 수 있다.

법인 아닌 단체 중에서 '법인으로 보는 단체'에 해당하지 않는 것은, 소득세법상 일정한 경우 1거주자로 될 수 있고(소득세법 2조 3항),[20] 부가가치세법상 사업자에 해당할 수 있다(부가가치세법 2조 3호, 3조 1항). 그러나 조세범처벌법상 양벌규정의 '개인'은 그 통상적 의미에 따라 자연인을 뜻하는 것으로 봄이 합리적이고, 소득세법이나 부가가치세법상 납세의무자로 취급된다고 하여 곧바로 '개인'에 해당한다고 볼 것은 아니다.[21][22] 따라서 법인 아닌 단체의 대표자나 사용인 등이 조세범칙행위를 하였다고 하더라도, 위 단체를 조세범처벌법 제18조의 '개인'으로 보아 처벌하기는 어렵다.[23] 그렇게 볼 경우 행위자는 '개인'의 대리인 등에 해당하지 않으므로, 처벌할 수 없게 된다.[24] 따라서 이 부분은 조세범처벌법 제18조의 '개인'에 법인 아닌 단체를 추가하는 방법의 입법적 개선이 필요하다.[25]

---

18) 공정거래법 위반으로 인한 과징금에 관한 판례로 대법원 2007. 11. 29. 선고 2006두18928 판결
19) 대법원 1982. 3. 23. 선고 81도1450 판결
20) 법인 아닌 단체 중 '법인으로 보는 단체'가 아닌 것은, 구성원 간 이익분배비율이 정해져 있지 않고 실제로 이익이 분배되지도 않은 경우, 소득세법상 1거주자로 된다(소득세법 2조 3항).
21) 그 근거로 다음과 같은 것들을 들 수 있다. ① 조세범처벌법은 법인 아닌 단체 중 세법상 법인으로 취급되는 것에 대하여는 양벌규정의 법인에 포함된다고 명시하면서도, 법인으로 취급되지 않는 법인 아닌 단체에 대하여는 아무런 규정을 두고 있지 않다. 죄형법정주의에 따라 형벌법규의 유추적용이나 확장해석은 허용되지 않는다. ② 법인 아닌 단체가 소득세법상 1거주자로 취급되는 경우에도, 개인에 준하여 과세되지만, '개인'으로 되는 것은 아니다. ③ 부가가치세법은 법인 아닌 단체를 개인과 구별하여 규정한다(부가가치세법 3조 1항).
22) 대법원 2021. 10. 28. 선고 2020도1942 판결 : "구 「개인정보 보호법」은 제2조 제5호, 제6호에서 공공기관 중 법인격이 없는 '중앙행정기관 및 그 소속 기관' 등을 개인정보처리자 중 하나로 규정하고 있으면서도, 양벌규정에 의하여 처벌되는 개인정보처리자로는 같은 법 제74조 제2항에서 '법인 또는 개인'만을 규정하고 있을 뿐이고, 법인격 없는 공공기관에 대하여도 위 양벌규정을 적용할 것인지 여부에 대하여는 명문의 규정을 두고 있지 않으므로, 죄형법정주의의 원칙상 '법인격 없는 공공기관'을 위 양벌규정에 의하여 처벌할 수 없고, 그 경우 행위자 역시 위 양벌규정으로 처벌할 수 없다고 봄이 타당하다."
23) 김태희, 77쪽. 이와 달리 안대희 등, 262쪽은, 위 경우 소득세법이 법인 아닌 단체를 개인에 준하여 납세의무를 인정하므로, 위 단체가 조세범처벌법 제18조의 '개인'에 포함된다고 본다.
24) 대법원 2021. 10. 28. 선고 2020도1942 판결
25) 일본 세법은 양벌규정의 '법인의 대표자'에 비법인사단 등의 관리인이 포함된다고 명시적으로 규정한다. 일본 소득세법 제243조 제1항, 일본 법인세법 제163조 제1항, 일본 소비세법 제67조 제1항

(2) 업무주 : 실질적인 사업주

양벌규정의 업무주인 '법인 또는 개인'은 단지 형식상의 사업주가 아니라 자기의 계산으로 사업을 경영하는 실질적인 사업주를 말한다.[26] 따라서 타인에게 사업자등록 명의만을 대여하고 실제로 그 사업자등록에 의한 사업을 영위하지 않는 자는, 그 사업자등록과 관련한 소득세의 포탈 또는 세금계산서 관련 범칙행위에 관하여 업무주로 보기 어렵다.

(3) 업무주의 고의 또는 과실

(가) 법인 책임의 근거 : 이원적 기준

대법원 판례에 따르면, 양벌규정의 취지는, 법인은 기관을 통하여 행위하므로 법인의 대표자의 행위로 인한 법률효과와 이익은 법인에 귀속되어야 하고, 법인 대표자의 범죄행위에 대하여는 법인 자신이 책임을 져야 하는바, 법인 대표자의 법규위반행위에 대한 법인의 책임은 법인 자신의 법규위반행위로 평가될 수 있는 행위에 대한 법인의 직접책임이기 때문이다. 따라서 법인은, 대표자의 고의에 의한 위반행위에 대하여는 법인 자신의 고의에 의한 책임을, 대표자의 과실(종업원 등의 위반행위에 대한 선임감독상 과실)에 의한 위반행위에 대하여는 법인 자신의 과실에 의한 책임을 져야 한다.[27][28]

(나) 법인 대표자의 고의

대법원 판례에 따르면, 법인 대표자의 고의에 의한 위반행위에 대하여는 법인이 법인 자신의 고의에 의한 책임을 지므로,[29] 조세범처벌법 제18조 단서에 따른 면책규정이 적용될 여지가 없다.

---

26) 대법원 2000. 10. 27. 선고 2000도3570 판결 : "약국을 실질적으로 경영하는 약사가 다른 약사를 고용하여 그 고용된 약사를 명의상의 개설약사로 등록하게 해두고 실질적인 영업약사가 약사 아닌 종업원을 직접 고용하여 영업하던 중 그 종업원이 약사법 위반 행위를 하였다면 약사법 제78조의 양벌규정상의 형사책임은 그 실질적 경영자가 지게 된다."

27) 대법원 2010. 9. 30. 선고 2009도3876 판결, 대법원 2018. 4. 12. 선고 2013도6962 판결, 대법원 2022. 11. 17. 선고 2021도701 판결

28) 헌법재판소는, 양벌규정 중 위반행위의 주체가 종업원 등인 경우 추가적 처벌근거 없이 영업주를 처벌하는 부분은 형사법상 책임주의에 반하여 위헌이라고 결정하는 한편(헌법재판소 2007. 11. 29. 2005헌가10 결정), 양벌규정 중 법인 대표자의 법규 위반행위에 대한 법인의 책임은 법인의 직접책임이므로, 위반행위의 주체가 대표자인 부분은 책임주의에 반하지 않는다고 판단하였다(헌법재판소 2010. 7. 29. 2009헌가25 결정). 대법원 판례는 2007년 이전에는 주로 무과실책임설을 따르면서 일부 과실책임설을 취하기도 하였으나, 위 헌법재판소 결정 이후에는 법인의 책임에 관하여 '행위책임(대표자의 위반행위), 감독책임(종업원의 위반행위)'이라는 이원설을 취하였다. 김병주, "법인의 대표이사가 선행사건 확정판결의 효력으로 면소판결을 선고받은 경우 해당 법인을 양벌규정으로 처벌할 수 있는지 여부", 대법원판례해설 제134호(2023), 531~532쪽.

29) 대법원 2010. 9. 30. 선고 2009도3876 판결, 대법원 2018. 4. 12. 선고 2013도6962 판결, 대법원 2022. 11. 17. 선고 2021도701 판결

(다) 종업원 등에 대한 선임감독상 과실

① 조세범처벌법 제18조 단서 : 증명책임의 전환

조세범죄가 법인 또는 개인의 대리인 등에 의하여 행해진 경우, 법인 또는 개인은 그 위반행위를 방지하기 위하여 해당 업무에 관하여 상당한 주의와 감독을 게을리하지 않은 경우에는, 그 조세범죄로 인하여 처벌되지 않는다(법 18조 단서). 대법원 판례에 따르면, 업무주인 법인 또는 개인은 과실이 있는 것으로 추정되므로,[30] 업무주인 법인 등에게 과실이 없다는 점에 대한 증명책임은 업무주인 법인 등에게 있다. 이는 범죄구성요건을 이루는 사실의 증명책임은 검사에게 있다는 형사소송법상 일반원칙[31]에 대한 예외에 해당한다.[32]

② 선임·감독상 과실의 판단기준

업무주인 법인 또는 개인이 상당한 주의 또는 관리·감독 의무를 게을리하였는지 여부는, 당해 위반행위와 관련된 모든 사정 즉, 당해 법률의 입법 취지, 처벌조항 위반으로 예상되는 법익 침해의 정도, 그 위반행위에 관하여 양벌규정을 마련한 취지 등은 물론, 위반행위의 구체적인 모습과 그로 인하여 실제 야기된 피해 또는 결과의 정도, 법인의 영업 규모 및 행위자에 대한 감독가능성 또는 구체적인 지휘감독관계, 법인이 위반행위 방지를 위하여 실제 행한 조치 등을 전체적으로 종합하여 판단하여야 한다.[33] 법인이 종업원에게 위반행위를 하지 않도록 교육하고, 입사 시에 그 다짐을 받는 각서를 받는 등 일반적·추상적인 감독을 하는 것만으로는 양벌규정의 면책사유에 해당할 수 없다.[34] 법인이 범칙행위를 한 종업원 등의 선임·감독을 게을리하지 않았다는 주장은 대체로 잘 받아들여지지 않는다.[35]

---

30) 대법원 1995. 7. 25. 선고 95도391 판결, 김태희, 84쪽
31) 대법원 2010. 11. 25. 선고 2009도12132 판결
32) 대법원은 양벌규정에 업무주에 대한 면책규정이 있는 경우 업무주에게 입증책임을 부과함으로써 업무주에 대한 과실의 추정을 강하게 하려는 데 목적이 있다고 판시하였다[대법원 1992. 8. 18. 선고 92도1395 판결(공중위생법), 대법원 1995. 7. 25. 선고 95도391 판결(관세법)]. 한편, 다른 법에도 범죄구성요건 또는 위법성의 증명책임을 피고인에게 지우는 예가 일부 있다. 형법상 증명책임의 전환으로는 상해죄의 동시범 특례(형법 260조), 명예훼손죄에서의 사실 및 공공이익 증명(형법 310조)이 있다. 후자에 관하여는 대법원 1996. 10. 25. 선고 95도1473 판결 : 조세범처벌법 제18조 단서에 의한 증명책임의 전환에 대하여, 증거를 사실상 지배하고 사용인에 대한 감독의무를 지는 영업주가 본인의 책임없음을 입증하는 것이 책임원칙과 조화를 이룬다고 보는 견해로, 김태희, 84쪽
33) 대법원 2010. 2. 25. 선고 2009도5824 판결, 대법원 2010. 7. 8. 선고 2009도6968 판결
34) 대법원 1992. 8. 18. 선고 92도1395 판결
35) 법인에게 직원에 대한 선임감독상 과실이 있었다고 본 사례로 ① 대법원 1980. 3. 11. 선고 80도138 판결(원심의 상피고인이던 ○○○이 피고인 법인의 수출선적사무를 전담하는 업무부장이고 같은 사람이 피고인의 대표자 또는 이사에게 알리지도 않은 채 문제의 위반행위를 혼자 범하였다는 사실만으로써는 같은 법조에 규정한 면책사유가 있는 때에는 해당하지 않는다고 봄이 상당하다), ② 대법원 1992. 8. 18. 선고 92도1395 판결(관광호텔업을 하는 법인의 종업원이 투숙객에게 윤락행위를 알선한 사례 : 피고인 법인이 종업원들에게 소론과 같이 윤락행위알선을 하지 않도록 교육을 시키고, 또 입사시에 그 다짐을 받는 각서를 받는 등 일반적이고 추상적인 감독을 하는 것만으로는 위 법 제45조 단서의 면책사유에 해당할 수는 없는 것이다).

(라) 대표자 등 행위자의 처벌 여부

양벌규정 중 법인의 대표자 관련 부분은, 법인 자신의 법규위반행위로 평가될 수 있는 행위에 대한 법인의 직접책임을 근거로 하여 법인을 처벌하는 것이지, 그 대표자의 처벌까지 전제조건이 되는 것은 아니다.[36] 위반행위를 한 종업원은 기소되지 않고 영업주만 기소된 경우에도 유죄를 인정할 수 있다.[37]

2.2. 업무주에 대한 처벌

(1) 고발

조세범처벌법 위반행위에 대하여 공소를 제기하기 위해서는 지방국세청장 등의 고발이 있어야 한다(법 19조). 친고죄의 고발에 대하여는 주관적 불가분의 효력(형소법 233조)이 인정되지 않으므로, 고발의 구비 여부는 양벌규정에 의하여 처벌받는 행위자와 법인에 대하여 개별적으로 논하여야 한다.[38]

(2) 업무주인 법인과 특가법 제8조

법인의 포탈세액이 5억 원 이상인 경우, ① 행위자인 직원 등은 특가법 제8조 제1항에 따라 가중처벌되지만, ② 위 규정은 법인에 적용되지 않으므로, 법인은 조세범처벌법 제3조의 위반죄로 처벌된다.[39]

(3) 업무주와 조세범처벌법 제20조

조세범처벌법 제20조는 형법 제38조 제1항 제2호 중 벌금경합에 관한 제한가중규정의 적용을 배제한다. 위 규정의 문언을 고려하면, 위 규정은 '범칙행위를 한 자' 즉, 행위자에 대해서만 적용되고, 양벌규정에 따라 처벌되는 업무주인 법인 또는 개인에 대하여는 적용되지 않는다고 보아야 할 것이다.[40]

---

③ 대법원 2012. 5. 9. 선고 2011도11264 판결(피고인 甲 신용정보 주식회사 소속 채권추심원들이 국민건강보험공단 사이트에 권한 없이 침입하여 정보통신망을 통하여 처리·보관되는 타인의 비밀을 침해하였다고 하여 구 정보통신망 이용촉진 및 정보보호 등에 관한 법률 위반으로 기소된 사안)

36) 대법원 2022. 11. 17. 선고 2021도701 판결(피고인 회사의 대표이사인 1심 공동피고인이 선행사건에서 정보통신망법 위반의 방조 등으로 벌금형이 확정된 것과 관련하여 정보통신망법 위반죄로 제기된 공소에 대한 면소판결이 1심에서 확정되었으나, 피고인 회사에 대하여 양벌규정을 적용한 사안)

37) 대법원 1987. 11. 10. 선고 87도1213 판결, 대법원 2006. 2. 24. 선고 2005도7673 판결

38) 대법원 2004. 9. 24. 선고 2004도4066 판결. 제3편 제1장 제3절 3. (1) 참조

39) 제2편 제1장 제11절 2. (1) 참조

40) 서울고등법원 2021. 5. 20. 선고 2020노63 판결. 제3편 제3장 제3절 3. (2)(가) 참조

제4장 조세범의 정범과 공범

1. 정범과 공범의 일반이론

(1) 정범과 공범의 체계

범죄를 1인이 저지르는 것을 단독범이라 하고, 수인이 함께 저지르는 것을 공범(최광의의 공범)이라 한다. 최광의의 공범 중에서 형벌법규의 개별 구성요건이 '2인 이상이 함께 관여하여야만 죄를 범할 수 있는 것'으로 규정된 경우(필요적 공범)를 제외한 나머지를 임의적 공범이라 한다. 임의적 공범은 형법총칙에 규정된 '공동정범, 간접정범, 교사범 및 종범'을 말한다. 그중에서 **교사범과 종범**을 협의의 공범이라고 하고, 공범이 정범과 구별되는 의미로 사용될 때에는 협의의 공범을 가리킨다.

우리 형법은 **정범·공범의 2원적 체계**(분리체계)를 기본으로 삼고 있고, 다만 과실범에 관하여는 공범의 성립이 불가능하기 때문에 예외적으로 단일정범체계를 취하고 있다.[1]

(2) 정범과 공범의 구별기준

정범과 공범의 구별기준에 관하여 통설과 대법원 판례는, 주관적 요소와 객관적 요소를 결합하여 판단하는 **행위지배설**을 취한다.[2] 이에 의하면, 행위지배는 '구성요건에 해당하는 사건진행의 장악', 즉 '사태의 핵심형상을 지배하는 것'을 의미한다. 사태의 핵심형상을 계획적으로 조종·장악하여 범행을 지배한 자는 정범이고, 그에 이르지 않고 정범의 행위를 야기하거나 촉진한 자는 공범이 된다.[3]

행위지배는 정범의 종류별로 다르게 발현된다. ① **단독정범**(직접정범)의 경우에는, 행위지배가 스스로 구성요건에 해당하는 행위를 실현하는 방식으로 나타난다(실행지배). ② **공동정범**의 경우에는, 행위지배가 공동의 범죄결의와 역할분담에 의한 구성요건의 분업적 실

---

1) 이재상·장영민·강동범, 449~450쪽
2) 이재상·장영민·강동범, 460쪽 ; 대법원 1989. 4. 11. 선고 88도1247 판결, 대법원 1997. 4. 17. 선고 96도3376 전원합의체 판결, 대법원 2004. 6. 24. 선고 2002도995 판결, 대법원 2019. 8. 29. 선고 2018도13792 전원합의체 판결
3) 이재상·장영민·강동범, 458쪽

행(기능적 행위지배)으로 이루어진다.[4] ③ **간접정범**의 경우, 행위지배는 우월적 지위에서 이용자의 의사와 계획에 따라 타인을 조종하여 범죄를 실행하는 것(의사지배)으로 나타난다.[5]

한편, **신분범**, 의무범, 목적범 등 특별한 범죄유형의 경우, 정범이 되기 위해서는 행위지배 외에 해당 구성요건에 필요한 신분, 의무, 목적 등이 있어야 한다. 따라서 형법상 신분범에 관하여 행위지배를 한 자가 신분이 없는 경우 원칙적으로 정범이 될 수 없다. 다만, **형법 제33조**는 비신분자도 신분자와 함께 공동정범이 될 수 있는 것으로 규정하기 때문에, 그 범위에서 비신분자도 기능적 행위지배를 하였으면 해당 범죄의 공동정범이 될 수 있다.

조세포탈죄는 납세의무자와 행위자(법 18조)만이 주체로 될 수 있는 형법상 진정신분범이라는 것이 대법원 판례이다.[6] 위와 같은 신분이 없는 자는 조세포탈죄의 간접정범이 될 수는 없지만,[7] 형법 제33조에 따라 조세포탈죄의 공동정범이 될 수는 있다.

다만, 납세의무와 관련이 없는 부정환급은 납세의무자가 아닌 자도 행할 수 있으므로, 신분범에 해당하지 않는다.[8]

(3) 공범의 종속성

공범이 정범의 성립에 종속하는지(공범종속성설), 아니면 정범의 성립과 관계없이 독립적으로 성립할 수 있는지(공범독립성설)가 문제된다.

형법은 '타인을 교사하여 죄를 범하게 한 자는 실행한 자와 동일한 형으로 처벌한다'(형법 31조 1항), '타인의 범죄를 방조한 자는 종범으로 처벌한다'(형법 32조 1항)고 규정하는데, 이는 공범의 종속성을 취한 것이다. 대법원도 공범의 종속성을 인정한다.[9]

공범의 종속성의 정도와 관련하여, 정범의 행위가 구성요건에 해당하고 위법하면 족하다는 견해(제한적 종속형식)가 지배적 견해이다.[10]

---

4) 대법원 1989. 4. 11. 선고 88도1247 판결, 대법원 2004. 6. 24. 선고 2002도995 판결, 대법원 2019. 8. 29. 선고 2018도13792 전원합의체 판결
5) 대법원 1997. 4. 17. 선고 96도3376 전원합의체 판결
6) 제2편 제1장 제1절 2. (1) 및 제2절 3.1. 참조
7) 제2편 제1장 제2절 3.1. (2) 참조
8) 제2편 제1장 제2절 3.2. 참조
9) 대법원 1970. 3. 10. 선고 69도2492 판결, 대법원 1978. 2. 28. 선고 77도3406 판결, 대법원 2000. 2. 25. 선고 99도1252 판결
10) 이재상·장영민·강동범, 464쪽 ; 대법원은 범인도피교사의 경우 정범이 '형법 제151조 제2항에 의하여 처벌받지 않는 친족 등'에 해당하더라도 교사범이 성립할 수 있다고 판단하였다(대법원 2006. 12. 7. 선고 2005도3707 판결). 형법 제151조 제2항은 기대불가능성을 이유로 한 책임조각사유로 볼 여지가 있는데(이재상·장영민·강동범, 792쪽), 이렇게 본다면 위 판결은 제한적 종속형식을 인정한 것이 된다(이주원, 형법총론 제2판, 박영사, 2023, 323쪽).

2. 공동정범

2.1. 공동정범의 의의

공동정범은 '2인 이상이 공동하여 죄를 범하는 것'을 말한다(형법 30조). 공동정범 규정의 존재의의는, 범죄의 일부만을 행한 자에 대하여 다른 행위자와 공동으로 저지른 범죄 전체에 대한 책임을 지우는 데 있다. 공동정범의 본질은 분업적 역할분담에 의한 기능적 행위지배에 있다.[11]

2.2. 공동정범의 성립요건

공동정범이 성립하기 위해서는 주관적 요건으로 '공동가공의 의사', 객관적 요건으로 '공동가공의 사실(실행행위의 분담)'이 필요하다.

(1) 공동가공의 의사

(가) 공동가공 의사의 의의

대법원 판례에 의하면, 공동가공의 의사는, 타인의 범행을 인식하면서도 이를 제지하지 아니하고 용인하는 것만으로는 부족하고, 공동의 의사로 특정한 범죄행위를 하기 위하여 일체가 되어 서로 다른 사람의 행위를 이용하여 자기의 의사를 실행에 옮기는 것을 내용으로 하는 것이어야 한다.[12]

공동가공의 의사(공모)는, 법률상 어떤 정형을 요구하는 것이 아니고, 2인 이상이 범죄에 공동가공하여 범죄를 실현하려는 의사의 결합만 있으면 되는 것으로서, 비록 전체적인 모의과정이 없었다고 하더라도 수인 사이에 순차적으로 또는 암묵적으로 상통하여 그 의사의 결합이 이루어지면 공모관계가 성립한다.[13]

(나) 공동의사의 범위

공동정범은 공동의사의 범위 내에서 성립한다.

---

11) 대법원 2013. 1. 10. 선고 2012도12732 판결
12) 대법원 2014. 5. 16. 선고 2012도3676 판결, 대법원 2018. 9. 13. 선고 2018도7658 판결
13) 대법원 1998. 3. 27. 선고 98도30 판결, 대법원 2002. 4. 10.자 2001모193 결정, 대법원 2006. 1. 26. 선고 2005도8507 판결

① 조세범처벌법 제3조의 조세포탈죄

조세범처벌법 제3조의 조세포탈죄에서 포탈세액 중 일부에 관해서만 공동의사가 존재하는 경우 그 범위에서 부분적으로 공동정범이 성립한다고 보아야 한다.[14][15][16] 단순일죄라고 하여 부분적 공동정범의 성립을 부정하여야 할 이유가 없고, 공동의사의 범위를 초과한 부분까지 공동정범의 성립을 인정하는 것은 불합리하기 때문이다.[17] 조세포탈의 고의는 행위자가 인식한 부정행위를 중심으로 판단되어야 하므로,[18] 공범자들이 각자 인식한 부정행위의 범위가 다르면 각 행위자별로 고의의 범위가 다를 수 있다. 특히 조세범처벌법 제3조 내에서도 포탈세액이 3억 원을 초과하는지 여부에 따라 법정형이 달라지는 경우, 그렇게 처리할 필요가 있다.

---

14) ① 서울중앙지방법원 2002. 9. 30. 선고 2001고합922 판결은 ㉮ 피고인 A, B가 허위의 복리후생비를 지출하여 법인세를 포탈하였다는 점(범죄사실 1항)에 관하여는 공동정범의 책임을, ㉯ 피고인 B가 ㉠ 예수금 계정 중에서 미확인 예금으로 기재되어 있는 금액은 환불·변제할 수 없거나 그러한 의무가 없음에도 허위의 분개전표를 작성하여 손금에 산입하였고, ㉡ 외상매입금 계정 중 '일반'으로 기재된 금액은 변제할 대상자를 확인할 수 없어 변제할 수 없고 변제의무가 없음에도 가공 인물 명의로 허위로 작성한 영수증을 첨부하는 방법으로 법인의 손금에 산입하였으며, ㉢ 임직원에 대여금을 변제받은 사실이 없음에도 이를 변제받은 것처럼 허위 분개전표를 작성하여 그 이자 상당액에 대한 법인세를 포탈하였다는 점(범죄사실 3.의 다. 내지 마.항)에 관하여는 단독정범의 책임을 인정하였다. ② 2심은 1심 판결 중 위 법인세 포탈에 관한 부분은 정당하다고 보았다(서울고등법원 2004. 1. 14. 선고 2002노2753 판결). ③ 대법원 2006. 6. 29. 선고 2004도817 판결은, 위 ㉯의 ㉠, ㉡ 부분에 대하여는 법인의 채무면제익이 포탈연도로 기소된 연도에 귀속되지 않는 이상 해당 사업연도의 법인세 탈루가 있다고 볼 수 없고, 위 ㉯의 ㉢ 부분에 대하여는 부정행위에 해당하지 않는다고 보아 각각 원심의 판단이 잘못되었다고 보았으나, 피고인 A와 B의 조세포탈 범위가 달라질 수 있다는 점 자체를 문제삼지는 않았다.
15) 이와 달리 단순일죄인 조세포탈의 일부에 대한 공범의 성립을 인정하는 것은 이론상 모순이라는 견해로 안대희 등, 464쪽[일본 법원도 같은 입장이라고 한다(안대희 등, 462쪽)] : 김태희, 118쪽은, '조세범칙행위의 일부에 가담한 공범자의 책임은 해당 조세범죄의 결과 전체에 미친다'고 하면서 '일부의 실행에만 가담한 공범자가 인식하지 못한 행위에 관한 부분은 양형시 정상으로 참작되어야 한다'고 하고, 안대희 등, 464쪽과 같은 견해로 보인다.
16) 서울지방법원 1999. 1. 15. 선고 98노2801 판결은, 피고인 2가 피고인 1과 공모하여 1997. 10. 1.경부터 1998. 2. 28.경까지 피고인 1이 운영하는 회사가 타인으로부터 재화나 용역을 공급받음이 없이 수 회에 걸쳐 무거래 세금계산서를 교부받고 이에 기하여 1997. 11. 25.경 거짓 세금계산서합계표를 세무서에 제출하고 부가가치세의 환급신청을 함으로써 부가가치세를 부정환급받았다는 점 등으로 기소된 사건에서, 피고인 2가 위 회사에 1997. 12. 4. 입사하였는데, ① 위 무거래 세금계산서 수수의 공소사실 중 위 입사일 전에 행해진 부분에 관하여 피고인 2가 피고인 1과 공모하여 저질렀다고 인정할 증거가 없다는 이유로 무죄로 인정하면서도, ② 위 입사일 전인 1997. 11. 25.경 행해진 부가가치세 환급신청에 기한 부가가치세 부정환급의 점에 대하여는 피고인 2가 피고인 1과 공모하였다는 이유로 유죄로 판단하였으나, 그 타당성은 의문스럽다.
17) 가령, 법인의 대표자 A가 가공비용 100원을 계상하도록 임원 B에게 지시하였는데, B가 위 100원 외에 법인의 돈을 횡령하기 위하여 몰래 가공비용 50원을 추가로 계상한 경우, A는 위 100원 부분에 대하여는 조세포탈죄의 책임을 지지만, 위 50원 부분에 대하여는 A의 고의가 존재하지 않고, 그 부분은 공동의사의 범위를 초과한 것이므로 공동정범이 성립한다고 보기 어렵다.
18) 제2편 제1장 제6절 2.2. (2) 참조

② 특가법 제8조 위반죄

특가법 제8조 위반죄와 관련하여 공범 중 일부가 인식하지 못한 부정행위에 따른 포탈세액이 있는 경우, 그 부분을 제외하고 그가 인식한 부정행위에 따른 포탈세액을 토대로 공동정범의 성립범위가 정해져야 한다.[19] 만일 공범 중 일부가 인식한 부정행위에 따른 포탈세액의 합계액이 5억 원 미만이고, 다른 공범이 인식한 부정행위에 따른 포탈세액의 합계액이 5억 원 이상인 경우, 전자의 공범은 조세범처벌법 제3조에 의한 기본적 조세포탈죄의 공동정범의 죄책을 지고, 후자의 공범은 특가법 제8조 위반죄의 죄책을 진다.

(다) 실행행위의 도중에 가담한 경우 : 승계적 공동정범

① 형법의 일반론

공동의사가 실행행위의 도중, 즉 실행행위의 일부 종료 후 기수 전에 성립한 경우(승계적 공동정범) 후행자는 그 가담 이후의 행위에 관하여만 공동정범의 책임을 진다는 것이 형법학계의 일반적 견해이다.[20] 대법원은 ㉮ 단일한 행위로 구성되는 단순일죄의 경우에는 후행자가 전체 행위에 대한 공동정범의 책임을 지지만,[21] ㉯ 수 개의 행위로 구성되는 포괄일죄의 경우에는 후행자가 가담 이후의 범행에 대하여만 공동정범의 책임을 진다[22]고 본다.[23]

② 조세범처벌법 제3조의 조세포탈죄

소득은닉행위는 과소신고 또는 미신고와 결합되어 조세포탈죄의 실행행위(부정행위)를 구성한다고 보아야 하므로,[24] 소득은닉행위의 전부 또는 일부가 종료한 후 나머지 소득은닉행위 또는 과소신고 등에 관여한 자도 전체 부정행위로 인한 조세포탈에 대하여 공동정범이 될 수 있다.[25] 따라서 회사의 임직원이 종전부터 계속되어 오던 부정행위를 인식하면

---

19) 안대희 등, 465쪽도 같은 취지로 보인다.
20) 이재상·장영민·강동범, 493쪽
21) ① 대법원 1985. 8. 20. 선고 84도1373 판결(사기죄) : "피고인이 원심 공동피고인과 피해자들을 기망하여 판시 양도계약을 체결할 것을 사전에 모의한 바 없었다 하더라도 피해자들이 원심 공동피고인의 기망행위에 의하여 이미 착오에 빠져 있었고 피고인이 그 양도계약체결에 당하여 원심 공동피고인의 기망내용이 사실이냐고 묻는 피해자들에게 사실이라고 확인하였다면 피고인에게는 원심 공동피고인과 공동으로 피해자들을 기망하여 판시 양도계약을 체결하려 한 공동실행의 의사가 있었다 할 것이다. 원심이 같은 취지에서 제1심 판시 사기범행은 피고인과 원심 공동피고인의 공동범행이라고 판단하였음은 정당하고", ② 대법원 1997. 2. 14. 선고 96도1959 판결(공갈죄) : "공범자가 공갈행위의 실행에 착수한 후 그 범행을 인식하면서 그와 공동의 범의를 가지고 그 후의 공갈행위를 계속하여 재물의 교부나 재산상 이익의 취득에 이른 때에는 공갈죄의 공동정범이 성립한다", ③ 계속범인 범인도피죄의 경우에도 같다. 대법원 1995. 9. 5. 선고 95도577 판결, 대법원 2012. 8. 30. 선고 2012도6027 판결
22) 대법원 1997. 6. 27. 선고 97도163 판결(수 개의 배임행위가 포괄일죄에 해당하는 사안)
23) 이주원, 앞의 책, 342~343쪽
24) 제2편 제1장 제4절 1.2. (2) 참조

서 이를 이어받아 실행한 경우에는, 자신이 관여하기 전에 행해진 부분에 대해서도 조세포탈죄의 공동정범이 될 수 있다.[26)]

③ 특가법 제8조 위반죄

특가법 제8조 위반죄의 포탈세액은 동일한 '연간'에 속하는 수 개의 세목을 합산하여 산정된다.[27)] 중도가담자의 공동정범의 성립범위는 조세포탈죄의 실행행위인 부정행위를 단위로 판단하는 것이 합리적인데, 특가법 제8조의 구성요건은 개개 세목의 부정행위를 통합한 별도의 부정행위를 규정한 것이 아니라 개개 세목의 포탈세액을 합산한 것에 불과하다. 이러한 점[28)]을 고려하면, 특가법 제8조 위반죄의 경우, 승계적 공동정범의 성립 여부는 합산되는 개개의 세목을 기준으로 판단하여야 하고, 합산되는 세목 중 가담 이전에 이미 기수에 이른 것에 관하여는 중도 가담자의 공동정범이 성립하지 않는다고 보는 것이 타당하다.[29)]

④ 특가법 제8조의2 위반죄

수 개의 세금계산서 관련 범죄는 포괄하여 특가법 제8조의2 위반죄의 일죄를 구성할 수 있다.[30)] 대법원은, 포괄일죄의 범행 도중에 공동정범으로 범행에 가담한 자는, 비록 그가 범행에 가담할 때에 이미 이루어진 종전의 범행을 알았다 하더라도, 그 가담 이후의 범행에 대하여만 공동정범으로 책임을 진다고 판시하였다.[31)] 따라서 포괄일죄인 특가법 제8조의2

---

25) 안대희 등, 464쪽 ; 김태희, 118쪽

26) 법원은, 피고인 2가 공소외 회사의 재무담당 상무로 발령받아 2004. 11. 8.부터 출근하여 그 전부터 위 회사의 회장실 재무팀에서 계속되어 왔던 위 회사의 회장인 피고인 1의 차명주식 보유·매각 및 부외자금 조성 등에 관여하게 되었고, 이에 따라 2004년도 차명주식의 보유·매각에 따른 피고인 1의 양도소득 및 배당소득이나 부외자금과 관련된 공소외 회사의 소득이 발생한 사실을 인식하였음에도 양도소득을 신고하지 않고 법인세를 과소신고한 사안에서, 피고인 2가 2004. 11. 7. 이전의 차명주식 보유·매각 및 부외자금 조성에 관여한 바 없더라도, 그러한 사실을 알면서 2004년 소득신고에 관여한 이상 피고인 1의 양도소득 및 종합소득에 대한 소득세 및 공소외 회사의 법인세의 포탈에 대한 공동정범의 죄책을 진다고 판단하였다. 서울중앙지방법원 2014. 2. 14. 선고 2013고합710, 624(병합) 판결, 서울고등법원 2014. 9. 12. 선고 2014노668 판결, 대법원 2015. 9. 10. 선고 2014도12619 판결

27) 제2편 제1항 제11절 2. (2) 참조

28) 또한, 특가법 제8조의 법정형이 무거운 점을 고려하면, 그 적용범위가 과도하게 확대되지 않도록 할 필요가 있다.

29) 안대희 등, 465쪽 ; 따라서 가령, 법인의 대표자 A가 20×1년에 포탈한 법인세 및 부가가치세의 합계액이 7억 원으로서[20×0년 법인세 3억 원(기수시기 20×1. 4. 1.), 20×0년 2기 부가가치세 2억 원(기수시기 20×1. 1. 26.), 20×1년 1기 부가가치세 2억 원(기수시기 20×1. 7. 26.)] 5억 원을 초과하여 특가법 제8조를 적용받는 경우, B가 A의 범행에 20×1. 5. 1. 가담하였다면 B는 그 이전에 이미 기수에 이른 20×0년 법인세 및 20×0년 2기 부가가치세의 포탈에 관하여는 공동정범이 될 수 없고, 그 이후에 행해진 20×1년 1기 부가가치세 2억 원에 관하여만 공동정범이 될 수 있으므로, 특가법 제8조 위반이 아닌 조세범처벌법 제3조 위반의 죄책을 질 뿐이라고 보아야 한다.

30) 대법원 2015. 6. 23. 선고 2015도2207 판결, 제2편 제2장 제3절 6.2.3. (1)(나) 참조

31) 대법원 1982. 6. 8. 선고 82도884 판결(연속된 필로폰 제조행위 도중에 가담한 경우), 대법원 1997. 6. 27.

위반죄를 구성하는 수 개의 가공 세금계산서의 발급행위 중 일부에 관해서만 공동의사가 존재한 경우, 그 범위에서만 조세포탈죄의 공동정범이 성립한다고 보아야 할 것이다.

(라) 공동의사가 성립할 수 있는 종기

공동의사는 상태범의 경우 기수시까지 있어야 한다. 대법원 판례에 의하면 조세포탈죄는 상태범이므로,[32] 공동의사는 조세포탈죄가 기수에 이를 때까지 있으면 족하다. 조세포탈죄의 기수 이후에는 공동정범은 성립할 수 없다.[33]

(마) 공동의사가 없는 경우

조세포탈의 행위자들 사이에 공동의사가 없는 경우, 가령 사업주와 종업원이 각각 서로 모르게 매출누락 등으로 조세를 포탈한 경우에는, 공동정범이 성립하지 않고, 독립행위의 경합(형법 19조)이므로, 각자 자신의 조세포탈에 대한 단독정범이 될 것이다.[34]

(2) 공동가공의 사실(실행행위의 분담)

(가) 원칙

공동가공의 사실은, 행위자가 구성요건의 전부를 동시에 실현하거나 일부를 분담한 경우뿐만 아니라, 타인의 범행 중 '망'을 보는 등 범행의 수행에 필수적인 역할을 분담한 경우에도 인정된다.[35]

(나) 구체적 검토

① 세무사 · 회계사 또는 변호사

세무사 · 회계사 또는 변호사가 납세의무자에게 구체적인 조세포탈 방법을 조언하거나 이를 실행한 경우, 조세포탈의 방조범을 넘어서 공동정범을 구성할 수 있다. 조세범처벌법 제9조 제1항은 세무사의 거짓 세무신고행위를 처벌하지만, 위 규정과 별개로 세무사의 조세포탈죄에 대한 공동정범이 성립할 수 있다.[36][37] 다만, 우리나라의 경우 실무상 세무사

97도163 판결(업무상배임), 대법원 2007. 11. 15. 선고 2007도6336 판결(증권거래법 위반)

32) 대법원은 공소시효와 관련하여 조세포탈죄를 상태범(즉시범)으로 판단한 것으로 보인다(대법원 2019. 10. 17. 선고 2018도16652 판결).

33) 제2편 제1장 제1절 2. (3) 참조

34) 안대희 등, 465쪽

35) 대법원 1971. 4. 6. 선고 71도311 판결

36) 안대희 등, 466쪽

37) 일본 법원은, ① 세무사가 조세포탈 방법을 조언한 사건에서 세무사가 범죄의 실행에 준하는 중요한 역할을 수행하였다는 이유로 공동정범으로 인정하였고[東京高判 1966.(昭和 41.) 2. 18.], ② 세무사가 가공비용의 세상 등 구체적인 부정경리의 지시 · 조언을 하고 다액의 보수를 얻은 사건에서 행위자인 회사의 대표이사와 공동정범이 될 수 있다고 판단하였다[東京高判 1987.(昭和 62.) 2. 2.]. 안대희 등, 466~467쪽에서 재인용

등이 조세포탈에서 중요한 역할을 수행한 경우에도 조세포탈죄의 공동정범으로 기소되는 예는 드물다.[38]

② 사업자등록명의의 대여

사업자등록명의를 대여한 명의인이 조세포탈죄의 공동정범에 해당하기 위해서는 명의인에게 실제 사업자(명의차용자)가 그 사업자등록을 이용하여 조세를 포탈한다는 점에 대한 고의가 있어야 할 것이다. 대법원은, 피고인이 자신의 이름으로 사업자등록을 하였으나, 실제로는 친형이 자금을 대고 위 사업자등록을 이용하여 고물상 영업을 하면서 실제 매출액보다 과소 신고함으로써 그 차액에 해당하는 부가가치세를 포탈하였다는 혐의로 기소된 사건에서, 사업자등록을 피고인 명의로 하였다는 사실만으로 피고인에게 조세포탈의 목적이 있었다고 볼 수 없다고 판단하였다.[39]

(3) 공모공동정범

(가) 공모공동정범의 인정 여부 및 요건

공모공동정범은, 사전에 범죄를 모의(공모)하였으나 그 실행행위를 직접 하지 않은 자도 공동정범으로 인정하는 판례이론을 말한다.[40] 구성요건행위를 직접 분담하여 실행하지 않은 공모자가 공모공동정범으로 인정되기 위해서는, 전체 범죄에 있어서 그가 차지하는 지위·역할이나 범죄경과에 대한 지배 내지 장악력 등을 종합하여, 그가 단순한 공모자에 그치는 것이 아니라 범죄에 대한 본질적 기여를 통한 기능적 행위지배가 존재하는 것으로 인정되어야 한다.[41] 대법원은 조세포탈죄에 관하여도 공모공동정범의 성립을 인정하였다.[42]

(나) 구체적 판단기준

① 회사의 실질적 경영자 또는 개인 사업주

회사의 실질적 경영자나 개인 사업주가 조세포탈 방침을 정하고 임직원 등에게 이를 지

---

38) 가령, 서울중앙지방법원 2012. 8. 10. 선고 2012고합83 판결(대법원 2013. 4. 11. 선고 2012도13705 판결의 1심)의 사안(상증세 플랜 사건)에서 회계사인 피고인들은 외국법인의 설립 및 투자를 통한 공동피고인의 법인세 포탈에 상당한 관여를 하였으나, 조세포탈죄로 기소되지 않고 공인회계사법 위반죄 등으로만 기소되었다.
39) 대법원 1983. 11. 8. 선고 83도510 판결
40) 형법학계의 다수 견해는 공모공동정범을 부정한다. 이에 관하여는 이재상·장영민·강동범, 505쪽 참조
41) 대법원 2007. 10. 26. 선고 2007도4702 판결, 대법원 2010. 7. 15. 선고 2010도3544 판결, 대법원 2016. 8. 30. 선고 2013도658 판결, 대법원 2018. 4. 19. 선고 2017도14322 전원합의체 판결 ; 대법원은 과거에는 공모공동정범의 인정근거를 공동의사주체설 또는 간접정범유사설에서 찾기도 하였으나(대법원 1983. 3. 8. 선고 82도3248 판결, 대법원 1988. 4. 12. 선고 87도2368 판결), 대법원 2007. 10. 26. 선고 2007도4702 판결 이후에는 행위지배설을 근거로 판단하고 있다.
42) 대법원 2008. 4. 24. 선고 2007도11258 판결(금지금 사건)

시하여 부정행위를 하게 한 경우, 직접 부정행위의 일부를 실행하지 않고 부정행위의 상세한 내용을 인식하지 못하였더라도, 조세포탈죄의 (공모)공동정범의 책임을 진다고 보아야 한다.[43)]

이는 실질적 경영자의 지위를 승계한 자의 경우에도 같다. 피고인의 남편이 공소외 회사들의 대주주이고 각 이사회의 회장으로서 위 회사들을 경영하면서 위 회사들의 대표이사 및 관계 임직원들과 공모하여 조세포탈을 해오다가 사망하였는데, 이후에도 위 회사들의 대표이사 및 관계 임직원들의 공모에 의한 조세포탈행위는 계속되었고, 망인의 처인 피고인이 사실상 망인의 지위를 승계하고 각 회사의 이사이자 비공식적인 회장으로 처우받으면서 실질적으로 경영에 관여함으로써 각 회사에서 조세포탈행위가 이루어지는 사실을 알았으며, 나아가 돈을 주며 세무공무원 등의 자문을 받는 등 그 조세포탈행위가 이루어지도록 가공하여 그로 인한 이익금의 일부를 분배받은 사건에서, 법원은, 피고인이 조세포탈을 새로이 모의하거나 구체적인 실행행위를 분담한 바가 없다고 하더라도, 피고인과 위 각 회사의 대표이사 및 관계 임직원들 사이에 조세포탈의 공범관계가 성립된다고 판단하였다.[44)]

② 회사의 실질적 경영자가 아닌 임직원

회사의 실질적 경영자가 아닌 임직원이 스스로 부정행위를 하거나 부정행위를 한 자와 공모를 하지 않은 경우에는, 원칙적으로 공동정범의 죄책을 지지 않는다.

㉮ 회사의 이사, 감사, 부사장인 피고인들이 회사에서 매출누락 등의 방법으로 조세포탈이 행해지는 사실은 알았으나, 회사 및 계열사의 운영 및 재정 등 업무는 대표이사가 제3자와 협의하여 총괄 처리하고, 피고인들은 매출누락을 모의하거나 직접 가담한 사실이 없는 사건에서, 법원은, 피고인들이 조세포탈행위를 알고 있었다는 사정만으로는 조세포탈죄의 공동정범의 죄책을 지지 않는다고 판단하였다.[45)]

㉯ 피고인은 A 회사의 실질적인 대표이사인 甲의 권유로 1998. 1.경 A 회사에 입사하여 주로 일본에서 제품의 판매활동에 종사하였는데, 甲은 1998. 1.~2.경 A 회사의 재고자산 약 973억 원을 미국 소재 B 회사에 수출하는 형식으로 유출하였고, 피고인은 1998. 6.경 일본에서 귀국하여 사표를 제출하였다가 A 회사가 1998. 7.~8.경 부도가 나 휴면법인의 상태에 있게 되자, A 회사의 잔무처리 등을 위하여 대표이사로 취임한 후 인계받은 회계장부를

---

43) 안대희 등, 458쪽
44) 대법원 1987. 12. 22. 선고 87도84 판결. 위 판결은, 회사의 기존 경영자의 지위를 승계한 배우자가 회사의 임직원들과 조세포탈의 공동정범이 될 수 있다고 판시하면서, 그 이유로 위와 같이 판시하였다. 그러나 위 사건에서 배우자는 회사의 실질적 경영자인 망인의 지위를 승계하여 양벌규정의 행위자인 '대표자'에 해당한다고 볼 여지가 있으므로, 굳이 위와 같은 판시가 없더라도, 배우자를 조세포탈의 공동정범으로 인정하는 것이 가능하다.
45) 서울고등법원 1998. 3. 3. 선고 97노1138 판결, 대법원 1998. 6. 23. 선고 98도869 판결

토대로 1999. 3.경 대표이사로서 A 회사의 1998 사업연도 법인세 신고를 한 사건에서, 법원은, 피고인이 위 법인세 신고 전에 甲의 재고자산 유출행위를 알았다고 하더라도, 피고인이 甲과 공모하여 A 회사의 재고자산을 B 회사에 수출하는 방법으로 유출하였음을 인정할 증거가 없고, 허위의 장부를 작성하는 등 법인세 포탈을 위하여 적극적인 행위를 하지 않은 이상, 피고인의 행위는 사기 기타 부정한 행위에 해당한다고 볼 수 없다고 판단하였다.[46]

ⓐ 회사의 실질적 경영자가 아닌 임직원이 종전부터 계속되어 오던 부정행위를 인식하면서 이를 이어받아 실행한 경우, 조세포탈죄의 공동정범의 죄책을 진다.[47]

(4) 공모관계의 이탈

(가) 일반론

① 실행의 착수 전에 이탈한 경우

공모공동정범에서 공모자 중 1인이 다른 공모자가 실행행위에 이르기 전에 그 공모관계에서 이탈한 때에는, 그 이후의 다른 공모자의 행위에 관하여 공동정범의 책임을 지지 않는다.[48] 다만, 공모관계에서의 이탈은 공모자가 공모에 의하여 담당한 기능적 행위지배를 해소하는 것이 필요하므로, 공모자가 공모에 주도적으로 참여하여 다른 공모자의 실행에 영향을 미친 때에는, 범행을 저지하기 위하여 적극적으로 노력하는 등 실행에 미친 영향력을 제거하지 아니하는 한 공모관계에서 이탈하였다고 할 수 없다.[49]

② 실행의 착수 후에 이탈한 경우

공모공동정범에서 공모자 중 1인이 실행의 착수 이후에 공모관계에서 이탈한 경우에는, 그 이후의 다른 공모자의 행위에 관하여 공동정범의 책임을 면할 수 없다.[50]

---

46) 대전고등법원 2003. 6. 20. 선고 2002노654 판결
47) 서울중앙지방법원 2014. 2. 14. 선고 2013고합710, 624(병합) 판결, 서울고등법원 2014. 9. 12. 선고 2014노668 판결, 대법원 2015. 9. 10. 선고 2014도12619 판결
48) 대법원 1986. 1. 21. 선고 85도2371 판결, 대법원 1991. 1. 26. 선고 94도2654 판결, 대법원 1995. 7. 11. 선고 95도955 판결
49) 대법원 2008. 4. 10. 선고 2008도1274 판결
50) 대법원 1984. 1. 31. 선고 83도2941 판결, 대법원 2018. 1. 25. 선고 2017도12537 판결, 대법원 2002. 8. 7. 선고 2001도513 판결(피고인이 공범들과 다단계금융판매조직에 의한 사기범행을 공모하고 피해자들을 기망하여 그들로부터 투자금 명목으로 피해금원의 대부분을 편취한 단계에서 위 조직의 관리이사직을 사임한 후 공범들이 피해자들로부터 투자금 명목의 편취금액을 수수한 사건), 대법원 2011. 1. 13. 선고 2010도9927 판결(피고인이 갑 투자금융회사에 입사하여 다른 공범들과 특정 회사 주식의 시세조종 주문을 내기로 공모한 다음 시세조종행위의 일부를 실행한 후 갑 회사로부터 해고를 당하여 공범관계로부터 이탈하였고, 다른 공범들이 그 이후의 나머지 시세조종행위를 계속한 사안)

(나) 조세포탈죄에서 문제된 사례

대법원은, 피고인 1이 2004. 2. 25. A 회사에 대한 업무상 배임 등으로 구속되자, 그 때부터 처인 피고인 2가 남편인 피고인 1을 대행하여 그의 지시를 받아 A 회사를 운영하면서 각 가맹점업주와 가맹점 계약을 체결하고 그들로부터 받은 가맹비 등에 대하여 세금계산서를 발급하지 않는 등의 방법으로 매출액을 누락시키는 부정행위를 하고, 2005. 1.경 A의 2004년 2기분 부가가치세를, 2005. 3.경 A의 2004년도 법인세를 각각 신고하면서 허위로 매출액을 축소 신고하였으며, 피고인 1은 2004. 11. 22. 피고인 2와 협의이혼에 합의하기 전까지 피고인 2와 서신 교환이나 면회 등의 방법으로 A의 경영에 관여한 사안에서, 피고인 2가 2004년 2기분 부가가치세와 2004년도 법인세를 포탈한 피고인 2와 공범관계에 있고, 피고인 1이 2004. 12. 22. 이후 회사의 경영에 전혀 관여하지 않았더라도, 나중에 이루어진 피고인 2의 허위신고행위에 대한 공동정범의 책임을 부담한다고 판단하였다.[51]

2.3. 공동정범의 처벌

공동정범은 각자 그 죄의 정범으로 처벌된다(형법 30조). 조세포탈죄는 납세의무자 또는 행위자만이 그 주체로 될 수 있는 신분범이지만,[52] 형법 제33조에 따르면 그러한 신분이 없는 자도 조세포탈죄의 공동정범이 될 수 있다. 형법 제33조는 신분범의 정범이 될 수 없는 비신분자로 하여금 공동정범이 될 수 있게 하는 특별규정에 해당한다.[53]

---

51) 대법원 2008. 7. 24. 선고 2007도4310 판결 : "피고인 2는 남편인 피고인 1이 업무상배임 등으로 구속된 2004. 2. 25.부터 2004. 7. 5.까지는 피고인 1의 지시를 받고 그를 대행하여, 2004. 7. 6. 이후에는 대표이사로서 '(상호 생략)에프씨'를 운영하여 온 사실, 피고인 2는 위 기간 동안 각 가맹점업주와 가맹점 계약을 체결하고 그들로부터 받은 가맹비와 가맹점개설비 등에 대하여 세금계산서를 발급하지 아니하는 등 원심 판시와 같은 방법으로 매출액을 누락시키거나 줄이는 부정행위를 한 후, 2005. 1.경 2004년 2기분 부가가치세를, 2005. 3.경 2004년도 법인세를 각각 신고하면서 허위로 매출액을 축소 신고한 사실, 이 사건에서 가장 늦게 체결된 가맹점계약은 위 협의이혼 합의 전인 2004. 10. 26. 신부점 업주 공소외 2와 체결한 것인 사실, 피고인 1은 2004. 11. 22. 피고인 2와 협의이혼에 합의하기 전까지 피고인 2와 서신 교환이나 면회 등의 방법으로 '에프씨'의 경영에 관여하여 온 사실을 인정할 수 있는바, 앞서 본 법리에 비추어 보면, 피고인 1은 2004. 2. 25.부터 2004. 11. 22.경까지 직접 조세포탈행위를 분담한 바가 없다고 하더라도 2004년 2기분 부가가치세와 2004년도 법인세를 포탈한 피고인 2와 조세포탈의 공범관계에 있다고 할 것이고, 피고인 1이 2004. 11. 22. 피고인 2와 협의이혼에 합의한 이후로 '(상호 생략)에프씨'의 경영에 전혀 관여하지 않았다고 하더라도, 나중에 이루어진 피고인 2의 허위신고행위에 대하여도 공동정범으로서의 형사책임을 부담한다고 할 것이다."
52) 제2편 제1장 제1절 2. (1) 및 제2절 3.1. 참조
53) 이재상 · 장영민 · 강동범, 537쪽

3. 간접정범

3.1. 일반론

간접정범은 타인을 도구로 이용하여 범죄를 실행하는 정범의 유형을 말한다. 형법은 어느 행위로 인하여 처벌되지 않는 자 또는 과실범으로 처벌되는 자를 교사·방조하게 한 자를 교사·방조의 예에 의하여 처벌한다(형법 34조 1항). 간접정범은 교사범과 유사하지만, 타인을 조종하여 도구로 이용하는 의사지배의 측면에서 정범성을 갖는다.[54]

신분범의 경우 비신분자가 간접정범의 형태로 범할 수 있는지 문제된다. 대법원 판례는, 비신분자가 신분범의 간접정범이 될 수 없다고 보지만,[55] 일정한 예외를 인정한다.[56]

3.2. 조세포탈죄의 간접정범

(1) 원칙

조세포탈죄는 납세의무자와 행위자만이 주체로 될 수 있는 형법상 진정신분범이다.[57] 간접정범은 단독정범의 한 형태이므로, 비신분자는 신분자를 이용하여 진정신분범의 간접정범이 될 수 없다.[58] 따라서 납세의무자와 행위자가 아닌 자는 원칙적으로 조세포탈죄의 간접정범이 될 수 없다.

대법원은, 부가가치세 과세대상인 재화 또는 용역을 공급받는 자는 담세자일 뿐 납세의무자가 아니므로, 독자적으로 조세포탈의 주체가 될 수 없고, 납세의무자 또는 행위자의 조세포탈에 가공한 공범이 될 수 있을 뿐이라고 판시하였다.[59]

영세율의 적용대상이 아님에도 이를 가장하여 영세율을 적용받아 물품을 공급받는 경우,

---

54) 대법원 1983. 6. 14. 선고 83도515 전원합의체 판결 ; 이재상·장영민·강동범, 470쪽
55) 대법원은, 수표의 발행인이 아닌 자는 부정수표단속법 제4조에 규정된 허위신고죄의 주체가 될 수 없고, 허위신고의 고의 없는 발행인을 이용하여 간접정범의 형태로 허위신고죄를 범할 수도 없다고 본다. 대법원 1992. 11. 10. 선고 92도1342 판결, 대법원 2003. 1. 24. 선고 2002도5939 판결, 대법원 2014. 1. 23. 선고 2013도 13804 판결
56) ① 공문서의 작성권한이 있는 공무원의 직무를 보좌하는 사람이 허위의 내용이 기재된 문서 초안을 그 정을 모르는 상사에게 제출하여 작성권한이 있는 공무원으로 하여금 허위의 공문서를 작성하게 한 경우 허위공문서작성죄의 간접정범이 성립한다(대법원 1990. 10. 30. 선고 90도1912 판결, 대법원 2011. 5. 13. 선고 2011 도1415 판결). ② 「부동산소유권이전등기 등에 관한 특별조치법」상 보증인이 아닌 사람이 허위 보증서 작성의 고의 없는 보증인으로 하여금 허위 보증서를 작성하게 한 경우 허위보증서작성죄의 간접정범이 성립한다(대법원 1997. 7. 11. 선고 97도1180 판결, 대법원 2009. 12. 24. 선고 2009도7815 판결).
57) 제2편 제1장 제1절 2. (1) 및 제2절 3.1. 참조
58) 이재상·장영민·강동범, 538쪽
59) 대법원 2008. 4. 24. 선고 2007도11258 판결

그로 인하여 포탈된 부가가치세의 납부의무자는 물품을 공급하는 판매자이므로, 판매자에게 고의가 없다면, 구입자(공급받는 자)는 간접정범의 형태로 조세포탈죄를 범한 셈이 되지만, 납세의무자의 신분이 없으므로, 부가가치세 포탈의 단독정범이 될 수 없다.[60]

(2) 특별소비세에 관한 예외적 판례

대법원은 예외적으로 특별소비세 및 교육세에 관하여 납세의무자가 아닌 담세자에 의한 조세포탈죄의 간접정범을 인정하였다.[61] 자동차대여업을 목적으로 설립된 피고인 회사가, 사실은 개인들의 자가용으로 운행하도록 할 것임에도, 그 개인들과 공모하여 마치 피고인 회사가 대여용으로 사용할 것처럼 가장하여, 승용차의 제조회사로부터 승용차를 출고받아 피고인 회사 명의로 등록한 후 개인들에게 자가용으로 운행하도록 함으로써 특별소비세 및 교육세를 포탈한 사건에서, 대법원은, 피고인 회사가 특별소비세의 납세의무자가 아니고[62] 그 담세자에 불과함에도, 조세포탈죄의 성립을 인정하였다.

(3) 면세유의 부정유통 관련

조세범처벌법 제4조 제1항은, 면세유의 부정유통과 관련하여 개별소비세 등의 납세의무자가 아닌 석유판매업자를 조세포탈의 주체로 규정한다. 이는 본래 면세유와 관련한 조세포탈죄에 필요한 신분을 결여하여 그 주체가 될 수 없는 석유판매업자를 입법으로 조세포탈의 주체로 인정한 것이다.

4. 교사범

(1) 교사범의 의의

교사범은 정범인 피교사자로 하여금 범죄를 결의하게 하여 그 죄를 범하게 한 자를 말한다.[63] 교사범은 타인이 죄를 범하도록 유도하는 점에서 간접정범과 유사하지만, 죄를 범한 자(정범)에 대한 의사지배가 인정되지 않는 점에서 간접정범과 구별된다.

---

60) 다만, 본문과 같이 영세율의 적용대상을 가장하여 물품을 구입한 자는 무자료로 세금계산서의 발급 없이 그 물품을 판매하는 것이 통상적이고, 그 단계에서 부가가치세 매출세액의 포탈이 발생한다. 제2편 제1장 제5절 2.3. (4) 참조
61) 대법원 2003. 6. 27. 선고 2002도6088 판결
62) 구 특별소비세법에 의하면, 자동차에 대한 특별소비세의 납세의무자는 이를 제조하여 반출하는 자동차회사이고(구 특별소비세법 3조 2호, 1조 2항 3호), 승용자동차 중 자동차대여사업용으로서 여객운송에 사용되는 것에 대하여는 특별소비세가 면제되었다(구 특별소비세법 18조 1항 5호). 구 특별소비세법은 2007. 12. 31. 개별소비세법으로 명칭이 변경되었다.
63) 대법원 2012. 11. 15. 선고 2012도7407 판결

(2) 교사범의 성립요건

교사범이 성립하기 위해서는 ① 교사행위, ② 교사의 고의, ③ 피교사자의 실행행위가 있어야 한다. 교사행위는 범죄의사가 없는 타인에게 범죄의 결의를 갖게 하는 것을 말한다.[64] 피교사자가 범죄의 실행을 승낙하지 않은 경우에는 교사자를 예비·음모에 준하여 처벌하고, 피교사자가 범죄의 실행을 승낙하였으나 실행에 착수하지 않은 경우에는 교사자와 피교사자를 각 예비·음모에 준하여 처벌한다(형법 31조 3항, 2항). 피교사자가 실행에 착수하였으나 미수에 그친 경우 교사자는 미수죄의 교사범으로 처벌된다.

조세범처벌법에는 미수죄를 처벌하는 규정이 없으므로, 조세범처벌법 위반죄의 교사범이 성립하려면, 피교사자인 정범이 조세범처벌법 위반죄의 기수에 이르러야 한다.

(3) 교사범의 처벌

교사범은 정범과 동일한 형으로 처벌한다(형법 31조 1항). 여기서 '동일한 형'은 법정형을 말하므로, 실제 선고되는 형은 정범과 다를 수 있다.

세무사법 및 조세범처벌법에는 조세범칙행위의 교사범에 관한 특칙이 있다. 세무사가 조세범처벌법에 규정된 범죄를 교사한 경우 해당 조문의 형기 또는 벌금의 3분의 1까지 가중하여 벌한다(세무사법 22조 2항). 세무사·공인회계사 및 변호사가 실물거래 없는 세금계산서의 발급·수취(법 10조 3항)를 알선·중개한 때에는 해당 형의 2분의 1을 가중한다(법 10조 4항 단서). 한편, 세무사 등의 범행관여가 교사에 그치지 않고 더 나아가 기능적 행위지배에까지 이른 경우에는 조세범죄의 공동정범을 구성할 수 있다.

5. 종범(방조범)

(1) 종범(방조범)의 의의

종범(방조범)은 정범의 범죄실행을 돕거나 법익침해를 강화하는 자를 말한다.

(2) 방조범의 성립요건

(가) 정범의 범죄행위

방조범이 성립하기 위해서는 정범의 범죄행위가 인정되어야 한다.[65]

---

64) 교사행위 당시 피교사자가 이미 범죄의 결의를 가지고 있는 경우에는 교사범이 성립할 여지가 없다(대법원 1991. 5. 14. 선고 91도542 판결).
65) 대법원 2020. 5. 28. 선고 2016도2518 판결(체납처분 면탈)

조세포탈의 방조범이 성립하려면 정범의 행위가 조세포탈죄의 구성요건에 해당하여야 한다. 따라서 납세의무자의 미신고·과소신고가 조세포탈죄의 부정행위에 해당하지 않는 경우, 이를 돕는 행위는 조세포탈의 방조에 해당하지 않는다. 조세포탈의 미수는 처벌되지 않으므로, 조세포탈죄의 방조범이 성립하려면 정범의 조세포탈이 기수에 이르러야 한다.

(나) 방조의 고의

방조의 고의가 인정되려면, ① 정범의 행위가 구성요건에 해당한다는 점에 대한 고의(정범의 고의)와 ② 정범의 실행행위를 방조한다는 고의(방조의 고의)가 있어야 한다. 정범의 고의는, 정범의 행위가 범죄의 구성요건에 해당한다는 사실에 대한 인식과 의사를 의미하고,[66] 미필적 고의로 충분하다.[67] 나아가 정범의 행위가 실행되는 일시, 장소, 객체 등을 구체적으로 인식할 필요가 없고, 정범이 누구인지 확정적으로 인식할 필요도 없다.[68]

이는 조세포탈죄의 경우에도 같다. 조세포탈죄의 방조범은, 정범이 누구인지를 인식할 필요가 없고,[69] 정범의 고의는 정범에 의하여 실현되는 범죄의 구체적 내용을 인식할 것을 요하지 않고 미필적 인식 또는 예견으로 족하다.[70]

(다) 방조행위

① 의의

방조는, 정범의 구체적인 범행준비나 범행사실을 알고 그 실행행위를 가능·촉진·용이하게 하는 지원행위 또는 정범의 범죄행위가 종료하기 전에 정범에 의한 법익 침해를 강화·증대시키는 행위로서, 정범의 범죄 실현과 밀접한 관련이 있는 행위를 말한다.[71]

② 개별적 검토

㉮ 납세의무자에게 가공비용을 소득에서 공제할 수 있도록 허위의 세금계산서를 발급해 주는 것은 납세의무자의 소득세포탈에 대한 방조범에 해당할 수 있다.

---

66) 대법원 2005. 4. 29. 선고 2003도6056 판결
67) 대법원 2007. 12. 14. 선고 2005도872 판결
68) 대법원 2007. 12. 14. 선고 2005도872 판결
69) 대법원 1977. 9. 28. 선고 76도4133 판결 : '피고인이 외국상품을 수입하여 국내에서 판매하는 실수요자들로부터 일정한 대가를 받고, 그가 설립한 B 주식회사 명의로 외국물품을 수입 판매하는 양 위장하여 위 실수요자들의 상품판매에 따른 영업세 및 소득세를 포탈케 하도록 방조하였다'는 범죄사실로 기소된 사건에서, 대법원은, 간접적으로 정범을 방조하는 자는 누가 정범인지를 확지할 필요가 없다고 판단하였다.
70) 대법원 2005. 4. 29. 선고 2003도6056 판결 : 금괴를 부가가치세 영세율이 적용되는 수출원자재 명목으로 구입한 후 실제로는 시중에 판매처분하고 허위로 수출신고를 하여 이를 근거로 관세를 부정환급받은 정범의 범행에 대하여, 정범이 설립한 위장수출회사의 직원인 피고인이 미필적으로나마 정범의 범행을 인식 또는 예견하고 그 실행행위를 용이하게 하였다고 볼 여지가 있다고 한 사례
71) 대법원 2022. 6. 30. 선고 2020도7866 판결

㉯ 사업자등록명의의 대여는 그 자체로 당연히 조세포탈의 방조에 해당한다고 보기는 어렵다.[72] 사업자등록명의의 대여가 조세포탈의 방조를 구성하려면, 명의인에게 방조의 고의가 있어야 하고, 이를 위해서는 실제 사업자(명의차용자)가 그 사업자등록을 이용하여 조세를 포탈한다는 점을 명의인이 미필적으로나마 인식하여야 할 것이다.

㉰ 은행이나 증권회사의 직원 등이 조세포탈에 사용된 차명계좌의 개설, 이용 등에 가공한 경우 조세포탈죄의 방조범이 될 수 있다.[73]

㉱ 부작위(不作爲)에 의한 방조는 구성요건적 결과의 발생을 방지할 작위의무(보증인 지위)가 있는 경우 성립할 수 있다.[74] 세무공무원이 납세의무자가 조세포탈을 위한 부정행위를 하는 것을 알면서도 이를 방치한 경우 조세포탈의 방조범에 해당할 수 있다.

㉲ 비신분자가 신분자를 방조한 경우에도 신분범의 방조범이 될 수 있다.[75]

(3) 방조범의 처벌

방조범의 형은 정범의 형보다 감경한다(형법 32조 2항).[76] 즉, 방조범은 형의 필요적 감경사유이다. 여기서 감경되어야 하는 것은 법정형(法定刑)이므로, 방조범에 대한 선고형이 정범보다 무겁더라도 위법이 아니다.[77] 조세범칙 사건의 실무상, 방조범의 불법성 및 비난가능성이 정범에 비하여 더 큰 경우, 방조범을 정범보다 무겁게 처벌할 수 있고, 정범에 대하여는 통고처분으로 종결하거나 기소하지 않고 종범만을 기소하는 경우도 있다.[78]

---

72) 안대희 등, 466쪽
73) 일본 법원은 ① 은행원이 납세의무자인 법인의 매출누락금액을 가공 명의의 예금계좌에 입금한 사건에서 법인세 포탈의 방조범으로 인정하였고(東京高判 1969. 6. 23.), ② 증권회사의 외무원인 피고인이 상피고인의 사업소득의 포탈을 위한 가명계좌의 분산개설 등에 자신의 이익을 위하여 관여한 사건에서 조세포탈죄의 공동정범으로 인정하였다(東京高判 1990. 4. 20.)(안대희 등, 468쪽에서 재인용).
74) ① 대법원 1985. 11. 26. 선고 85도1906 판결, ② 대법원 1984. 11. 27. 선고 84도1906 판결(은행지점장이 부하직원의 배임행위를 알면서도 필요한 조치를 취하지 않고 방치한 사건), ③ 대법원 1997. 3. 14. 선고 96도1639 판결(백화점의 상품관리를 담당하는 직원이 점주가 가짜 상표가 새겨진 상품을 판매하는 행위를 방치한 사건), ④ 대법원 2006. 4. 28. 선고 2003도4128 판결(인터넷 포털 사이트의 오락채널 총괄팀장과 오락채널 내 만화사업의 운영직원인 피고인들이 콘텐츠 제공업체들이 게재하는 음란만화의 삭제를 요구하지 않은 사건)
75) 비신분자가 신분자를 방조한 경우 방조범 규정을 적용한다고 규정한 형법 제33조 본문은 당연한 내용을 확인한 것이다. 이재상·장영민·강동범, 537쪽.
76) 다만, 관세법은 관세포탈죄의 방조범을 정범에 준하여 처벌한다(관세법 271조 1항). 관세포탈의 방조범이 구 특가법 제6조 제6항(현행 특가법 6조 7항)에 따라 처벌되는 경우 형법 제32조 제2항이 적용되지 않는다(대법원 1978. 9. 26. 선고 78도2052 판결).
77) 대법원 2015. 8. 27. 선고 2015도8408 판결
78) 제3편 제2장 제2절 5.1.

6. 대향범

(1) 일반론

대향범은 구성요건 자체에서 2인 이상의 대향적 행위의 존재를 필요로 하는 범죄를 말한다. 구성요건이 단독으로 실행할 수 있게 규정되어 있는 경우, 대향범의 형식으로 실행되었더라도 대향범에 해당하지 않는다.[79]

대향범에는 ① 대향자 쌍방에 대한 처벌규정이 있는 경우[80]와 ② 대향자 일방에 대해서만 처벌규정이 있는 경우[81]가 있다. 전자(①)의 경우, 대향자 각자에게 적용될 형벌은 처벌규정에 별도로 규정되어 있으므로, 형법총칙의 공범에 관한 규정은 적용되지 않는다는 것이 일반적 견해이다. 후자(②)의 경우 처벌규정이 없는 대향자에 대하여 형법총칙의 공범 규정이 적용될 수 있는지에 관하여는 견해가 대립한다.

대법원은, 대향범에 대하여 원칙적으로 형법총칙의 공범 규정이 적용될 수 없다고 보지만,[82] 예외적으로 배임죄에서 거래상대방이 배임행위에 적극 가담한 경우에는 공동정범이 성립할 수 있다고 판시하였다.[83]

(2) 조세범죄와 대향범

① 쌍방에 대한 처벌규정이 있는 경우

조세범처벌법 제10조 제1항의 세금계산서 미발급 등의 죄와 같은 조 제3항의 세금계산서

---

79) 대법원 2022. 6. 30. 선고 2020도7866 판결
80) 여기에는 대향자의 법정형이 같은 경우[아동혹사죄(형법 274조)]와 대향자 쌍방의 법정형이 다른 경우[수뢰죄(형법 129조 1항)와 증뢰죄(형법 133조 1항)]가 있다.
81) 공무상비밀누설죄(형법 127조), 음화등반포죄(형법 243조)
82) ① 대법원 1985. 3. 12. 선고 84도2747 판결(외국환관리법 위반), ② 대법원 1988. 4. 25. 선고 87도2451 판결(관세법 위반), 대법원 2001. 12. 28. 선고 2001도5158 판결(약사법 위반), ③ 대법원 2002. 7. 22. 선고 2002도1696 판결(동일인 대출한도 위반), ④ 대법원 2004. 10. 28. 선고 2004도3994 판결(변호사 아닌 자에게 고용되어 법률사무소의 개설·운영에 관여한 변호사의 행위가 형법 총칙상의 공모, 교사 또는 방조에 해당하더라도, 변호사를 변호사 아닌 자의 공범으로 처벌할 수 없다), ⑤ 대법원 2007. 10. 25. 선고 2007도6712 판결(세무사 직원의 비밀누설), ⑥ 대법원 2011. 4. 28. 선고 2009도3642 판결(공무상비밀누설죄에서 직무상 비밀을 '누설받은 상대방'에 대하여는 형법총칙상 공범 규정이 적용될 수 없다), ⑦ 대법원 2011. 10. 13. 선고 2011도6287 판결(의사가 환자를 직접 진찰하지 않고 처방전을 작성·교부한 행위와 대향범 관계에 있는 '처방전을 교부받은 행위')
83) 대법원 2016. 10. 13. 선고 2014도17211 판결 : "거래상대방의 대향적 행위의 존재를 필요로 하는 유형의 배임죄에서 거래상대방은 기본적으로 배임행위의 실행행위자와 별개의 이해관계를 가지고 반대편에서 독자적으로 거래에 임한다는 점을 고려하면, 업무상 배임죄의 실행으로 인하여 이익을 얻게 되는 수익자는 배임죄의 공범이라고 볼 수 없는 것이 원칙이고, 실행행위자의 행위가 피해자 본인에 대한 배임행위에 해당한다는 점을 인식한 상태에서 배임의 의도가 전혀 없었던 실행행위자에게 배임행위를 교사하거나 또는 배임행위의 전 과정에 관여하는 등으로 배임행위에 적극 가담한 경우에 한하여 배임의 실행행위자에 대한 공동정범으로 인정할 수 있다."

미수취 등의 죄는 대향범의 관계에 있다고 볼 여지가 있다.[84] 양 죄의 법정형이 동일한 상황에서 후자의 죄에 관하여 '통정하여'의 요건이 추가되어 있는 것은, 당사자 사이에 '통정'이 없는 경우 전자의 죄에 대한 형법총칙상 공범 규정의 적용을 인정하지 않으려는 취지로 볼 수 있기 때문이다.

조세범처벌법 제10조 제3항 제1호의 무거래 세금계산서 발급죄와 같은 조 제3항 제2호의 무거래 세금계산서 수취죄도 대향범의 관계에 있다고 볼 여지가 있다.[85] 여기서 대향범의 관계에 있다는 것은, 한 죄의 구성요건에 해당하는 행위 자체만으로는 다른 죄에 대한 공범으로 취급되지 않음을 의미할 뿐이고, 양 죄의 구성요건에 해당하는 행위를 각각 별도로 한 자가 양 죄로 동시에 처벌되는 것을 방해하지 않는다.[86]

대법원은, 조세범처벌법 제10조 제3항 제3호의 '재화 등의 공급자가 허위의 매출처별 세금계산서합계표를 제출하는 행위'와 '재화 등을 공급받는 자가 허위의 매입처별 세금계산서합계표를 제출하는 행위'는 대향범의 관계에 있지 않다고 판단하였다.[87]

조세의 회피 등을 목적으로 사업자등록 명의를 대여하는 행위(법 11조 2항)와 이를 대여받는 행위(법 11조 1항)는 대향범 관계에 있고,[88] 위 각 행위에 대하여 별도로 처벌규정이 마련되어 있다.

② 일방에 대하여만 처벌규정이 있는 경우

㉮ 면세유 부정유통(법 4조), 무면허 주류의 제조·판매(법 6조), 납세증명표지의 양도(법 12조 1호)의 경우 각 매수인, ㉯ 면세유류구입카드 등을 부정하게 발급받은 자(법 4조의2), ㉰

---

84) 김태희, 293쪽 ; 권형기·양인준, "조세범처벌법 제10조 제1항 및 제2항에서의 신분범과 대향범에 관한 소고 - 대법원 2018도14148 판결의 평석을 중심으로 -", 법조 69권 1호(통권 739호), 법조협회, 2019, 567쪽.

85) 김태희, 293쪽 ; 김종근, 311쪽

86) 피고인이 폭탄업체와 간판업체의 운영에 모두 관여하여 부가가치세를 포탈한 것과 관련하여, 폭탄업체와 간판업체 사이에 실물거래가 없음에도 폭탄업체가 간판업체에 무거래 세금계산서를 발급한 행위와 간판업체가 폭탄업체로부터 무거래 세금계산서를 발급받은 행위로 기소된 사안에서, ① 1심은, 무거래 세금계산서 발급죄와 무거래 세금계산서 수취죄가 대향범에 해당하고, 대향범 관계에 있는 자 사이에서는 각자 상대방의 범행에 대한 형법총칙의 공범 규정이 적용되지 않는다는 등의 이유로, 공소사실 중 무거래 세금계산서 수취 부분을 무죄로 판단하였으나, ② 2심(대전고등법원 2017. 4. 27. 선고 2016노696 판결)은 양죄는 별개의 범죄이므로, 법적 평가 역시 별개로 이루어져야 하고, 이는 대향범의 법리와 무관하다는 이유로 무거래 세금계산서 수취의 공소사실도 유죄로 인정하였다(위 판결에 대하여 대향범 주장을 하였던 피고인은 상고하지 않았기 때문에, 다른 피고인의 상고에 따른 대법원 2017. 8. 29. 선고 2017도7252 판결에는 대향범 여부에 대한 판단이 포함되지 않은 것으로 보인다).

87) 대법원 2014. 12. 11. 선고 2014도11515 판결 : "'재화 또는 용역을 공급하는 자가 허위의 매출처별 세금계산서합계표를 정부에 제출하는 행위'와 '재화 또는 용역을 공급받는 자가 허위의 매입처별 세금계산서합계표를 정부에 제출하는 행위'가 별도로 처벌된다고 하여 재화 또는 용역을 공급받는 자가 이를 공급하는 자의 허위 매출처별 세금계산서합계표 제출행위에 가담하는 경우에 공범에 관한 형법총칙의 규정이 적용될 수 없는 것은 아니므로, 재화 또는 용역을 공급받는 자가 이를 공급하는 자의 허위 매출처별 세금계산서합계표 제출행위에 가담하였다면 그 가담 정도에 따라 그 범행의 공동정범이나 교사범 또는 종범이 될 수 있다."

88) 대법원 2022. 7. 28. 선고 2020도15669 판결

거짓 기재 근로소득 원천징수영수증을 발급받은 자(법 14조 1항 1호)는 대향범으로 볼 여지가 있다.[89] 위와 같은 매수인 등에 대하여는 별도의 처벌규정이 없고, 원칙적으로 형법총칙상 공범 규정이 적용되지 않지만,[90] 상대방의 조세범죄에 적극 가담한 경우에는 예외적으로 공범이 될 수 있다.[91]

---

89) 김태희, 328 · 354 · 360쪽
90) 대법원 1970. 11. 30. 선고 70도2112 판결 : "납세증지를 양수한 자를 처벌하는 조항이 없을 뿐 아니라 납세 필증을 양수한 사람의 행위를 양도행위에 가공한 공동정범으로 볼 수 없는 것이므로 원심이 같은 견해로서 피고인의 납세증지(사용제)의 양수행위에 대하여 무죄선고를 하였음은 정당하다."
91) 대법원 2016. 10. 13. 선고 2014도17211 판결

제5장 죄수

1. 죄수의 일반론

(1) 죄수(罪數)의 의의와 기능

범죄는 ① 1개의 행위[1]가 1개의 죄를 구성하는 경우, ② 수 개의 행위가 1개의 죄를 구성하는 경우, ③ 1개의 행위가 수 개의 죄를 구성하는 경우, ④ 수 개의 행위가 수 개의 죄를 구성하는 경우로 구분된다.

행위 및 죄의 개수에 따라 실체법상 선고할 수 있는 형(처단형[2])의 범위, 공소제기의 효력 및 확정판결의 기판력의 범위 등이 달라진다.

(2) 죄수의 결정기준

죄수의 결정기준에는 ① 구성요건표준설, ② 행위표준설, ③ 법익표준설, ④ 의사표준설이 있다.[3] 대법원은 죄수를 판단할 때 구성요건표준설을 기초로 하되, 개별 범죄유형에 따라 다른 기준을 고려하는 것으로 보인다.[4]

2. 일죄와 수죄

(1) 일죄

형법상 일죄에는 단순일죄와 포괄일죄가 있다.

단순일죄는 ① 1개의 행위가 1개의 구성요건을 충족하는 것과 ② 1개의 행위가 외관상 수 개의 구성요건을 충족하는 외관을 보이지만, 형벌법규의 성질상 그 중 하나의 형벌법규

---

1) 1개의 행위는 사회관념상 행위가 사물자연의 상태로서 1개로 평가되는 것을 말한다(대법원 1987. 2. 24. 선고 86도2731 판결, 대법원 2017. 9. 21. 선고 2017도11687 판결).
2) 처단형에 관하여는 제3편 제3장 제3절 1. 참조
3) 이재상·장영민·강동범, 546~548쪽
4) 이주원, 형법총론 제2판, 박영사, 2023, 430쪽

만 적용되고 나머지 형벌법규의 적용이 배제되는 것(법조경합)을 말한다. 법조경합[5]에는 ㉮ 특별관계,[6] ㉯ 보충관계,[7] ㉰ 흡수관계[8]가 있다.

포괄일죄는 수 개의 행위가 포괄적으로 일죄를 구성하는 경우를 말한다. 포괄일죄로는 결합범, 계속범, 접속범, 연속범 및 집합범이 있다.[9]

(2) 수 개의 죄

수 개의 죄는 1개의 행위에 의한 경우와 수 개의 행위에 의한 경우로 구분된다.

(가) 상상적 경합

1개의 행위가 수 개의 죄에 해당하는 경우를 상상적 경합이라 한다. ① 상상적 경합의 경우 가장 무거운 죄에 대하여 정한 형으로 처벌된다(흡수주의, 형법 40조). ② 상상적 경합은 실체법상 수 개의 죄이지만, 소송절차상으로는 1개의 죄로 취급된다. 따라서 상상적 경합을 이루는 수 개의 죄 중 일부에 대해서만 세무공무원의 고발, 검사의 공소제기 또는 법원의 확정판결이 있더라도, 그 고발의 효력, 공소제기로 인한 공소시효의 중단 및 잠재적 심판대상의 범위, 판결의 기판력은 나머지 죄에 대하여도 미친다.[10]

(나) 실체적 경합

수 개의 행위가 수 개의 죄에 해당하는 경우를 실체적 경합이라 한다. ① 실체적 경합범을 동시에 판결할 때(동시적 경합범)에는, 가장 무거운 죄에 정한 형이 사형·무기징역·무기금고 외의 형으로서 동종(同種)의 형인 경우에는 원칙적으로 가장 무거운 죄에 정한 형의 장기 또는 다액에 그 2분의 1까지 가중하고(가중주의),[11] 이종의 형인 경우에는 각 죄에 정한 형을 병과한다(형법 38조 1항). ② 실체적 경합범 중 일부의 죄에 대하여 먼저 판결

---

5) 대법원은, 법조경합은 1개의 행위가 외관상 수개의 죄의 구성요건에 해당하는 것처럼 보이나 실질적으로 1죄만을 구성하는 경우를 말하고, 실질적으로 1죄인가 또는 수죄인가는 구성요건적 평가와 보호법익의 측면에서 고찰하여 판단하여야 한다고 본다(대법원 1998. 3. 24. 선고 97도2956 판결, 대법원 2002. 7. 18. 선고 2002도669 전원합의체 판결).
6) 특별관계는 한 구성요건이 다른 구성요건의 모든 요소를 포함하는 외에 다른 요소를 구비하여야 성립하는 경우를 말한다(대법원 1997. 6. 27. 선고 97도1085 판결, 대법원 2003. 4. 8. 선고 2002도6033 판결, 대법원 2025. 7. 3. 선고 2025도4969 판결). 조세범에서 특별관계의 예로는 조세범처벌법 제3조의 위반죄와 특가법 제8조의 위반죄, 그리고 조세범처벌법 제10조의 위반죄와 특가법 제8조의2 위반죄 간의 관계를 들 수 있다. 제2편 제1장 11절 3. 및 제2장 제3절 6.3. 참조
7) 어떤 형벌법규가 다른 형벌법규의 적용이 없을 때에 적용되는 것을 보충관계라 한다.
8) 흡수관계는 불가벌적 수반행위 또는 사후행위를 말한다.
9) 이재상·장영민·강동범, 561∼568쪽
10) 가령, 개별소비세의 포탈과 농어촌특별세의 포탈이 상상적 경합 관계에 있는데 전자에 대해서만 고발이 이루어진 경우 그 효력은 후자에 대하여도 미친다. 안대희 등, 492쪽
11) 다만, 조세포탈죄 등에 대하여는 벌금경합에 관한 제한가중 규정이 적용되지 않는다. 제3편 제3장 제3절 3. (2) 참조

이 확정되고 나머지 죄에 대하여 판결을 선고할 경우(사후적 경합범)에는, 그 나머지 죄와 먼저 판결이 확정된 죄를 동시에 판결할 경우와의 형평을 고려하여 형을 선고하고, 그 형을 감경 또는 면제할 수 있다(형법 39조 1항).

3. 조세범죄의 죄수

조세범죄의 죄수는 해당 조세범죄에 관한 부분에서 다루기로 한다.

제6장　조세범에 대한 처벌의 특례

1. 처벌절차에 관한 특례

(1) 특례의 필요성

　조세범죄의 기초가 되는 조세는 민사법과 행정법이 교차하는 매우 전문적이고 기술적인 영역에 속한다. 따라서 조세에 관한 전문지식과 경험이 부족한 일반 형사사법기관이 조세범칙사건을 형사소송법의 일반 규정에 따라 처리할 경우 업무부담이 가중되고 신속한 사건처리가 저해될 염려가 있다. 이러한 이유로 조세범처벌법과 조세범처벌절차법은 조세범죄에 관하여 형사소송법의 일반원칙에 대한 특례를 규정한다.

(2) 통고처분

　조세범죄의 경우 세무서장 등의 통고처분을 범칙행위자가 이행함으로써 법원의 관여 없이 벌금이 납부된다(조세범처벌절차법 15조). 이는 일반적 형사소송절차에서 법원의 관여 하에서만 형벌이 과해지는 것에 대한 중대한 예외에 해당한다. 다만, 통고처분을 받은 자는 이를 이행하지 않음으로써 법원의 재판을 받을 수 있는 기회가 있으므로, 통고처분 제도는 헌법상 재판청구권의 침해에 해당하지 않는다.[1]

(3) 공소제기에 관한 특칙

(가) 고발전치주의

　행위자의 범칙행위를 이유로 행위자 또는 업무주인 납세의무자에 대한 공소를 제기하기 위해서는 세무서장 등의 고발이 있어야 한다(법 21조). 따라서 세무서장 등의 고발은 검사에 의한 공소제기의 조건에 해당한다.[2]

---

1) 통고처분에 관하여는 제3편 제1장 제2절 참조
2) 고발에 관하여는 제3편 제1장 제3절 참조

(나) 공소시효

조세범처벌법 제3조부터 제14조까지에 규정된 범칙행위의 공소시효의 기간은 7년이다(법 22조 본문).[3] 특가법 제8조 또는 제8조의2에 해당하는 죄의 공소시효기간은 10년이다(형소법 249조 1항 3호). 양벌규정의 행위자가 특가법 제8조의 적용을 받는 경우 법인에 대한 공소시효의 기간도 10년이다(법 22조 단서). 한편, 조세범처벌법 제22조 단서는 특가법 제8조의2에 관하여는 규정하지 않으므로, 행위자의 범칙행위가 특가법 제8조의2에 해당하더라도, 법인의 공소시효 기간은 조세범처벌법 제22조 본문에 따라 7년이다.[4]

2. 형법총칙 규정 중 일부의 배제

2010. 1. 1. 개정되기 전의 구 조세범처벌법은 조세포탈죄 등에 대하여 형법 제9조(형사미성년자), 제10조 제2항(심신미약자 감경), 제11조(농아자 감경), 제16조(법률의 착오), 제32조 제2항(종범 감경), 제38조 제1항 제2호(벌금경합 제한가중)의 적용을 배제하였다. 이는 과거의 이른바 행정범론에 바탕을 둔 것이었지만, 형법의 책임주의와 조화되기 어려운 문제점이 있었다.[5] 이에 따라 2010. 1. 1. 개정된 구 조세범처벌법에서는 형법총칙 중 일부를 배제하는 내용의 대부분이 삭제되었고, 벌금경합에 관한 제한가중규정(형법 38조 1항 2호)에 관한 부분은 살아남았다(법 20조).

조세범처벌법 제20조에 따라 법원은 수 개의 조세범처벌법 위반죄에 대해서 벌금을 병과하는 경우에는 각 죄마다 벌금형을 따로 양정하여 이를 합산한 액수의 벌금형을 선고하여야 한다.[6] 그러나 조세범처벌법 제20조는 징역형을 선택한 경우 및 다른 죄에서 벌금형을 선택한 경우와의 일관성 또는 형평을 결여하여 부당하므로, 입법론으로는 삭제하는 것이 합리적이다.[7]

---

3) 조세범죄의 공소시효에 관하는 제3편 제2장 제2절 2. 참조
4) 지익상, 28쪽
5) 행정범론에 관하여는 본 편 제1장 3.1. 참조
6) 대법원 1996. 5. 31. 선고 94도952 판결, 대법원 2009. 7. 23. 선고 2009도3131 판결, 대법원 2018. 5. 31. 선고 2018도2425 판결
7) 제3편 제3장 제3절 3. (2) 참조

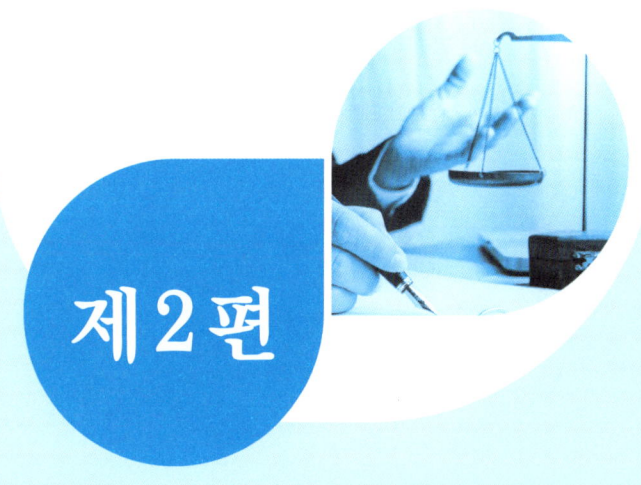

제2편

개별 조세범죄

제1장　조세포탈죄

제1장

제1절
조세포탈죄의 일반론

1. 조세포탈죄의 규정체계와 보호법익

(1) 조세포탈죄의 규정체계

조세범처벌법 제3조 제1항은, 국세(관세 제외[1])에 관하여 사기 기타 부정한 행위에 의한 포탈죄의 기본적 구성요건을 규정한다. 그리고 조세범처벌법은 제4조에서 면세유의 부정유통에 관하여, 제5조에서 가짜 석유제품의 제조 또는 판매에 관하여, 사기 기타 부정한 행위를 요하지 않으면서도 법정형이 더 무거운 조세포탈죄의 특별구성요건을 규정한다. 또한, 지방세기본법 제102조는 사기 기타 부정한 행위에 의한 지방세의 포탈을 처벌한다. 나아가 특가법 제8조는 국세(관세 제외) 및 지방세의 연간 포탈세액 합계액이 5억 원 이상인 경우 징역형과 벌금형을 병과하도록 규정한다.

한편, 관세의 포탈죄에 관하여는 관세법이 별도로 규정한다(관세법 270조). 관세의 포탈세액이 5,000만 원 이상인 경우에는 특가법 제6조 제4항에 의하여 가중처벌된다.

(2) 조세포탈죄의 보호법익

조세포탈죄의 보호법익에 관한 견해는 크게 ① 조세채권을 확정하기 위한 국가의 **과세권**이라고 보는 견해,[2] ② **조세채권**이라고 보는 견해[3]로 구분된다. 어느 견해를 취하는가에 따라 조세포탈죄의 구성요건의 범위가 달라질 수 있다. 전자에 따르면 조세포탈죄는 조세

---

1) 조세범처벌법에서 "조세"는 관세를 제외한 국세를 말한다(법 2조).
2) 안대희 등, 222쪽 ; 황남석, "조세포탈죄의 객관적 구성요건으로서의 부정행위", 사법 제42호(2017), 사법발전재단, 389쪽
3) 左藤英明, p.285 ; 조세포탈죄의 보호법익은 국가의 조세채권이 아니라 조세수입의 확보라는 견해로 이승식, "조세포탈죄의 구성요건에 관한 연구", 경희대학교 대학원 박사학위논문(2013), 21쪽

의 부과·확정을 방해하는 행위에 한정될 것이지만, 후자에 따르면 조세의 부과·확정뿐만 아니라 징수를 방해하는 행위도 조세포탈죄로 포섭하게 될 여지가 생긴다.[4]

대법원은, 2010년 개정되기 전의 구 조세범처벌법 제9조에 따른 조세포탈죄의 보호법익이 '조세의 적정한 부과·징수를 통한 국가의 조세수입의 확보'라고 함으로써 '조세의 징수'도 보호의 대상에 포함시키면서, '조세의 확정에는 지장을 초래하지 않으면서 그 징수만을 불가능하게 하거나 현저히 곤란하게 하는 행위가 조세포탈행위에 해당하기 위하여는, 처음부터 조세의 징수를 회피할 목적으로 사기 기타 부정한 행위로써 재산의 전부 또는 대부분을 은닉 또는 탈루시킨 채 과세표준만을 신고하여 조세의 정상적인 확정은 가능하게 하면서도 그 전부나 거의 대부분을 징수불가능하게 할 의도로 형식적으로 이루어진 것이어서 실질에 있어서는 과세표준을 신고하지 않은 것과 같이 평가될 수 있는 경우에 한한다'고 판시하였다.[5] 이는, 조세채권의 징수만을 방해하는 행위는 '조세채권의 확정을 방해하는 것과 실질적으로 동일하다고 볼 수 있는 경우'에 한하여 조세포탈죄로 처벌할 수 있다는 것으로서, 보호법익에 관한 앞의 두 견해를 절충한 것으로 볼 수 있다.[6]

2010년 개정된 현행 조세범처벌법 제3조 제1항은 조세포탈죄의 부정행위를 '조세의 부과와 징수를 불가능하게 하거나 현저히 곤란하게 하는' 행위로 규정하는데, 이는 조세의 부과뿐만 아니라 징수도 조세포탈죄의 보호대상에 포함될 수 있음을 뒷받침한다.

---

4) ① 일본의 경우 조세포탈죄의 보호법익을 국가의 과세권으로 보는 견해가 전통적 통설이지만[최동렬, "조세범처벌법 제9조 제1항의 조세 포탈의 의미", 대법원판례해설 제70호(2008), 606쪽], 조세채권으로 보는 견해도 유력하게 제기된다(左藤英明, p285).
② 독일 판례는 '모든 개별 세목으로부터 세액을 전액 청구할 수 있는 국가의 청구권' 또는 '개별 조세에 관하여 완전하고 납부기한 내에 세액이 수입될 것에 대한 공적 이해관계'로 보고, 지배적 견해는 판례와 일치하게 조세포탈이 재산범죄에 속한다고 본다(황남석, "조세포탈죄의 객관적 구성요건으로서의 부정행위", 사법, 사법발전재단, 2017, 384쪽).
5) 대법원 2007. 2. 15. 선고 2005도9546 전원합의체 판결 ; 위 판결의 별개의견(전면적 무죄)은 그 근거로 ① 다수의견에 따르면 납세의무자의 정당한 신고 여부를 불문하고 조세의 징수만을 불가능 또는 곤란하게 하는 행위가 있는 경우에도 조세포탈죄가 성립한다는 결론에 이르게 되고, 따라서 납세의무자의 정당한 신고 여부는 별다른 의미를 갖지 못하고 오로지 징수권의 침해 여부에 따라 구성요건해당성 여부가 판가름되므로, 신고납세방식 조세의 본질에 반하는 결과가 초래되는 점, ② 다수의견에 의하면 사기 기타 부정한 행위의 범위가 지나치게 넓어져서 그 행위의 정형성이 무너지게 되고, 죄형법정주의 원칙이 흔들리게 될 우려가 있는 점, ③ 다수의견에 의하면 납세의무자가 책임재산을 은닉·탈루하여 조세의 징수를 불가능 또는 현저히 곤란하게 하는 때 조세포탈죄의 기수시기가 도래한 것으로 보아야 하므로, 신고납부기한이라는 기수시기를 따로 두고 있는 이유를 설명할 수 없는 점, ④ 과연 어떤 경우가 납세의무자의 과세표준 및 세액의 신고가 형식적인 것에 불과하여 실질적으로 과세표준의 신고를 하지 않은 것과 동일한 것으로 평가될 수 있는지 알기 어려운 점, ⑤ 구 조세범처벌법 제12조에 체납처분 면탈 목적의 재산은닉 등 징수의 방해에 대한 처벌규정이 별도로 있는 점 등을 근거로 들었다. 이는 조세포탈죄의 보호법익을 국가의 과세권으로 파악한 것으로 볼 수 있다.
: 위 판결의 해설 및 조세포탈죄의 보호법익에 관한 비교법적 분석에 대하여는 최동렬, "조세범처벌법 제9조 제1항의 '조세 포탈'의 의미", 대법원판례해설 70호(2007), 587~618쪽 ; 위 판결을 비판하면서 그 대안으로 체납처분면탈죄의 적용을 주장하는 견해로 허성호·권형기, "징수불능으로 인한 조세포탈죄 법리의 타당성과 그 대안으로서 체납처분면탈죄의 확장해석", 형사법의 신동향 제76호, 대검찰청, 2022, 185쪽 이하
6) 김태희, 54쪽

한편, 대법원은, 기망행위에 의하여 조세를 포탈한 경우 조세범처벌법에서 별도의 처벌 규정을 두고 있고, 조세를 강제적으로 징수하는 국가 등의 권력작용을 사기죄의 보호법익과 동일하게 평가할 수 없다는 이유로, 형법상 사기죄가 성립하지 않는다고 보았다.[7]

2. 조세포탈죄의 성격

(1) 신분범

조세범처벌법 제3조 제1항의 구성요건에는 조세포탈죄의 주체가 명시되어 있지 않지만, 조세의 포탈은 납세의무를 전제로 하므로, 납세의무자는 조세포탈죄의 주체가 될 수 있다. 그리고 조세범처벌법 제18조의 양벌규정은 납세의무자인 법인 또는 개인의 사용인 등이 조세포탈죄의 주체가 될 수 있는 것으로 규정한다. 조세포탈죄는 납세의무자와 행위자만이 주체로 될 수 있는 형법상 **진정신분범**이라는 것이 통설이다.[8] 대법원은, 과거에는 조세포탈죄가 신분범이 아니라고 판단한 적도 있으나,[9] 그 이후에는 일관되게 납세의무자와 행위자가 조세포탈죄의 주체라고 함으로써 조세포탈죄를 신분범으로 파악하고 있다.[10]

한편, 납세의무와 관련이 없는 부정환급의 경우에는 납세의무자가 아닌 자도 행할 수 있으므로, 신분범에 해당하지 않는다(비신분범).[11]

(2) 구체적 위험범

보호법익에 대한 위험의 야기만으로 구성요건을 충족하는 범죄를 위험범이라 하고, 여기에는 추상적 위험범[12]과 구체적 위험범[13]이 있다. 조세범처벌법 제3조 제6항은 '이중장부의 작성 등 장부의 거짓 기장' 등 조세포탈의 위험을 창출하는 전형적 행위만으로 곧바로

---

7) 대법원 2008. 11. 27. 선고 2008도7303 판결
8) 안대희 등, 236쪽 ; 김태희, 81쪽, 187쪽 ; 이와 달리 조세포탈죄는 형법 제33조의 진정신분범이 아니라고 보는 견해로 이성일, 조세포탈죄의 형사법적 이해, 박영사, 2023, 117쪽
9) 대법원 1987. 12. 22. 선고 87도84 판결. 위 판결은, 회사의 기존 경영자의 지위를 승계한 배우자가 회사의 임직원들과 조세포탈의 공동정범이 될 수 있다고 보면서, 그 이유로 위와 같이 판시하였다. 그러나 위 사건에서 배우자는 회사의 실질적 경영자인 망인의 지위를 승계하여 양벌규정의 행위자인 '대표자'에 해당한다고 볼 여지가 있으므로, 굳이 위와 같은 판시가 없더라도, 배우자를 조세포탈의 공동정범으로 인정하는 것이 가능하다.
10) 대법원 1992. 8. 14. 선고 92도299 판결, 대법원 1998. 5. 8. 선고 97도2429 판결, 대법원 2004. 11. 12. 선고 2004도5818 판결, 대법원 2004. 6. 29. 선고 2004도817 판결 ; 조해현, "원천징수 법인세에 있어서의 조세포탈의 주체와 그에 대한 원천징수업무자의 공범 가공의 가부", 대법원판례해설 30호(1998), 657쪽
11) 본 장 제2절 3.2. 참조
12) 추상적 위험범은 구성요건적 행위 자체가 법익침해의 일반적 위험성을 갖는 경우에 위험을 초래하는 전형적인 행위만으로 해당 죄가 성립하도록 규정된다. 그 예로는 현주건조물방화죄(형법 164조 1항) 등이 있다.
13) 구체적 위험범은 법익침해의 구체적·현실적 위험의 발생을 요건으로 하는 죄를 말하고, 그 예로는 자기소유일반건조물방화죄(형법 166조 2항) 등이 있다.

조세포탈죄가 성립하는 것이 아니라[14] 그로 인하여 '조세의 부과와 징수를 불가능하게 하거나 현저히 곤란하게' 할 것이 요구되는 점을 고려하면, 현행세법의 조세포탈죄는 구체적 위험범에 해당한다고 보아야 할 것이다.[15]

(3) 상태범(즉시범)

상태범(즉시범)은 구성요건적 결과의 발생과 동시에 완성되는 범죄를 말하고,[16] 계속범은 구성요건적 행위가 위법상태의 야기 및 그 시간적 계속을 요하는 범죄를 말한다.[17] 상태범의 경우, 범죄가 기수로 된 이후에는 공범이 성립할 수 없고, 공소시효는 구성요건적 결과의 발생 시부터 진행한다.[18] 대법원은, 조세포탈죄의 공소시효는 그 기수에 이른 날부터 진행한다고 판시하였는데,[19] 이는 조세포탈죄를 상태범(즉시범)으로 판단한 것으로 보인다. 이에 따르면, 조세포탈죄의 기수시기 이후에는 그 공동정범이 성립할 수 없다.[20]

3. 외국의 조세포탈죄

3.1. 미국

(1) 규정체계

미국 내국세입법[21] 제7201조(Attempt to evade or defeat tax)는 '어떤 방법이든 이 장[22]에 의하여 부과될 조세 또는 그 납부를 포탈하거나 면탈하기 위하여 고의적으로 시도하는(willfully attempts) 자는 중죄(felony)의 죄책을 지고, 10만 달러(회사의 경우에는 50만 달러) 이하의 벌금 또는 5년 이하의 징역 또는 양자(both)와 함께 소추의 비용에 처한다'고 규정한다.[23]

그리고 미국 세법 제7203조(Willful failure to file return)는 '미국 세법상 세금을 납부하

---

14) 미국과 일본에서의 미신고죄는 추상적 위험범에 해당한다.
15) 이준봉, "조세포탈죄의 고의에 관한 연구", 조세법연구 [25-3](2019), 184쪽 ; 이와 달리 추상적 위험범으로 이해하는 견해로 이성일, 앞의 책, 98쪽
16) 살인죄·상해죄·절도죄 등이 이에 해당한다.
17) 체포감금죄·주거침입죄 등이 이에 해당한다. ; 즉시범·상태범 및 계속범에 관하여는 김혜경, "형법상 계속범과 상태범", 법학연구 Vol. 13 No.4, 연세대학교 법학연구원, 2003, 231쪽 이하
18) 이와 달리 계속범의 경우, 범죄가 기수로 된 이후에도 그 행위가 계속되는 동안에는 공범이 성립할 수 있고, 공소시효는 그 위법상태가 종료된 때부터 진행한다.
19) 대법원 2006. 10. 13. 선고 2006오2 판결, 대법원 2019. 10. 17. 선고 2018도16652 판결
20) 제1편 제4장 2.2. (1)(라) 참조
21) Internal Revenue Code. 이하 '미국 세법'이라 한다.
22) '이 장'은 미국법전 제26장(US Code title 26)으로서 미국 세법을 말한다.
23) 미국 세법 제7201조의 조세포탈죄는 6년의 공소시효에 걸린다. 미국 세법 제6531조(2)

거나 신고서를 제출하거나 장부를 기록하거나 정보를 제공할 의무가 있는 자가 법에 정해진 시기에 그러한 의무를 고의적으로 불이행한 경우 경죄(misdemeanor)의 죄책을 지고, 25,000달러 이하의 벌금(회사의 경우 10만 달러) 또는 1년 이하의 징역 또는 양자와 함께 소추의 비용에 처한다'고 규정한다. 이로써 미국 세법은 납세의무자의 단순 미신고도 형사처벌한다. 제7201조의 조세포탈죄와 제7203조의 위반죄는 중첩적으로(cumulatively) 성립할 수 있다.[24] 다만, 후자의 죄가 전자의 죄에 대하여 '더 가벼운 포함된 죄(lessor-included offense)'[25]에 해당하는지에 관하여는 법원들 간에 견해가 일치하지 않는다.[26]

한편, 미국 세법 제7206조(Fraud and false statements) 제1항은, 허위진술의 처벌 하에서 작성된다는 서면선언을 포함하면서 중요한 사항(material matter)에 관하여 진실하고 정확하다고 믿지 않는 신고서, 진술 또는 서류를 작성한 자는 중죄의 죄책을 지고, 3년 이하의 징역 또는 10만 달러(회사의 경우 50만 달러) 이하의 벌금 또는 양자와 함께 소추비용에 처한다고 규정한다. 미국 세법에 따라 작성되어야 하는 모든 신고, 선언, 진술 또는 서류는 허위진술의 처벌(penalties of perjury) 하에서 작성된다는 서면선언(written declaration)을 포함하거나 그것에 의하여 확인되어야 한다(미국 세법 6065조). 여기에는 납세신고서가 포함된다.[27] 따라서 납세의무자가 고의로 소득을 과소신고하는 것은 그 자체로 제7206조의 처벌대상이다.

미국 세법 제7201조 등의 처벌대상인 '자(person)'는 개인, 신탁, 상속재산, 파트너쉽, 단체 또는 회사 등을 포함하고[미국 세법 7701조(a)(1)], 법인의 임원 또는 직원이나 파트너쉽의 구성원 또는 피용자로서 위반과 관련된 행위를 수행할 의무를 부담하는 임원 등도 포함한다(미국 세법 7343조).[28]

---

24) Robert S. Fink, Tax Controversies : Audits, Investigations, Trials, Mattew Bender & Company, Inc., 2022, §16.05 (임재혁, "조세범죄 성립요건의 비교법적 고찰 - 단순무신고 등 조세질서범죄에 대한 규율을 중심으로 -", 조세법연구 [29-1], 2023, 466쪽에서 재인용) : 피고인이 양 죄로 모두 기소되어 유죄판결을 받은 사건으로 U.S. v. Eaken, 17 F.3d 203 (7th Cir. 1994)
25) 연방형사절차규칙(Federal Rules of Criminal Procedure)에 의하면, 배심원은 기소된 죄에 포함된 더 가벼운 죄(lesser-included offense)를 유죄로 인정할 수 있다[Rule 31. (c)]. 이는 우리 형사소송법에서 축소사실의 인정과 유사하다. lesser-included offense 법리가 적용되려면, 기소된 죄의 사실적 요소가 다툼이 있어서(disputed factual element) 증명되지 않아야 하고, 가벼운 죄가 기소된 죄의 요소들의 부분집합(subset)이어야 한다. Sansone v. U.S., 380 U.S. 343, 350 (1965), Schmuck v. U.S., 489 U.S. 705 (1989), U.S. Department of Justice Tax Division, Criminal Tax Manual, 2022(이하 '조세범죄 매뉴얼'이라 한다), p.39
26) 미국 세법 제7203조의 위반죄가 7201조의 조세포탈죄의 '더 가벼운 포함된 죄'에 해당한다고 본 것으로 U.S. v. McGill, 964 F.2d 222, 239-240 (3d Cir. 1992), 그에 해당하지 않는다고 본 것으로 U.S. v. Becker, 965 F.2d 383, 391 (7th Cir. 1992). 조세범죄 매뉴얼, p.40
27) 미국의 납세신고서(가령 Form 1040)의 하단에는 작성자가 허위진술의 처벌 하에서 작성한다는 서명 란이 있다.
28) 미국 세법 제7343조의 적용사례로 U.S. v. Neal, 93 F.3d 219, 223 (6th Cir. 1996)

(2) 제7201조의 조세포탈죄

미국 세법상 조세포탈죄가 성립하기 위해서는 ① 조세의 부과 또는 납부의 포탈 또는 면탈을 시도하는 행위가 있어야 하고, ② 그러한 행위는 고의적으로(willfully) 행해져야 하며, ③ 조세의 부족액(tax defiency or additional tax due and owing)이 있어야 한다.[29] 미국 세법 제7201조의 죄는 부과(확정)의 포탈(evasion of assessment)과 징수의 포탈(evasion of payment)로 구분되는데, 이하에서는 주로 전자를 중심으로 서술하기로 한다.[30]

(가) 조세를 포탈하려는 시도(attempt)

미국 연방대법원의 1943년 Spies 판결[31]은, 피고인이 미국 세법 제7201조의 전신(前身)인 1936년 세법 제145조(b)로 기소된 사건에서, ① 미국 세법 제7203조의 전신으로서 경죄인 1936년 세법 제145조(a)와 중죄인 제145조(b)는 모두 '**고의적으로**(willfully)'를 요건으로 하므로, 양죄의 차이는 '시도'라는 용어에서 암시되는 '**적극적 행위**(affirmative action)'에서 찾아야 하고,[32] ② '시도'를 common-law 형법상 미수죄[33]의 요건인 시도(attempt, 실행착수)와 관련지을 필요는 없으며, 조세포탈죄는 그 시도가 있으면 완성되는 독립된 범죄(independent crime)라고 판시하였다. 따라서 미국 세법 제7201조의 조세포탈죄가 성립하려면 조세포탈을 위한 적극적 행위가 있어야 한다.

연방대법원은 ① 위 Spies 판결에서 적극적인 시도는 열거가 아닌 예시로서 '이중장부의 작성 및 보관, 항목의 허위 변개, 허위의 청구서 또는 서류의 작성, 장부나 기록의 파기, 자산 또는 소득출처의 은닉, 동일 거래에서 통상적인 기록의 작성을 회피하기 위한 업무처리, 그리고 오도하거나 은닉하는 효과를 가져올 수 있는 모든 행동'에서 추론될 수 있다고 판단하였고,[34] ② 이후 1965년 Sansone 판결에서 소득을 누락한 허위 납세신고서의 제출(filing of a false tax return)이 제7201조의 적극적 행위에 해당한다고 판단하였다.[35]

---

29) Camilla E. Watson, Tax Procedure and Tax Fraud 5th, West Academic, 2016. p.375
30) 미국 연방형사절차규칙에 의하면, 법원은 배심원에게 (범죄의 요건 등에 관한) 지시(설시)를 할 수 있고 (jury instruction), 당사자들은 법원에 서면으로 배심원에게 법에 관한 지시를 하도록 요청할 수 있다(Rule 30.). 미국 법원의 조세포탈죄의 요건에 관한 판단 중 대부분은 1심 법원의 배심원에 대한 지시(설시)가 적절한 것인지와 관련하여 이루어진 것들이다.
31) Spies v. U.S., 317 U.S. 492, 499 (1943)
32) 위 사건에서 미국 정부는 피고인이 신고서를 제출하지 않은 것과 세액을 납부하지 않은 것이 합쳐져서 1936년 세법 제145조(b)(조세포탈죄)를 구성한다고 주장하였고, 피고인은 위 두 가지는 1936년 세법 제145조(a)의 경죄를 구성할 뿐이고, 제145조(b)의 중죄가 성립하려면 그 이상의 것이 있어야 한다고 주장하였다.
33) 미국 형법상 미수죄에 관하여는 김종구, 앞의 책, 193쪽 이하
34) Spies v. U.S., 317 U.S. 492, 499 (1943)
35) Sansone v. U.S., 380 U.S. 343, 352 (1965) ; 위 판결에 따르면, 허위의 납세신고를 한 피고인에게 고의성이 인정되면 피고인은 제7201조와 제7203조를 모두 위반한 것이 된다. 위 사건에서 피고인이 1심 판사에 대하여 배심원에게 '중죄인 제7201조의 위반죄를 인정하지 않더라도, 경죄인 제7207조 또는 제7203조의 위반죄를 유죄로 인정할 수 있다'는 '더 가벼운 포함된 죄'(lesser-included offenses)의 법리를 설시하여 줄 것은

조세포탈의 시도가 반드시 불법적인 필요는 없고, 적법한 행위도 조세포탈의 의도로 행해졌으면 조세포탈죄의 요건인 적극적 행위에 해당한다.[36] 가령 조세포탈의 의도로 명의수탁자(nominee)와 현금을 사용하는 것은 조세포탈죄의 적극적 행위이다.[37] 납세자의 IRS 공무원에 대한 허위진술(false statements)도 적극적 행위로 인정되고,[38] 납세자의 허위진술은 신고서의 미제출 이전에, 그와 동시에, 또는 그 이후에도 행해질 수 있다.[39] 제7201조의 요건인 적극적 시도는, 반드시 과세당국이 소득의 은닉을 적발하기 불가능하거나 현저히 곤란하게 하는 정도에 이르러야 할 필요는 없는 것으로 보인다.[40]

연방대법원은 Spies 판결에서, 조세포탈의 동기가 적극적 행위에 일부라도 작용한다면, 그 행위가 다른 범죄의 은폐와 같은 다른 목적(other purposes)에 기여하더라도, 조세포탈죄가 성립한다고 판시하였다.[41] 따라서 조세포탈의 시도가 오로지 또는 주로 조세포탈의 의도로 행해졌을 필요는 없다.

(나) 고의성(wilfullness)

① 고의성의 의미

미국 형법은 연방정부와 50개의 주(州) 및 콜롬비아 자치구(District of Columbia)가 제정한 52개의 형법으로 구성된다. 이러한 많은 수의 형법들이 범죄의 요건을 다양한 용어로 정의함[42]에 따라 여러 형법들 간에 통일성이 유지되기 어려웠고, 특히 범죄의 심리적 요소는 '필수적이지만 파악하기 어려운(requisite but elusive) 정신적 요소에 대한 정의의 다양성, 불일치 및 혼란'으로 표현되기도 하였다.[43] 1962년 미국법협회(American Law Institute)에 의하여 공표된 미국 모범형법전(Model Penal Code)[44]은 권고의 형식을 띠지

요청하였으나 거부당하였고, 위 법리의 적용 여부가 주된 쟁점으로 다루어졌다. 연방대법원은 피고인이 기소된 제7201조의 요건인 사실에 관하여 논쟁의 여지가 없는 이상 위 법리가 적용되지 않는다고 판단하였다 (p.345). 위 법리에 관하여는 본 절 2. (1) 참조 ; Camilla E. Watson, Tax Procedure and Tax Fraud, 3rd Edition, Thompson West, 2006, p.345

36) 조세범죄 매뉴얼, p.6 ; ① U.S. v. Jungles, 903 F.2d 468, 474 (7th Cir. 1990), ② U.S. v. Conley, 826 F.2d 551, 556-557 (7th Cir. 1987), ③ U.S. v. Voigt, 89 F.3d 1050, 1090 (3d Cir. 1996)

37) U.S. v. Conley, 826 F.2d 551, 556-557 (7th Cir. 1987)

38) U.S. v. Goodyear, 649, F.2d 226, 227-228 (4th Cir. 1981)

39) 조세범죄 매뉴얼, p.7

40) 구진열, "조세포탈범에 있어 부정행위의 판단기준에 관한 연구", 조세법연구 [28-2](2022), 355쪽

41) Spies v. U.S., 317 U.S. 492, 499 (1943) ; U.S. v. Eaken, 17 F.3d 203, 227~228 (7th Cir. 1994)[변호사로서 상속재산관리인(administrator)인 피고인이 상속재산의 관리계좌에서 자신의 계좌로 금원을 이체한 행위가 횡령을 숨기기 위한 것이라고 주장한 사안] ; U.S. v. Voight, 89 F.3d 1050, 1090 (3d Cir., 1996)

42) 미국 형법에서는 범죄의 주관적 요소로 'intentionally, knowingly, fraudently, designedly, recklessly, wantonly' 등 다양한 용어가 사용되고 있고, 과거에 그 숫자는 76개에 이르기도 하였다. 김종구, 미국 형법의 비교법적 연구, 정독, 2023, 25쪽

43) Morrissette v. U.S., 342 U.S. 246, 252

44) 모범형법전은 1962년 미국법협회(American Law Institute)에 의하여 공표되었고, ① 형사책임의 일반원칙

만, 미국 형법의 개정 및 법원의 해석에 지대한 영향을 미쳤는데,[45] 그중에서 특히 중요한 부분은 범죄의 주관적 요건(mens rea[46])에 관한 것이다.[47]

미국 모범형법전에 의하면, 범죄의 주관적 요건은 ㉮ '의도적으로(purposedly)',[48] ㉯ '알면서(knowingly)',[49] ㉰ '무모하게(recklessly)',[50] ㉱ '부주의하게(negligently)'[51]의 4가지로 구분된다. 위 유형들 중 '알면서'는 법문에서 종종 'willfully'로 표현되고,[52] 미국 세법 제7201조, 제7203조, 제7206조도 해당 범죄의 요건으로 '고의적으로(willfully)'를 규정한다.

연방대법원은 1976년 Pomponio 사건에서 미국 세법 제7206조의 고의성(willfulness)은 '알고 있는 법적 의무의 자발적, 의도적 위반(a voluntary, intentional violation of a known legal duty)'을 의미하고, 그 외의 다른 동기('나쁜 목적 또는 악한 동기')를 요하지 않는다고 판시하였다.[53] 연방대법원은 제7201조의 조세포탈죄를 비롯한 조세범죄 군(群)에서 중

들, ② 특정한 범죄들의 정의, ③ 처우와 교정을 규율하는 규정들, ④ 교정 부서의 조직을 규율하는 규정들로 구성된다.

45) 김종구, 앞의 책, 4~5, 10쪽. 37개 이상의 주(州)들이 모범형법전을 입법에 반영하였다고 한다.

46) Mens rea는 라틴어 법언(法諺)인 "Actus non facit reum nisi mens sit rea(An act does not make a person guilty unless there is a guilty mind : 정신이 유책하지 않으면 행위는 인을 유책하게 만들지 않는다)"에서 유래한 용어이고, 영어에서 guilty mind로 번역된다.

47) 영미법계 형법학자는, 독일 형법전에 고의에 대한 정의가 없고 그 개념이 독일 형법교수들에게 맡겨진 것과 달리, 미국 모범형법전이 4개의 주관적 요건을 정의한 것은 미국 형법의 개정에서 가장 중요한 기여를 한 부분이라고 평가한다. Markus D. Dubber(손미숙 옮김), "미국 형법 교수가 본 독일 형법과 미국 형법의 특징", 동아법학 제55호(2012), 동아대학교 법학연구소, 406쪽

48) M.P.C. § 2.02(2)(a) : 인(person)은 다음의 경우 범죄의 중요한 요소와 관련하여 의도적으로(purposely) 행위한 것이다. ① 해당 요소가 그의 행위의 속성 또는 그 결과(the nature of his conduct or a result thereof)과 관련된다면 그러한 속성의 행위에 관여하거나 그러한 결과를 야기하는 것이 그의 의식적 목적 (conscious object)인 경우, ② 해당 요소가 수반되는 상황(the attendant circumstances)과 관련된다면 그러한 상황의 존재를 알고 있거나(aware of) 그것이 존재한다고 믿거나 희망하는(believes or hopes) 경우

49) M.P.C. § 2.02(2)(b) : 인은 다음의 경우 범죄의 중요한 요소와 관련하여 알면서(knowlingly) 행위한 것이다. ① 해당 요소가 그의 행위의 속성 또는 수반되는 상황(the nature of his conduct or the attendant circumstances)과 관련된다면 그의 행위가 그러한 속성이거나 그러한 상황이 존재함을 아는 경우, ② 해당 요소가 그의 행위의 결과(a result of his conduct)와 관련된다면 그의 행위가 그러한 결과를 야기함을 거의 확실히 인식한(practically certain) 경우

50) M.P.C. § 2.02(2)(c) : 인은, 죄의 중요한 요소가 존재하거나 자신의 행위로부터 야기될 상당하고 정당하지 않은 위험을 의식적으로 무시하는(consciously disregards a substantial and unjustifiable risk) 경우, 그 중요한 요소와 관련하여 무모하게(recklessly) 행위한 것이다. 미국 형법상 무모성(recklessness)은 우리형법상 미필적 고의와 인식 있는 과실을 포함하고 그보다 더 넓은 개념이다. 김종구, 앞의 책, 41쪽 및 지유미, "영미법상 주관적 범죄성립요건으로서 'Recklessness'에 대한 고찰", 가천법학 46호(Vol 14, No.1), 가천대학교 법학연구소, 110쪽

51) M.P.C. § 2.02(2)(d) : 인은 범죄의 중요한 요소가 존재하거나 그의 행위로부터 야기될 중요하고 정당화될 수 없는 위험을 인식하였어야 하는(should be aware of) 경우 부주의하게(negligently) 행위한 것이다. 영미법상 과실(negligence)은 우리 형법상 '인식 없는 과실'만을 가리키고, 인식있는 과실은 무모성에 포함된다. 김종구, 앞의 책, 41쪽

52) 김영순, "조세포탈죄에 있어서 법률의 착오에 대한 연구", 세무와 회계 연구 제11호(제6권 제1호)(2017), 한국세무사회 부설 한국조세연구소, 19쪽

53) U.S. v. Pomponio, 429 U.S. 10, 12 (1976) : ① 당초 연방대법원은 1933년 Murdock 사건에서 현행 미국

죄와 경죄의 고의성을 동일하게 해석하므로,[54] Pomponio 판결에서 설시한 고의성의 의미는 제7201조의 고의성의 해석에도 적용될 수 있다.

조세포탈 외의 **다른 목적**이 있다는 사정은 조세포탈죄의 성립에 영향을 미치지 않는다. 연방대법원의 1943년 Spies 판결은, 피고인이 1936년 세법 제145조(b)[55]의 조세포탈죄로 기소된 사건에서, 조세포탈의 동기가 적극적 행위에 일부라도 작용한다면, 그 행위가 다른 범죄의 은폐와 같은 다른 목적(other purposes)에도 기여하더라도 조세포탈죄가 성립한다고 판시하였다.[56]

② 고의성의 입증

고의성은 주관적 성질을 가지므로, 고의성의 입증은 일반적으로 배심원이 고의성을 추론할 수 있는 '포탈의 징표(badges of fraud)'로 알려진 정황증거(circumstantial evidence)를 통하여 이루어진다.[57] 조세포탈죄의 '시도'를 구성하는 적극적 행위는 고의성을 입증하는 증거로 될 수도 있다.[58]

고의성을 입증하는 증거의 예로는 ㉮ 대규모 금액을 과소신고하는 지속적 패턴,[59] ㉯ 회계사에게 부정확하고 불완전한 정보를 제공하는 것,[60] ㉰ 세무공무원에 대한 허위의 진술 등,[61] ㉱ 이중장부의 작성,[62] ㉲ 장부나 기록을 은닉·폐기하는 것,[63] ㉳ 고객에 대한 청구

세법 제7203조 등의 전신인 1926년 세법 제114조(a)의 '고의적(knowingly)'과 관련하여 행위자가 단순히 위 규정에 따른 행위를 하지 못한 것이 아니라 '나쁜 목적(bad purpose) 또는 악한 동기(evil motive)'를 가지고 있어야 한다고 판시하였다[U.S. v. Murdock, 290 U.S. 389 (1933)]. 그리고 ② 연방대법원의 1973년 Bishop 판결은, 중죄인 미국 세법 제7206조의 위반죄로 기소되어 유죄판결을 받은 피고인이 '자신의 행위는 경죄인 미국 세법 제7207조의 위반죄에 해당하고, 경죄의 고의성은 중죄의 고의성보다 작은 심적 요소(less scienter)를 가지며, 1심 판사가 더 가벼운 포함된 죄(lessor-included offense) 법리에 대한 배심원 설시(jury instruction)를 하였어야 했다'고 주장한 사건에서, 미국 세법 제7206조와 제7207조의 각 고의성은 동일하게 '나쁜 목적 또는 악한 동기'를 의미하는 것으로 해석하여야 한다고 판단하였다[U.S. v. Bishop, 412 U.S. 346 (1973)]. 그러나 ③ 위에서 본 1976년의 Pomponio 판결은 미국 세법 제7206조의 고의성의 의미에 관하여 설시하면서 나쁜 목적 또는 악한 동기의 요소를 배제하고, '1심이 제7206조 위반죄에 관하여 나쁜 목적이나 악한 동기가 필요하다고 배심원 설시를 하였어야 한다'고 본 2심의 판단은 잘못이라고 보았다.

54) U.S. v. Bishop, 412 U.S. 346 (1973)
55) 미국 세법 제7201조의 전신(前身)이다.
56) Spies v. U.S., 317 U.S. 492, 499 (1943)
57) Camilla E. Watson, 앞의 책, p.350 ; 조세범죄 매뉴얼, p.25
58) Spies v. U.S., 317 U.S. 492, 499 (1943) ; 연방대법원은 1954년 Holland 판결에서, 소득의 단순한 과소신고만으로 고의성을 추론할 수 없지만, 거액의 소득을 과소신고하고 소득의 전부를 장부에 기장하지 않는 일관된 패턴은 고의성의 추론을 뒷받침한다고 판시하였다[Holland v. U.S., 348 US 121, 139 (1954)]. 위 사건에서는 조세포탈죄의 요건인 조세부족액을 순가치방법(net worth method)에 의하여 산정하는 것이 적절한지 여부가 주된 쟁점으로 다투어졌다.
59) U.S. v. Bishop, 264 F.3d 535, 550 (5th Cir. 2001)
60) U.S. v. Bishop, 264 F.3d 535, 550 (5th Cir. 2001)
61) U.S. v. Bishop, 264 F.3d 535, 550 (5th Cir. 2001)
62) U.S. v. Bishop, 264 F.3d 535, 550 (5th Cir. 2001)
63) U.S. v. Bishop, 264 F.3d 535, 550 (5th Cir. 2001)

서의 폐기,[64] ㉔ 명의인(nominee)의 사용 및 재산을 타인의 명의로 두는 것,[65] ㉕ 현금을 과다하게 사용하는 것,[66] ㉖ 세무공무원에게 뇌물을 제공하려고 한 것,[67] ㉗ 서류를 소급작성하는 것(backdating)[68] 등이 있다.[69]

연방대법원의 1965년 Sansone 판결이 소득의 허위신고만으로도 제7201조의 요건인 적극적 행위에 해당한다고 함에 따라 조세포탈죄의 문턱이 상당히 낮아졌지만, 위와 같이 고의성 요건을 통하여 처벌대상인 허위신고와 처벌대상에서 제외되는 단순 과소신고 간의 균형이 어느 정도 이루어지는 것으로 보인다. 그런데 미국 법원이 고의성의 인정근거로 든 사정들 중 상당수는 우리나라 조세포탈죄의 부정행위에 해당하는 것들이다. 따라서 우리나라 조세포탈죄의 부정행위가 미국 세법에서는 주관적 고의성 요건으로 치환되어 심사된다고 볼 여지가 있다. 조세포탈죄의 주관적 요건인 고의성은 객관적 요소에 대한 인식을 반영하므로, 주관적 요건과 객관적 요건은 밀접하게 관련되고, 미국의 조세포탈죄는 전자에, 우리나라의 조세포탈죄는 후자에 상대적으로 더 초점을 맞추는 것으로 보인다.[70][71]

---

64) U.S. v. Garavaglia, 566 F.2d 1056, 1059 (6th Cir. 1977)
65) U.S. v. Bishop, 264 F.3d 535, 550 (5th Cir. 2001)
66) U.S. v. Daniel, 956 F.2d 540, 542-543 (6th Cir. 1992)
67) Barcot v. U.S., 169 F.2d 929, 931-932 (9th Cir. 1948)
68) U.S. v. Drape, 668 F.2d 22, 25-26 (1st Cir. 1982)
69) 미국 조세범죄 매뉴얼, p.29-33
70) 임승순·김용택(2024), 369쪽은, 우리나라 조세포탈죄에서도 구성요건적 행위인 사전은닉행위는 조세포탈죄 범의를 인정할 수 있는 정황증거의 역할을 하고, 조세포탈의 고의라는 주관적 요소와의 연관관계에 중점이 있다고 보아야 하므로, 초점은 조세포탈의 고의에 관한 증명에 모아져야 한다고 본다.
71) 구진열, 앞의 글, 382쪽은 우리나라도 부정행위의 개념에 '조세포탈의 의도'라는 주관적 요소를 포함시키는 대신, 조세부과의 '불능 또는 현저한 곤란' 수준의 은닉 정도를 의미하는 '적극성' 요소를 제거할 것을 제안하면서 '조세포탈의 의도'는 구성요건적 고의와 다른 특수한 주관적 요소로 보아야 하고 이는 사기죄의 '불법이득의 의사' 또는 '불법영득의 의사'와 동일한 논리라고 주장한다. 그러나 ① 사기죄의 '불법이득의 의사' 또는 '불법영득의 의사'는 사기죄의 고의와 명확하게 구별됨에 비하여, 위 견해가 말하는 '조세포탈의 의도'가 구체적으로 조세포탈의 고의와 어떻게 구별되는지, 그 의미가 무엇인지는 불분명하다. 그리고 ② 미국 세법 제7201조의 고의성(willfulness)은 모범형법전의 '알면서(knowingly)'에 해당하는 것으로서 우리나라 형법상 이른바 지적(知的) 고의 또는 지정(知情) 고의에 대응하는 것으로 보인다. 그런데 미국 법원은 여기에 조세포탈죄의 객관적 요건의 실현에 대한 인식과 의사를 넘어서 더 적극적인 무엇인가를 요구하는 것으로 보이는데, 이를 우리나라 형법의 관점에서 보았을 때 그것이 무엇인지 파악하기 어렵다. 또한, ③ 본문에서 본 바와 같이 미국 세법에서도 고의성 요건의 이름으로 사실상 객관적 부정행위의 존부에 대한 심사가 이루어지는 것으로 보인다. 즉, 조세포탈의 시도를 구성하는 적극적 행위는 비교적 쉽게 인정하는 대신, 의도성 요건의 심사 단계에서 우리나라의 부정행위에 해당하는 객관적 요소의 존재를 요구하는 것이다. ④ 범죄의 주관적 요소는 객관적 요소를 반영하므로, 미국 세법상 주관적 고의성의 대상인 객관적 요소의 실체가 무엇이고 그것을 어떻게 개념화할 것인지가 문제되는데, 이는 우리나라 조세포탈죄의 부정행위에 해당한다. 위 견해의 주장과 같이 부정행위의 '적극성' 요소를 제거하고 그 의미가 불명확한 '조세포탈의 의도'로 심사하는 방식은 주관적 요건에 과도한 부담을 지우게 된다. 따라서 위 견해는 따르기 어렵다.

③ 세법의 부지 등에 관한 납세자의 항변

㉮ 일반론

미국 형법에서 범죄의 객관적 요건(actus reus)과 주관적 요건(mens rea)이 갖추어지면 범죄가 성립하는데, 이러한 범죄의 요건은 검사가 합리적 의심이 없을 정도로 증명하여야 한다. 한편, 우리 형법상 위법성조각사유 또는 책임조각사유[72]인 정당방위, 강요 또는 정신이상 등은 항변(affirmative defense)으로서 일반적으로 피고인에게 증명책임이 있다.[73]

'법의 부지는 용서되지 않는다(*ignorantia legis neminem excusat*)'는 로마법의 원칙은 보통법(common law)의 전통으로 이어져 왔고, 이를 계수한 미국 형법은 원칙적으로 법의 부지 또는 착오를 항변사유로 인정하지 않았다.[74] 이에 대한 예외는 복잡하고 기술적인 규정으로 구성된 세법과 관련된 범죄에서 생겨났다.[75]

한편, 모범형법전에 따르면, 행위가 법적으로 죄를 구성하지 않는다고 믿은 것은 ㉠ 해당 법규 또는 기타의 입법이 행위자에게 알려지지 않고, 문제된 행위 이전에 공표되거나 기타 합리적인 방법으로 인식가능하지 않았던 경우, 또는 ㉡ 성문법 또는 기타 입법, 사법적 결정·의견 또는 판결, 행정적 명령 허가 또는 죄를 정의하는 법의 해석·실행 또는 집행을 담당하는 공무원 또는 공공기관의 공식적 해석에 포함된 법의 공식적 언급에 합리적으로 의존한 경우에는 기소에 대한 항변으로 인정된다.[76]

㉯ **세법의 불확실성**

세법의 불확실성(legal uncertainty)이 피고인의 고의성을 부인할 수 있는 사유에 해당하는지 여부 및 그 구체적 요건에 관하여는 법원들 간에 견해가 엇갈린다.[77] ㉠ 연방항소법원 제4순회부는, 1974년 Critzer 판결(체로키 인디언인 피고인이 체로키 인디언 보호구역 내 부동산에서 생긴 소득과 관련하여 인디언 사무국으로부터 해당 소득이 과세대상이 아니라는 조언을 받은 사건)에서, 미국 정부의 기관들조차도 정반대의 결론에 도달할 수 있는 소득에 대하여 피고인이 조세포탈죄의 죄책을 질 수 없고, 세법이 모호하거나 고도로 논쟁적

---

72) 영미 형법상 항변사유는 정당화사유(justification)와 면책사유(excuse)를 모두 포함하고, 양자는 구별되는 개념이다. 김종구, 앞의 책, 114쪽

73) 정당방위에 관하여 Martin v. Ohio, 480 U.S. 228 (1987) : 미국 형법에서 정신이상의 항변(insanity defense)은 책임능력(criminal capacity)과 관련된 적극적 항변(affirmative defense)으로 제출될 수 있지만, 범죄의 주관적 요건에 관한 항변(mens rea defense)으로 사용될 수도 있다. 후자의 방법이 피고인에게 더 유리하기 때문에 미국에서는 정신이상의 항변이 피고인이 입증하여야 하는 적극적 항변으로 사용되기보다는, 범죄의 주관적 요건에 대한 검사의 입증이 실패하였다는 근거로 활용된다고 한다. 김종구, 133쪽

74) 대표적으로 Staley v. State, 89 Neb. 701 (1911) : 김종구, 앞의 책, 63, 66쪽

75) Cheek v. U.S., 498 U.S. 192, 202-203 (1991)

76) 모범형법전 제17조 제3항[M.P.C. § 2.04(3)]. 피고인은 제17조 제3항에서 비롯하는 항변을 우월한 증거로 입증하여야 한다[M.P.C. § 2.04(4)].

77) 미국 조세범죄 매뉴얼, pp.27-28

인(vague or highly debatable) 경우 피고인은 그것을 위반할 의도를 결여한 것이라고 판단하였다.[78] ㉡ 연방항소법원 제5순회부는, 1979년 Garber 판결[피고인이 극히 희귀한 자신의 혈장(血漿)을 생화학 기업에 판매하여 거액의 대가를 받고 과세소득으로 신고하지 않은 사건]에서, 혈장의 판매소득이 과세대상인지는 어떤 명백하게 관련된 선례에 의하더라도 완전히 새롭고 해명되지 않은(completely novel and unsettled) 과세쟁점이고, 제7201조에 의한 형사절차는 세법의 선구적 해석을 위한 부적절한 수단(inappropriate vehicle for pioneering interpretation of tax law)이라는 이유로, 고의성이 인정되지 않는다는 취지로 판단하였다.[79] ㉢ 연방항소법원 제9순회부는 1983년 Dahlstrom 판결[피고인들이 국외신탁(foreing trust)의 설정을 통한 조세회피방안(tax shelter program)을 홍보한 사건]에서, 위 Garber 판결을 인용하여, 조세회피방안의 적법 여부가 완전히 해명되지 않은 것이라는 이유로, 피고인들의 고의성이 증명되지 않았다고 판결하였다.[80] 그러나 ㉣ 이후 연방항소법원 제5순회부는 1984년 Burton 판결에서 Garber 판결의 적용범위를 사실상 제한하였다.[81] 그리고 ㉤ 연방항소법원 제6순회부는 1986년 Curtis 판결에서 제5순회부의 Garber 판결이 피고인이 세법의 불확실성을 모른 경우에도 고의성이 부인되도록 한다는 이유로 이를 거부하였다.[82]

㉰ 세법의 부지 또는 착오

1980년대 연방항소법원의 순회재판부들 사이에는 선의의 법의 부지(good-faith ignorance of the law)가 범죄에 대한 항변이 되기 위하여 객관적으로 합리적이어야 하는지에 관하여 견해의 차이가 있었다.[83] 연방대법원은, 1991년 Cheek 판결(항공기 조종사인 피고인이 소득을 신고하지 않아서 조세포탈죄 등으로 기소되었는데, 급여에 대한 연방소득세 제도가 위헌이고 자신의 행동이 적법한 것이라고 진지하게 믿었다고 주장한 사건)에서, 선의의 법의 착오(good-faith misunderstanding of the law) 또는 자신이 법을 위반하지 않는

---

78) U.S. v. Critzer, 498 F.2d 1160 (4th Cir. 1974)
79) U.S. v. Garber, 607 F.2d 92, 100 (5th Cir. 1979)
80) U.S. v. Dahlstrom, 713 F.2d 1292, 1297 (9th Cir. 1983)
81) U.S. v. Burton, 737 F.2d 439, 444 (5th Cir. 1984) : 위 판결은 주장된 불확실성이 모호성(vagueness)에 근접하지 않고, 널리 인정되지도 않고, 법의 새로운 또는 이례적 적용과 관련되지도 않은 경우 법적 불확실성의 증거는 제출될 필요가 없다고 판단하였다. : 미국 조세범죄 매뉴얼은 Garber 판결이 '독특하고, 기괴한 것에 가까운(unique, indeed near bizarre) 사실'에 기초한 사건이고 통상적인 사건들과 구별하여야 한다고 본다(미국 조세범죄 매뉴얼, p.27).
82) U.S. v. Curtis, F.2d 593, 598-600 (6th Cir. 1986)
83) Nicholas A. Mirkay Ⅲ, "Supreme Court's Decision in Cheek: Does It Encourage Willful Tax Evasion?", Missouri Law Review, Vol. 56, 1ss. 4 (1991), pp.12-15 ; 고의성은 주관적으로 평가되어야 하고 (법의) 착오는 합리적인 것일 필요가 없다는 입장으로 U.S. v. Aitken, 755 F.2d 188 (1st Cir. 1985), 이와 달리 객관적 합리성 기준(objective reasonable standard)을 취한 것으로 U.S. v. Moore, 627 F.2d 830 (7th Cir. 1980)

다는 선의의 믿음(good-faith belief)은 객관적으로 합리적인지(objectively reasonable) 여부에 관계없이 고의성을 조각한다는 취지로 판결하였다.[84] 이에 대하여 학계에서는 찬성하는 견해와 반대하는 견해가 대립하였다.[85] 한편, 연방항소법원은, 피고인이 특정한 사실 또는 상황이 존재할 높은 가능성을 인식하고도 그러한 의혹을 확인하는 것을 의도적으로 피한 경우, 그러한 의도적 무지(willful blindness)는 고의의 인식(knowledge) 요건을 충족한다고 판단함으로써 Cheek 판결로 인한 실무상 문제점을 완화하고 있다.[86]

㉑ 전문가의 조언에 대한 신뢰

미국 법원의 실무상 조세범죄와 관련하여 피고인이 전문가의 조언을 신뢰한 것 그 자체가 항변 사유로 인정된 예는 드물고,[87] 그러한 사유는 고의성을 조각하는지 여부 또는 '선의의 법의 부지' 항변을 판단하는 요소의 하나로 고려되는 것으로 보인다.[88]

(다) 조세 부족액(deficiency in tax)

① 판례

연방대법원은 1965년 Sansone 판결에서 제7201조의 조세포탈죄가 성립하기 위하여 납세자의 중대한 허위진술이 조세의 부족(deficiency in tax)을 초래하였어야 한다고 판시하였다.[89] 일부 법원은 부족액이 상당한(considerable) 것이어야 한다고 보았지만,[90] 이는 미국 세법의 규정 또는 연방대법원의 판례에 기초한 것은 아니고, 조세 부족액이 크지 않은 경우에도 조세포탈죄가 성립할 수 있다는 견해도 있다.[91] 조세의 부족액은 '납부되어야 할 추가 세액(additional tax due and owe)'으로 표현되기도 한다.[92]

제7201조의 죄 중 부과(확정)의 포탈(evasion of assessment)이 문제되는 경우, 기소에 앞서 해당 조세가 부과되어야 할 필요는 없다.[93]

---

84) Cheek v. U.S., 498 U.S. 192, 202-203 (1991) ; 미국 조세범죄 매뉴얼, p.23
85) 김영순, 앞의 글, 40쪽, 각주 100)
86) U.S. v. Stadtmauer, 620 F.3d 238, 245 (3rd Cir. 2010), U.S. v. Poole, 640 F.3d 114, 121 (4th Cir. 2011) ; 미국 조세범죄 매뉴얼, p.34
87) U.S. v. Becker, 965 F.2d 383 (7th Cir. 1992), U.S. v. Cheek, 3 F.3d 1057 (7th Cir. 1993) ; 전문가의 조언에 대한 선의의 신뢰의 미국 형법상 취급에 관하여는 김영순, 앞의 글, 30쪽 이하
88) Cheek v. U.S., 498 U.S. 192 (1991)
89) Sansone v. U.S., 380 US 343, 351 (1965)
90) U.S. v. Petti, 448 F.2d 1257 (3d Cir. 1971), U.S. v. Keltner, 675 F.2d 602 (4th Cir. 1982), U.S. v. Cunningham, 723 F.2d 217 (2d Cir. 1983) ; 미국 조세범죄 매뉴얼도 상당한 조세부족액(Substantial Tax Deficiency)을 조세포탈죄의 요건으로 본다. CTM 8.07[3], p.15
91) Camilla E. Watson, 앞의 책, p.345
92) 미국 조세범죄 매뉴얼, p.12
93) U.S. v. Daniel, 956 F.2d 540, 542 (6th Cir. 1991) ; 미국 법무부, 조세범죄 매뉴얼, p.3 각주 3) 및 미국 국세청, TAX CRIMES HANDBOOK, 2009, P.8

② 소득의 계산방법

미국 세법은 납세자가 여러 가지 소득계산방법 중 하나를 선택하여 과세소득을 계산할 수 있도록 규정하는데(미국 세법 446조),[94] 정부는 피고인에 의하여 선택된 방법을 따라야 하고,[95] 반대로 피고인도 자신이 선택한 소득계산방법에 구속되며 재판에서 다른 방법으로 과세소득을 재계산하여야 한다는 주장을 할 수 없다.[96]

③ 회사 자금의 횡령과 소득세의 포탈

회사의 주주가 매출누락 또는 가공비용의 계상을 통하여 회사의 재산을 횡령한 경우, 그 회사의 법인세에 대한 포탈 외에 주주 개인의 소득세에 대한 포탈이 문제될 수 있다. 미국 세법에 의하면, 회사의 주주에게 재산을 배분한 경우, 그 금액 중 ㉮ 세법상 이익잉여금(earnings and profits)으로부터 유래한 금액은 제316조의 배당으로 과세되고, ㉯ 나머지 금액은 주식의 취득가액(adjusted basis)을 감소시키며[자본의 반환(return of capital) : 과세 제외], ㉰ 그 이후 남는 금액은 양도차익으로 취급된다[IRC § 301(c)]. 미국의 회사법은 각 주(州)의 법에 따라 정해지는데, 주법상 위법한 재산배분도 미국 세법 제316조(a)의 배당이 될 수 있고,[97] 미국 세법 제301조는 회사법적 형식을 갖추지 못한 의제배분(constructive distribution)[98]에 대하여도 적용된다.[99] 따라서 주주가 횡령한 회사의 자금이 위 규정에 따라 자본의 반환에 해당하는 경우 과세대상 소득에서 제외되고 조세 부족액이 없게 되므로(no tax deficiency) 조세포탈죄의 성립이 부정될 수 있다. 연방대법원은 2008년 Boulware 판결에서, 주주에 의하여 유용된 회사 자금의 성질을 결정하는 시금석은 경제적 실질이고, 주주가 회사의 자금을 횡령하여 얻은 소득이 '자본의 환급'에 해당하는지 여부는 미국 세법 제301조에 의하여 정해지며, 소득세 포탈로 기소된 주주가 '자본의 환급' 주장을 하기 위하여 회사 자금의 유용 시 주주 또는 회사가 자본의 환급을 의도하였는지에 관한 증거를 제출할 필요가 없다고 판시하였다.[100]

---

94) 과세소득은 납세자가 정기적으로 소득을 장부에 기장하는 데 사용하는 회계처리방법에 따라 계산되어야 하고, 납세자는 현금주의, 발생주의, 그 밖에 세법과 재무부 규칙에 규정된 방법 등 중에서 회계처리방법을 선택할 수 있다(미국 세법 446조).

95) Fowler U.S., 352 F.2d 100, 103 (8th Cir. 1965)

96) U.S. v. Helmsley, 941 F.2d 71, 85 (2d Cir. 1991) ; 위 사건의 피고인들은 부부인데, 그중 부인인 Helmsley는 반려동물신탁(pet trust)과 관련한 사건으로도 유명하다. 그녀는 위 사건으로 구금되었다가 출소한 후 자신의 개를 위하여 유언으로 1,200만 달러의 반려동물신탁을 설정하였고, 이에 대하여 Helmsley의 사망 후 다른 친척들이 소송을 제기함에 따라 크게 화제가 되었다. Stephanie Strom, "Helmsley Left Dogs Billions in Her Will", The New York Times, July 2, 2008

97) Boris I. Bittker & James S Eustice, Federal Income Taxation of Corporations and Shareholders, Warren, Gorham & Lamont (7th Edition), ¶8.02 [1]

98) 의제배분은 회사로부터 주주에게 동등한 대가의 수수 없이 가치가 이전되는 것을 말한다.

99) Bittker & Eustice, 앞의 책, ¶8.05 [1]

100) Boulware v. U.S., 522 U.S. 421 (2008)

3.2. 일본

(1) 규정체계

일본의 경우 조세범죄의 처벌규정은 소득세법 등 여러 세법에 흩어져 있다.[101]

(가) 조세포탈죄

일본 세법상 거짓 기타 부정한 행위(偽りその他不正の行爲, '부정행위')로 조세를 면하거나 환급받은 자는 10년 이하의 징역 또는 1,000만 엔 이하의 벌금에 처해지고, 면하거나 환급받은 세액이 1,000만 엔을 초과하는 경우 위 벌금은 정상에 따라 1,000만 원을 초과하여 면하거나 환급받은 세액 이하의 금액으로 될 수 있다(일본 소득세법 238조 1, 2항, 법인세법 159조 1, 2항, 상속세법 68조 1, 2항).

(나) 단순무신고포탈죄

부정행위 없이 조세를 면한 자는 5년 이하의 징역 또는 500만 엔 이하의 벌금에 처해지고, 면한 세액이 500만 엔을 초과하는 경우 정상에 따라 위 벌금은 정상에 따라 500만 원을 초과하여 면한 세액 이하의 금액으로 될 수 있다(일본 소득세법 238조 3, 4항, 법인세법 159조 3, 4항, 상속세법 68조 3, 4항 등). 단순무신고포탈죄는 2010년 세법 개정에 따라 도입되었다. 단순무신고포탈죄는, 납세의무자가 신고의무가 있음에도 법정신고기한 내에 신고를 하지 않음으로써 조세를 면하는 결과가 발생한 경우에 성립한다.[102] 해당 규정은 조세를 면하는 방법으로 신고의무의 불이행을 언급하지 않지만, 최고재판소의 판례에 의하면 허위의 과소신고는 조세포탈죄의 부정행위를 구성하므로,[103] 결국 무신고만이 소득세법 제238조 제3항 등의 위반죄에 해당하게 되는 것으로 보인다. 납세의무자의 무신고가 조세포탈행위에 해당하는 것으로 평가되면 조세포탈범이 우선적으로 성립한다.[104]

(다) 단순무신고죄

정당한 이유 없이 세법에 따른 신고를 기한 내에 하지 않은 자는 1년 이하의 징역 또는

---

101) 일본의 조세범죄 체계에 관하여는 임재혁, "조세범죄 성립요건의 비교법적 고찰 - 단순무신고 등 조세질서범죄에 대한 규율을 중심으로 -", 조세법연구 [29 – 1], 2023, 480~487쪽

102) 단순무신고포탈죄는 단순무신고죄의 구성요건에 고의로 '세를 면한 것'이라는 요건이 더해진 것이다. 단순무신고죄와 단순무신고포탈죄의 구성요건은 기본적으로 실질적인 내용에서 일치한다는 견해로, 中尾眞和, "單純無申告脫稅罪の處罰根據に關する問題点 : 單純無申告罪との間における構成要件の 重なり合い", 金澤星稜大學論集 第54卷 第1号, 金澤星稜大學經濟學會, 2020, p.18

103) 최고재판소 1973.(昭和48년) 3. 20. 판결[昭和46년(あ)제1901호]

104) 山口厚 編,「經濟刑法」, 商事法務, 2012, pp.155-156 [황남석, "조세포탈죄의 객관적 구성요건으로서의 부정행위", 사법 제42호(2017), 사법발전재단, 392쪽 각주 70)에서 재인용]

50만 엔 이하의 벌금에 처해진다(일본 소득세법 241조, 법인세법 160조, 상속세법 69조, 소비세법 66조).[105) 단순무신고죄는, 납세의무자가 신고의무가 있음에도 정당한 이유 없이 법정신고기한 내에 신고를 하지 않은 경우에 성립하고, 조세포탈의 결과를 요하지 않는다.

(2) 조세포탈죄의 요건

(가) 거짓 기타 부정한 행위의 판단기준

일본 세법은 부정행위의 의미를 구체적으로 규정하지 않기 때문에 그 해석은 법원의 판례에 의하여 형성되어 왔다. 일본 최고재판소의 부정행위에 관한 판단기준은 처음에는 '적극적 행위'라는 객관적 요소를 중심으로 하였으나, 점차 '포탈의 의도'라는 주관적 요소로 이동하였다.[106)

① 일본 최고재판소는 1949.(소화 24년) 7. 9. 판결에서, '포탈죄의 처벌은 사위 기타 부정한 수단이 적극적(積極的)으로 행해진 경우에 한하고, 사위 기타 부정한 행위를 수반하지 않는 소극적 무신고는 부정행위에 해당하지 않는다'고 판시하였다.[107) 위 판결은, 1947년 소득세, 법인세, 상속세 등에 관한 신고납세 방식의 도입에 따라 과세체계가 변하는 과도기에 아직 자발적 납세의식이 확립되지 못한 상황에서 무신고 사안을 포탈죄로 처벌하는 것은 가혹할 수 있다는 점을 고려한 것으로 평가된다.[108) 그리고 최고재판소 1963.(소화 38년) 2. 12. 판결은 '비록 소득세포탈의 의사에 의하여 이루어진 경우에 있어서도 단순히 확정신고서를 제출하지 않았다고 하는 소극적 행위만으로는 「사위 기타 부정한 행위」에 해당하는 것이라고 할 수 없다'고 판단함으로써, '포탈의 의도'를 포탈죄의 성립을 강하게 시사하는 요소로 취급하지 않는 한편, 포탈죄의 성립요건으로 명백하게 '적극적 행위'를 요구하였다.[109)

② 이후 최고재판소 1967.(소화 42년) 11. 8. 대법정 판결은, 부정행위란 '포탈의 의도를 가지고 그 수단으로서 조세의 부과징수를 불능 또는 현저히 곤란하게 하는 어떤 위계 및 기타 공작을 행하는 것'이라고 판시하였다.[110) 위 판결에 의하여 '포탈의 의도'가 '사위 기타 부정한 행위'의 내용으로 편입되었고, 위 판결은 현재도 중요한 선례성을 가진다.[111)

---

105) 단순무신고죄의 처벌규정은, 最高裁判所 1949.(昭和24년) 7. 9. 제2소법정 판결이 "무신고 자체를 범죄로 하는 명문 규정이 없을 뿐만 아니라, 무신고를 범죄로 규정하는 취지는 현행 법령 어디에서도 확인되지 않는다."라고 판단한 것에 대한 입법적 대응으로 1950년 제정되었다.
106) 이하의 일본 최고재판소 판결의 변천과정 및 의미에 관하여는 左藤英明, p393 이하
107) 최고재판소 1949.(昭和24년) 7. 9. 판결[昭和24년(れ)제893호]
108) 堀田力, "租稅ほ脱犯をめぐる諸問題(一)", 法曹時報 第22卷 第2号, 大學図書, 1970, p.35 (天地雅巳, "國稅犯則取締法の法則事件の範囲について−國犯法の對象に、秩序犯を維持し、滯納處分免脫罪を追加すべきか−", 稅大論叢 第78号, 稅務大學校, 2014, pp.446~447에서 재인용)
109) 左藤英明, p.395
110) 최고재판소 1967.(昭和42년) 11. 8. 판결[昭和40년(あ)제65호]

③ 최고재판소 1994.(평성 6년) 9. 13. 판결은 조세포탈죄의 성립요건에서 포탈의 의도가 결정적인 것으로 판시하였다. 위 판결은, 피고인이 가족과 종업원 명의로 마작점 3곳을 운영하면서 포탈의 의사로 가게 매출액의 일부를 미리 마련해둔 가명 또는 차명의 예금계좌에 입금하고, 사업소득의 극히 일부만을 허위로 과소신고하거나 일부 연도에는 아예 신고를 하지 않았으나, 영업상태를 파악하기 위하여 점포의 점장들로 하여금 업소의 매출을 정확하게 기재한 장부를 작성하게 하였고, 이를 특별히 은닉하거나 별도로 허위장부를 작성하지는 않은 사건에서, 과세당국이 세무조사에서 장부의 내용을 확인할 수 있다는 보장이 없으므로, 가명 또는 차명의 예금계좌에 매상금의 일부를 입금 · 예치하는 것은 과세당국의 소득 파악을 어렵게 하는 것으로서 포탈의 의사에 의한 것으로 인정되므로, 소득은닉공작에 해당하고, 이러한 소득은닉공작을 수반하는 무신고행위는 일본 소득세법 제238조 제1항의 포탈죄를 구성한다고 판시하였다.[112] 위 판결은, 1967년 판결에서 포탈범의 요건으로 제시된 '포탈의 의사'가 부정행위의 판단에 결정적이라는 것을 명확히 보여주었고, 포탈의 의사가 인정되는 경우 객관적 요소(행위)의 비중이 적더라도 포탈범이 성립할 수 있음을 나타낸 것으로 볼 수 있다.[113]

(나) 포탈범의 실행행위

① 허위 과소신고

1973. 3. 20. 일본 최고재판소는, 피고인이 고의로 소득금액을 누락하고 허위로 과소기재한 신고서를 제출하여 소득세를 면한 사건에서, '진실한 소득을 은폐하고 과세대상이 되는 것을 피하기 위하여 소득금액을 일부러 과소하게 기재한 허위 내용의 소득세 확정신고서를 세무서장에게 제출하는 행위[114] 자체는 … '사위 기타 부정한 행위'에 해당하는 것으로 해석하여야 한다'고 판시함으로써[115] 허위의 과소신고 자체가 부정행위에 해당한다고 판단하였다.

---

111) 左藤英明, p.395 : 위 책에 의하면, 위 판결이 처벌범위의 확대를 의도한 것인지는 의문이라고 한다. 위 사건(피고인이 물품세를 포탈할 목적으로 물품을 제조장에서 반출하여 판매한 사실을 별도의 수첩에 메모하여 보관하면서 이를 정규의 장부에 기재하지 않은 사안)에서 부정행위로 여겨진 것은, 위 사건 당시 물품세법상의 기장의무를 전제로 하여 이출 · 판매의 사실을 전혀 정규의 장부에 기재하지 않아서 그 실체를 불명하게 하는 행위였기 때문이다.

112) 최고재판소 1994.[平成6년] 9. 13. 판결[平成2년(お)제1095호]

113) 左藤英明, p.395~396

114) 일본에서는 이와 같이 납세자가 신고하여야 할 소득금액 중 일부만 떼어서 과소 신고하는 행위를 'つまみ申告'라고 한다. 'つまみ'는 '손끝으로 집음' 또는 '그 집은 분량'을 뜻한다(네이버 일본어사전, 2025. 2. 10. 방문). 'つまみ申告'를 선별신고로 번역한 것으로 김용찬, "부당신고가산세의 부과 요건 - '은폐 또는 가장 행위'를 중심으로 -", 재판자료 : 조세법실무연구 제115집, 법원도서관, 89쪽

115) 최고재판소 1973.[昭和48년] 3. 20. 판결[昭和46년(あ)제1901호]

② 무신고

최고재판소 1949. 7. 9. 판결은 무신고와 관련하여 '소득은닉공작을 수반하는 허위 무신고'가 부정행위에 해당한다고 판시하였지만,[116] 위 2가지 중 어느 쪽을 실행행위로 볼 것인지 밝히지 않았기 때문에 이에 관한 논쟁이 발생하였고, 당시 학설은 소득은닉공작을 실행행위로 보는 제한설이 통설이었다고 한다.

그러나 최고재판소 1988. 9. 2. 판결은 '소득은닉공작을 수반하는 허위 무신고'가 부정행위에 해당함을 재확인하면서 소득은닉공작과 관련하여 무신고에 수반되는 것 정도만 밝히면 되지 구체적인 일시, 장소 등을 밝힐 필요가 없다고 판단하였다.[117] 학설은 위 판결이 허위 무신고 자체가 포탈범의 실행행위에 해당한다고 본 것(순수제한설)으로 평가한다.[118]

이후 최고재판소 2002. 10. 15. 판결은 '소득은닉공작을 한 후 조세포탈의 의도로 법인세 확정신고서를 세무서장에게 제출하지 않았을 경우 법정납부기한의 경과에 따라 포탈죄가 성립하고, 면한 법인세의 금액은 소득은닉공작이 이루어진 부분에 한정되는 것이 아니라 그 사업연도의 소득금액 전액에 대한 세액이 된다'고 판단하였다.[119] 이는 무신고에서 포탈 결과의 원인이 되는 것은 소득은닉공작이 아니라 허위 무신고 자체라는 순수제한설을 지지한 판결로 평가된다. 순수제한설에 따를 경우 소득은닉공작의 범죄론상 위치에 관하여는 ㉮ 부진정부작위범인 허위 무신고로 인한 포탈범의 작위의무를 발생시키는 선행행위로 보는 견해와 ㉯ 구성요건적 상황으로 보는 견해가 대립한다.[120]

3.3. 독일

(1) 조세포탈죄

독일 조세기본법(Abgabenordnung) 제370조 제1항은 ① ㉮ 재무관청 또는 기타 관청에게 조세목적상 중요한 사항에 관하여 부정확하거나 불완전한 정보를 제공하거나, ㉯ 재무관청에게 의무에 위반하여 조세목적상 중요한 사실을 고지하지 않거나, ㉰ 의무에 위반하여 수입인지를 사용하지 않고, ② 그 결과로 세금을 탈루하거나(Steuern verkürzt) 자기 또는 타인을 위하여 부당한 조세혜택을 얻는(nicht gerechtfertigte Steuervorteile erlangt) 행위를 조세포탈죄(Steuerhinterziehung)로 처벌한다.

---

116) 최고재판소 1949.(昭和24년) 7. 9. 판결[昭和24년(れ)제893호]
117) 최고재판소 1988.(昭和63년) 9. 2. 판결[昭和60년(あ)제1528호)]
118) 小田原 卓也, "近年の租税罰則見直しと租税は脱犯の實行行爲に關する一考察", 税大ジャーナル 22 2013. 11, p.159
119) 최고재판소 2002.(平成14년) 10. 15. 판결[平成10년(あ)제961호]
120) 小田原 卓也, 앞의 글, p.159

독일 조세기본법 제370조 제4항은 조세포탈죄의 기수시기를 규정한다. 이에 의하면, 조세가 전액에 관하여 또는 적법한 시기에 확정되지 않았다면(nicht in voller Höhe oder nicht rechtzeitig festgesetzt werden) 조세는 탈루된 것이다.

독일 조세기본법 제370조 제2항은 조세포탈죄의 미수범(Versuch)을 처벌한다.

독일 조세기본법상 조세포탈죄는 기본적으로 5년 이하의 자유형 또는 벌금형으로 처벌되지만(370조 1항), 심각한 사안(schweren Fällen)의 경우 6개월 이상 10년 이하의 자유형에 처해질 수 있다(370조 3항 1문). 심각한 사안은, 의도적으로 대규모로 세금을 탈루하거나 부당한 조세혜택을 얻는 행위, 자신의 직·간접적인 지배 하에 있는 제3국 회사를 이용하여 조세목적상 중요한 사실을 은폐하고 세금을 탈루하거나 부당한 조세혜택을 얻는 행위 등을 말한다(370조 3항 2문).

독일 조세기본법 제371조는 조세포탈의 자진신고(Selbstanzeige bei Steuerhinterziehung)에 따른 처벌면제를 규정한다. 이에 의하면, 재무관청에게 제출된 부정확한 정보를 정확하게 하거나 불완전한 정보를 보완하거나 또는 누락된 정보를 제공하는 자는 제370조의 조세포탈죄로 처벌되지 않는다(371조 1항). 다만, 조세포탈 행위자가 그 정보의 보완 등을 하기 전에 세무조사 또는 수사의 개시를 통보받았거나, 조세탈루액이 행위당 25,000유로를 넘는 경우 등에는, 자진신고에 따른 처벌의 면제가 적용되지 않는다(371조 2항).

검사는, 경미한 세금의 탈루만이 발생하거나 경미한 조세혜택만이 얻어진 경우, 위반자의 책임이 작고 그 소추에 관한 공적 이해관계가 없는 때에는, 법원의 동의가 없더라도, 조세포탈의 기소를 중단(유예)할 수 있다(독일 조세기본법 398조).[121]

(2) 조세질서위반행위의 제재

독일 조세기본법 제377조에 따르면, 조세질서위반행위(Steuerordnungswidrigkeiten)은 위 법 또는 세법에 따라 과태료(Geldbuße)에 처해질 수 있는 행위를 말하고(1항), 이에 대하여는 다른 규정이 없는 한 형사소송법이 아니라 질서위반행위에 관한 법률(Gesetzes über Ordnungswidrigkeiten) 제1장이 적용된다(2항).

독일 조세기본법상 조세질서위반행위로는 중과실 조세포탈행위(Leichtfertige Steuerverkürzung, 378조), 원천징수불이행(Gefährdung der Abzugsteuern, 380조) 등이 규정되어 있다.

---

121) 독일 조세기본법 제398조에 따른 기소유예 제도에 관하여는 左藤英明, p.95~98

조세포탈죄의 주체

1. 납세의무자

1.1. 납세의무자의 의의

국세기본법에 따르면, '납세의무자'는 세법에 따라 국세를 납부할 의무(국세를 징수하여 납부할 의무는 제외한다)가 있는 자를 말하고, 연대납세의무자와 제2차 납세의무자 및 보증인을 포함한다(국세기본법 2조 9호, 10호). 이에 비하여 '납세자'는 납세의무자와 세법에 따라 국세를 징수하여 납부할 의무를 지는 자를 포괄하는 개념이다(국세기본법 2조 10호). 따라서 원천징수의무자는 납세의무자에 해당하지 않고, '국세를 징수하여 납부할 의무를 지는 자'로서 납세자에 속할 뿐이다.

1.2. 납세의무자의 요건

(1) 일반적 납세의무자

납세의무자의 요건은 개별 세법에 따라 정해진다.

(가) 소득세와 법인세

소득세의 납세의무자는 거주자 및 국내원천소득이 있는 비거주자인 개인이다(소득세법 2조 1항). 거주자는 국내에 주소[1]를 두거나 183일 이상의 거소(居所)를 둔 개인을 말하고, 비거주자는 거주자가 아닌 개인을 말한다(소득세법 1조의2 1항 1호, 2호).

법인세의 납세의무자는 내국법인 및 국내원천소득이 있는 외국법인이다(법인세법 3조 1항). 내국법인은 본점, 주사무소 또는 사업의 실질적 관리장소가 국내에 있는 법인을 말하고, 외국법인은 내국법인이 아닌 단체로서 대통령령으로 정하는 기준에 해당하는 법인을 말한다(법인세법 2조 1호, 3호).

---

1) 주소는 국내에서 생계를 같이 하는 가족 및 국내에 소재하는 자산의 유무 등 생활관계의 객관적 사실에 따라 판정한다(소득세법 시행령 2조 1항).

한편, 소득세 또는 법인세의 **원천징수의무자**는 '납세의무자'에 포함되지 않으므로(국세기본법 2조 9호, 10호), 조세포탈죄의 주체(단독정범)가 될 수 없다.[2] 따라서 1인의 원천징수의무자가 수인의 납세의무자와 공모하여 조세를 포탈한 경우, 조세포탈의 주체는 어디까지나 각 납세의무자이고 원천징수의무자는 각 납세의무자의 조세포탈에 가공한 공범에 불과하므로, 각 납세의무자별로 각각 1죄가 성립하고, 이를 포괄하여 1죄가 성립하는 것은 아니다.[3]

(나) 증여세와 상속세

증여세의 납부의무자는 수증자이다(상증세법 4조의2 1항). 수증자는 거주자(본점이나 주된 사무소의 소재지가 국내에 있는 비영리법인을 포함한다) 또는 비거주자(본점이나 주된 사무소의 소재지가 외국에 있는 비영리법인을 포함한다)를 말한다(상증세법 2조 9호).

상속세의 납부의무자는 상속인(특별연고자 중 영리법인은 제외한다) 또는 수유자(영리법인은 제외한다)이다(상증세법 3조의2 1항).

(다) 부가가치세, 개별소비세 및 교육세

① 부가가치세

부가가치세의 납세의무자는 '사업상 독립적으로 재화 및 용역을 **공급하는 자**(사업자)' 및 '재화를 수입하는 자'이고(부가가치세법 3조 1항, 2조 3호), 사업자로부터 공급을 받는 거래상대방은 재정학상의 담세자에 불과할 뿐 조세법상 납세의무자에 해당하지 않는다.[4]

한편, 사업자로부터 재화 또는 용역을 **공급받는 자**는 부가가치세의 담세자에 해당할 뿐 납세의무자가 아니다. 따라서 수인의 사업자로부터 재화를 공급받은 자가 사업자들과 공모하여 부가가치세를 포탈한 경우, 조세포탈의 주체는 어디까지나 각 납세의무자인 재화를 공급한 사업자들이고, 재화를 공급받은 자는 각 납세의무자의 조세포탈에 가공한 공범에 불과하므로, 각 납세의무자별로 각각 1죄가 성립하고 이를 포괄하여 1죄가 성립하는 것은 아니다.[5]

---

2) 대법원 2004. 11. 12. 선고 2004도5818 판결(유흥음식점을 운영하는 피고인이 봉사료 수입을 지급하면서 원천징수하지 않은 사안)
3) 대법원 1998. 5. 8. 선고 97도2429 판결 : 피고인이 '용등사해' 및 '동방불패'라는 영화를 각각 서로 다른 홍콩 소재 영화수출회사로부터 수입하면서 그 대금을 실제 금액보다 낮게 기재한 허위계약서 등을 통하여 위 각 영화수출회사들의 국내원천소득에 대한 법인세를 포탈한 사건에서, 영화수출회사들의 포탈세액이 '용등사해'의 경우 108,307,584원, '동방불패'의 경우 110,707,119원으로서 위 사건 당시의 구 특가법 제8조 제1항 제2호의 적용 하한인 2억 원에 미달하므로, 단지 조세범처벌법 제9조 제1항 제3호 소정의 조세포탈죄가 성립할 뿐이라고 판단하였다.
4) 대법원 2000. 2. 8. 선고 99도5191 판결
5) 대법원 2008. 4. 24. 선고 2007도11258 판결 : 금지금의 변칙적 거래를 통한 부가가치세 포탈이 문제된 사건에서, 피고인이 과세도관업체로부터 수 개의 폭탄업체를 거친 금지금을 매입한 것에 관하여 각 납세의무자인 수 개의 폭탄업체별로 각각 1죄가 성립한다고 판단하였다. 본 장 제5절 2.3. (1)(마) 참조.

② 개별소비세 및 교육세

개별소비세[6]의 납세의무자는 ㉮ 과세물품을 제조하여 반출하는 자, ㉯ 관세를 납부할 의무가 있는 자로서 과세물품을 보세구역에서 반출하는 자, ㉰ 위 ㉯ 외에 관세를 징수하는 물품에 대하여 그 관세를 납부할 의무가 있는 자, ㉱ 과세장소, 과세유흥장소 및 과세영업장소의 경영자이다(개별소비세법 3조).

교육세의 납세의무자는 ㉮ 국내에서 금융업·보험업을 경영하는 자 중 교육세법 별표에 규정하는 자, ㉯ 개별소비세[7]의 납세의무자, ㉰ 교통·에너지·환경세의 납세의무자, ㉱ 주세[8]의 납세의무자이다(교육세법 3조).

조세범처벌법 제4조 제1항은, 면세유의 부정유통과 관련하여 개별소비세 등의 납세의무자가 아닌 석유판매업자를 조세포탈의 주체로 규정한다. 이는 본래 면세유와 관련한 조세포탈죄에 필요한 신분을 결여하여 그 주체가 될 수 없는 석유판매업자를 입법으로 조세포탈의 주체로 인정한 것이다.

한편, 대법원은, 위와 같은 별도의 처벌규정이 없는 사안에서도, 특별소비세 및 교육세의 납세의무자가 아닌 자에 의한 조세포탈죄의 간접정범을 인정하였다.[9]

(2) 연대납세의무자

세법은 일정한 경우 다수의 납세의무자가 동일한 금액의 납세의무를 연대하여 부담하는 것을 인정한다.

(가) 공유자 또는 공동사업자

① 원칙

공유자 또는 공동사업자는, 공유물, 공동사업 또는 그 공동사업에 속하는 재산과 관계되는 국세 및 강제징수비를 연대하여 납부할 의무를 진다(국세기본법 25조 1항). 따라서 공동사업에 관한 **부가가치세** 및 **개별소비세**에 대하여는 공동사업자가 국세기본법 제25조 제1항에 따라 연대납세의무를 진다.[10] 공유자 또는 공동사업자들은 연대납세의무를 지는 국세에

---

6) 과거에는 그 명칭이 '특별소비세'였으나, 2007. 12. 31. 개정에 따라 '개별소비세'로 변경되었다.
7) 개별소비세법 제1조 제2항 제4호 가목·나목·마목·사목·자목 및 같은 항 제6호의 물품에 대한 것은 제외한다.
8) 주정, 탁주, 약주에 대한 것은 제외한다.
9) 대법원 2003. 6. 27. 선고 2002도6088 판결(렌트카업체인 피고인 회사가 대여용으로 사용할 것처럼 자동차를 출고받은 후 개인들로 하여금 자가용으로 사용하게 한 사안). 상세한 것은 제1편 제4장 3.2. 참조
10) 대법원 1999. 7. 13. 선고 99두2222 판결, 대법원 2012. 6. 14. 선고 2012두3279 판결(과세관청이 원고가 ○○ 웨딩홀의 공동사업자로서 지분비율이 71%라고 보아 그 지분비율에 따라 위 공동사업장에 관한 부가가치세를 부과하였는데, 원심이 원고의 지분비율이 71%라고 볼 수 없다는 이유로 위 과세처분을 취소한 사건에서, 대법원은, 원고가 공동사업자로서 부가가치세 전액을 납부할 의무가 있으므로 위 부가가치세 부과처분은

관하여 납세의무자로서 조세포탈의 주체가 될 수 있다.[11]

② 소득세법의 특칙

소득세법에는 공동사업자에 관하여 특칙이 있다. **공동사업**[출자공동사업자가 있는 공동사업(익명조합)을 포함한다]의 경우 공동사업장을 1거주자로 보아 그 소득금액을 계산하고, 공동사업에서 발생한 소득금액은 손익분배비율에 따라 각 공동사업자별로 분배하며, 각 공동사업자는 위와 같이 분배된 금액에 대하여만 소득세 납세의무를 진다(소득세법 43조 1항, 2항, 2조의2 1항 본문). 따라서 공동사업자가 공동사업으로 인한 소득금액에 관하여 납세의무자로서 조세포탈의 주체가 될 수 있는 것은 손익분배비율에 따라 자신에게 분배된 부분에 한정된다.

다만, 거주자 1인과 특수관계인이 공동사업자에 포함되어 있고, **손익분배비율을 거짓**으로 정하는 등 대통령령으로 정하는 사유가 있는 경우에는, 그 특수관계인의 소득금액은 그 손익분배비율이 큰 공동사업자(주된 공동사업자)의 소득금액으로 본다(소득세법 43조 3항). 따라서 위 경우 **주된 공동사업자**가 공동사업으로 인한 전체 소득세액에 관하여 조세포탈의 주체로 될 수 있다. 또한, 위 경우 합산과세되는 소득금액에 대하여 주된 공동사업자의 **특수관계인**은 손익분배비율에 해당하는 그의 소득금액을 한도로 연대납세의무를 지므로(소득세법 2조의2 1항 단서), 그러한 범위에서 조세포탈의 주체가 될 수 있다.[12]

(나) 분할법인 등

법인이 분할되거나 분할합병된 후 분할되는 법인('분할법인')이 존속하는 경우, 분할법인, 분할신설법인 또는 분할합병의 상대방 법인은 '분할등기일 이전에 분할법인에 부과되거나 납세의무가 성립한 국세 및 강제징수비'에 대하여 분할로 승계된 재산가액을 한도로 연대하여 납부할 의무가 있다(국세기본법 25조 2항). 법인이 분할 또는 분할합병한 후 소멸하는 경우, 분할신설법인 또는 분할합병의 상대방 법인은 '분할법인에 부과되거나 분할법인이 납부하여야 할 국세 및 강제징수비'에 대하여 분할로 승계된 재산가액을 한도로 연대하여 납부할 의무가 있다(국세기본법 25조 3항).

(다) 증여자

증여세의 납부의무는 수증자에게 있다(상증세법 4조의2 1항). 증여자는 ① 수증자의 주소나 거소가 분명하지 않고, 증여세에 대한 조세채권을 확보하기 곤란한 경우, ② 수증자가 증여

정당한 세액의 범위 내에서 한 것으로서 적법하다고 판단하였다)
11) 안대희 등, 239쪽 ; 김종근, 115쪽
12) 안대희 등, 239쪽

세를 납부할 능력이 없고, 강제징수를 하여도 증여세에 대한 조세채권을 확보하기 곤란한 경우, ③ 수증자가 비거주자인 경우, 수증자가 납부할 증여세를 연대하여 납부할 의무가 있다(상증세법 4조의2 2항).

증여세의 연대납세의무를 지는 증여자는 그 증여세에 대한 포탈죄의 주체로 될 수 없다고 보는 견해가 있다.[13] 그러나 증여자가 연대납세의무의 성립요건을 은닉하기 위한 부정행위를 함으로써 조세포탈의 주체로 될 가능성을 굳이 부정할 이유는 없을 것이다. 증여세에 대한 제2차 납세의무의 포탈이 가능한 점[14]을 고려하면, 더욱 그렇다. 다만, 증여자가 자신의 연대납세의무를 회피하기 위하여 그 성립요건 중 증여사실을 은닉하는 부정행위(가령 허위의 매매계약서)를 한 경우 수증자의 증여세에 대한 포탈행위도 겸하게 되므로 그에 대한 대리인 등 행위자 또는 공범으로 처벌되는 경우가 많을 것이다.[15] 한편, 연대납세의무의 성립요건 중 '증여세 납부의무의 존재' 외의 부분에 관한 부정행위[16]는 자주 일어나는 것은 아니지만, 가능하다.

(라) 공동상속인

상속인 또는 수유자는 상속재산 중 각자가 받았거나 받을 재산을 기준으로 대통령령으로 정하는 비율에 따라 계산한 금액을 상속세로 납부할 의무가 있다(상증세법 3조의2 1항). 위 상속세에 관하여 상속인 또는 수유자는 각자 받았거나 받을 재산을 한도로 연대하여 납부할 의무를 진다(상증세법 3조의2 3항).

상속인은 고유의 상속세뿐만 아니라 연대납세의무를 지는 상속세에 대하여도 포탈의 주체가 될 수 있다.[17] 대법원 판례는, 분명하지 않지만, 적어도 상속인의 연대납세의무에 대한 포탈의 책임을 부인하지 않는 입장으로 보인다.[18] 이에 대하여 공동상속인의 연대납세의무

---

13) 안대희 등, 241쪽은, 수증자의 주소불명과 자력부족 등으로 조세채권의 확보가 곤란한 경우에 성립하는 경우 증여자의 연대납세의무에 관하여 증여자는 조세포탈의 주체로 될 수 없다고 하면서, 그 이유로 ① 수증자의 주소불명 등의 조건에 따라 증여자가 조세포탈의 주체가 된다면 죄형법정주의에 반하고, ② 포탈의 전제가 되는 허위과소신고 등 부정행위의 책임을 신고의무가 없는 증여자에 대하여 인정할 수 없기 때문이라는 점을 든다. 김종근, 116~117쪽도 같은 취지이다. 한편, 김태희, 192쪽은 증여자가 수증자의 포탈행위에 가담한 경우 대리인 등 행위자 또는 공범으로서 책임을 질 뿐이라고 한다.

14) 대법원 2017. 5. 17. 선고 2014도11130 판결은 증여세에 대한 제2차 납세의무의 포탈죄가 일반적으로 성립할 수 있음을 전제로 그 구성요건이 충족되지 않았다는 이유로 조세포탈죄가 성립하지 않는다고 판단하였다.

15) 검사는 증여자를 수증자의 증여세에 대한 포탈죄의 공범 등으로 처벌할 수 있는 이상 별도로 증여자를 연대납세의무의 포탈범으로 기소할 필요성을 느끼지 않을 가능성이 크다.

16) 가령 수증자의 주소나 거소가 분명하지 않음에도 마치 분명한 것처럼 가장하거나, 수증자가 비거주자임에도 거주자인 것처럼 가장하는 경우

17) 김종근, 116쪽도 같은 취지로 보인다. 위 책에 따르면 실무상 각 공동상속인의 고유의 납세의무 부분만을 조세포탈죄로 의율하는 것이 통상이라고 한다.

18) ① 대법원 1983. 6. 28. 선고 82도2421 판결은, 공동상속인인 피고인이 다른 공동상속인들과 사이에 상속재산 중 일부인 토지를 자신의 단독소유로 하기로 합의한 후, 마치 자신이 위 토지를 피상속인의 사망 전에 매수하여 피상속인에게 명의신탁해놓았던 것처럼 가장하여, 다른 공동상속인들을 상대로 명의신탁해지로 인한

는 종된 채무의 성격이 강하고 지분별 상속재산을 한도로 징수의 확보를 하기 위한 것이므로, 공동상속인의 조세포탈 책임은 고유의 상속세 납세의무에 국한된다는 취지로 보아야 한다는 견해가 있다.[19] 그러나 그러한 사정만으로 공동상속인의 연대납세의무에 관한 포탈 주체성을 부인하는 것은 적절하지 않다.

(3) 제2차 납세의무자

(가) 제2차 납세의무의 의의와 성립 및 확정

제2차 납세의무자는 납세자가 납세의무를 이행할 수 없는 경우에 납세자를 갈음하여 납세의무를 지는 자를 말한다(국세기본법 2조 11호). 제2차 납세의무는 조세를 체납한 자의 재산에 대하여 체납처분을 하여도 징수하여야 할 조세에 부족한 경우, 본래의 납세자와 일정한 관계에 있는 자에 대하여 본래의 납세자로부터 징수할 수 없는 금액을 한도로 보충적으로 납세의무를 부담시키는 것이다.[20]

제2차 납세의무를 지는 자로는 ① 청산인 또는 잔여재산을 분배받은 자, ② 무한책임사원 또는 과점주주, ③ 법인, ④ 사업양수인이 있다(국세기본법 38조 내지 41조).

제2차 납세의무가 성립하기 위해서는, ① 주된 납세자가 조세를 체납하고, ② 주된 납세자에 대하여 체납처분을 하여도 체납된 국세 등에 미치지 못하는 경우이어야 한다. 위 요건이 충족되면 제2차 납세의무는 성립한다.[21] 따라서 제2차 납세의무의 성립시기는 적어도 '주된 납세의무의 납부기한이 경과한 이후'이다.[22]

세무서장은 제2차 납세의무자에게 주된 납세자의 체납액에 관한 납부고지서를 발급하여야 한다(국세징수법 7조 1항). 이에 의하여 제2차 납세의무는 확정되고,[23] 제2차 납세의무자 지정통지만으로는 아직 확정된 것이 아니다.[24] 법인의 과점주주 등이 부담하는 제2차 납세

소유권이전등기청구의 소를 제기하여 의제자백에 의한 승소판결을 받은 후 자기 앞으로 소유권이전등기를 경료한 사안에서, 피고인이 위 토지 중 자신의 법정상속지분에 대한 상속세를 포탈하였다고 인정한 원심판결이 정당하다고 판단하였다. 위 사건에서 피고인은 위 토지 전체를 단독 상속하였으므로 그에 대하여 연대납세의무 이전에 자신의 고유한 상속세 납부의무를 부담한다. 위 판결의 원심이 피고인의 법정상속지분에 대한 상속세의 포탈만을 인정한 것은 애초에 검사의 기소가 위 범위로 한정되었기 때문으로 보인다. 따라서 위 판결은 공동상속인의 연대납세의무에 대한 포탈죄의 주체성을 판단한 선례로 보기 어렵다. ② 대법원 1992. 4. 24. 선고 91도1609 판결은, 피고인이 그 남편인 망 공소외 1로부터 위 망인이 매수하여 가등기를 마쳐 둔 토지를 상속받은 후 상속세 등을 포탈하기 위하여 법정신고기한 내에 상속세신고를 하지 않은 채 이를 공소외 2 외 2인에게 미등기전매하고 등기명의인인 전소유자 공소외 3 명의로부터 위 매수인들 앞으로 바로 소유권이전등기를 마친 사안에서, 피고인이 위 토지에 대하여 공동상속인들 전원이 납부하여야 할 상속세를 포탈하였으므로, 포탈세액 전부에 대한 조세포탈죄의 책임을 진다고 본 원심판결을 수긍하였다.

19) 안대희 등, 241쪽
20) 대법원 1982. 12. 14. 선고 82누192 판결
21) 대법원 1982. 8. 24. 선고 81누80 판결
22) 대법원 2012. 5. 9. 선고 2010두13234 판결
23) 대법원 1990. 4. 13. 선고 89누1414 판결, 대법원 1998. 10. 27. 선고 98두4535 판결

의무의 부과제척기간은 주된 납세의무와 별도로 진행하고, 특별한 사정이 없는 한 이를 부과할 수 있는 날인 제2차 납세의무가 성립한 날로부터 기산된다.[25]

(나) 제2차 납세의무의 포탈

주된 납세의무자인 법인의 과점주주 등은 제2차 납세의무에 관한 포탈의 주체가 될 수 있다. 가령, 법인의 과점주주가 제2차 납세의무를 회피하기 위하여 보유 주식을 제3자에게 매각하는 것처럼 허위의 주식양도계약서를 작성하여 주주 명의를 위장분산한 경우, 제2차 납세의무의 포탈죄가 성립할 수 있다.[26]

2. 대표자 등 행위자 : 법정책임자

법인의 대표자, 법인 또는 개인의 대리인, 사용인, 그 밖의 종업원은 그 법인 또는 개인의 납세의무에 관하여 조세범처벌법 위반죄의 주체로 될 수 있다(법 18조).

2.1. 법인의 대표자

(1) 법인

조세범처벌법 제18조의 '법인'은 법인 아닌 단체 중 국세기본법 제13조에 따라 **법인으로 보는 단체**를 포함한다.

법인 아닌 단체 중 '국세기본법 제13조에 따른 법인으로 보는 단체'에 해당하지 않는 것은 소득세법상 일정한 경우 1거주자로 될 수 있고, 부가가치세법상 사업자에 해당할 수 있는데, 이를 조세범처벌법 제18조의 '개인'으로 볼 것인지에 관하여 견해가 대립하는데, 부정하여야 할 것이다.[27]

---

24) 대법원 1995. 9. 12. 선고 95누6632 판결
25) 대법원 2012. 5. 9. 선고 2010두13234 판결
26) 서울고등법원 2005. 7. 15. 선고 2002노2570, 2003노207(병합), 2005노429(병합) 판결 : 다만, 위 사건에서는 본래의 납세의무자인 교회가 납부기한 내에 세액을 납부하였기 때문에 제2차 납세의무의 포탈이 기수에 이르지 않았다고 판단하였다. 위 경우 제2차 납세의무가 성립하지 않았으므로, 포탈의 대상 또는 전제조건이 존재하지 않는다. 위 판결의 상급심은 대법원 2006. 11. 24. 선고 2005도5567 판결인데, 조세포탈 부분은 상고의 대상이 아니어서 대법원의 판단대상에 포함되지 않은 것으로 보인다.
27) 제1편 제3장 2.1.2. (1)(나) 참조

(2) 대표자

대법원은, '법인의 대표자'에는 그 명칭 여하를 불문하고 당해 법인을 실질적으로 경영하면서 **사실상 대표**하고 있는 자도 포함된다고 판시한 후, 피고인 1이 법인등기부상 1993. 3. 19. 피고인 2 회사의 대표이사직을 사임한 것으로 등기되어 있으나, 그 이후에도 위 회사의 회장 겸 대표자로서 위 회사를 실제로 운영하면서 공소외 1로 하여금 그의 지시에 따라 위 회사의 수입과 지출을 관리하고 이에 관련된 각종 장부를 작성하도록 한 사건에서, 피고인 1이 위 회사의 실제상 대표자에 해당한다고 판단하였다.[28)29)]

2.2. 법인 또는 개인의 대리인

(1) 대리인의 의의와 범위

대리인은 법률 또는 본인의 수권행위에 의하여 대리권을 가지는 자를 말한다. 수권행위에 의한 대리권의 수여는 묵시적 방법으로도 가능하다. 판례상 대리인으로 인정된 것으로는 ① 피고인이 자녀들 또는 주주로부터 재산관리를 위임받은 사안,[30)] ② 공동사업자가 다

---

28) 대법원 1997. 6. 13. 선고 96도1703 판결
29) 대법원 1987. 12. 22. 선고 87도84 판결은, 공소외 1 그룹 산하 기업체인 공소외 2 주식회사, 공소외 3 주식회사, 공소외 4 주식회사에서는 위 회사들의 대주주이고 그 각 이사회의 회장으로서 위 회사들을 경영하던 피고인의 남편 망 공소외 5가 1970. 12. 27. 사망하기 이전부터 망 공소외 5와 위 각 회사의 대표이사 및 관계 임직원들이 공모하여 그 판시와 같은 방법으로 조세포탈을 하여 왔고 망 공소외 5가 사망한 후에도 위 각 회사의 대표이사 및 관계 임직원들의 공모에 의한 조세포탈행위는 계속되어 왔는데, 피고인은 망 공소외 5가 사망한 후에 유족의 대표자로서 사실상 그의 지위를 승계하였고 또 위 각 회사의 이사로 있으면서 비공식적인 것이나 회장으로 처우받으면서 실질적으로 경영에 관여하고 각 회사의 경영상태를 보고받음으로써 각 회사에서 조세포탈행위가 이루어지고 있는 사실을 알았으며, 나아가 돈을 주며 세무공무원 등의 자문을 받는 등 그 조세포탈행위가 이루어지도록 가공하여 그로 인한 이익금의 일부를 분배받은바 있다는 사실을 인정한 다음, 위 인정사실에 의하면 피고인이 조세포탈을 새로이 모의한다거나 구체적인 실행행위를 분담한 바가 없다고 하더라도 조세포탈을 한 위 각 회사의 대표이사 및 관계 임직원들과 피고인 사이에 조세포탈의 공범관계가 성립된다고 판단하였다. 위 사건의 경우 피고인이 공소외 2, 3, 4 주식회사의 사실상 대표자로서 조세포탈죄의 주체로 된다고 본 것인지, 아니면 비신분자로서 신분자의 조세포탈범행에 대한 공범이 된다고 본 것인지는 분명하지 않다.
30) ① 서울고등법원 2003. 8. 29. 선고 2002노551 판결(대법원 2005. 6. 10. 선고 2003도5631 판결의 원심)은, 피고인이 이사장으로 있는 비영리재단법인 소유의 주식을 아들들에게 증여한 것과 관련하여, 대리인 여부 및 쌍방대리의 효력이 문제된 사안에서, 아들들이 미성년자인 때부터 이후 성년이 된 이후에도 그들의 동의하여 아들들의 재산관리를 계속해왔고, 아들들이 그러한 사정을 알면서도 이의를 제기하지 않은 점을 근거로, 피고인이 아들들로부터 위 주식의 양수에 관한 대리권을 묵시적으로 수여받았고, 쌍방대리에 대하여도 민법 제124조 소정의 허락이 있었다고 판단하였다. ② 서울고등법원 2004. 1. 14. 선고 2002노2753 판결(대법원 2006. 6. 29. 선고 2004도817 판결의 원심)은, 사주 일가의 주식지분을 배정해 온 피고인이 주식의 명의이전 당시 종전 소유자와 수증자에게 알리지 않았지만 쌍방을 대리하여 주식이전행위를 하였다고 인정하였고, 대법원은 이를 수긍하였다. ③ 대법원 2011. 6. 30. 선고 2010도10968 판결(피고인은 자녀들에게 차명주식을 증여한 것과 관련하여 성년인 자녀들로부터 일체의 자산관리를 위임받아 주식이전 등을 대리하였다고 본

른 공동사업자들로부터 영업을 위임받아 그들의 대리인 지위에서 소득세를 포탈한 사안[31]이 있다.

세무사 · 공인회계사 · 변호사가 의뢰인인 납세의무자의 조세에 관한 포탈행위를 한 경우, 조세범처벌법 제18조의 대리인에 포함될 수 있는지 문제된다. 세무사 등이 납세의무자와 독립적인 지위에 있다는 이유로 이를 부정하는 견해가 있으나,[32] 세무사 등이 납세의무자로부터 과세표준의 신고 등 부정행위와 관련된 **대리권**을 수여받은 경우, 조세범처벌법 제18조의 '대리인'에 해당한다고 보아야 할 것이다.[33] 세무대리인의 허위신고에 대한 처벌 규정인 조세범처벌법 제9조는, 조세포탈죄의 성립 여부에 관계없이 세무대리인의 허위신고를 독립적으로 처벌하고자 하는 것으로 보아야 하고,[34] 위 규정의 존재를 이유로 부정행위와 관련한 대리인 지위에 있는 세무사 등이 조세포탈죄의 주체에서 제외된다고 보기는 어렵다.[35] 한편, 세무사 등이 납세의무자로부터 부정행위와 관련된 대리권을 수여받지 않았더라도, 통상적인 자문을 넘어 조세포탈을 위한 구체적 조언 등을 해준 경우에는, 법인의 대표자 또는 개인 업무주와 **공범** 관계에 있을 수 있다.[36]

(2) 무권대리인

무권대리인, 즉 본인을 대리하였으나 적법한 대리권이 없는 자는, 원칙적으로 조세포탈의 주체인 대리인에 해당하지 않는다. 대법원은, 「피고인이 상속인에게 "상속세 문제를 처리하여 주겠다."고 속여 소송대리위임장에 날인을 받고 그것을 이용하여 제소전화해의 방법으로 상속재산에 대하여 자신이나 제3자 앞으로 소유권이전등기를 마친 사안에서, 상속세 납세의무를 부담하는 상속인들이 상속토지들에 대하여 피고인에게 이를 처분하거나 관리하도록 어떠한 대리권을 수여한 바도 없으므로 피고인은 위와 같이 아무런 등기 원인 없이 제소전화해나 의제자백 판결의 편취를 통하여 위 토지들을 피고인이나 제3자 앞으로 소유권이전등기를 함에 있어서 납세의무자인 상속인들의 대리인이나 사용인, 기타 종업인에 해당하지 않는다」고 판단하였다.[37]

　　사안)
31) 대법원 2005. 5. 12. 선고 2004도7141 판결
32) 안대희 등, 251쪽 ; 지익상, 123쪽
33) 김태희, 197쪽
34) 안대희 등, 466쪽
35) 만일 세무사 등이 부정행위와 관련한 대리인 지위에 있음에도 조세범처벌법 제9조(2년 이하의 징역 또는 2,000만 원 이하의 벌금)의 존재를 이유로 조세범처벌법 제3조에 따른 처벌을 면한다면 비난가능성이 더 큼에도 더 낮은 처벌을 받는 문제점이 있을 수 있다.
36) 안대희 등, 251쪽 ; 지익상, 123쪽
37) 대법원 1998. 3. 24. 선고 97도3368 판결

대리인이 본인을 위하여 자기와 법률행위를 하거나(자기계약) 당사자 쌍방을 대리하여 동일한 법률행위를 하는 것은 본인의 허락이 있으면 유효하다(민법 124조).[38]

2.3. 사용인, 그 밖의 종업원

대법원은, 양벌규정의 '사용인 기타의 종업원'에는 법인 또는 개인과 정식으로 고용계약을 체결하고 근무하는 자뿐만 아니라 법인 또는 개인의 대리인, 사용인 등이 자기의 업무보조자로서 사용하면서 직접 또는 간접으로 법인 또는 개인의 통제·감독 아래에 있는 자도 포함된다고 판시하였다.[39] 판례는 이와 같이 '종업원'을 넓게 파악하여 ① 타인의 고용인이지만 영업주의 종업원을 통하여 간접적으로 감독통제를 받는 자,[40] ② 법인의 대리인, 사용인 등이 자기의 보조자로서 사용하면서 직접 또는 간접으로 법인의 통제·감독 하에 있는 자[41]도 포함한다고 판단하였다. 따라서 조세범처벌법상 사용인은 반드시 업무주인 법인 또는 개인과 고용계약 관계에 있을 필요가 없고, 법인 또는 개인의 대리인, 사용인 등이 자기의 업무보조자로서 사용하면서 직접 또는 간접으로 법인 또는 개인의 통제·감독 아래에 있는 자도 포함한다.

판례에 따르면, '대리인·사용인 기타 종업원'은, 법인 또는 개인의 업무에 관하여, 자신의 독자적인 권한이 없이 오로지 상급자의 지시에 의하여 단순히 노무제공을 하는 것에 그치는 것이 아니라, 일정한 범위 내에서 자신의 독자적인 판단이나 권한에 의하여 그 업무를 수행할 수 있는 자를 의미한다.[42]

---

38) 서울고등법원 2003. 8. 29. 선고 2002노551 판결, 대법원 2024. 1. 4. 선고 2023다225580 판결
39) 대법원 2003. 6. 10. 선고 2001도2573 판결
40) 대법원 1987. 11. 10. 선고 87도1213 판결(미성년자보호법 위반 : 피고인이 경영하는 극장에서 상영하는 영화의 배급업자로서 영화사의 직원인 제1심 공동피고인이 극장경영주와 영화배급업자 사이에 수익금을 분배하기로 한 약정에 따라 극장의 관람객수를 확인하던 중, 피고인의 검표담당종업원인 공소외 1이 잠시 자리를 비우게 되자, 피고인의 종업원인 극장지배인 공소외 2의 지시로 공소외 1의 업무를 대행하던 중에 미성년자를 입장시킨 사안에서, 제1심 공동피고인은 미성년자출입제지업무에 관한 한 피고인의 간접적인 감독통제를 받는다 할 것이므로 피고인과 제1심 공동피고인은 위 양벌규정 소정의 영업자와 종업원의 관계에 있다고 판단함)
41) 대법원 1993. 5. 14. 선고 93도344 판결(증권거래법 위반 : 피고인 회사의 안동지점 대리 공소외 1이 위 지점의 업무가 폭주하자 위 지점에 상시 출입하는 고객이었던 공소외 2로 하여금 위 지점의 업무인 투자상담·주식매도·매수주문수령·전화받기, 그 밖의 심부름 등을 하게 하여 위 지점의 업무를 보조하게 하였으며, 위 공소외 2가 위 지점장 이하 직원들의 통제·감독하에 있음으로써 피고인 회사의 간접적 통제·감독하에 있었던 사건)
42) 대법원 2007. 12. 28. 선고 2007도8401 판결 : 주한미군 ○○○○처 보급창의 폐기물처리업무를 담당하는 직원이 적법한 신고절차 없이 미허가·미신고의 폐기물처리업자에게 사업장폐기물을 처리하게 한 사안에서, 위 직원은 위 보급창의 일반적인 통제·감독을 받으면서도 폐기물처리에 관한 어느 정도의 독자적 권한이 있으므로, 구 폐기물관리법(2007. 1. 3. 법률 제8213호로 개정되기 전의 것) 제62조의 양벌규정이 적용되는 대리인·사용인 기타의 종업원에 해당한다고 본 사례

2.4. 행위자의 위반행위에 따른 납세의무자 등의 면책요건

법인 또는 개인의 대리인, 사용인 등이 그 법인 또는 개인의 업무에 관하여 조세범처벌법 위반행위를 한 경우에, 업무주인 법인 등이 위반행위를 방지하기 위하여 해당 업무에 관하여 상당한 주의와 감독을 게을리하지 않은 때에는, 그 법인 등은 양벌규정에 따른 처벌을 받지 않는다(법 18조 단서).[43]

3. 납세의무자 또는 행위자 외의 자

3.1. 협의의 조세포탈죄 : 신분범

(1) 진정신분범

신분범은 신분자만이 범죄주체로 될 수 있는 범죄(진정신분범)와 신분자가 범한 경우 형이 가중 또는 감경되는 범죄(부진정신분범)로 구분된다.[44] 조세포탈죄는 납세의무자와 행위자만이 주체로 될 수 있는 진정신분범이라는 것이 다수설이고,[45] 대법원 판례도 같다.[46]

(2) 비신분자와 조세포탈죄

납세의무자 또는 행위자가 아닌 자는 조세포탈죄에 필요한 신분이 없으므로, 조세포탈죄의 단독정범이 될 수 없다.[47] 그런데 대법원은 ① 부가가치세에 관하여는 과세대상 재화 등을 공급받는 자는 부가가치세의 담세자일 뿐 납세의무자가 아니므로 독자적으로 포탈의 주체가 될 수 없다고[48] 보면서도, ② 특별소비세 및 교육세에 관하여는 납세의무자가 아닌 담세자에 의한 포탈의 간접정범을 인정하였다.[49]

---

43) 양벌규정에 따른 업무주인 법인 등의 처벌에 관하여는 제1편 제3장 2.2. 참조
44) 신분은, 남녀의 성별, 내·외국인의 구별, 친족관계, 공무원인 자격과 같은 관계뿐만 아니라, 널리 일정한 범죄행위에 관련된 범인의 인적관계인 특수한 지위 또는 상태를 지칭한다는 것이 판례이다. 대법원 1994. 12. 23. 선고 93도1002 판결
45) 안대희 등, 236쪽 ; 김태희, 187쪽, 81쪽 ; 김종근, 46쪽 : 이와 달리 신분범이 아니라고 보는 견해로 이성일, 조세포탈죄의 형사법적 이해, 박영사(2023), 117쪽
46) 대법원 1992. 8. 14. 선고 92도299 판결, 대법원 1998. 3. 24. 선고 97도3368 판결, 대법원 2000. 2. 8. 선고 99도5191 판결, 대법원 2006. 6. 29. 선고 2004도817 판결, 대법원 2008. 4. 24. 선고 2007도11258 판결 : 본 장 제1절 2. (1) 참조.
47) 영세율의 적용대상이 아님에도 그 적용대상인 것처럼 가장하여 부가가치세의 거래징수를 피하면서 물품을 구입하는 경우 판매자에게 고의가 없다면 납세의무자가 아닌 구입자는 간접정범의 방법으로 부가가치세 포탈죄의 단독정범이 될 수 없다. 본 장 제5절 2.3. (4) 참조
48) 대법원 2008. 4. 24. 선고 2007도11258 판결
49) 대법원 2003. 6. 27. 선고 2002도6088 판결

한편, 납세의무자 또는 행위자가 아닌 자도 형법 제33조에 따라 납세의무자 또는 행위자와 함께 조세포탈죄의 공동정범이 될 수 있고, 조세포탈의 단독정범에 대한 교사범·방조범이 될 수 있다.

원천징수의무자가 여러 납세의무자와 공모하여 그들의 납세의무를 포탈한 경우에도, 조세포탈의 주체는 납세의무자이고 원천징수의무자는 각 납세의무자의 조세포탈에 가공한 공범에 불과하므로, 각 납세의무자별로 1죄가 성립하고, 특가법 제8조의 적용대상인지 여부는 납세의무자별로 연간 포탈세액을 구분하여 판단하여야 하며, 각 포탈세액을 모두 합산하여 판단할 것이 아니다.[50]

3.2. 납세의무와 관련이 없는 부정환급 : 비신분범

부정환급 중에서 납세의무와 관련이 없는 경우, 가령 어느 과세기간에 전혀 실물거래를 하지 않은 자가 허위의 매입세금계산서를 토대로 매입세액을 신고하여 부정환급받은 경우에는, 납세의무자가 존재하지 않고, 형법의 일반원리에 따라 해당 행위를 한 자가 조세포탈(부정환급)죄의 정범으로 된다고 보아야 한다. 위와 같은 부정환급은 신분범이 아니고, 조세포탈죄가 성립하는 이상 사기죄는 성립할 수 없다고 보아야 할 것이다.

이에 대하여 추상적 조세채권이 성립하지 않는 경우 포탈의 대상인 조세가 없으므로, 부정환급에 해당하지 않고 사기죄가 성립할 수 있다는 견해가 있다.[51] 이에 의하면 ① 매출세액이 전혀 없는 자가 허위의 매입세액(50원)을 신고하여 환급받는 경우 부정환급이 아니라 사기죄가 성립하게 된다. 그런데 ② 매출세액(100원)이 있는 자가 이를 초과하는 허위의 매입세액(150원)을 신고하여 차액(50원)을 환급받는 경우에 납부를 면한 매출세액(100원)이 포탈의 대상이고, 환급된 금액(50원)은 납세의무와 관련이 없으며, 부정환급을 받은 자가 우연히 납세의무자의 지위를 겸할 뿐이다. 그럼에도 위 두 경우를 구분하여, 전자는 사기죄로, 후자는 부정환급으로 다르게 처벌하는 것은 수긍하기 어렵다. 사기죄와 별도로 조세포탈죄가 규정되어 있는 이상, 조세와 관련한 국가에 대한 기망행위로 지급을 면하거나 금원을 편취하는 행위는 모두 조세포탈죄로 처리하는 것이 적절하다.[52]

---

50) 대법원 1998. 5. 8. 선고 97도2429 판결
51) 안대희 등, 504쪽
52) 대법원은 한때 매출세액이 없어서 추상적 납세의무를 지지 않는 피고인이 부정행위로 부가가치세액의 조기 환급을 받은 사건에서 사기죄의 성립을 인정하였으나(서울지방법원 1996. 9. 17. 선고 96노4431 판결, 서울고등법원 2016. 10. 14. 선고 2016노1690 판결, 대법원 2017. 2. 9. 선고 2016도17826 판결) 이후 대법원 2021. 11. 11. 선고 2021도7831 판결은 유사한 사건에서 사기죄는 성립할 수 없고, 조세포탈죄만이 성립할 수 있다고 판시하였다. 본 장 제7절 2. (3) 참조

조세채무의 존재 : 납세의무의 성립

1. 납세의무의 성립과 확정

1.1. 납세의무의 성립

(1) 개별 세법상 과세요건의 충족

납세의무의 성립은 개별 세법에서 규정한 과세요건이 충족되는 것을 말한다. 과세요건은 각 세법에 규정되어 있다.

(2) 납세의무의 성립시기

국세의 납부의무는 국세기본법 및 개별 세법에서 정하는 과세표준이 충족되면 성립한다 (국세기본법 21조 1항).

국세(본세) 납부의무의 성립시기는 다음과 같다(국세기본법 21조 2항, 3항).

① 소득세·법인세 : 과세기간이 끝나는 때.[1] 다만, 원천징수하는 소득세·법인세의 성립시기는 소득금액 또는 수입금액을 지급하는 때이고, 중간예납하는 소득세·법인세의 성립시기는 중간예납기간이 끝나는 때이다.

② 상속세 : 상속이 개시되는 때

③ 증여세 : 증여에 의하여 재산을 취득하는 때

④ 부가가치세 : 과세기간이 끝나는 때.[2] 다만, 예정신고기간·예정부과기간에 대한 부가가치세의 성립시기는 중간예납기간 또는 예정신고기간·예정부과기간이 끝나는 때이다.

⑤ 개별소비세·주세 및 교통·에너지·환경세 : 과세물품을 제조장으로부터 반출하거나 판매장에서 판매하는 때, 과세장소에 입장하거나 과세유흥장소에서 유흥음식행위를 하는 때 또는 과세영업장소에서 영업행위를 하는 때. 다만, 수입물품의 경우에는 세관장에게 수입신고를 하는 때를 말한다.

⑥ 인지세 : 과세문서를 작성한 때

⑦ 증권거래세 : 해당 매매거래가 확정되는 때

⑧ 교육세 : 다음의 각 구분에 따른 시기

---

1) 다만, 청산소득에 대한 법인세는 그 법인이 해산을 하는 때를 말한다.
2) 다만, 수입재화의 경우에는 세관장에게 수입신고를 하는 때를 말한다.

㉮ 국세에 부과되는 교육세 : 해당 국세의 납세의무가 성립하는 때
㉯ 금융·보험업자의 수익금액에 부과되는 교육세 : 과세기간이 끝나는 때
⑨ 농어촌특별세 : 본세의 납세의무가 성립하는 때
⑩ 종합부동산세 : 과세기준일

1.2. 납세의무의 확정

납세의무의 확정은 추상적으로 성립한 납세의무의 내용이 징수절차로 나아갈 수 있을 정도로 구체화된 상태를 말한다.[3]

납세의무를 확정하는 방식에는 신고납세방식, 부과과세방식, 자동확정방식이 있다.

신고확정방식(신고납세방식)은 납세의무자의 신고에 의하여 과세표준과 세액이 확정되는 것을 말한다. 소득세, 법인세, 부가가치세 등은 신고확정방식을 취한다(국세기본법 22조 2항 본문). 신고확정방식의 경우에도, 납세의무자가 신고를 하지 않거나 납세의무자의 신고에 오류 또는 탈루가 있는 경우에는, 과세관청의 결정 또는 경정에 의하여 세액이 확정된다(국세기본법 22조 2항 단서). 신고서에 기재된 세액이 정당한 세액을 초과하는 경우, 납세의무자는 자신이 한 신고를 철회·변경하는 방법으로 세액확정의 효력을 배제할 수 없고, 과세관청에 신고로 확정된 세액의 경정을 청구할 수 있을 뿐이다(국세기본법 45조의2 1항). 납세의무자의 경정청구가 정당한 경우, 세액은 과세관청의 경정에 의하여 비로소 감액된다.

부과확정방식(부과납세방식)은 과세관청의 결정(부과처분)에 의하여 과세표준과 세액이 확정되는 것을 말한다. 대표적으로 증여세, 상속세 및 재산세, 종합부동산세[4]가 이 방식을 취한다(국세기본법 22조 3항). 부과확정방식인 증여세와 상속세의 경우 납세의무자가 신고의무를 부담하지만, 이는 납세협력의무에 불과하고 세액을 확정하는 효력은 없다.

자동확정방식은 납세의무의 성립과 동시에 별도의 요건 및 절차 없이 세액이 확정되는 것을 말한다. 원천징수하는 소득세·법인세 등은 자동확정방식에 따른다(국세기본법 22조 4항).

---

3) 대법원 2011. 12. 8. 선고 2010두3428 판결
4) 종합부동산세는 원칙적으로 부과과세방식이지만, 납세의무자가 법정기한까지 과세표준과 세액을 신고한 경우 그에 따라 세액이 확정된다(종합부동산세법 16조 3항).

1.3. 조세포탈죄의 요건 : 납세의무의 성립

조세포탈죄가 성립하기 위해서는 세법상 과세요건이 충족되어 **조세채무**가 **성립**하여야한다. 따라서 과세요건을 갖추지 못하여 조세채무가 성립하지 않는 경우에는 조세포탈죄가성립할 여지가 없다.[5]

한편, **조세채무의 확정**은 조세포탈죄의 구성요건이 아니다.[6] 일반적으로 납세의무자가조세포탈로 기소되는 경우 과세처분에 의하여 조세채무가 확정되는 것이 일반적이지만, 반드시 그래야 하는 것은 아니다. 따라서 ① 과세요건이 충족되어 조세채무가 성립하였다면,부과제척기간이 경과하여 조세채무가 확정되지 못한 경우에도, 조세포탈죄는 성립할 수 있고, 조세채무의 확정에 관계없이 기소되어 유죄로 인정될 수 있다. 그러한 일은 조세포탈죄의 공소시효가 조세의 부과제척기간보다 더 긴 경우에 생길 수 있다.[7] 또한, ② 조세부과처분이 무효이거나 취소되었더라도, 그 사유가 '납세의무의 성립과 관련한 하자'가 아니라 '납세의무의 확정과 관련된 하자'(제척기간의 경과, 세무조사 또는 부과 절차의 위반)인 경우에는, 조세포탈죄의 성립에 영향을 미치지 못한다고 보아야 한다.[8]

2. 소득세 및 법인세에 관한 쟁점

2.1. 소득세 및 법인세의 과세표준 및 세액

(1) 소득세

(가) 거주자

거주자는 종합소득, 퇴직소득 또는 양도소득에 대한 소득세 납부의무를 진다(소득세법 2조 1호, 4조).

---

5) 대법원 2021. 7. 29. 선고 2019도17032 판결은, 분할 전 법인으로부터 인적분할되어 설립된 원고 법인(롯데케미칼)이 분할 전 법인으로부터 승계한 고정자산에 관한 세법상 유보가 실제로는 허위임에도 마치 존재하는것처럼 서류를 작성하여 경정청구를 하는 등으로 법인세를 부정환급받았다는 점으로 기소된 사건에서, 위유보가 허위의 것이라는 점이 합리적 의심의 여지가 없을 정도로 증명되지 않았다는 이유로 무죄로 본 원심판결을 정당하다고 판단하였다.
6) 김종근, "위법소득에 관한 조세포탈의 처벌을 둘러싼 쟁점 고찰", 조세법연구 [23-2](2017), 254~257쪽, 248쪽
7) 납세의무자가 부정행위로 10억 원 이상의 조세를 포탈하여 특가법 제8조 제1항 제1호의 죄에 해당하는 경우,그 조세의 부과제척기간은 10년이지만(국세기본법 26조의2 2항 2호), 특가법 제8조 제1항 제1호 위반죄의공소시효는 15년이다(형사소송법 249조 1항 2호, 특가법 8조 1항 1호).
8) 상세한 것은 본 절 5.1. 참조

① 종합소득

종합소득에 대한 과세표준은 종합소득(이자소득 · 배당소득 · 사업소득 · 근로소득 · 연금소득 · 기타소득)금액의 합계액에서 종합소득공제를 공제한 금액이다(소득세법 14조 2항). 비과세소득 등은 종합소득과세표준에 합산되지 않는다(소득세법 14조 3항). 거주자의 각 소득에 대한 총수입금액은 해당 과세기간에 수입하였거나 수입할 금액의 합계액이다(소득세법 24조 1항). 사업소득을 계산할 때 필요경비에 산입할 금액은, 해당 과세기간의 총수입금액에 대응하는 비용으로서 일반적으로 용인되는 통상적인 것의 합계액이다(소득세법 27조 1항). 종합소득과세표준에 기본세율을 곱하면 종합소득 산출세액이 되고, 종합소득 산출세액에 세액공제를 적용하면 종합소득 결정세액이 되며, 여기에 가산세를 더하면 종합소득 총결정세액이 된다(소득세법 15조).

② 양도소득

양도소득에 대한 과세표준은 종합소득 및 퇴직소득에 대한 과세표준과 구분하여 계산한다(소득세법 92조 1항). 양도소득의 총수입금액에서 필요경비를 공제한 금액이 양도차익이 되고, 양도차익에서 장기보유 특별공제액을 뺀 금액이 양도소득금액이 되며, 양도소득금액에서 양도소득 기본공제액을 공제한 금액이 양도소득 과세표준이 된다(소득세법 92조 2항). 양도소득과세표준에 양도소득세율을 곱한 금액이 양도소득 산출세액이 되고, 양도소득 산출세액에서 감면세액을 공제한 금액이 양도소득 결정세액이 되고, 여기에 가산세를 더하면 양도소득 총결정세액이 된다(소득세법 92조 3항).

(나) 비거주자

비거주자는 국내원천소득에 대한 소득세 납부의무를 진다(소득세법 2조 2호, 3조 2항, 119조).

(2) 법인세

(가) 내국영리법인

내국영리법인의 각 사업연도의 소득, 토지 등 양도소득 및 청산소득에 대한 법인세의 납부의무를 진다(법인세법 3조 1항, 4조 1항 본문).

① 각 사업연도의 소득에 대한 법인세

각 사업연도의 익금의 총액에서 손금의 총액을 뺀 금액은 각 사업연도의 소득이 되고(법인세법 14조 1항), 각 사업연도의 소득에서 이월결손금, 비과세소득 및 소득공제액을 차례로 공제한 금액이 과세표준이 된다(법인세법 13조 1항). 각 사업연도의 소득에 대한 법인세 산출세액은 ㉮ 법인세 과세표준에 법인세법 제55조 제1항의 세율을 적용하여 계산한 금액, ㉯

토지 등 양도소득에 대한 법인세액(법인세법 55조의2) 및 투자·상생협력 촉진을 위한 과세특례(조특법 100조의32)를 적용하여 계산한 법인세액을 합한 금액이다(법인세법 55조 1항). 법인세법상 세액공제로는 외국납부세액공제(법인세법 57조), 재해손실에 대한 세액공제(법인세법 58조), 사실과 다른 회계처리로 인한 경정에 따른 세액공제(법인세법 58조의3) 등이 있다.

② 청산소득에 대한 법인세

법인의 해산에 의한 잔여재산가액에서 해산등기일 현재의 자본금 또는 출자금과 잉여금의 합계액을 공제한 금액은 청산소득 금액(과세표준)이 되고(법인세법 79조 1항), 청산소득에 대한 법인세는 청산소득 과세표준에 법인세법 제55조 제1항의 세율을 적용하여 계산한 금액이다(법인세법 83조).

(나) 내국비영리법인

내국비영리법인은 각 사업연도의 소득 및 토지 등 양도소득에 대한 법인세 납부의무를 진다(법인세법 4조 1항 단서 및 1호, 3호).

(다) 외국법인

외국법인은 국내원천소득 및 토지 등 양도소득에 대한 법인세 납부의무를 진다(법인세법 4조 4항, 93조, 95조의2).

2.2. 가장행위, 실질과세원칙 및 부당행위계산의 부인

(1) 가장행위

(가) 가장행위의 세법상 부인

가장행위는 사법상 무효이고(민법 108조 1항) 세법상으로도 실질과세원칙의 적용에까지 나아갈 필요 없이 원칙적으로 부인된다. 다만, 가장행위 속에 은닉된 법률행위가 유효한 경우[9]에는 그에 따라 세법적 효과가 부여되어야 한다.[10]

---

9) 대법원 1993. 8. 27. 선고 93다12930 판결 : 매도인이 그가 경영하던 회사가 부도가 나서 그 주식을 매도할 경우 매매대금이 모두 채권자은행에 귀속될 상황에 처하자 이러한 사정을 잘 아는 매수인과 상의하여 매매계약서상의 매매대금은 형식상 8,000원으로 하고 나머지 실질적인 매매대금은 매수인이 매도인의 처와 상의하여 그에게 적절히 지급하기로 하여, 그러한 주식매매계약을 체결한 경우, 매매계약상의 대금 8,000원이 허위표시라 하더라도 실지 지급하여야 할 매매대금의 약정이 있는 이상 위 매매대금에 관한 외형행위가 아닌 내면적 은닉행위는 유효하고 따라서 실지매매대금에 의한 위 매매계약은 유효하다고 판단한 사건
10) 대법원 1995. 2. 10. 선고 94누1913 판결

(나) 구체적 사례

① 임대차보증금의 과소기재

호텔을 경영하는 원고 법인이 임차인에게 그 호텔 내 나이트클럽을 임대차보증금 11억 원으로 정하여 임대차계약을 체결하였다가 이후 임대차계약을 갱신하면서 임대차보증금을 13억 5,000만 원으로 증액하기로 약정하였는데, 당시 원고의 대표이사이던 甲은, 원고에 대한 다액의 가지급금으로 인한 법인세법상 불이익을 피하기 위하여 이를 변제할 필요가 있자, 임대차계약서에는 보증금을 종전과 같이 11억 원으로 기재하고, 임차인으로부터 2억 5,000만 원을 개인적으로 차용하는 것처럼 자기 개인 이름의 차용증을 작성하여 교부하는 한편, 소외 1로부터 임대차보증금 13억 5,000만 원을 지급받아 그 중 2억 5,000만 원을 원고에 대한 가지급금의 변제에 사용한 사건에서, 대법원은, 원고가 임차인과 보증금을 11억 원에 임대하는 임대차계약서를 작성하고, 원고 법인의 대표자가 임차인으로부터 2억 5,000만 원을 차용하는 계약서를 작성한 것은 가장행위이고 그 실질은 원고가 임차인에게 보증금 13억 5,000만 원에 임대하고 그 중 2억 5,000만 원을 대표자에게 무이자로 대여한 것이라고 판단하였다.[11]

② 법인 계좌를 이용한 청탁대가의 수령

골재생산 및 판매업체인 A 회사의 회장인 피고인이 B 회사의 회장인 공소외 3에게 한국수자원공사의 발주공사를 수주할 수 있도록 해주겠다고 제의하면서, 그 대가로 47억 원을 받기로 하고, 이에 따라 B 회사가 A 회사의 계좌에 47억 원을 입금하고, A 회사는 B 회사에 세금계산서를 발행하는 한편, 공사미수금의 수령으로 회계치리히였으며, 그에 대한 부가가치세와 법인세를 납부하였으나, 피고인은 B 회사로부터 A 회사의 계좌에 위 금액이 입금되는 즉시 이를 현금으로 출금하거나 다른 계좌로 이체한 후 A 회사의 경영과 무관하게 사용한 사안에서, 대법원은 '피고인이 A 회사 명의로 세금계산서를 발행하고 부가가치세 등을 납부한 것은 위 금액이 정상적인 납품대금인 것처럼 가장하여 청탁의 대가임을 숨기기 위한 것이고, 위 금액을 A 회사의 자산수증이익 또는 기타 수익으로서 법인에 귀속된 금액으로 볼 수 없으므로, 위 금액은 포탈대상인 법인세의 산정 시 익금에서 제외되어야 한다'는 취지로 판단한 원심이 정당하다고 판결하였다.[12]

---

11) 대법원 1995. 2. 10. 선고 94누1913 판결
12) 대법원 2006. 11. 16. 선고 2006도4549 전원합의체 판결. 위 판결은 그 근거로 '실질과세의 원칙상 과세의 대상이 되는 수익 등이 법률상 귀속하는 자와 사실상 귀속되는 자가 따로 있는 때에는 사실상 귀속되는 자를 납세의무자로 하여 세법을 적용하여야 한다.'는 점을 들었다. 그러나 위 사건의 경우 A 회사는 일시적으로 피고인에게 계좌를 대여한 것으로서 피고인에게 B 회사로부터 입금받은 47억 원과 같은 금액을 반환할 의무를 부담하므로, 법률상으로도 위 금액이 A 회사에게 귀속되었다고 보기는 어렵다.

③ 끼워넣기를 통한 배임

甲 회사는 A 회사 및 B 회사로부터 그들 소유 자산의 관리·처분권한을 위탁받은 **자산 관리자**인데, 甲 회사의 대표이사인 피고인 1은 A의 수익을 B에게 불법적으로 이전하기로 모의하였고, 이에 따라 甲 회사는 C 회사의 명의를 빌려 원래 70억 8,700만 원밖에 회수할 수 없었던 B 소유의 부성중공업 채권을 C에게 140억 원에 고가 매도하는 형식을 취하고, 대신 D에게 410억 원에 양도하기로 이미 합의되어 있던 A 소유의 기아자동차 채권(A→D)을 C에게 351억 3,300만 원에 저가 매도하고, 다시 C 명의로 D에게 410억 원에 매도하는 형식(A→C, C→D)을 취한 후, 위 거래에 동원된 C 명의 통장으로 A의 기아자동차 채권 매각대금 410억 원을 입금받아 그 중 351억 3,300만 원을 A의 계좌에 입금하고 나머지 58억 6,700만 원을 B에게 지급한 사건에서, 대법원은, 甲 회사가 A의 기아자동차 채권을 B에게 매도하는 형식으로 체결한 매매계약은 통모에 의한 가장행위로서 무효이므로, 甲 회사가 기아자동차 채권을 D에게 매각하여 받은 대금 410억 원은 B가 아닌 A의 수익으로 귀속되고, B의 자산관리자도 겸하는 甲 회사가 위 매매대금 410억 원 중 58억 6,700만 원을 B에게 불법적으로 이전하기로 한 행위는 A의 대리인의 배임적 대리행위를 그 거래 상대방인 B의 대리인이 알았던 경우에 해당할 뿐만 아니라 반사회적 법률행위이기도 하므로 무효이므로, 위 58억 6,700만 원은 A 법인의 수익으로 귀속되어야 한다고 판단하였다.[13]

④ 끼워넣기를 통한 횡령

A로부터 주식매각을 위임받은 甲이 B, C 법인에게 주식을 매각하면서 A→乙, 乙→B, A→丙, 丙→C의 매매계약이 순차로 체결된 것처럼 가장하여 A→乙 및 乙→B 간의 각 매매대금과 A→丙 및 丙→C 간의 각 매매대금의 차액을 횡령한 사안에서, 대법원은, 납세의무자인 양도인과 최종 양수인 사이에 중간 거래가 개입되었으나 그것이 가장행위에 의한 형식상의 거래에 불과하고 실제로는 양도인과 최종 양수인 사이에 하나의 양도거래가 있을 뿐이라면, 실질과세의 원칙상 그 양도거래로 인한 효과는 모두 납세의무자인 양도인에게 귀속된다고 판시하였다.[14]

---

13) 대법원 2011. 3. 10. 선고 2008도6335 판결(론스타 사건). 위 사건에서 甲 회사는 2001. 8. 30. C 명의 계좌에 A의 기아자동차 채권 매각대금 410억 원을 입금받은 후 2001. 8. 31. 위 금액 중 351억 3,300만 원을 A의 계좌에 입금하고 나머지 58억 6,700만 원은 계속 보관하다가 A의 제1기 사업연도(2001. 6. 30.~2001. 8. 31.)가 종료한 후인 2001. 9. 12.경 B에게 위 58억 6,700만 원을 지급하였다. 대법원은, 갑 회사가 A의 제1기 사업연도 말인 2001. 8. 31. 현재 위 58억 6,700만 원을 C 명의의 통장으로 보관하고 있는 것이 B를 위하여 보관한 것이어서 위 58억 6,700만 원이 이미 B에게 이전된 것이라고 보더라도 A 회사는 곧 그에 상당하는 손해배상 채권 또는 부당이득반환청구권을 취득하게 되므로, 이를 A 회사의 익금으로 보고 제1기 사업연도의 배당가능이익에 포함된 것이라고 볼 여지가 있다고 판단하였다.
14) 대법원 2015. 9. 10. 선고 2010두1385 판결. 위 사건의 상세한 검토에 관하여는 하태흥, "대리인의 양도대금 횡령과 양도소득의 귀속", 대법원판례해설 제106호, 법원도서관, 2016, 22~55쪽

⑤ 공사대금 부풀리기

관급공사를 수주한 피고인 甲 주식회사가 비자금을 조성할 목적으로, 협력업체와 하도급계약을 체결하면서 실제의 공사대금보다 부풀린 금액을 계약금액을 정하는 한편, 계약금액과 실제의 공사대금 등과의 차액을 나중에 반환받기로 약정한 사안에서, 대법원은, 공사대금을 부풀린 하도급계약은 피고인 甲 회사와 하수급업체의 가장행위에 해당하므로 이를 무시하고 거래의 실질에 따라 입찰가를 실제 공사대금으로 하는 하도급계약 거래관계에 따라 과세하여야 한다고 판단하였다.[15] 위 사건에서 실제보다 부풀려진 금액을 정한 계약은 가장행위로서 무효이고, 부풀려진 부분의 반환약정은 은닉된 법률행위로서 유효하다.[16]

(2) 실질과세원칙

(가) 국세기본법 제14조

과세의 대상이 되는 소득, 수익, 재산, 행위 또는 거래의 귀속이 명의(名義)일 뿐이고 사실상 귀속되는 자가 따로 있는 경우, 사실상 귀속되는 자를 납세의무자로 한다(국세기본법 14조 1항). 세법 중 과세표준의 계산에 관한 규정은 소득, 수익, 재산, 행위 또는 거래의 명칭이나 형식에 관계없이 그 실질 내용에 따라 적용한다(국세기본법 14조 2항). 제3자를 통한 간접적인 방법이나 둘 이상의 행위 또는 거래를 거치는 방법으로 이 법 또는 세법의 혜택을 부당하게 받기 위한 것으로 인정되는 경우에는, 그 경제적 실질 내용에 따라 당사자가 직접 거래를 한 것으로 보거나 연속된 하나의 행위 또는 거래를 한 것으로 보아 국세기본법 또는 세법을 적용한다(국세기본법 14조 3항).

과세관청이 소득의 명의인이 아닌 자를 실질귀속자로 보아 그에게 과세처분을 한 경우, 실질과세원칙의 적용요건, 즉 소득의 명의인과 실질귀속자가 다르다는 점에 관한 증명책임은 과세관청에게 있다. 소득에 대한 과세처분을 받은 소득의 명의자가 별도로 실질귀속자가 있음을 주장하는 경우, 소득의 명의자와 실질귀속자가 다르다는 점에 관하여 법관으로 하여금 상당한 의문을 갖게 할 정도로 증명할 필요가 있으나, 그 결과 소득이 명의자에게 귀속되었는지가 불분명하게 된 경우 그로 인한 불이익은 과세요건사실의 존부에 관하여 증명책임을 지는 과세관청에게 돌아간다.[17]

---

15) 대법원 2020. 5. 28. 선고 2018도16864 판결. 위 사건에서 부풀린 공사대금 부분을 어느 사업연도에 손금불산입할 것인지, 반환받은 금액을 익금에 산입하여야 하는지 문제된다. 이에 관하여는 본 절 2.4. (3) 참조
16) 당사자들이 외면적으로 표시된 법률행위 속에 실제로는 다른 행위를 할 의사를 감추고 그에 관하여 상호 합의가 있는 경우, 외형행위는 통정허위표시로서 무효라고 하더라도 내면적으로 의욕한 법률행위는 유효하다. 대법원 1993. 8. 27. 선고 93다12930 판결, 대법원 2021. 12. 10. 선고 2019다239988 판결
17) 대법원 2014. 5. 16. 선고 2011두9935 판결(甲이 乙 주식회사와 독립채산제 판매약정을 체결한 다음 乙 회사의 영업소에서 乙 회사의 영업이사 직함을 사용하여 乙 회사가 생산한 정제유를 乙 회사 명의로 판매하였고, 乙 회사는 위 영업소의 매입·매출을 합산하여 법인세 및 부가가치세를 신고·납부하였는데, 과세관청이

(나) 구체적 사례

① 명의신탁

타인에게 부동산을 명의신탁한 자가 자신의 의사에 기하여 그 부동산을 양도한 경우, 그로 인한 양도소득세의 납세의무자는 명의신탁자이고 명의수탁자가 아니다.[18] 그러나 명의수탁자가 명의신탁자의 위임이나 승낙 없이 임의로 명의신탁재산을 양도하고 그 양도소득이 신탁자에게 환원되지 않은 경우, 명의신탁자는 양도소득세의 납세의무자가 아니다.[19]

② 건설업면허의 대여

대법원은, 건설업면허를 받은 건설회사가 건설공사를 직접 시공한 일이 없이 타인에게 건설업면허를 대여하고 그로 하여금 회사 명의로 건설공사를 시공하도록 한 경우, 위 회사가 재화나 건설용역을 공급한 일이 없는 이상 재화나 용역의 공급을 과세대상으로 하는 부가가치세를 납부할 의무는 성립할 여지가 없고, 위 경우 실질적으로 건설업을 경영하여 소득을 얻어 경제적 이익을 향수한 것은 건설업면허를 대여받아 실제로 건설공사를 시공한 사람들이므로, 단순한 법률상의 명의자에 불과한 위 회사에 대하여는 건설업면허의 대여로 인하여 얻은 소득에 관하여 법인세를 부과함은 별론으로 하고, 위 회사가 건설업을 경영하여 소득을 얻은 것으로 보아 그 소득에 관한 법인세를 부과할 수는 없다고 판시하였다.[20]

③ 사업소득의 귀속자

㉮ 귀금속도매업체인 원고 법인의 대표이사인 소외 1이 원고 법인의 사무실에서 소외 2로부터 4회에 걸쳐 밀수품인 금괴를 매입하여 그 중 대부분을 판매하고 나머지는 보관하던 중 수사기관에 압수된 사건에서, 대법원은, 원고 법인의 대표이사인 소외 1이 원고 법인의

위 영업소의 영업을 乙 회사의 사업으로 보아 乙 회사에 부가가치세 등 부과처분을 한 사안에서, 甲이 乙 회사로부터 정제유를 공급받아 그의 책임과 계산 아래 독립하여 이를 판매하였으므로 위 영업소의 거래와 그로 인한 소득은 실질적으로 甲에게 귀속되는 것이고, 따라서 위 처분이 실질과세의 원칙에 위배되어 위법하다고 본 원심판단이 옳다고 한 사례), 대법원 2017. 10. 26. 선고 2015두53084 판결
18) 대법원 1997. 10. 10. 선고 96누6387 판결
19) 대법원 1999. 11. 26. 선고 98두7084 판결(수탁자가 임의로 허위채무 부담을 통한 강제경매의 방법으로 명의신탁재산을 처분하자 신탁자가 채권가압류, 손해배상청구소송 및 강제집행 등 강제적인 방법을 통하여 그 경락대금의 일부를 불법행위로 인한 손해배상으로 수령한 경우, 양도소득이 신탁자에게 환원된 것으로 볼 수 없다고 한 사례), 대법원 2014. 9. 4. 선고 2012두10710 판결(명의수탁자가 명의신탁자의 위임이나 승낙 없이 임의로 처분한 명의신탁재산으로부터 얻은 양도소득을 명의신탁자에게 환원하였다고 하기 위하여는, 명의수탁자가 양도대가를 수령하는 즉시 전액을 자발적으로 명의신탁자에게 이전하는 등 사실상 위임사무를 처리한 것과 같이 명의신탁자가 양도소득을 실질적으로 지배, 관리, 처분할 수 있는 지위에 있어 명의신탁자를 양도의 주체로 볼 수 있는 경우라야 하고, 특별한 사정이 없는 한 단지 명의신탁자가 명의수탁자에 대한 소송을 통해 상당한 시간이 경과한 후에 양도대가 상당액을 회수하였다고 하여 양도소득의 환원이 있다고 할 수는 없다)
20) 대법원 1989. 9. 29. 선고 89도1356 판결

사업종목에 속하는 거래활동을 반복적으로 영위하였고, 이에 관하여 소외 1 개인이나 다른 사업자 명의로 세금계산서 등 거래자료를 작성한 바 없는 이상, 위 거래의 실질은 원고 법인이 그의 영업활동을 하면서 단지 회사 장부에 이에 관한 기장을 누락시킨 것으로 봄이 상당하다고 판단하였다.[21]

㉯ 甲 **입시학원**을 경영하는 A 법인의 대표이사인 피고인 1이, 교육청에 신고한 종합반의 수강료 이상의 수강료를 받을 수 없고, 학원에서 교재를 일괄 판매하지 못하게 되자, 위 학원이 아닌 **위장계열사**를 통하여 교재비의 명목으로 학원생들로부터 돈을 징수하기 위하여, 위장출판사인 B 법인을 설립하고 교재비를 징수한 후 위 금액을 A 법인의 법인세 신고 시 수입에서 누락시키는 한편, B 법인의 수입에 대하여는 추계신고를 하는 방법으로 A, B 법인의 법인세를 포탈하였다는 혐의로 기소된 사건에서, 대법원은, B 법인은 사무실을 임차한 이외에 별다른 물적시설도 갖추지 않았고 다른 법인의 직원들로 하여금 그 사업을 수행하도록 하여 독자적인 인적구성도 갖추지 않았으면서 그 비용의 대부분이 A 법인이 경영하는 학원의 강사들의 원고료로 지출되는 사정에 비추어, B 법인의 소득이 A 법인에게 귀속되는 것이 아닌가 의심이 들지만, B 법인의 소득이 피고인 1에게 귀속된다고 볼 여지도 충분하다는 이유로, 위 소득이 A 법인에게 귀속됨을 전제로 피고인 1의 조세포탈죄를 인정한 원심을 파기환송하였다.[22]

㉰ 피고인 1이 A **학원**과 B 학원의 실질적인 경영자로서, B 학원의 명목상 원장은 공소외 1로 되어 있지만, 경리차장 공소외 2, 상무 공소외 3을 통하여 A 학원과 B 학원의 경리, 회계업무를 전결처리하여 왔고, 1995년도분 종합소득세의 과세표준 및 세액을 신고, 납부할 때 B 학원의 예체능계 수강생의 수강료를 수입금액에서 누락시킨 후 위 누락된 수입금액을 피고인 1이 설립한 회사 등에 대한 투자금으로 사용한 사건에서, 대법원은 위 수강료의 실질적인 귀속자는 피고인 1이라고 판단하였다.[23]

㉱ 甲이 乙 주식회사와 **독립채산제 판매약정**을 체결한 후 乙 회사의 영업소에서 乙 회사의 영업이사 직함을 사용하여 乙 회사가 생산한 정제유를 乙 회사 명의로 판매하였는데, 그 약정의 전체적인 취지는 甲이 乙 회사의 직원으로서 판매실적에 따른 성과배분을 받는 것이 아니라, 乙 회사가 甲에게 협의된 마진을 붙여 정제유를 공급하면 甲이 이를 판매하여 수익을 얻고, 판매약정에 위반된 행위에 대하여 독자적인 법적 책임을 진다는 것이었고, 乙 회사가 甲에게 교부한 사용인감과 고무인은 세금계산서의 발행, 공급판매계약서 작성 등에 한정되었으며, 甲은 乙 회사가 개설해 준 乙 회사 명의의 계좌와 직불카드를 독자적으로

---

21) 대법원 1994. 12. 27. 선고 94누5823 판결
22) 대법원 2001. 1. 30. 선고 99도3949 판결
23) 대법원 2002. 4. 9. 선고 99도2165 판결

관리·사용하면서 乙 회사와 거래할 때는 乙 회사의 대표이사 소외 2가 관리·사용하던 다른 계좌와 이체거래를 하였는데, 과세관청이 위 영업소의 영업을 乙 회사의 사업으로 보아 乙 회사에 부가가치세 등 부과처분을 한 사안에서, 대법원은 위 영업소의 거래와 그로 인한 소득은 실질적으로 甲에게 귀속되었으므로, 위 과세처분은 위법하다고 판단하였다.[24]

㉮ A(용림교통) 법인 및 A가 주주인 B(풍양운수) 법인을 **공동**으로 **운영**하던 소외 1, 2가 A, B 법인을 각각 **분리**하여 경영하기로 합의하였고, 이에 따라 A 법인은 B 법인 주식을 소외 2의 지배 하에 있던 페이퍼컴퍼니인 원고(윤성운수)에게 양도하는 계약을 체결하였으며, 같은 날 소외 2는 B 법인 등의 명의로 147억 원을 대출받아 그 중 141억여 원을 원고의 계좌에 입금하였고, 위 돈은 곧바로 A의 계좌로 이체되었다가 여러 단계를 거쳐 A와 B 등 명의의 대출금채무를 변제하는 데 사용된 사건에서, 대법원은, '피고가 원고의 법인세 과세표준으로 산정한 143억 5,000만 원은 실질적으로 원고에게 귀속되었다고 보기 어렵고, 이와 달리 원고가 위 금액 상당의 자산수증이익을 얻었음을 전제로 한 법인세 부과처분은 위법하다'고 판단한 원심을 수긍하였다.[25]

④ 기지회사

대법원은, 실질과세의 원칙은 비거주자나 외국법인이 원천지국인 우리나라의 조세를 회피하기 위하여 조세조약상 혜택을 받는 나라에 명목회사를 설립하여 그 법인형식만을 이용하는 국제거래뿐만 아니라, 거주자나 내국법인이 거주지국인 우리나라의 조세를 회피하기 위하여 소득세를 비과세하거나 낮은 세율로 과세하는 조세피난처에 사업활동을 수행할 능력이 없는 외형뿐인 이른바 '기지회사(Base Company)'를 설립하여 두고 그 법인형식만을 이용함으로써 그 실질적 지배·관리자에게 귀속되어야 할 소득을 부당하게 유보하여 두는 국제거래에도 마찬가지로 적용된다고 판시하였다.[26]

⑤ 주식양도소득의 귀속자

피고인 1이 카지노 사업을 영위하는 피고인 2 회사를 실질적으로 지배·운영하던 중, 홍콩 소재 L 회사에 위 카지노 사업권을 1,200억 원에 양도하기로 한 후, 영국령 버진아일랜드에 설립된 SD, UM, 홍콩에 설립된 GEH를 각 인수하여 '최종모회사 SD, SD의 완전자회사인 UM, UM의 완전자회사인 GEH'로 구성된 다단계 지배구조를 만들고, GEH가 국내에 법인(GEK)을 설립하게 하여 위 지배구조에 편입시킨(SD - UM - GEH - GEK) 후, 피고인 2 회사가 위 카지노 사업권을 GEK에 양도한 다음 SD로 하여금 L의 자회사 MG에게

---

24) 대법원 2014. 5. 16. 선고 2011두9935 판결
25) 대법원 2017. 10. 26. 선고 2015두53084 판결
26) 대법원 2015. 11. 26. 선고 2014두335 판결(매지링크 사건), 대법원 2018. 11. 9. 선고 2014도9026 판결(완구왕 사건). 후자의 판결에 관하여는 본 장 제4절 3.3.5. (6) 참조

UM의 주식 100%를 양도하고, 그 대가로 MG로부터 1,200억 원 상당의 L 주식을 교부받기로 약정한 사건에서, 대법원은 피고인 2 회사가 위 주식양도대금의 실질귀속자라고 보기 어렵다고 판단하였다.[27]

(다) 실질과세원칙 및 부당행위계산의 부인과 조세포탈

① 실질과세원칙과 조세포탈

실질과세원칙에 따른 소득 등의 실질귀속 또는 거래재구성에 의하여 성립한 납세의무에 관하여 포탈죄가 성립할 수 있는지 문제된다. 이를 부인하는 견해가 있으나,[28] 다음과 같은 이유로 긍정하는 것이 타당하다. 실질과세원칙의 거래재구성에 따른 납세의무도, 사후에 과세관청에 의하여 거래재구성이 주장된 시기가 아니라, 다른 납세의무와 마찬가지로, 그 행위 등을 기준으로 하여 국세기본법 제21조에 규정된 시기에 성립한다. 따라서 실질과세원칙에 따른 납세의무라고 하여 조세포탈죄의 대상에서 제외된다고 볼 이유는 없고, 그 대상에 포함될 수 있다고 보아야 한다.[29] 그러므로 실질과세원칙에 의하여 문제된 거래에 따른 소득 등이 실질귀속자에게 귀속하거나 거래의 재구성이 이루어지는 경우, 부정행위와 포탈의 고의 등의 요건이 충족되면 조세포탈죄가 성립할 수 있다. 대법원도 실질과세원칙에 따른 소득귀속자의 소득세 또는 법인세에 관하여 포탈죄가 성립할 수 있음을 전제로 판단하였다.[30]

② 부당행위계산의 부인과 조세포탈

부당행위계산의 부인은 실질과세원칙을 구체화한 제도이므로,[31] 부당행위계산의 부인에 따른 법인세 납세의무도 실질과세원칙에 따른 납세의무 일반과 마찬가지로 조세포탈죄의 대상에 해당할 수 있다.[32][33]

L 회사의 재무팀장인 피고인들 A, B가 L 그룹의 사주일가로서 L 그룹에 속한 상장법인의 최대주주 등인 피고인 C 등으로부터 위 상장법인 주식의 관리 · 처분을 위임받아 피고인

---

27) 대법원 2024. 4. 12. 선고 2023도539 판결
28) 이를 부정하는 견해로는 이준봉, 조세법총론 제2판, 삼일인포마인, 2016, 885~886쪽. 이에 따르면, 실질과세원칙에 의하여 재구성되는 조세회피행위는 과세관청이 개입하기 이전에는 과세관청이 의도하는 납세의무가 성립할 수 없고, 단지 사후적으로 과세관청이 납세자의 거래형식을 재구성하는 것으로 인하여 비로소 과세관청이 의도하는 납세의무가 성립되어 확정되므로, 과세관청이 의도하는 납세의무는 실질과세원칙을 적용하여 과세하는 시점에 성립하고 동시에 확정되고, 과세관청이 실질과세원칙을 적용하여 재구성하는 조세회피행위가 조세포탈에 해당한다고 할 수 없다고 한다.
29) 김태희, 174쪽 ; 안대희 등, 254쪽 ; 안경봉 · 이동식, "조세형사범 사건과 실질과세원칙", 조세법연구 [18 - 3](2012), 124쪽 ; 황남석, "조세포탈죄의 객관적 구성요건으로서의 부정행위", 사법 42호(2017), 404쪽
30) 대법원 2018. 11. 9. 선고 2014도9026 판결(선박왕 사건), 대법원 2024. 4. 12. 선고 2023도539 판결
31) 대법원 2001. 6. 15. 선고 99두1731 판결 ; 송동진, 법인세법, 341쪽
32) 대법원 2002. 6. 11. 선고 99도2814 판결, 대법원 2013. 12. 12. 선고 2013두7667 판결
33) 본 절 2.3.6. (2) 참조 : 이를 반대하는 견해로 이준봉, 앞의 책, 886쪽

C 등의 특수관계인에게 상장주식을 양도하면서, 증권회사 직원들로 하여금 피고인들 명의로 매도 주문을 냄과 동시에 특수관계인 명의로 동일한 가격의 매수 주문을 내게 하는 통정매매의 방법으로, 최대주주 할증에 따른 양도소득세를 포탈하였다는 혐의로 기소된 사건에서, 법원은, ㉮ 거래소 시스템의 구조상 위 매도·매수주문에 따라 반드시 그 주문자들 간에 주식거래가 체결된다는 보장이 없고, 그 체결결과를 정확히 확인할 수도 없으므로, 거래소시장의 경쟁매매 시스템을 통하여 이루어진 거래를 특수관계인 간의 매매로 보기 어렵고, ㉯ 위 주식의 거래가 사기나 그 밖의 부정한 행위에 해당한다고 볼 수 없으며, ③ 설령 위 주식거래가 부당행위계산에 해당한다고 하더라도 피고인 A, B에게 그에 의한 '할증평가액에 따른 양도소득세 납세의무'에 대한 인식이 있었다고 보기 어렵다는 등의 이유로, 조세포탈죄가 성립하지 않는다고 판단하였다.[34] 한편, 법원은 위 주식거래에 따른 양도소득세가 문제된 조세 사건에서는 위 주식거래를 부당행위계산으로 판단하였다.[35]

2.3. 위법소득에 대한 소득세와 법인세

2.3.1. 위법소득의 과세

(1) 일반론

위법소득은 형벌법규 또는 행정법규에 위반된 행위 또는 사법상 무효이거나 취소·해제할 수 있는 행위로 인한 소득을 말한다.[36] 위법소득은 상대방의 반환청구 또는 법원의 몰수·추징 판결 등에 의하여 상실될 수 있는 불안정한 성격을 갖는다. 한편, 위법소득을 과세하지 않거나 위법소득이 더 이상 상실될 가능성이 없을 때에 비로소 과세할 수 있다면, 이는 위법하게 소득을 얻은 자를 적법하게 소득을 얻은 자보다 우대하는 셈이 되어 조세정의나 조세공평에 반하는 문제점이 있다.[37] 이러한 사정들을 종합적으로 고려하면, 위법소득

---

34) 서울중앙지방법원 2019. 9. 6. 선고 2018고합932, 1217(병합) 판결, 서울고등법원 2020. 12. 24. 선고 2019노2075 판결(항소기각), 대법원 2021. 6. 24. 선고 2021도436 판결(상고기각)
35) 서울고등법원 2023. 10. 27. 선고 2022누56304 판결은, 위 주식의 거래가 경쟁매매의 본질에 반하여 증권회사 직원의 매도 및 매수호가의 동시 주문 제출에 의한 통정매매(자본시장법 176조 1항) 방식으로 이루어져 당초 의도된 대로 주식매매계약이 체결된 비율이 약 95%에 달함으로써 특정인(위탁자) 사이의 거래로 전환되었으므로, 위 거래는 특수관계인 외의 자를 통하여 이루어진 특수관계인 간의 거래에 해당하고, 이를 통하여 원고들은 상장주식을 그 시가인 상증세법상 할증평가된 금액보다 낮은 가액에 매도하였으며, 그 경제적 합리성이 인정되지 않으므로, 위 거래는 소득세법상 양도소득의 부당행위계산에 해당한다고 판단하였다(대법원 2023두60957호로 상고심 계속 중).
36) 위법소득의 과세와 관련한 전반적 문제에 대하여는 한만수, "위법소득의 과세에 관한 연구", 조세법연구 [10-2](2004), 7쪽 이하
37) 대법원 2015. 7. 16. 선고 2014두5514 전원합의체 판결

을 얻은 자가 이를 현실적으로 지배·관리하는 단계에 이르렀다면 이를 과세할 필요가 있다.[38]

대법원은 일찍부터 '과세소득은 이를 경제적 측면에서 보아 현실로 이득을 지배관리하면서 이를 향수하고 있어서 담세력이 있는 것으로 판단되면 족하고 그 소득을 얻게 된 원인관계에 대한 법률적 평가가 반드시 적법하고 유효한 것이어야 하는 것은 아니라 할 것'이라고 판시함[39]으로써 위법소득도 과세대상이 될 수 있다는 입장을 취해왔다.

한편, 위법소득의 지배·관리라는 과세요건이 충족됨으로써 일단 납세의무가 성립하였다고 하더라도 그 후 몰수나 추징과 같은 위법소득에 내재되어 있던 경제적 이익의 상실가능성이 현실화되는 후발적 사유가 발생하여 소득이 실현되지 아니하는 것으로 확정됨으로써 당초 성립하였던 납세의무가 그 전제를 잃게 되었다면, 특별한 사정이 없는 한 납세자는 국세기본법 제45조의2 제2항 등이 규정한 후발적 경정청구를 하여 그 납세의무의 부담에서 벗어날 수 있다.[40]

(2) 소득세법

(가) 명문 규정이 있는 경우

위법소득이라는 이유로 일반적으로 과세대상에서 제외되지 않는다고 하더라도, 제한적 소득 개념을 취하는 소득세법상 과세대상으로 되기 위해서는 소득세법상 열거된 특정한 소득의 유형에 해당하여야 한다. ㉮ 소득세법은 법인의 사외유출금액이 임직원에 대한 상여로 소득처분된 경우 이를 근로소득으로 과세한다(소득세법 20조 1항 1호). 따라서 법인의 대표이사 등 임직원이 법인의 자금을 횡령하거나 배임행위를 통하여 이익을 취득하고, 사외유출에 해당하는 경우, 그 횡령금 등은 상여로 소득처분되어(법인세법 시행령 106조 1항 1호 가목) 근로소득을 구성한다.[41] ㉯ 소득세법은 「사행행위 등 규제 및 처벌특례법」에서 규정하는 행위에 참가하여 얻은 재산상의 이익'을 기타소득으로 정하면서, 발생원인이 되는 행위의 "적법 또는 불법 여부는 고려하지 아니한다"고 규정한다(소득세법 21조 1항 3, 4호). ㉰ 뇌물, 알선수재 및 배임수재에 의하여 받은 금품은 소득세법상 기타소득에 포함된다(소득세법 21조 1항 23, 24호).

---

38) 송동진, 법인세법, 116쪽
39) 대법원 1983. 10. 25. 선고 81누136 판결
40) 대법원 2015. 7. 16. 선고 2014두5514 전원합의체 판결. 위와 같은 후발적 경정청구사유가 존재함에도 과세관청이 당초에 위법소득에 관한 납세의무가 성립하였던 적이 있음을 이유로 과세처분을 하였다면 이러한 과세처분은 위법하므로 납세자는 항고소송을 통해 그 취소를 구할 수 있다.
41) 횡령 및 배임과 조세포탈의 관계에 대하여는 본 절 2.3.4. 및 2.3.6. 참조

(나) 명문 규정이 없는 경우

소득세법상 사업소득은 불법적인 사업에 의한 소득을 포함한다. 따라서 ㉮ 성매매알선업을 운영하여 얻은 소득,[42] ㉯ 인터넷 스포츠도박 사이트를 운영하여 얻은 소득[43] 및 ㉰ 관세법을 위반한 금괴의 밀반출로 인한 소득[44]도 사업소득에 해당한다.

이자의 원인이 된 대여행위가 당초부터 무효이거나 취소되었더라도 그 이자가 반환되지 않는 한 과세소득에 해당한다. 대법원은, ㉮ 재단법인의 이사인 원고가 그 재단법인에게 금전을 대여하고 이자를 수취한 사안에서, 이사와 법인 간의 이익상반행위(민법 제64조에 의하여 무효)라고 하더라도, 그 이자소득은 과세소득에서 제외되지 않는다고 판단하였고,[45] ㉯ 원고가 상대방에게 자금을 대여하고 이자를 수취한 것과 관련하여 피고가 원고에게 종합소득세 과세처분을 하였고, 이후 원고가 상대방의 기망을 이유로 위 대여계약을 취소하는 의사표시를 한 후 후발적 경정청구를 한 사건에서, 원고가 위 이자를 반환하지 않고 계속 보유하고 있다면 원고의 이자소득이 여전히 존재한다고 보아야 한다고 판단하였다.[46]

(다) 무효인 양도행위로 인한 양도소득세

대법원은, 일반적인 경우와 달리, 양도소득의 경우에는 양도계약이 당초부터 무효이거나 취소·해제로 소급적으로 무효로 된 경우 원칙적으로 그 양도대금이 양도소득세 과세대상인 소득에 해당하지 않는다고 보고,[47] 토지거래허가구역 내의 토지에 관한 양도계약에 한하여 일정한 예외를 인정한다.

토지거래허가구역 내 토지를 양도하는 계약은, ㉮ 향후 허가를 받을 것을 전제로 한 것인 경우에는, 허가를 받기 전까지는 유동적 무효의 상태에 있고, 이후 허가를 받으면 그 계약

---

42) 대법원 2015. 12. 26. 선고 2014도16164 판결
43) 대법원 2017. 4. 7. 선고 2016도19704 판결
44) 대법원 2020. 1. 30. 선고 2019도11489 판결은, 피고인들이 홍콩에서 금괴를 매입하여 한국 내 공항의 환승구역으로 반입한 후 관세법을 위반하여 다시 일본으로 밀반출하는 방법으로 사업소득을 얻은 사건에서, 피고인들의 소득세 납세의무를 전제로 조세포탈죄의 성립을 인정하였다.
45) 대법원 1985. 5. 28. 선고 83누123 판결
46) 대법원 2020. 6. 25. 선고 2017두58991 판결
47) ① 대법원 1989. 7. 11. 선고 88누8609 판결(부동산 매매계약이 합의해제되었으나, 그 부동산에 대한 제3취득자가 있어서 양도인 앞으로의 원상회복이 이행불능으로 됨으로써 양도인이 손해배상채권을 취득한 경우, 이를 그 부동산의 양도로 인한 소득이라고 볼 수 없다고 판단한 사안), ② 대법원 1997. 1. 21. 선고 96누8901 판결(종중의 임야 양도계약이 종중의 규약에 따른 적법한 절차인 종중총회 결의 등을 거치지 않아서 무효인 경우, 그 대표자가 양도대금을 수령하여 사용하였다거나 매수인 명의로 소유권이전등기가 경료되었더라도, 양도소득세의 과세대상인 소득이 있다고 할 수 없다고 본 사례), ③ 대법원 2002. 9. 27. 선고 2001두5972 판결(부동산 매매계약이 매수인의 채무불이행을 이유로 해제된 경우 매도인의 양도소득을 전제로 한 양도소득세 부과처분은 위법하다고 본 사례), ④ 대법원 2003. 7. 8. 선고 2001두9776 판결(토지거래허가구역 내의 토지에 관하여 허가를 받을 것을 전제로 체결된 거래계약이 유동적 무효 상태에 있다가 토지거래허가구역 지정의 해제로 인하여 확정적으로 유효하게 된 경우 부과제척기간의 기준이 되는 양도시기가 언제인지 문제된 사안)

은 소급적으로 유효로 되며, 새로이 계약을 체결할 필요가 없다.[48] 이와 같이 법률행위가 일단 무효이지만 나중에 추인 등에 의하여 유효하게 될 수 있는 것을 유동적(流動的) 무효라고 한다. 한편, ㉯ 토지거래허가구역 내 토지를 양도하는 계약이 처음부터 허가를 배제하거나 잠탈하려는 것인 경우에는, 확정적(確定的)으로 무효이고 유효화될 여지가 없다.[49]

대법원 2011. 7. 21. 선고 2010두23644 전원합의체 판결은, "국토계획법이 정한 토지거래허가구역 내의 토지를 매도하고 그 대금을 수수하였으면서도 토지거래허가를 배제하거나 잠탈할 목적으로 매매가 아닌 증여가 이루어진 것처럼 가장하여 매수인 앞으로 증여를 원인으로 한 이전등기까지 마친 경우 또는 토지거래허가구역 내의 토지를 매수하였으나 그에 따른 토지거래허가를 받지 아니하고 이전등기를 마치지도 아니한 채 그 토지를 제3자에게 전매하여 그 매매대금을 수수하고서도 최초의 매도인이 제3자에게 직접 매도한 것처럼 매매계약서를 작성하고 그에 따른 토지거래허가를 받아 이전등기까지 마친 경우에, 그 이전등기가 말소되지 아니한 채 남아 있고 매도인 또는 중간의 매도인이 수수한 매매대금도 매수인 또는 제3자에게 반환하지 아니한 채 그대로 보유하고 있는 때에는 예외적으로, 매도인 등에게 자산의 양도로 인한 소득이 있다고 보아 양도소득세 과세대상이 된다고 봄이 상당하다."고 판시하였다.[50] 대법원은 위 사건에서, 토지거래계약이 **확정적 무효**로 되었더라도, 양도인이 그 거래대금을 수수하는 등 그에 대한 지배관리를 취득하였다고 볼 수 있는 사정이 있는 때에는, 양도소득세 과세대상인 소득이 발생하였다고 본 것이다.

이에 따라 대법원은, 피고인이 甲 주식회사로부터 토지거래허가구역 내 토지를 매수하면서 전매차익을 얻을 목적으로 계약금만 지급한 상태에서 토지를 취득할 수 있는 권리를 乙, 丙에게 양도하고 양도대금을 지급받은 다음 乙, 丙이 토지를 甲 회사로부터 직접 매수하는 형식의 매매계약서를 작성하고 관할 관청의 토지거래허가를 받아 직접 소유권이전등기를 마침으로써 부정한 방법으로 양도소득세를 포탈하였다고 하여 특가법위반(조세)죄로 기소된 사안에서, 甲 회사와 피고인의 매매계약 및 피고인과 乙, 丙의 양도계약은 모두 **확정적**

---

48) 대법원 1991. 12. 24. 선고 90다12243 전원합의체 판결
49) 대법원 1991. 12. 24. 선고 90다12243 전원합의체 판결
50) 대법원은 위 판단의 근거로 '구 소득세법 제88조 제1항 본문은 "제4조 제1항 제3호 및 이 장에서 '양도'라 함은 자산에 대한 등기 또는 등록에 관계없이 매도, 교환, 법인에 대한 현물출자 등으로 인하여 그 자산이 유상으로 사실상 이전되는 것을 말한다."라고 규정하고 있을 뿐 자산이 유상으로 이전된 원인인 매매 등 계약이 법률상 유효할 것까지를 요구하고 있지는 않다. 한편 매매 등 계약이 처음부터 국토의 계획 및 이용에 관한 법률이 정한 토지거래허가를 배제하거나 잠탈할 목적으로 이루어진 경우와 같이, 위법 내지 탈법적인 것이어서 무효임에도 불구하고 당사자 사이에서는 그 매매 등 계약이 유효한 것으로 취급되어 매도인 등이 그 매매 등 계약의 이행으로서 매매대금 등을 수수하여 그대로 보유하고 있는 경우에는 종국적으로 경제적 이익이 매도인 등에게 귀속된다고 할 것이고 그럼에도 그 매매 등 계약이 법률상 무효라는 이유로 그 매도인 등이 그로 인하여 얻은 양도차익에 대하여 양도소득세를 과세할 수 없다고 보는 것은 그 매도인 등으로 하여금 과세 없는 양도차익을 향유하게 하는 결과로 되어 조세정의와 형평에 심히 어긋난다.'는 점 등을 들었다.

으로 **무효**이나, 甲 회사로부터 乙, 丙 앞으로 마쳐진 소유권이전등기가 말소되지 않은 채 남아 있고, 피고인은 乙, 丙에게서 받은 양도대금을 반환하지 않은 채 그대로 보유하고 있으므로, 피고인에게는 토지를 취득할 수 있는 권리의 양도로 인한 소득이 있고, 그것이 양도소득세 과세대상이 된다는 이유로, 이와 달리 보아 피고인에게 무죄를 인정한 원심판결에 위법이 있다고 판단하였다.[51]

(3) 법인세법

법인세법은 법인의 순자산증가로 인한 수익을 널리 익금으로 과세하고(순자산증가설. 법인세법 15조 1항), 수익이 적법한 행위로 인한 것임을 요구하지 않는다. 따라서 법인이 위법행위로 얻은 소득도 법인세법상 익금에 해당한다.

대법원은 ① 상호신용금고가 상호신용금고법을 위반하여 무효인 차입행위로 수입한 금전,[52] ② 법인이 밀수금괴를 판매한 매출금액,[53] ③ 토지거래허가구역 내 토지를 허가 없이 매도하고 지급받은 거래대금,[54] ④ 공정거래법을 위반하는 부당한 공동행위의 대가로 받은 담합사례금,[55] ⑤ 사법상 무효인 가장행위에 은닉된 행위에 따라 반환받을 금액[56]도 익금에 포함된다고 판단하였다.

2.3.2. 위법비용의 공제 여부

위법비용이 법인세법상 손금에 해당하려면 ① 법인의 사업과 관련하여 지출된 비용으로서 일반적으로 인정되는 통상적인 것이거나, ② 수익과 직접 관련된 것이어야 한다(법인세법 19조 2항). 한편, 위법비용이 소득세법상 사업소득의 필요경비에 해당하려면 '총수입금액으로서 일반적으로 인정되는 통상적인 것'에 해당하여야 한다(소득세법 27조 1항).

대법원은, 사회질서를 위반하여 지출된 비용은, 특별한 사정이 없는 한 통상성이 인정되지 않고,[57] 수익과 직접 관련된 비용으로 볼 수도 없다고 판시하였다.[58] 이에 따라 대법원

---

51) 대법원 2012. 2. 23. 선고 2007도9143 판결
52) 대법원 1991. 12. 10. 선고 91누5303 판결
53) 대법원 1994. 12. 27. 선고 94누5823 판결
54) 서울고등법원 2013. 1. 18. 선고 2012누6393 판결, 대법원 2013. 7. 11.자 2013두6640 판결(심리불속행)
55) 대법원 2017. 10. 26. 선고 2017두51310 판결
56) 대법원 2020. 5. 28. 선고 2018도16864 판결(법인이 공사의 수급인에게 실제보다 부풀려진 공사대금을 지급하면서 실제 공사대금과의 차액을 반환받기로 약정한 사안)
57) 대법원 2009. 11. 12. 선고 2007두12422 판결
58) 대법원 2017. 10. 26. 선고 2017두51310 판결 : 사회질서에 위반하여 지출된 비용이라도 밀수품의 매입액 등과 같이 수익관련성을 가지는 것은 손금에 해당한다고 보는 견해로, 김완석·황남석, 법인세법론, 삼일인포마인, 2024, 298쪽

은, ① 의약품 도매업체가 약국 등 소매상에게 의약품의 판매촉진을 위하여 지급한 리베이트,[59] ② 허위 세금계산서의 발급대가로 지급된 수수료,[60] ③ 성매매알선업을 영위하는 피고인이 유흥접객원 등에게 지급한 성매매 수당 및 성매매 손님 유치 수당,[61] ④ 부정한 청탁을 목적으로 지급된 배임증재죄의 대상인 재물,[62] ⑤ 공정거래법에 위반된 담합의 대가로 지급한 담합사례금[63]의 손금산입을 부인하였다.[64]

2.3.3. 위법소득의 상실

(1) 위법소득이 몰수·추징된 경우

대법원은, 피고인이 조세포탈행위 이후 위법소득을 상실한 경우 이를 후발적 경정청구사유로 보아 과세대상에서 제외하면서도, 이미 성립한 조세포탈죄에 대하여는 영향을 미치지 않는다고 본다.

① 대법원 2015. 7. 16. 선고 2014두5514 전원합의체 판결은, 형법상 뇌물, 알선수재, 배임수재 등의 범죄로 인한 위법소득에 대하여 납세의무가 성립한 후 몰수나 추징이 이루어졌다면, 납세자는 국세기본법 제45조의2 제2항 등에 따른 후발적 경정청구를 할 수 있고, 이러한 후발적 경정청구사유가 존재함에도 과세관청이 과세처분을 하였다면 이러한 과세처분은 위법하므로 납세자는 항고소송을 통해 취소를 구할 수 있다고 판시하였다.

② 대법원은, 피고인 등이 공모하여 사설 스포츠 도박 인터넷사이트를 개설·운영하면서 발생한 소득을 관할 세무서에 신고하지 않는 방법으로 종합소득세를 포탈하였다고 하여 기소된 사안에서, 신고납부방식의 조세인 종합소득세를 포탈한 경우 신고·납부기한이 지난 때에 조세포탈행위의 기수가 되므로, 납부기한 후에 몰수나 추징의 집행이라는 후발적 사유가 발생하여 당초의 부과처분을 경정하더라도 조세포탈죄의 성립에 영향을 미치지 않는다고 판단하였다.[65] 이는 이미 범죄가 성립한 이후의 사정은 그 범죄에 영향을 미치지 않는다는 형사법의 일반원칙[66]에 따른 것으로 보인다.

---

59) 대법원 2015. 1. 15. 선고 2012두7608 판결
60) 대법원 2015. 5. 29. 선고 2014도13121 판결
61) 대법원 2015. 12. 26. 선고 2014도16164 판결
62) 대법원 2016. 4. 12. 선고 2015두4082 판결
63) 대법원 2017. 10. 26. 선고 2017두51310 판결
64) 위법비용의 손금산입 여부에 관하여 상세한 것은 송동진, 법인세법, 제2편 제1장 제3절 2-2-3. (1) 참조
65) 대법원 2017. 4. 7. 선고 2016도19704 판결
66) 조세포탈이 기수에 이른 후 포탈세액의 수정신고 또는 납부는 조세포탈죄의 성립에 영향을 미치지 않는다.
대법원 1985. 3. 12. 선고 83도2540 판결, 대법원 1988. 11. 8. 선고 87도1059 판결

(2) 횡령·배임 금액의 회수 또는 반환

법인이 횡령 또는 배임에 의하여 사외유출된 금액을 수정신고기한 내에 그 귀속자로부터 회수하고 세무조정으로 익금에 산입하여 신고하는 경우 사내유보로 소득처분한다(법인세법 시행령 106조 4항 본문). 다만, 세무조사의 통지를 받은 경우 등으로서 경정이 있을 것을 미리 알고 사외유출된 금액을 익금산입하는 경우에는 그렇지 않다(법인세법 시행령 106조 4항 단서).

대법원은, 법인의 자금을 횡령한 자가 이를 법인에게 반환한 사건에서, 뇌물 등의 몰수·추징에 관한 2014두5514 전원합의체 판결과 달리 횡령금의 반환 여부 등은 피해법인 등 당사자의 의사에 크게 좌우되고, 법인의 실질적 경영자가 가담한 경우 피해법인이 자발적으로 그 반환을 구할 가능성을 상정하기 어려우므로, 횡령으로 인한 소득에 경제적 이익의 상실가능성이 내재되어 있다고 볼 수 없다는 등의 이유로 후발적 경정청구사유에 해당하지 않는다고 판단하였다.[67] 그러나 그 타당성은 의문스럽다.

2.3.4. 횡령죄와 조세포탈

(1) 횡령죄의 성립요건

횡령죄는 타인의 재물을 보관하는 자가 그 재물을 횡령하거나 그 반환을 거부함으로써 성립하는 죄를 말한다(형법 355조 1항). 업무상의 임무에 위배하여 횡령죄를 범하는 것은 업무상 횡령죄를 구성한다(형법 356조).

횡령죄가 성립하기 위해서는 재물의 보관자에게 불법영득의사가 있어야 하는데, 이는 타인의 재물을 보관하는 자가 자기 또는 제3자의 이익을 꾀할 목적으로 그 재물을 자기의 소유인 것같이 사실상 또는 법률상 처분하는 의사를 의미한다.[68]

대법원은, 법인의 운영자 또는 관리자가 법인의 자금을 이용하여 비자금을 조성하였다고 하더라도 ① 그것이 당해 비자금의 소유자인 법인 이외의 제3자가 이를 발견하기 곤란하게 하기 위한 장부상의 분식에 불과하거나 법인의 운영에 필요한 자금을 조달하는 수단으로 인정되는 경우에는 불법영득의 의사를 인정하기 어렵지만,[69] ② 법인의 운영자 또는 관리자가 법인을 위한 목적이 아니라 법인과는 아무런 관련이 없거나 개인적인 용도로 착복할 목적으로 법인의 자금을 빼내어 별도로 비자금을 조성하였다면 그 조성행위 자체로써 불법영득의 의사가 실현된 것으로 볼 수 있다[70]고 본다. 위 ①의 경우, 법인의 대표이사 등이

---

67) 대법원 2024. 6. 17. 선고 2021두35346 판결
68) 대법원 2001. 5. 8. 선고 99도4699 판결, 대법원 2002. 2. 5. 선고 2001도5439 판결, 대법원 2013. 8. 23. 선고 2011도7637 판결
69) 대법원 1999. 9. 17. 선고 99도2889 판결, 대법원 2008. 8. 21. 선고 2007도9318 판결

법인의 자금으로 조성한 비자금을 개인적 용도 또는 법인과 무관한 목적으로 사용하는 시점에 비로소 횡령죄가 성립하고, 그러한 사실의 증명책임은 검사에게 있다.[71]

법인의 매출누락 등이 있는 경우에도 대표자 등의 불법영득의사가 인정되지 않는 때에는 횡령죄에 해당하지 않고, 조세포탈죄만이 적용될 수 있을 뿐이다.

(2) 횡령과 관련한 법인세의 포탈

(가) 횡령과 관련한 법인세 납부의무

① 횡령죄와 법인세의 관계

대표이사 등에 의한 법인 자금의 횡령행위는 통상적으로 그것을 은닉하기 위한 매출누락 또는 비용의 과대·허위계상을 수반하고, 이에 따라 법인세의 과소신고가 행해진다. 과세관청이 위와 같은 사실을 확인한 경우, 이를 바로잡기 위하여 법인의 소득을 증액하는 경정처분을 하게 된다. 위와 같은 과정을 통하여 횡령행위는 미신고된 소득 부분에 대한 법인세 부과의 원인이 되고, 횡령죄는 조세포탈죄와 밀접한 관련을 가진다.

실무상 검찰은 주로 횡령·배임죄를 밝혀내는 데 관심을 기울이고, 횡령·배임죄로 기소할 수 있으면 그 이상 조세포탈죄의 수사에 나아가지 않는 경우가 종종 있다.[72] 이로 인하여 조세포탈죄의 수사는 많은 경우 세무공무원의 고발에 의하여 개시되고, 위 경우에는 일반적으로 횡령·배임죄의 수사도 이루어진다.

② 조세포탈죄의 대상 사업연도 또는 성립시기와 횡령죄의 성립시기

법인의 대표이사가 비자금을 조성하기 위하여 매출누락 또는 가공비용의 계상을 한 경우, 해당 사업연도의 법인 소득을 과소신고(익금의 누락, 손금의 과대계상)하게 되므로, 조세포탈죄는 그 사업연도에 관하여 문제된다. 그런데 일반적으로 횡령죄는 비자금의 조성시

---

70) 대법원 2006. 6. 27. 선고 2005도2626 판결, 대법원 2009. 2. 12. 선고 2006도6994 판결, 대법원 2010. 12. 9. 선고 2010도11015 판결, 대법원 2017. 5. 30. 선고 2016도9027 판결

71) ① 피고인이 회사의 돈을 인출하여 사용하고도 그 돈의 사용처를 제대로 설명하지 못하거나, 그 사용처에 관한 증빙자료를 제시하지 못하거나, 또는 피고인이 주장하는 사용처에 사용된 자금이 그 돈과는 다른 자금으로 충당된 것으로 드러나는 등 피고인이 주장하는 사용처에 그 돈이 사용되었다는 점을 인정할 수 있는 자료가 부족하고, 오히려 피고인이 그 돈을 개인적인 용도에 사용하였다는 점에 대한 신빙성 있는 자료가 많은 경우에는, 피고인이 그 돈을 불법영득의 의사로 횡령한 것이라고 추단할 수 있다(대법원 1994. 9. 9. 선고 94도998 판결, 대법원 2002. 7. 26. 선고 2001도5459 판결, 대법원 2004. 9. 4. 선고 2004도3532 판결, 대법원 2010. 4. 29. 선고 2007도6553 판결). ② 피고인이 불법영득의 의사의 존재를 인정하기 어려운 사유를 들어 비자금의 행방이나 사용처에 대한 설명을 하고 있고 이에 부합하는 자료도 있는 경우에는, 피고인이 그 보관·관리하고 있던 비자금을 일단 다른 용도로 소비한 후 그 금액을 별도로 입금 또는 반환한 것이라는 등의 사정이 인정되지 않는 한, 함부로 보관·관리하고 있던 비자금을 불법영득의사로 인출하여 횡령하였다고 인정할 수 없다(대법원 2009. 2. 26. 선고 2007도4784 판결).

72) 이는 조세포탈의 수사가 조사대상 기업 전반에 대한 장부의 조사를 필요로 하고, 포탈세액을 확정하는 데 전문적인 세무회계지식이 필요한 경우가 많은 점 등에 기인하는 것으로 보인다. 안대희 등, 508쪽

점이 아니라 그 사용시점에 성립하므로, 횡령죄의 성립시점은 조세포탈죄의 대상인 사업연도보다 늦을 수 있다.[73]

③ 비자금의 용도(손금 요건)에 관한 증명책임

법인세의 포탈과 관련하여 법인의 대표자가 법인의 회계에서 이탈한 자금을 손금항목의 비용으로 사용하였는지가 종종 다투어진다. 대법원은, '법인세법에 의하면 법인이 사업집행상의 필요에 의하여 비용을 지출한 경우 손금으로 인정받을 수 있는 항목 및 그 용인한도액은 법정되어 있으므로, 비용의 허위계상 또는 과다계상의 방법으로 법인의 공금을 정식경리에서 제외한 뒤 그 금액 상당을 손금으로 처리한 경우, 그 금액들이 전부 회사의 사업집행상 필요한 용도에 사용되었더라도, 그 용도를 구체적으로 밝혀 그것이 손비로 인정될 수 있는 항목이고 손금 용인한도액 내의 전액임을 입증하지 못하는 이상 조세포탈의 죄책을 면할 수 없다'고 판단하였다.[74] 위 판례에서 '회사의 사업집행상 필요한 용도에 사용'되었다는 부분과 법인세법상 일반적 손금 요건 간의 관계는 분명하지 않으나, 적어도 법인세법상 일반적 손금 요건(법인세법 19조 2항)이 충족되었음이 입증된 경우에는, 원칙적으로 그 자금의 사용액 전부가 손금에 산입되므로, 이와 달리 예외적으로 손금산입의 한도가 정해진 접대비 등에 해당한다는 사정에 관하여는 원칙으로 돌아가 검사가 증명하여야 할 것이다.[75]

(나) 횡령과 관련한 법인세의 포탈

① 횡령죄의 기수시기와 법인세 과세대상인 소득의 귀속시기

법인이 비자금을 조성하기 위하여 매출을 누락하거나 가공비용을 계상하면서 장부를 허위로 기재하거나 거짓 증빙을 갖추는 등의 부정행위를 한 경우, 대법원 판례에 의하면, 원칙적으로 그 매출누락 등이 있었던 사업연도(비자금의 조성시점)에 사외유출이 발생하고 법인세 납세의무가 성립하므로,[76] 그 사업연도에 대한 법인세의 포탈죄가 성립할 수 있다. 한편, 횡령죄는, 애초부터 법인과는 아무런 관련이 없거나 개인적인 용도로 착복할 목적으로 자금을 조성하였음이 입증되지 않는 한, 비자금의 조성시점이 아니라 사용시점에 성립한다. 따라서 비자금과 관련하여, 횡령죄의 경우 검사가 비자금의 개인적 사용사실 및 그 시점을 밝히면 족하지만, 조세포탈죄의 경우 소득의 귀속시기(비자금의 조성시점)를 특정

---

73) 지익상, 381쪽
74) 대법원 2002. 9. 24. 선고 2002도2569 판결, 대법원 2007. 6. 1. 선고 2005도5772 판결
75) 제3편 제3장 제2절 3.1. (2) 참조
76) 대법원 1999. 12. 24. 선고 98두16347 판결(법인이 매출사실이 있음에도 불구하고 매출액을 장부에 기재하지 아니하거나 가공의 비용을 장부에 계상한 경우 특별한 사정이 없는 한 그 매출누락액 또는 가공비용 상당의 법인의 수익은 사외로 유출된 것으로 보아야 하며, 이 경우 그 매출누락액 등의 전액이 사외로 유출된 것이 아니라고 볼 특별한 사정은 이를 주장하는 법인측에서 입증할 필요가 있다), 대법원 2012. 11. 29. 선고 2011두4053 판결

하고 입증하여야 한다.[77]

② 직원의 횡령에 따른 소득이 법인에게 귀속하는지 여부

법인의 판매직원이 법인 모르게 판매한 대금을 횡령한 경우에도 그 판매금액은 원칙적으로 법인의 익금에 산입된다.[78]

한편, 대법원은, 거주자의 대리인이 주식을 양도하면서 실제 매수인과 사이에 허위의 거래당사자를 끼워넣어 주식양도대금 차액을 횡령하고 국외도피한 사건에서, 위 주식양도소득이 본인의 소득으로 실현되었다고 볼 수 없다고 보았다.[79] 그러나 위 판결은, 위 사건에서 횡령금액 상당 손해배상채권의 대손을 거주자의 양도소득세에 반영할 방법이 없는 점 등을 고려한 것으로 보이므로,[80] 이를 채권의 대손이 손금에 산입되는 법인세 사건에 적용하기는 어려울 것이다.

③ 횡령행위가 여러 단계를 거치는 경우 횡령객체의 특정과 조세포탈

대법원 2016. 8. 30. 선고 2013도658 판결의 사안은 다음과 같다.

㋑ 피고인 1은 자신이 지배하는 피고인 5 회사의 임직원으로 하여금 그곳에서 생산되는 섬유제품을 세금계산서의 발행 없이 무자료로 피고인 5 회사의 대리점들에게 판매하게 한 후, 그 대리점 사장들로부터 무자료 거래대금을 현금으로 전달받아 관리하다가 피고인 1과 가족들의 사적 용도에 사용하였고, 이와 관련하여 횡령죄 및 조세포탈죄 등으로 기소되었다.

㋯ 원심은, ㉠ 피고인 1이 '섬유제품을 횡령'하였음을 전제로 횡령한 섬유제품의 시가 상당액을 피고인 5 회사의 익금으로 산정하여 법인세 포탈세액을 산정하고,[81] ㉡ 위 무자료 거래는 구 부가가치세법[82] 제6조 제3항에 따라 재화의 공급으로 의제되는 개인적 공급에

---

77) 일반적으로 횡령과 관련한 법인세 납세의무 및 그 포탈죄는 비자금의 조성시점에 성립하는 반면, 횡령죄는 비자금의 사용시점에 성립하므로, 전자는 후자보다 선행(先行)한다. 본 절 2.3.4. (2)(가) ② 참조.

78) 대법원 2022. 1. 14. 선고 2017두41108 판결은, 원고들이 운영하는 클럽의 종업원들이 클럽의 입장권을 위조·판매하여 그 대금을 횡령한 사건에서, 원고들이 종업원들에게 입장권을 판매하고 그 대가를 수령할 수 있는 권한을 부여한 이상, 종업원들이 입장권을 위조하여 판매하였더라도 그 대금 수령의 효과는 원고들에게 귀속되었다는 이유로, 원고들에 대한 종합소득세 부과처분이 적법하다고 판단하였다.

79) 대법원 2015. 9. 10. 선고 2010두1385 판결은, 거주자인 원고로부터 위임을 받은 대리인이 주식을 양도하면서 실제 매수인과 사이에 허위의 거래당사자를 끼워넣는 방법으로 주식양도대금 차액을 횡령하고 국외도피한 사건에서, 원고가 양도대금 차액에 대한 지배·관리를 전혀 하지 못하였고, 원고의 대리인에 대한 손해배상채권도 회수불능으로 되어 그 소득의 실현가능성이 전혀 없게 된 것이 객관적으로 명백하게 되었으므로, 양도대금 차액이 원고의 소득으로 실현되었다고 할 수 없다고 판시함으로써, 여전히 종전의 법리를 적용하였다.

80) 그 외에, 위 판결은, 위 사건에서 대리인이 주식의 양수인으로부터 양도대금을 전부 수령하였으므로, 그와 별개인 횡령금액 상당의 손해배상채권이 회수불능으로 된 것을 주식양도소득에 관한 후발적 경정청구사유로 구성하기 곤란한 점을 고려한 것으로 보인다. 하태흥, "대리인의 양도대금 횡령과 양도소득의 귀속", 대법원판례해설 제106호(2016), 48~49쪽

81) 피고인 1은, 만일 그가 섬유제품을 횡령한 것이라면 그 횡령 이후의 무자료판매는 피고인 1의 개인적 처분행위이므로, 섬유제품의 무자료거래로 인한 매출누락분은 포탈세액에서 제외되어야 한다고 주장하였다.

해당하고, 그 부가가치세 과세표준은 구 부가가치세법 제13조 제1항 제3호에 따라 해당 재화의 시가 합계액이라고 판단하였다.

㉰ 대법원은 다음과 같은 이유로 원심판결을 파기하였다. ㉠ 피고인 1은 피고인 5 회사에서 생산된 섬유제품 자체를 영득할 의사로 무자료 거래를 한 것이 아니라, 섬유제품 판매대금으로 비자금을 조성하여 그 비자금을 개인적으로 영득할 의사로 무자료 거래를 하였다고 볼 수 있으므로, 횡령행위의 객체는 '섬유제품'이 아니라 섬유제품의 '판매대금'이다. 따라서 이와 다른 전제에서 섬유제품의 시가 상당액을 익금으로 산정하여 조세포탈죄를 인정한 원심판결은 유지될 수 없다. ㉡ 횡령의 객체를 무자료 거래의 대상인 '섬유제품'이 아니라 그 반대급부인 '판매대금'으로 보는 이상 무자료 거래의 주체는 피고인 1이 아니라 피고인 5 회사로 보아야 하므로, 이 사건 무자료 거래는 피고인 5 회사의 본래적 의미의 '재화의 공급'(구 부가가치세법 6조 1항)에 해당한다.[83]

④ 횡령금의 회수

A 법인의 직원인 乙이 2002년부터 2007년까지 가공비용을 계상하는 방법으로 합계 120억 원을 횡령하였는데, A의 대표자인 甲이 2008년 위 횡령금 중 115억 원을 회수하였음에도 이를 영업외 수익으로 회계장부에 반영하지 않고 마치 해외미수채권을 송금받은 것처럼 조작하기 위하여 해외미수채권을 차감한 후, 법인세 신고 시 위 영업외 수익을 누락하는 등으로 2008년 법인세를 포탈하였다고 기소된 사건에서, 대법원은 다음과 같이 판단하였다.[84] ㉮ 乙의 횡령행위와 동시에 A 법인은 乙에 대하여 횡령금액에 상당하는 손해배상채권을 취득하고, 이는 A의 자산으로서 익금에 산입되므로, 위 횡령금액은 A의 2002년 내지 2007년 과세소득에 포함되고, 이를 누락하여 행위는 2002년 내지 2007년 법인세의 포탈행위가 될 수 있다. ㉯ A 법인이 2008년 횡령금 중 115억 원을 회수함에 따라 손해배상채권은 같은 금액만큼 감소하므로, 2008년 법인세 과세대상 소득이 발생한 것이 아니고, 따라서 A 법인이 위 회수금을 영업외 수익으로 계상하지 않았다고 하더라도, 2008년 법인세 포탈의 결과는 발생하지 않는다.

⑤ 허위의 회계처리가 소득의 과소신고를 야기하지 않은 경우

법인세의 포탈은 소득의 과소신고를 전제로 하므로, 허위의 회계처리가 법인의 소득금액에 영향을 미치지 않은 경우에는, 법인세의 포탈에 해당하지 않는다. 대법원은, 법인이 이전부터 보유하고 있던 차명주식 등 부외(簿外)자산을 어느 사업연도에 이르러 장부에 계상하

---

82) 2008. 12. 26. 법률 제9268호로 개정되기 전의 것
83) 환송 후 원심의 심리·판단에 관하여는 제3편 제3장 제1절 1.2. (2) 참조
84) 대법원 2020. 10. 29. 선고 2020도3972 판결

면서 마치 이를 그 해에 새로 매수하는 것처럼 회계처리하는 한편, 현금을 인출하여 비자금 관리계좌에 입금함으로써 해당 자산을 법인의 회계장부에서 유출시켰으나 이후 법인의 자산으로 계속 보유·관리한 사안에서, 위 현금의 유출은 법인의 해당 사업연도 소득에 아무런 영향을 미치지 않으므로, 해당 사업연도의 법인세를 포탈한 것에 해당하지 않는다고 판단하였다.[85]

⑥ 횡령죄의 불가벌적 사후행위 여부

회사 대표자가 회사 자금을 인출하여 횡령하면서 경비를 장부에 과다계상하고 이를 토대로 법인세를 과소신고·납부한 경우, 조세포탈행위는 횡령범행과 전혀 다른 새로운 법익을 침해하는 행위로서 횡령죄의 불가벌적 사후행위라고 볼 수 없다.[86]

(3) 횡령행위자의 소득세의 포탈 여부

(가) 횡령에 따른 소득세 납부의무

① 소득세의 납부의무 및 원천징수의무

횡령에 의하여 법인으로부터 사외유출된 금액은 그 귀속자에 따라 상여·배당·기타소득으로 처분된다(법인세법 67조, 법인세법 시행령 106조 1항 1호). 횡령의 주체는 일반적으로 법인의 임직원이므로, 횡령에 의한 사외유출금액은 그 임직원에 대한 상여로 처분되는 경우가 대부분이다. 이에 따른 소득귀속자의 종합소득세 납세의무는 해당 소득이 귀속된 과세기간이 종료하는 때[87]에 성립한다는 것이 판례이다.[88]

대법원은, 법인이 매출액을 장부에 기재하지 않거나 가공의 비용을 장부에 계상한 경우 특별한 사정이 없는 한 그 매출누락액 또는 가공비용 상당액은 사외로 유출된 것으로 보아야 하고, 그 매출누락액 등의 전액이 사외로 유출되지 않았다고 볼 특별한 사정은 이를 주장하는 법인이 입증할 필요가 있다고 본다.[89] 이에 따르면 매출누락 또는 가공비용의 계상에 의한 비자금의 조성시점에 해당 금액은 세법상 사외유출에 해당하게 된다. 따라서 사외유출의 시점은 횡령죄의 일반적 성립시기(비자금의 사용 시)보다 선행한다.

법인의 소득을 결정·경정하는 세무서장이나 지방국세청장은, 해당 법인에게 상여·배당·기타소득으로 처분된 금액에 관하여 소득금액변동통지를 하여야 한다(소득세법 시행령 192조 1항 본문).[90] 법인은 위 소득금액변동통지를 받은 날에 그 상여·배당·기타소득을 지

---

85) 대법원 2005. 1. 14. 선고 2002도5411 판결
86) 대법원 1992. 3. 10. 선고 92도147 판결
87) 소득세의 과세기간은 1월 1일부터 12월 31까지이므로(소득세법 5조 1항), 과세기간의 종료일은 12월 31일이다.
88) 대법원 2006. 7. 13. 선고 2004두4604 판결, 대법원 2006. 7. 27. 선고 2004두9944 판결
89) ① 매출누락 : 대법원 1999. 12. 24. 선고 98두16347 판결, 대법원 2012. 11. 29. 선고 2011두4053 판결 ② 가공비용 : 대법원 1999. 12. 24. 선고 98두16347 판결, 대법원 2012. 9. 27. 선고 2010두14329 판결

급한 것으로 간주되고(소득세법 131조 2항 1호, 135조 4항, 145조의2), 그에 대한 소득세를 원천징수할 의무가 생긴다.[91]

② 횡령금액의 회수 및 반환과 소득세에 대한 효과

법인의 자금을 횡령한 임직원 등이 해당 금액을 법인에 반환한 경우에 관하여는 특칙이 있다. 법인이 수정신고기한 내에 사외유출된 금액을 그 귀속자로부터 회수하고 세무조정으로 익금에 산입하여 신고하는 경우 사내유보로 소득처분한다(법인세법 시행령 106조 4항 본문). 다만, 세무조사의 통지를 받은 경우 등으로서 경정이 있을 것을 미리 알고 사외유출된 금액을 익금산입하는 경우에는 그렇지 않다(법인세법 시행령 106조 4항 단서).[92]

한편, 대법원은, 법인의 자금을 횡령한 자가 이를 법인에게 반환한 사건에서, 뇌물 등의 몰수·추징에 관한 2014두5514 전원합의체 판결과 달리 횡령으로 인한 소득에 경제적 이익의 상실가능성이 내재되어 있다고 볼 수 없다는 등의 이유로 후발적 경정청구사유에 해당하지 않는다고 판단하였다.[93] 그러나 그 타당성은 의문스럽다.

(나) 횡령행위자의 소득세의 포탈 여부

법인의 임직원이 매출누락이나 가공경비의 계상 등을 통하여 법인 자금을 횡령하고 법인의 소득을 과소 신고한 경우, 법인세뿐만 아니라 임직원의 소득세에 대한 포탈도 성립하는지 문제된다.

과거에 2010. 1. 1. 개정 전의 **구 조세범처벌법 제9조의2** 본문 및 제2호는 「법인세의 과세표준을 법인이 신고하거나 정부가 결정 또는 경정함에 있어서 그 법인의 주주·사원·사용인 기타 특수한 관계에 있는 자의 소득으로 처분된 금액」은 사기 기타 부정한 행위로 보지 않는다'고 규정하였다. 이와 관련하여 '소득처분된 금액'은 적극적 부정행위를 수반하고 조세포탈의 고의가 인정되는 것이라도 위 규정의 문언에 따라 조세포탈에서 제외되는지가 문제되었다.

구 조세범처벌법 제9조의2 제2호와 관련하여 ① 대법원 2005. 6. 10. 선고 2005도1828 판

---

90) 다만, 해당 법인의 소재지가 분명하지 않거나 그 통지서를 송달할 수 없는 경우에는 해당 주주 및 상여나 기타소득의 처분을 받은 거주자에게 통지해야 한다(소득세법 시행령 192조 1항 단서).

91) 소득금액변동통지 및 그에 따른 원천징수의무에 관하여는 송동진, 법인세법, 제2편 제6장 제3절 참조

92) 대법원 2011. 11. 10. 선고 2009두9307 판결은, 법인세법 시행령 제106조 제4항 본문은 당해 법인이 소정 기한 내에 자발적인 노력에 의하여 금액을 회수한 경우에는 그 금액이 사외유출되지 아니한 것으로 보아 위 원칙에 따른 소득처분을 하지 아니함으로써 당해 법인에 자발적인 자기시정의 기회를 준 것이고, 당해 법인이 사외유출된 금액을 회수하더라도 그것이 당해 법인의 자발적인 노력에 의한 것이 아닌 경우에는 다시 원칙으로 돌아가 소득처분을 하도록 한 것이 같은 항 단서이므로, 그것이 헌법상 보장된 재산권의 본질적인 내용을 침해한다거나 소득세법을 위배하여 소득의 귀속이 없음에도 과세하는 것이라고 볼 수 없다고 판시하였다.

93) 대법원 2024. 6. 17. 선고 2021두35346 판결

결은, 법인의 대표자 등이 회계장부 등의 조작을 통하여 법인의 자금을 횡령한 것과 관련하여 종합소득세의 포탈로 기소된 사안에서, ㉮ 피고인이 횡령행위로 인하여 취득한 이득이 과세소득이라는 점을 인식하였거나 횡령행위를 은폐하기 위한 행위로 인하여 조세포탈의 결과가 발생한다는 사실을 인식하였다고 보기 어렵고, ㉯ 피고인의 횡령행위에 대한 소득처분이 이루어질 것이므로, 달리 소득처분이 이루어지기 곤란한 특별한 사정이 없으므로, 피고인을 종합소득세의 포탈죄로 처벌할 수 없다고 판단한 원심을 수긍하였다. 그리고 ②대법원 2007. 9. 6. 선고 2007도299 판결은, 위 2005도1828 판결의 취지를 이어받아, '법인세법에 의하여 소득처분될 것이 명백한 소득'에 관한 종합소득세 포탈에 대하여는 소득처분이 이루어질 수 없는 특별한 사정이 없는 한 조세포탈죄로 처벌할 수 없다고 판시하였다. ③ 대법원은, 위와 같은 취지를 조세 사건에도 연장하여, 법인 대표자의 횡령으로 인한 소득처분에 따른 소득세의 부과제척기간에 관하여, 대표자의 횡령을 위한 회계장부의 조작 등은 10년의 부과제척기간의 대상인 '사기나 그 밖의 부정한 행위'로 볼 수 없다고 판단하였다.[94]

그런데 구 조세범처벌법 제9조의2는 2010. 1. 1. 조세범처벌법의 개정 시 삭제되었다.[95] 이에 따라 위 대법원 2005도1828 판결 중 ㉯ 부분의 근거는 소멸하였으나, ㉮ 부분 즉, 횡령행위자의 소득세 포탈에 대한 고의를 부인한 부분은 여전히 남아 있다. 그 결과 실무상 법인 대표자의 횡령과 관련하여 소득세의 포탈은 제외하고 법인세의 포탈만이 기소되는 경향이 있다.[96]

---

94) ① 대법원 2007. 1. 17. 선고 2007두20959 판결은, 위 대법원 2005도1828 판결의 사안과 관련하여, 법인의 대표자인 A가 법인에서 횡령금을 빼돌리기 위하여 법인의 회계장부를 조작하는 등의 행위를 한 것은, 위 횡령금을 빼돌린 사실을 은폐하기 위한 것일 뿐, 위 횡령금에 대하여 향후 피고의 소득처분이 이루어질 것까지 예상하여 그로 인해 자신에게 귀속될 상여에 대한 소득세를 포탈하기 위한 것으로 보기 어려우므로, 10년의 부과제척기간이 적용되는 구 국세기본법 제26조의2 제1항 제1호의 '사기나 그 밖의 부정한 행위로써 국세를 포탈한 경우'에 해당하지 않는다고 판단하였다. ② 대법원 2010. 4. 29. 선고 2007두11382 판결은, 법인의 대표자가 허위의 세금계산서를 수취하여 장부상 매입액을 과다계상하여 소득을 은닉한 사안에서, 그 대표자가 장차 은닉된 소득이 사외유출되어 그 귀속자가 밝혀지지 않음에 따라 자신이 그 법인의 대표자로서 인정상여처분을 받을 것까지 모두 예상하여 그로 인하여 부과될 소득세를 포탈하기 위하여 행한 것으로 보기는 어렵다는 이유로, 그 소득세에 대하여 구 국세기본법 제26조의2 제1항 제1호에 따른 10년의 부과제척기간이 적용되지 않고, 그 소득세에 대한 부과제척기간은 5년이 된다고 판단하였다. ③ 위 판결들에 따르면, 부정행위로 포탈된 법인세의 부과제척기간은 '사기나 그 밖의 부정한 행위'에 해당하는 경우로서 10년이지만, 법인 대표자의 소득세에 대한 부과제척기간은 5년이므로, 양자가 다르게 된다. 이에 2011. 12. 31. 개정된 구 국세기본법 제26조의2 제1항 제1호 2문은 법인세법 제67조에 따라 소득처분된 금액에 대한 소득세의 부과제척기간도 10년이라고 규정함으로써, 부정행위로 포탈된 법인세의 부과제척기간과 동일하게 맞추었다.
95) 위 규정의 삭제이유에 관하여, 국세청의 '2010 개정세법 해설', 44쪽은, '종전 조세범처벌법 제9조의2 규정은 조세포탈 행위에 속하지 않는 것을 한정적으로 열거한 것이 아니라 예시한 것에 불과하여 특별히 현재와 같은 2가지만 예시할 이유가 없음. 또한 제3조 조세포탈죄 규정에서 사기나 그 밖의 부정한 행위의 유형을 예시하므로 존치 필요성 없음'이라고 밝혔다.
96) 회계조작 등을 통하여 법인의 자금을 횡령한 대표자에 대하여 ① 소득세 포탈의 고의를 인정할 수 있다는

2.3.5. 가공자산, 가공부채 및 부외자산, 부외부채

가공자산·가공부채, 부외자산·부외부채의 처리는 일률적으로 조세포탈에 해당한다고 할 수 없고, 익금(수익)의 누락 또는 손금(비용)의 허위·과대계상과 결부되어 소득의 과소신고, 즉 '신고하여야 할 소득과 신고되는 소득 간의 차이'를 야기하는 경우에 한하여 조세포탈을 구성한다.

(1) 가공자산

(가) 가공자산의 발생원인

가공자산은 회계상 계상되어 있으나 실제로는 존재하지 않거나 장부가액이 실제 취득가액보다 과다하게 계상되어 있는 자산을 말한다. 가공자산에는 ① 최초에 장부에 계상되는 시점부터 부존재하거나 과다하게 계상된 것(원시적 가공자산)과, ② 이후의 원인으로 인하여 부존재하게 되었거나 그 취득가액이 장부가액보다 낮아지게 된 것(후발적 가공자산)이 있다.

(나) 가공자산의 세무처리

가공자산의 경우 ① 먼저 장부가액을 정리하여야 한다. 가공자산이 실제로 존재하지 않는 경우에는 그 장부가액을 제거하고, 과다하게 계상된 경우에는 그 장부가액을 감액하여야 한다[(-)유보]. ② 다음으로, 가공자산에 기하여 인식된 비용(가령 허위의 감가상각비 등)은 손금불산입하여야 한다. ③ 마지막으로 가공자산의 상대계정을 처리하여야 한다. 원시적 가공자산의 경우 최초에 그것이 회계장부에 계상된 시점으로 돌아가서 가공자산의 취득대가로 지출된 현금 등이 사외유출된 경우 소득처분을 하여야 한다. 후발적 가공자산의 경우 그것이 처분 등으로 실제로 부존재하게 된 시점에 그 처분대가(매출) 등의 사외유출 여부를 검토하여야 한다.[97]

(다) 가공자산의 계상과 부정행위

가공자산의 계상은 그것을 위하여 동원된 방법의 양태에 따라 조세포탈의 부정행위에 해당할 수 있다. 대법원은, 법인의 대표이사인 피고인이 그 법인의 불량 매출채권 등 부실자산을 가공의 기계장치로 대체하면서 고정자산 관리대장 등을 허위로 기재하고 가공의 기계

견해로, 김종근, "위법소득에 관한 조세포탈의 처벌을 둘러싼 쟁점 고찰", 조세법연구 [23-2](2017), 254~257쪽, ② 소득세 포탈의 고의를 인정하기 어렵다는 견해로, 지익상, 311쪽, ③ 소득세 과세대상이 된다는 점을 인식하고 이를 숨기기 위하여 적극적인 부정행위를 한 경우에는 소득세 포탈이 성립할 수 있다는 견해로, 안대희 등, 672쪽

97) 가공자산의 세무처리에 관하여는 송동진, 법인세법, 620쪽 참조

장치를 보험에 들어 실제로 존재하는 듯한 외관을 형성하는 한편, 가공의 기계장치에 기하여 허위의 감가상각비 또는 매출원가를 계상한 사건에서, 피고인의 행위가 사기 기타 부정한 행위에 해당한다고 판단하였다.[98]

(2) 가공부채

(가) 가공부채의 발생원인

가공부채에는 ① 최초에 장부에 계상되는 시점부터 부존재하거나 과다하게 계상된 것(허위의 가수금)과, ② 사후적 원인으로 인하여 부존재하게 되었거나(소멸시효완성, 채무면제 등) 그 취득가액이 장부가액보다 낮아지게 된 것이 있다.

(나) 가공부채의 계상 단계

가공부채의 계상 그 자체만으로는 곧바로 소득의 과소신고(신고하여야 할 소득과 신고되는 소득 간의 차이)를 야기하지 않고, 그 상대계정의 성격에 따라 조세포탈의 성립 여부가 정해진다. ① 가공부채의 상대계정으로 **가공비용**이 계상되는 경우에는 그 가공비용만큼 소득이 과소신고될 것이므로, 조세포탈이 성립할 수 있다. ② 가공부채의 상대계정으로 **가공자산**이 계상되는 경우에는 그것 자체는 신고되는 소득과 실제 소득 간의 차이를 만들어 내지 않는다. 다만, 그 가공자산이 감가상각 또는 양도 시 취득가액 등으로 손금(비용)화하는 단계에서 소득이 과소신고될 것이므로, 조세포탈이 성립할 수 있다. ③ 가공부채의 상대계정으로 종전에 누락되었던 **부외자산**이 장부에 계상되는 경우(가령, 대표이사에 대한 허위의 가수금 부채 또는 기래업체에 대한 허위이 선수금 부채를 계상하면서 매출누락 금액을 회사로 들여오는 경우), 그것 자체는 소득의 과소신고를 야기하지 않는다. 위 경우 그 부외자산이 누락된 시점으로 거슬러 올라가, 그 자산의 취득원인인 매출이나 양도소득 등의 누락으로 인한 조세포탈이 문제된다.

(다) 가공부채의 변제 등

① 법인이 가공부채에 대한 이자의 변제 명목으로 현금을 지출한 경우에는 그 자산감소의 상대계정으로 가공비용(이자)이 계상될 것이므로, 조세포탈을 구성할 수 있다.

② 법인이 가공부채 원본의 변제 명목으로 자금을 지출한 경우(가령, 대표이사에 대한 허위의 가수금 부채의 변제 명목으로 회사 자금을 인출하는 경우), 장부상 자산(현금)과 부채가 동시에 감소하고, 위 회계처리에 따라 신고하더라도 신고된 소득과 신고되어야 할 소득 간에 차이가 없으므로, 위 자금지출로 인한 법인세의 포탈은 성립하지 않는다.[99] 다

---

98) 대법원 2020. 12. 30. 선고 2018도14753 판결
99) 대법원 2010. 6. 24. 선고 2007두18000 판결은, 원고 법인의 대차대조표상 예수금계정에 계상되어 있던

만, 해당 금액의 지출은 원칙적으로 사외유출에 해당하고,[100] 그 경우 그 금액의 귀속자에 따른 소득처분이 행해져야 하며(법인세법 시행령 106조 1호), 이는 법인의 원천징수의무를 발생시킬 수 있다.

(3) 부외자산

(가) 부외자산의 조성·취득

법인의 장부에 기재되지 않은 부외(簿外)자산은, 일반적으로 ① 비용의 허위·과대계상을 통하여 법인의 기존 자산을 장부 외로 빼돌리거나, ② 매출누락 등을 통하여 새로운 자산을 장부에 누락함으로써 조성·취득된다. 전자(①)의 예로, ㉮ 공사대금을 실제보다 부풀려 하수급인에게 지급하였다가(비용의 과대계상) 실제 공사대금과 지급한 금액의 차액을 돌려받는 방법으로 부외자금을 조성한 경우[101] 또는 ㉯ 가공비용의 계상 등에 의하여 조성한 비자금으로 다른 자산을 취득하여 제3자 명의로 보유하는 경우를 들 수 있다.

부외자산의 조성·취득을 위한 비용의 허위·과대계상 또는 매출누락 등은 조세포탈을 구성할 수 있다. 다만, 위 경우 조세포탈로 기소하기 위해서는 부외자산의 조성·취득 원인이 되는 비용의 허위·과대계상 또는 매출누락 등이 귀속되는 사업연도가 특정되어야 한다.[102]

한편, 법인의 장부에 기재되지 않은 부외자산이 그 법인의 지배·관리를 벗어나서 사외유출된 경우에는, 그 소득의 귀속자에 대한 과세 또는 원천징수 문제는 별론으로 하고, 더 이상 법인의 자산이 아니게 된다.

(나) 부외자산의 장부계상

법인이 마치 현금으로 부외자산을 구입한 것처럼 현금을 장부에서 제거하는 대신, 부외자산을 장부에 계상한 경우, 세법상 법인의 순자산에 변동이 없으므로, 위와 같은 회계처리에 따라 신고되는 소득금액과 신고되어야 할 소득금액 사이에 차이가 없고, 위와 같은 회계처리 자체는 조세포탈을 구성하지 않는다.[103] 법인이 부외자산을 마치 새로 구입한 것처럼

179,830,862원의 채무와 외상매입금계정에 계상되어 있던 75,766,560원의 채무는 모두 환불 또는 변제할 수 없거나 변제의무가 이미 소멸한 것이었는데, 원고 법인이 1998 사업연도에 위 예수금 및 외상매입금의 변제 명목으로 현금을 인출한 사건에서, 그로 인하여 자산계정과 부채계정이 동시에 감소하여 해당 사업연도의 소득금액 계산상 손익에 아무런 영향을 미치지 않으므로, 과세관청이 위 예수금과 외상매입금 상당액을 1998 사업연도에 손금불산입한 것은 위법하다고 판단하였다.

100) 송동진, 법인세법, 622쪽
101) 대법원 2020. 5. 28. 선고 2018도16864 판결
102) 만일 장기간의 경과로 인하여 부외자산의 조성·취득의 원인이 되는 비용의 허위계상 또는 매출누락 등이 어느 사업연도에 귀속되는 것인지 확인하기 곤란한 경우에는 사실상 조세포탈의 기소가 어렵게 될 것이다.
103) 법인이 부외자산의 매수대가인 것처럼 장부 외로 유출한 현금을 대표이사가 개인적으로 사용한 경우, 횡령

장부에 자산으로 계상하면서 반대계정으로 가공부채를 계상한 경우도 마찬가지이다.

대법원은, 법인이 이전부터 보유하고 있던 차명주식 등 부외자산을 당해 사업연도에 새로 매수하는 것처럼 회계장부에 계상하면서 금원을 인출하여 법인의 비자금 관리계좌에 입금함으로써 회계장부 밖으로 유출하였더라도, 이는 해당 사업연도 법인세의 과세표준인 소득에 아무런 영향을 미치지 않았으므로, 해당 사업연도 법인세를 포탈한 것에 해당하지 않는다고 판단하였다.[104]

(다) 부외자산의 운용 및 처분

법인의 부외자산의 운용·처분으로 발생한 수익은 법인의 소득에 포함되므로, 이를 신고에서 누락하는 것은 조세포탈죄를 구성할 수 있다.

한편, 법인이 부외자산을 처분하여 상실하는 것 자체는 일반적으로 조세포탈에 해당하지 않는다. ① 법인의 비자금으로 대표자 개인의 채무 변제에 사용하는 것은, 이익잉여금의 처분(사외유출)으로서 법인 소득의 과소신고를 야기하지 않으므로 조세포탈죄를 구성하지 않고, 횡령죄에 해당할 수 있을 뿐이다. ② 법인이 부외자금으로 다른 부외자산을 구입하는 경우, 가령 매출누락 등으로 조성된 비자금(부외자산)으로 제3자 명의로 토지를 구입하여 보유하는 경우에도, 법인 소득의 과소신고를 야기하지 않으므로, 해당 사업연도의 조세포탈에 해당하지 않는다.

(4) 부외부채

부외부채는 회계장부에 계상되지 않은 기재되지 않은 부채를 말한다. 부외부채의 존재는 그것 자체만으로는 일반적으로 소득의 과소신고를 야기하지 않으므로 조세포탈의 문제를 일으키지 않고, 오히려 소득의 과대신고와 관련되는 경우가 많다(가령 부외부채에 따른 이자비용을 장부에 계상하지 않아서 손금산입하지 않은 경우).[105] 부외부채의 이자로서 손금불산입되는 것[가령, 채권자가 불분명한 사채의 이자(법인세법 28조 1항 1호)[106]]을 지급하면서 다른 손금산입되는 부채의 이자로 계상한 경우, 소득의 과소신고를 야기하여 조세포탈을 구성할 수 있다. 부외부채의 변제를 위하여 현금 등을 인출하는 과정에서 그 상대계정으로 가공비용을 계상하는 경우 소득의 과소신고가 일어나므로 조세포탈이 성립할 수 있다.

죄가 성립할 수 있고, 해당 금액은 그 대표이사에게 귀속하여 그 대표이사의 소득세 납세의무 및 법인의 원천징수의무를 성립시킬 수 있다.

104) 대법원 2005. 1. 14. 선고 2002도5411 판결
105) 납세의무자가 소득세 또는 법인세의 과세표준 및 세액을 과대하게 신고한 경우에는 일정기간 내에 경정청구를 할 수 있다(국세기본법 45조의2).
106) 송동진, 법인세법, 307쪽 참조

2.3.6. 배임죄와 조세포탈

(1) 배임죄와 관련한 법인세 및 소득세 등

배임죄는 타인의 사무를 처리하는 자가 그 임무에 위배하는 행위로써 재산상의 이익을 취득하거나 제3자로 하여금 이를 취득하게 하여 본인에게 손해를 가한 때 성립한다(형법 355조 2항). 법인의 대표자가 그 임무에 위배하여 법인의 재산을 타인에게 시가보다 낮은 가격에 매각하거나[107] 타인으로부터 시가보다 높은 가격으로 매입하는 경우[108] 배임죄를 구성할 수 있다. 위 경우, 세법상 효과는 그 이익을 분여받은 상대방에 따라 달라진다. ① 상대방이 특수관계인인 때에는, 시가와 거래가액의 차액은 **부당행위계산**의 부인(법인세법 52조, 소득세법 41조, 101조)에 해당하므로, 해당 거래의 주체인 법인 또는 개인의 소득에 산입되어 과세된다. ② 상대방이 특수관계인이 아닌 때에는 시가와 정상가액의 차액은 **기타 기부금**(법인세법 24조 4항, 법인세법 시행령 35조)에 해당하여 손금불산입된다. 한편, 위와 같은 거래로 이익을 분여받은 상대방은 법인세 또는 소득세[109]의 납부의무를 진다.

(2) 부당행위계산 또는 기타 기부금과 조세포탈

2010년 개정되기 전의 **구 조세범처벌법 제9조의2 제1호**는 '법에 의한 소득금액결정에 있어서 세무회계와 기업회계와의 차이로 인하여 생긴 금액은 사기 기타 부정한 행위로 인하여 생긴 소득금액으로 보지 아니한다'고 규정하였다.[110] 위 규정의 적용대상은 법인의 각 사업연도 소득과 청산소득에 대한 법인세 및 거주자의 사업소득에 대한 소득세였다.[111] 위 규정의 입법취지는, 기업회계기준에 따른 회계처리를 하였음에도 착오나 세법의 부지 등으로 인하여 세법에 따른 세무조정을 제대로 하지 못한 경우 조세포탈로 처벌하지 않겠다는 것으로 보인다.[112]

구 조세범처벌법 제9조의2 제1호가 적용되기 위해서는, 납세의무자가 일반적으로 공정·타당하다고 인정되는 기업회계기준 또는 관행(국세기본법 20조)에 따른 회계처리를 하였어

---

107) 대법원 2013. 9. 26. 선고 2013도5214 판결
108) 대법원 2007. 3. 15. 선고 2004도5742 판결
109) 법인의 기타 기부금은 ① 그 상대방인 거주자의 사업소득을 구성하는 경우에는 기타 사외유출로 처분되므로(법인세법 시행령 106조 1항 1호 다목), 그 상대방은 사업소득에 대한 소득세 납부의무를 지지만, ② 그렇지 않은 경우에는 기타소득으로 처분되어(법인세법 시행령 106조 1항 1호 라목) 그 상대방은 기타소득에 대한 소득세 납부의무를 진다(소득세법 21조 1항 20호). 송동진, 법인세법, 631쪽
110) 구 조세범처벌법 제9조의2 제1호에 관하여는 안대희 등, 642쪽, 김태희, 238쪽, 김종근, 189쪽, 지익상, 304쪽
111) '법에 의한 소득금액결정'이 이루어지는 것은 소득세와 법인세이고, 세무회계와 기업회계의 차이가 발생하는 것은 법인의 각 사업연도 소득과 청산소득에 대한 법인세 및 거주자의 사업소득에 대한 소득세이기 때문이다. 따라서 부가가치세, 증여세와 상속세 및 양도소득세 등은 위 규정의 적용대상이 아니었다.
112) 안대희 등, 643쪽

야 한다. 따라서 ① 법인이 매출을 장부에서 누락하였거나 가공의 비용을 계상하였다면, 이는 기업회계기준에 적합한 것이 아니므로, 위 규정에 따라 조세포탈에서 제외되지 않는다.[113] 또한, ② 법인이 접대비에 해당하는 항목의 비용을 지출하고, 접대비 손금산입한도액의 손금불산입을 회피하기 위하여 전액 손금에 산입되는 다른 비용항목으로 계상한 경우에도, 기업회계기준이나 공정·타당한 관행에 적합한 회계처리로 볼 수 없으므로, 위 규정의 적용대상이 아니다.[114]

대법원은, 법인세법상 **부당행위계산 부인**으로 인한 세무조정금액은, 특별한 사정이 없는 한 구 조세범처벌법 제9조의2 제1호 소정의 세무회계와 기업회계의 차이로 인하여 생긴 금액에 해당하므로, 사기 기타 부정한 행위로 인하여 생긴 소득금액에 해당하지 않는다고 보았다.[115)116]

다만, 대법원은 적극적으로 서류를 조작하여 부당행위계산인 사실을 은폐한 행위는 부정행위로 판단함으로써 구 조세범처벌법 제9조의2 제1호의 적용범위를 제한하였다. 즉, 대법원은 ① 피고인이 A 회사로 하여금 B 회사 주식을 시가보다 12배 이상 고액으로 매수하게 하면서 그 고가매입사실을 은폐하기 위하여 매수일자가 소급된 허위의 매매계약서와 회계장부를 작성·비치한 사건(**거래시기의 조작**),[117] ② 법인이 특수관계자와 부당행위계산에 해당하는 거래를 하였음에도 이를 숨기기 위하여 특수관계가 없는 자 명의로 거래를 한 것처럼 허위의 매매계약서를 작성하고 대금을 허위로 지급한 사건(**거래당사자의 조작**)[118]에

---

113) 대법원 1986. 1. 14. 선고 84도501 판결은, 피고인이 버스회사의 운송수익금을 비밀장부 등에는 사실대로 기재하고 공식장부에는 실제보다 적게 기재하는 방법으로 법인세를 포탈하였다는 점으로 기소된 사안에서, 피고인의 변호인이 위 신고누락금액은 주주(지입차주)들에게 차량수비리 등의 비용지출을 위하여 시급된 것이었는데 세무회계상 손금으로 인정받지 못하여 익금으로 인정된 것이므로, 구 조세범처벌법 제9조의2에 따라 부정행위로 인한 소득금액에 해당하지 않는다고 주장하였으나, 위 규정은 법인이 조세포탈의 의사로 소득 자체를 은비하고 과세표준 신고에서 누락한 경우에는 적용되지 않는다고 판단하였다(위 판결의 사실관계는 안대희 등, 643쪽).
114) 서울고등법원 2004. 12. 21. 선고 2003노2778 판결, 대법원 2007. 2. 8. 선고 2005도297 판결 : 신문사를 운영하는 법인이 지출한 접대성 경비인 광고영업 활동비를 전액 손금산입이 인정되는 취재비 항목으로 계상한 사안
115) 대법원 2006. 6. 29. 선고 2004도817 판결은, 피고인 회사가 임직원들과 계열회사에 대한 대여금(업무무관 가지급금)에 대한 법인세법상 인정이자와 지급이자의 손금불산입을 피하기 위하여, 위 대여금을 변제받은 사실이 없음에도, 사업연도 말경에 이를 일시 변제받은 것처럼 분개전표를 작성하고 결산 장부를 정리한 사안에서, 그러한 행위만으로는 구 조세범처벌법 제9조의2 제1호의 적용을 배제하고 조세포탈에 해당한다고 볼 정도의 적극적인 부정행위가 있었다고 보기 어렵다고 판단하였다. 위 사건의 경우 매 사업연도 중의 종업원단기대여금 원장 등 회계장부에는 위 각 대여금의 대여 및 상환일시 등이 기재되어 있어 일시 변제받은 것으로 처리한 기간을 제외한 나머지 사업연도 중의 대여금의 존재는 쉽게 알 수 있었던 사정이 있었다. 위 판결에 관하여는 본 장 제4절 3.1.1. (2)(나) 참조
116) 대법원 2009. 9. 24. 선고 2007두7505 판결은, 사업자인 원고가 특수관계자인 회사에게 토지를 저가로 제공하여 종합소득세 및 부가가치세의 부담을 부당하게 감소시킨 사건에서, 원고가 사기 기타 부정한 행위로 부가가치세를 포탈하였다고 볼 수 없으므로, 부가가치세의 부과제척기간은 5년이라고 판단하였다.
117) 대법원 2002. 6. 11. 선고 99도2814 판결

서 각각 부정행위에 해당한다고 판단하였다.

2010. 1. 1. 개정된 구 조세범처벌법은 제9조의2를 삭제하였다.[119] 이에 따라 현행 조세범처벌법상으로는 기업회계와 세무회계의 차이로 인한 과소신고의 경우에도 일반원칙에 따라 조세포탈죄의 해당 여부가 가려진다는 점이 명백하게 되었다.

2.4. 소득의 귀속시기와 조세포탈

(1) 개요

소득세와 법인세는 일정한 기간을 단위로 하여 과세되므로(기간과세), 소득세와 법인세의 포탈은 특정한 과세기간에 관하여 성립한다. 조세소송에서 과세처분의 적법성에 대한 입증책임은 과세관청에 있으므로 어느 사업연도의 소득에 대한 과세처분의 적법성이 다투어지는 경우 과세관청으로서는 과세소득이 있다는 사실 및 그 소득이 그 사업연도에 귀속된다는 사실을 입증하여야 하며, 그 소득이 어느 사업연도에 속한 것인지 확정하기 곤란하다 하여 과세대상 소득의 확정시기와 관계없이 과세관청이 그 과세소득을 조사·확인한 대상 사업연도에 소득이 귀속되었다고 할 수는 없다.[120]

이는 국가형벌권이 행사되는 형사소송에서는 더욱 그러하다. 따라서 검사가 소득세, 법인세 또는 부가가치세의 포탈을 이유로 공소를 제기하는 경우, 문제되는 소득 또는 공급가액이 어느 과세기간에 관한 것인지 특정하여야 하고, 이는 조세포탈죄의 구성요건이므로, 그에 관한 증명책임은 검사에게 있다.

(2) 소득세법과 법인세법상 소득의 귀속시기

소득세법 제39조 제1항은 '거주자의 각 과세기간 총수입금액 및 필요경비의 귀속연도는 총수입금액과 필요경비가 확정된 날이 속하는 과세기간으로 한다.'고 규정한다. 그리고 법인세법 제40조 제1항은 '내국법인의 각 사업연도의 익금과 손금의 귀속사업연도는 그 익금과 손금이 확정된 날이 속하는 사업연도로 한다.'고 규정한다.

대법원 판례는 소득세법 제39조 제1항과 법인세법 제40조 제1항이 **권리의무확정주의**를 채택한 것으로 본다. 대법원은, 소득세의 과세대상이 되는 소득이 발생하였다고 하기 위하

---

118) 대법원 2013. 12. 12. 선고 2013두7667 판결
119) 위 규정의 삭제이유에 관하여, 국세청의 '2010 개정세법 해설', 44쪽은, '종전 「조세범처벌법」 제9조의2 규정은 조세포탈 행위에 속하지 않는 것을 한정적으로 열거한 것이 아니라 예시한 것에 불과하여 특별히 현재와 같은 2가지만 예시할 이유가 없음. 또한 제3조 조세포탈죄 규정에서 사기나 그 밖의 부정한 행위의 유형을 예시하므로 존치 필요성 없음'이라고 밝혔다.
120) 대법원 2000. 2. 25. 선고 98두1826 판결, 대법원 2007. 6. 28. 선고 2005두11234 판결

여는 소득이 현실적으로 실현되었을 것까지는 필요없고, 적어도 소득이 발생할 권리가 그 실현의 가능성에 있어서 상당히 높은 정도로 성숙, 확정되면 족하며, 구체적으로 어떠한 사실을 가지고 소득이 발생할 권리가 성숙, 확정되었다고 할 것인가는 반드시 일률적으로 말할 수는 없고, 다만 개개의 구체적인 권리의 성질과 내용 및 법률상, 사실상의 여러 조건을 종합적으로 고려하여 이를 결정하여야 한다고 본다.[121]

소득의 지급자와 수급자 사이에 채권의 존부 및 범위에 관하여 다툼이 있어 소송으로 나아간 경우, 대법원은, 그와 같은 분쟁이 경위 및 사안의 성질 등에 비추어 명백히 부당하다고 할 수 없는 한 소득이 발생할 권리가 확정되었다고 할 수 없고, **판결이 확정**된 때에 그 권리가 확정된다고 보아야 한다고 판시하였다.[122]

다만, 대법원은, A가 B에게 대여한 돈과 이자를 회수하지 못하자 연대채무자인 C를 상대로 대여원리금 청구소송을 제기하여 1심에서 가집행선고부 승소판결을 받고, 이를 집행권원으로 하여 2004년 C의 부동산에 대한 강제집행절차에서 배당받은 금액 중 일부로 이자의 변제에 충당하였으며, 이후 2005년 위 배당금 부분에 대한 A의 승소판결이 확정된 사건에서, 위 이자소득의 수입시기는 대여원리금청구소송이 확정된 2005년이 아니라 배당금을 받은 날이 속하는 2004년이라고 판단하였다.[123] 이는 소득의 귀속시기에 관하여 지배·관리를 고려하는 **권리주장**(claim of rights)기준을 도입한 것으로 볼 수 있다.[124]

한편, **위법소득**은 그 근거가 되는 권리가 존재하지 않거나 불완전한 경우이므로, 성질상 권리확정이 존재할 수 없다. 따라서 위법소득의 귀속시기는 권리확정 여부와 무관하게 그 소득을 현실적으로 지배·관리하는 시점이 된다.[125]

---

121) 대법원 1967. 6. 20. 선고 67누25 판결, 대법원 1981. 2. 10. 선고 79누441 판결 ; 그러나 소득세법 제39조 제1항과 법인세법 제40조 제1항은 '총수입금액과 필요경비(익금과 손금)의 확정'을 귀속시기의 판정기준으로 규정하므로, 이를 권리 또는 의무의 확정으로 좁게 파악할 필요가 없고, 권리와 의무의 확정은 총수입금액과 필요경비(익금과 손금)의 확정을 좌우하는 다양한 요소 중 주요한 하나로 이해하는 것이 더 적절하다. 송동진, 법인세법, 107쪽 참조
122) 대법원 1997. 4. 8. 선고 96누2200 판결
123) 대법원 2011. 6. 24. 선고 2008두20871 판결 ; 그 근거로, 소득세법상 이자소득의 귀속시기는 당해 이자소득에 대한 관리·지배와 이자소득의 객관화 정도, 납세자금의 확보시기 등을 함께 고려하여 이자소득의 실현가능성이 상당히 높은 정도로 성숙·확정되었는지 여부를 기준으로 판단하여야 하는 점, 납세자가 가집행선고부 승소판결에 의한 배당금의 수령에 관하여 이자소득세 등을 과세당한 후 상소심에서 판결이 취소되어 배당금을 반환하는 경우가 발생하더라도 국세기본법 제45조의2 제2항에 의하여 이자소득세 등에 대한 경정청구를 함으로써 구제를 받을 수 있는 점 등이 제시되었다.
124) 송동진, 법인세법, 115쪽
125) 송동진, 법인세법, 116쪽

(3) 소득의 귀속시기와 관련된 조세포탈 판례

① 관행어업권 사건의 변호사 성공보수

대법원은, 변호사인 피고인이 관행어업 손해배상금 사건을 수임하면서 해당 사건이 승소로 확정되었을 때 승소금액의 일정비율 부분을 보수로 받기로 약정한 후, 1심 판결의 가집행선고에 따라 집행을 하여 1997년 그 중 약정된 비율에 따른 일부 금액은 승소 확정에 대비하여 변호사 사무실 직원 명의 계좌로 분산예치하는 방법으로 보관하고 나머지 금액은 의뢰인인 당사자에게 교부한 사건에서, 당시 위 사건이 상소심에 계속 중이어서 소송사건에 대한 판결이 확정되지 않은 이상 용역의 제공이 완료되었다고 할 수 없고, 위 보관금액은 일종의 가수금으로 봄이 상당하며, 이를 피고인의 확정적인 사업소득으로 볼 수 없으므로, 원심이 공소사실 중 1997년도 위 관행어업 손해배상금 사건 관련 수임료 누락 부분에 관하여 무죄를 선고한 것은 정당하다고 판단하였다.[126)]

② 대여금 이자에 관한 소득세 포탈 여부

대법원은, 피고인이 2004. 5.경 종합소득신고 시 A에 대한 2003. 3. 24.자 대여금의 이자를 신고하지 않아 소득세를 포탈하였다는 혐의로 기소된 사안에서, 피고인이 2003. 3. 24. A에게 20억 원을 이자 20억 원, 변제기 2003. 9. 30. 및 같은 해 10. 31.(각 10억 원씩 지급)로 각 정하여 대여하였으나, 당시 A가 피고인에게 담보로 교부한 등기필증상 부동산의 시가는 16억 원 정도로 대여원리금 40억 원에 비추어 턱없이 부족하였고, A로부터 담보로 받은 등기필증 등만으로는 그 대여원리금의 이행이 확실하게 담보된다고 할 수 없었던 점 등에 비추어, 그 대여금에 대한 이자소득은 2003년도에 그 실현가능성이 충분할 정도로 그 권리가 성숙·확정되었다고 보기 어렵다는 이유로, 위 20억 원의 이자소득이 2003년도 귀속분임을 전제로 한 공소사실 부분을 무죄로 판단하였다.[127)]

③ 공사금액을 부풀려 실제 공사대금과의 차액을 반환받은 사건

관급공사를 수주한 A 주식회사는 하도급계약을 체결하는 과정에서 최저가로 입찰한 협력업체를 하도급계약의 당사자로 선정한 후, 비자금을 조성할 목적으로 하도급계약의 공사대금을 실제보다 부풀려 정하고 부풀린 공사금액을 하수급업체에게 지급한 후 실제 공사대금과의 차액을 현금으로 반환받고, 이를 해당 사업연도의 익금에 산입하지 않음으로써 법인세를 포탈하였다는 혐의로 기소되었다.

대법원은 다음과 같이 판단하였다.[128)] ㉮ 공사대금을 부풀린 하도급계약은 A 회사와 하

---

126) 대법원 2007. 6. 28. 선고 2002도3600 판결
127) 대법원 2007. 8. 23. 선고 2006도5041 판결
128) 대법원 2020. 5. 28. 선고 2018도16864 판결. 위 판결에 대한 해설로 임수연, "부풀린 공사대금을 돌려받았을

수급업체의 가장행위에 해당하므로, 이를 무시하고 거래의 실질에 따라 입찰가를 실제 공사대금으로 하는 하도급계약 거래관계(은닉행위)에 따라 과세하여야 한다. ㉔ 실제 공사대금보다 부풀린 공사대금이 지출된 사업연도에 실제 공사대금과의 차액이 손금으로 과다계상되어 A 회사의 법인세 과세소득이 감소하였으므로, 차액을 해당 사업연도에 손금불산입하여 누락된 소득에 대한 포탈세액을 산정하여야 한다. ㉕ A 회사는 협력업체와 하도급계약을 체결할 때 차액을 반환받기로 약정하였기 때문에 A 회사가 부풀린 공사금액을 협력업체에 지급한 사업연도에 차액을 반환받을 권리가 실현가능성이 높은 정도로 성숙·확정되었으므로, 차액에 해당하는 채권이 공사금액 지출 사업연도의 익금으로 귀속되어야 하고, 이후 A 회사가 차액을 실제 반환받은 사업연도에는 이미 익금으로 확정된 채권이 실현되어 소멸하고 그에 대응하는 현금이 들어온 것에 불과하여 A 회사의 순자산에 아무런 변동이 없으므로, 차액은 반환받은 사업연도의 익금이 될 수 없으며, 위 차액만큼 익금이 누락되었음을 전제로 한 법인세 납부의무는 성립할 수 없다.[129]

3. 증여세와 관련한 쟁점

3.1. 증여세 과세대상, 과세표준 및 세액

(1) 증여세 과세대상

증여세의 과세대상은 ① 무상으로 이전받은 재산 또는 이익, ② 현저히 낮은 대가를 주고 재산 또는 이익을 이전받음으로써 발생하는 이익이나 현저히 높은 대가를 받고 재산 또는 이익을 이전함으로써 발생하는 이익,[130] ③ 재산 취득 후 해당 재산의 가치가 증가한 경우의 그 이익,[131] ④ 신탁이익의 증여 등(상증세법 33조 내지 42조의3), ⑤ 배우자 등에게 양도한 재산의 증여추정 등(상증세법 44조, 45조), ⑥ 위 ④의 규정과 경제적 실질이 유사한 경우 등 위 ④의 각 규정을 준용하여 증여재산의 가액을 계산할 수 있는 경우의 그 재산 또는 이익

때 누락된 법인세 과세소득의 귀속시기", 대법원판례해설 제124호, 법원도서관, 569~607쪽
129) 만일 위 사건에서 A 회사가 부풀린 공사대금 차액을 반환받기로 한 약정에 따라 협력업체에 공사대금을 과다 지급한 것이 민법상 불법원인급여에 해당한다면, 甲 회사는 위 차액의 반환청구를 할 수 없으므로(민법 746조), 위 차액은 위법소득으로서 A 회사가 그에 대한 지배·통제를 얻은 시점 즉, 위 차액을 실제로 지급받은 사업연도의 익금에 산입되어야 할 것이다(송동진, 법인세법, 116쪽). 다만, 대법원이 불법원인급여로 판단하는 범위는 그리 넓지 않기 때문에(대법원 2003. 11. 27. 선고 2003다41722 판결), 위와 같은 약정에 따른 공사대금의 과다지급은 불법원인급여에 해당하지 않는다고 판단될 가능성이 크다.
130) 다만, 특수관계인이 아닌 자 간의 거래인 경우에는 거래의 관행상 정당한 사유가 없는 경우로 한정한다(상증세법 4조 1항 2호 단서).
131) 다만, 특수관계인이 아닌 자 간의 거래인 경우에는 거래의 관행상 정당한 사유가 없는 경우로 한정한다(상증세법 4조 1항 2호 단서).

이다(상증세법 4조 1항).

(2) 증여세 과세표준 및 세액

수증자가 동일인으로부터 수개의 증여를 받은 경우에는, 그 증여재산가액을 합친 금액 (합산배제증여재산의 가액은 제외한다)에서 그 증여재산에 담보된 채무로서 수증자가 인수한 금액을 뺀 금액은 증여세 과세가액이 된다(상증세법 47조). 증여세 과세가액에서 증여재산 공제 등을 뺀 금액은 증여세 과세표준이 된다(상증세법 55조 1항 4호).[132] 증여세 과세표준에 증여세율을 적용하여 계산한 금액은 증여세 산출세액이 되고, 증여세 산출세액에 대하여는 납부세액공제, 외국납부세액공제 등이 적용된다(상증세법 58조, 59조, 69조).

3.2. 위법한 증여에 대한 증여세

(1) 세법에 명문의 규정이 있는 경우

세법이 위법한 증여에 관하여 명문으로 규정하는 경우, 증여세 납부의무는 해당 규정에 따라 처리된다. 가령, 거주자가 정치자금법을 위반하여 기부받은 정치자금에 대하여는 그 기부받은 자가 상속받거나 증여받은 것으로 보아 상속세 또는 증여세를 부과한다(조특법 76조 3항).[133] 따라서 정치자금법을 위반하여 정치자금을 기부받으면서 이를 적극적 행위로 은닉하는 경우 증여세 또는 상속세의 포탈이 성립할 수 있다.

(2) 세법에 명문의 규정이 없는 경우

위법한 증여에 관하여 세법에 명문의 규정이 없는 경우에는 증여세의 일반원리에 따라 증여세 납부의무가 정해진다.

대법원은, 공소외 1 재단법인의 이사장인 피고인 1이 위 재단법인 소유의 공소외 2 신문사 주식을 문화관광부장관의 허가 없이 자신의 아들인 공소외 3, 4에게 증여하고 이를 은닉한 사건에서, 위 주식의 증여는 재단법인의 기본재산의 처분에 해당하는데 주무관청의 허가가 없었으므로 물권계약으로서뿐만 아니라 채권계약으로서도 무효이고,[134] 따라서 공소외 3, 4는 위 주식을 취득할 수 없어 증여세를 납부할 의무가 없으므로 공소외 3, 4의 대리

---

132) 다만, ① 명의신탁재산의 증여 의제의 경우 명의신탁재산의 금액, ② 특수관계법인과의 거래를 통한 이익의 증여 의제의 경우 증여의제이익, ③ 위 ①, ②를 제외한 합산배제증여재산의 경우 그 증여재산가액에서 3,000만 원을 공제한 금액이 각각 증여세의 과세표준이다(상증세법 55조 1항 1호 내지 3호).

133) 이와 달리 거주자가 정치자금법에 따라 정당에 정치자금을 기부한 경우 그 기부금액 중 일정한 금액을 종합소득산출세액에서 공제하고, 상속세 또는 증여세를 부과하지 않는다(조특법 76조 1, 2항).

134) 대법원 1974. 6. 11. 선고 73다1975 판결은, 재단법인의 기본재산의 처분은 정관변경을 요하는 것이므로, 그 처분행위는 물권계약으로 무효일 뿐 아니라 채권계약으로서도 무효라고 판시하였다.

인인 피고인 1에 대하여 위 주식양도로 인한 증여세 포탈이 성립하지 않는다고 판단하였다.[135]

  그러나 위 판례는 다음과 같은 이유로 재검토할 여지가 있다. ① 증여세의 과세대상인 '이익 또는 재산가치의 증가'(상증세법 2조 6호)는 소득세의 과세대상인 소득보다 더 넓거나 적어도 그와 유사한 것으로 보이므로, 위법소득의 과세 여부에 관한 소득세법상 취급은 무효인 증여행위에 대한 증여세의 과세 여부에 참고될 여지가 있다. 그런데 대법원 판례가 토지거래허가구역 내 토지의 양도계약이 확정적 무효인 경우까지 양도소득의 과세대상으로 인정한 것을 고려하면, 증여행위가 사법상 무효라고 하여 당연히 증여세 과세대상에서 제외할 것이 아니라, 위법소득의 과세요건[136]에 준하여 수증자가 증여재산에 대한 지배·관리를 취득하여 계속 보유하는 경우에는 증여세 과세대상으로 보아야 하는 것이 아닌지 의문이 제기될 수 있다.[137] 그리고 ② 무효이거나 위법한 원인행위에 기한 소득의 과세는 이후 그 소득의 상실가능성이 현실화되었을 때 후발적 경정청구(국세기본법 45조의2 2항)에 의한 구제가 가능함을 전제로 하는데,[138] 증여계약이 원인무효인 경우 증여목적물의 반환을 명하는 판결이 확정되었거나 증여목적물이 반환되었다면 후발적 경정청구가 가능하다고 볼 여지가 있고,[139] 그 경우 증여세 신고기한 후의 증여재산 반환에 대하여 증여세를 부과하는 규정(상증세법 4조 4항)이 적용되지 않는다고 보아야 할 것이다. 따라서 위법하여 무효인 증여를 받은 자에 대하여 증여세 납부의무를 인정하더라도, 그러한 증여의 이익을 반환한 경우의 구제조치가 가능하다.

---

135) 대법원 2005. 6. 10. 선고 2003도5631 판결
136) 송동진, 법인세법, 116쪽
137) 대법원 2017. 5. 17. 선고 2014도11130 판결의 1심은, 무효인 주식의 증여를 증여세 과세대상으로 인정하면서, 그 근거로 토지거래허가구역 내 토지의 양도로 인한 소득에 대한 양도소득세 납세의무의 성립을 예외적으로 인정한 대법원 2011. 7. 21. 선고 2010두23644 전원합의체 판결을 들었다.
138) 대법원 2015. 7. 16. 선고 2014두5514 전원합의체 판결
139) 법원은, 원고가 부동산에 관하여 증여를 원인으로 하는 소유권이전등기가 마친 후 피고 세무서장에게 증여세 신고를 하였는데, 이후 전소유자로서 원고의 모(母)인 A가 'A의 사위이자 원고의 남편인 B가 A 명의의 문서를 위조하여 위 소유권이전등기를 하였으므로, 그 등기원인인 증여는 원인무효이다'라고 주장하면서 원고를 상대로 증여의 원인무효를 이유로 위 소유권이전등기의 말소를 구하는 소를 제기하였으며, 같은 내용의 화해권고결정이 확정된 사안에서, 원고 명의 소유권이전등기는 B가 A 명의 서류를 위조한 것으로 보이고, 위 증여가 부존재 또는 무효가 아님에도 A와 원고가 담합하여 원인무효인 것처럼 제소하여 위 화해권고결정을 받은 것으로 보기 어려우므로, 위 화해권고결정의 확정은 후발적 경정청구사유에 해당한다고 판단하였다(서울행정법원 2012. 1. 13. 선고 2011구합13231 판결, 서울고등법원 2013. 4. 5. 선고 2012누4687 판결).

4. 부가가치세와 관련한 쟁점

4.1. 부가가치세의 과세대상, 과세표준 및 세액

(1) 과세대상

부가가치세의 과세대상은 ① 사업자가 행하는 재화 또는 용역의 공급, ② 재화의 수입이다(부가가치세법 4조).

부가가치세 과세대상인 재화 또는 용역의 공급은 계약상 또는 법률상 원인에 따라 재화를 인도·양도하거나 용역을 공급하는 것을 뜻한다(부가가치세법 9조 1항, 11조 1항). 여기서 계약상의 원인은 유효한 법률행위에 해당하는 계약을 말한다. 밀수된 금화의 판매에 따른 부가가치세도 포탈의 대상이 될 수 있다.[140]

한편, 일정한 사유에 해당하는 경우, 계약상 원인 등에 따른 재화의 인도·양도가 없더라도 재화의 공급으로 의제되는데(부가가치세법 10조 1항 내지 6항), 이러한 공급의제에 따른 부가가치세도 포탈의 대상이 될 수 있다.[141]

(2) 과세표준 및 세액

재화 또는 용역의 공급에 대한 부가가치세의 과세표준은 해당 과세기간에 공급한 재화 또는 용역의 공급가액을 합한 금액이다(부가가치세법 29조 1항). 부가가치세의 세율은 10%이다(부가가치세법 30조). 매출세액은 과세표준에 세율을 적용하여 계산한 금액이다(부가가치세법 37조 1항). 납부세액은 매출세액(대손세액을 뺀 금액)에서 매입세액을 뺀 금액이고, 매입세액 중 매출세액을 초과하는 부분은 환급세액으로 한다(부가가치세법 37조 2항).

4.2. 부가가치세와 가장행위, 실질과세원칙

(1) 가장행위와 부가가치세

가장행위는 사법상 무효이고(민법 108조 1항) 부가가치세법상 원칙적으로 부인된다. 다만, 가장행위 속에 은닉된 법률행위가 유효한 경우[142]에는 그에 따라 세법적 효과가 부여되어

---

140) 대법원 1996. 12. 23. 선고 96도2354 판결
141) 대법원 1983. 5. 10. 선고 83도693 판결은, 피고인이 경영하는 회사의 폐업 후 부가가치세의 과세표준 및 세액을 관할세무서에 신고하지 않은 것과 관련하여 폐업 시 잔존재화의 공급의제에 따른 부가가치세의 포탈로 기소된 사건에서, 위와 같은 부가가치세도 포탈의 대상이 될 수 있음을 전제로, 적극적인 부정행위가 없다는 이유로 조세포탈죄를 인정하지 않았다.
142) 대법원 1993. 8. 27. 선고 93다12930 판결

야 한다.[143]

(2) 거래당사자의 결정기준

실무상 타인 명의로 사업자등록을 한 자가 재화 또는 용역을 공급하고 그 타인 명의의 세금계산서를 발급하거나, 실제로 재화 등을 공급받지 않은 자가 타인에게 공급된 재화 등에 관한 세금계산서를 수취하는 경우, 또는 기존 거래의 당사자들 사이에 제3자를 끼워넣는 경우에 누구를 부가가치세법상 거래당사자 즉, '재화 또는 용역을 공급한 자' 및 '공급받은 자'로 볼 것인지 문제된다.

(가) 계약해석에 의한 당사자의 확정

부가가치세 과세대상인 재화 또는 용역의 공급은 계약상 또는 법률상 원인에 따라 재화를 인도·양도하거나 용역을 공급하는 것을 뜻한다(부가가치세법 9조 1항, 11조 1항).

대법원 판례에 의하면, 계약을 체결하는 행위자가 타인의 이름으로 법률행위를 한 경우, 행위자 또는 명의인 가운데 누구를 계약의 당사자로 볼 것인지에 관하여 ① 행위자와 상대방의 의사가 일치한 경우에는 그 의사대로 행위자 또는 명의인을 계약의 당사자로 확정해야 하고, ② 행위자와 상대방의 의사가 일치하지 않는 경우에는 그 계약의 성질·내용·목적·체결 경위 등 그 계약 체결 전후의 구체적인 제반 사정을 토대로 상대방이 합리적인 사람이라면 행위자와 명의자 중 누구를 계약 당사자로 이해할 것인가에 따라 당사자를 결정하여야 한다.[144]

(나) 실질과세원칙

부가가치세법은, 과세대상인 재화 등의 공급을 발생시킨 '계약상 원인'이 공급당사자 사이에 있어야 하는지에 관하여 명시적으로 언급하지 않는다. 여기에서 국세기본법 제14조의 실질과세원칙에 따라 계약당사자가 아닌 자를 부가가치세법상 공급당사자로 취급할 여지가 생긴다. 대법원은 실질과세원칙이 부가가치세에 대하여도 적용된다고 본다.[145] 다만, 부가가치세의 경우 소득세 및 법인세에 비하여 실질과세원칙이 적용될 필요성은 크지 않고, 그 적용범위도 제한적이다.[146]

---

143) 대법원 1995. 2. 10. 선고 94누1913 판결
144) ① 대법원 1995. 9. 29. 선고 94다4912 판결(甲이 丙에 대한 채무를 담보하기 위하여 乙의 명의를 도용하여 보증보험계약을 체결한 사안), ② 대법원 1998. 3. 13. 선고 97다22089 판결(지입차주가 지입회사의 승낙하에 지입차량의 할부구입계약 등을 체결한 사안)
145) 대법원 1987. 11. 10. 선고 87누362 판결, 대법원 2014. 5. 16. 선고 2011두9935 판결, 대법원 2016. 11. 25. 선고 2016도11514 판결
146) 상세한 내용에 관하여는 본 편 제2장 제1절 3.2. (4) 참조

(다) 양자의 종합적 고려

부가가치세법상 거래당사자의 결정에 관한 대법원 판례 중에는 계약해석에 의한 당사자 확정의 법리를 적용한 것으로 보이는 것도 있다.[147] 그러나 위 당사자확정의 법리만으로 부가가치세법상 거래당사자의 결정이 필요한 모든 사안을 처리하기 어렵고, 특히 타인명의 거래에 관한 대법원 판례는 위 당사자확정의 법리로 설명하기 어려운 면이 있다. 이러한 사정을 감안하면, 부가가치세법상 거래당사자를 결정할 때 계약해석에 의한 당사자확정의 법리뿐만 아니라 실질과세원칙도 적용된다고 보아야 할 것이다.[148]

(3) 타인 명의 거래와 조세포탈 등

실무상 재화 또는 용역을 실제로 공급한 자가 제3자의 명의로 사업자등록을 하거나 제3자의 동의를 얻어 그 명의로 세금계산서를 발급하는 경우가 종종 있다. 그런데 대법원 판례는 조세포탈죄의 성립요건으로 조세수입의 사실상 감소 또는 그에 대한 고의를 요구하기 때문에,[149] 위와 같은 경우에도 재화 등의 공급자가 그 제3자 명의로 부가가치세를 신고·납부하는 한 부가가치세의 포탈은 발생하지 않게 되고, 다만 그 세금계산서와 관련하여 조세범처벌법 제10조의 위반이 문제될 뿐이다. 이러한 이유로 타인 명의 거래와 관련하여 실무상 부가가치세의 포탈보다는 주로 세금계산서 관련 범칙행위 여부가 문제된다. 타인 명의 거래 등과 관련한 구체적 사례는 세금계산서 관련 범칙행위 부분(제2편 제2장 제1절)에서 다루기로 한다.

4.3. 위법한 공급에 대한 부가가치세

(1) 일반론

부가가치세의 과세대상인 재화의 공급은 '계약상 또는 법률상의 모든 원인에 따라 재화를 인도하거나 양도하는 것'을 뜻하고(부가가치세법 9조 1항), 용역의 공급은 '계약상 또는 법률상의 모든 원인에 따라 역무를 제공하거나 시설물, 권리 등 재화를 사용하게 하는 것'을 말한다(부가가치세법 9조 2항).

이에 따르면, 부가가치세 과세대상인 재화 또는 용역의 공급은 계약상 또는 법률상 원인에 기초한 것이어야 하고, 여기서 '계약상 원인'은 적법·유효한 계약뿐만 아니라, 사회질서

---

147) 대법원 2021. 12. 30. 선고 2017두75415 판결. 위 판례의 해설인 유성욱, "사실과 다른 세금계산서의 판단방법 …", 대법원판례해설 제130호(2022), 159~167쪽
148) 상세한 내용에 관하여는 본 편 제2장 제1절 3.2. (5) 참조
149) 본 장 제5절 1.2. (2) 및 제6절 2.2. (3) 참조

에 반하여 무효인 계약이지만 그에 따른 급부가 불법원인급여(민법 746조)로서 부당이득반환청구의 대상에서 제외되는 것도 포함된다고 볼 여지가 있다.

(2) 도박 또는 사행행위와 부가가치세

도박 또는 사행행위로 인한 수입이 부가가치세 과세대상인지 여부가 문제된다. 이와 관련하여 대법원은 기본적으로, 사업자가 상대방과의 대향적(對向的) 도박[150]을 통하여 얻은 수입은 부가가치세 과세대상에 해당하지 않지만, 사업자가 이용자에게 게임기 등을 이용하게 하거나 복권을 판매하는 등의 대가로 받은 수입은 부가가치세 과세대상에 해당한다고 본다.[151]

① 카지노

대법원은, 원고(강원랜드)의 카지노사업의 수입은 고객으로부터 카지노시설물 입장의 대가로 받는 입장료수입과 고객이 도박을 하기 위하여 건 돈에서 고객이 받아간 돈을 제외한 도박수입으로 대별되는데, 입장료수입은 부가가치세 과세대상에 해당하지만, 도박수입은 부가가치를 창출하는 것이 아니어서 부가가치세 과세대상에 해당하지 않으므로, 위 카지노사업은 부가가치세 과세사업과 비과세사업을 함께 하는 사업에 해당한다고 판단하였다.[152]

② 성인용 게임장

성인용 게임장의 운영자가 이용자로부터 게임비로 일정 금액을 받고 이용자가 일정 조건을 적중시키면 경품을 지급한 사건에서, 대법원은, 성인용 게임장의 영업을 카지노 등 도박과 농일시하여 부가가치세 과세내상이 아니라고 볼 수 없음을 전제로,[153] 게임장의 운영자가 게임기 이용자들에게 공급한 것은 게임기 이용이라는 용역일 뿐 상품권이라는 재화가 포함되었다고 볼 수 없으므로, 위 게임장의 부가가치세 과세표준을 산정할 때 그 운영자가 게임기 이용자들에게 제공한 상품권의 액면가액 또는 취득가액을 공제할 수는 없다고 판단하였다.[154]

---

150) 도박죄(형법 246조 1항)는 필요적 공범으로서 대향범에 해당한다. 이재상·장영민·강동범, 형법총론 제11판, 박영사, 2022, 451쪽

151) 이용우, "도박수입에 대하여 부가가치세를 부과할 수 있는지 여부", 대법원판례해설 제112호(2017), 427쪽 이하 : 대법원이 대향적 도박(본문의 ①)으로 인한 수입을 부가가치세 과세대상으로 보지 않는 이유는, 위 유형의 사업자가 상대방과 사이에 직접 재물 또는 재산상 이익을 걸고 도박을 하여 돈을 딴 경우, 부가가치의 창출이 없다고 볼 여지가 있고, 부가가치의 정확한 산출도 곤란하므로, 그러한 도박의 결과로 사업자가 딴 금액을 부가가치세 과세대상으로 보기 어렵기 때문이다. 이용우, 앞의 글, 435~438쪽

152) 대법원 2006. 10. 27. 선고 2004두13288 판결

153) 조성권, "가. 상품권 제공 게임장에서의 부가가치세 과세표준 산정방법, …", 대법원판례해설 제76호(2008), 619쪽

154) 대법원 2008. 4. 10. 선고 2007도9689 판결, 대법원 2008. 9. 25. 선고 2008두11211 판결

③ 불법 인터넷 도박사이트

원고가 운영하는 불법 인터넷 도박사이트 내에서 도박게임자들이 현금을 입금하면 그에 상당하는 게임머니가 충전되고, 손님 상호 간의 '포커', '맞고', '바둑이' 등 도박게임의 승패에 따라 게임머니가 다시 현금으로 환전되는 한편, 판돈의 일부가 속칭 '딜러비'로 공제된 사안에서, 대법원은, 원고가 도박사이트에 접속한 사람들에게 도박게임을 할 수 있도록 하고, 판돈의 일정 비율을 이익금으로 취득하였으므로, 원고가 얻은 소득은 도박사이트에 접속한 사람들에게 도박게임을 즐길 수 있는 용역을 제공한 것에 대한 대가라고 판단하였다.[155]

④ 불법 인터넷 스포츠토토 사이트

피고인이 스포츠토토 등의 인터넷사이트를 모방하여 사설 인터넷 도박사이트를 개설하고, 위 사이트의 이용자들이 지정된 계좌에 돈을 입금하여 게임머니를 부여받은 후 도박대상인 스포츠 경기의 승패를 예측하여 돈을 건 다음 그 결과에 따라 돈을 배당받은 사건에서, 대법원은, 피고인이 위 사이트를 운영하면서 불법적으로 유사 체육진흥투표권을 발행·판매한 것은 부가가치세 과세대상 거래에 해당한다고 판단하면서, 위 발행·판매행위를 통하여 피고인이 번 수입 전부가 부가가치세 과세표준에 포함된다고 보았다.[156][157] 이에 대하여, 고정환급률식(토토)[158]이 아닌 고정배당률식(프로토)[159]으로 발행된 복권의 경우 사이트운영자와 사이트이용자 간의 대향적 도박관계를 형성하므로, 그러한 복권의 판매로 인한 수입을 부가가치세 과세표준으로 삼는 것은 타당하지 않다고 보는 견해가 있다.[160] 그러나 대법원은, 온라인 도박사이트의 환급방법이 고정배당률식(프로토)인 사건에서도 운영자와 회원들 간의 일대일 도박이라고 볼 수 없다고 명시적으로 판단한 원심을 수긍하였다.[161]

한편, 해외 도박사이트와 관련된 용역이 부가가치세 과세대상에 해당하려면 국내에서 제공된 용역이어야 한다. 용역에 해당하는 일련의 행위가 국내·외에 걸쳐서 이루어지는 경

---

155) 대법원 2016. 8. 24. 선고 2015두56489 판결
156) 대법원 2017. 4. 7. 선고 2016도19704 판결. 위 판결에 대한 해설로는 이용우, 앞의 글, 442쪽
157) 대법원 2017. 4. 7. 선고 2016도19704 판결이 선고되기 전의 이루어진 인터넷 도박사이트 운영으로 인한 조세포탈 여부가 문제된 사건으로 대법원 2023. 1. 12. 선고 2022도3743 판결이 있다. 본 장 제6절 2.2. (1) (나) 참조
158) 고정환급률식은, 체육진흥투표 대상이 되는 결과를 맞힌 사람("체육진흥투표 적중자")에게 환급금을 등위 별로 환급하도록 구성된 것을 말한다(국민체육진흥법 시행령 26조 2항 1호).
159) 고정배당률식은, 체육진흥투표 적중자에게 투표항목별로 정해진 배당률에 따라 환급금을 환급하도록 구성된 것을 말한다(국민체육진흥법 시행령 26조 2항 2호).
160) 우지훈·권형기, "인터넷 도박사이트 운영수익에 대한 납세의무 및 조세포탈의 성립에 관한 연구" 세무와 회계 연구 제19호, 한국세무사회 부설 한국조세연구소, 2019, 335쪽 이하
161) 수원지방법원 2020. 8. 28. 선고 2020고합95 판결, 수원고등법원 2022. 7. 8. 선고 2020노601 판결, 대법원 2022. 10. 27. 선고 2022도9414 판결 ; 서울고등법원 2022. 2. 18. 선고 2019노2473 판결, 대법원 2023. 1. 12. 선고 2022도3743 판결(상고기각).

우에는, 용역의 중요하고 본질적인 부분이 이루어진 곳을 용역이 제공되는 장소로 보아야 한다.[162] 법원은, 피고인들이 불법 사설스포츠토토 도박사이트의 운영을 위한 사업장을 국외에 두었으나, 국내에서 별도로 사무실을 마련하여 국외사무실의 직원들을 관리하고 총판업체를 통하여 홍보활동 등을 하였으며, 국내에 있는 내국인을 상대로 위 도박사이트를 한글로 운영한 사건에서, 위 도박사이트를 통하여 제공한 용역은 우리나라의 과세권이 미치는 국내의 용역거래로서 부가가치세 과세대상에 해당한다고 판단하였다.[163]

4.4. 부가가치세법상 재화·용역의 공급시기와 조세포탈

(1) 재화 또는 용역의 공급시기

(가) 원칙

재화의 공급시기는 원칙적으로 ① 재화의 이동이 필요한 경우에는 재화가 인도되는 때이고, ② 재화의 이동이 필요하지 않은 경우에는 재화가 이용 가능하게 되는 때이다(부가가치세법 15조 1항). 다만, 반환조건부 판매, 장기할부판매, 재화의 공급간주 등에 관하여는 별도의 특칙이 있다(부가가치세법 15조 2항, 같은 법 시행령 28조).

용역의 공급시기는 원칙적으로 역무의 제공이 완료되는 때 또는 시설물, 권리 등 재화가 사용되는 때이다(부가가치세법 16조 1항). 다만, 장기할부조건부 용역의 공급 등에 관하여는 별도의 특칙이 있다(부가가치세법 16조 2항, 같은 법 시행령 29조).

(나) 대가의 수령 또는 세금계산서의 발급에 기초한 특례

사업자가 ① 부가가치세법 제15조 또는 제16조에 따른 재화 또는 용역의 공급시기가 되기 전에 재화 등에 대한 대가의 전부 또는 일부를 받고, 이와 동시에 그 받은 대가에 대하여 세금계산서 또는 영수증을 발급한 경우, 그 세금계산서 등을 발급한 때를 재화 등의 공급시기로 보고(부가가치세법 17조 1항), ② 재화 등의 공급시기가 되기 전에 세금계산서를 발급하고, 그 발급일부터 7일 내에 대가를 받은 경우 그 세금계산서를 발급한 때를 재화 등의 공급시기로 보며(부가가치세법 17조 2항),[164] ③ 할부로 재화 등을 공급하는 경우 등으로서 대통령

---

162) 대법원 2016. 1. 14. 선고 2014두8766 판결
163) 서울고등법원 2022. 2. 18. 선고 2019노2473 판결, 대법원 2023. 1. 12. 선고 2022도3743 판결(상고기각). 위 사건의 부가가치세 과세표준 산정방법에 관하여는 본 장 제5절 2.3. (5)(나) 참조
164) 부가가치세법 제17조 제2항에도 불구하고, 다음의 어느 하나에 해당하는 경우에는, 재화 또는 용역을 공급하는 사업자가 그 공급시기가 되기 전에 세금계산서를 발급하고 그 발급일부터 7일 후 대가를 받더라도 해당 세금계산서를 발급한 때를 재화 등의 공급시기로 본다(부가가치세법 17조 3항).
　① 거래 당사자 간의 계약서·약정서 등에 대금 청구시기(세금계산서 발급일을 말한다)와 지급시기를 따로 적고, 대금 청구시기와 지급시기 사이의 기간이 30일 이내인 경우

령으로 정하는 경우의 공급시기가 되기 전에 세금계산서 또는 영수증을 발급한 경우 그 발급한 때를 재화 등의 공급시기로 본다(부가가치세법 17조 4항).

(2) 공급시기와 관련한 조세포탈 판례

변호사인 피고인은 A에 대한 상습도박 항소심 사건을 수임하면서, 2015. 12. 24.경 A로부터 수임료 20억 원을 받은 다음, 2016. 1. 7. 위 사건의 변론을 위하여 변호인선임서를 제출하고 보석청구를 하는 한편, 항소이유서를 제출하고 공판기일에 출석하여 변론하는 등 변호활동을 하다가 2016. 3. 3. 사임하였다. 피고인은 위와 같이 사임할 때까지는 A로부터 받은 20억 원에 대한 세금계산서나 영수증을 발급하지 않다가, 2016. 4. 28. 국세청 전자세금계산서 발급 시스템을 이용하여 위 돈의 매출과 관련한 전자세금계산서를 발급하였다.

대법원은 다음과 같이 판단하였다.[165] ① A의 형사사건에 관한 피고인의 변호사로서의 역무 제공은 2016년 제1기의 과세기간에 속하는 2016. 3. 3. 변호인을 사임함으로써 완료되었으므로, 부가가치세법 제16조 제1호에 따라 그때를 A로부터 받은 20억 원과 대가관계에 있는 용역의 공급시기로 봄이 타당하다. 따라서 피고인이 제공한 용역에 관한 부가가치세 신고·납부기한은 2016년도 제1기분의 과세기간 종료 후 25일이 되는 2016. 7. 25.이라고 보아야 한다. ② 그런데 피고인은 위 신고·납부기한 전인 2016. 4. 28. 위 용역 대가에 관한 전자세금계산서를 발급하였으므로, 피고인이 사기나 그 밖의 부정한 행위로써 이 부분 수임료의 매출에 관한 부가가치세를 포탈하였다고 할 수 없다.

5. 과세처분의 취소 또는 후발적 경정청구사유와 조세포탈죄

5.1. 불복절차에서의 과세처분 취소와 조세포탈죄

(1) 과세처분취소판결 등의 조세포탈 사건에 대한 영향

대법원은, 행정처분을 취소하는 행정판결이 확정되면 당해 행정처분의 위법이 확정되고, 당해 행정처분의 효력은 처분 시에 소급하여 소멸하며(형성력), 이러한 취소판결의 형성력은 당사자 이외의 제3자에게도 미치고 취소판결은 당해 사건에 관하여 당사자 및 관계행정청을 기속하므로, 조세부과처분의 취소판결이 확정되고, 그 부과처분 자체의 위법 여부 및 부과금액이 그 후 다른 민사사건이나 형사사건의 선결문제로 되는 경우에는, 민·형사사건

---

② 재화 또는 용역의 공급시기가 세금계산서 발급일이 속하는 과세기간(공급받는 자가 조기환급을 받는 경우에는 세금계산서 발급일부터 30일 이내) 내에 도래하는 경우
165) 대법원 2017. 12. 22. 선고 2017도12127 판결

의 법원은 행정사건의 판결에 따라야 하고 이와 저촉되는 다른 판단을 할 수 없고, 따라서 납세의무자에 대한 조세포탈의 형사 피고사건이 계속 중 포탈세액에 관한 부과처분을 취소하는 행정판결이 확정된 이상 형사재판에서 별도로 행정판결과 모순·저촉되는 납세의무의 범위를 확정할 수는 없다고 판단하였다.[166)]

그러나 위 판결의 타당성은 다음과 같은 이유로 의문스럽다. 조세포탈죄의 요건은 납세의무의 **성립**이지 납세의무의 **확정(부과처분)**이 아니다.[167)] 납세의무가 적법하게 성립하였더라도, 부과제척기간이 경과하였다거나 세무조사 또는 부과 절차(과세예고통지, 납세고지서의 기재사항, 송달)에 잘못이 있는 경우에는, 부과처분이 위법하게 될 수 있다. 이러한 부과처분의 위법사유들은 납세의무의 성립 이후의 단계에서 발생한 것들이다. 위와 같은 이유로 조세부과처분을 취소하는 판결이 확정된 경우에도, 얼마든지 해당 납세의무는 적법하게 성립할 수 있다. 위 대법원 판결이 설시한 '민·형사사건의 법원이 행정처분의 취소판결을 따라야 한다'는 법리의 적용대상은, 원칙적으로 민·형사사건의 심판대상이 '행정처분(부과처분)의 유효한 존재'를 요건으로 하는 경우로 보아야 한다.[168)] 이에 비하여 조세포탈죄가 성립하기 위하여 납세의무가 추상적으로 성립하면 족할 뿐, 반드시 부과처분(납세의무의 확정)이 이루어지고 유효하게 존속할 필요는 없다. 따라서 납세의무자가 신고를 누락한 부과제척기간의 경과 등을 이유로 애초부터 전혀 조세부과처분이 이루어지지 않은 경우에도, 납세의무가 적법하게 성립한 이상 조세포탈죄는 성립할 수 있는 것이다.[169)] 따라서 조세부과처분을 취소하는 행정판결이 확정되었더라도, 그것이 조세포탈죄를 심리하는 형사법원을 당연히 기속한다고 보기 어렵다. 이는 조세부과처분이 조세심판원의 심판절차나

---

166) 대법원 1982. 3. 23. 선고 81도1450 판결, 대법원 2020. 12. 30. 선고 2018도14753 판결. 후자의 판결에 관하여는 본 장 제5절 2.2.4. (2)(나) 참조

167) 본 절 1.3. 참조

168) ① 대법원 1993. 6. 25. 선고 93도277 판결 : 영업의 금지를 명한 영업허가취소처분 자체가 나중에 행정쟁송절차에 의하여 취소되었다면 그 영업허가취소처분은 그 처분시에 소급하여 효력을 잃게 되며, 그 영업허가취소처분에 복종할 의무가 원래부터 없었음이 확정되었다고 봄이 타당하므로 그 영업허가취소처분 이후의 영업행위를 무허가영업이라고 볼 수는 없다. ② 대법원 1999. 2. 5. 선고 98도4239 판결 : 피고인이 행정청으로부터 자동차 운전면허취소처분을 받았으나 나중에 그 행정처분 자체가 행정쟁송절차에 의하여 취소되었다면, 위 운전면허취소처분은 그 처분시에 소급하여 효력을 잃게 되므로, 피고인이 운전면허취소처분을 받은 후 운전한 행위는 무면허운전죄에 해당하지 않는다. ③ 대법원 2014. 5. 22. 선고 2012도7190 전원합의체 판결 : 정비사업을 시행하려는 어떤 조합이 받은 조합설립인가처분이 무효여서 처음부터 구 도시 및 주거환경정비법('구 도시정비법') 제13조에서 정한 조합이 성립되었다고 할 수 없는 경우에, 그 성립되지 아니한 조합의 조합장, 이사 또는 감사로 선임된 자는 구 도시정비법 제85조 제5호 위반죄 등의 주체인 '조합의 임원' 또는 '조합임원'에 해당하지 않는다.

169) 가령 포탈세액이 10억 원을 초과하여 특가법 제8조 제1항 제1호의 적용대상인 경우 공소시효는 15년이지만(형소법 249조 1항 2호), 일반적 부정행위로 인한 제척기간은 10년에 불과하므로(국세기본법 26조의2 2항 2호), 제척기간의 경과로 부과처분이 행해질 수 없지만 조세포탈로 기소되어야 하는 경우도 있을 수 있다.

처분청의 이의신청절차에서 취소된 경우에도 같다.

그러므로 과세처분 취소판결 등이 있는 경우 조세포탈의 형사사건은 다음과 같이 처리하여야 한다. ① **납세의무의 성립과 관련된 하자**(납세의무자 여부, 과세표준의 계산, 소득의 귀속시기 등)를 이유로 한 과세처분 취소판결은 조세포탈의 형사사건에서 유력한 증거자료가 되지만, 형사법원은 그 행정판결의 확정사실에 구속되지 않으므로, 증거에 의하여 행정판결이 확정한 사실과 다른 사실을 인정할 수 있다고 보아야 할 것이다.[170] ② **납세의무의 확정과 관련된 위법**(부과제척기간 경과, 중복세무조사, 납세고지서의 하자 등)을 이유로 한 조세부과처분의 취소판결은 원칙적으로 조세포탈죄의 성립에 영향을 미치지 않는다.

(2) 과세처분취소판결 등과 조세포탈의 유죄판결에 대한 재심 여부

대법원은, 조세포탈죄를 유죄로 인정한 형사판결이 확정된 후 해당 조세의 부과처분을 취소하는 행정소송의 판결이 확정되거나,[171] 조세심판원의 재조사결정에 따라 과세관청이 부과처분을 취소한 경우[172] 조세포탈죄의 유죄확정판결에 대한 재심사유(형사소송법 420조 5호)로 인정하였다.

형사소송법 제420조 제5호의 재심사유는 증거의 신규성과 명백성을 갖추면 족하므로, 앞에서 본 바와 같이, 과세처분을 취소하는 행정판결의 조세포탈 사건에 대한 기속력을 인정하지 않는다고 하더라도, 그러한 행정판결을 재심사유로 삼는 데 방해가 되는 것은 아니다. 다만, 과세처분을 취소하는 행정판결은, 위 (1)에서 본 바와 같은 이유로, '납세의무의 성립에 관한 하자'를 이유로 하는 경우에 한하여 재심사유로 되고, 부과제척기간의 경과나 부과절차 등 '납세의무의 확정에 관한 하자'만을 이유로 한 경우는 재심사유에 해당하지 않는다고 보아야 할 것이다. 대법원이 재심사유로 인정한 과세처분취소 판결 등도 모두 납세의무의 성립에 관한 하자를 이유로 한 것이었다.[173]

---

170) 대법원 1983. 6. 28. 선고 81도3011 판결, 대법원 1996. 8. 23. 선고 95도192 판결, 대법원 2006. 2. 10. 선고 2003도7487 판결, 대법원 2010. 2. 25. 선고 2008도8356 판결 ; 제3편 제3장 제2절 3.2. (1)(가) 참조

171) 대법원 1985. 10. 22. 선고 83도2933 판결, 대법원 2019. 9. 26. 선고 2017도11812 판결

172) 대법원 2015. 10. 29. 선고 2013도14716 판결

173) ① 대법원 1985. 10. 22. 선고 83도2933 판결(피고인에 대한 부가가치세 등 부과처분을 그에 대응하는 매출액의 신고누락이 없거나 실제 금액을 초과하였다는 이유로 취소하는 판결이 확정된 사안), ② 대법원 2015. 10. 29. 선고 2013도14716 판결(과세관청이 피고인이 실질적으로 운영하는 공소외 회사가 계상한 외주공사비가 가공경비라는 등의 이유로 그 금액을 손금불산입하여 공소외 회사에게 법인세 부과처분을 하였는데, 조세심판원은 '공소외 회사가 외상매입금을 지급하면서 이를 외주공사비 항목으로 회계처리하였다'고 볼 여지가 있다는 이유로 재조사결정을 하였고, 이에 과세관청은 공소외 회사가 외상매입금을 지급하면서 외주공사비 계정을 사용하였다는 이유로 조세심판원의 결정에 따른 후속처분으로서 당초의 부과처분 중 일부 세액 부분을 취소한 사건), ③ 대법원 2019. 9. 26. 선고 2017도11812 판결(피고인 및 공소외 회사에 대한 소득세, 법인세 및 부가가치세 부과처분이 그 원인이 된 매출누락액 산정 방법이 위법하다는 이유로 취소하는 판결이 확정된 사안)

5.2. 후발적 경정청구사유와 조세포탈죄

형법상 뇌물, 알선수재, 배임수재 등으로 인한 위법소득에 대하여 납세의무가 성립한 후 몰수나 추징으로 인하여 그 소득이 실현되지 않는 것으로 확정됨으로써 당초 성립하였던 납세의무가 전제를 잃게 되었다면, 국세기본법 제45조의2 제2항의 후발적 경정청구를 하여 납세의무의 부담에서 벗어날 수 있다.[174]

그러나 후발적 경정청구로 인정되는 위법소득의 상실은 이미 성립한 조세포탈죄에 영향을 미치지 않는다. 대법원은, 피고인 등이 공모하여 사설 스포츠 도박 인터넷사이트를 개설·운영하면서 발생한 소득을 관할 세무서에 신고하지 않는 방법으로 종합소득세를 포탈하였다는 것으로 기소된 사안에서, 신고납부방식의 조세인 종합소득세를 포탈한 경우 신고·납부기한이 지난 때에 조세포탈행위의 기수가 되므로, 납부기한 후에 몰수나 추징의 집행이라는 후발적 사유가 발생하여 당초의 부과처분을 경정하더라도 조세포탈죄의 성립에 영향을 미치지 않는다고 판단하였다.[175][176]

---

174) 대법원 2015. 7. 16. 선고 2014두5514 전원합의체 판결 ; 몰수·추징에 의한 위법소득의 상실은 '국세기본법 제45조의2 제2항 제2호 또는 국세기본법 시행령 제25조의2 제2호에 준하는 사유'로서 국세기본법 시행령 제25조의2 제4호의 후발적 경정청구사유에 해당할 수 있다. 위 판결의 해설인 이진석, "위법소득과 몰수·추징", 대법원판례해설 제106호(2016), 197∼198쪽
175) 대법원 2017. 4. 7. 선고 2016도19704 판결 ; 대법원은, 종합소득세 포탈행위의 기수시기인 그 신고·납부기한 전에 관련 형사사건에서 피고인들에게 불법 도박사이트의 운영으로 인한 이익의 추징을 명하는 판결이 확정되었으나, 그 추징의 집행은 위 기수시기 이후에 이루어진 사안에서도 같은 취지로 판단하였다(대법원 2024. 11. 20. 선고 2024도10462 판결).
176) 대법원 2015. 7. 16. 선고 2014두5514 전원합의체 판결이 위법소득의 상실을 후발적 경정청구 사유로 인정하면서 '소득세 납세의무의 성립이 소급적으로 소멸하였다'고 판단하지 않고 '전제를 잃게 되었다'고만 판단하였기 때문에 대법원 2017. 4. 7. 선고 2016도19704 판결이 들어설 여지가 더 커진 면이 있다.

사기나 그 밖의 부정한 행위

1. 서론

1.1. 부정행위에 관한 입법의 경과

2010. 1. 1. 개정되기 전의 구 조세범처벌법 제9조 제1항은 '사기 기타 부정한 행위로써 조세를 포탈하거나 조세의 환급·공제를 받은 자'를 처벌한다고 규정하였으나,[1] '사기 기타 부정한 행위'[2]가 무엇인지는 구체적으로 정하지 않았다.

대법원 판례는 ① 초기에는 부정행위가 '조세의 포탈을 가능케 하는 행위로서 사회통념상 부정이라고 인정되는 행위를 말하는 것으로 다시 말하여 조세의 부과징수를 불능 또는 현저하게 곤란케 하는 위계 기타 부정한 적극적인 행위',[3] '조세포탈을 가능하게 하는 사회통념상 부정이라고 인정되는 적극적인 행위 등'[4]을 말한다고 판시하다가, ② 이후 '조세의 부과와 징수를 불가능하게 하거나 현저히 곤란하게 하는 위계 기타 부정한 적극적인 행위'를 말한다고 판시하고 이를 계속 유지하여 왔다.[5]

그런데 구 조세범처벌법에 부정행위가 일반적·추상적인 개념으로 정의되어 있어서 납세의무자의 예측가능성이 다소 제한되는 측면이 있었다. 이에 2010. 1. 1. 개정된 구 조세범처벌법 제3조 제6항은 부정행위의 유형을 구체화하여 7개로 규정하고, 부정행위는 위 유형에 해당하는 행위로서 '조사의 부과와 징수를 불가능하게 하거나 현저히 곤란하게 하는 적극적인 행위'를 말한다고 규정하였다.

이와 관련하여 ① 2010년 개정된 구 조세범처벌법상 부정행위의 정의 중 '조세의 부과와 징수를 불가능하게 하거나 또는 현저하게 곤란하게 하는' 부분은 종전 판례의 문언과 동일

---

1) ① 1951. 5. 7. 제정된 구 조세범처벌법 제9조는 '사위 기타 부정한 행위로써 조세를 포탈하거나 포탈하고저 한 자'라고 규정하였고, ② 1961. 12. 8. 개정된 구 조세범처벌법 제9조 제1항은 '사기 기타 부정한 행위로써 조세를 조세의 환급을 받은 자'라고 규정하였으며, ③ 1976. 12. 22. 개정된 구 조세범처벌법 제9조 제1항은 '사기 기타 부정한 행위로써 조세를 포탈하거나 조세의 환급·공제를 받은 자'라고 규정하였고, 위 문언은 2010. 1. 1. 구 조세범처벌법의 전문개정 시까지 그대로 유지되었다.
2) 이하 필요한 경우 '부정행위'로 줄여쓰기로 한다.
3) 대법원 1977. 5. 10. 선고 76도4078 판결
4) 대법원 1984. 5. 29. 선고 84도373 판결, 대법원 1988. 12. 27. 선고 86도998 판결
5) 대법원 1996. 6. 14. 선고 95도1301 판결 ; 대법원 판결 중 '조세의 부과징수를 불능 또는 현저하게 곤란케 하는' 부분은 일본 최고재판소 1967. 11. 8. 대법정 판결(刑集 21권 9호, 1197)의 영향을 받은 것으로 보인다. 황남석, "조세포탈죄의 객관적 구성요건으로서의 부정행위", 사법 제42호(2017), 397쪽

한 점, ② 국회의 입법자료에 위 개정법상의 정의가 종전 판례와 다른 입장을 취한 것이라는 내용이 없는 점,[6] ③ 대법원 판례도 위 법개정을 전·후하여 부정행위의 요건을 판단하는 데 별다른 변화를 보이지 않는 점을 고려하면, 위 개정된 구 조세범처벌법 제3조 제6항은 종전 대법원 판례의 부정행위 요건을 법률로써 수용·확인하고 그 유형을 예시한 것으로 보아야 할 것이다.

1.2. 부정행위의 구성요소 : 소득은닉행위의 범죄체계상 위치

(1) 일본

일본에서는 포탈범의 실행행위(부정행위)에 관하여 제한설과 포괄설이 대립한다.[7] ① **제한설**에 의하면, 허위과소신고포탈범의 경우 소득은닉행위(所得秘匿工作)는 포탈의 예비 또는 준비행위에 불과하고 허위과소신고행위만이 포탈의 실행행위이지만, 허위불신고포탈범의 경우 소득은닉행위가 포탈의 실행행위이다. ② **포괄설**에 의하면, 허위과소신고포탈범 및 허위불신고포탈범에서 모두 소득은닉행위와 허위과소신고행위·허위불신고행위가 포괄하여 실행행위를 이룬다. ③ 일본 최고재판소는 당초 제한설을 취하였는데, 1963년 결정에서 제한설을 더욱 철저하게 하여 '허위과소신고포탈범에 있어서 소득을 고의로 과소하게 기재한 신고서를 세무서장에게 제출한 행위 그 자체가 부정행위에 해당하고, 허위불신고포탈범에 대해서도 소득은닉행위를 수반한 불신고행위가 부정행위에 해당하므로, 그러한 불신고행위가 있다는 것을 판시하면 족하고 소득은닉행위의 구체적인 일시, 장소, 방법 등에 대해서는 판시할 것을 요하지 않는다'고 판단하였다(**순수제한설**).[8]

(2) 우리나라

① 대법원 판례는 과거부터 과소신고와 무신고를 구별하지 않은 채 소득은닉행위의 객관

---

6) ① 국회 기획재정위원회 전문위원 김광묵의 "조세범처벌법 전부개정법률안 검토보고", 2009. 11. ② 2009. 11. 12.자 국회 기획재정위원회 회의록, ③ 국회 기획재정위원회의 "조세범처벌법 전부개정법률안 심사보고서", 2009. 12.

7) 小田原 卓也, "近年の租稅罰則見直しと租稅ほ脱犯の實行行爲に關する一考察", 稅大ジャーナル 22, 2013. 11., pp.158~159 : 제한설과 포괄설의 차이에 관하여는 안대희 등, 343~347쪽

8) 最高裁判所 昭和 38年 9月 2日 決定(刑集 42卷 7号 975頁) (小田原 卓也, 앞의 글, p.159에서 재인용) : 이러한 최고재판소의 입장에 따를 때 허위불신고 포탈범에서 소득은닉행위의 위치에 관하여 ① 허위불신고 포탈범을 부진정부작위범으로 이해하여 소득은닉행위를 부진정부작위범의 작위의무를 발생시키는 선행행위로 보는 설과, ② 구성요건적 상황으로 보는 설이 대립한다. 이에 대하여 東京高等裁判所는, 불신고행위는 소득은닉행위를 수반하는 상황 하에서만 포탈범의 실행행위로서의 정형성을 띠므로, 소득은닉행위의 존재는 구성요건적 상황에 해당한다고 판단하였다[東京高裁 平成 3年 10月 14日 判決 (高裁刑集 44卷 3号 195頁)]. (小田原 卓也, 앞의 글, p.160에서 재인용)

적 행위태양을 중심으로 부정행위 여부를 판단하여 왔다.[9] ② 2010. 1. 1. 개정된 구 조세범 처벌법 제3조 제6항 제1호 내지 제7호는 정면으로 소득은닉행위를 부정행위의 유형으로 규정하였다.[10] ③ 과소신고 또는 무신고는, 신고납세방식에서든 부과과세방식에서든, 정도의 차이는 있지만, 일반적으로 조세포탈의 결과를 발생시키는 데 필요하다. 이러한 사정들을 고려하면, 일반적으로 소득은닉행위와 허위과소신고·무신고가 포괄하여 조세포탈죄의 실행행위(부정행위)를 구성한다고 보는 것이 적절하다.[11][12]

1.3. 조세포탈의 부정행위와 국세기본법상 부정행위 간의 관계

국세기본법 제26조의2 제2항은 장기의 부과제척기간의 대상으로 '납세자가 대통령령으로 정하는 사기나 그 밖의 부정한 행위(이하 "부정행위"라 한다)[13]로 국세를 포탈하거나 환급·공제를 받은 경우'를 규정하고(2호, 3호), 국세기본법 시행령 제12조의2 제1항은 위 규정에서 부정행위는 '조세범처벌법 제3조 제6항에 해당하는 행위를 말한다'고 규정한다. 한편, 국세기본법 제47조의2 제1항 및 제47조의3 제1항은 부당무신고가산세 및 부당과소신고가산세의 요건으로 '부정행위로 무신고·과소신고 등을 한 경우'를 규정한다. 이러한 국세기본법 규정의 문언과 규정체계를 고려하면, 장기 부과제척기간 및 부당무신고 등 가산세의 요건인 부정행위는 조세포탈죄의 부정행위와 동일한 내용으로 볼 수밖에 없고, 위 세 가지 제도는 입법에 의하여 '3인 4각(脚)'으로 묶여 있다.

---

9) 대법원 2003. 2. 14. 선고 2001도3797 판결, 대법원 2014. 2. 21. 선고 2013도13829 판결
10) 2010. 1. 1. 개정되기 전의 구 조세범처벌법 하에서, 대법원은, 법인세·종합소득세·부가가치세와 같은 기간 과세에서 조세포탈죄의 공소사실은 일정한 기간의 과세표준과 세액에 관하여 그 납기에 과소신고·납부하여 포탈하였다는 것이고, 과세기간 내의 물품거래 등 개별적 행위 그 자체가 공소사실은 아니므로, 과세기간 동안의 물품거래에 관한 개별적 거래일시, 장소 및 가액은 공소사실에 명시할 필요가 없다고 보았다(대법원 1983. 2. 22. 선고 81도2460 판결, 대법원 2010. 9. 9. 선고 2008도11254 판결). 그러나 2010년 개정된 구 조세범처벌법 제3조 제6항 제1호 내지 제7호가 정면으로 소득은닉행위를 부정행위의 유형으로 규정한 이상, 위와 같은 종래의 판례를 그대로 유지하기는 어려울 것이다. 현행 조세범처벌법 하에서 소득은닉행위는 소득의 허위과소신고·허위불신고와 함께 실행행위를 구성하지만, 공소사실의 특정을 위하여 반드시 그 개별적 일시·장소 등이 기재될 필요는 없다고 보는 것이 적절할 것이다. 제3편 제2장 제2절 3.1. (2)(가) 참조.
11) 김종근, 154쪽 ; 김태희, 204쪽 ; 한만수, 조세법강의 15판, 박영사, 2023, 1,224쪽
12) 이와 달리 안대희 등, 341~343쪽은, ① 허위과소신고 포탈과 관련하여, ㉮ 신고납세방식의 조세에서는 적극적인 조세포탈의 의사로 한 허위신고 자체를 부정행위로 보고, 사전소득은닉행위는 허위신고를 위한 사전의 준비행위로 보아야 하고, 이 경우 조세포탈과 단순과소신고의 구별은 범의로 하여야 하는데, 범의는 적극적인 사전소득은닉행위에서 추론하여야 하며, ㉯ 부과과세방식의 조세에서는 신고가 조세채무를 확정하는 효력이 없으므로 허위신고만으로는 부정행위로 볼 수 없고, 사전소득은닉행위를 포함한 허위신고를 부정행위로 보아야 하며, ② 허위불신고 포탈범에서의는, 사전소득은닉행위가 수반된 허위불신고 자체가 부정행위이고 사전소득은닉행위는 구성요건적 요소로 보아야 한다고 주장한다.
13) 구 국세기본법 제26조의2 제1항은 2011. 12. 31. 개정되기 전에는 '사기나 그 밖의 부정한 행위'라고만 규정하였으나, 위 개정 시 '대통령령으로 정하는' 부분을 추가하였다.

대법원 판례도 국세기본법상 장기 부과제척기간 및 부당무신고 등 가산세의 요건인 부정행위와 조세포탈죄의 부정행위를 원칙적으로 동일한 내용으로 판단하고 있다.[14] ① 대법원은, 법인의 대표자인 피고인이 회계장부의 조작 등을 통하여 법인의 자금을 횡령한 것과 관련한 조세포탈 사건에서, 횡령행위로 취득한 이득이 과세소득임을 인식하였다고 보기 어려우므로, 소득세의 포탈죄가 성립하지 않는다고 판단하였고,[15] 위 횡령과 관련한 소득세 부과처분이 다투어진 조세사건에서 대표자인 원고의 회계장부 조작 등은 10년의 부과제척기간의 요건인 부정행위로 볼 수 없다고 판단하였다.[16][17] ② 대법원 판례 중에는, 부정행위와 관련하여 조세포탈죄 사건에서 국세기본법 사건의 판례를 원용한 것도 있고,[18] 반대로 국세기본법 사건에서 조세포탈 사건의 판례를 원용한 것[19]도 있다. ③ 대법원은, 지방세기본법상 장기 부과제척기간의 요건인 부정행위는 특가법 등에 의하여 형사처벌의 구성요건으로 되어 있으므로, 엄격하게 해석하여야 한다고 판단하였다.[20]

다만, 대법원은, 2011. 12. 31. 개정되기 전의 구 국세기본법[21] 하에서, 납세자의 사용인 등의 부정한 행위가 납세자 본인의 이익이나 의사에 반하여 사기, 배임 등 범행의 일환으로 행해지고, 납세자가 이를 쉽게 인식하거나 예상할 수 없었던 특별한 사정이 있는 경우에는, 이러한 사용인 등의 배임적 부정행위는 구 국세기본법상 장기부과제척기간의 요건인 '부정한 행위'에는 포함되지만, 부당가산세의 요건인 '부당한 방법으로 과소신고한 경우'에는 해당하지 않는다고 봄으로써, 예외적으로 양자를 합헌적 법률해석에 의하여 다르게 해석하였

---

14) 양인준, "가산세에 있어서 부정행위의 의미와 판단기준", 조세법연구 [21-3](2015), 18~25쪽
15) 대법원 2005. 6. 10. 선고 2005도1828 판결
16) 대법원 2007. 1. 17. 선고 2007두20959 판결
17) 위 조세포탈 사건은 2010. 1. 1. 개정 전의 구 조세범처벌법이 적용된 것이고, 조세사건은 1999. 12. 31. 개정되기 전의 구 국세기본법이 적용된 것이었다. 그런데 위 사건 이후 2011. 12. 31. 개정된 구 국세기본법 제26조의2 제1항은 장기의 부과제척기간의 요건에 '대통령령으로 정하는' 부분을 추가하여 '대통령령으로 정하는 사기나 그 밖의 부정한 행위'로 규정하였고, 구 국세기본법 시행령 12조의2 제1항은 부정행위를 '조세범처벌법 제3조 제6항의 각 호의 어느 하나에 해당하는 행위'라고 규정함으로써 장기 부과제척기간의 부정행위와 조세포탈죄의 부정행위 간의 연계를 더욱 확고하게 하였다. 그렇다면 위 개정 이후에는 양자를 동일하게 해석하여야 할 필요성이 더욱 커졌다.
18) 가령 대법원 2018. 11. 9. 선고 2014도9026 판결은 대법원 2017. 4. 13. 선고 2015두44158 판결(부당신고가산세)을 원용하였다.
19) 대법원 2015. 9. 15. 선고 2014두2522 판결(장기 부과제척기간), 대법원 2019. 7. 25. 선고 2017두65159 판결(부당무신고가산세)
20) 대법원 2014. 5. 16. 선고 2011두29168 판결
21) 2011. 12. 31. 개정되기 전의 구 국세기본법은 ① 장기부과제척기간의 사유 중 하나로 '사기 기타 부정한 행위'를 규정하였으나(26조의2), ② 부정가산세의 요건으로는 무신고·과소신고 등이 "부당한 방법(납세자가 국세의 과세표준 또는 세액 계산의 기초가 되는 사실의 전부 또는 일부를 은폐하거나 가장하는 것에 기초하여 국세의 과세표준 또는 세액의 신고의무를 위반하는 것으로서 대통령령이 정하는 방법을 말한다. 이하 이 절에서 같다)으로" 행해져야 한다고 규정하였다(47조의2 2항). 그런데 후자의 '대통령령이 정하는 방법'은 '이중장부의 작성 등 장부의 거짓 기록' 등 조세범처벌법상 사기 기타 부정한 행위와 거의 같은 내용을 규정하였기 때문에(구 국세기본법 시행령 27조 2항) 전자의 요건과 후자의 요건은 실질적으로 동일하였다.

다.[22] 이는 현행 국세기본법의 해석에 동일하게 적용될 여지가 있다.

장기부과제척기간, 부당무신고가산세 등과 조세포탈죄는 제도의 취지를 달리하므로 그 요건을 모두 부정행위로 통일시킨 것이 타당한지는 의문이다. 입법론으로는, 앞에서 본 대법원 판례가 시사하듯이, 적어도 장기 부과제척기간의 요건은 형사처벌 대상인 조세포탈죄의 부정행위보다 완화하는 것이 합리적이다.

2. 부정행위의 요건 및 시기

2.1. 부정행위의 요건

부정행위는, ① 조세범처벌법 제3조 제6항 각 호의 어느 하나에 해당하는 행위로서 ② 조세의 부과와 징수를 불가능하게 하거나 현저히 곤란하게 하는 적극적 행위를 말한다. 위 ①의 요건에 관하여는 뒤의 부정행위의 유형 부분에서 살펴보고, 이곳에서는 위 ②의 요건에 관하여 서술하기로 한다.

(1) 조세의 부과와 징수를 불가능하게 하거나 현저히 곤란하게 하는 행위

(가) '부과와 징수'를 불가능하게 하거나 현저히 곤란하게 할 것

조세의 '부과'를 불가능하게 하거나 현저히 곤란하게 하는 행위는 일반적으로 '징수'를 불가능하게 하거나 현저히 곤란하게 하지만, 그 역은 반드시 성립하지 않는다. 이에 따라 조세의 확정을 방해하지 않으면서 그 징수만을 방해하는 행위도 부정행위에 해당할 수 있는지 문제된다.[23]

부정행위에 대한 정의 규정이 없었던 2010년 개정되기 전의 구 조세범처벌법 하에서, 대

---

22) 대법원 2021. 2. 18. 선고 2017두38959 전원합의체 판결
23) 미국 세법 제7201조는 '조세 또는 그 납부(payment)를 포탈하거나 면탈하기 위하여 고의적으로 시도하는' 행위를 조세포탈로 처벌하므로, 조세의 징수만을 면탈하는 행위도 조세포탈에 해당할 수 있다. 김희철, "조세범처벌법 제8조 제1항의 '조세포탈'의 의미", 형사판례연구 제16호, 한국형사판례연구회, 2008, 501쪽 각주 73) ; 미국 법원도 같은 취지로 판단하였다. ① United States v. DeTar, 832 F.2d 1110 (9th Cir. 1987) 판결은, 납세자가 상당한 금액의 소득세를 신고하면서 자산을 명의수탁자의 이름으로 두고 주로 현금으로 거래한 사건에서, 조세의 납부를 포탈한 것으로 판단하였다. ② U.S. v. Heubner, 48 F.3d 376 (9th Cir. 1994) 판결은, 피고인이 납세의무자에게 날짜를 소급한 약속어음에 서명하게 하여 허위 채무를 부담시키고 이에 기한 파산신청을 하게 함으로써 파산법의 지급금지(automatic staty) 규정에 따라 미국 국세청(IRS)이 파산절차의 종료시까지 조세를 징수할 수 없게 한 사건에서, 위 파산신청 등은 소득을 숨기거나 그 밖에 조세채무를 회피하는 시도가 아니지만(not an attempt to conceal income or otherwise escape liability for tax), 미국 국세청이 파산법의 지급금지('stay') 기간 동안 조세를 징수할 수 없게 하였으므로, 조세납부의 포탈(evasion of payment of tax)에 해당한다고 판단하였다. 후자의 판결에 대하여는 박영웅, "신탁을 이용한 책임재산의 감소와 조세포탈의 문제", 조세법연구 [26-3](2020), 713쪽

법원은 조세의 '확정'에는 지장을 초래하지 않지만 조세의 '징수'만을 불가능하게 하거나 현저히 곤란하게 하는 행위도 조세포탈죄를 구성할 수 있다고 판단하였다.[24)]

2010년 개정된 이후 현행 조세범처벌법 제3조 제6항은 부정행위의 요건으로 조세의 '부과와 징수'를 불가능하게 하거나 현저히 곤란하게 할 것을 규정한다. 이와 관련하여 종전의 판례와 같이 조세의 확정에는 지장을 초래하지 않으면서 그 징수만을 현저히 곤란하게 하는 행위를 조세포탈죄로 처벌할 수 있는지 문제된다. 2010년 조세범처벌법의 개정은 종전 대법원 판례를 입법으로 수용한 것으로 보이는 점[25)]을 고려하면, 현행 조세범처벌법 하에서도 여전히 종전의 판례와 동일하게 해석하는 것이 가능하다고 보아야 할 것이다.[26)]

(나) 불가능하게 하거나 현저히 곤란하게 할 것

부정행위가 조세의 부과를 불가능하게 한 경우 과세관청이 해당 조세의 포탈을 밝혀낼 수 없게 하므로, 실제로는 사실상 처벌대상에서 벗어난다. 문제는 조세의 부과와 징수를 현저히 곤란하게 만드는 것의 의미이다.

조세의 부과와 징수를 현저하게 곤란하게 만들었는지 여부는, 통상적인 세무공무원의 직무상 지식과 경험을 기준으로 판단하여야 한다.[27)] 구체적으로 이를 판단할 때는, 납세자 중 극히 일부만이 세무조사의 대상이 되고, 세무조사의 대상으로 선정되지 않는다면 과세누락이 적발될 가능성이 거의 없는 점을 고려하면, 문제되는 행위를 통하여 세무조사대상의 선정을 피할 수 있는 가능성을 포함하여 관련 사정을 종합적으로 고려하여야 할 것이다.[28)]

대법원은, 대체로, 법인세 신고 시 제출하는 서류(법인세 신고서, 대차대조표, 손익계산서 등)에 허위의 사실을 기재하거나 소득을 누락한 것만으로는 조세의 부과·징수를 불가능하게 하거나 현저히 곤란하게 만든 것으로 보지 않는다.[29)]

24) 대법원 2007. 2. 15. 선고 2005도9546 전원합의체 판결. 위 판결에 대한 평석으로 김희철, 앞의 글, 482쪽 이하
25) 본 절 1.1. 참조
26) 본 장 제5절 1.2. (1)(나) 참조
27) 김태희, 207쪽 : 소순무·윤지현, 조세소송 개정8판, 영화조세통람, 2016, 902쪽
28) ① 황남석은, 평균적 세무공무원이 '관련 장부 또는 서류만을 살펴보았을 때 납세자의 기망행위 등을 용이하게 파악할 수 없다면' 현저한 곤란에 해당하고, 별도의 세무조사를 통해서만 납세자의 기망행위 등을 파악할 수 있거나 거래의 실체를 밝히기 위해서 상당한 행정비용이 소모되는 경우 등은 현저한 곤란의 요건을 충족한다고 본다[황남석, "조세포탈죄의 객관적 구성요건으로서의 부정행위", 사법 제42호(2017), 398쪽]. ② 안경봉은, '조세의 부과와 징수를 불가능하게 하거나 현저하게 곤란하게 하는' 행위는, 세무조사 시에 평균적인 세무공무원이 취할 수 있는 통상적인 조사방법을 모두 취하더라도 적발이 어려운 경우, 예를 들면 납세의무자의 자료를 점검하는 데 그치지 않고 거래처에 대한 확대조사, 금융거래 추적, 통신내역 조회 등과 같은 타 기관과의 협조와 같은 추가적인 노력을 기울여야 적발할 수 있는 정도에 이르는 것을 말한다고 본다[안경봉, "납세환경의 변화와 조세범처벌법상 사기 그 밖의 부정한 행위의 판단기준", 조세법연구 [21-1](2015), 335쪽]. 그러나 위 견해는 조세포탈죄의 성립범위를 지나치게 축소시켜 그 실효성을 약화시킬 여지가 있으므로 동의하기 어렵다.
29) ① 대법원 2004. 12. 24. 선고 2002도6069 판결 : 원심인 부산고등법원 2002. 10. 16. 선고 2002노464 판결은

(다) 부정행위의 유형과 '현저한 곤란'의 관계

부정행위의 유형과 현저한 곤란의 요건은 마치 별개의 요건인 것처럼 규정되어 있으나, 실제로는 밀접하게 관련되어 있다. ① 부정행위의 유형 중에서도 전형적인 조세포탈행위에 해당하는 조세범처벌법 제3조 제6항 제1호 내지 제6호의 것들, 가령 이중장부의 작성이나 거래의 조작 등은, 일반적으로 그 자체로 조세의 부과를 현저하게 곤란하게 하는 행위로서 현저한 곤란의 요건을 충족하므로, 별도로 현저한 곤란 여부를 따질 필요가 없는 경우가 많다.[30] ② 이에 비하여 조세범처벌법 제3조 제6항 제7호의 '그 밖의 위계에 의한 행위 또는 부정한 행위'의 경우에는, 같은 항 제1호 내지 제6호에 준하는 행위로서 조세의 부과·징수를 현저하게 곤란하게 하는 행위인지 여부의 심사가 필요할 것이다.

(2) 적극적 행위

(가) 적극적 은닉의도

부정행위는 '조세의 부과징수를 불가능하게 또는 현저히 곤란하게 하는 위계 기타 부정한 적극적인 행위'를 말하고, 어떤 다른 행위를 수반함이 없이 단순히 세법상 신고를 하지 않거나 허위의 신고를 함에 그치는 것은 이에 해당하지 않는다.[31]

다만, 과세대상의 미신고나 과소신고의 경우에도, 그와 아울러 수입이나 매출 등을 고의로 장부에 기재하지 않는 행위 등 적극적 은닉의도가 나타나는 사정이 덧붙여진 때에는, 조세의 부과와 징수를 불능 또는 현저히 곤란하게 만든 것으로 인정된다.[32]

적극적 은닉의도가 객관적으로 드러난 것으로 볼 수 있는지 여부는, 수입이나 매출 등을 기재한 기본 장부를 허위로 작성하였는지 여부뿐만 아니라, 당해 조세의 확정방식이 신고납세방식인지 부과과세방식인지, 미신고나 허위신고 등에 이른 경위 및 사실과 상위한 정도, 허위신고의 경우 허위 사항의 구체적 내용 및 사실과 다르게 가장한 방식, 허위 내용의

대차대조표, 손익계산서가 법인세 신고 시 첨부하도록 되어 있는 세액 계산의 근거서류에 불과하다고 보았다. ② 대법원 2006. 6. 29. 선고 2004도817 판결 : 법인의 특수관계인에 대한 대여금이 존재함에도, 그것에 대한 인정이자의 계산 및 지급이자 손금불산입을 피하기 위하여, 위 대여금이 변제된 것처럼 허위로 결산장부를 정리하여(대여금을 누락한 허위의 대차대조표를 작성하였을 것으로 보인다) 법인소득을 축소 신고하였으나, 종업원단기대여금 원장 등에는 위 각 대여금의 대여 및 상환일시 등이 기재되어 있어 일시 변제받은 것으로 처리한 기간을 제외한 나머지 기간 중의 대여금의 존재를 쉽게 알 수 있었던 사안 ③ 대법원 2011. 4. 28. 선고 2011도527 판결(원심 : 부산고등법원 2010. 12. 29. 선고 2010노852 판결)

30) 다만, 대법원 2006. 6. 29. 선고 2004도817 판결은, 법인이 허위의 분개전표를 작성한 사안에서 다른 서류에 의하여 위 허위 내용이 확인될 수 있었던 사건에서, 부정행위에 해당하지 않는다고 판단하였다.

31) 대법원 1983. 9. 13. 선고 83도1220 판결, 대법원 2000. 2. 8. 선고 99도5191 판결, 대법원 2003. 2. 14. 선고 2001도3797 판결

32) 대법원 1999. 4. 9. 선고 98도667 판결, 대법원 2007. 8. 23. 선고 2006도5041 판결, 대법원 2011. 3. 24. 선고 2010도13345 판결, 대법원 2012. 6. 14. 선고 2010도9871 판결, 대법원 2013. 9. 12. 선고 2013도865 판결, 대법원 2014. 2. 21. 선고 2013도13829 판결

첨부서류를 제출한 경우에는 그 서류가 과세표준 산정과 관련하여 가지는 기능 등 제반 사정을 종합하여 사회통념상 부정이라고 인정될 수 있는지에 따라 판단하여야 한다.[33]

(나) 부작위

부작위도 적극적 은닉의도가 나타나는 사정이 수반된 경우에는 부정행위로 될 수 있다. 대법원은 과거부터 세금계산서를 발급하지 않은 행위,[34] 사업자등록을 하지 않고 장부를 비치·기장하지 않으면서 세금계산서를 수수하지 않은 행위,[35] 부동산의 매입·매출에 관한 장부를 기장·비치하지 않고 세금계산서를 발급하거나 발급받지 않았으며 법인세 확정신고도 하지 않은 행위[36]를 모두 부정행위로 보았다. 그리고 2010년 개정된 구 조세범처벌법 제3조 제6항은 제5호는 부작위에 해당하는 장부의 미작성 등을 정면으로 부정행위의 한 유형으로 규정하였다.

2.2. 부정행위의 시기

조세범처벌법 제3조 제5항은 조세포탈죄의 기수(既遂)시기에 관하여 신고확정방식의 경우 '신고·납부기한이 지난 때'로, 부과확정방식의 경우 원칙적으로 '부과처분의 납부기한이 지난 때'이고, 예외적으로 과세표준 미신고의 경우에는 '해당 세목의 과세표준 신고기한이 지난 때'로 규정한다. 이와 관련하여 ① 부정행위는 위 규정의 기수시기 이전에 있어야 한다는 견해[37]와 ② 위 기수시기 이후에도 부정행위가 존재할 수 있다는 견해[38]가 대립한다.

생각건대, ① 조세범처벌법 제3조 제5항이 모든 조세포탈행위의 기수시기를 완결적으로 규정한 것이 아니고, 거기에 규정되지 않은 유형의 조세포탈도 있으며,[39] 위 규정에서 정한

---

33) 대법원 2014. 2. 21. 선고 2013도13829 판결
34) 대법원 1983. 9. 27. 선고 83도1929 판결
35) 대법원 1988. 2. 9. 선고 84도1102 판결
36) 대법원 2013. 9. 12. 선고 2013도865 판결
37) ① 김태희, 241~242쪽(납세의무자에게 신고의무가 없는 조세는 납세의무자가 과세관청의 조사를 대비하여 장부를 거짓기장하는 등으로 재산을 은닉하는 등의 행위를 하더라도 조세포탈범으로 처벌할 수 없다), ② 김종근, 158쪽. 다만, 위 견해는 (조세범처벌법 제3조 제5항에 규정된 기수시기 이후에 한) 경정청구에서 허위의 주장 및 자료제출을 통하여 신고나 부과처분이 경정되거나 취소되게 하여 조세를 환급받는 경우 조세의 부정환급으로서 조세포탈죄가 성립한다고 본다(김종근, 196쪽).
38) ① 지익상, 252쪽, ② 안대희 등은, 조세포탈의 기수시기를 규정한 조세범처벌법 제3조 제5항은 조세포탈의 실행행위가 신고 또는 기한까지의 불신고로 완성된다는 의미라고 보고(331쪽), 부과과세방식의 조세에서 신고 이후의 적극적 행위가 그 전의 적극적 행위와 관련 있는 경우에는 부정행위에 포함되며(332쪽), 세무서장의 조사를 기망하는 행위는 허위신고·불신고와 마찬가지로 부정행위에 해당하고, 경정청구에 의한 조사 시 적극적으로 조사공무원을 기망하는 행위는 허위신고·불신고 여부에 관계없이 부정행위에 해당한다(347쪽)고 본다.
39) 가령 제2차 납세의무의 포탈이 그에 해당한다. 본 장 제5절 4.3. (3) 참조

기수시기 이후에도 조세포탈죄가 성립할 수 있는 점,[40] ② 조세범처벌법 제3조 제5항이 부정행위의 성립시기를 위 규정의 기수시기 전으로 한정하는 취지라고 단정하기 어렵고, 위 규정의 기수시기 전에 조세포탈죄의 구성요건이 실현된 경우를 전제로 한 것으로 볼 여지가 있는 점, ③ 위 규정상의 기수시기 이전에 행해진 사전적 소득은닉행위만을 부정행위로 보아 처벌하고, 그 이후 사후적 소득은닉행위를 부정행위에서 제외하여 양자를 달리 취급하는 것은 불합리하고, 위 규정의 기수시기 전까지는 단순 미신고만을 하고 이후 세무조사 단계에서 허위자료를 제출하는 행위 등을 부정행위에 포섭시킬 필요가 있는 점 등을 고려하면, 위 기수시기 이후에도 부정행위가 성립할 수 있다고 보아야 할 것이다.

대법원은, ① 2010년 개정되기 전의 구 조세범처벌법 하에서 납세의무자가 과세표준 신고 후에 소득은닉행위를 한 것도 부정행위에 해당한다고 보았고,[41] ② 2010년 개정된 구 조세범처벌법 하에서도, 증여세에 관하여 조세범처벌법 제3조 제5항의 기수시기 이후에 비로소 부정행위가 있었던 사안에서, 조세범처벌법 제3조 제5항 제1호는 위 조항이 기수시기로 정한 시점 이전에 부정행위가 이루어져 조세포탈죄의 구성요건이 모두 실현된 경우를 전제로 한 규정이라고 보아야 하므로, 부과과세방식의 조세에 관하여 무신고에 수반하는 부정행위가 과세표준 신고기한 이후에 비로소 이루어졌다고 하더라도, 위 조항에서 정한 기수시기 이후의 행위라는 이유만으로 그로 인한 조세포탈죄가 성립하지 않는다고 볼 것은 아니라고 판단하였다.[42] 또한, 법원은 ③ 신고확정방식의 소득세에 관한 조세 사건에서도, 원고가 소득세의 신고납부기한 이후 세무조사 단계에서 허위 소명자료 등을 제출한 행위가 장기부과제척기간의 요건인 부정행위에 해당한다고 판단하였다.[43]

2.3. 구 조세범처벌법 제9조의2 : '기업회계와 세무회계의 차이' 및 '소득처분된 금액'

2010년 개정되기 전의 구 조세범처벌법 제9조의2는 '법에 의한 소득금액결정에 있어서

---

40) 가령, 납세의무자가 법정신고·납부기한 내에 일단 세액을 신고·납부하였다가 그 기한의 경과 후에 허위의 자료에 기한 경정청구를 통하여 이미 납부한 세액을 환급받은 경우에는, 법정신고·납부기한의 경과 시를 기수시기로 정한 국세기본법 제3조 제5항은 적용될 여지가 없고, 실제 환급을 받았을 때가 기수시기로 된다. 본 장 제5절 4.3. (2) 참조

41) 대법원 1999. 4. 9. 선고 98도667 판결은 일반론으로 "과세권자가 조세채권을 확정하는 부과납부방식의 소득세와 증여세에 있어서 납세의무자가 조세포탈의 수단으로서 미신고·과소 신고의 전(후)단계로서 '적극적인 소득 은닉행위'를 하는 경우에 '사기 기타 부정한 행위'에 해당한다"고 판시하였다.

42) 대법원 2021. 7. 29. 선고 2017도11128 판결

43) 서울행정법원 2020. 8. 14. 선고 2018구합82045 판결, 서울고등법원 2021. 10. 1. 선고 2020누55703 판결, 대법원 2022. 3. 11.자 2021두57049 판결(심리불속행)

세무회계와 기업회계와의 차이로 인하여 생긴 금액(1호)', '법인의 주주·사원·사용인 기타 특수한 관계에 있는 자의 소득으로 처분된 금액(2호)'은 사기 기타 부정한 행위로 인하여 생긴 소득금액으로 보지 않는다고 규정하였다. 이와 관련하여, '세무회계와 기업회계와의 차이로 인한 금액' 및 '소득처분된 금액'이 관련 사실을 은닉하기 위한 적극적 부정행위를 수반하는 경우에도 조세포탈에서 제외되는지에 관하여 다툼의 여지가 있었다.

그러나 2010. 1. 1. 개정된 구 조세범처벌법은 제9조의2를 삭제하였다.[44] 따라서 현행 조세범처벌법상으로는 기업회계와 세무회계의 차이로 인한 금액 및 소득처분된 금액의 경우에도 일반원칙에 따라 조세포탈죄의 요건충족 여부가 판단되어야 한다. 상세한 것은 횡령·배임과 조세포탈 부분(본 장 제3절)에서 다루기로 한다.[45]

3. 부정행위의 유형

3.1. 장부, 증빙, 문서, 기록 등과 관련한 부정행위

3.1.1. 이중장부의 작성 등 장부의 거짓 기장(1호)

(1) 장부의 작성·비치의무

납세자는 각 세법에서 규정하는 바에 따라 모든 거래에 관한 장부 및 증거서류를 성실하게 작성하여 갖춰 두어야 한다(국세기본법 85조의3 1항). ① 납세의무가 있는 법인은 장부를 갖추어 두고 복식부기 방식으로 장부를 기장하여야 한다(법인세법 112조 본문).[46] ② 소득세법상 사업자는 사업에 관한 모든 거래 사실이 객관적으로 파악될 수 있도록 복식부기에 따라 장부에 기록·관리하여야 한다(소득세법 160조 1항).[47] ③ 부가가치세법상 사업자는 자기의 납부세액 또는 환급세액과 관계되는 모든 거래사실을 대통령령으로 정하는 바에 따라 장부에 기록하여 사업장에 갖추어 두어야 한다(부가가치세법 71조).

---

44) 위 규정의 삭제 이유에 관하여, 국세청의 '2010 개정세법 해설', 44쪽은, '종전 조세범처벌법 제9조의2 규정은 조세포탈 행위에 속하지 않는 것을 한정적으로 열거한 것이 아니라 예시한 것에 불과하여 특별히 현재와 같은 2가지만 예시할 이유가 없음. 또한 제3조 조세포탈죄 규정에서 '사기나 그 밖의 부정한 행위'의 유형을 예시하므로 존치 필요성 없음'이라고 밝혔다.

45) 구 조세범처벌법 제9조의2 중 제1호(기업회계와 세무회계의 차이)에 관하여는 본 장 제3절 2.3.6. (2), 제2호(소득처분된 금액)에 관하여는 본 장 제3절 2.3.4. (3)(나) 각 참조

46) 다만, 비영리법인은 법인세법 제4조 제3항 제1호 및 제7호의 수익사업을 하는 경우로 한정한다(법인세법 112조 단서).

47) 다만, 업종·규모 등을 고려하여 대통령령으로 정하는 업종별 일정 규모 미만의 사업자가 대통령령으로 정하는 간편장부를 갖춰놓고 그 사업에 관한 거래 사실을 성실히 기재한 경우에는 소득세법 제160조 제1항에 따른 장부를 비치·기록한 것으로 본다(소득세법 160조 2항).

장부는, 전표(입금·출금·대체), 분개장, 계정별원장, 계정별보조부(현금출납부, 매출장, 매입장 등), 총계정원장 등을 말한다. 복식부기는 회계상 거래를 차변요소와 대변요소로 구분하여 기록하는 것을 의미한다.[48]

법인 또는 사업소득자인 개인은 법인세 또는 종합소득세 신고를 할 때 위와 같이 작성된 재무상태표 등과 이익잉여금처리계산서(결손금처리계산서) 및 세무조정계산서를 첨부하여야 한다(법인세법 60조 2항, 소득세법 70조 4항 3호).

납세의무자가 세법에 따라 장부를 갖추어 기록하고 있는 경우에는 해당 국세 과세표준의 조사와 결정은 그 장부와 이와 관계되는 증거자료에 의하여야 한다[국세기본법 16조(근거과세) 1항]. 법인세법 제66조 제3항과 소득세법 제80조 제3항도 같은 내용을 규정한다. 이러한 근거과세원칙에 따라 세법에 따른 장부는 과세표준의 조사와 결정에 대한 핵심적 근거가 된다.

(2) 대법원 판례

(가) 부정행위로 인정한 사안

① 사업자가 재화를 외상판매한 후 세금계산서를 발급하지 않고 장부에 기장도 하지 않은 채 실제 매출액보다 과소하게 과세표준 및 세액을 신고한 사안[49]

② 허위의 생산위계표, 월말잔액시산표, 자금현황장부를 작성·비치하고 이에 맞추어 허위의 결손 신고를 한 사안[50] : 신고의 근거자료가 된 허위의 장부 등을 세무서에 제출하였는지 여부나 세무관서의 조사 여부는 부정행위의 성립에 영향이 없다.

③ 노임대장과 출장여비정산서를 허위로 작성·비치하고 노무비·숙식비를 과대계상한 법인세 신고를 한 사안[51]

④ 법인의 대표이사가 경리담당 상무와 공모하여 법인의 수입금을 그 수입금원장으로부터 일부 누락시켜 이를 비밀장부로 별도로 기장·관리하게 하여 법인세 과세표준 및 세액을 과소신고하도록 한 사안[52]

⑤ 실제 거래상황이 기재된 장부인 일기장을 작성, 보관하는 외에 그보다 매출액을 적게 기재한 허위의 매입매출장을 작성하여 이에 의하여 세무신고를 함으로써 매출액을 실제보다 과소하게 신고한 행위[53]

⑥ 피고인 1이 피고인 2 회사의 대표이사로서 실제 매출금액 중 일부에 대하여는 세금계산서를 발행하지 않고 매입매출장 및 수입금장부 등에 그 부분에 대한 기재를 누락시킨 후

---

48) 모든 회계상 거래는 차변요소와 대변요소를 가지고, 이를 거래의 이중성(duality of accounting)이라 한다.
49) 대법원 1983. 1. 18. 선고 81도2686 판결
50) 대법원 1984. 2. 28. 선고 83도214 판결
51) 대법원 1985. 7. 23. 선고 85도1003 판결
52) 대법원 1986. 12. 23. 선고 86도156 판결
53) 대법원 1989. 9. 26. 선고 89도283 판결, 대법원 2002. 9. 24. 선고 2002도2569 판결

위 매입매출장 등을 근거로 부가가치세 확정신고와 법인세 신고를 한 사안[54]

⑦ 회사가 실제로 지급하지 않은 임금을 마치 지급한 것처럼 허위로 경리장부를 작성하여 가공의 비용을 손금으로 처리하는 한편, 실제매출액 중 무자료거래로 인한 매출액을 세무신고에 누락시킨 사안[55]

⑧ 피고인 회사가 가공경비를 실제로 지출한 것처럼 세무관련 장부를 허위로 작성하고, 위 가공경비를 손금에 산입하여 법인세 신고를 한 사안[56]

⑨ 법인이 매출을 발생시켰으므로 선수금을 차감시켜야 함에도, 그렇게 하지 않고 다른 예금을 인출하여 선수금을 상환한 것처럼 계정별 원장에서 허위로 상계처리함으로써 매출을 누락하고, 이에 따라 대차대조표 및 조정후수입금액명세서를 허위로 기재하여 법인세 신고를 한 사안[57]

⑩ 나이트클럽을 운영하는 피고인이 원래 웨이터들에게 성과급으로 지급하기로 약정된 매출액의 15%를 초과한 금액을 신용카드매출전표에 봉사료인 것처럼 허위로 기재하고 웨이터나 웨이터보조로 하여금 봉사료지급대장에 서명·날인하도록 하는 등의 방법으로 매출액을 감액하여 신고한 사안[58]

⑪ 부동산매매회사를 경영하는 피고인이 토지 등의 매매금액을 감액하여 허위 내용의 매입·매출장부를 작성하고, 그 차액을 차명계좌에 보관하는 한편 장부상 금액을 기준으로 법인세 과세신고를 한 사안[59]

⑫ 피고인이 타인의 명의를 빌려 사업자등록을 하고 차명계좌로 매출금을 입금받는 한편, 세무사에게는 세금계산서를 발급하지 않은 매출액 등을 누락한 자료를 건네 그로 하여금 실제 매출과 다른 내용의 장부를 작성하고 부가가치세 및 종합소득세 신고를 하게 한 사안[60]

⑬ 피고인이 자신이 경영하는 회사의 법인세 및 부가가치세를 신고하면서 실제 매출액에서 자재비, 인건비 등을 공제하고 남은 순수익만을 기재한 매출장부를 작성하고, 이를 세무사에 제출하는 방법으로 위 회사의 매출액을 실제보다 과소하게 신고한 사안[61]

---

54) 대법원 1995. 4. 25. 선고 94도1379 판결
55) 대법원 1998. 6. 23. 선고 98도869 판결
56) 대법원 2002. 7. 26. 선고 2001도5459 판결
57) 대법원 2004. 9. 24. 선고 2003도1851 판결
58) 대법원 2007. 3. 15. 선고 2006도8690 판결
59) 대법원 2007. 10. 11. 선고 2007도4697 판결
60) 대법원 2011. 3. 24. 선고 2010도13345 판결
61) 대법원 2014. 1. 23. 선고 2012도10571 판결

(나) 부정행위로 인정하지 않은 사안

① 피고인 3 회사가 임직원들과 계열사인 공소외 8 주식회사에 대한 각 대여금(업무무관 가지급금)을 변제받은 사실이 없음에도, 피고인 3 회사의 임원인 피고인 2가 공소외 17로 하여금 피고인 3 회사가 매 사업연도 말경에 이를 일시 변제받은 것처럼 분개전표를 작성 하도록 하여 위 각 대여금이 없는 것으로 결산 장부를 정리하고 위 각 대여금에 대하여 법 인세법에 의한 인정이자와 지급이자 부인에 의한 세무조정 소득금액 상당의 법인소득을 탈 루시켰으나, 매 사업연도 중의 종업원단기대여금 원장 등 회계장부에는 위 각 대여금의 대 여 및 상환일시 등이 기재되어 있어 일시 변제받은 것으로 처리한 기간을 제외한 나머지 사업연도 중의 대여금의 존재는 쉽게 알 수 있었던 사안[62)

② 변호사가 사무실에 비치·보관하고 있던 사건진행부에 소송사건의 수임료를 기재하 지 않고 관할 세무서에 제출하는 사업장현황보고서의 첨부서류인 변호사사건수입명세서에 도 이를 누락시키고, 이를 근거로 종합소득세 신고 시 소득을 과소 신고한 사안[63)

(다) 대차대조표와 손익계산서의 허위 기재

① 일반적 경향

종래의 대법원 판례는, 대체로 법인세 신고 시에 제출한 대차대조표 및 손익계산서의 허 위 기재만으로는 부정행위에 해당하지 않는다는 입장을 취하여 왔다. ㉮ 피고인이 경영하 는, 주택건설업 등을 영위하는 A 회사의 법인세를 신고할 때 A 회사의 B, C 회사에 대한 공사도급금액을 과다하게 신고하여 작업진행률을 조작하여 낮추는 방법으로 해당 사업연 도의 법인세 소득을 과소 신고한 사건에서, 대법원은 이를 부정행위로 볼 수 없다고 판단하 였다.[64) ㉯ 홍콩법인이 홍콩 세무당국에 실제 매출액의 1% 미만을 수입으로 신고하면서 그러한 내용의 세금신고서를 작성하였고 같은 내용으로 연도 말 재무제표와 감사보고서가 작성 내지 첨부된 사건에서, 대법원은, 이는 신고행위에 부수한 것에 불과하여, 이러한 사정 만으로는 신고 내용에 관한 기초장부 등과 같은 근거 서류를 조작하거나 작성하였다고 평 가할 수 없고 그 밖에 어떠한 부정행위를 적극적으로 하였다고 인정할 만한 증거가 없다고 판단하였다.[65) ㉰ 대법원은, 법인이 법인세 신고의 부속명세서를 허위로 작성한 사안에서,

---

62) 대법원 2006. 6. 29. 선고 2004도817 판결
63) 대법원 2007. 6. 28. 선고 2002도3600 판결
64) 대법원 2004. 12. 24. 선고 2002도6069 판결 : 원심인 부산고등법원 2002. 10. 16. 선고 2002노464 판결은 대차대조표, 손익계산서가 법인세 신고 시 첨부하도록 되어 있는 세액 계산의 근거서류에 불과하다고 보았 다. 한편, 위 사건의 경우 A와 B, C 간에 공사금액을 허위로 부풀려 작성된 공사계약서가 존재할 여지가 있고, 만일 그렇다면 허위 증명서류의 조작으로서 부정행위에 해당한다고 볼 여지가 있는 것으로 보이는데, 원심은 이에 관하여 상세히 판단하지 않았다.
65) 대법원 2018. 11. 9. 선고 2014도9026 판결

실제의 전산장부와 대조하면 노무비의 과대계상 사실이 쉽게 드러난다는 이유로, 단순한 허위신고에 불과하고, 부정행위에 해당하지 않는다고 판단하였다.[66)67)] 이러한 판례의 태도는, ㉠ 세무신고를 비롯한 경제생활의 토대를 구성하는 대차대조표와 손익계산서의 중요성에 대한 우리 사회의 상대적으로 낮은 규범의식을 반영하는 한편, ㉡ 대차대조표와 손익계산서의 허위 기재를 부정행위로 볼 경우 대부분의 과소신고가 조세포탈죄를 구성하게 되어 조세포탈죄의 적용범위가 과도하게 넓어질 수 있다는 점을 고려한 것으로 보인다.

② 예외 : 적극적 은닉의도가 인정되는 경우

피고인 2가 운영하는 회사의 법인세를 포탈하기 위하여 평소 위 회사의 세금신고를 담당한 세무사가 아닌 다른 세무법인의 사무장인 피고인 1을 소개받아 피고인 1에게 15억 원을 지급하고, 피고인 1이 다른 세무사에게 의뢰하여 법인세 신고 시 첨부한 대차대조표에 재산의 가액을 허위 기재하게 함으로써 법인세 과세표준 및 세액을 과소하게 허위 신고한 사안에서, 대법원은 이를 부정행위로 인정하였다.[68)]

---

66) 장기부과제척기간의 요건과 관련하여 위 판결과 궤를 같이하는 것으로 서울고등법원 2013. 7. 31. 선고 2013 누1548 판결이 있다(대법원 2013. 12. 18.자 2013두17909 판결 : 심리불속행). "원고는 2003. 2.경부터 12.경까지 노무비로 합계 ○○○○원을 지출하였고 위와 같은 노무비 지출내역을 원고의 사무실 컴퓨터에 보관 중인 전산장부에 그대로 기재한 사실, 그런데 원고는 2003 사업연도 법인세 신고 시 그 부속명세서에 노무비를 실제 지출내역과 달리 ○○○○원으로 계상하여 법인세 신고를 한 사실을 인정할 수 있고, 여기에 위 전산장부에 기재된 노무비 지출내역은 노임명세서 등의 증빙서류와 그 내용이 일치하여 허위로 기장된 것이라고 할 수 없고, 이를 위 부속명세서의 기재내용과 대조하면 위 부속명세서에 노무비가 과다계상 된 사실이 쉽게 드러나는 점을 더하여 보면, 원고가 2003 사업연도 법인세 신고 시 위와 같이 노무비를 과대 계상하여 신고한 행위는 단순한 허위 신고에 불과한 것으로 보일 뿐, 국세기본법 제26조의2 제1항 제1호 소정의 "사기 기타 부정한 행위로 국세를 포탈한 경우"에 해당한다고 보기 어렵다."

67) 그 외에 허위 재무제표의 작성이 부정행위에 해당하지 않는다고 판단한 사안은 다음과 같다. ① 대법원 2006. 6. 29. 선고 2004도817 판결 : 법인의 특수관계인에 대한 대여금이 존재함에도, 그것에 대한 인정이자의 계산 및 지급이자 손금불산입을 피하기 위하여, 위 대여금이 변제된 것처럼 허위로 결산 장부를 정리하여(대여금을 누락한 허위의 대차대조표를 작성하였을 것으로 보인다) 법인소득을 축소 신고하였으나, 종업원 단기대여금 원장 등에는 위 각 대여금의 대여 및 상환일시 등이 기재되어 있어 일시 변제받은 것으로 처리한 기간을 제외한 나머지 기간 중의 대여금의 존재를 쉽게 알 수 있었던 사안. ② 대법원 2011. 4. 28. 선고 2011도527 판결(원심 : 부산고등법원 2010. 12. 29. 선고 2010노852 판결)

68) 대법원 2014. 2. 21. 선고 2013도13829 판결. 위 판결의 사실관계는 다음과 같다. ① 피고인 2가 운영하던 폐기물소각 처리업체인 A 회사는 2005. 12. 5. B 회사에 폐기물소각 인·허가권 및 기본 재산(장부가액 합계 82억여 원)을 143억 원에 매도하였다. 이와 관련하여, A 회사는 60억여 원의 처분이익에 대한 법인세 15억여 원을 납부하여야 하고, 피고인 2가 위 매매대금 중 92억 원을 임의로 사용한 것에 대하여 인정상여에 따른 종합소득세를 납부하여야 할 상황에 처하였다. ② 피고인 2는 기존에 A 회사의 세금 신고를 위임하였던 세무사가 있었음에도 직원을 통하여 다른 세무법인의 사무장인 피고인 1을 소개받고, A 회사의 2005년도 법인세 및 피고인 2 개인의 종합소득세를 해결해 달라는 부탁과 함께 피고인 1에게 15억 원을 지급하였다. ③ 피고인 1은 공소외 3 세무사에게 의뢰하여 A 회사의 2005년도 법인세를 전자신고하면서, 신고서에 첨부한 대차대조표에 위 인·허가권 등 기본 재산의 가액을 142억여 원으로 허위 기재하고, 이를 전제로 처분이익이 56,481,418원에 불과한 것으로 계산하여 법인세 산출세액을 35,294,641원으로 허위 신고하였다.

3.1.2. 전사적 기업자원 관리설비의 조작(6호)

전사적(全社的) 기업자원 관리설비(ERP, Enterprise Resource Planning)는 '구매 · 설계 · 건설 · 생산 · 재고 · 인력 및 경영정보 등 기업의 인적 · 물적 자원을 전자적 형태로 관리하기 위하여 사용되는 컴퓨터와 그 주변기기, 소프트웨어, 통신설비, 그 밖의 유형 · 무형의 설비로서 감가상각 기간이 2년 이상인 설비'를 말한다(조특법 5조의2 1호). 최근에는 많은 기업들에서 전사적 기업자원 관리설비에 포함된 세무회계프로그램이 종이 장부의 기능을 대체해가는 추세이다. 전사적 기업자원 관리설비에 기록하는 것을 누락하거나 거짓 기록을 하는 것도 부정행위로 될 수 있다.

3.1.3. 거짓 증빙 또는 거짓 문서의 작성 및 수취(2호)

(1) 부정행위로 인정된 사례

거짓 증빙 또는 문서의 작성 등을 부정행위로 인정한 사례는 다음과 같다.

① 피고인들이 상속받거나 증여받은 부동산을 매수한 것처럼 매매를 원인으로 한 소유권이전등기를 경료한 사안[69]

② 피고인이 그가 대표이사로 있는 회사가 신축한 상가점포를 분양하고도, 마치 분양하지 않고 임대한 것처럼 노점임대계약서, 노점임대대장 등 관계서류를 허위로 작성 · 비치한 후 이에 맞추어 부가가치세를 신고 누락하고, 법인세 신고 시 분양금액을 임대보증금으로 회계처리하여 결손금을 신고한 사안[70]

③ 정당하게 발급된 출고증을 회수하고 납세증지를 영업소별로 안배하여 허위 내용의 출고증을 각 영업소에 송부, 이를 세무서에 제출하게 한 사안[71]

④ 피고인이 A로부터 토지를 매입하여 B에게 매도하였고 B는 다시 C에게 매도하였는데(A → 피고인 → B → C) 마치 A가 C에게 직접 매도한 것처럼 허위의 매매계약서를 작성하도록 주선하고 국토이용관리법상 토지거래신고도 하지 않았으며, 소유권이전등기도 C에게 직접 경료하게 하는 한편, 위 전매행위로 얻은 양도차익에 관하여 소득세법 소정의 예정신고나 확정신고를 하지 않은 사안[72]

---

69) 대법원 1984. 2. 26. 선고 81도2388 판결 : 피고인들은 매매를 가장하기 위하여 허위의 매매계약서 등을 작성하였을 것으로 보인다.
70) 대법원 1984. 4. 24. 선고 83도892 판결
71) 대법원 1984. 5. 29. 선고 84도373 판결, 대법원 1985. 12. 10. 선고 85도1043 판결
72) 대법원 1992. 9. 14. 선고 91도2439 판결. 이러한 미등기전매는 뒤에서 보는 '소득 · 거래의 조작 또는 은폐'(법 3조 6항 4호)에도 해당한다.

⑤ 피고인 1이 상속재산을 은폐하기 위하여, 피상속인이 가명 또는 차명으로 예입한 정기예금에 관하여 예수금증서 영수인란의 피상속인 명의의 인영을 지우고 명의인들의 인장을 찍어 그들이 직접 해지하는 것처럼 하여 인출한 후 상속세 과세표준을 신고하면서 위 예금을 누락시켜 과세관청이 그대로 상속세 부과결정을 한 사안[73]

⑥ 피고인이 홍콩 회사로부터 영화필름을 수입하면서, 수입대금에 대한 법인세 납세의무자인 홍콩 회사와 공모하여 그 대금을 실제보다 낮게 기재한 허위의 계약서를 작성함으로써 홍콩 회사의 법인세 포탈에 가공한 사안[74]

⑦ 토지의 매매대금을 허위로 기재한 이중계약서를 작성·사용한 행위[75]

⑧ A, B 회사가 속한 그룹의 회장인 피고인 등이 보유한 B 회사 주식의 가격이 폭락하자, A 회사로 하여금 1997. 12. 23. 특수관계자인 피고인 등으로부터 당시 시가가 주당 540원이던 B 회사의 상장주식을 주당 6,760원에 매수하게 하면서, 고가매입이 아닌 것처럼 가장하기 위하여 위 매수일자를 위 주식시세가 높았던 1997. 7. 2.로 소급하여 기재한 매매계약서와 그에 기초한 회계장부를 작성·비치한 사건[76]

⑨ 피고인이 토지를 매입한 후 취득세 등의 신고를 하면서 거래가격을 실제보다 낮은 금액으로 한 허위 계약서를 작성하여 세무관서에 제출한 행위[77]

⑩ 신용카드매출전표에 매출에서 제외되는 봉사료를 실제보다 과다하게 또는 허위로 기재함으로써 매출을 축소시켜 소득을 과소신고한 사안[78]

⑪ 甲 등이 乙에게 명의신탁한 A 회사 주식을 丙에게 증여하면서, 마치 위 주식을 명의수탁자 乙이 丙에게 양도하는 것처럼 허위의 주식양도·양수계약서를 작성하고, 그 대금이 실제로 지급되는 것처럼 丙의 어머니 명의로 乙의 예금계좌로 금원을 송금하였다가 이후 현금으로 반환받는 한편, 乙의 양도소득세 및 위 양수대금에 관한 丙의 증여세를 각 자진신고·납부하게 함으로써 실질적인 매매인 것처럼 조작한 사안[79]

⑫ 피고인이 도관업체 또는 폭탄업체에게 영세율로 금지금을 공급할 당시 그 업체 또는

---

73) 대법원 1997. 5. 9. 선고 95도2653 판결
74) 대법원 1998. 5. 8. 선고 97도2429 판결(동방불패 사건)
75) 대법원 1998. 7. 10. 선고 98도545 판결
76) 대법원 2002. 6. 11. 선고 99도2814 판결 ; 대법원 2013. 12. 12. 선고 2013두7667 판결은, 위 판결과 궤를 같이하여, 법인이 특수관계인과 거래를 하고도, 법인세법상 부당행위계산에 해당하는 거래임을 은폐하여 세무조정금액이 발생하지 않게 하기 위하여, 부당행위계산의 대상이 되는 않는 자의 명의로 거래를 하고, 그 사실이 발각되지 않도록 허위 매매계약서의 작성과 대금의 허위지급 등과 같이 적극적으로 서류를 조작하고 장부상 허위기재를 하는 경우에는, 그것이 세무회계와 기업회계의 차이로 생긴 금액이라 하더라도 사기 기타 부정한 행위로써 국세를 포탈한 경우에 해당하여 그에 관한 법인세의 부과제척기간은 10년이 된다고 판시하였다.
77) 대법원 2004. 6. 11. 선고 2004도2391 판결
78) 대법원 2005. 12. 22. 선고 2003도6433 판결, 대법원 2007. 3. 15. 선고 2006도8690 판결
79) 대법원 2006. 6. 29. 선고 2004도817 판결

그 다음 단계의 업체가 실제로는 금지금을 수출하지 않고 불법으로 내수로 유통시킬 것을 알면서도 위 거래를 영세율 거래로 위장하여 위 업체로부터 부가가치세 상당액을 거래징수하지 않고, 부가가치세 신고 시 영세율로 신고하고 위 매출에 해당하는 부가가치세를 납부하지 않은 사안[80]

⑬ 제약회사의 임원인 피고인들이 손금으로 인정되지 않는 위법비용인 리베이트를 손금으로 처리하기 위하여, 리베이트를 손금에 산입되는 각종 비용항목에 나누어 계상하고, 그에 대한 증빙으로 허위의 경비청구서 및 영수증 등을 마련한 사안[81]

⑭ 관급공사를 수주한 피고인 회사가 비자금을 조성할 목적으로 최저가로 입찰한 협력업체를 하수급업체로 선정하여 위 업체와 실제 공사대금은 입찰가로 하면서도 공사대금을 부풀려 하도급계약을 체결하고 부풀린 공사금액을 지급함으로써 실제 공사대금과 지급금액의 차액을 허위로 비용계상한 사안[82]

⑮ 오픈마켓을 통하여 국내 이용자들에게 제공되는 모바일게임 서비스와 관련하여, 내국법인인 원고가 해당 용역의 공급자이고 그 이용료 소득의 귀속자임에도, 국내 오픈마켓분 이용료에 관하여는 마치 해외관계법인이 용역의 공급자이고 원고는 이용료를 대신 징수하는 것처럼 대리징수계약서를 작성하고, 국외 오픈마켓분 이용료에 관하여는 해외관계법인을 판매자로 등록하여 그 계좌로 이용료를 수령하게 한 사안[83]

(2) 부정행위로 인정되지 않은 사례

① 甲 등이 戊에게 명의신탁한 B, C 회사 주식을 丙·丁에게 증여하면서 마치 위 주식을 명의수탁자인 乙이 丙·丁에게 양도하는 것처럼 허위의 주식양도·양수계약서를 작성하였으나, 주식양수대금이 실제로 지급된 것처럼 꾸미지는 않은 사건[84]

② 법인의 특수관계인에 대한 대여금이 존재함에도, 인정이자의 계산 및 지급이자 손금불산입을 피하기 위하여, 위 대여금을 변제받은 것처럼 허위의 분개전표를 작성하고 위 대여금이 없는 것으로 결산장부를 정리함으로써 인정이자와 지급이자 손금불산입에 따른 소

---

80) 대법원 2008. 4. 24. 선고 2007도112528 판결. 영세율을 부당적용하는 경우 통상 매입자는 허위 수출계약서를 금융기관에 제출하고 발급받은 수출용 원재료 구매승인서 등을 판매자에게 제출한다. 금지금 사건의 전체 구조에 관하여는 본 장 제5절 2.3. (1)(마) 참조.
81) 대법원 2015. 1. 29. 선고 2011도13730 판결
82) 대법원 2020. 5. 28. 선고 2018도16864 판결. 상세한 내용은 본 장 제3절 ① 2.1. (1)(나)(가장행위), ② 2.3.1. (3)(법인의 익금), ③ 2.3.5. (3)(가)(부외자산), ④ 2.4. (3)(소득의 귀속시기) 각 참조. ; 광주지방법원 2012. 9. 26. 선고 2011고합407 판결 및 광주고등법원 2013. 5. 23. 선고 2012노449 판결도 유사한 사안에서 같은 취지로 판단하였으나, 피고인이 상고하면서 조세포탈죄 부분은 상고이유로 삼지 않았기 때문에 그 부분에 대한 대법원의 판단은 이루어지지 않았다(대법원 2013. 12. 26. 선고 2013도6842 판결).
83) 대법원 2025. 3. 13. 선고 2024두54935 판결
84) 대법원 2006. 6. 29. 선고 2004도817 판결

득금액 상당을 탈루시킨 사건[85]

3.1.4. 장부와 기록의 파기(3호)

(1) 증명서류의 보관의무

납세자는 각 세법에서 규정하는 바에 따라 모든 거래에 관한 장부 및 증거서류를, 그 거래사실이 속하는 과세기간에 대한 국세의 법정신고기한이 지난 날부터 5년간 보존하여야 한다(국세기본법 85조의3 2항). 법인세법 제116조 제1항[86]과 소득세법 제160조의2 제1항[87]도 같은 취지로 규정한다. 이러한 세법상 의무에 위반하여 장부 및 기록을 파기하는 것은 부정행위에 해당할 여지가 크다.

한편, 조세를 포탈하기 위한 증거인멸의 목적으로 세법에서 비치하도록 하는 장부 또는 증빙서류를 일정 기간 내에 소각·파기 또는 은닉하는 행위는, 조세포탈죄와 별개의 죄를 구성한다(법 8조).

(2) 부정행위로 인정된 사례

① 피고인이 카지노의 실제영업실적에 따른 일계표, 월말계산서, 비공식 지불장부 등을 고의로 은닉한 채 관할 세무서에 외형 수입액을 과소하게 신고하여 세무당국이 추계조사결정방식으로 소득세 부과를 한 사안[88]

② 피고인이 실제의 거래현황이 기재된 일계표와 월말결산서 등을 소각 등의 방법으로 없애버리고, 일부의 매입자들에 대하여 세금계산서를 교부하지 않았을 뿐만 아니라, 세무신고 시에는 교부하였던 세금계산서 중 일부를 누락시킨 채 나머지 세금계산서를 토대로 만든 허위의 매입·매출장을 제출하여 매출금액을 과소신고한 사안[89]

③ 금판매업에 종사하는 피고인이 금을 판매하고도 그 매출거래장부를 파기하고 매출액을 과소신고한 사안[90]

---

85) 대법원 2006. 6. 29. 선고 2004도817 판결
86) 법인은 각 사업연도에 그 사업과 관련된 모든 거래에 관한 증명서류를 작성하거나 받아서 신고기한이 지난 날부터 5년간 보관하여야 한다(법인세법 116조 1항).
87) 거주자 또는 국내사업장이 있는 비거주자 등은 사업소득금액 또는 기타소득금액을 계산할 때 필요경비를 계산하려는 경우에는, 그 비용의 지출에 관한 증명서류를 받아 확정신고기간 종료일부터 5년간 보관하여야 한다(소득세법 160조의2 1항).
88) 대법원 1982. 1. 19. 선고 80도1474 판결
89) 대법원 1988. 3. 8. 선고 85도1518 판결
90) 대법원 2000. 12. 26. 선고 2000도3674 판결

(3) 부정행위로 인정되지 않은 사례

대법원은, 만기 전의 약속어음을 할인·매입하여 되파는 영업을 하는 자가, 비용지출의 영수증 및 거래내역을 기록하여 보관할 의도로 작성된 것이 아닌 간이계산서를 보관하지 않고 폐기한 경우, 비용지출의 영수증은 총수입금액에서 공제할 필요경비의 계산에 필요한 서류로서 그것이 폐기되고 없으면 필요경비의 공제를 받을 수 없어 오히려 자신에게 불리할 뿐이므로 이를 폐기한 것을 소득금액을 감추는 행위라고 할 수 없으며, 간이계산서가 거래내역을 기록하여 보관할 용도로 작성되는 것이 아니라 할인대금의 산출근거를 간이하게 확인만 할 용도로 작성되는 것이라면, 경리직원들로부터 이를 건네받아 그 내용을 확인한 후 바로 폐기해 버렸다 하여 소득을 감추는 부정한 행위라고 할 수 없다고 판단하였다.[91]

3.1.5. 고의적인 장부의 미작성·미비치(5호)

(1) 장부의 작성·비치의무

법인과 소득세법상 사업자는 원칙적으로 복식부기 방식으로 장부를 기장하고 갖추어 두어야 한다(법인세법 112조, 소득세법 160조 1항). 그리고 부가가치세법상 사업자는 자기의 납부세액 또는 환급세액과 관계되는 모든 거래사실을 대통령령으로 정하는 바에 따라 장부에 기록하여 사업장에 갖추어 두어야 한다(부가가치세법 71조). 위와 같이 장부의 작성·비치의무를 지는 자가 장부를 작성하거나 비치하지 않는 것은, 단순한 부작위(不作爲)가 아니라, 세법상 의무의 위반으로서 적극적 은닉의도를 가진 부정행위로 평가될 수 있다. 장부의 미작성·미비치는 일반적으로 사업자등록을 하지 않고 세금계산서를 수수하지 않는 것과 함께 행해진다.

(2) 부정행위로 인정된 사안

① 피고인이 합성수지 원료의 중간도매상을 하면서 사업자등록도 하지 않고 장부를 비치·기장하지도 않은 채 세금계산서를 발급받음이 없이 합성수지 원료를 매입하여 세금계산서를 발급하지 않고 이를 매출한 후, 부가가치세 확정신고도 전혀 하지 않은 사안[92]
② 피고인이 범죄적 방법으로 빼돌린 해상용 면세 경유를 판매하면서 부가가치세를 포탈하기 위하여 석유판매업 사업자등록을 하지 않고 관련 장부를 전혀 비치·기재하지 않으면서 세금계산서도 발행하지 않은 사안[93]

---

91) 대법원 2000. 4. 21. 선고 99도5355 판결
92) 대법원 1988. 2. 9. 선고 84도1102 판결
93) 대법원 2004. 5. 28. 선고 2004도1297 판결

③ 피고인이 운영하는 법인이 토지를 개발하여 전매하는 사업을 영위하면서 상당한 양도차익을 얻었음에도 매입·매출에 관한 장부를 기장·비치하지 않았고, 세금계산서를 전혀 발급하거나 발급받지 않았으며, 법인세 확정신고도 하지 않은 사안[94]

④ 대부업자인 피고인이 아무런 장부를 작성하지 않고, 채무자들로부터 받은 차용증이나 통장에 기재된 내역만으로 이자를 계산하여 대여금을 추심하였고, 가끔 간단한 메모에 대부내역을 기재하기도 하였으나, 돈을 모두 변제받으면 차용증 및 견질로 받은 어음을 반환해 주고 메모를 폐기하였으며, 대부업 이자소득에 관한 종합소득세, 상가 및 주택의 임대수익에 관한 부가가치세 신고를 하지 않은 사안[95]

⑤ 피고인들이 외국에서 매수한 금괴가 우리나라에 도착한 후 관세법에 위반하여 수입통관절차를 거치지 않고 이를 다시 외국으로 반출하여 판매하는 사업을 장기간 하면서 사업자등록을 하지 않고, 소득에 대한 장부를 작성하지 않았으며, 소득 중 상당한 액수를 현금으로 보관한 사안[96]

(3) 부정행위로 인정되지 않은 사안

① 만기 전의 약속어음을 할인·매입하여 타에 되파는 영업을 하는 피고인이 세법상 요구되는 장부를 비치·기장하지 않는 대신, 거래내역과 그로 인한 손익을 매입·매출대장 또는 손익계산서의 형태로 손쉽게 출력하여 확인할 수 있도록 약속어음의 매입·매출에 관한 사항을 사실대로 정확하게 컴퓨터에 입력하여 보관·관리하여 온 사건[97]

② 피고인들이 봉안당을 분양하는 사업을 추진하다가 공소외 회사에 그 사업자 또는 동업자의 지위를 이전하고 그 정산금 등 명목으로 대가를 지급받으면서, 사업자등록을 하지 않고 세금계산서를 발급하거나 발급받지 않고 장부도 제대로 기재하지 않은 사안[98]

---

94) 대법원 2013. 9. 12. 선고 2013도865 판결
95) 대법원 2015. 10. 15. 선고 2013도9906 판결
96) 대법원 2020. 1. 30. 선고 2019도11489 판결
97) 대법원 2000. 4. 21. 선고 99도5355 판결. 위 사건에서 대법원은, 피고인이 소득세의 부과·징수에 필요한 거래 내역 및 손익에 관한 기록을 컴퓨터 자료의 형태로 사실대로 정확하게 유지·관리하여 왔다면, 그것과 별도로 세법상 요구되는 장부를 비치·기장하지 않았다고 하여 피고인이 소득을 감추는 부정한 행위를 하였다고 보기 어렵다고 판단하였다.
98) 대법원 2015. 6. 11. 선고 2015도1504 판결. 위 판결은 ㉮ 피고인들이 봉안당 사업에 참여하였다가 공소외 4 회사에 사업자 내지 동업자로서의 지위를 이전하고 위 사업에서 탈퇴하면서 보상금 내지 정산금 명목으로 지급받은 대가 중 봉안당 사업에 지출한 경비를 공제한 나머지는 소득세법상 과세소득(원심판결에 의하면 사업소득)에 해당하지만, ㉯ 장부를 기재하지 않고 사업자등록을 하지 않은 것 등만으로는 부정행위에 해당하지 않고, ㉰ 피고인 2가 봉안당 사업의 정산금을 처인 공소외 6 명의의 계좌로 수령한 것은 피고인 2가 신용불량 상태에 있어 처인 공소외 6 명의로 봉안당 사업에 참여하였기 때문이므로 적극적인 소득 은닉의도가 있었다고 보기 어렵다고 판단하였다.

3.2. 세금계산서 등과 관련한 부정행위

3.2.1. 계산서, 세금계산서, 전자세금계산서 또는 계산서합계표, 세금계산서 합계표의 조작(5호, 6호)

(1) 세금계산서 등의 기능

세금계산서는 재화 또는 용역의 공급에 따른 부가가치세의 거래징수를 증명하기 위하여 부가가치세법에 따라 발급되는 세금영수증이다(부가가치세법 32조). 그리고 계산서는 일정한 사업자 또는 개인이 소득세법 또는 법인세법에 따라 발행하는 증빙서류이다(소득세법 163조 1항, 법인세법 121조 1항). 세금계산서 및 그 합계표 등은 개인사업자나 법인의 소득금액을 계산할 때 핵심적 증빙서류의 기능을 하고, 특히 세금계산서 및 세금계산서합계표는 부가가치세법상 매입세액 공제의 요건이다(부가가치세법 39조 1항 1호, 2호).

세금계산서 등의 '조작'은, 세금계산서 등에 거짓으로 기재하거나, 재화 또는 용역의 공급 없이 세금계산서 등을 수수하는 것을 말한다. 그리고 전자세금계산서를 거짓으로 기재하거나, 재화 또는 용역의 공급 없이 전자세금계산서를 수수하는 것은 부정행위의 유형인 전자세금계산서의 조작에 해당한다. 한편, 세금계산서, 전자세금계산서 또는 계산서의 미발급·미수취는 여기의 '조작'에 포함되지 않고, 조세범처벌법 제3조 제6항 제4호의 '거래의 은폐' 또는 제7호의 '그 밖에 위계에 의한 행위'로 보아야 할 것이다.[99]

(2) 부정행위로 인정된 사례

① 피고인이 위장가공거래에 의한 허위 세금계산서의 제출 등의 방법으로 부가가치세, 법인세 등은 포탈한 사안[100]

② 회사가 거래업체에 지급할 운송비를 허위로 과다하게 기재한 세금계산서를 교부받아 회계장부를 정리하고, 위와 같이 과다계상된 손금을 토대로 법인세를 과소 신고·납부하는 한편, 부가가치세를 신고·납부하면서 위와 같이 과다계상된 매입세액을 공제받은 사안[101]

③ 피고인이 사업자등록이 되지 않은 업체들에게 중고자동차 매매단지의 조성 및 건축공사에 관한 재화 또는 용역을 공급하고, 위 업체들의 사업자등록을 대행한 후, 위 공급이 위 업체들의 사업자등록 이전의 거래이거나 이미 과세기간이 경과하여 위 업체들이 매입세액을 환급받을 수 없음에도, 세금계산서 작성일자를 허위로 기재하여 그 거래시기가 마치 사업자등록 이후이고 환급신고 당시의 과세기간에 이루어진 것처럼 가장하여 매입세액을 환

---

99) 김종근, 183~184쪽 ; 지익상, 294쪽
100) 대법원 1985. 5. 14. 선고 83도2050 판결
101) 대법원 1992. 3. 10. 선고 92도147 판결

급받게 한 사안[102]

④ 피고인이 공소외 회사로부터 일반건설업 면허를 대여받아 건물을 직접 시공하였음에도 위 건물을 공소외 회사가 시공한 것처럼 허위의 도급계약서를 작성하고, 공소외 회사로부터 세금계산서를 교부받은 후 이를 이용하여 부가가치세를 환급받은 사안[103]

⑤ 금(金)의 도·소매업체를 운영하는 피고인이 세금계산서 없이 무자료로 금을 구입하여 타에 판매한 후 그 매입세액을 공제받기 위하여 자료상으로부터 허위의 세금계산서를 구입하여 이를 기초로 부가가치세를 신고·납부함으로써 매입세액을 공제받은 사안[104]

⑥ 공소외 5 회사가 공소외 4, 6 회사로부터 유류를 공급받은 사실이 없음에도 불구하고, 매입처별세금계산서합계표에 공소외 4, 6 회사로부터 유류를 실제 매입한 것처럼 위 금원을 매입금액으로 기재하여 신고하여 부가가치세를 포탈 사안[105]

⑦ 공소외 회사가 그 거래처와 정상 단가에 따라 매매대금을 정하고 그 매매대금에서 일정금액을 할인해주었으므로, 공소외 회사가 당초 매매대금 액수를 공급가액으로 하여 세금계산서를 발급한 것은 정당하고, 매매대금에서 할인해 준 금액은 공소외 회사가 영업비용 지원을 위해 지급받지 않기로 한 것에 불과하여 수정세금계산서 발급사유에 해당하지 않음에도, 피고인이 당초 매매대금의 합계액으로 세금계산서를 발급하고 그대로 신고하였다가 부가가치세의 부담을 줄이고자 매매대금에서 할인해 준 금액만큼을 감액하는 내용의 수정 세금계산서를 발급한 사안[106]

(3) 부정행위로 인정되지 않은 사례

① 피고인들이 유사경유를 제조·판매하고서도 거래상대방에게 거래품목을 '경유'로 기재한 세금계산서를 발행하고 이를 여수세무서장에게 신고한 사안에서, 대법원은, 피고인들이 거래품목을 다르게 기재한 세금계산서를 발행하고 이에 맞추어 관할세무서에 부가가치세 신고를 하였다고 하더라도, 그러한 행위가 부가가치세와 별도의 세목인 교통세의 부과와 징수에 어떠한 영향을 주었다고 볼 수는 없으므로, 피고인들의 행위는 교통세에 대해서는 부정행위에 해당한다고 할 수 없다고 판단하였다.[107]

② 공소외 회사의 실제 운영자인 피고인 1이 부가가치세 확정신고를 하면서 사실은 실제로는 乙 등으로부터 유류를 공급받은 적이 없음에도 유류를 공급받은 것처럼 매입처별세금

---

102) 대법원 1996. 6. 14. 선고 95도1301 판결
103) 대법원 2001. 2. 9. 선고 99도2358 판결. 다만, 위 판결은 원심판결에 피고인의 부가가치세 포탈의 고의가 있는지에 관하여 심리를 다하지 않은 위법이 있다고 판단하였다.
104) 대법원 2005. 9. 30. 선고 2005도4736 판결
105) 대법원 2011. 12. 8. 선고 2011도9242 판결
106) 대법원 2014. 5. 29. 선고 2012도11972 판결
107) 대법원 2005. 3. 25. 선고 2005도370 판결

계산서합계표를 허위 기재하여 제출한 후 법인세의 신고를 하지 않은 채 그 신고기한이 경과한 사안에서, 대법원은, '공소외 주식회사의 부가가치세를 신고하면서 매입처별세금계산서합계표를 허위 기재하여 제출한 행위'는 법인세의 포탈을 위한 사기 기타 부정한 행위로 볼 수 없다고 판단하였다.[108] 그러나 부가가치세 신고 시 제출되는 자료들은 그 이후 행해지는 소득세 및 법인세 신고의 적정성을 검증하는 중요한 근거가 되고,[109] 매입처별세금계산서합계표는 소득세 및 법인세의 세원포착과 밀접한 관련이 있는 점을 고려하면, 위 판결과 달리 볼 여지도 있다.[110][111]

3.2.2. 세금계산서 등의 미발급·미수취(4호 또는 7호)

세금계산서, 전자세금계산서 또는 계산서의 미발급·미수취는 조세범처벌법 제3조 제6항 제4호의 '소득·거래의 은폐' 또는 제7호의 '그 밖에 위계에 의한 행위'에 해당한다.[112] 대법원은, 사업자가 재화 또는 용역의 공급을 할 때 세금계산서를 발급하지 않고 해당 매출액을 부가가치세 또는 법인세 신고 시 누락한 경우, 일반적으로 부가가치세 또는 법인세의 포탈에 해당하는 것으로 본다.[113] 판례가 세금계산서의 미발급 등을 부정행위로 본 사안은 다음과 같다.

---

108) 대법원 2011. 4. 28. 선고 2011도527 판결(판결이유 2.의 나.) : 원심은 ① 부가가치세와 법인세는 공히 신고납부방식을 취하고 있기는 하나, 그 과세의 목적이나 과세대상, 과세시기 등을 달리하여 각 신고행위는 전혀 별개의 행위이므로, 이 사건에서 매입처별세금계산서를 허위 기재하여 제출한 행위는 부가가치세와 관련된 행위일 뿐 이를 들어 법인세의 포탈을 위한 행위로 볼 수 없고, ② 부가가치세 신고와 관련하여 매입처별세금계산서를 허위 기재하여 제출한 행위 외에 법인세와 관련하여서는 어떤 적극적 행위가 공소사실로 적시되어 있지도 않거니와 공판과정에서 그와 같은 적극적 행위에 대한 주장이나 증명이 있었던 것도 아니므로, 위 행위만으로 피고인 1이 공소외 1 주식회사의 법인세와 관련하여 구 조세범처벌법 제9조 제1항에서 정한 조세포탈행위를 한 것으로 볼 수 없다고 판단하였고, 대법원은 원심의 판단을 수긍하였다.
109) 부가가치세법에 따른 세금계산서는 소득세와 법인세의 세원포착을 용이하게 하는 납세자 간 상호검증의 기능을 갖는다(대법원 2004. 11. 18. 선고 2002두5771 전원합의체 판결).
110) 안대희 등, 382쪽
111) 위 사건에서 피고인 1은, ① 그가 운영하는 또 다른 회사인 피고인 2 회사에 관하여는 허위의 세금계산서를 구입하여 이를 토대로 법인세를 과소신고하여 포탈하였다는 점으로 기소된 반면, ② 공소외 회사에 관하여는 乙 등으로부터 유류를 공급받은 적이 없음에도 유류를 공급받은 것처럼 매입처별세금계산서합계표를 허위 기재하여 제출한 후 법인세를 신고하지 않았다는 점으로 기소되었다. 매입처별세금계산서합계표의 허위 기재는 통상적으로 허위의 매입세금계산서를 발급받는 행위를 수반하는데, 왜 ②의 경우 허위 세금계산서의 수취가 공소사실에서 제외되었고, 그러한 점이 심리·판단되지 않았는지는 불분명하다. ㉮ 만일 허위 세금계산서의 발급자와 일치하지 않는 다른 업체로부터 유류를 공급받은 사실이 있는 경우에는, 부가가치세법상 매입세액불공제는 별론으로 하고, 법인세법상 손금으로 인정되어야 하므로, 법인세의 포탈은 문제되지 않는다. ㉯ 한편, 만일 피고인 1이 허위 세금계산서를 발급받음이 없이 매입처별세금계산서합계표만을 허위로 기재하였다면, 허위임이 노출될 것임이 명백하므로, 이는 상당히 드문 일일 것이지만, 위와 같이 기소되었을 수 있다.
112) 김종근, 183~184쪽 ; 지익상, 294쪽
113) 대법원 1983. 9. 27. 선고 83도1929 판결

① 피고인이 자신이 경영하는 공소외 회사들이 제조하여 판매한 알루미늄 새시 중 일부에 대하여 세금계산서를 발급하지 않고 부가가치세 확정신고를 하면서 세금계산서를 발급하지 않은 매출액을 고의로 신고누락한 사안[114]

② 합성수지 원료의 중간도매상이 사업자등록을 하지 않고 장부를 비치·기장하지도 않은 채 세금계산서를 발급받음이 없이 합성수지 원료를 매입하여 세금계산서를 발급함이 없이 이를 매출한 후 부가가치세 확정신고를 전혀 하지 않은 사안[115]

③ 금 도매업 등을 하는 회사의 대표자인 피고인이 거래상대방에게 금을 공급하면서 부가가치세를 포탈할 의도로 세금계산서를 교부하지 않은 후 부가가치세 확정신고 시에 고의로 그 매출액을 신고에서 누락시킨 사안[116]

④ 석유정제업자로부터 석유류를 공급받아 다시 주유소에 공급하는 사업자가, 석유정제업자로부터 공급받은 석유류를 제3자에게 공급하면서, 부가가치세를 포탈할 의도로 세금계산서를 교부하지 않은 후 부가가치세 확정신고를 하면서 고의로 그 매출액을 신고에서 누락한 사안[117]

한편, 피고인들이 인수단을 구성하여 봉안당 사업에 참여하였다가 공소외 4 회사에 사업자 내지 동업자로서의 지위를 이전하고 위 사업에서 탈퇴하면서 그 대가로 90억 원을 지급받았는데, 사업자등록을 하지 않고 세금계산서를 교부하지 않았으며, 종합소득세를 신고하지 않은 사건에서, 대법원은 이를 부정행위로 보기 어렵다고 판단하였다.[118]

3.3. 재산의 은닉, 소득·수익·행위·거래의 조작 또는 은폐(4호)

3.3.1. 차명계좌 및 해외금융계좌

(1) 차명계좌

(가) 금융실명제

과거에는 개인이나 법인이 금융기관에 허무인이나 타인 명의로 계좌를 개설하는 것에 대하여 별다른 제한이 없었다. 이에 따른 비실명 금융거래로 인하여 과세되지 않는 지하경제

---

114) 대법원 1985. 9. 24. 선고 85도842 판결
115) 대법원 1988. 2. 9. 선고 84도1102 판결
116) 대법원 2000. 2. 8. 선고 99도5191 판결
117) 대법원 2009. 1. 15. 선고 2006도6687 판결
118) 대법원 2015. 6. 11. 선고 2015도1504 판결. 위 사건에서 피고인 2는 처인 공소외 6 명의의 계좌로 보상금 내지 정산금을 분배받았으나, 대법원은 피고인 2가 신용불량 상태에 있어 처인 공소외 6 명의로 봉안당 사업에 참여하는 바람에 그 사업으로 인한 정산금을 공소외 6 명의의 계좌로 수령한 것에 불과하여 적극적인 소득 은닉의도가 있었다고 보기 어렵다고 판단하였다.

가 광범위하게 존재하였고, 조세회피 및 탈세가 만연하여 조세의 공정성이 크게 훼손되었다. 이를 규제하기 위하여 1983. 8. 13.부터 시행된 금융실명거래및비밀보장에관한긴급재정경제명령은 금융기관이 거래자의 실지명의(實名)에 의하여 금융거래를 하도록 정하였고,[119] 이에 따라 위 시점 이후에는 금융거래는 원칙적으로 거래자의 실명으로만 가능하게 되었다. 이후 위 긴급재정경제명령은 1997. 12. 31. 제정된 금융실명거래및비밀보장에관한법률에 의하여 대체되었다. 2014. 5. 28. 개정된 위 법률 제6조 제1항에 의하면, 불법재산[120]의 은닉, 자금세탁행위,[121] 공중협박자금조달행위[122] 및 강제집행의 면탈, 그 밖에 탈법행위를 목적으로 타인의 실명으로 금융거래를 하는 행위는 형사처벌된다. 이에 따라 탈법행위 등 목적의 금융거래에 대한 규제의 정도가 한층 강화되었다.

(나) 부정행위 여부의 일반적 판단기준

대법원은, 일반적으로 다른 사람 명의의 예금계좌를 빌려 예금하였다 하여 그 차명계좌 이용행위 한 가지만으로써 구체적 행위의 동기, 경위 등 정황을 떠나 어느 경우에나 적극적 소득은닉 행위가 된다고 단정할 것은 아니라 할 것이지만, 과세대상의 미신고나 과소신고와 아울러 장부상의 허위기장 행위, 수표 등 지급수단의 교환반복행위 기타의 은닉행위가 곁들여져 있다거나, 차명계좌의 예입에 의한 은닉행위에 있어서도 여러 곳의 차명계좌에 분산 입금한다거나 순차 다른 차명계좌에의 입금을 반복하거나 단 1회의 예입이라도 그 명의자와의 특수한 관계 때문에 은닉의 효과가 현저해지는 등으로 적극적 은닉의도가 나타나는 사정이 덧붙여진 경우에는 조세의 부과징수를 불능 또는 현저히 곤란하게 만든 것으로 인정할 수 있다고 판시하였다.[123]

(다) 부정행위로 인정된 사례

① 피고인이 투전기업소의 수입금액을 숨기기 위하여 허위로 장부를 작성하여 각 사업장에 비치하고, 여러 은행에 200여 개의 가명계좌를 만들어 7개의 투전기업소에서 수입한 금액을 분산하여 입금시키면서 그 가명계좌도 1개월 미만의 짧은 기간 동안만 사용하고 폐지

---

119) 위 명령의 발령 당시 이미 금융실명거래에관한법률이 제정되어 존재하였으나, 위 법률 부칙은 위 법률 제3조의 실명거래 부분은 대통령령이 정하는 날부터 시행한다고 규정하였고(부칙 1항 단서), 그러한 시행일을 정한 대통령령은 제정되지 않은 상태였다. 위 긴급재정경제명령은, 위 법률의 시행일을 정하는 대통령령을 제정할 경우 비실명 자금의 인출 등으로 인한 금융시장의 혼란 및 경제에 대한 충격을 피하기 위하여 발령된 것으로 보인다. 위 긴급재정경제명령의 발령 당시 상황 및 금융실명거래에관한법률과의 차이에 관하여는 헌법재판소 1996. 2. 29.자 93헌바186 결정 참조

120) 「특정 금융거래정보의 보고 및 이용 등에 관한 법률」('특정금융정보법') 제2조 제4호

121) 특정금융정보법 제2조 제5호

122) 특정금융정보법 제2조 제6호

123) 대법원 1999. 4. 9. 선고 98도667 판결

시킨 뒤 다시 다른 가명계좌를 만들어 사용하는 등의 행위를 반복한 사안[124]

② 피고인이 상속재산인 피상속인의 무기명양도성예금을 10여 회에 걸쳐 중도해지하여 각기 다른 가명 또는 차명으로 분할 예입한 후 다시 해지하여 다른 사람의 명의로 분할 예입하고, 상속세 과세표준의 신고 시 위 예금을 신고누락한 사안[125]

③ 피고인이 공소외 D, E, F 등으로부터 활동비·이자 명목으로 거액의 금원을 교부받게 되자 과세관청의 자금출처조사 및 세금부과를 회피할 의도로 위 금원을 다른 사람 명의의 예금계좌(차명계좌)에 분산 입금하게 하거나 미리 자금세탁된 헌 수표를 전달받아 이 중 일부를 다시 차명계좌에 분산 입금시키는 등의 방법으로 증여재산 혹은 이자소득을 은닉하고 그에 대한 과세표준신고를 하지 않은 사안[126]

④ 피고인이 10만 원권 헌 수표로 수수한 10억 원을 1년 가량 베란다의 창고에 숨겨두었다가, 부하직원에게 이를 새 수표로 교환하여 오도록 지시하여 그 부하직원을 통하여 피고인과 인척관계가 없는 사람 명의의 16개의 차명계좌에 분산 입금한 후, 다시 계좌 개설자 명의로 100만 원권 자기앞수표를 발행받고, 현금으로 증여받은 돈을 창고 등에 보관하여 은닉하고 있다가 타인을 통하여 차명계좌 등에서 인출한 자기앞수표와 교환하여 사용한 사안[127]

⑤ 피고인 1이 공소외 1 내지 5에게 자기앞수표를 지급하거나 차명송금 내지는 타인명의 계좌로 송금하는 등의 방법으로 금원을 대여하였다가 그 이자를 장기간에 걸쳐 상이한 지급수단인 약속어음, 자기앞수표, 현금 등으로 직접 지급받거나 여러 개의 차명계좌 또는 특수한 관계에 있는 법인계좌로 분산하여 지급받은 사안[128]

⑥ 국제 무기중개업체인 피고인 1 회사의 대표이사인 피고인 2가, 피고인 1 회사가 러시아 무기수출업체로부터 수령할 무기중개수수료 수입을 외부에서 파악하지 못하도록, 그 무기중개거래를 공소외 2 미국 법인의 베트남 무기중개사업으로 위장하여 중개수수료를 미국에 있는 피고인 2 및 공소외 2 회사의 공동명의로 개설된 계좌를 통하여 수령한 후, 그 무기중개수수료 수입을 누락한 허위의 장부를 작성하고 이를 기초로 피고인 1 회사의 법인세 신고를 한 사안[129]

⑦ 피고인이 ㉮ 선박 중개회사로서 외국법인인 A의 대표이사인 甲과 사이에, 자신이 지배하는 시도그룹의 선박매매 중개 시 A에게 선가의 1%를 중개수수료로 지급하되 그 중

124) 대법원 1994. 6. 28. 선고 94도759 판결
125) 대법원 1997. 5. 9. 선고 95도2653 판결
126) 대법원 1999. 4. 9. 선고 98도667 판결
127) 대법원 2003. 5. 30. 선고 2003도1137 판결
128) 대법원 2007. 8. 23. 선고 2006도5041 판결
129) 대법원 2012. 6. 14. 선고 2010도9871 판결

1/2을 피고인이 커미션으로 돌려받기로 하는 계약을 체결한 후 甲으로 하여금 위 커미션을 A의 해외 계좌에 보관·관리하게 하는 한편, ④ 일본법인인 B의 주식 50%를 甲 명의로 취득한 후 甲으로 하여금 그 배당소득을 해외은행의 甲 명의 계좌로 지급받아 관리하게 하였고, 수시로 위 돈을 개인적 용도로 사용하였으며, 피고인이 甲 명의 계좌에 자신의 소득을 입금하게 한 이유가 위 소득이 노출되지 않도록 하기 위한 것으로 판단된 사안[130)131)]

(라) 부정행위로 인정되지 않은 사례

① **금융실명제 이전** : 피고인이 여러 은행에 그의 실명과 가명으로 된 여러 개의 예금구좌를 가지고 있으면서 1978, 1979년도의 이자소득을 그의 실명과 ○○이라는 가명구좌에 나누어 입금하였지만, 당시는 금융실명제가 시행되기 전이어서 가명 및 무기명예금이 일반화되어 있었고, 위 가명구좌에는 이자소득이 아닌 다른 자금도 입출금되었으며, 1978, 1979년도의 이자소득은 실명구좌를 통한 입금액이 훨씬 많고, 또 1980년도의 이자소득은 전부 실명구좌에만 입출금되었으므로, 위 가명구좌에 따른 거래를 특별히 문제삼을 수는 없으며, 이자소득이 여러 은행의 당좌나 가명예금구좌에 분산 입금되었다고 하여도 그 자체만으로는 부정행위에 해당한다고 할 수 없다고 판단한 사안[132)]

② 피고인이 E로부터 G를 통하여 현금 5억 원을 증여받아 일자불상의 시기에 성명불상자의 차명계좌에 입금하는 방법으로 위 금원에 관한 증여세를 포탈하였다는 점으로 기소되었으나, 그 계좌 명의자인 성명불상자와 이용자와의 관계 또는 그 계좌에 예입한 시기와 방법 등을 알 수 없어서 어떠한 적극적 은닉행위가 있었던가 하는 당시의 정황을 확정할

---

130) 대법원 2016. 2. 18. 선고 2014도3411 판결(선박왕 사건). 한편, 피고인은 '㉮ ○○홀딩 또는 각 단선회사 등이 국내 조선회사들에 발주한 선박의 건조계약과 관련하여 위 조선회사들로부터 위 ○○홀딩 계좌로 지급받은 어드레스 커미션 및 ④ ○○그룹 소유 선박들에 소요되는 윤활유와 페인트의 구입과 관련하여 그 공급업체들로부터 위 ○○홀딩 계좌로 지급받은 리베이트에 대한 소득세를 포탈하였다'는 혐의로도 기소되었다. 법원은, ㉠ 조선소로부터의 어드레스 커미션 계약의 당사자는 ○○홀딩 또는 각 단선회사이고, 페인트 및 윤활유 공급업체들로부터 수취한 리베이트 계약의 상대방은 ○○쉬핑 등인 점, 피고인은 'N(위 회사들 중 하나)에서 차용한 돈으로 일본국 개인소득세, 공소외 3의 영주권 취득비용을 지급하고, M 명의로 홍콩 아파트를 지급하였고, 감사보고서에 이를 기재하였다'고 진술하였고, N의 감사보고서의 수익계정인 매출액에 피고인에 대한 대여금이 포함된 것으로 보이는 점, ㉡ 공소외 11 등의 각 진술에 의하면, 선박이 완성되어 용선료를 받을 때까지 선주가 사용할 자금이 없는 경우 조선소로부터 받은 어드레스 커미션을 받아 선박건조감독비용이나 선용품 등의 구입비용을 지출하는 경우도 있다고 보이는바, 피고인이 N의 돈의 일부를 선박건조 관련 비용 및 홍콩 사무실 매입에 사용하기도 하였던 점에 비추어 보면, 조선소, 윤활유 및 페인트 공급업체들로부터 지급받은 커미션 수입이 피고인 1의 개인용도로 지출되었다고 단정하기도 어렵다는 이유로, 조선회사들로부터의 어드레스 커미션 소득 및 페인트, 윤활유 공급업체들로부터 수취한 리베이트 소득에 대하여는 피고인이 납세의무를 부담하지 않는다고 판단하였다(서울고등법원 2014. 2. 21. 선고 2013노874 판결, 대법원 2016. 2. 18. 선고 2014도3411 판결).

131) 피고인은 조세회피처에 설립된 SPC에 유보된 소득에 관하여 배당간주로 인한 소득세를 포탈하였다는 등의 혐의로도 기소되었다. 이에 관하여는 본 절 3.3.5. (6) 참조

132) 대법원 1988. 12. 27. 선고 86도998 판결

수 없는 사안[133]

　③ **차명통장의 수령** : 피고인이 1998. 3. A로부터 1억 원이 입금된 B 명의의 차명통장을 교부받아 보관하고 있다가 1998. 7. 23.경 B 명의로 100만 원권 자기앞수표 100장을 인출하여 보관하였고, 2001. 3. 23.경 피고인의 아파트구입대금으로 그 자기앞수표 100장을 그대로 매도인의 은행예금계좌에 입금한 사건에서, 차명계좌에 돈을 입금한 것은 증여자인 A가 증여행위 이전에 한 행위로서 거기에 피고인이 공모가공하였음을 인정할 증거가 없는 이상, 피고인이 그와 같은 차명통장을 받아 그대로 보관하다가 그 후 통장 명의자 앞으로 자기앞수표를 발행·인출한 것만을 가지고 조세포탈을 위한 적극적인 은닉행위를 하였다고 보기는 어렵다고 판단한 사례[134]

　④ **현금카드** : 피고인이 타인들로부터 그들 명의의 현금카드를 교부받아 이를 장기간 사용하였으나, 증여세 과세를 회피하기 위한 목적으로 차명계좌를 이용한 자금세탁을 하거나 인출한 수표를 현금으로 교환하는 등의 적극적 소득은닉행위를 하지는 않은 사안[135]

　⑤ **신용불량** : 피고인이 봉안당을 분양하는 사업을 추진하다가 공소외 회사에 그 사업자 또는 동업자의 지위를 이전하고 그 정산금 등 명목으로 대가를 지급받으면서, 자신이 신용불량 상태에 있자 처인 공소외 6 명의로 수령한 사안[136]

(2) 해외금융계좌

　① 피고인이 캐나다 영주권자인 자신의 해외 이주비로 가장하여 국외 반출한 돈으로 아들인 P에게 미국 캘리포니아주 로스엔젤레스 소재 베버리힐스의 고급 주택을 구입하여 줄 것을 마음먹고, 해외 이주비 명목으로 자신의 캐나다 은행 계좌로 미화를 송금한 후, 그 돈 중 일부를 P가 국내 신고 없이 개설한 미국 은행 계좌로 이체시킨 다음, P로 하여금 위 돈으로 미국 소재 콘도미니엄을 P 명의로 매입하게 한 사안에서, 법원은 피고인이 부정행위로 증여세를 포탈한 것으로 인정하였다.[137]

　② 주방용품 도·소매업을 하는 원고가 2009년부터 2012년까지 독일 및 이탈리아 업체들로부터 국내 업체와의 거래를 알선중개하는 대가로 합계 29억 7,700만 원을 독일 소재 해외 계좌로 지급받고, 이에 관하여 장부를 작성하지 않으면서 소득세 신고를 하지 않았으며, 수시로 독일 등 유럽에 출국하여 귀국하기 전 위 금액의 상당 부분을 현금으로 인출한 사건에서, 법원은, 원고의 위 행위는 구 국세기본법 제26조의2 제1항 제1호의 '부정행위'로서 10년

---

133) 대법원 1999. 4. 9. 선고 98도667 판결
134) 대법원 2003. 5. 30. 선고 2003도1137 판결
135) 대법원 2008. 6. 12. 선고 2008도2300 판결
136) 대법원 2015. 6. 11. 선고 2015도1504 판결
137) 서울고등법원 2021. 8. 18. 선고 2020노1872 판결(대법원 2022. 3. 31. 선고 2021도11071 판결의 원심)

의 부과제척기간을 적용받는다고 판단하였다.[138]

③ 원고들이 스위스 및 룩셈부르크 소재 은행 등에 계좌를 개설한 후 그 계좌를 통하여 상당한 금액의 이자소득, 배당소득을 얻었으나, 위 각 소득을 원고 A는 2008년 내지 2014년 귀속 종합소득세 신고 시, 원고 B는 2010년 내지 2016년 귀속 종합소득세 신고 시 각 누락하였고, 원고 B는 2016년 해외금융계좌 및 증여세[139] 신고를 하면서도 위 금융소득을 신고하지 않았으며, 원고 B의 신고 및 증여세 납부로 인하여 비로소 과세당국이 원고 A의 해외금융계좌를 알게 된 사건에서, 법원은, 원고들이 위 금융소득을 신고하지 않은 것은 적극적 은닉의도를 가지고 한 구 국세기본법 제26조의2 제1항 제1호 및 제47조의3 제2항 제1호의 '부정행위'에 해당하므로, 피고가 10년의 장기부과제척기간을 적용하고 부당과소신고가산세를 부과한 이 사건 처분은 적법하다고 판단하였다.[140]

④ A가 스위스 은행에 개설한 무기명계좌(계좌번호만이 표시되고 계좌주의 인적사항이 표시되지 않음)에서 약 604억 원이 인출된 지 약 4개월 후 A가 사망하였는데, 누가 위 금액을 인출하여 어떤 용도로 사용하였는지가 객관적으로 불분명한 사건에서, 대법원은, 망인의 해외계좌 신고의무의 불이행만으로 곧바로 부정행위에 해당한다고 볼 수 없다고 판단한 원심을 수긍하였다.[141]

3.3.2. 명의신탁 : 차명주식 등

(1) 명의위장과 부정행위의 관계

대법원은, 납세자가 명의를 위장하여 소득을 얻더라도, 명의위장이 조세포탈의 목적에서 비롯되고 나아가 여기에 허위 계약서의 작성과 대금의 허위지급, 과세관청에 대한 허위의 조세 신고, 허위의 등기·등록, 허위의 회계장부 작성·비치 등과 같은 적극적인 행위까지 부가되는 등의 특별한 사정이 없는 한, 명의위장 사실만으로 부정행위로 볼 수 없다고 판시하였다.[142]

---

138) 서울고등법원 2021. 6. 24. 선고 2020누42677 판결, 대법원 2021. 11. 11.자 2021두46957 판결(심리불속행)
139) 원고 B 명의 계좌에 입금된 금액의 출처에 대한 것으로 보인다.
140) 서울행정법원 2022. 7. 7. 선고 2021구합50406 판결, 서울고등법원 2023. 6. 21. 선고 2022누56342 판결, 대법원 2023. 11. 22.자 2023두48155 판결(심리불속행)
141) 대법원 2024. 4. 16. 선고 2023두61912 판결 : 과세관청은 A의 계좌에서 인출된 금액의 용도라 객관적으로 명백하지 않다는 이유로 위 금액을 상증세법 제15조 제1항에 따라 상속재산으로 추정하여 A의 상속인들에게 상속세 부과처분을 하였다. 대법원은, 위 금액의 인출행위 또는 망인의 위 해외계좌 신고의무의 불이행은 구 국세기본법 제26조의2 제1항 제4호 (가)목(현행 국세기본법 26조의2 4항 1호)에 따른 장기부과제척기간의 요건인 '부정행위'에 해당하지 않는다고 판단하였다.
142) 대법원 2013. 12. 12. 선고 2013두7667 판결(이수화학 사건, 장기부과제척기간), 대법원 2017. 4. 13. 선고 2015두44158 판결(부당과소신고가산세), 대법원 2018. 11. 9. 선고 2014도9026 판결(조세포탈)

그러나 명의를 위장하여 얻은 소득에는 사업자등록명의의 차용부터 주식의 명의신탁 및 해외 SPC의 이용에 이르기까지 그 소득은닉 및 조세회피 효과의 면에서 다양한 유형이 있다. 따라서 대법원 판례와 같이 모든 유형의 명의위장에 대하여 일률적으로 그것만으로 부정행위에 해당하지 않는다고 보는 것이 적절한지 의문스럽고,[143] 명의위장의 유형별로 그 소득은닉 및 조세회피 효과를 고려하여 부정행위 여부를 달리 판단하는 것이 합리적이다.

(2) 부정행위로 인정된 사례

① 차명주식의 증여를 위한 매매의 조작

甲 등이 丙에게 명의신탁한 A 회사 주식을 乙에게 증여하면서, 마치 위 주식을 명의수탁자 丙이 乙에게 양도하는 것처럼 허위의 주식양도·양수계약서를 작성하고, 그 대금이 실제로 지급되는 것처럼 丙의 어머니 명의로 乙의 예금계좌로 금원을 송금하였다가 이후 현금으로 반환받는 한편, 乙의 양도소득세 및 위 양수대금에 관한 丙의 증여세를 각 자진신고·납부하게 함으로써 실질적인 매매인 것처럼 조작한 사안에서, 법원은 피고인의 행위가 부정행위에 해당한다고 판단하였다.[144]

② 대량의 차명계좌

S그룹 회장인 피고인이 회사 임직원들 명의로 1,000개가 넘는 차명계좌를 개설·이용하여 양도소득세 과세대상인 상장법인 주식을 보유하였고, 위 임직원들의 퇴직 등으로 인하여 차명계좌의 사용이 곤란해질 경우 해당 계좌의 주식을 매도하여 현금으로 인출하여 다른 차명계좌에 위 현금을 인출하였으며, 위와 같이 차명으로 보유한 상장주식을 양도하여 양도차익을 얻는 방법으로 세무당국에 포착되기 어렵게 하였고, 양도소득세를 신고하지 않은 사안에서, 법원은 피고인의 행위가 부정행위에 해당한다고 판단하였다.[145]

③ 차명주식을 증여하면서 매매대금을 지급하는 외관을 만든 경우

피고인이 합병을 통한 우회상장을 염두에 두고 자신의 자녀들에게 A 회사 발행의 차명주식을 증여하면서, 자녀들이 차명주주들로부터 직접 A 주식을 매수하는 것처럼 허위의

---

143) 미국 법원의 판례에 의하면, 조세포탈의 의도로 명의수탁자(nominee)와 현금을 사용하는 것은 조세포탈죄의 적극적 행위이고[U.S. v. Conley, 826 F.2d 551, 556-557 (7th Cir. 1987)], 명의인(nominee)의 사용 및 재산을 타인의 명의로 두는 것은 고의성(willfulness)을 입증하는 증거이다[U.S. v. Bishop, 264 F.3d 535, 550 (5th Cir. 2001) ; 미국 조세범죄 매뉴얼 p.31].

144) 대법원 2006. 6. 29. 선고 2004도817 판결. 다만, 법원은, 같은 사건에서 「甲 등이 戊에게 명의신탁한 B, C 회사 주식을 丙·丁에게 증여하면서 마치 위 주식을 명의수탁자인 戊가 丙·丁에게 양도하는 것처럼 허위의 주식양도·양수계약서를 작성하였으나, 주식양수대금이 실제로 지급된 것처럼 꾸미지는 않은 부분」에 대하여는, 부정행위에 해당하지 않는다고 판단하였다.

145) 서울고등법원 2008. 10. 10. 선고 2008노1841 판결(대법원 2009. 5. 29. 선고 2008도9436 판결의 원심 : 위 판단 부분에 대하여 피고인이 상고하지 않아서 위 부분은 대법원의 판단대상에 포함되지 않았다)

매매계약서를 작성하고, 자녀들 명의 계좌에서 차명주주들 명의 계좌로 금원을 이체하는 등으로 주식매매대금이 실제로 지급된 것과 같은 외관을 만든 후, 차명주주들 명의로 주식 양도차익에 대한 양도소득세를 신고·납부하게 한 후 A 회사가 코스닥상장법인인 B 회사에 흡수합병되게 하여 A 주식을 우회상장시킨 사건에서, 법원은 피고인이 부정행위로 구 상증세법 제41조의5 제1항에서 정한 의제증여세를 포탈하였다고 인정하였다.[146]

(3) 부정행위로 인정되지 않은 사례

① 명의신탁 주식을 양도하면서 양도대금 지급의 외관을 만들지 않은 경우

甲 등이 戊에게 명의신탁한 B, C 회사 주식을 丙·丁에게 증여하면서 마치 위 주식을 명의수탁자인 戊가 丙·丁에게 양도하는 것처럼 허위의 주식양도·양수계약서를 작성하였으나, 주식양수대금이 실제로 지급된 것처럼 꾸미지는 않은 사건에서, 법원은 부정행위에 해당하지 않는다고 판단하였다.[147]

② 상장주식의 명의신탁(진료발효 사건)

망인이 주식회사 J의 계열분리 및 기업공개를 위하여 위 회사의 주식을 甲, 乙, 丙 등에게 명의신탁하고, 위 주식이 1993년 코스닥 시장에 상장되자, 명의수탁자인 甲 등의 명의로 증권계좌를 개설한 후, ㉮ 2005년부터 2008년까지 甲, 乙, 丙 명의로 보유하는 주식을 양도하였는데, 그 중 2005년 甲 명의 주식을 양도한 것에 대하여만 甲 명의로 양도소득세를 신고하고, 나머지는 신고하지 않았으며, ㉯ 2007년부터 2011년까지 위 명의신탁 주식의 증권계좌에서 발생한 이자 및 배당 소득을 명의수탁자인 甲 등의 종합소득으로 신고한 사건에서, 대법원은, ㉠ 망인의 甲 등에 대한 명의신탁이 누진세율의 회피 등과 같은 조세포탈의 목적에서 비롯되었다고 볼 만한 사정이 발견되지 않은 점, ㉡ 망인이 명의수탁자 명의로 증권계좌를 개설한 것은 주식의 명의신탁에 통상 뒤따르는 부수행위로 보이는 점, ㉢ 2007년 및 2008년에 명의수탁자인 甲 명의 주식의 양도에 관하여 양도소득세를 신고하지 않은 것은 코스닥 시장에서의 일반적인 주식양도방법에 따라 주식이 처분된 결과인 점, ㉣ 망인이 명의수탁자 명의로 이자·배당에 관한 종합소득세 신고를 한 것은 명의신탁이 해소되지 않은 상황에서 이자 및 배당소득이 명의수탁자에게 자동으로 입금됨에 따라 소득세가 명의수탁자 명의로 자동 공제된 데 기인한 것인 점 등에 비추어, 망인의 주식 명의신탁행위와 이에 뒤따르는 부수행위를 부당무신고가산세 및 부당과소신고가산세의 대상인 부정행위로 볼 수 없다고 판단하였다.[148]

---

146) 대법원 2011. 6. 30. 선고 2010도10968 판결
147) 대법원 2006. 6. 29. 선고 2004도817 판결
148) 대법원 2017. 4. 13. 선고 2015두44158 판결(진료발효 사건)

③ 차명으로 보유하는 상장주식의 장외양도

피고인이 코스닥 상장주식을 차명으로 보유하다가 장외에서 양도하여 얻은 차익에 대하여 양도소득세를 포탈하였다고 기소된 사건에서, 대법원은, 코스닥 상장주식을 장외에서 양도하여 얻은 소득은 자신의 이름으로 양도하는 것이나 타인의 이름을 빌려 양도하는 것이나 모두 소득세법상 양도소득세 과세대상에 해당하고, 피고인이 위 주식의 양도소득에 대한 소득세 신고를 하지 않은 것을 이미 발생한 소득에 대한 적극적 은닉행위로 보기도 어렵다는 이유로 조세포탈죄가 성립하지 않는다고 판단하였다.[149]

④ 비상장주식의 명의신탁

甲이 乙 등에게 명의신탁한 비상장법인 丙 주식회사의 주식 일부를 자신 명의로 보유하고 있던 주식과 함께 丁에게 양도하고 각 주식 명의자들의 명의로 양도소득세를 신고하였는데, 과세관청이 명의신탁된 주식에 대하여 지급된 배당금이 실질적으로 甲에게 귀속되었다는 이유로 종합소득세 부과처분을, 甲이 양도한 주식의 가액을 과소신고하였다는 이유로 양도소득세 부과처분을 한 사안에서, 대법원은, 단순히 명의신탁이 있었다는 점만을 들어 甲이 오랜 기간에 걸쳐 누진세율의 회피 등과 같은 조세포탈의 목적을 일관되게 가지고 명의신탁하였다고 단정하기 어려운 점 등 제반 사정에 비추어, 甲의 주식 명의신탁 행위와 이에 뒤따르는 부수행위를 10년의 장기부과제척기간의 요건인 부정행위로 볼 수 없다고 판단하였다.[150]

⑤ 명의신탁 토지의 협의매각

원고가 1997. 8. 9. 소외인 명의로 토지 5필지를 취득하였다가 2010. 6. 21., 2011. 4. 5. 및 2014. 5. 12. 그 중 일부 토지를 천안시의 공공사업 수행을 위하여 협의매각한 후 소외인 명의로 2010년, 2011년 및 2014년 귀속 양도소득세를 신고·납부하였다가 2015. 12. 31. 2010년, 2011년 및 2014년 귀속 양도소득세를 수정신고한 사안에서, 대법원은, ㉮ 위 명의신탁이 차명 부동산의 보유에 따른 재산세 등 이외에 그 양도에 따른 양도소득세까지 포탈하려는 목적에서 비롯되었다고 볼 만한 사정은 발견되지 않는 점, ㉯ 위 토지는 천안시의 공공사업 수행을 위해 협의매각된 것일 뿐이고 그 과정에서 원고가 조세포탈 목적에서 비롯된 적극적인 행위를 하였다고 볼 만한 사정이 발견되지 않는 점, ㉰ 원고가 소외인 명의로 이 사건 토지의 양도와 관련한 각 양도소득세를 신고하였으나 이는 명의신탁에 통상 뒤따르는 부수행위일 뿐, 이를 조세포탈 목적에서 비롯된 적극적인 행위로 볼 수 없고, 원고는 그 양도가액과 취득가액 등을 허위로 신고하지 않은 점 등에 비추어, 원고의 행위는 부정무신고가산세

---

149) 대법원 2011. 7. 28. 선고 2008도5399 판결
150) 대법원 2018. 3. 29. 선고 2017두69991 판결

및 부정과소신고가산세의 대상인 부정행위에 해당하지 않는다고 판단하였다.[151]

⑥ 주식의 명의신탁을 위한 부수적 행위

명의신탁자가 명의수탁자에게 주식을 명의신탁하면서 주식의 매매 등이 있었던 것과 같은 외관을 형성하여 그 형식에 따른 계약서나 계좌거래내역 등을 토대로 과세관청에 신고한 사건에서, 대법원은, 명의신탁재산 증여의제(상증세법 45조의2)와 관련하여, 위와 같은 명의신탁자의 행위는 주식의 명의신탁에 통상 뒤따르는 부수행위에 불과하므로, 그러한 경우 명의신탁의 결과 명의수탁자가 부담할 증여세의 부과와 징수를 불가능하게 하거나 현저히 곤란하게 하는 정도에 이르렀다는 등의 특별한 사정이 없는 한, 증여세 부당무신고가산세의 요건인 부정행위에 해당한다고 볼 수 없다고 판단하였다.[152]

⑦ 대법원 2018. 4. 12. 선고 2016도1403 판결

㉮ 차명주식의 양도소득세 포탈 여부

㉠ 사실관계 : 피고인은 1974년 부친이 설립한 A 회사에 입사한 후 이사, 상무이사, 전무이사, 부사장, 대표이사를 거쳐 2003. 11.경부터 A 회사의 회장으로 재직하였다. 피고인이 실명 또는 차명으로 보유한 A의 총발행주식은 1997년경 28.5%에서 2008. 12. 19. 부친으로부터 A의 주식을 증여받음으로써 54.6%에 이르게 되었다. 한편, 피고인은 2000년경 A의 직원 또는 거래처 사장의 명의를 차용하여 증권계좌를 개설한 후 2008. 7. 4.부터 2012. 8. 29.까지 위 계좌로 A 주식 6,813주를 매도하여 약 32억 원의 양도차익을 얻었으나, 양도소득세 신고를 하지 않고, 자본시장법상 대량보유 보고의무[153] 및 임원 등의 소유주식 보고의무[154]도 이행하지 않았다. 피고인은 2013. 12. 27. 그 때까지 차명으로 보유하고 있던 A 주식 184,388주를 실명전환하였다.

㉡ 원심은, ⓐ 피고인의 차명주식 취득이 외국인 자본 등에 의한 A의 경영권 위협 우려가 있었던 IMF 외환위기를 전후하여 증가하였고, 차명주식 대부분이 별다른 변동 없이 장기간 유지되다가 실명전환된 점에 비추어, 피고인은 차명주식의 거래를 통한 양도차익 등의 이익을 도모한 것이 아니라 주로 A의 경영권 확보·유지를 위하여 차명주식의 취득·관리하였던 것으로 보이고, ⓑ 자본시장법상의 대량보유 보고의무 등의 불이행만으로 부정행위라고 볼 수 없다는 등의 이유로, 부정행위로 양도소득세를 포탈하였다는 점이 증명되었다고 보기 어렵다고 판단하였고,[155] 대법원은 이를 수긍하였다.

---

151) 대법원 2020. 12. 10. 선고 2019두58896 판결
152) 대법원 2021. 7. 8. 선고 2017두69977 판결
153) 자본시장법 제147조 제1항
154) 자본시장법 제173조 제1항
155) 서울고등법원 2016. 1. 13. 선고 2015노791 판결. 1심은 양도소득세의 포탈 부분을 유죄로 인정하였으나,

㉯ 상속받은 차명주식에 관한 상속세의 포탈 여부

㉠ 사실관계 : 피고인의 부친은 A 회사의 직원들 명의로 A 주식을 보유하던 중 2010년 사망하였고, 이에 따라 피고인은 위 주식을 상속하였다. 피고인은 위 상속 이전부터 위 차명주식의 존재를 알고 있었으나, 다른 형제들에게 알리지 않았고, 상속 이후 차명계좌에서 차명주식 중 일부를 출고하여 실물주권으로 보관하다가 자신의 주식계좌에 입고하는 한편, 차명주식과 관련된 배당금을 현금으로 수령하였으며, 2010. 8. 25. 상속세 신고 시 위 차명주식을 제외하였다.

㉡ 원심은, 피고인이 상속받은 주식을 차명 또는 실물 그대로 보관한 것과 차명주식과 관련한 배당금을 현금으로 수령한 것은 적극적 은닉행위로 볼 수 없다는 등의 이유로, 부정행위로 상속세를 포탈하였다고 인정하기 어렵다고 판단하였고, 대법원은 이를 수긍하였다.[156)]

(4) 상장주식 양도소득의 과세규정의 시행 전에 취득한 차명주식 등

과거에는 상장주식의 양도소득이 소득세 과세대상에서 제외되었으나, 1999. 1. 1.부터 일정한 대주주의 상장주식 양도소득을 과세하는 규정[157)]이 시행되었다. 이와 관련하여 위 과세규정의 시행 전에 취득한 차명주식 등을 위 시행 이후에 양도하는 것이 부정행위에 해당하는지 여부가 문제된다.

① 과세규정의 시행 전에 취득한 차명주식을 과세규정의 시행 후 양도한 경우

대법원은, 피고인이 상장주식 양도소득의 과세규정이 시행되기 전에 차명계좌를 이용하여 주식을 취득하여 보관하다가 위 과세규정의 시행 이후 위 주식을 매도한 사건에서, 위 주식을 취득할 당시에는 대주주의 상장주식 양도로 인한 양도소득세 납세의무에 대하여 예견할 수 없었으므로, 이를 부정행위로 보기 어렵다고 판단하였다.[158)]

② 과세규정의 시행 전에 취득한 차명주식에 기하여 과세규정의 시행 후 무상주를 교부받고 양도한 경우

피고인이 상장주식 양도소득의 과세규정의 시행 전에 차명으로 주식을 취득한 후, 위 과세규정의 시행 이후 위 주식의 발행법인으로부터 **주식배당** 및 자산재평가적립금의 자본전

이와 달리 원심은 무죄로 판단하였다.

156) 한편, 대법원 2017. 1. 12. 선고 2014두43653 판결은, 주식이 명의신탁되어 명의수탁자 앞으로 명의개서가 된 후 명의신탁자가 사망하여 주식이 상속된 경우에는 상증세법 제45조의2에 따른 명의개서해태 증여의제 규정의 적용 대상에 해당하지 않는다고 판단하였다.

157) 1998. 12. 28. 법률 제5580호로 개정된 구 소득세법 제94조 제3호 및 1998. 12. 31. 대통령령 제15969호로 개정된 구 소득세법 시행령 제157조 제5항

158) 대법원 2009. 5. 29. 선고 2008도9436 판결, 대법원 2013. 9. 26. 선고 2013도5214 판결

입에 따라 무상주를 교부받고 이를 실명전환하지 않은 채 차명으로 보유하다가 양도한 사안에서, 대법원은, 기존 주식의 취득 당시에는 조세납부의무가 없었으므로 대주주의 상장주식 양도로 인한 양도소득세 납세의무에 대하여 예견할 수 없었고, 자산재평가적립금 등 자본준비금이나 이익잉여금을 자본에 전입하여 무상주가 배정되는 경우에는 발행법인의 순자산이나 이익 및 주주의 지분비율, 실질적인 재산적 가치에는 아무런 변화가 없으므로, 취득 당시 과세대상이 아닌 기존 주식이 과세대상으로 전환된 후에 그 기존 주식에 관하여 자산재평가적립금이나 이익잉여금의 자본전입에 따른 무상주가 배정되었다고 하여 새로운 '사기 기타 부정한 행위'가 있었다고 볼 수 없다고 판단하였다.[159]

③ 과세규정의 시행 전에 차명으로 신주인수권을 취득하고, 과세규정의 시행 후에 이를 행사하여 취득한 주식을 양도한 경우

피고인이 상장주식 양도소득 과세규정이 시행되기 전에 차명(임직원들 명의)으로 신주인수권을 취득한 후, 위 과세규정의 시행에 따라 대주주인 자신의 주식양도로 인한 양도소득세의 납세의무를 예견할 수 있게 된 상태에서, 임직원들 명의로 위 신주인수권을 행사하여 주식을 차명으로 취득한 다음 이를 양도하고 양도소득세를 신고·납부하지 않은 사안에서, 대법원은 부정행위에 해당한다고 판단하였다.[160]

3.3.3. 거래당사자 명의의 위장

(1) 부정행위로 인정된 사례

(가) 중간단계 거래의 은닉

① 물품거래

실제로는 가스도매업자 A가 가스소매업자인 B에게, B가 다시 실수요자 C에게 각 순차로 가스를 공급하였음에도, B가 가스판매사업을 하는 것을 감추고 A가 C에게 가스를 직접 공급하는 것처럼 가장하기 위하여 A로 하여금 B 앞으로 세금계산서를 발급하게 한 것은 부정행위에 해당한다.[161]

---

159) 대법원 2015. 9. 10. 선고 2014도12619 판결. 한편, 대법원은 위 사건에서, 피고인이 과세규정의 시행 후 차명으로 취득한 주식에 대하여 주식배당 및 자산재평가적립금의 자본전입에 따라 교부받은 무상주와 관련해서는, 취득 당시 과세대상인 기존 주식에 대하여 부정행위가 인정되는 이상 자산재평가적립금이나 이익잉여금의 자본전입으로 기존 주식의 보유 비율에 따라 무상주가 배정되었다고 하더라도 그 무상주의 양도로 인한 포탈세액은 기존 주식의 취득으로 인하여 생겨난 것이므로, 이러한 무상주의 양도로 인한 양도소득세도 포탈세액에 포함된다고 판단하였다.
160) 대법원 2015. 9. 10. 선고 2014도12619 판결
161) 대법원 1983. 2. 22. 선고 82도1919 판결

② 용역거래

신문사와 광고대행계약을 체결하고 광고수주권을 부여받은 피고인이, 실제로는 자신이 프리랜서들을 채용하여 그들로부터 광고대행용역을 공급받았음에도, 마치 신문사가 위 프리랜서들로부터 위 용역을 공급받은 것처럼 위 프리랜서들 명의로 신문사에게 세금계산서를 발행함으로써 피고인의 수입을 과세에서 누락시킨 사안에서, 대법원은 부정행위에 해당한다고 판단하였다.[162)

(나) 미등기 전매

① 양도소득세의 포탈

실제로는 A가 B에게, B가 다시 C에게 토지를 매도하였음에도, B가 A와 C로 하여금 A가 직접 C에게 토지를 매도한 것처럼 허위의 매매계약서를 작성하게 하고, A로부터 C 앞으로 직접 소유권이전등기가 경료되게 하는 것은 부정행위에 해당한다.[163)

② 상속세의 포탈

피고인의 남편인 A가 B로부터 토지를 매수하고 그 대금을 모두 지급한 후 가등기를 마친 상태에서 사망하자, A를 상속한 피고인이 그 토지에 대한 상속세 등을 포탈하기 위하여 법정신고기한 내에 상속세신고를 하지 않은 채 이를 공소외 2 외 2인에게 미등기전매하고 등기명의인 전소유자 공소외 3 명의로부터 위 매수인들 앞으로 바로 소유권이전등기를 마친 사안에서, 대법원은, 피상속인인 A가 매수하여 그 대금을 모두 지급한 토지는 피상속인 명의로 등기되었는지 여부에 관계없이 실질적으로 그 권리가 피상속인에게 귀속된 재산으로서 상속재산에 해당하고, 피고인의 행위는 부정행위를 구성한다고 판단하였다.[164)

(다) 의제자백에 의한 허위소송

공동상속인 중 1인이 피상속인인 부의 사망 후 상속재산의 협의분할에 따라 토지를 단독상속하기로 하였음에도, 상속세를 포탈하기 위하여 상속포기신고를 한 후 마치 자신이 상속개시 전에 위 토지를 매수하여 피상속인에게 명의신탁해둔 것처럼 가장하여, 다른 공동상속인들을 상대로 명의신탁해지로 인한 소유권이전등기청구소송을 제기하여 의제자백에 의한 승소판결을 받아 소유권이전등기를 경료한 사안에서, 대법원은 위 일련의 행위는 부정행위에 해당한다고 판단하였다.[165)

---

162) 대법원 2007. 2. 8. 선고 2005도297 판결
163) 대법원 1991. 6. 25. 선고 91도318 판결, 대법원 1992. 9. 14. 선고 91도2439 판결, 대법원 1997. 12. 12. 선고 97도2168 판결, 대법원 2007. 10. 26. 선고 2007도5954 판결
164) 대법원 1992. 4. 24. 선고 91도1609 판결
165) 대법원 1983. 6. 28. 선고 82도2421 판결

(라) 거래귀속의 위장

피고인이 공소외 회사의 매출로 입금처리되어야 할 금액을 관계 서류를 수정·조작하여 위 회사의 매출에서 제외시키고, 이를 결손금이 있어 법인세가 부과되지 않는 다른 회사에 입금처리하는 방법으로 공소외 회사의 소득을 과소신고한 사안에서, 대법원은 부정행위에 해당한다고 판단하였다.[166]

(마) 무자력 수입업체를 내세운 주행세의 포탈

피고인 1이 명목상의 수입회사인 E 명의로 경유를 수입하여 시장가격보다 훨씬 낮은 가격으로 S 회사(대표자 : 피고인 2)에 판매하는 계약을 체결하였고,[167] S는 위 경유를 시중에 최소 공급원가[168]보다 낮은 가격으로 판매하였다. E와 S는 위 경유에 관한 주행세를 신고·납부하지 않았다. 과세관청은 명목상의 수입회사인 E를 납세의무자로 파악하여 E에게 주행세와 가산세 등을 부과하였으나, E가 무자력이었기 때문에 E로부터 주행세를 징수할 수 없었다. 법원은, 위 경유와 관련하여 E는 명목상의 수입회사로서 이른바 바지회사에 불과하고 실제 수입의 주체로서 주행세 납세의무자는 S이며, 피고인들이 명목상의 수입회사로서 바지회사인 E를 내세워 주행세의 징수를 불가능하게 하거나 현저히 곤란하게 함으로써 주행세를 포탈하였다고 판단하였다.[169]

(2) 부정행위로 인정되지 않은 사례

(가) 거래소시장의 경쟁매매를 통하여 상장주식을 특수관계인에게 양도한 사건

상장법인의 최대주주 등인 피고인들과 특수관계인들이 거래소시장에서 각각 매도주문과

---

166) 대법원 1996. 12. 10. 선고 96도2398 판결
167) A 증권회사의 구조화금융부 부장인 피고인 1은, 외관상 A 회사가 투자금을 조성하여 경유를 수입·판매하여 수익을 내어 이를 투자자들에게 배분하는 것처럼 A 회사에 제안서를 제출하여 사업을 승인받은 후, 특수목적법인을 설립하여 투자자들로부터 290억 원 상당의 자금을 조성하였다. 위 특수목적법인은 S 회사(대표자 : 피고인 2)와 수익권거래계약을 체결하여 S에게 위 투자금을 지급하는 대신 경유수입 사업의 수익권을 부여받았고, 피고인 1 등은 명목상의 수입회사인 E 명의로 경유수입 중개사와 사이에 경유수입 가격을 협상을 마친 후 E를 설립하고 E 명의로 수입된 경유를 시장가격보다 훨씬 낮은 가격으로 S 회사에 판매하는 계약을 체결하였다. 이에 따라 E 명의로 경유가 수입되어 즉시 S에게 이전되었는데, 실제 통관, 품질검사, 이전 등의 업무는 모두 피고인 1과 S가 수행하였고, 그 비용은 위 투자금으로 지급되었다(대법원 2021. 10. 28. 선고 2019다293814 판결).
168) '수입가격에 통관비용, 자동차세 등 관련 세금, 부대비용 등을 합한 가격'을 말한다.
169) 울산지방법원 2015. 4. 10. 선고 2014고합306, 323(병합) 판결, 울산지방법원 2016. 2. 19. 선고 2015고합272, 300(병합) 판결, 부산고등법원 2016. 8. 31. 선고 2015노230, 2016노168(병합) 판결, 대법원 2017. 1. 12. 선고 2016도14874 판결. 위 사건은 바지업체(폭탄업체)를 내세운 점에서 대법원 2007. 2. 15. 선고 2005도9546 전원합의체 판결의 사안과 유사한 면이 있고, 이에 따라 2심도 2005도9546 판결을 판단근거로 설시하고 있다. 그러나 ① 위 사건의 바지업체인 E는 세법상 거래당사자인 수입업체에 해당하지 않는 점, ② 2005도 9546 판결의 경우에는 세액의 신고는 있었으나 그에 대한 납부가 없었던 부분이 문제되었던 반면, 위 사건에서는 세액의 신고 자체가 없었던 점에서 차이가 있다.

매수주문을 동시에 내는 방법으로 주식을 거래함으로써 할증평가액을 기준으로 한 부당행위계산부인에 따른 소득세를 포탈하였다는 혐의로 기소된 사건에서, 법원은, ① 거래소 시스템의 구조상 위 매도·매수주문에 따라 반드시 그 주문자들 간에 주식거래가 체결된다는 보장이 없고, 그 체결결과를 정확히 확인할 수도 없으므로, 위 주식거래를 최대주주 등과 특수관계인 간의 매매로 보기 어려우며, ② 피고인들의 행위가 주식거래로 인한 양도소득을 적극적으로 은닉하는 부정행위로 볼 수 없다고 판단하였다.[170]

(나) 무자력자를 법인의 대표자로 내세운 경우

법인의 실질적 운영자가 무자력자를 대표자로 내세우는 것은 법인세의 납부의무에 영향을 미치지 않으므로, 법인세에 관한 부정행위에 해당하지 않는다.[171] 다만, 위 경우 소득처분에 따른 소득귀속자의 소득세 납부의무에 관한 부정행위 여부가 문제될 여지는 있다.

3.3.4. 사업자등록 명의의 위장

(1) 부정행위의 판단기준

사업자등록 명의의 위장은 조세회피의 목적 외에도 강제집행의 면탈, 거래상 편의 등 여러 가지 이유로 행해진다. 그리고 사업자등록을 실제 사업자가 아닌 제3자 명의로 하더라도, 그 명의자의 이름으로 소득세의 신고·납부가 이루어진다면 실제로 포탈되는 세액은 크지 않을 수 있다. 또한 사업자등록 명의의 대여자는 실제 사업자의 가족이나 친·인척 또는 직원 등으로서 그 비난가능성이 크다고 보기 어려운 경우도 있다. 사업자등록 명의의 위장이 부정행위에 해당하는지 여부를 판단할 때에는 위와 같은 사정들을 고려할 필요가 있다.

대법원은, 명의를 위장하여 소득을 얻더라도 그것이 조세포탈과 관련이 없는 행위인 때에는 명의위장 사실만으로 부정행위에 해당한다고 할 수 없으나, 그것이 누진세율 회피, 수입의 분산, 감면특례의 적용, 세금 납부를 하지 아니할 무자력자의 명의사용 등과 같이 명의위장이 조세회피의 목적에서 비롯되고 나아가 여기에 허위 매매계약서의 작성과 대금의 허위지급, 허위의 양도소득세 신고, 허위의 등기·등록, 허위의 회계장부 작성·비치 등과

170) 서울중앙지방법원 2019. 9. 6. 선고 2018고합932, 1217(병합) 판결, 서울고등법원 2020. 12. 24. 선고 2019노2075 판결(항소기각), 대법원 2021. 6. 24. 선고 2021도436 판결(상고기각) : 한편, 동일한 사안과 관련하여 피고인들에 대한 소득세의 부과처분이 문제된 조세 사건에서 법원은 ① 위 주식거래가 원고들(피고인들)과 특수관계인 간의 거래로서 부당행위계산에 해당한다고 보았으나, ② 부정가산세와 관련해서는 조세형사 사건과 마찬가지로 원고들의 행위가 부정행위에 해당한다고 볼 수 없다고 판단하였다[서울고등법원 2023. 10. 27. 선고 2022누56304 판결(대법원 2023두60597호로 상고심 계속 중)]. 제3편 제3장 제4절 3.1. (1) 참조.
171) 서울고등법원 1996. 7. 22. 선고 96노695 판결, 대법원 1996. 10. 25. 선고 96도2035 판결(상고기각)

같은 적극적인 행위까지 부가된다면 이는 조세의 부과와 징수를 불가능하게 하거나 현저히 곤란하게 하는 '사기 기타 부정한 행위'에 해당한다고 판시하였다.[172]

한편, 조세범처벌법 제11조는, 조세의 회피 또는 강제집행 면탈을 목적으로 타인의 성명을 사용하여 사업자등록을 한 자 및 그러한 목적으로 자신의 성명을 사용하여 타인에게 사업자등록을 할 것을 허락한 자를 조세포탈죄와 별개로 처벌한다.

(2) 부정행위로 인정된 사례

① 피고인이 부가가치세 일반과세자임에도 A 명의로 사업자등록을 한 후 피고인이 실제로 거래하는 농약 중 일부를 A가 거래하는 것처럼 위장하여 부가가치세 과세특례를 적용받은 사안[173]

② 피고인이 유흥주점을 경영하면서 제3자 명의로 사업자등록을 한 후 그 이름으로 카드가맹점을 개설하고 신용카드 매출전표를 작성하여 피고인의 수입을 숨긴 사안[174]

③ 피고인이 다른 사람들의 명의를 빌려 3개의 위장 사업체를 설립하여 자신이 운영하는 법인의 매출을 분산하는 등으로 매출을 과소 신고한 사안[175]

(3) 조세포탈로 인정되지 않은 사례

대법원은, 피고인 명의로 사업자등록을 하였지만 실제로는 피고인의 친형이 자금을 대고 영업을 하며 매출가액의 과소신고로써 조세를 포탈한 경우 사업자등록을 피고인 명의로 하였다는 사실만으로는 피고인에게 조세포탈의 목적이 있다고 볼 수 없다고 판단하였다.[176]

3.3.5. 국외 SPC를 이용한 재산·소득의 은닉 : 역외탈세

(1) 일반론

(가) 판단의 기준

국내 거주자 또는 내국법인이 외국에 인적·물적 시설이 없는 특수목적법인(Special Purpose Vehicle, SPC)을 설립하고 SPC 명의로 재산을 취득하거나 소득을 얻어서 국내의 과세를 회피하려는 경우가 있다. 이 경우 SPC를 통한 소득의 은닉이 조세포탈죄에 해당하기 위해서는 다음의 두 가지 요건이 충족되어야 한다. ① 형식상 SPC 명의로 얻은 소득이

---

172) 대법원 2013. 12. 12. 선고 2013두7667 판결, 대법원 2017. 4. 13. 선고 2015두44158 판결
173) 대법원 1984. 1. 31. 선고 83도3085 판결
174) 대법원 2004. 11. 12. 선고 2004도5818 판결, 대법원 2006. 6. 15. 선고 2006도1933 판결
175) 대법원 2009. 5. 28. 선고 2008도7210 판결
176) 대법원 1983. 11. 8. 선고 83도510 판결

실질과세원칙에 따라 국내 거주자 또는 내국법인에게 속하는 것으로 볼 수 있어야 한다(납세의무의 성립). ② 소득의 귀속자가 SPC를 통하여 소득을 얻음으로써 과세관청의 세원포착을 곤란하게 한 것이 부정행위에 해당하여야 한다.

(나) '세법상 내국법인' 또는 '기지회사'

법인세법은 내국법인을 '본점, 주사무소 또는 사업의 실질적 관리장소가 국내에 있는 법인'으로 정의한다(법인세법 2조 1호). 이에 따르면, 외국의 법령에 따라 설립된 SPC라도 그 실질적 관리장소가 국내에 있으면 법인세법상 **내국법인**으로서 법인세 납부의무를 부담한다.[177]

한편, 거주자나 내국법인이 거주지국인 우리나라의 조세를 회피하기 위하여 소득세를 비과세하거나 낮은 세율로 과세하는 조세피난처에 사업활동을 수행할 능력이 없는 외형뿐인 이른바 '**기지회사**(Base Company)'를 설립하여 두고 법인형식만을 이용함으로써 실질적 지배·관리자에게 귀속되어야 할 소득을 부당하게 유보하여 두는 경우, 실질과세원칙에 따라 그 기지회사 명의의 재산에서 생긴 소득은 그 재산을 실질적으로 지배·관리하는 자에게 귀속된다.[178] 국외 SPC가 위와 같은 기지회사에 해당하는 경우 SPC 명의 소득은 이를 실질적으로 지배·관리하는 자에게 귀속될 것이다.

위 두 가지 중 전자(前者)의 경우에는 내국법인으로 취급되는 외국법인이 법인세 납부의무를 지는 반면, 후자(後者)의 경우에는 그 외국법인을 지배하는 자가 소득에 대한 납세의무를 지므로, 양자는 세법적 귀결을 달리하지만, 별개로 적용된다.[179] 논리적으로 보면, 후자(後者)의 요건이 충족되어 어떤 소득이 외국법인이 아닌 그 실질귀속자에게 귀속하는 경우, 그 외국법인은 세법상 내국법인인지 여부와 관계없이 해당 소득에 대한 납세의무를 부담하지 않기 때문에, 전자(前者)의 문제, 즉 해당 외국법인이 법인세법상 내국법인인지 여부는 별다른 의미를 갖지 못하게 된다.

이하에서는 국외 SPC를 통하여 소득을 얻은 사례를 중심으로 살펴보기로 한다.[180]

(2) 대법원 2011. 1. 27. 선고 2010도1191 판결

피고인 1은, 자신이 대주주 겸 대표이사인 공소외 3 주식회사 등의 수익이 현저하게 증가하여, 거래상대방인 미국 N사로부터 납품가격 인하의 압력을 받을 우려가 생기자, 해외에

---

177) 외국의 법령에 따라 설립된 법인이 세법상 내국법인으로 인정된 예에 대하여는 송동진, 법인세법, 10쪽 참조
178) 대법원 2015. 11. 26. 선고 2014두335 판결(매지링크 사건), 대법원 2018. 11. 9. 선고 2014도9026 판결(완구왕 사건), 대법원 2018. 12. 13. 선고 2018두128 판결
179) 기지회사와 세법상 내국법인의 관계에 대하여는 송동진, 법인세법, 14쪽 참조
180) 납세의무자가 내국법인을 통하여 소득을 얻은 경우에 관하여는 본 장 제3절 2.2. (2)(나) 참조

새로운 법인을 설립하여 그 법인에 수익을 이전하기로 마음먹었다. 이에 따라 피고인 1은 2002. 10.경 홍콩에 자본금 전액을 출자하여 공소외 7, 8을 주주로 내세워 'APC'라는 홍콩 법인을 설립한 후 2002. 10.경부터 2005. 10.경까지 실제로는 공소외 43 주식회사가 원·부 자재를 바로 공소외 42 유한공사, 공소외 41 주식회사에 납품하였음에도 서류상 원·부자 재를 공소외 43 주식회사가 APC로 납품하면, APC가 공소외 42 유한공사, 공소외 41 주식 회사로 납품하는 것처럼 거래단계를 조작하여 APC에 거래중개 이익으로 약 5,500만 달러 를 이전하였다. 이후 피고인 1은 APC가 공소외 7, 8에게 배당하고 자신은 종합소득세 과세 대상인 배당을 받지 않은 것처럼 위장하는 방법으로 조세를 포탈하였다.

법원은, 피고인 1이 공소외 43 주식회사 등이 홍콩 SPC인 APC에 이익을 이전하게 하고, 차명으로 APC 주식을 보유하여 그로부터 배당받은 것을 부정행위로 인정하였다.[181]

(3) 대법원 2013. 4. 11. 선고 2012도13705 판결(상증세 플랜 사건)

(가) 사실관계

피고인 A 회사의 대표이사인 피고인 甲은, A 회사 소유의 빌딩을 자녀에게 증여할 경우 약 400억 원의 증여세가 부과될 것으로 예상되자, 乙 및 공인회계사인 丙·丁과 공모하여, A 회사가 위 빌딩을 담보로 은행으로부터 300억 원을 대출받아 홍콩 소재 페이퍼컴퍼니인 G를 통하여 중국 철강회사인 S에 투자하는 것처럼 허위 내용의 해외투자계약서 등을 작성 ·제출하여 허위로 해외직접투자신고를 하고, 홍콩의 G 계좌로 300억 원을 송금한 후, 위 자금을 영국령 버진아일랜드 등에 있는 페이퍼컴퍼니들 간의 송금을 통하여 세탁한 다음, ① 위 금액 중 약 191억 원을 마치 홍콩 소재 페이퍼컴퍼니인 D 등이 A 회사의 유상증자 주식을 취득하는 것처럼 A 회사의 계좌에 송금하는 한편,[182] ② 홍콩의 G 법인이 중국 철 강회사의 주식을 취득한 사실이 없음에도 이를 취득한 후 투자실패로 약 45억 원의 청산금 만을 받은 것처럼 G의 주식가치 평가보고서를 작성한 후, 이를 기초로 A 회사에 관하여 약 254억 원의 결손금을 과대 계상하여 2009 사업연도 법인세 신고를 하였고, 이를 2011 사업연도로 이월시켜 그 법인세를 신고할 때 동액 상당의 법인 소득을 감소시켰다.

(나) 법원의 판단

법원은, 위 범행이 국내 수사기관과 과세관청이 쉽게 자료를 확보할 수 없는 해외투자 형식으로 이루어졌고, 공인회계사인 피고인 丙·丁이 공신력 있는 회계법인 명의로 각종 허위의 의견서, 보고서를 작성·제출한 점을 종합하면, 피고인들의 행위는 조세의 부과와

---

181) 원심인 서울고등법원 2010. 1. 8. 선고 2009노2487 판결
182) 피고인 甲은 이후 위 D 등의 주식을 증여세가 과세되지 않는 홍콩에서 자신의 자녀들에게 증여할 계획이었다.

징수를 불가능하게 하거나 현저히 곤란하게 하는 적극적 행위로서 부정행위에 해당한다고 판단하였다.

(4) 대법원 2013. 11. 28. 선고 2012도10513 판결(매지링크 사건)

(가) 공소사실

피고인들이 운영하는 내국법인 A가 보유하는 싱가포르 법인 B의 주식('이 사건 주식')에 관하여 일본법인 C와 매각협상을 해오던 중 그 매각대금이 사실상 타결되자, 내국법인 A가 말레이시아 라부안에 설립된 SPC로서 피고인들이 그 주식 전부를 보유하는 P에 이 사건 주식을 위 매각대금보다 낮은 금액에 양도하고('제1 양도'), 위 P로 하여금 B 주식을 다시 일본법인 C에게 당초 타결된 매각금액에 매도('제2 양도')하게 함으로써, 제1, 2 양도금액의 차액에 상당하는 내국법인 A의 법인세를 포탈하였다는 범죄사실로 공소가 제기되었다.

(나) 법원의 판단

법원은, ① 내국법인 A가 P와 제1 양도계약을 체결한 것은 이 사건 주식의 일본 주식시장 상장을 위한 절차였던 것으로 보이는 점, ㉯ 제2 양도계약은 많은 전제조건이 붙은 것이어서 제1 양도계약 당시 제2 양도계약이 확정적으로 예정되어 있었다고 보기 어려운 점 등을 이유로, 제1, 2 양도가 내국법인 A의 법인세 납세의무를 회피하기 위한 목적의 우회거래라거나, P가 형식명의인에 불과하여 내국법인 A가 P를 통하여 이 사건 주식의 양도이익을 실질적으로 지배하였다고 인정하기 어렵고, ② 내국법인 A가 P와 제1 양도계약을 체결한 것을 사기 기타 부정한 행위에 해당한다고 보기 어렵다고 판단하였다.

이에 따르면 A의 P에 대한 매매거래 자체를 세법상 부인하여 A가 직접 C에게 양도한 것으로 재구성할 수는 없지만, 내국법인 A가 국외특수관계인인 P에게 이 사건 주식을 저가로 양도한 것은 국조법상 정상가격 조정의 대상에 해당하므로, 정상가격과 거래가액의 차액은 A의 익금에 산입되어야 한다.

(5) 대법원 2015. 9. 10. 선고 2014도12619 판결[183]

(가) 공소사실

① 조세회피처 SPC를 통하여 보유한 외국 주식 관련

C 그룹의 회장인 피고인 1은 C 그룹의 외국 자회사 X가 보유하던 다른 외국 계열사 Y의 지분을, 피고인 1이 조세회피처인 영국령 버진아일랜드(BVI[184])에 설립한 페이퍼컴퍼니인

---

183) 같은 사건에서 피고인이 그가 지배하는 회사의 임직원들 명의로 보유한 내국법인의 주식에 관하여는 본 절 3.3.2. (4) 참조

D 회사에 매각하게 하였고, Y는 주주인 D[185]에게 미화 1,000만 달러를 배당금으로 지급하였다. 피고인 1의 재산을 관리하는 피고인 2는 위 배당금을 미국 등으로 송금하였고, 피고인 1은 위 금액을 미술품 매입 등에 사용하는 한편, 이를 종합소득세 신고 시 누락하였다.

② 조세회피처 SPC를 통하여 보유한 국내 주식 관련

㉮ C 그룹의 지주회사인 C는 해외 신주인수권부사채(BW)를 발행하였고, 피고인 1이 BVI에 설립한 페이퍼컴퍼니인 E, F, G, H는 해외 금융기관으로부터 위 사채에서 분리된 신주인수권을 인수하였다. 피고인 1은 BVI에 설립한 V 명의로 보유하던 I 지분의 매각대금으로 E 등 명의의 신주인수권을 행사하여 위 회사들 명의로 C의 보통주를 취득하였다. 피고인 1은 위 C 주식을 E 등 명의의 계좌로 보유하면서 그 중 일부를 매도하여 양도차익을 얻고 배당금을 지급받았으나, 그 주식 매각대금을 미국 등 해외로 송금하는 방법 등으로 과세당국이 피고인 1의 소득을 발견하기 어렵게 하는 한편, 위 양도소득 및 배당소득을 신고하지 않았다.

㉯ 피고인 1은 C 그룹의 계열사인 CF가 발행한 전환사채(CB)를 인수한 후 그 중 일부의 명의를 G 앞으로 이전하였다가, 다시 그 중 일부의 전환권을 행사하여 CF의 보통주를 피고인 1이 BVI에 설립한 페이퍼컴퍼니인 I 명의로 취득하였다. I는 CF로부터 배당금을 취득하였으나, 피고인 1은 이에 대한 종합소득세 신고를 누락하였다.

㉰ 피고인 1은 그가 BVI에 설립하여 실질적으로 소유·지배하는 페이퍼컴퍼니인 H를 이용하여 해외 금융기관을 통하여 국내 증권계좌를 개설하여 C 주식 등을 매입하고 이를 관리하다가 전량 매도함으로써 양도소득 및 배당소득을 얻었으나, 그에 대한 종합소득세 및 양도소득세의 신고를 누락하였다.

㉱ 위 각 거래와 관련하여 E, G, H는 해외 금융기관과 국내 증권거래에 관한 대행계약(Custody 계약)을 체결하였고,[186] 해외 금융기관은 그 명의로 해당 내국법인 주식을 취득하였으며, 내국법인의 주주명부에는 해외금융기관이 주주로 등재되었다. 한편, F는 그 명의로 내국법인 주식을 취득하였으므로, 그 주식 발행법인의 주주명부에는 F가 주주로 기재되었다.

---

184) British Virgin Islands
185) D 명의 계좌의 수익적 소유자(beneficial owner)는 피고인 1이 아닌 피고인 2로 지정되었다.
186) 위 사건에서 체결된 Custody 계약에 따르면, E 등의 SPC는 해외 금융기관(Custodian)에게 주식거래를 위임하고, 해외 금융기관은 주식을 자신의 이름으로 취득하여 명의개서를 하고, 수취한 배당금에 관한 조세를 원천징수하며, 의결권 및 기타 주주권의 행사 및 그에 필요한 일체의 업무를 대행한다. Custody 계약 및 주주명부의 기재에 관한 상세한 내용은 피고인 1에 대한 소득세 등 부과처분이 문제된 조세사건의 판결에 나온다. 서울행정법원 2017. 12. 22. 선고 2017구합52436 판결, 서울고등법원 2019. 12. 11. 선고 2018누 32165 판결

(나) 법원의 판단

① 조세회피처 SPC를 통하여 보유한 외국 주식 관련

법원은, D가 Y로부터 받은 배당이 피고인 1에게 실질적으로 귀속함을 전제로, 피고인 1과 공모한 피고인 2가 Y로부터 배당을 받아 피고인 1의 개인생활비를 마련하기 위하여 Y를 C의 계열사에서 분리시키고, 자신이 C 그룹에서 퇴직하는 것과 같은 외관을 만들었으며, D의 수익적 소유자(beneficial owner)를 피고인 2로 지정함으로써 배당소득의 귀속자가 피고인 1임을 적극적으로 은폐하고자 하였으므로, 피고인 1, 2의 행위는 부정행위에 해당한다고 판단하였다.[187]

② 조세회피처 SPC를 통하여 보유한 국내 주식 관련[188]

㉮ 소득의 실질귀속자

법원은, E 등의 SPC는 피고인 1의 재산을 보유·관리할 뿐 그 외 별다른 사업실적이 없고, 회사로서의 인적 조직이나 물적 시설을 갖추지도 못하여 독자적으로 의사를 결정하거나 사업목적을 수행할 능력이 없는 점, C 주식의 취득자금은 피고인 1의 개인자금이고, 그 주식의 취득, 보유 및 처분은 모두 피고인 1의 이익을 위하여 피고인 1의 의사에 따라 결정된 점 등을 종합하면, 피고인 1이 형식적 귀속 명의자인 E 등에 대한 지배권 등을 통하여 C 주식을 실질적으로 보유하고 있고, 그러한 명의와 실질의 괴리가 조세회피 목적에서 비롯되었으므로, C 주식과 관련된 양도소득 및 배당소득은 피고인 1에게 귀속된 것으로 보아야 한다고 판단하였다.[189]

㉯ 부정행위의 해당 여부

법원은, ㉠ 조세피난처에 설립된 SPC를 이용하는 행위 자체를 금하는 법규는 존재하지 않고, 이 사건과 같이 BVI에 설립된 SPC를 이용하여 주식을 보유하는 등의 투자행위는

---

187) 1심인 서울중앙지방법원 2014. 2. 14. 선고 2013고합710, 624(병합) 판결. 위 판단 부분은 피고인이 항소하지 않아서 항소심 및 그 이후 상고심의 심판대상에서 제외되었다.

188) 법원은, H를 이용한 조세포탈 부분과 관련하여, H가 보유한 것은 C의 주식이 아니라 그와 관련된 증서(Note)인데, 위 증서는 그 보관자의 상환 요구가 있을 경우 그 발행자가 주식의 매도를 지시하고 그 주식 매도대금으로 채권을 상환하는 형태의 거래에 관한 것이므로, 파생결합증권에 해당하고, 구 소득세법(2010. 12. 27. 법률 제10408호로 개정되기 전의 것) 제94조 제1항 제3호는 파생결합증권을 과세대상으로 규정하지 않으므로, H의 C 주식 취득을 전제로 한 조세포탈죄는 성립하지 않으며, 설령 T가 C 주식을 보유하였다고 하더라도, 아래에서 보는 것과 같은 이유로 이와 관련한 조세포탈죄는 성립하지 않는다고 판단하였다. 이하의 내용은 H를 이용한 조세포탈 부분을 제외한 것이다.

189) 법원은 관련 조세사건에서, E 등이 직접 또는 해외 금융기관 명의로 취득한 국내 주식의 양도소득 등이 피고인 1에게 귀속되므로, 피고인 1은 그에 대한 소득세 납세의무를 부담하지만, 피고인 1이 위 주식을 E 등에게 명의신탁한 것으로 볼 수는 없으므로, 상증세법 제45조의2에 따른 증여세 납세의무를 부담하지는 않는다고 판단하였다. 서울행정법원 2017. 12. 22. 선고 2017구합52456 판결, 서울고등법원 2019. 12. 11. 선고 2018누32165 판결, 대법원 2020. 8. 20. 선고 2020두32227 판결

합법적인 행위인 점, ⓛ 동일한 목적을 달성하기 위한 여러 선택 가능한 행동대안 중 조세를 절감하는 방안을 선택하는 것도 개인에게 주어진 헌법상 보장된 자유인 점, ⓒ 국내에서 임직원들의 차명계좌를 이용하여 주식을 보유하는 경우는, 금융실명거래 및 비밀보장에 관한 법률[190]에서 금융거래를 실명에 의하도록 정하고 이를 위반할 경우 과태료 부과 대상으로 정하는 등 원칙적으로 금지된 위법행위인 데 반해 해외 SPC를 이용하여 주식을 보유하는 경우는 이를 금지하는 규정이 없다는 점에서 국내에서 차명으로 주식을 보유하는 행위와 해외 SPC를 이용하여 주식을 보유하는 경우를 같이 평가할 수 없고, '부정행위'를 판단함에 있어서도 본질적인 차이가 있는 점, ⓓ 해외 법인이 국내 상장주식을 취득하기 위해서는, 해외에서 우리나라의 증권거래를 대행하여 줄 금융기관(Global Custodian)과 계약을 체결하고 위 해외 금융기관이 국내 금융기관(Local Custodian)에 국내 상장주식의 거래를 위임하게 되는바, 이 사건 각 SPC를 이용한 국내 주식의 취득이 금융기관 명의로 이루어진 것은 위와 같은 거래 방식에 따른 것이고, 이는 피고인 1이 소득을 은닉하기 위하여 계획하거나 창출해낸 것이 아닌 점, ⓔ 이 사건 각 SPC 보유 계좌의 실질적 수익자(Beneficial Owner)는 피고인 1로서,[191] 해외 금융계좌 개설시 피고인 1의 인적사항이 제출되었던 것으로 보이고, 달리 귀속주체를 은닉하기 위하여 출자 구조를 다단계화하는 방법, 귀속주체의 국적을 변경하는 방법 등의 적극적인 행위는 없었던 점 등에 비추어 보면 피고인 1 등이 이 사건 각 SPC를 이용하여 주식을 양도하거나 배당을 받은 행위에 조세회피 목적을 넘어서는 불법적인 '적극적인 소득은닉행위'가 있었다고 볼 수 없다고 판단하였다.

(6) 대법원 2016. 2. 18. 선고 2014도3411 판결(선박왕 사건)

(가) 배당가능 유보소득에 관한 소득세의 포탈 여부[192]

① 사실관계

피고인 1은 조세피난처인 케이만군도에 A홀딩 법인과 A탱커홀딩 법인(이하 통틀어

---

190) 구 금융실명거래 및 비밀보장에 관한 법률 (1997. 12. 31. 제정)
　　제1조(목적)
　　이 법은 실지명의에 의한 금융거래를 실시하고 그 비밀을 보장하여 금융거래의 정상화를 기함으로써 경제정의를 실현하고 국민경제의 건전한 발전을 도모함을 목적으로 한다.
　　제3조(금융실명거래)
　　① 금융기관은 거래자의 실지명의에 의하여 금융거래를 하여야 한다.
　　제7조(과태료)
　　① 제3조의 규정을 위반한 금융기관의 임원 또는 직원은 500만 원 이하의 과태료에 처한다.
191) 그러나 서울고등법원 2019. 12. 11. 선고 2018누32165 판결에 의하면, 당시 F의 수익적 소유자는 피고인 1이 아니었던 것으로 보인다.
192) 피고인은 중고선박 매매와 관련하여 취득한 리베이트 소득 및 일본 법인의 배당금을 타인 계좌로 수수하는 등으로 소득세를 포탈하였다는 혐의로도 기소되었다. 이에 관하여는 본 절 3.3.1. (1)(다) 참조

'A')을 설립하고 그 주식 100%를 본인과 처 명의로 보유하던 중, 국내 과세관청의 세무조사를 받게 되자, 위 주식을 케이만 소재 로펌에 명의신탁하였다. A는 편의치적국인 라이베리아 등에 설립된 다수의 단선회사(선박 1척의 소유 목적으로 설립된 특수목적법인)의 지분 100%를 보유하였다.

② 공소사실

검사는, ㉮ A의 배당가능 유보소득이 국조법에 따라 2006 내지 2009 과세기간에 주주인 피고인 1에게 배당된 것으로 간주되어 피고인 1에게 소득세 납세의무가 발생하였는데, ㉯ 피고인 1이 ㉠ 다수의 페이퍼컴퍼니를 이용한 단계적 출자구조 및 주식의 명의신탁을 통하여 피고인 1이 A의 사실상 100% 주주인 사실을 은폐하였고, ㉡ 국내의 실제 주거를 은폐하고, 피고인 1과 가족들 명의로 보유하던 내국법인의 주식 100%를 피고인 1이 사실상 100% 지분을 보유한 홍콩 소재 페이퍼컴퍼니 명의로 이전하여 내국법인에 대한 지분이 없는 것처럼 가장하는 등으로 국내 거주자인 사실을 은폐함으로써 소득세를 포탈하였다고 기소하였다.

③ 법원의 판단

㉮ 거주자 여부

피고인 1은 국내 거주자로서 소득세 납세의무를 부담한다.[193]

㉯ 구 국조법에 따른 배당간주 여부

㉠ A는 조세피난처인 케이만에 설립된 페이퍼컴퍼니로, 비록 하위의 단선회사들을 통하여 선박을 보유하고 있으나, 이를 실제로 운용할 인적·물적 시설이 전혀 없어 다른 회사에 선주사업을 포괄적으로 위탁하였으므로, 구 국조법 제18조 제1항 본문에 따른 배당간주세제의 적용제외대상에 해당하지 않는다.

㉡ A의 주식에 질권이 설정되어 있거나 각 단선회사가 금융기관과 금융기관의 승인없이 배당을 할 수 없다는 약정을 체결하였더라도, A의 유보소득에 관하여 피고인에 대한 배당간주 과세를 할 수 있다.

㉰ 사기 기타 부정한 행위 여부

대법원은, ㉠ 선박의 편의치적, 다단계 출자구조, 주식의 명의신탁 및 특수목적법인의 설

---

193) 피고인 1은 '1990. 5. 일본으로 건너가 거주하며 해운사업을 영위하여 왔고, 2007년에는 일본 거주자로서 소득세 등을 납부하기도 한 반면, 국내에 체류한 것은 일시적인 것으로서 주요 사업을 관리하거나 주요 재산을 보유하고 있었던 것도 아니므로, 국내에서는 비거주자에 해당하여 소득세 납세의무를 부담하지 않는다'고 주장하였으나(2심 판결 중 피고인 1의 항소이유), 받아들여지지 않았다.

립 등은 해상운송에서 일어날 수 있는 위험을 선박 자체에 한정시키기 위한 해운업계의 관행으로 보이는 점, ㉡ 피고인 1은 주식의 명의신탁에서 더 나아가 배당가능 유보소득에 대한 조세를 포탈하기 위하여 적극적인 행위를 하였다고 보기 어려운 점, ㉢ 피고인 1이 비거주자가 되기 위하여 취한 일련의 조치들은 허위 또는 가장행위에 해당하지 않는 점 등에 비추어, 피고인 1의 행위는 사기 기타 부정한 행위에 해당하지 않는다고 판단하였다.

(나) 세법상 내국법인에 해당하는 홍콩법인의 법인세 포탈 여부

① 사실관계

피고인 1은 케이만군도의 페이퍼컴퍼니를 통하여 홍콩에 피고인 2 법인을 설립하였고, 위 페이퍼컴퍼니의 주식을 케이만군도의 로펌에 명의신탁하였다. 피고인 2는 A로부터 선박을 용·대선하여 조달하는 한편, 선박운용에 관한 각종 권한을 피고인 1이 지배하는 내국법인인 Y에게 포괄적으로 위탁하였다.

② 공소사실

피고인 2는 홍콩에서 설립되었으나 그 실질적 관리장소가 국내에 있으므로, 법인세법상 내국법인으로서 법인세 납세의무가 있다. 피고인 1은 페이퍼컴퍼니를 이용한 다단계 출자구조 및 주식의 명의신탁을 통하여 피고인 1이 사실상 A와 피고인 2의 주식 100%를 보유한 주주라는 사실을 은폐함으로써 A와 피고인 2 간의 연결고리를 차단하였다. 피고인 1은, 내국법인인 Y가 실제로 피고인 2의 주요 업무를 전반적으로 수행하고 있음에도 형식상 에이전트 계약을 통하여 Y가 마치 피고인 2의 업무수탁자에 불과한 것처럼 가장하는 등의 부정행위를 하였다.

③ 법원의 판단

㉮ 내국법인 여부

피고인 2 회사의 실무는 사실상 Y가 대부분 수행하되, 피고인 2 회사의 운영에 관한 중요한 관리와 사업상 핵심적인 의사결정은 대표이사인 피고인 1에 의하여 이루어진 것으로 보이고, 그 장소는 Y가 설립된 곳이자 사실상 피고인 1의 1인 지배 하에 있는 ○○그룹 전체의 운영을 통제하는 기획관리팀이 있는 국내이므로, 피고인 2 회사는 실질적 관리장소를 국내에 둔 내국법인으로서 원천지를 불문한 모든 소득에 대하여 법인세를 납부할 의무가 있다.[194]

---

194) 2심인 서울고등법원 2014. 2. 21. 선고 2013노874 판결

㉯ 부정행위 여부

피고인 2 회사가 단순히 거래명의만을 가장하기 위한 형식상의 법인이 아니고, 피고인 2 회사와 Y가 체결한 에이전트 계약도 허위의 사실 또는 가장행위라고 보기 어려운 점 등에 비추어, 피고인 2 회사가 Y에게 그 업무를 포괄적으로 위임하고 피고인 1이 피고인 2 회사의 대표자로서 국내에서 피고인 2 회사를 실질적으로 관리한 행위 등이 피고인 2 회사의 법인세를 포탈하기 위한 적극적인 사기 기타 부정한 행위에 해당한다고 볼 수 없다.

(7) 대법원 2018. 11. 19. 선고 2014도9026 판결(완구왕 사건)

(가) 사실관계 및 공소사실[195]

피고인 1은 홍콩에 A 법인, B 법인(이하 통틀어 '홍콩법인')을 설립하고 홍콩법인을 통하여 봉제 인형 수출업을 영위하였다. 피고인 1, 2[196]는 조세피난처인 영국령 버진아일랜드(이하 'BVI')에 C 법인, D 법인(이하 통틀어 'BVI 법인')을 설립하고, 2000년부터 2002년까지 홍콩법인이 미국회사로부터 수령한 수출대금 중 매출액의 약 15%에 해당하는 금액(이하 '쟁점 금액')을 마치 검사수수료, 커미션 등의 명목으로 BVI 법인에게 지급하는 것처럼 내부서류를 허위로 작성한 후, BVI 법인 명의 계좌에 송금하였으며, 홍콩 세무당국에 대하여 홍콩법인의 수출대금 중 약 1%만 중개수수료 명목으로 취득한 것처럼 법인소득 발생신고를 하였다.

검사는, 피고인 1이 국내 거주자이고, BVI 법인 계좌에 입금된 돈은 피고인 1이 홍콩법인으로부터 주주의 지위에서 받은 배당소득에 해당하므로, 피고인 1은 쟁점 금액에 대한 종합소득세 납부의무가 있음을 전제로, 피고인들이 공모하여 쟁점 금액에 대한 피고인 1의 소득세를 포탈하였다는 혐의로 기소하였다.

(나) 피고인 1이 세법상 국내 거주자인지 여부

법원은, 피고인 1이 2000 과세기간까지는 세법상 미국의 거주자이고,[197] 2001 및 2002 과

---

195) 위 사건에서 피고인들에 대한 공소사실 중 조세포탈 부분은 「① 홍콩 현지법인을 이용한 소득 탈루, ② 홍콩 현지법인 차명주주 배당소득 탈루, ③ 페이퍼컴퍼니 명의 계좌에서 발생한 예금 이자소득 탈루, ④ 스위스 비밀계좌에서 발생한 예금 이자소득 탈루, ⑤ 페이퍼컴퍼니 명의로 발생한 대여금 이자소득 탈루, ⑥ 페이퍼컴퍼니 명의로 국내투자조합에 투자하여 발생한 배당소득 탈루, 사) 페이퍼컴퍼니 명의로 취득한 비상장주식에 대한 배당소득 탈루」로 구성되었다. 1심 법원은 위 조세포탈의 공소사실 전체에 대하여 무죄를 선고하였고, 검사는 원심판결 전부에 불복하는 항소장을 제출하였으나 항소이유서에 위 ② 내지 ⑥ 부분에 대한 구체적 항소이유를 기재하지 않았다. 이에 2심 법원은 위 부분에 대한 검사의 항소를 기각하였고, 대법원은 이를 수긍하였다(판결이유 중 2.의 나.). 이하에서는 위 ① 부분에 관한 사건의 경과에 대해서만 다루기로 한다.

196) 피고인 2는 공인회계사로서 2003. 4. 30.부터 피고인 1이 설립하였고 건물 임대를 주목적으로 하는 회사의 대표이사로 재직하면서 피고인 1의 자산을 관리해주고 있다.

197) 피고인 1은 2000년에 한국 세법상 거주자임과 동시에 미국 세법상 거주자에도 해당하였지만, 미국 내 주거

세기간에는 한국의 거주자라고 판단하였다.[198]

(다) 쟁점 금액이 피고인 1에게 실질적으로 귀속되었는지 여부

대법원은, ① 위 사건 당시 BVI 법인 중 C의 주식은 피고인 1이 직접 소유하였고, D의 주식은 BVI에 설립된 E 법인이, E의 주식은 BVI에 설립된 F 법인이 보유하였으며, F의 주식은 모두 피고인 1이 소유하고 있었던 점, ② 피고인 1은 BVI 법인 명의 계좌의 인출서명권을 보유하였고 BVI 법인 명의 계좌에 입금된 돈의 출금 및 관리 등에 관하여 피고인 1의 서명 이외에 위 회사들 내부의 절차가 필요하지 않았으며, 그와 관련한 법적인 신고의무도 없었고, 피고인 1은 위 돈의 출금 및 관리 등에 관하여 아무런 제약을 받지 않은 점, ③ C, D, E, F의 소재지로 등록된 장소에서 어떠한 영업행위나 의사결정 등 경영활동이 이루어지지 않았고, 위 각 법인의 운영이나 중요 의사결정에서 이사회나 주주총회 또는 이와 유사한 경영진 회의 등이 개최된 사실이 없으며, 위 각 법인의 명의로 행하는 투자 의사결정의 주체는 피고인 1뿐이었던 점 등을 근거로, 쟁점 금액의 귀속명의자인 BVI 법인은 피고인 1이 조세를 회피할 목적으로 조세피난처에 설립한 이른바 기지회사로서, 홍콩법인으로부터 받은 위 수수료 등 명목의 돈은 위 법인들에 대한 지배권을 가진 피고인 1에게 실질적으로 귀속되었다고 보는 것이 타당하다고 판단하였다.

(라) 외국법인에서 사외유출되어 주주에게 귀속된 금액을 소득처분 없이 배당소득으로 볼 수 있는지 여부

① 검사 및 피고인들의 주장

위 사건에서 홍콩법인은 국내사업장이 없는 외국법인이므로 홍콩법인으로부터 사외유출된 쟁점 금액은 소득처분(법인세법 67조)의 대상에 해당하지 않는다. 이에 따라 쟁점 금액에 대한 소득처분이 이루어지지 않은 상태에서 그것이 피고인 1에게 현실귀속되었음을 이유로 피고인 1의 배당소득이 인정될 수 있는지가 문제되었다. 이와 관련하여, ㉮ 검사는, 쟁점 금액이 실질적으로 구 소득세법 제17조 제1항 제6호의 '외국법인으로부터 받은 이익이나 잉여금의 배당 또는 분배금'에 해당하므로 배당소득에 해당한다고 주장하였고, ㉯ 피고인들은, 홍콩법인이 주주에 대한 배당절차를 거쳐 BVI 법인에게 송금한 것이 아니므로 쟁점 금액은 피고인 1의 배당소득에 해당하지 않는다고 주장하였다.

에서 가족과 함께 거주하였기 때문에 한·미 조세조약 제3조 제2항에 따라 미국 거주자로 판단되었다.
198) 이하의 내용은 피고인 1의 국내 거주자 지위가 인정되는 2001, 2002 과세기간에 대한 것이다.

② 대법원의 판단

대법원은, 법인의 출자자가 사외유출된 법인의 소득을 확정적으로 자신에게 귀속시켰다면 특별한 사정이 없는 한 이러한 소득은 주주총회의 결의 여부, 배당가능이익의 존부, 출자비율에 따라 지급된 것인지 여부 등과 관계없이 출자자에 대한 배당소득에 해당하는 것으로 추인할 수 있다[199]고 전제한 후, ㉮ 피고인 1은 홍콩법인 주식 모두를 자신 또는 타인의 명의로 실제 소유하여, 홍콩법인의 실질적인 1인 주주였던 점, ㉯ 피고인 1은 홍콩법인 실제 매출액의 0.2%~0.3%, 매입액의 0.6%~0.9%에 해당하는 금액의 합계액만을 수출 중개수수료 명목으로 홍콩 과세관청에 신고하고, 나머지 매출액 중 11%를 '판매 및 검사수수료' 명목으로, 잔여 이익에 상당하는 부분을 '감사료' 명목으로 피고인 1이 실질적으로 지배·관리하는 BVI 법인 명의 계좌로 송금한 점, ㉰ 홍콩법인과 BVI 법인 사이에는 위 수수료 등 명목의 돈을 주고받을 만한 거래관계가 없고, 홍콩법인이 BVI 법인에 위 돈을 반환하라고 요청하였다거나, 실제로 위 돈이 홍콩법인으로 반환되었다고 볼 자료가 없을 뿐 아니라, 위 돈이 홍콩법인의 이익을 위하여 사용되었다는 자료도 없는 점을 이유로, 홍콩법인으로부터 BVI 법인에 송금된 쟁점 금액이 홍콩법인의 실질적 주주인 피고인 1에 귀속된 배당소득이라고 판단하였다.

(마) 부정행위에 해당하는지 여부

① 원심의 판단

원심[200]은, ㉮ 피고인들은 쟁점 금액이 홍콩법인이 BVI 법인에게 지급하는 '판매 및 검사수수료' 또는 '감사료'인 것처럼 허위의 월별결산자료, Total Income List를 작성한 점, ㉯ 피고인들이 쟁점 금액의 허위 송금을 한 후 홍콩법인의 수입을 신고하면서 위 금액을 고의로 누락한 채 실제 매출액의 약 1%만을 매출액으로 신고하고, 그러한 내용이 기재된 감사보고서와 세금신고서를 작성한 점, ㉰ 피고인 1에게 귀속되어야 할 돈이 BVI 법인의 계좌에 위장된 명목으로 송금됨으로써 한국의 과세관청은 위 돈이 피고인 1에게 귀속된다는 사실을 현실적으로 알기가 어렵게 된 점, ㉱ 피고인 1은 BVI 법인 명의의 계좌로 입금된 쟁점 금액에 대하여 국내는 물론 세계 어느 국가에도 소득세 신고를 하지 않은 점 등[201]을

---

199) 대법원 2004. 7. 9. 선고 2003두1059, 1066 판결
200) 서울고등법원 2014. 6. 27. 선고 2012노594 판결
201) 원심은 또한, 피고인 1이 위와 같은 행위를 하게 된 데에 홍콩법인의 법인세 납부 의무를 경감하거나, 영국령이었던 홍콩이 중국으로 반환되는 과정에서 안정적으로 사업을 운영하고자 하는 의도가 일부 포함되어 있었다고 하더라도, 위와 같은 행위가 조세당국을 포함한 외부에서 피고인 1의 소득을 파악하기 곤란하게 하려는 의도에서 이루어진 것은 분명하고, 그로 인하여 조세의 부과와 징수가 현저히 곤란해지게 되는 결과가 발생한 이상, 위와 같은 부가적인 사정이 있었다고 하여 피고인 1의 위와 같은 행위를 '사기 기타 부정한 행위'로 평가하는데 장애가 되는 것은 아니라고 판단하였다.

근거로, 홍콩법인이 BVI 법인 명의의 계좌에 쟁점 금액을 송금한 행위는 '사기 기타 부정한 행위'에 해당한다고 판단하였다.

② 대법원의 판단

대법원은, 다음과 같은 이유로, 피고인 1이 홍콩법인의 쟁점 금액을 BVI 법인 명의 계좌에 수수료 명목으로 송금한 행위 등을 '사기 기타 부정한 행위'로 보기 어렵다고 판단하였다.[202][203] ㉮ 납세자가 명의를 위장하여 소득을 얻더라도, 명의위장이 조세포탈의 목적에서 비롯되고 나아가 여기에 허위 계약서의 작성 등과 같은 적극적인 행위까지 부가되는 등의 특별한 사정이 없는 한, 명의위장 사실만으로 위 조항에서 정한 '사기 기타 부정한 행위'에 해당한다고 볼 수 없다. ㉯ BVI 법인 중 C의 경우 2001년과 2002년에 피고인 1이 직접 그 주식 모두를 자신의 실명으로 직접 보유하고 있었을 뿐 다층적 지배구조가 애초에 존재하지 않았다. D의 경우 피고인 1이 실명으로 F의 주식 전부를, F가 E의 주식 전부를, E가 D의 주식 전부를 각 소유하는 방식으로 D를 지배하는 구조로 되어 있었는데, 이러한 구조가 통상적인 투자구조의 형태를 벗어난 것이라고 보기 어렵다. ㉰ 홍콩에 있는 금융기관에 BVI 법인 명의 계좌를 개설할 때 피고인 1이 그 계좌의 실질 소유자(Beneficial Owner)로 자신이 아닌 다른 사람의 인적사항을 기재하였다고 보이지 않고, BVI 법인 명의 계좌의 인출서명권 역시 피고인 1이 가지고 있었다. ㉱ 홍콩법인이 홍콩 세무당국에 실제 매출액의 약 1%만을 수입으로 신고하면서 그러한 내용의 세금신고서를 작성하였고 같은 내용으로 연도 말 재무제표와 감사보고서가 작성 내지 첨부되었다고 하더라도 이는 신고행위에 부수한 것에 불과하여, 이러한 사정만으로는 신고 내용에 관한 기초장부 등과 같은 근거 서류를 조작하거나 작성하였다고 평가할 수 없다. ㉲ 홍콩법인이 BVI 법인 명의 계좌에 송금할 돈을 계산하여 정리한 '월별결산자료'와 그렇게 송금한 돈을 정리하여 한 차례 작성된 'Total Income List'는, 그 내용 자체가 홍콩법인이 누락하여 신고한 소득이 있다는 사실과 더불어 그렇게 신고누락한 소득을 수수료 내지 감사료 명목으로 BVI에 설립된 법인 등 사외로 이전한다는 사실을 나타내는 것일 뿐이어서, 세무신고와 관련이 없을 뿐 아니라 이를 소득을 은닉하기 위한 행위로 보기도 어렵다.

---

202) 상세한 내용은 윤진규, "조세피난처의 특수목적 법인을 이용한 역외탈세 여부와 관련한 실질과세 원칙, 출자자에게 귀속된 사외유출 소득의 배당소득 해당 여부, 사기 기타 부정한 행위", 대법원판례해설 제118호(2019), 810~850쪽

203) 대법원 2018. 12. 13. 선고 2018두128 판결은, 홍콩법인이 BVI 법인에게 2001, 2002년에 송금한 금액과 관련하여 피고인 1이 2010. 6. 28. 종합소득세 부과처분을 받자 제기한 위 부과처분의 취소소송에서도, 쟁점 금액의 송금은 구 국세기본법 제26조의2 제1항 제1호의 '사기 기타 부정한 행위'에 해당하지 않으므로, 위 부과처분은 5년의 제척기간의 경과한 후에 행해진 것으로서 무효라고 판단하였다.

(8) 대법원 2020. 12. 30. 선고 2018도14753 판결

(가) 사실관계 및 공소사실[204]

① 주위적 공소사실의 요지

피고인은 내국법인 H의 대표이사이자 최대주주인데, 홍콩에 설립한 페이퍼컴퍼니인 C, L 명의로 내국법인 K의 주식을 취득한 후 그 중 일부를 매도하여 양도차익을 얻고 위 주식에 기하여 배당을 받았음에도, 그에 대한 소득세를 신고하지 않아서 양도소득세 및 종합소득세를 포탈하였다.

② 제1예비적 공소사실의 요지

내국법인 H는 홍콩에 설립한 페이퍼컴퍼니인 C, L 명의로 내국법인 K의 주식을 취득한 후 그 중 일부를 매도하여 양도차익을 얻고 위 주식에 기하여 배당을 받았으며, 위 각 금액은 실질과세원칙에 따라 H 법인에게 귀속되었음에도, H의 대표자인 피고인은 위 각 소득금액을 H의 법인세 신고 시 누락함으로써 H의 법인세를 포탈하였다.

③ 제2예비적 공소사실의 요지

홍콩의 페이퍼컴퍼니인 C, L은 내국법인 K의 주식을 취득한 후 그 중 일부를 매도하여 양도차익을 얻고 위 주식에 기하여 배당을 받았으며, 위와 같은 C, L의 소득은 구 국제조세조정법 제17조[205]에 따라 내국법인 H에게 배당된 것으로 간주되었음에도, H의 대표자인 피고인은 위 소득금액을 H의 법인세 신고 시 누락함으로써 H의 법인세를 포탈하였다.

---

204) 위 사건에서 피고인 1에 대한 조세포탈의 공소사실은 ① 임직원 및 친·인척 등 명의로 차명으로 내국법인 주식을 보유·처분하여 얻은 양도소득 및 배당소득에 대한 소득세의 포탈, ② H 법인 명의로 가공의 기계장치를 계상하여 허위로 감가상각비 등으로 회계처리하는 방법에 의한 법인세의 포탈, ③ 홍콩 법인인 C 등 명의로 내국법인 주식을 취득하여 그 중 일부를 양도하여 얻은 차익에 대한 양도소득세 및 그 주식에 기하여 받은 배당소득에 대한 종합소득세의 포탈, ④ 피고인 1이 외국 페이퍼컴퍼니 명의로 내국법인 H의 신주인수권을 취득한 후 행사하여 내국법인의 주식을 인수한 다음 이를 양도하여 얻은 차익에 대한 양도소득세의 포탈 등으로 구성되는데, 이하에서는 위 ③ 부분에 관한 사건의 경과에 대해서만 다루기로 한다.

205) 구 국제조세조정법(2014. 1. 1. 법률 제12164호로 개정되기 전의 것)
제17조(특정외국법인의 유보소득의 배당간주)
① 법인의 부담세액이 실제발생소득의 100분의 15 이하인 국가 또는 지역에 본점 또는 주사무소를 둔 외국법인에 대하여 내국인이 출자한 경우에는 그 외국법인 중 내국인과 특수관계(제2조 제1항 제8호 가목의 관계에 해당하는지를 판단할 때에는 대통령령으로 정하는 비거주자가 직접 또는 간접으로 보유하는 주식을 포함한다)가 있는 법인(이하 "특정외국법인"이라 한다)의 각 사업연도 말 현재 배당 가능한 유보소득(留保所得) 중 내국인에게 귀속될 금액은 내국인이 배당받은 것으로 본다.

(나) 판단[206)]

법원은 ① 주위적 공소사실 및 제1예비적 공소사실에 대하여는, '이 사건 주식(K 주식)의 양도차익 및 배당소득이 홍콩법인 C, L에게 귀속되고, 피고인 또는 내국법인 H에게 귀속되는 것으로 볼 수 없다'[207)]는 이유로, ② 제2예비적 공소사실에 대하여는, 'H의 부정행위가 인정되지 않는다'는 이유로 무죄로 판단하였다.

위 판단의 주된 이유는 다음과 같다. ① K의 주주는 H를 비롯한 여러 회사들로 구성되어 있었는데, H의 대표자인 피고인은 공정거래위원회에 신고한 지분을 초과하여 K 주식의 보유지분을 높이기 위하여, 임직원 등의 명의로 K 주식을 취득하였다가 다른 주주들이 소송 등을 제기하자 위 초과분을 매각하는 한편, 해외 SPC를 통하여 재매입하기로 하였다. ② H의 홍콩 자회사인 H 홍콩은 홍콩 법에 따라 C, L 법인을 설립하고, 자신을 C, L 명의 계좌의 수익적 소유자(beneficial owner)로 정하는 한편, 홍콩 현지인들을 C, L의 주주로 등재하였으며, 그 현지인들로부터 '자신들은 C, L의 명목상 주주이고, C, L의 재산은 수익적 소유자인 H 홍콩에 귀속된다'는 확인서를 받았다. ③ 홍콩법인 C, L은 H 싱가포르로부터 차입한 자금으로 이 사건 주식을 매입하였고, 피고인의 개인 자금을 전혀 사용하지 않았다. ④ C, L은 이 사건 주식을 매입한 후 계속 보유하다가 위 증권계좌의 개설 금융기관이 금융감독원으로부터 위 주식의 실제 소유자를 밝히라는 요청을 받게 되자 이 사건 주식을 처분하였다. ⑤ 이 사건 주식이 최초로 매입된 때부터 처분될 때까지 약 15년간 이 사건 주식을 보유한 C, L 명의 계좌는 피고인, H 또는 H 싱가포르로부터 독립되어 관리되었다. ⑥ C, L은 이 사건 주식의 보유 내역을 기재한 재무제표를 작성하여 홍콩 회계법인의 회계감사를 받았고, 법인세 신고를 하였다. ⑦ 이 사건 주식의 매각대금은 C, L 명의의 계좌에 그대로 보관되다가 배당금의 형태로 H에게 귀속되었으며, 위 각 계좌로부터 피고인의 계좌로 유입된 돈은 전혀 없고, 피고인이 이 사건 주식 관련 돈을 개인적으로 사용한 정황도 없다.

---

206) 이하의 내용은 판결문의 나타난 사실관계 중 중요한 것만을 추리고, 사소한 것으로 보이는 부분은 생략하거나 일부 수정한 것이다.

207) 서울지방국세청장은 위 사건의 공소가 제기되기 전에 구 국제조세조정법 제17조에 따라 C, L의 유보소득이 H에게 배당간주된 것으로 보아 H에게 과세예고통지를 하였고, 이에 따라 H는 법인세를 수정신고하고 납부하였다. 위 과세예고통지 및 수정신고는 C, L 명의의 이 사건 주식 관련 소득이 실질과세원칙에 따라 피고인 또는 H에게 귀속될 수 없고, C, L의 소득임을 전제로 H에게 배당간주된 것이다. 그럼에도 불구하고 검사는 C, L 명의 소득이 피고인에게 실질적으로 귀속됨을 전제로 공소를 제기하였고, 그 부분이 1심에서 무죄로 판단되자, 항소심에서 제1, 2예비적 공소사실을 추가하였다.

3.4. 그 밖의 위계에 의한 행위 또는 부정한 행위(7호)

(1) 의의

조세범처벌법 제3조 제6항 제7호는 부정행위의 하나로 '그 밖에 위계(僞計)에 의한 행위 또는 부정한 행위'를 규정한다. 이는 같은 항 제1호부터 제6호까지 규정된 유형에 해당하지는 않지만, 그에 준하는 부정행위를 처벌하기 위한 규정이다.

위 제7호에서 '위계'는 일반적으로 행위자가 목적을 달성하기 위하여 상대방에게 오인·착각 또는 부지를 일으키게 하여 이를 이용하는 것을 말한다.[208] 그리고 '부정한 행위'는 사회통념을 기준으로 판단하여야 할 것이다.[209]

(2) 기타 부정행위(제7호)와 관련된 사례

(가) 변칙적 금지금 거래를 통한 부가가치세의 포탈

대법원은, 피고인(폭탄업체)이 허위의 수출계약서를 작성하여 외화획득용 원료구매승인서를 발급받아 영세율로 금괴를 구입한 후, 이를 가공·수출하지 않은 채 구입 즉시 구입단가보다 낮은 가격에 국내 업체에 과세금으로 전량 판매하면서 공급가액에 대한 부가가치세를 가산한 금액을 수령하는 방식으로, 단 3개월간만 금괴의 구입 및 판매 영업을 한 후 곧 폐업신고를 하여 매수인으로부터 징수한 부가가치세를 납부하지 않은 사건에서, 일부 거래에 관하여 세금계산서를 발행·교부하고 과세표준 및 세액 신고서를 제출하여 부가가치세의 확정이 정상적으로 이루어졌더라도, 전체적·종합적으로 볼 때 처음부터 부가가치세의 징수를 불가능하게 하거나 현저히 곤란하게 할 의도로 형식적으로 부가가치세 신고를 한 것에 지나지 않아서 그 실질에 있어서는 부가가치세를 신고하지 않은 것과 다르지 않으므로, 피고인의 행위는 조세포탈죄에 해당한다고 판단하였다.[210][211]

---

208) 이는 형법 제314조 제1항에 따른 위계에 의한 업무방해에서 '위계'에 대한 대법원 판례인데(대법원 2010. 3. 25. 선고 2009도8506 판결, 대법원 2017. 2. 21. 선고 2016도15144 판결), 조세범처벌법 제3조 제6항 제7호의 '위계'도 동일하게 볼 수 있을 것이다.

209) 2010년 개정되기 전의 구 조세범처벌법 제9조에 관한 판례로 대법원 1984. 5. 29. 선고 84도373 판결, 대법원 2014. 2. 21. 선고 2013도13829 판결 등

210) 대법원 2007. 2. 15. 선고 2005도9546 전원합의체 판결. 금지금 사건의 전체 구조에 관하여는 본 장 제5절 2.3. (1)(마) 참조

211) 위 사건과 유사한 사안에 대한 것으로 대법원 2017. 1. 12. 선고 2016도14874 판결이 있는데, 그 사건에서 피고인들은 무자력인 바지업체(폭탄업체)를 경유의 수입자로 내세워 주행세를 포탈하였다. 다만, ① 후자의 사건의 바지업체는 세법상 거래당사자인 수입업체에 해당하지 않는 점, ② 2005도9546 판결의 경우에는 세액의 신고는 있었으나 그에 대한 납부가 없었던 부분이 문제되었던 반면, 후자의 사건에서는 세액의 신고 자체가 없었던 점에서 차이가 있다. 본 절 3.3.3. (1)(마) 참조

(나) 세무공무원에 대한 허위 진술 등

세무조사 시 세무공무원에게 허위의 자료를 제출하는 것은 조세범처벌법 제3조 제6항 제1호 내지 제6호의 부정행위에 해당한다. 세무조사 시 납세자가 세무공무원에게 단순히 사실과 다른 진술을 하는 것은 부정행위에 해당한다고 보기는 어렵지만, 제3자인 거래처 등으로 하여금 허위의 진술을 하게 하는 것은 부정행위(법 3조 6항 7호)에 해당할 수 있다.[212]

한편, 부가가치세의 부정환급 또는 허위의 경정청구를 기타 부정행위(법 3조 6항 7호)의 예로 보는듯한 견해[213]도 있다. 그러나 위 각 경우는 허위의 매입세금계산서 또는 허위의 소명자료의 제출이 수반되므로, 조세범처벌법 제3조 제6항 제1호 내지 제6호의 부정행위에 해당하는 경우가 대부분일 것이다.

---

212) 안대희 등, 388쪽 및 지익상, 302쪽은 세무조사 과정에서 조세포탈의 의사로 허위의 자료를 제출하고 세무공무원에게 허위의 진술을 하는 것은 부정행위가 될 수 있다고 본다.
213) 안대희 등, 386~388쪽 : 지익상, 300~302쪽

조세포탈의 결과

1. 조세의 포탈 또는 환급 · 공제

1.1. 조세포탈 등의 기능과 지위

조세포탈죄가 성립하려면 납세의무자 등이 부정행위에 의하여 조세를 포탈하거나 조세의 환급 · 공제를 받음으로써 **기수**(旣遂)에 이르러야 한다. 조세포탈 등을 위한 부정행위가 있었더라도 조세의 포탈 또는 환급 · 공제의 결과가 발생하지 않으면 조세포탈의 미수(未遂)에 그치고, 이는 조세범처벌법상 처벌대상이 아니다.

1.2. 조세포탈의 결과

조세의 '포탈'은 조세의 부과 또는 징수가 불가능하거나 현저히 곤란하게 됨으로써 조세수입의 감소라는 결과(구체적 위험)에 이르는 것을 말한다.

(1) 조세의 확정 또는 징수가 불가능하게 되거나 현저히 곤란하게 되었을 것

(가) 조세의 확정이 불가능하거나 현저히 곤란하게 되는 결과

조세포탈죄가 성립하려면 납세의무자의 부정행위로 인하여 조세의 확정이 불가능하거나 현저히 곤란하게 되는 결과가 발생하여야 한다.

따라서 부정행위가 납세의무의 확정에 영향을 미치지 않은 경우, 즉 소득 등의 은닉행위에도 불구하고 정당한 세액이 확정되는 경우에는, 조세포탈의 결과가 발생하지 않는다.

① 단독으로 건물을 신축 · 분양하는 사업자인 피고인이, 실제 사업자가 아닌 자들을 피고인과 공동사업자인 것처럼 가장하여 건물을 신축하고 그 등기부에 공동소유자로 등재한 후 이를 분양 · 매도함에 따라 피고인을 포함한 위 공동소유자 전원에 대하여 부가가치세가 부과된 사건에서, 법원은, 신축건물의 양도에 따른 부가가치세는 연대납세의무자인 공동사업자 전원에게 부과되므로(국세기본법 25조), 피고인은 부가가치세 전액에 대한 납부의무를 면할 수 없어 부정행위에 해당하지 않는다는 취지로 판단하였다.[1]

---

1) 서울고등법원 1984. 11. 21. 선고 84누1745 판결

② 피고인 1이 2005. 4. 1. 코스닥 상장법인인 주식회사 A의 주식을 매수하면서 구 소득세법에 따른 양도소득세 과세요건을 회피하기 위하여 그 주식 중 일부를 11인의 차명으로 3% 미만씩 분산 매수한 후, 2005. 4. 18.부터 2005. 10. 28.까지 위 차명주식을 매도하여 양도차익을 얻었음에도, 양도소득세를 신고·납부하지 않은 사안에서, 대법원은, A의 대주주인 피고인 1이 위 차명주식을 코스닥시장 외에서 양도한 부분(장외거래)과 관련하여, 차명주식의 장외거래는 대주주가 주식을 장내에서 양도하는 것과 마찬가지로 양도소득세의 과세대상이므로, 부정행위로 보기 어렵다는 취지로 판단하였다.[2)]

(나) 확정된 조세의 징수만을 불가능하게 하거나 곤란하게 하는 경우

① 2010년 개정되기 전의 구 조세범처벌법 제9조

2010년 개정되기 전의 구 조세범처벌법 제9조는 조세포탈죄의 구성요건을 '조세를 포탈하거나' 등으로만 규정하였다. 이와 관련하여, 조세의 포탈이 조세의 확정을 방해하는 행위에 한정되는지, 확정된 조세의 징수를 방해하는 행위까지 포함하는지가 문제되었다.

㉠ 대법원은, 납세의무자의 신고와 무관한 완납적 원천징수[3)]의 대상인 외국법인의 국내원천소득에 관하여 원천징수의무자가 법인세의 징수를 회피할 목적으로 허위 계약서를 작성하여 수입 및 통관절차에 제출한 사건에서, 조세포탈죄를 인정하였으나,[4)] 위 경우 조세의 '포탈'의 의미에 관하여 구체적으로 판시하지 않았다.[5)]

㉡ 이후 대법원 2007. 2. 15. 선고 2005도9546 전원합의체 판결은, 조세의 확정에는 지장을 초래하지 않으면서 그 징수만을 불가능하게 하거나 현저히 곤란하게 하는 행위도, 그 실질에 있어서 과세표준을 신고하지 않은 것과 같이 평가될 수 있으면 조세포탈행위에 해당할 수 있다고 판시하였다.[6)] 위 판결의 적용대상은 신고확정방식의 조세와 납세의무자의 신고를 전제로 한 부과확정방식의 조세이다.

---

2) 대법원 2011. 7. 28. 선고 2008도5399 판결
3) 대법원 2016. 1. 28. 선고 2015두52050 판결은, 국내사업장이 없는 비거주자가 내국법인 주식을 양도하여 얻은 소득에 대하여 원천징수의무자인 주식의 양수인이 소득세를 원천징수하지 않은 경우, 원천납세의무자인 비거주자에게 그 소득세를 부과할 수 없다고 판단하였다.
4) 대법원 1998. 5. 8. 선고 97도2429 판결(동방불패 사건)
5) 완납적 원천징수의 대상인 조세의 포탈의 기수시기에 관하여는 본 절 4.2.1. (2)(라) 참조
6) ① 이에 대하여 위 전원합의체 판결의 별개의견은, 구 조세범처벌법 제12조가 체납처분면탈죄를 별도로 규정하는 점 등을 고려하면, 구 조세범처벌법 제9조 제1항 소정의 조세포탈죄는 정당한 조세채권의 확정을 방해하거나 지장을 초래하는 행위를 처벌하는 규정으로 이해하여야 하고, 다수의견에서와 같이 정당한 조세채권의 확정에는 아무런 지장을 초래하지 아니하더라도 조세의 징수를 불가능하게 하거나 현저히 곤란하게 되는 결과가 발생한 경우까지 처벌하는 규정으로 볼 수는 없다고 보았다. ② 위 판결에 대한 해설은 최동렬, "조세범처벌법 제9조 제1항의 '조세 포탈'의 의미", 대법원판례해설 70호(2007), 587~618쪽. ③ 위 판결을 비판하면서 그 대안으로 체납처분면탈죄의 적용을 주장하는 견해로, 허성호·권형기, "징수불능으로 인한 조세포탈죄 법리의 타당성과 그 대안으로서 체납처분면탈죄의 확장해석", 형사법의 신동향 제76호, 대검찰청, 2022, 185쪽.

② 현행 조세범처벌법 제3조 제6항

2010년 개정된 후의 현행 조세범처벌법 제3조 제6항은, 조세포탈죄의 부정행위는 '조세의 부과와 징수를 불가능하게 하거나 현저히 곤란하게 하는' 적극적 행위라고 규정함으로써, 종전 대법원 판례를 수용하는 한편,[7] 조세의 포탈이 조세의 확정뿐만 아니라 징수를 방해하는 결과를 포함하는 것임을 명백히 하였다.

③ 조세포탈죄와 체납처분면탈죄의 구분

확정된 조세의 징수만을 방해하는 행위가 조세포탈죄를 구성하는 경우, 그러한 조세포탈죄와 체납처분면탈죄(법 7조) 간의 구별이 문제된다. ㉮ 징수의 방해를 통한 조세포탈죄는, 실질적으로 과세표준 신고를 하지 않은 것과 같이 평가될 수 있는 경우에 한하여 성립하고,[8] 포탈세액이 5억 원을 넘는 경우 특가법에 따라 가중처벌되지만, 체납처분면탈죄는 그렇지 않다. ㉯ 전자는 조세의 징수가 불가능하거나 현저히 곤란하게 되는 결과가 발생하여야 성립하지만, 후자는 조세채권을 해할 구체적 위험이 발생하면 족하다. 납세자가 조세의 강제징수를 면할 목적으로 허위채무의 부담 또는 증여 등을 한 경우 체납처분면탈죄가 성립하지만, 사해행위취소를 통하여 징수가 가능한 점 등을 고려하면, 일반적으로 위와 같은 허위채무 부담 등의 사정만으로 조세포탈죄가 성립한다고 보기는 어렵다.

(2) '조세수입의 사실상 감소'의 결과

사업자가 실제로 그와 거래를 하지 않은 자로부터 허위의 매입세금계산서를 발급받으면서 그 발급자에게 부가가치세액을 지급하고, 매출세액에서 위 허위의 세금계산서상 매입세액을 공제한 금액을 부가가치세액으로 신고·납부하였는데, 해당 매입세액이 위 허위 세금계산서의 발급자에 의하여 세무관서에 납부된 경우를 가정하자. 위 경우, 해당 매입세액은 사업자의 매출세액에서 공제될 수 없는데, 허위의 세금계산서로 말미암아 사업자의 부가가치세액의 정당한 확정은 현저히 곤란하게 되었다고 볼 수 있고, 그에 대한 사업자의 미필적 고의도 인정된다면, 납세의무의 확정을 방해한 면에서는 조세포탈이 기수에 이르렀다고 볼 여지가 있다.

그러나 대법원은, 위와 같은 경우에 허위의 세금계산서를 발급받은 피고인에게 부가가치세 포탈의 고의가 있다고 하려면, 허위의 세금계산서에 의하여 매입세액의 환급을 받는다는 인식 이외에, 허위의 세금계산서 발행업체들이 위 허위의 세금계산서상 매출세액을 제외하고 부가가치세를 신고·납부하거나 그 매출세액을 신고·납부한 후 환급받는 등으로

---

7) 조세범처벌법의 개정 경위에 관하여는 본 장 제4절 1.1. 참조
8) 대법원 2007. 2. 15. 선고 2005도9546 전원합의체 판결

위 허위의 세금계산서상의 부가가치세 납부의무를 면탈함으로써 피고인이 위 매입세액의 환급을 받는 것이 결과적으로 국가의 조세수입의 감소를 가져올 것이라는 인식이 있어야 하고, 그러한 인식이 없다면 조세포탈의 고의가 인정되지 않는다고 판단하였다.[9] 그런데 고의는 객관적 구성요건요소에 대한 인식과 의지적 요소(인용)를 요건으로 하므로,[10] 위 판례에 따르면 조세수입의 사실상 감소가 조세포탈죄의 객관적 구성요건을 이루게 된다.[11] 이는 논리상 필연적인 것은 아니지만,[12] 우리나라에서 타인 명의 거래가 적지 않은 현실을 고려한 것으로 보인다.

한편, 대법원은, 법인이 다른 업체로부터 공급가액을 과다하게 기재한 세금계산서 또는 실물거래 없는 세금계산서를 발급받아 부가가치세 매입세액의 공제를 받는 한편, 그 세금계산서에 공급받은 것으로 기재된 항목을 손금에 산입하여 법인세를 과소 신고한 사안에서, ① 부가가치세와 관련해서는 그 세금계산서의 발급업체가 매출세액을 납부하였는지에 따라 국가 조세수입의 감소 및 고의 여부를 판단하도록 하면서도, ② 법인세에 관해서는 위 발급업체가 위 가공거래에 따른 매출을 소득금액에 포함시켜 그에 대한 법인세를 납부하였을 가능성이 있음에도 그에 관한 심리의 필요성 여부를 전혀 언급하지 않은 채 부정행

---

9) 대법원 1990. 10. 16. 선고 90도1955 판결, 대법원 2001. 2. 9. 선고 99도2358 판결, 대법원 2010. 1. 14. 선고 2008도8868 판결, 대법원 2011. 4. 28. 선고 2011도527 판결
10) 대법원 2009. 2. 26. 선고 2007도1214 판결
11) 이외에도, 조세수입의 사실상 감소가 조세포탈죄의 객관적 요건임을 전제로 한 것으로 보이는 판결은 다음과 같다.
　① 대법원 1994. 6. 28. 선고 94도759 판결은, 공동사업을 경영하는 자가 해당 공동사업장의 사업자등록을 하면서 자신의 지분 또는 손익분배의 비율은 신고하지 않고 자신을 제외한 다른 공동사업자들만이 공동 또는 단독으로 사업을 경영하는 것처럼 신고하고, 자신의 종합소득세과세표준확정신고를 함에 있어서도 그 공동사업에서 발생한 자신의 소득금액을 종합소득금액에 합산하지 않고 누락시킴으로써 신고납부하여야 할 종합소득세액을 일부 탈루한 채 납부한 사건에서, 만약 그 공동사업자가 해당 공동사업에서 발생한 그의 소득금액에 대한 소득세를, 사업자등록을 할 때 그의 지분 또는 손익분배의 비율을 가지고 있는 것으로 신고된 다른 공동사업자의 명의로 납부하였다면, 그와 같이 납부한 세액에 관하여는 해당 공동사업자에게 사기 기타 부정한 행위로써 조세를 포탈하려는 고의가 있었다고 볼 수는 없다고 판단하였다.
　② 재벌그룹 회장인 피고인 1이 임직원들 명의로 취득한 차명주식을 관리하면서 그 차명주식으로부터 배당·이자소득 등을 취득하였음에도 그에 대한 종합소득과세표준 신고를 누락하여 종합소득세를 포탈하였다고 기소된 사건에서, 법원은, 피고인 1이 차명주주들 명의로 보유하던 차명주식에서 발생한 금융소득금액에 대한 소득세를 차명주주들의 명의로 납부하였고, 차명주주들의 연간 금융소득의 합계액이 4,000만 원을 초과한 부분에 대하여 최고세율이 적용됨으로써 피고인 1이 실명으로 그 주식을 보유하는 경우와 비교하여 해당 금융소득금액으로 인한 종합소득세액에 차이가 없게 되어 결국 포탈세액은 없는 것으로 보인다는 이유로, 위 4,000만 원을 초과하는 부분을 무죄로 판단하였다[서울고등법원 2014. 9. 12. 선고 2014노668 판결(대법원 2015. 9. 10. 선고 2014도12619 판결의 원심)].
12) 일본 최고재판소는, 조세포탈을 한 납세의무자가 아닌 제3자 명의로 신고한 세액은 납세의무자 본인의 신고로서 그 납세의무를 확정시키는 공법상의 효과가 생기지 않으므로, 포탈세액에서 공제될 수 없다고 판단하였다(最高裁判所 昭和46年3月30日 ; 안대희 등, 677쪽에서 인용). 이러한 입장이 논리적으로는 더 명료한 측면이 있고, 이에 따르면 포탈세액의 납부 여부는 양형에 고려될 것이다.

위로 인정하였다.[13] 그러나 국가 조세수입의 감소를 객관적 구성요건요소 및 고의의 대상으로 본다면, 법인세의 포탈에 관해서도 거짓 또는 무거래 세금계산서를 발급한 업체가 가공매출에 대한 법인세를 납부하였는지 여부를 심리할 필요가 있을 것이다.

1.3. 세액의 부정 환급 · 공제

세액의 부정 환급 · 공제는, 부정행위로 정당하게 환급 · 공제받을 수 없는 세액을 환급 · 공제받거나 정당하게 환급 · 공제받을 수 있는 금액을 초과한 금액을 환급 · 공제받는 것을 말한다. 세액의 부정 환급 · 공제는 필연적으로 세액의 정당한 부과(확정) 또는 징수를 방해하는 것을 포함하므로, 좁은 의미의 조세포탈과 세액의 부정 환급 · 공제 사이에 본질적 차이는 없다.

다만, 세액의 부정환급은, 세액의 확정 · 징수를 사후적으로 방해하고, 국고로부터 일정 금액을 지급받는 형식을 취하며, 그 기수시기가 조세범처벌법 제3조 제5항의 적용을 받지 않고 독자적으로 정해진다는[14] 점에서, 협의의 조세포탈과 구별된다.

한편, 세액의 부정공제는 다음과 같은 이유로 조세포탈 또는 세액의 부정환급으로 처벌하면 족하고[15], 조세범처벌법이 세액의 부정공제를 조세포탈과 별개의 포탈죄 유형으로 규정하는 것은 별다른 의미가 없다고 보인다.[16] ① 세액의 부정공제는 세액의 신고 시에 행해지는 경우에는 그 작용형식 면에서 협의의 조세포탈과 동일하고, 세액의 신고 후 경정청구의 사유로 이루어지는 경우에는 세액의 부정환급에 포함될 수 있다. ② 세액의 부정공제의 기수시기는, ㉮ 부정공제가 조세범처벌법 제3조 제5항의 시기에 행해지는 경우에는 협의의 조세포탈과 같이 위 규정에 따라 정해지고, ㉯ 부정공제가 세액의 환급을 야기하는 경우에는 부정환급의 기수시기로 정해진다.

---

13) 대법원 2007. 6. 1. 선고 2005도5772 판결(공급가액이 과다하게 기재된 세금계산서를 발급받은 사안), 대법원 2021. 12. 30. 선고 2021두33371 판결(실물거래 없는 세금계산서를 발급받은 사안)
14) 본 절 4. (2) 참조
15) 안대희 등, 499쪽
16) 안대희 등, 215쪽

2. 포탈세액

2.1. 포탈세액의 일반론

(1) 포탈세액의 기능

포탈세액은 조세범처벌법상 법정형 및 특가법의 적용 여부를 결정한다. 포탈세액이 3억 원 이상 등인 경우에는 조세범처벌법상 징역 및 벌금의 상한이 더 높아지고, 5억 원 이상인 경우에는 특가법에 의한 가중처벌 대상이 된다.

(2) 포탈의 대상

조세범처벌법상 포탈대상인 조세는 관세를 제외한 국세를 말한다(법 2조).

가산세는 세법상 의무의 위반에 대한 행정상 제재로서 본세에 가산하여 징수하는 금액을 말하고(국세기본법 2조 4호), 국세와 본질적으로 성질을 달리한다.[17] 따라서 신고납세방식 조세의 과소신고에 따라 발생한 가산세는 포탈세액에 포함되지 않는다.[18]

(3) 포탈세액의 산정방법

포탈세액은 조세포탈 중 세액확정의 방해로 인한 것과 세액징수의 방해로 인한 것으로 구분하여야 한다. ① **세액확정의 방해**로 인한 포탈세액은, 성립한 납세의무에 따른 정당한 세액 중 '부정행위로 인하여 확정이 불가능하거나 현저히 곤란하게 된 세액'을 말한다. 포탈세액은 정당한 세액과 부정행위에 수반하여 과소신고된 세액의 차액과 일치하는 경우가 많지만, 반드시 그러한 것은 아니다. 위 차액 즉, 신고에서 누락된 세액에는 납세의무자의 착오 등으로 빠진 것도 있을 수 있기 때문이다. ② **세액징수의 방해**로 인한 포탈세액은, 확정된 세액 중 '부정행위로 인하여 징수가 불가능하거나 현저히 곤란하게 된 세액'을 말한다.

2.2. 소득세와 법인세의 포탈액

2.2.1. 소득의 인식 및 계산

조세포탈로 누락된 소득의 인식 및 계산에 관한 판례는 다음과 같다.

---

17) 대법원 2005. 9. 30. 선고 2004두2356 판결
18) 대법원은, 신고납세방식의 조세를 과소신고함으로써 조세포탈죄가 성립된 이후에 발생한 가산세는 벌과금 적 성질을 가지는 것이므로 포탈세액에 포함시킬 수 없다고 판단하였다(대법원 1979. 11. 13. 선고 79도1898 판결, 대법원 1996. 12. 10. 선고 96도2398 판결).

① 토지를 미등기전매하면서 최종 매수인에게 직접 소유권이전등기를 한 경우

대법원은, 피고인이 甲으로부터 토지를 매입하여 乙에게 매도하고 乙이 다시 丙에게 매도하였음에도 마치 甲이 丙에게 직접 매도한 양 허위의 매매계약서를 작성하도록 주선하여 甲으로부터 丙에게 직접 소유권이전등기가 이루어지도록 한 사건에서, 피고인이 계약금과 중도금의 일부를 지급한 상태에서 토지를 양도하는 것은 부동산을 취득할 수 있는 권리의 양도에 해당하고, 위 경우 매매당사자 간에 등기가 원칙적으로 불가능하여 미등기양도자산에서 제외되므로(1988. 12. 26. 개정된 구 소득세법 70조 7항 단서, 구 소득세법 시행령 121조의2 2호), 포탈세액의 산정 시 미등기양도자산에 관한 세율을 적용할 것이 아니라고 판단하였다.[19]

② 부가가치세 매출세액 및 개별소비세

사업자가 수령한 대금 중 부가가치세 매출세액은 총수입금액에 포함되지 않으므로(법인세법 21조 1호, 소득세법 26조 9항), 소득금액에서 제외되어야 한다.[20] 거주자가 자기의 총수입금액으로 수입으로 수입하였거나 수입할 금액에 따라 납부하였거나 납부할 개별소비세 및 주세는 총수입금액에 산입하지 않는다(소득세법 26조 7항).[21]

사업자가 상대방에게 재화·용역을 공급하고 세금계산서를 발급하지 않은 경우 그 대가로 지급받은 금액에 부가가치세가 포함되어 있는지 여부는 의사해석에 따라야 할 것이다. 사업자가 공급대가로 받은 금액이 부가가치세가 포함되어 있는지 여부가 불분명한 경우에는 그 대가로 받은 금액 중 1/11에 해당하는 금액을 부가가치세로 한다(부가가치세법 29조 7항).[22] 개별소비세법 기본통칙은, 과세를 누락한 물품의 판매가격에 세액 상당 금액이 포함되어 있는지 여부가 불분명한 경우, 그 판매가격에 세액 상당 금액이 포함된 것으로 본다.[23]

대법원은 세금계산서의 수수 없이 무자료로 거래한 경우에도 그 거래대금에 부가가치세가 포함되어 있다고 본다.[24] 그러나 무자료 거래의 경우 거래당사자는 부가가치세를 포탈할 의도로 거래대금을 자신의 매출로 삼는 것이 일반적이므로,[25] 매출누락액에서 부가가치세액을 공제하지 않는 것이 합리적이다.[26]

---

19) 대법원 1992. 9. 14. 선고 91도2439 판결
20) 대법원 1997. 5. 9. 선고 95도2653 판결
21) 개별소비세의 손금불산입에 관하여는 송동진, 법인세법, 321쪽
22) 대법원 2000. 2. 8. 선고 99도5191 판결
23) 개별소비세법 기본통칙 8-8…3
24) 대법원 2020. 10. 29. 선고 2017두51174 판결. 그러나 위 판결의 타당성은 의문스럽다. 송동진, 법인세법, 619쪽 참조.
25) 송동진, 법인세법, 619쪽
26) 안대희 등, 560쪽은 거래형태나 대금지급방법 등에 비추어 거래대금을 받을 당시 조세포탈할 의도로 부가가치세를 징수하지 않은 경우에는 매출누락금액에서 부가가치세액을 공제할 것은 아니라고 본다.

③ 부외자산의 계상

대법원은, 법인이 이전부터 보유하고 있던 차명주식 등 부외자산을 어느 사업연도에 이르러 법인의 회계장부에 계상하면서 마치 이를 그 해에 새로 매수하는 것처럼 회계처리하는 방법으로 금원을 인출하여 법인의 비자금 관리계좌에 입금함으로써 동액 상당 현금자산을 법인의 회계장부 밖으로 유출하였더라도, 그 현금자산의 유출은 해당 사업연도의 소득에 아무런 영향을 미치지 않았으므로, 그 사업연도 법인세를 포탈한 것에 해당하지 않는다고 판단하였다.[27]

④ 포탈세액이 존재하지 않는 경우

대법원은, 피고인이 코스닥 상장주식을 차명으로 보유하다가 장외에서 양도하여 얻은 차익에 대하여 양도소득세를 포탈하였다고 기소된 사건에서, 코스닥 상장주식을 장외에서 양도하여 얻은 소득은 자신의 이름으로 양도하는 것이나 타인의 이름을 빌려 양도하는 것이나 모두 소득세법상 양도소득세 과세대상에 해당하고, 피고인이 위 주식의 양도소득에 대한 소득세 신고를 하지 않은 것을 이미 발생한 소득에 대한 적극적 은닉행위로 보기도 어렵다는 이유로 조세포탈죄가 성립하지 않는다고 판단하였다.[28]

⑤ 무자료 판매대금의 누락

대법원은, 섬유제품을 제조 · 판매하는 피고인 5 회사가 속한 기업집단의 회장인 피고인 등이 수율을 낮게 조작하는 등의 방법으로 피고인 5 회사에서 생산된 섬유제품 중 일부를 피고인 5 회사의 장부에 계상되지 않도록 한 후 이를 대리점에 무자료로 판매하여 그 대금을 임의 소비한 사건에서, 피고인이 무자료 거래를 통하여 횡령한 대상은 무자료로 거래된 섬유제품이 아니라 그 반대급부인 판매대금으로 보아야 하고, 법인세의 포탈금액은 섬유제품의 가액이 아니라 그 판매대금을 기준으로 산정하여야 한다고 판시하였다.[29]

⑥ 부풀린 하도급대금을 반환받은 경우

대법원은, 피고인 甲 주식회사가 비자금을 조성할 목적으로 협력업체에게 공사를 하도급하는 계약을 체결하면서 공사대금을 실제 공사대금보다 부풀려 정하고, 그 금액을 지급한 후 실제 공사대금과의 차액을 현금으로 돌려받았으며, 이와 관련하여 위 차액을 돌려받은 사업연도의 법인세를 포탈한 것으로 기소된 사건에서, 공사대금을 부풀린 하도급계약은 피고인 가장행위에 해당하고, 부풀려져 과다하게 지급된 공사대금과 실제 공사대금의 차액은 그 지급된 사업연도의 손금에 산입할 수 없으며, 위 차액에 해당하는 채권이 공사대금이

---

27) 대법원 2005. 1. 14. 선고 2002도5411 판결 ; 부외자산과 관련한 문제에 대하여는 본 장 제3절 2.3.5. 참조
28) 대법원 2011. 7. 28. 선고 2008도5399 판결
29) 대법원 2016. 8. 30. 선고 2013도658 판결 ; 본 장 제3절 2.3.4. (2)(나) 참조

지출된 사업연도의 익금으로 귀속되고, 이후 피고인 甲 회사가 차액을 실제 반환받은 사업연도에는 위 채권이 소멸하는 한편, 그에 대응하는 현금이 들어와서 피고인 甲 회사의 순자산에 아무런 변동이 없으므로, 위 차액은 반환받은 사업연도의 익금이 될 수 없다는 이유로, 해당 사업연도의 법인세 포탈이 성립하지 않는다고 판단하였다.[30]

⑦ 횡령금의 회수

대법원은, A 법인의 직원인 乙이 2002년부터 2007년까지 가공비용을 계상하는 방법으로 합계 120억 원을 횡령하였는데, A의 대표자인 甲이 2008년 위 횡령금 중 115억 원을 회수하였음에도 이를 영업외 수익으로 회계장부에 반영하지 않고 마치 해외미수채권을 송금받은 것처럼 조작하기 위하여 해외미수채권을 차감한 후, 법인세 신고 시 위 영업외 수익을 누락하는 등으로 2008년 법인세를 포탈하였다고 기소된 사건에서, ㉮ 乙의 횡령행위와 동시에 A 법인은 乙에 대하여 횡령금액에 상당하는 손해배상채권을 취득하고, 이는 A의 자산으로서 익금에 산입되므로, 위 횡령금액은 A의 2002년 내지 2007년 과세소득에 포함되고, 이를 누락하여 행위는 2002년 내지 2007년 법인세의 포탈행위가 될 수 있으나, ㉯ A 법인이 2008년 횡령금 중 115억 원을 회수함에 따라 손해배상채권은 같은 금액만큼 감소하므로, 2008년 법인세 과세대상 소득이 발생한 것이 아니다. 따라서 A 법인이 위 회수금을 영업외 수익으로 계상하지 않았다고 하더라도, 2008년 법인세 포탈의 결과는 발생하지 않는다고 판단하였다.[31]

2.2.2. 비용(손금)의 공제

(1) 누락매출에 대응하는 비용

납세의무자가 그 수입 중 일부의 신고를 누락하는 경우에도 비용만큼은 누락 없이 전부 신고하는 것이 통상적이다.[32] 대법원은, 과세관청이 거주자의 당초 신고에서 누락된 수입금액을 발견한 경우, 이에 대응하는 필요경비가 별도로 지출되었음이 장부나 증빙서류에 의하여 밝혀지는 등의 특별한 사정이 없는 한, 총수입금액에 대응하는 필요경비 속에 탈루된 수입금액에 대응하는 필요경비도 포함되어 있는 것으로 보아야 하고, 이 경우 납세의무자가 누락수입에 대응하는 비용에 관한 신고를 누락하였다고 하여 그 공제를 받고자 한다면 그 비용의 누락사실을 주장·입증하여야 한다고 판시하였다.[33]

---

30) 대법원 2020. 5. 28. 선고 2018도16864 판결
31) 대법원 2020. 10. 29. 선고 2020도3972 판결
32) 대법원 1992. 3. 27. 선고 91누12912 판결
33) 대법원 2011. 1. 27. 선고 2010도13764 판결

(2) 손금의 증명책임

대법원은, 법인세법에 의하면 법인이 사업집행상의 필요에 의하여 비용을 지출한 경우 손금으로 인정받을 수 있는 항목 및 그 용인한도액은 법정되어 있으므로, 비용의 허위계상 또는 과다계상의 방법으로 공금을 정식경리에서 제외한 뒤 그 금액 상당을 손금으로 처리한 경우, 그 금액이 전부 회사의 사업집행상 필요한 용도에 사용되었더라도, 그 용도를 구체적으로 밝혀 그것이 손비로 인정될 수 있는 항목이고 손금 용인한도액 내의 전액임을 입증하지 못하는 이상 조세포탈의 죄책을 면할 수 없다고 판시하였다.[34] 그러나 조세포탈죄의 전제인 납세의무의 범위에 대한 증명책임은 검사에게 있고, 손금은 납세의무의 범위와 관련된 것이므로, 그 존재 여부의 증명책임도 검사에게 있다고 보아야 할 것이므로, 위 판례의 타당성은 의문스럽다.

(3) 위법비용

위법비용이 손금에 산입되기 위해서는 법인세법 또는 소득세법의 손금요건을 충족하여야 한다.[35] 대법원은, 사회질서를 위반하여 지출된 비용은, 특별한 사정이 없는 한 통상성이 인정되지 않고,[36] 수익과 직접 관련된 비용으로 볼 수도 없다고 판시하였다.[37] 이에 따라 대법원은, ① 의약품 도매업체가 약국 등 소매상에게 의약품의 판매촉진을 위하여 지급한 리베이트,[38] ② 허위 세금계산서의 발급대가로 지급된 수수료,[39] ③ 성매매알선업을 영위하는 피고인이 유흥접객원 등에게 지급한 성매매 수당 및 성매매 손님 유치 수당,[40] ④ 부정한 청탁을 목적으로 지급된 배임증재죄의 대상인 재물,[41] ⑤ 공정거래법에 위반된 담합의 대가로 지급한 답합사례금[42]의 손금산입을 부인하였다.[43]

---

34) 대법원 1989. 10. 10. 선고 87도966 판결, 대법원 2002. 7. 26. 선고 2001도5459 판결, 대법원 2002. 9. 24. 선고 2002도2569 판결, 대법원 2007. 6. 1. 선고 2005도5772 판결
35) 본 장 제3절 2.3.2. 참조
36) 대법원 2009. 11. 12. 선고 2007두12422 판결
37) 대법원 2017. 10. 26. 선고 2017두51310 판결
38) 대법원 2015. 1. 15. 선고 2012두7608 판결
39) 대법원 2015. 5. 29. 선고 2014도13121 판결
40) 대법원 2015. 12. 26. 선고 2014도16164 판결
41) 대법원 2016. 4. 12. 선고 2015두4082 판결
42) 대법원 2017. 10. 26. 선고 2017두51310 판결
43) 위법비용의 손금산입 여부에 관하여 상세한 것은 송동진, 법인세법, 제2편 제1장 제3절 2-2-3. (1) 참조

2.2.3. 실지조사와 추계조사

(1) 실지조사

(가) 실지조사의 원칙

납세의무자가 세법에 따라 장부를 갖추어 기록하고 있는 경우에는 해당 국세 과세표준의 조사와 결정은 그 장부와 이에 관계되는 증거자료에 의하여야 한다(국세기본법 16조 1항). 관할 세무서장 또는 지방국세청장은, 법인세 또는 소득세 과세표준과 세액을 결정 또는 경정하는 경우 원칙적으로 장부나 그 밖의 증명서류를 근거로 하여야 한다(법인세법 66조 3항 본문, 소득세법 80조 3항 본문).[44] 과세관청의 결정 또는 경정은, 과세표준신고서 및 그 첨부서류에 의하거나 실지조사에 의함을 원칙으로 한다(법인세법 시행령 103조 2항, 소득세법 시행령 142조 1항). 수입금액을 추계조사하는 경우에도, 비용을 법인의 장부나 그 밖의 증명서류에 의하여 실지조사할 수 있는 경우에는, 그 비용을 실지조사하여 과세표준을 결정 또는 경정하여야 한다(법인세법 시행령 105조 2항, 소득세법 시행령 144조 4항).

(나) 실지조사의 방법

납세의무자의 신고내용에 오류 또는 탈루가 있어 이를 경정할 때는, 장부나 증명서류에 의함이 원칙이지만, 진정성립과 내용의 합리성이 인정되는 다른 자료에 의하여 그 신고내용에 오류 또는 탈루가 있음이 인정되고 실지조사가 가능한 때에는 그 다른 자료에 의하여서도 이를 경정할 수 있다.[45]

① 수사 또는 세무조사 과정에서 작성된 자료들은, 그 작성의 경위 및 내용을 검토하여 당사자나 관계인의 자유로운 의사에 반하여 작성된 것이 아니고 그 내용 또한 과세자료로서 합리적이어서 진실성이 있다고 인정되는 경우에는, 실지조사의 근거가 될 수 있는 다른 자료의 하나로 삼을 수 있다.[46]

② 납세의무자에 의하여 작성된 확인서가 과세표준 산정의 기초가 될 수 있는 구체적 내용을 포함한 경우에는 실지조사의 근거자료로 될 수 있다.[47] 납세의무자 또는 경리관련자 등의 진술이 구체적이고 신빙성 있는 경우에는 실지조사의 근거자료로 될 여지가 있다.[48][49] 그러나 납세의무자가 제출한 가공거래임을 자인하는 확인서에 가공거래의 구체적

---

44) 납세의무자가 세법에 따라 장부를 갖추어 기록하고 있는 경우에는 해당 국세 과세표준의 조사와 결정은 그 장부와 이에 관계되는 증거자료에 의하여야 한다(국세기본법 16조 1항).

45) 대법원 1998. 7. 10. 선고 96누14227 판결

46) 대법원 1991. 12. 10. 선고 91누4997 판결, 대법원 2007. 10. 26. 선고 2006두16137 판결, 대법원 2012. 9. 27. 선고 2010두14329 판결

47) 대법원 2000. 12. 22. 선고 98두1581 판결

48) 안대희 등, 953쪽 ; 이용호, "외국으로부터 우리나라 국제공항의 환승구역에 반입되었다가 … 관세법상 반송

내용이 들어 있지 않아 그 증거가치를 쉽게 부인할 수 없을 정도의 신빙성이 인정되지 않으면, 이는 실지조사의 근거로 될 수 있는 장부 또는 증빙서류에 갈음하는 다른 자료에 해당하지 않는다.[50]

③ 납세의무자의 금융기관계좌에 입금된 금액을 조사하는 방법으로 납세의무자의 총수입액을 결정한 것은 객관성이 있는 적법한 실지조사방법에 속한다.[51]

④ 납세의무자의 컴퓨터에서 발견된 전산자료로서 상당한 기간에 걸쳐 관리된 것은, 그 신빙성이 높으므로, 실지조사에 따른 과세의 근거로 될 수 있다.[52]

(2) 추계조사

(가) 의의

추계조사는, 장부나 증명서류 등 직접적인 과세자료에 의하지 않고 소득금액과 관련성이 인정되는 수치 등 간접적인 자료를 근거로 소득금액 또는 과세표준을 결정하는 것을 말한다(법인세법 66조 3항 단서, 소득세법 80조 3항 단서). 소득금액의 추계는 기본적으로 경험칙에 근거한 소득의 전형적 추산 과정 및 유형을 법정화한 것이지만, 경험칙에 의한 사실인정을 제한하는 의제적 측면도 있다.[53]

소득금액 또는 과세표준의 산정은 장부나 증명서류 등을 토대로 한 실지조사에 의하는 것이 원칙이므로, 추계조사는 그러한 실지조사가 곤란한 경우에 예외적으로 인정된다. 대법원은 조세포탈 사건에서 포탈세액을 산정할 때 세법상 추계조사의 적용을 인정한다.[54]

신고 대상에 해당하는지 여부", 대법원판례해설 제124호(2020), 501쪽

49) 다만, 대법원 1997. 5. 9. 선고 95도2653 판결은, 피고인 회사의 부가가치세 및 법인세의 계산 기초가 되는 매출에 대하여 대표이사가 세무당국에 신고한 매출액이 실제 매출액의 50% 정도라는 진술을 공판절차 이전에 하였다가 이후 공판절차에서 이를 부인한 사건에서, 위 진술만을 토대로 실제 매출액을 신고한 매출액의 2배로 추정계산한 것은 위법하다고 판단하였다.

50) 대법원 1991. 12. 10. 선고 91누4997 판결, 대법원 1998. 7. 10. 선고 96누14227 판결, 대법원 2003. 6. 24. 선고 2001두7770 판결

51) 대법원 2004. 4. 27. 선고 2003두14284 판결

52) 광주지방법원 2021. 3. 25. 선고 2019구합13527 판결, 광주고등법원 2022. 1. 27. 선고 2021누10742 판결(항소기각), 대법원 2022. 6. 27.자 2022두36261 판결(심리불속행) ; 다만, 대법원 2015. 2. 26. 선고 2014도16164 판결은 엑셀파일 등을 기초로 유흥주점의 누락소득을 추정계산한 것이 적법하다고 판단함으로써 엑셀파일을 추계조사의 자료로 인정하였다.

53) 가령, 소득금액의 추계에 따라 사업수입금액에서 '증명서류에 의하여 인정되는 매입비용 등과 사업수입금액에 기준경비율을 곱하여 계산한 금액'을 공제한 금액이 과세표준으로 정해질 수 있는데(시행령 104조 2항 1호), 이때 증명서류가 없는 경우에는 매입비용은 공제되지 않고 상대적으로 낮은 기준경비율을 반영한 금액만이 비용으로 고려된다. 이러한 결과는 거래의 실무와 부합하지 않는 면이 있으므로 법원에 의한 사실인정을 통해서는 위와 같은 결론에 도달하기 어려울 것이다. 위 경우 소득금액의 추계규정은 경험칙에 의한 사실인정을 배제하고 소득을 의제하는 성격을 가지고, 장부나 증명서류를 제대로 구비하지 않은 납세자에 대한 제재적 기능을 하게 된다.

54) 대법원 1982. 1. 19. 선고 80도1474 판결, 대법원 1984. 11. 27. 선고 83도264 판결

대법원 판례는 장부나 증명서류 외의, 합리성이 인정되는 자료도 실지조사의 근거자료로 인정하기 때문에, 실지조사와 추계조사의 구분이 반드시 명확한 것은 아니다.[55] 추계조사와 실지조사의 구별은, 해당 자료의 성질보다는, 그 자료가 포함하는 정보의 내용이 수입 또는 비용 자체인지 아니면, 그것을 추인하게 하는 간접적인 수치인지에서 찾아야 할 것이다.[56]

(나) 추계조사의 요건

추계조사가 허용되는 사유는 다음과 같다(법인세법 66조 3항 단서, 법인세법 시행령 104조 1항, 소득세법 80조 3항 단서, 소득세법 시행령 143조 1항). ① 소득금액 또는 과세표준을 계산할 때 필요한 장부 또는 증명서류가 없거나 중요한 부분이 미비 또는 허위인 경우, ② 기장의 내용이 시설규모, 종업원수, 원자재·상품·제품 또는 각종 요금의 시가 등에 비추어 허위임이 명백한 경우, ③ 기장의 내용이 원자재사용량·전력사용량 기타 조업상황에 비추어 허위임이 명백한 경우.

법인의 장부나 증빙서류 중 일부가 미비하거나 허위이더라도, 그 장부나 증빙서류의 중요한 부분이 미비하거나 허위인 것이 아니면, 추계과세는 허용되지 않는다.[57] 납세자가 비치·기장한 장부나 증빙서류 중 허위인 부분이 있다고 하더라도, 나머지 부분이 사실에 부합하는 자료임이 분명하여 이를 근거로 과세표준을 계산할 수 있다면, 그 과세표준은 실지조사에 의하여 계산하여야 하고, 추계조사에 의할 수 없다.[58]

과세관청이 과세처분 당시에는 장부 또는 증명서류를 제출받지 못하여 추계과세를 할 수밖에 없었더라도, 이후 그 과세처분 취소소송의 계속 중 법인의 장부 또는 증명서류가 존재

---

55) ① 대법원 판례 중에는 납세의무자의 금융계좌에 입·출금된 금액을 토대로 누락소득을 산정하는 것을 추계과세로 본 것도 있고(대법원 1996. 11. 12. 선고 95누17779 판결), 실지조사로 본 것도 있다(대법원 2004. 4. 27. 선고 2003두14284 판결). ② 대법원은, ㉮ 피고인 회사의 부가가치세 및 법인세의 계산 기초가 되는 매출에 대하여 대표이사가 세무당국에 신고한 매출액이 실제 매출액의 50% 정도라는 진술을 공판절차 이전에 하였다가 이후 공판절차에서 이를 부인한 사건에서, 위 진술만을 토대로 실제 매출액을 신고한 매출액의 2배로 추정계산한 것은 위법하다고 보았으나(대법원 1997. 5. 9. 선고 95도2653 판결), ㉯ 납세의무자가 세무조사과정에서 제출한 확인서를 실지조사의 근거자료로 보았다(대법원 2000. 12. 22. 선고 98두1581 판결, 대법원 2012. 9. 27. 선고 2010두14329 판결). ③ 법원은 ㉮ 납세의무자의 컴퓨터에서 발견된 전산자료를 실지조사의 근거자료로 인정하는 한편[광주지방법원 2021. 3. 25. 선고 2019구합13527 판결, 광주고등법원 2022. 1. 27. 선고 2021누10742 판결(항소기각), 대법원 2022. 6. 27.자 2022두36261 판결(심리불속행)], ㉯ 엑셀파일 등을 기초로 유흥주점의 누락소득을 추정계산한 것이 적법하다고 판단하였다(대법원 2015. 2. 26. 선고 2014도16164 판결).
56) 추계조사의 본질은 소득금액(수입 또는 비용)과 구별되지만 그와 관련된 사업상 수치(변수)로부터 소득금액을 추지(推知)하는 것이므로, 비전형적인 과세자료라고 하더라도 수입 또는 비용 그 자체를 표시하는 것이면 추계조사가 아닌 실지조사의 근거자료로 보아야 할 것이다.
57) 대법원 1986. 12. 23. 선고 86도156 판결
58) 대법원 1997. 9. 26. 선고 96누8192 판결

하는 것으로 밝혀졌다면, 그 장부 등을 기초로 실지조사의 방법에 의하여 과세표준을 결정하여야 한다.[59]

추계의 요건이 충족되어 추계과세의 필요성이 있다는 점의 증명책임은 과세관청에게 있다.[60] 실지조사에 의한 부과처분이 추계과세에 의한 부과처분보다 불리하다거나 납세자가 추계조사결정을 원한다는 사유만으로 추계조사의 요건이 갖추어진 것으로 볼 수 없다.[61]

(다) 추계조사의 방법

사업수입금액의 추계방법으로는 동업자권형, 영업효율법, 생산수율법, 비용관계비율법, 입회기준법 등이 있다(법인세법 시행령 105조, 소득세법 시행령 144조).[62] 소득금액(비용)의 추계방법으로는 기준경비율 방법, 동업자권형 등이 있다(법인세법 시행령 104조, 소득세법 시행령 143조 3항).

추계방법에 관한 법인세법 시행령은, 그 문언 및 체계를 고려하면 열거적 규정으로 볼 여지가 있지만, 법령상 추계방법의 기계적 적용에 따른 소득금액의 의제가 과도하여 불합리할 경우 그 적용을 제한할 필요가 있으므로 예시적 규정으로 보는 것이 합리적이고, 대법원 판례도 같다.[63]

추계의 방법은 소득실액을 반영할 수 있도록 합리성과 타당성을 갖춘 것이어야 하고, 추계방법의 합리성과 타당성에 관한 입증책임은 과세관청에게 있다.[64] 과세관청이 관계 규정이 정한 방법과 절차에 따라 추계하였다면, 추계방법의 합리성과 타당성은 일단 증명되었고, 구체적인 내용이 현저하게 불합리하여 수입금액의 실액을 반영하기에 적절하지 않다는

---

59) 대법원 1986. 12. 9. 선고 86누516 판결, 대법원 1988. 9. 13. 선고 85누988 판결. 이 경우 법원은, 추계의 요건이 흠결되었다는 이유로 곧바로 추계방법에 따른 과세처분을 취소할 것이 아니라, 실지조사방법에 의하여 산출되는 정당한 세액을 심리하여, 그 세액이 추계방법에 따라 부과된 세액보다 많은 경우에는 추계방법에 따른 과세처분을 취소해서는 안 되고, 추계방법에 따라 부과된 세액이 정당한 세액을 초과하는 경우 그 초과 부분에 한하여 취소하여야 한다(대법원 2015. 7. 9. 선고 2015두1076 판결).
60) 대법원 1983. 11. 22. 선고 83누444 판결
61) 대법원 1995. 8. 22. 선고 95누2241 판결, 대법원 1999. 1. 15. 선고 97누20304 판결, 대법원 2012. 9. 13. 선고 2011두9560 판결
62) 추계의 방법에 관하여는 송동진, 법인세법, 제2편 제6장 제1절 2-2-2. 참조
63) 대법원 2011. 4. 28. 선고 2011도527 판결은, 추계방법을 규정한 구 법인세법 시행령 제104조 제2항이 추계결정의 방법을 제한적으로 열거한 것이 아니라고 판시한 후, 다만, 위와 같이 법령에 추계방법이 규정된 경우 구체적 사안에서 그 방법이 불합리하다고 볼 특별한 사정이 없는 한 그 방법을 적용하여야 한다고 판단하였다.
64) 대법원 1982. 9. 14. 선고 82누36 판결, 대법원 1993. 5. 14. 선고 92누18139 판결, 대법원 1996. 11. 12. 선고 95누17779 판결(과세관청이 원고 법인의 대표이사가 관리하던 여러 금융기관 계좌에 입금된 총액을 원고의 매출누락 금액으로 보았는데, 위 금액 중에는 다른 계좌에서 출금된 후 재입금되어 중복 계산된 것도 있고, 대표이사가 경영하는 다른 회사의 수입금도 포함되어 있으며, 대표이사가 아무런 거래관계 없이 자금융통을 위하여 거래처의 어음을 할인해주고 금융기관에 이를 추심의뢰하여 입금된 금액도 함께 계산된 사건에서, 과세관청의 추계방법이 합리적이지 않다고 본 사례), 대법원 2008. 9. 11. 선고 2006두11576 판결, 대법원 2010. 10. 14. 선고 2008두7687 판결

점에 관하여는 이를 다투는 납세자가 증명할 필요가 있다.[65]

법령에 소득금액의 추계방법이 규정되어 있는 경우에는 구체적 사안에서 그 방법이 불합리하다고 볼 특별한 사정이 없는 한 이를 적용하여야 한다.[66]

(라) 추계조사에 관한 사례

① 카지노 사업자의 소득을 추정계산한 사안

피고인이 카지노 사업을 하면서 수입·지출증빙서류를 제대로 갖추지 않고 고의로 은닉하는 등의 방법으로 장부상 성실 기재를 하지 않은 사건에서, 대법원은 형사재판절차에서도 수입금액의 추정계산을 할 수 있다고 판시하였다.[67]

② 법인 대표이사의 진술만을 근거로 매출액을 추정계산한 사안

대법원은, 원심이 '피고인 회사의 매출액에 대하여 세무당국에 신고한 매출액이 실제 매출액의 50% 정도라는 피고인 회사 대표이사의 진술만을 토대로 실제 매출액을 신고한 매출액의 2배로 추정계산한 것이 위법하다'고 판단한 것은 정당하다고 보았다.[68]

③ 계좌의 입·출금액을 제대로 구분하지 않고 추계한 사안

과세관청이 법인의 대표이사 甲이 관리하던 여러 금융기관 계좌에 입금된 총액을 그 법인의 매출누락금으로 보아 추계과세를 하였는데, 그 금액 중에는 다른 계좌에서 출금하여 재입금된 금액으로서 중복계산된 것도 있고, 甲이 위 법인과 별도로 경영하는 다른 법인의 영업으로 인한 수입금도 포함되어 있으며, 甲이 거래관계 없이 자금융통을 위하여 거래처의 어음을 할인해주고 금융기관에 그 추심을 의뢰하여 입금된 금액도 있었던 사건에서, 대법원은 위 추계방법은 합리적인 것이 아니어서 위법하다고 판단하였다.[69]

④ 폐업한 소기업의 소득금액을 추계하면서 단순경비율을 적용하지 않은 사안

㉮ 유류도매업을 하는 피고인 회사가 무자료로 유류를 구입한 후 자료상으로부터 허위의 매입세금계산서를 발급받아 그곳에 기재된 매입가액을 피고인 회사의 매출원가로 산정하여 법인세를 과소신고하였다. ㉯ 피고인 회사는 폐업한 소기업이었고, 구 법인세법 시행령 제104조 제2항 제3호는 위 경우의 추계방법으로 단순경비율 방식을 규정하였다. ㉰ 그럼에

---

65) 대법원 1997. 10. 24. 선고 97누10192 판결, 대법원 1998. 5. 12. 선고 96누5346 판결(법령에 의한 추계방법을 적용할 경우 불합리하게 된다고 볼 만한 특별한 사정이 인정된 경우), 대법원 2010. 10. 14. 선고 2008두7687 판결
66) 대법원 2011. 4. 28. 선고 2011도527 판결
67) 대법원 1982. 1. 19. 선고 80도1474 판결
68) 대법원 1997. 5. 9. 선고 95도2653 판결 : 원심 판결문에는 '대표이사 및 관계인 등의 진술'을 토대로 추정계산이 행해진 것으로 기재되어 있다.
69) 대법원 1996. 11. 12. 선고 95누17779 판결

도 검사는 '필요한 장부 또는 증빙서류가 없거나 그 중요한 부분이 미비 또는 허위인 때'에 해당한다고 보아 피고인 회사의 소득금액을 추계하면서, 피고인 회사에게 조세탈루혐의가 있다는 이유로 단순경비율 방식을 적용하지 않고, 피고인이 공급한 유류가 해상선박에 사용되는 면세유인 것을 확인한 후, 수협중앙회에서 고시하는 어업용면세유 가격을 기준으로 유류의 매입가액(매출원가)을 산정하였다. ㉣ 원심은, 검사의 추계방법이 객관적이고 합리적이라는 이유로 그 방법에 의한 법인세 포탈세액의 추계가 적법하다고 판단하였다. ㉤ 그러나 대법원은, 법령에 추계방법이 규정되어 있는 경우에는 구체적 사안에서 그 방법이 불합리하다고 볼 특별한 사정이 없는 한 그 방법을 적용하여야 하므로, 피고인 회사의 법인세 포탈세액은 특별한 사정이 없는 한 위 구 법인세법 시행령 등의 규정에 따라 단순경비율 방식으로 추계하여야 할 것임에도, 원심이 위 방법에 의하여 추계하면 불합리한 결과가 초래된다는 등의 특별한 사정이 있는지 여부를 가려보지 않은 채 검사가 적용한 매출원가 기준 추계방법도 허용된다고 판단한 것은 위법하다고 판단하였다.[70]

⑤ 기준경비율에 의한 소득금액의 추계

피고인 회사가 토지를 취득한 후 분할양도하여 상당한 차익을 얻는 과정에서 매입과 매출에 관한 장부나 증빙서류를 전혀 작성하지 않은 사건에서, 대법원은, 법인세법 시행령 제104조 제2항 제1호에 의한 기준경비율 방법이 불합리한 결과를 초래한다는 등의 특별한 사정이 없으므로, 피고인 회사의 법인세 포탈세액을 기준경비율 방법에 의하여 추계결정한 것은 적법하다고 판단하였다.[71]

⑥ 유흥주점 소득금액의 추계

유흥주점을 운영하는 피고인들이 신용카드매출액 등을 제외한 현금매출액 중 상당 부분을 축소신고하면서 일일 매출을 확인할 수 있는 장부를 파기하였고, 검사가 위 유흥주점의 경리업무 담당자가 작성한 월별 회계자료(엑셀파일) 및 일일주류현황 자료를 기준으로 피고인들의 소득세 및 부가가치세 등 과세표준을 추정계산한 사건에서, 대법원은 위 추정계산방식이 허용될 수 있는 것이라고 판단하였다.[72]

유흥주점의 현금매출액 등 누락이 문제된 또 다른 사건에서, 대법원은 피고인이 운영하는 유흥주점의 자금일보, 월 재고현황, 일 재고현황 등의 자료를 기초로 양주의 판매수량에 일정한 금액을 곱하여 총 매출액을 추계하는 방법으로 포탈세액을 산정한 것은 적법하다고 판단하였다.[73]

---

70) 대법원 2011. 4. 28. 선고 2011도527 판결
71) 대법원 2013. 9. 12. 선고 2013도865 판결
72) 대법원 2015. 2. 26. 선고 2014도16164 판결
73) 대법원 2023. 8. 18. 선고 2022도16942 판결

⑦ 재산법

　재산법은 당기순이익을 기말자본(기말의 순자산)에서 기초자본(기초의 순자산)을 공제하는 방법으로 산출하는 방법을 말한다. 당기순이익은 해당 기간에 발생한 수익에서 비용을 공제하는 방법(손익법)으로 산출할 수도 있다. 회계의 원리상 위 두 방법에 의하여 산출된 당기순이익은 일치한다.

　개인의 사업소득을 파악하는 데 재산법을 사용하기 위해서는, 기초자본과 기말자본에 사업 외의 원인으로 인한 변동분이 포함되어 있는지 여부를 확인하여, 그러한 부분이 있으면 이를 제거하여야 한다. 따라서 재산법은, 해당 기간의 수익과 비용으로 확인된 금액을 토대로 소득을 계산하는 손익법에 비하여, 사업 외적 요소의 영향에 대한 추가적인 검토를 요하지만, 그 부분만 해소된다면 손익법에 의한 포탈세액의 산정이 곤란한 경우 유용하게 사용될 수 있다.[74] 가령, 사업을 운영하는 피고인에게 사업 외에 달리 피고인이 사용하는 계좌에 입금될 원인이 없거나 다른 원인에 의하여 입금된 금액을 특정할 수 있는 경우에는, 그 입금의 횟수 및 양태(매일 또는 매월 정기적으로), 입금자 등을 고려하여 그 계좌의 입금액을 근거로 포탈소득을 인정할 여지가 있다. 그러나 검찰 실무상 재산법에 의하여 포탈소득을 인정하는 예는 드문 것으로 보인다.[75] 적어도 재산법을 추정계산의 요건(납세신고의 근거가 된 장부 등의 미비가 중요한지 여부) 또는 추정계산에 의한 포탈세액의 적정성을 검증하는 방법으로 사용하는 것은 가능할 것이다.

2.2.4. 결손금을 허위로 과대계상한 경우

(1) 결손금의 세법상 취급

(가) 법인세법

　결손금은 법인의 어느 사업연도에 속하는 손금의 총액이 익금의 총액을 초과하는 경우 그 초과하는 금액을 말한다(법인세법 14조 2항). 결손금은 원칙적으로 그것이 발생한 후에 개시된 사업연도의 소득의 80%[76]를 한도로 이월결손금으로 공제된다[**이월공제**(carry over), 법인세법 13조 1항 본문 및 1호].[77] 이월결손금으로 공제되기 위해서는, ① 공제대상 사업연도의 개시일 전 15년 내에 개시된 발생한 결손금이어야 하고, ② 법인의 신고·수정신고 또는

---

74) 일본 최고재판소는 조세포탈범의 포탈소득을 입증하는 방법으로 재산법을 이용하는 것도 허용된다고 판시하였다. 最高裁判所 昭和60年11月25日 判決(안대희 등, 935쪽에서 인용)
75) 안대희 등, 934쪽
76) 중소기업과 회생계획을 이행 중인 기업 등 대통령령으로 정하는 법인의 경우는 100%이다.
77) 결손금의 공제에 관한 상세한 것은 송동진, 법인세법, 제2편 제5장 제1절 534쪽 이하 참조

과세관청의 결정·경정에 의하여 확정된 것이어야 한다(법인세법 13조 1항 1호 나목). 법인세의 과세표준과 세액을 추계하는 경우에는 이월결손금의 공제가 인정되지 않는다(법인세법 68조 본문).[78]

한편, 중소기업인 법인은, '결손금을 직전 사업연도의 소득금액에서 공제하여 계산한 법인세 산출세액'과 '직전 사업연도의 법인세 산출세액'의 차액을 환급받을 수 있다[**소급공제** (carry back), 법인세법 72조].

(나) 소득세법

결손금은 사업을 하는 거주자의 어느 과세기간의 필요경비가 총수입금액을 초과하는 경우 그 초과하는 금액을 말한다(소득세법 19조 2항). 어느 과세기간의 사업소득을 계산할 때 발생한 결손금은 그 과세기간의 근로소득 등에서 순서대로 공제한다(다른 소득과의 **통산**, 소득세법 45조 1항).[79] 이와 같이 공제하고 남은 결손금 등(이월결손금)은, 그 이월결손금이 발생한 과세기간의 종료일부터 15년 내에 끝나는 과세기간의 소득금액을 계산할 때, 먼저 발생한 과세기간의 이월결손금부터 순서대로 일정한 구분에 따라 공제된다(**이월공제**, 소득세법 45조 3항 본문).[80] 이월결손금의 공제는 소득금액을 추계조사결정하는 경우에는 인정되지 않는다(소득세법 45조 4항 본문).[81]

중소기업을 경영하는 거주자는, '해당 과세기간의 이월결손금을 직전 과세기간의 사업소득에서 공제하여 계산한 종합소득산출세액'과 '직전 과세기간의 종합소득산출세액'의 차액을 환급받을 수 있다(**소급공제**, 소득세법 85조의2, 소득세법 시행령 149조의2).

(2) 결손금과 조세포탈

(가) 신고누락소득과 이월결손금이 모두 있는 경우

어느 과세기간에 납세의무자가 소득의 신고를 누락하였는데 공제가능한 이월결손금이 있는 경우에는, 그 신고누락소득을 포함한 전체 소득에서 이월결손금을 공제한 금액을 기준으로 조세포탈죄의 성립 여부 및 범위를 판단하여야 한다.

다만, 법인의 경우 이월결손금이 공제되기 위해서는 법인의 신고 또는 과세관청의 결정

---

78) 다만, 천재지변 등으로 장부나 그 밖의 증명서류가 멸실되어 대통령령으로 정하는 바에 따라 추계하는 경우에는 그렇지 않다(법인세법 68조 단서).
79) 그러나 부동산임대업에서 발생한 결손금은 종합소득 과세표준을 계산할 때 공제하지 않는다(소득세법 45조 2항 본문). 다만, 주거용 건물 임대업의 경우에는 그렇지 않다(소득세법 46조 2항 단서).
80) 다만, 국세부과의 제척기간이 지난 후에 그 제척기간 이전 과세기간의 이월결손금이 확인된 경우 그 이월결손금은 공제하지 않는다(소득세법 45조 3항 단서).
81) 다만, 천재지변이나 그 밖의 불가항력으로 장부나 그 밖의 증명서류가 멸실되어 추계신고를 하거나 추계조사결정을 하는 경우에는 그렇지 않다(소득세법 45조 4항 단서).

· 경정에 의하여 확정되어야 하므로(법인세법 13조 1항), 그러한 확정을 거치지 않은 이월결손금은 신고누락소득에서 공제될 수 없다.[82] 또한 추계조사에 의하여 법인 또는 거주자의 소득금액을 확정하는 경우에는 원칙적으로 이월결손금의 공제가 인정되지 않는다(법인세법 68조 본문, 소득세법 45조 4항 본문).

신고에서 누락된 소득과 이월결손금이 모두 있는 경우, '전체 소득에서 이월결손금을 공제한 금액'과 '실제로 신고한 소득에서 이월결손금을 공제한 금액'의 차액 범위에서 해당 사업연도의 조세포탈죄가 성립하고, 납세의무자가 소득을 과소신고함에 따라 해당 사업연도의 소득에서 공제되지 않은 이월결손금이 이후 사업연도로 이월되어 그 소득에서 공제되는 경우에는, 그 사업연도의 조세포탈죄가 성립할 수 있다.[83]

(나) 결손금의 과대계상과 조세포탈

2010년 개정되기 전의 구 조세범처벌법 제12조의3 제3항은 결손금의 과대계상을 처벌하였으나, 위 개정으로 인하여 위 규정이 삭제되었다. 따라서 현행 조세범처벌법상 결손금의 과대계상은 그 자체만으로 처벌대상이 되는 것은 아니고, 조세의 확정을 방해하거나 부당환급을 야기하는 범위에서만 조세포탈죄로 처벌될 수 있다.

① 법인이 어느 사업연도에 매출누락 또는 비용의 허위계상을 하였는데 본래 결손금이 발생하는 상황(익금 < 손금)인 경우에는, ㉮ 그 사업연도의 법인세 납부의무가 존재하지 않으므로, 그 사업연도의 법인세 포탈은 성립하지 않는다.[84] 다만, ㉯ 위 경우 허위로 증액된

---

82) 이와 달리 소득세법상 사업을 하는 거주자의 경우 이월결손금에 관하여는 신고 등에 의한 확정 요건이 규정되어 있지 않다.

83) 이월결손금의 공제한도가 소득금액의 80%인 법인의 예를 들면 다음과 같다. 20×1 사업연도에 신고한 소득이 3억 원, 신고를 누락한 소득이 5억 원이고, 이월결손금이 4억 원인 경우, ① 신고한 소득과 신고누락한 소득을 합한 전체 소득 8억 원에서 이월결손금 공제액 4억 원[= min(4억 원, 8억 원×0.8)]을 뺀 4억 원과 ② 실제로 신고한 소득 3억 원에서 이월결손금 공제액 2억 4,000만 원(= 3억 원×0.8)을 뺀 6,000만 원 간의 차액 3억 4,000만 원의 소득금액에 관하여 조세포탈죄가 성립한다. 위 경우 법인이 20×1 사업연도의 소득을 과소하게 신고하여 그 사업연도의 소득에서 공제되지 않은 이월결손금 1억 6,000만 원(= 4억 원 – 2억 4,000만 원)은 이후 20×2 사업연도로 이월되고, 그 사업연도의 소득이 발생하면 그 소득에서 공제됨으로써 그 사업연도의 법인세를 포탈시킨다.

84) 대법원 2020. 12. 30. 선고 2018도14753 판결 : ① A 법인은 불량 매출채권 등 부실자산을 정리하지 않은 상태에서 이를 처분하여 가공의 기계장치와 상품 및 원재료 등을 취득한 것처럼 회계장부에 기재한 후, 이에 터잡아 허위의 감가상각비 또는 매출원가로 계상하여 2003 내지 2012 사업연도 귀속 법인세를 신고하였다. ② A 법인은 2008 사업연도 법인세의 신고 시 가공 기계장치 감가상각비 514억여 원과 투자주식처분손실 1,884억여 원을 손금에 산입하여 과세표준 약 (-)1,279억 원(결손금), 법인세 0원으로 신고하였다. ③ 과세관청은 2013. 11. 1. A에 대하여 가공 기계장치 감가상각비와 투자주식처분손실을 포함한 약 2,554억 원을 손금불산입하여 2008 사업연도 법인세 과세표준을 약 1,265억 원으로 산정하고, 2008 사업연도 법인세 258억여 원을 부과하는 처분을 하였다. ④ A 그룹의 회장으로서 그 경영 전반을 총괄하는 피고인은 2014년 '임직원들과 공모하여 위와 같은 방법으로 2003년 내지 2012년 법인세 신고 시 A 법인의 소득금액 5,010억여 원을 누락시키는 방법으로 법인세 합계 1,237억여 원(2008 사업연도 법인세 128억여 원)을 포탈하였다'는 혐의로 기소되었다. ⑤ 조세심판원은 2017. 7. 24. '위 법인세 부과처분 중 가공 기계장치 감가상각비를

결손금은, 이후 사업연도로 이월되어 소득금액에서 공제되는 경우, 그에 따라 축소된 과세표준의 범위에서 그 사업연도의 법인세 포탈을 성립시킬 수 있을 뿐이다.[85]

② 법인이 어느 사업연도에 소득을 얻었음에도 매출누락 또는 비용의 과대계상을 통하여 소득의 신고를 누락하고 나아가 결손금을 허위로 계상한 경우에는, ㉮ 해당 사업연도의 조세포탈죄는 신고누락소득에 대해서만 성립하고, ㉯ 허위로 계상된 결손금은 위 ①의 ㉯와 같이 처리된다.

한편, 중소기업이 결손금을 허위로 계상하여 직전 사업연도에 납부한 법인세액 또는 소득세를 환급받는 경우(법인세법 72조, 소득세법 85조의2), 세액의 부정환급으로서 조세포탈죄에 해당할 수 있다.

손금불산입한 부분은 적법하지만, 투자주식처분손실을 손금불산입한 부분은 위법하므로, 투자주식처분손실을 손금에 산입하여 과세표준 및 세액을 경정하라'는 결정을 하였다. ⑤ 이에 따라 과세관청이 투자주식처분손실 1,884억여 원을 손금에 산입한 결과, 가공 기계장치 감가상각비 514억여 원을 손금불산입하더라도 2008 사업연도의 손금 총액이 익금 총액을 초과하여 결손금이 발생함에 따라 해당 사업연도의 법인세액은 0원이 되었다. 이에 과세관청은 A에 대한 2008 사업연도 법인세 부과처분 전부를 취소하였다(A가 신고한 결손금 1,279억 원에서 가공 기계장치 감가상각비 514억 원여 원을 차감하면 조세심판원 결정에 따라 경정된 결손금은 약 765억 원이었을 것으로 보인다). ⑥ 원심은, 가공 기계장치 감가상각비와 투자주식처분손실을 모두 손금불산입한 당초의 법인세 부과처분만을 고려하여, 피고인이 가공 기계장치 감가상각비를 손금에 산입한 사기 기타 부정한 행위로써 A의 2008 사업연도 법인세 128억여 원을 포탈하였다는 공소사실을 유죄로 인정하였다. ⑥ 대법원은 위 사건에서 '과세관청이 조세포탈로 공소제기된 처분사유가 아닌 다른 사유로 당초 부과처분을 취소한 경우에도, 그 부과처분은 처분 시에 소급하여 효력을 잃게 되어 그에 따른 납세의무가 없어지므로, 조세채무의 성립을 전제로 한 조세포탈죄는 성립할 수 없다'는 이유로, 원심판결을 파기하였다. ⑦ 그러나 위 판결의 타당성은 다음과 같은 이유로 의문스럽다. ㉮ 첫째, 조세포탈죄의 요건은 납세의무의 성립(成立)이지 납세의무의 확정(確定)이 아니므로 부과처분의 존재는 그 요건이 아니다. 부과처분의 취소로 인하여 납세의무의 확정이 소멸하는 경우에도 언제나 납세의무의 성립이 부정되는 것은 아니다. 가령 납세의무 자체는 유효하게 성립하였다고 인정되는 경우에도, 부과제척기간이 도과하거나 세무조사가 위법한 경우에는 부과처분이 무효이거나 취소될 수 있는 것이다. 또한, 조세심판원 결정에 따라 부과처분이 취소되었다는 사실은, 조세포탈을 심리하는 형사법원에서 납세의무의 성립 여부를 판단할 때 위 결정에 나타난 부과처분의 위법사유를 유력한 증거자료로 고려하면 족하다. 위 판결은 조세포탈의 요건인 '납세의무의 성립'과 '납세의무의 확정(부과처분)'을 혼동한 것으로 보인다. 이에 관하여는 본 장 제3절 5.1. (1) 참조. ㉯ 둘째, 2008 사업연도의 결손금을 증액시킨 것은 그 결손금을 증액하기 전에도 결손 상태여서 법인세 납부의무가 성립하지 않았으므로, 2008 사업연도의 법인세 포탈은 성립할 수 없고, 이후 결손금 중 허위로 증액된 부분을 소득금액에서 공제하는 사업연도의 법인세 포탈이 문제될 뿐이라고 보면 족하다.

85) 가령 20×1 사업연도에 실제 소득금액이 2억 원인데 허위의 비용 3억 원을 계상하여 허위의 결손금 1억 원[2억 원 − 3억 원 = (-)1억 원]을 계상하고, 이후 위 허위의 이월결손금 1억 원을 20×2 사업연도의 소득 2억 원에서 공제한 경우, 20×1 사업연도에는 신고누락소득 2억 원에 대하여 조세포탈죄가 성립하고, 20×2 사업연도에는 허위 이월결손금의 공제로 축소된 과세표준 1억 원에 대하여 조세포탈죄가 성립할 수 있다. 법인이 2009 사업연도에 결손금을 과대계상하여 2011 사업연도로 이월하여 법인소득을 감소시킨 경우에 2011 사업연도 법인세의 포탈을 인정한 사안으로 대법원 2013. 4. 11. 선고 2012도13705 판결(상증세 플랜 사건) [제4절 3.3.5. (3) 참조].

2.2.5. 타인 명의로 납부된 세액 등의 공제 여부

(1) 일반론

납세의무자가 포탈한 조세와 관련하여 타인 명의로 납부한 세액 등이 있는 경우에는 그 범위에서 조세수입의 사실상 감소가 발생하지 않으므로, 해당 세액은 포탈세액에서 공제되어야 한다.[86]

(2) 구체적 사례

(가) 원천징수의무자가 소득 명의인으로부터 원천징수하여 납부한 세액

대법원은, ① 피고인 회사가 볼펜 등의 부속품을 수입하여 볼펜심 등을 제조·판매하면서 소외 회사를 수입자로 위장하여 그 회사 명의로 수입신고를 하고 영업행위를 함으로써 피고인 회사의 소득을 은폐하여 조세를 포탈한 사건에서, 소외 회사 명의의 영업행위에 대하여 원천징수된 세액은 소득의 실질귀속자인 피고인 회사의 포탈세액에서 공제되어야 한다는 취지로 판단하였다.[87] 또한, 대법원은, ② 피고인 회사가 직원들 명의로 보유하는 예금의 이자소득을 법인세 신고 시 누락하여 법인세를 포탈하였는데, 금융기관이 위 예금을 그 명의인인 직원들에게 지급하면서 원천징수하여 납부한 소득세를 피고인 법인이 실질적으로 부담한 사건에서, 위 원천징수된 소득세액은 실질과세의 원칙상 피고인 회사의 법인세액에서 공제되어야 한다고 판단하였다.[88]

(나) 소득의 명의자가 그 명의로 신고·납부한 세액

소득의 실질적 귀속자가 아닌 명의자가 그 명의로 신고·납부한 세액은 그 세법상 효과는 명의자에게 귀속하고, 실질적 귀속자에게 귀속하지 않는다.[89] 이에 따르면, 소득의 실질귀속자가 그 소득의 신고를 누락한 경우, 그 소득의 명의인이 그 명의로 신고·납부한 소득세액이 당연히 실질귀속자의 포탈세액에서 공제되어야 한다는 결론에 이르게 되지는 않는

---

86) 본 절 1. (2)(다) 참조
87) 대법원 1977. 3. 22. 선고 76도3961 판결
88) 대법원 2005. 1. 4. 선고 2002도5411 판결
89) 따라서 ① 소득의 귀속자가 아닌 명의자가 소득세의 신고·납부를 하였더라도, 실질적인 소득 귀속자는 무신고가산세·납부지연가산세의 부과대상에 해당한다. 대법원 1997. 10. 10. 선고 96누6387 판결(명의신탁된 부동산의 양도에 따른 양도소득세의 신고·납부의무자는 명의신탁자이므로, 명의수탁자 명의로 신고·납부된 경우 신고·납부불성실가산세의 부과대상이다). ② ② 사업명의자에 대한 과세처분에 대하여 실제사업자가 사업명의자 명의로 직접 납부행위를 하였거나 납부자금을 부담하였다고 하더라도, 납부의 법률효과는 과세처분의 상대방인 사업명의자에게 귀속되므로, 사업명의자에 대한 과세처분이 무효이거나 취소되어 과오납부액이 발생한 경우 사업명의자 명의로 납부된 세액의 환급청구권자는 사업명의자로 보아야 한다. 대법원 2015. 8. 27. 선고 2013다212639 판결

다.[90] 그러나 대법원 판례에 따르면, 국고수입의 사실상 감소는 조세포탈의 결과를 이루는 객관적 구성요건요소에 해당한다.[91] 소득의 명의자가 그 명의로 소득세를 신고 · 납부한 경우, 그 범위에서는 국고수입의 사실상 감소가 발생하지 않으므로, 그 소득세액은 실질적 귀속자의 포탈세액에서 공제되어야 할 것이다.

한편, 제3자 명의로 납부된 세액이 납세의무자의 포탈세액에서 공제되기 위해서는 조세포탈죄가 기수에 이르기 전에 납부된 것이어야 한다. 대법원은, 피고인이 자신의 자녀들에게 甲 주식회사의 차명주식을 이전한 후 합병을 통한 우회상장을 하여 그 증가된 주식가치를 자녀들로 하여금 취득하게 함으로써 구 상증세법 제41조의5 제1항의 의제증여세를 포탈한 사안에서, 증여세 신고기한 경과로 조세포탈죄가 기수에 이른 후 피고인의 자녀들이 증여세 일부를 납부하였더라도 피고인의 증여세 포탈세액에서 이를 공제할 수 없다고 판단하였다.[92]

(다) 거짓 또는 무거래 세금계산서의 발급업체가 납부한 법인세액

대법원은, 법인이 다른 업체로부터 공급가액을 과다하게 기재한 세금계산서 또는 실물거래 없는 세금계산서를 발급받아 이를 토대로 부가가치세 매입세액을 공제받은 한편, 가공비용을 손금에 산입하여 법인세를 과소 신고한 경우, ① 부가가치세와 관련해서는 그 세금계산서의 발급업체가 매출세액을 납부하였는지에 따라 국가 조세수입의 감소 및 고의 여부를 심리 · 판단하도록 하면서도, ② 법인세에 관해서는 위 발급업체가 위 가공거래에 따른 매출에 대한 법인세를 납부하였는지 여부를 고려하고 있지 않다.[93]

2.3. 부가가치세의 포탈방법 및 포탈액

(1) 부가가치세의 포탈 방법 및 유형

부가가치세 납부세액은 매출세액에서 매입세액을 뺀 금액이므로(부가가치세법 37조 2항), 부가가치세의 포탈은 매출세액의 포탈과 매입세액의 포탈(부정공제 · 환급)로 구분된다.

---

90) 일본 최고재판소는, 조세포탈을 한 납세의무자가 아닌 제3자 명의로 신고한 세액은 납세의무자 본인의 신고로서 그 납세의무를 확정시키는 공법상의 효과가 생기지 않으므로, 포탈세액에서 공제될 수 없다고 판단하였다(最高裁判所 昭和46年3月30日 ; 안대희 등, 677쪽에서 인용).
91) 본 절 1.2. (2) 및 제6절 2.3. (2) 참조
92) 대법원 2011. 6. 30. 선고 2010도10968 판결
93) 대법원 2007. 6. 1. 선고 2005도5772 판결, 대법원 2021. 12. 30. 선고 2021두33371 판결. 그러나 국가 조세수입의 감소를 객관적 구성요건요소 및 고의의 대상으로 본다면, 법인세의 포탈에 관해서도 거짓 또는 무거래 세금계산서를 발급한 업체가 가공매출을 소득금액에 포함시켜 법인세를 과다하게 납부하였는지 여부를 심리할 필요가 있을 것이다. 본 절 1.2. (2) 참조.

(가) 매출세액의 포탈

매출세액의 포탈은 일반적으로, 재화 또는 용역을 공급하면서 부가가치세를 포탈할 의도로 세금계산서를 발급하지 않고 부가가치세 확정신고 시에 해당 매출액을 누락하는 방식으로 이루어진다.[94] 이와 같은 무자료거래로 물품을 매입한 자는 이를 판매할 때 세금계산서의 발급 없이 판매하게 되므로, 한번 무자료거래가 이루어지면 이후 연쇄적으로 무자료거래가 일어난다.

매출세액의 포탈은 예외적으로, 재화를 공급하면서 세금계산서를 발급하였으나, 처음부터 부가가치세의 징수를 회피할 목적으로 재산을 은닉·탈루시켜 부가가치세의 징수를 불가능하게 하는 경우에도, 발생할 수 있다.[95]

(나) 매입세액의 부정 공제·환급

매입세액의 부정공제·환급은 사실과 다른 세금계산서에 의하여 매입세액을 공제·환급받는 경우에 성립한다. 매입세액의 부정공제·환급은, 주로 자료상을 통하거나 기존 거래처에 요청하여 사실과 다른 무거래 세금계산서를 교부받아 매입세액의 공제·환급을 받는 방법으로 이루어진다.[96]

무거래 세금계산서는 ① 가공비용의 계상,[97] ② 무자료로 매입한 원재료 등을 가공하여 매출하는 경우 매입자료의 확보를 위하여 수수되기도 하고, ③ 매출세금계산서의 발급 없이 실물거래만을 한 자가 매입세금계산서 수취분과의 균형을 위하여 다른 사업자에게 실물거래 없이 매출세금계산서만을 발급하는 경우도 있고,[98] ④ 물품을 판매한 자가 실제 구입자와의 사이에 제3자를 끼워넣거나,[99] 중간단계 도매업자 등을 건너뛰고 그 다음 단계 매입자에게 세금계산서를 발급하는 경우도 있다.[100] 위 ③, ④의 경우에는 세금계산서의 발급자가 해당 매출세액을 신고·납부하는 일이 많고, 그 경우에는 그러한 사실과 다른 세금계산서를 발급받은 자가 매입세액을 공제·환급받더라도 국가 조세수입의 사실상 감소가 없

---

94) 대법원 1985. 9. 24. 선고 85도842 판결, 대법원 2000. 2. 8. 선고 99도5191 판결. 본 장 제4절 3.2.2. 참조.
95) 대법원 2007. 2. 15. 선고 2005도9546 전원합의체 판결(금지금 사건)
96) 무거래 매입세금계산서를 자료상으로부터 받는 경우에는 수수료를 지급하고, 기존 거래처 등으로부터 받는 경우에는 그 세금계산서에 따라 기존 거래처 등이 부담할 매출세액을 교부하는 것이 일반적이다.
97) 무거래 매입세금계산서를 근거로 가공비용이 계상되는 경우 소득세 또는 법인세의 포탈이 발생하고, 사외유출된 소득에 대한 소득처분이 행해지게 된다.
98) 이러한 상황은, 물품의 판매자가 구입자의 요청에 따라 무자료판매를 하고, 매출세금계산서를 발급하지 않아서 매입세금계산서의 발급분과의 균형이 맞지 않게 되는 것을 피하기 위하여 다른 사업자에게 실물의 공급 없이 매출세금계산서를 발급하는 경우 등에 발생한다.
99) 대법원 2009. 12. 24. 선고 2007두16974 판결 : 주류 제조·판매회사의 직매장 A가 무면허 주류도매업자 B에게 주류를 판매하였음에도 주류판매업 면허를 가진 C(원고)에게 판매한 것처럼 매입세금계산서를 발급하고, C는 위 세금계산서의 공급가액과 동일한 무거래 세금계산서(매출)를 거래처에 대하여 발급한 사안.
100) 안대희 등, 810~812쪽, 815~817쪽

을 수 있으므로, 조세포탈의 결과가 발생하지 않을 수 있다.[101]

(다) 자료상

자료상(資料商)은, 타인에게 실물거래가 없는 세금계산서를 교부하여 매입세액의 공제·환급을 받을 수 있게 하고 그 대가로 수수료를 받는 자를 말한다. 통상적으로 자료상은, ① 무자료매출을 하여 세금계산서를 발급할 필요가 있는 자로부터 세금계산서를 받아서 이를 필요로 하는 자에게 교부하거나, ② 무자력인 제3자의 명의로 사업자등록을 하고 그 사업자등록을 이용하여 직접 세금계산서를 발급한다. 후자의 경우 해당 업체는 단기간 내에 폐업하는 것이 일반적이고, 위 경우 이른바 '폭탄업체'가 된다.

(라) 폭탄업체

실무상 '폭탄업체'는 상대방에게 세금계산서를 발행하여 매입세액의 공제·환급를 받게 하면서, 그 세금계산서에 기한 자신의 매출세액을 신고·납부하지 않고 폐업하는 업체를 말한다. 폭탄업체는, 과세당국에 폭탄영업이 노출되는 것을 피하기 위하여, 자신의 다음 단계로 이른바 '간판업체'를 세우고 세금계산서를 발급하여 간판업체로 하여금 정상적으로 매출세액을 납부하게 하는 경우가 많다. 폭탄업체가 발급한 세금계산서는 실물거래가 없는 경우가 많지만, 때로는 실물거래가 존재하는 경우도 있다. 후자의 대표적인 예는 이른바 금지금 사건이다.[102] 폭탄업체를 이용한 부가가치세의 포탈은 부가가치세법의 전단계매입세액 공제제도의 허점을 노린 것으로서 부가가치세제의 기초를 흔드는 중대한 범죄이다.

(마) 금지금 사건

① 거래의 구조

과거에 변칙적 금지금(金地金)[103] 거래를 이용한 부가가치세의 포탈 사건이 크게 문제되었다. 위 사건에서는 수입업체로부터 대형도매업체('바닥업체'), 여러 단계의 중간도매업체('도관업체' 또는 '폭탄업체' 등)를 거쳐 수출업체에 이르기까지 여러 단계의 거래가 단시일 내에 이루어졌다. 폭탄업체는 금지금을 영세율로 매입하여 매입가액보다 낮은 공급가액으로 금지금을 판매하지만, 공급가액에 부가가치세액을 더한 공급대가는 매입가액보다 높고, 폭탄업체는 거래징수한 부가가치세를 납부하지 않은 채 단기간 내에 공급대가 전액을 인출·은닉하고 폐업하기 때문에, 매입가액과 공급대가 간의 차액에 상당하는 이익을 얻었다. 거래과정의 중간에 있는 폭탄업체가 부가가치세 포탈을 염두에 두고 공급가액을 낮추기 때문에

---

101) 본 절 2.3. (3) 참조
102) 본 장 제4절 3.4. (2)(가) 참조
103) 금지금은 순도 99.5% 이상의 금괴를 말한다.

위 거래에 참여하는 모든 업체는 차익을 얻을 수 있었다. 반면에, 국가는 폭탄업체가 거래징수한 부가가치세를 납부받지 못하였음에도 그 이후 단계의 업체에게 해당 부가가치세 매입세액의 공제·환급을 해주어야 하기 때문에 해당 세액 상당의 손실을 입게 되었다.[104]

② 관여자들의 죄책

㉮ 대형도매업체('바닥업체')가 도관업체 또는 폭탄업체에게 금지금을 공급하면서 그 도관업체 등 또는 그 다음 단계의 업체가 실제로는 금지금을 수출하지 않고 내수로 유통시킬 것을 알았음에도, 위 거래를 영세율의 적용대상으로 위장하여 위 업체로부터 부가가치세를 거래징수하지 않고, 부가가치세 신고 시 영세율로 신고하고 위 매출에 해당하는 부가가치세를 납부하지 않은 행위는, 부가가치세 포탈죄에 해당한다.[105] 위 경우 대형도매업체는 폭탄업체의 부가가치세 포탈에 대하여 공범의 책임을 질 수 있고, 대형도매업체 자신의 부가가치세 포탈죄와 폭탄업체의 부가가치세 포탈에 대한 공범은 실체적 경합범의 관계에 있다.[106]

㉯ 허위의 수출계약서를 작성하여 외화획득용 원료구매승인서를 발급받아 영세율로 금괴를 구입한 자(폭탄업체)가, 이를 가공·수출하지 않은 채 구입 즉시 구입단가보다 낮은 가격에 국내 업체에 과세금으로 전량 판매하면서 공급가액에 대한 부가가치세를 가산한 금액을 수령하는 방식으로, 3개월간만 금괴의 구입 및 판매 영업을 한 후 곧 폐업신고를 하여 매수인으로부터 징수한 부가가치세를 납부하지 않은 행위는 조세포탈행위에 해당한다.[107]

㉰ 한편, 대법원은, 금지금 수출업체가 폭탄업체들이 전전 유통시킨 금지금을 매입·수출하여 부가가치세를 환급받은 것은 부정행위에 해당하지 않는다고 판단하였다.[108][109]

---

104) 가령 바닥업체 A가 폭탄업체 B에게 대금 990원에 매입한 금지금을 대금 1,000원에 영세율로 부가가치세의 거래징수 없이 매도하고, B는 이를 다음 단계 업체 C에게 대금 1,045원(= 공급가액 950원 + 부가가치세 95원)에 매도하며, C는 이를 다시 다음 단계 업체 D에게 1,056원(= 공급가액 960원 + 부가가치세 96원)에 매도하는 경우, C는 부가가치세 96원을 공제·환급받을 수 있으므로, A와 C는 각각 거래에 따른 차익을 얻고, B는 C로부터 거래징수한 부가가치세 96원을 국가에 납부하지 않고 은닉함으로써 이익을 얻게 된다. 한편, 국가는 B로부터 부가가치세 96원을 납부받지 못하였음에도 C에게 위 금액을 공제·환급해줌에 따른 손실을 입는다. "위와 같은 거래방식은 처음부터 정당한 세액의 납부를 전제로 하면 손해를 볼 수밖에 없는 구조로서, 결국은 거래상대방으로부터 거래징수하는 한편 과세관청에 대하여는 책임재산의 의도적인 산일과 그에 따른 폐업신고에 의하여 그 지급을 면하는 부가가치세 상당액이 위 거래에서 상정할 수 있는 유일한 이윤의 원천이자 거래의 동기"였다(대법원 2007. 2. 15. 선고 2005도9546 전원합의체 판결).

105) 대법원 2008. 4. 24. 선고 2007도112528 판결. 본 장 제4절 3.1.3. (1) 참조.

106) 대법원 2008. 4. 24. 선고 2007도112528 판결. 본 장 제2절 1.2. (1)(다) 참조.

107) 대법원 2007. 2. 15. 선고 2005도9546 전원합의체 판결. 본 장 제4절 3.4. (2)(가) 참조.

108) 대법원 2007. 10. 11. 선고 2007도5577 판결 ; 대법원 2008. 1. 10. 선고 2007도8369 판결 : 금지금 폭탄영업 행위 자체를 조세포탈행위로 처벌하는 이상, 수출업체가 폭탄업체들이 중간의 금거래업체(쿠션업체 또는 바닥업체)들을 경유하여 전전 유통시킨 수입 금지금들을 매입하여 수출한 후 그 매입에 따른 부가가치세를 환급받았다고 하더라도, 수출업체가 사전에 폭탄업체 등과 공모하여 그와 같은 행위를 하였을 경우 폭탄업체에 의한 조세포탈 범행의 공범으로 인정될 수는 있을지언정, 수출업체의 부가가치세 환급행위 자체

(바) 부가가치세 매입자납부 제도

폭탄업체에 의한 부가가치세 포탈에 대한 대응으로 조특법에 부가가치세 매입자납부 특례가 도입되었다. 그 요지는, 세금계산서의 수취인(매입자)이 전용계좌를 통하여 국가에 부가가치세를 납부한 경우에 한하여 매입세액의 공제·환급을 받을 수 있게 하는 것이다. 이에 의하면, ① 금 또는 스크랩 등 사업자가 금 관련 제품 또는 스크랩 등('금 관련 제품 등')을 공급받았을 때에는 부가가치세액을 국세청장이 지정한 금융기관에 개설된 계좌에 입금하여야 하고, ② 위와 같이 입금한 부가가치세액은 금 관련 제품 등을 공급한 금 또는 스크랩 등 사업자가 납부할 세액에서 공제하며, ③ 금 관련 제품 등을 공급받은 금 또는 스크랩 등 사업자가 위 ①과 같이 부가가치세액을 입금하지 않은 경우에는, 금 관련 제품 등을 공급한 사업자로부터 발급받은 세금계산서에 적힌 매입세액은 매출세액에서 공제되지 않는다(조특법 106조의4 9항).

(2) 무자료로 매입한 물건을 무자료로 판매한 경우의 포탈세액

부가가치세 포탈세액은 일반적으로 해당 납세의무자가 신고·납부하여야 할 정당한 세액과 실제로 신고·납부한 세액의 차액이다. 여기서 정당한 세액은, 납세의무자가 적법한 세금계산서를 발급받았을 경우를 전제로 하지 않고, 실제로 납세의무자가 취한 행태를 기준으로 산정하여야 한다. 따라서 만일 납세의무자가 부가가치세의 포탈을 위하여 매입세금계산서를 발급받지 않았거나 사실과 다른 매입세금계산서를 발급받은 경우, 해당 매입세액을 매출세액에서 공제하지 않은 채 포탈세액을 계산하여야 할 것이다. 대법원은, 조세포탈 사건에서 확정하여야 할 포탈세액은 그 포탈범에 대하여 할 세법상의 납세의무 액수와 범위를 같이 하여야 한다는 이유로, 같은 취지로 판단하였다.[110]

(3) 사실상 납부된 세액의 공제 여부

사업자가 허위 세금계산서를 발급받아 그에 기한 허위의 매입세액을 공제하여 부가가치세를 신고·납부한 경우에도, 그 허위 세금계산서의 발급업체들이 그 허위 세금계산서상의 매출세액을 신고·납부하였다면,[111] 그 업체들이 경정청구 등으로 해당 세액을 다시 환급

가 조세포탈행위와 별도로 부정행위로 조세의 환급을 받은 것에 해당하는 것은 아니다.
109) 위 판결은 변칙적 금지금 거래에 가담한 수출업체도 금지금 매입에 따른 매입세액을 환급받을 수 있음을 전제로 한다. 그러나 이후 대법원 2011. 1. 20. 선고 2009두13474 전원합의체 판결은, 수출업자가 금지금 관련 부정거래가 있었음을 알았거나 중대한 과실로 알지 못한 경우 매입세액의 공제·환급을 구하는 것은 신의성실의 원칙에 위배된다고 판단하였다. 본 절 2.4. (1)(나)
110) 대법원 1988. 3. 8. 선고 85도1518 판결, 대법원 2000. 2. 8. 선고 99도5191 판결, 대법원 2010. 7. 15. 선고 2009도9319 판결
111) 그 예로는 본 절 2.3. (2)(나) ③, ④의 경우를 들 수 있다.

받는 등의 특별한 사정이 없는 한, 위 허위의 매입세액에 상당하는 국가 조세수입의 사실상 감소가 발생하지 않으므로, 해당 세액은 사업자의 포탈세액에서 공제되어야 한다.[112] 만일 위 경우 허위 세금계산서를 발급한 업체들이 그 세금계산서의 매출세액을 납부하였다면, 매입세액을 공제받은 자의 부가가치세 포탈은 성립하지 않고, 허위 세금계산서의 수수죄만 성립한다.[113] 이러한 경우 세금계산서 관련 범죄의 규정은 조세포탈죄의 불성립에 따른 처벌의 흠결을 보완하는 기능을 한다.

사업자가 가공의 매입세금계산서를 발급받고 가공의 매출세금계산서를 발급한 후 이를 기초로 부가가치세의 과세표준과 납부세액 또는 환급세액을 신고한 사건에서, 대법원은, 가공의 매입세액이 가공의 매출세액을 초과하는 부분에 한하여 부가가치세의 포탈이나 부정환급·부정공제가 있었다고 보아야 한다고 판단하였다.[114]

(4) 영세율의 부당적용

물품을 구입하는 자가 실제로는 이를 수출할 의사가 없어서 영세율의 적용대상이 아님에도 마치 수출할 것처럼 가장하여 영세율의 적용에 필요한 서류를 갖추어[115] 영세율을 적용받아 부가가치세액을 거래징수당하지 않은 채 저가로 물품을 구입하는 경우가 있다. ① 위 경우 영세율의 부당적용으로 포탈된 부가가치세의 납부의무자는 물품의 판매자이므로, 판매자만이 조세포탈죄의 단독정범이 될 수 있다.[116] ② 만일 물품의 판매자에게 고의가 없다면, 판매자의 조세포탈죄는 성립하지 않고, 물품의 구입자는 고의 없는 판매자를 이용하여 간접정범의 형태로 조세포탈죄를 범한 셈이 되지만, 납세의무자의 신분이 없으므로, 부가가치세 포탈죄의 단독정범이 될 수 없다.[117] 한편, 위 경우 영세율을 석용받은 물품의 구입자는 (영세율과 무관한) 매입세액을 조기에 환급받을 수 있지만(부가가치세법 59조 2항),[118]

---

112) 대법원은, 허위의 세금계산서를 발급받은 피고인에게 부가가치세 포탈의 고의가 있다고 하려면, 허위의 세금계산서 발행업체들이 위 허위의 세금계산서상의 부가가치세 납부의무를 면탈함으로써 피고인이 위 매입세액의 환급을 받는 것이 결과적으로 국가의 조세수입의 감소를 가져올 것이라는 인식이 있어야 한다고 판시하였다(대법원 1990. 10. 16. 선고 90도1955 판결, 대법원 2001. 2. 9. 선고 99도2358 판결, 대법원 2010. 1. 14. 선고 2008도8868 판결, 대법원 2011. 4. 28. 선고 2011도527 판결). 위 판례에 따르면 조세수입의 사실상 감소가 조세포탈죄의 객관적 구성요건을 이루게 된다. 본 절 1.2. (2) 참조.
113) 본 편 제2장 제2절 및 제3절 참조
114) 대법원 2009. 12. 24. 선고 2007두16974 판결
115) 구체적 예를 들면, 허위의 수출계약서를 만들어 은행에 제출하여 외화획득용 원료구매승인서를 발급받은 후 이를 다른 사업자에게 제출하는 방식으로 이루어진다. 서울서부지방법원 2004. 11. 18. 선고 2004고합 312 판결(대법원 2007. 2. 15. 선고 2005도9546 전원합의체 판결의 1심)
116) 그러한 경우로 금지금 사건의 대형도매업체(바닥업체)를 들 수 있다(대법원 2008. 4. 24. 선고 2007도 112528 판결). 본 절 2.3. (1)(마) 참조.
117) 본 장 제2절 3.2. 참조
118) 국가의 입장에서 보면 영세율신고를 부당하게 한 자에게 본래의 환급시기보다 앞서 환급함으로써 양 시기 간의 이자에 해당하는 손실을 입은 것이 된다.

그것만으로 조세포탈죄를 인정하기는 어려울 것이다. ③ 영세율의 적용대상으로 위장하여 물품을 매입한 자는 대부분 그 물품을 타인에게 세금계산서의 발급 없이 무자료로 판매하고, 그 과정에서 부가가치세가 포탈된다.[119]

(5) 사행성 게임장 또는 도박사이트의 부가가치세 과세표준

(가) 사행성 게임장

성인용 게임장을 운영하는 자가 이용자로부터 게임비로 일정 금액을 받고 이용자가 일정 조건을 적중시키면 경품을 지급하는 것과 관련하여, 대법원은 다음과 같이 판단하였다.[120]

① **경품인 상품권의 불공제** : 게임장의 운영자인 원고가 게임기 이용자들에게 공급한 것은 게임기 이용이라는 용역일 뿐 상품권이라는 재화가 포함되었다고 볼 수 없으므로, 위 게임장의 부가가치세 과세표준을 산정할 때 원고가 게임기 이용자들에게 제공한 상품권의 액면가액 또는 취득가액을 공제할 수는 없다.[121]

② **추정계산** : 게임장 영업의 부가가치세 과세표준(매출액)은 게임기 이용자들이 게임을 위해 게임기에 투입한 총금액이라는 전제하에, 검사가 한국게임산업진흥원에 보고된 경품용 상품권 판매현황을 통하여 피고인이 매수한 상품권의 수량을 확인하고, 피고인의 '게임기당 승률이 100%'라는 진술을 토대로 '과세표준(매출액) = 경품제공된 상품권 수량(매입수량 - 재고수량)×상품권 액면가(5,000원)÷100%(승률)÷1.1'의 방법으로 추정계산한 것은 적법하다.[122]

(나) 인터넷 도박사이트

피고인들이 사설 스포츠토토 사이트를 개설하여 이용자들로 하여금 지정된 계좌에 도박자금을 송금하여 게임머니를 충전한 후 도박사이트에서 스포츠경기 등의 결과에 따라 게임머니를 걸고 베팅함으로써 이용자들 간의 도박에 참여하게 하고 그 결과에 따라 해당 사이트에서 현금으로 환전할 수 있는 게임머니를 지급받게 한 사건에서, 법원은, 이용자들과 피고인들 사이에 수수된 금전은 도박의 판돈이 아니고, 이용자들이 위 도박사이트를 통하여 도박에 참여할 수 있는 기회를 부여받는 용역제공의 대가라는 점 등을 이유로, 위 도박사이트 이용자들이 게임머니를 충전하기 위하여 입금한 도박자금 전부를 과세표준으로 하여 부

---

119) 이러한 이유로, 영세율의 적용대상이 아님에도 부당하게 영세율을 적용받는 경우, 실무상 영세율의 부당적용 자체가 조세포탈로 기소되기보다는, 그 다음 단계에서 행해지는 국내 업체에 대한 무자료 판매 등이 조세포탈로 기소되고 그 전제사실로 영세율의 부당적용이 기재되는 경우가 상당수 있다.
120) 사행성 게임장의 부가가치세에 대하여는 본 장 제3절 4.3. (2) 참조
121) 대법원 2008. 4. 10. 선고 2007도9689 판결, 대법원 2008. 9. 25. 선고 2008두11211 판결 ; 조성권, "가. 상품권 제공 게임장에서의 부가가치세 과세표준 산정방법, …", 대법원판례해설 제76호(2008), 622~631쪽 이하.
122) 조성권, 앞의 글, 619~622쪽

가가치세를 계산하여야 하고, 거기에서 이용자들에게 환전해준 게임머니 상당액을 공제할 것은 아니라고 판단하였다.[123]

2.4. 부정환급과 부정공제

(1) 세액의 부정환급

(가) 세법상 세액의 환급

국세기본법상 국세환급금은 ① 무효인 신고·결정 또는 경정에 기초하여 납부·징수된 세액으로서 그 납부·징수의 시점부터 법률상 원인을 결여한 세액[오납금(誤納金)] 및 ② 납부·징수의 시점에는 유효한 신고 또는 결정 등에 기초하였으나 이후 그 신고 또는 결정 등의 효력이 상실함에 따라 사후적으로 법률상 원인을 결여하게 된 세액[과납금(過納金)]을 말한다(국세기본법 51조 1항).

이외에 개별세법은 여러 가지 환급금을 규정하는데, 그 중 대표적인 것은 ① 부가가치세법상 매입세액이 매출세액을 초과하는 경우의 환급세액(부가가치세법 37조 1항), ② 중소기업인 개인 또는 법인의 결손금 소급공제에 따른 환급액(법인세법 72조, 소득세법 85조의2), ③ 근로장려금의 환급(조특법 100조의2)[124] 등이다. 국세기본법상 국세환급금은 이미 납부된 세액을 돌려받는 것임에 비하여, 개별세법상 환급금은 반드시 그렇지 않다. 가령 부가가치세 환급세액은 사업자가 기존에 납부한 세액을 환급받는 것이 아니다.

(나) 세액의 부정환급

세액의 부정환급은, 이미 납부된 세액을 돌려받는 국세기본법상 국세환급금에 국한되지 않고, 부가가치세 매입세액의 환급 등과 같이 이미 납부한 세액과 무관한 개별세법상 환급금도 포함한다.[125] 납세자가 허위의 주장 및 자료에 근거한 경정청구를 하여 조세를 환급받는 것은 세액의 부정환급에 해당할 수 있다.[126]

대법원은, 폭탄업체를 이용한 면세금지금 거래를 통한 부가가치세 포탈과 관련하여 수입업체로부터 수출업체에 이르기까지 실제로 금지금이 전전 유통되어 수출되었고, 각 거래

---

123) 서울고등법원 2022. 2. 18. 선고 2019노2473 판결, 대법원 2023. 1. 12. 선고 2022도3743 판결(상고기각).
인터넷 도박사이트의 부가가치세 과세표준에 관하여는 본 장 제3절 4.3. (2) 참조
124) 관할 세무서장에 의하여 결정된 근로장려금은 이를 환급받는 사람이 이미 납부한 해당 소득세 과세기간의
소득세액으로 보고(조특법 100조의7 4항), 관할 세무서장은 결정된 근로장려금을 환급세액으로 하여 국세
기본법 제51조를 준용하여 환급한다(조특법 100조의8 1항).
125) 김종근, 196쪽
126) 서울중앙지방법원 2017. 11. 29. 선고 2016고합672 판결(대법원 2021. 7. 29. 선고 2019도17032 판결의 1심)
: 김종근, 196쪽

단계마다 세금계산서 등 증빙서류가 제대로 발급된 사건에서, 수출업체가 폭탄업체 등과 사전에 공모하여 위와 같은 행위를 하였을 경우 폭탄업체에 의한 조세포탈범행의 공범에 해당할 수는 있으나, 수출업체가 부가가치세를 환급받는 행위 자체가 세액의 부정환급에 해당할 수는 없다고 판단하였다.[127] 위 판결은 변칙적 금지금 거래에 가담한 수출업체도 금지금 매입에 따른 매입세액을 환급받을 수 있음을 전제로 한다. 그러나 이후 대법원은, 수출업자가 금지금 관련 부정거래가 있었음을 알았거나 중대한 과실로 알지 못한 경우 매입세액의 공제·환급을 구하는 것은 신의성실의 원칙에 위배된다고 판단하였다.[128]

(2) 세액의 부정공제

(가) 세법상 세액공제

세법상 공제에는 ① 소득세법상 배당세액공제(56조), 외국납부세액공제(57조), 근로소득세액공제(59조), 근로자특별세액공제(59조의4) 등이 있고, ② 법인세법상 외국납부세액공제(57조, 57조의2), 재해손실에 대한 세액공제(58조), 사실과 다른 회계처리로 인한 경정에 따른 세액공제(58조의3)가 있다.

(나) 세액의 부정공제

조세범처벌법은 부정행위로써 '조세를 공제받는 것'을 처벌대상으로 규정하므로, 여기의 부정공제는 세액의 공제를 말하고 소득의 공제를 포함하지 않고, 부당한 소득공제는 그에 따른 조세의 포탈에 포함된다.[129] 납세자가 허위의 세액공제신청 또는 경정청구에 의하여 세액의 공제를 받은 것은 세액의 부정공제에 해당할 수 있다. 세액의 부정공제는 좁은 의미의 조세포탈 또는 세액의 부정환급으로 파악하더라도 별다른 문제가 없다.[130]

3. 부정행위와 조세포탈의 결과 간의 인과관계

조세포탈죄는 구체적 위험범으로서 결과범이므로, 그것이 성립하려면 부정행위와 조세

---

127) 대법원 2007. 10. 11. 선고 2007도5577 판결, 대법원 2008. 1. 10. 선고 2007도8369 판결(금지금 수출업체가 폭탄업체들이 중간금거래업체들을 경유하여 전전 유통시킨 금지금을 매입하여 수출한 후 그 매입에 따른 부가가치세를 환급받은 사건)
128) 대법원 2011. 1. 20. 선고 2009두13474 전원합의체 판결
129) 안대희 등, 214쪽 ; 김종근, 198쪽
130) 본 절 1.3. 참조. 따라서 사업자가 부가가치세와 관련하여 신고한 허위의 매입세액이 매출세액을 초과하지 않아서 매출세액에서 공제되는 데 그치고 매입세액의 환급을 야기하지 않는 경우에는, 그 허위의 매입세액의 부정공제에 따라 확정이 방해된 부가가치세에 관하여 협의의 조세포탈죄가 성립한 것으로 처리하더라도 무방하다.

포탈의 결과 사이에 인과관계가 있어야 한다. 따라서 피고인은 자신의 부정행위가 아닌 다른 원인의 결과로 발생한 조세포탈의 결과에 대하여 조세포탈의 죄책을 지지 않는다. 가령, 법인세 신고에서 누락된 소득에 대표자가 누락한 소득(비용의 허위계상)과 직원이 대표자 몰래 법인의 돈을 횡령하는 과정에서 누락한 소득(매출누락)이 모두 포함된 경우, 그 대표자는 조세포탈의 결과 중 자신의 부정행위로 인한 부분에 대해서만 조세포탈의 죄책을 지고, 그렇지 않은 부분에 대해서는 그러한 죄책을 지지 않는다.

4. 조세포탈죄의 기수시기

4.1. 조세범처벌법 제3조 제5항의 성격과 적용범위

조세포탈죄의 기수(旣遂)시기에 관하여 과거에는 납부할 세액이 확정된 때라고 보는 견해(확정시설)와 세액이 법률상 납부되어야 할 때라고 보는 견해(납기설)가 대립하였다.[131] 1962. 12. 8. 개정된 구 조세범처벌법 제9조의3은 납기설을 채택하여 기수시기에 관한 다툼을 입법적으로 해소하였다. 이후 위 기수시기에 관한 규정은 2010. 1. 1. 개정된 구 조세범처벌법 제3조 제5항으로 옮겨져 현재까지 이르고 있다.

조세범처벌법 제3조 제5항과 관련하여 ① 부정행위는 위 규정의 기수시기 이전에 있어야 한다는 견해[132]와 ② 위 기수시기 이후에도 부정행위가 존재할 수 있다는 견해[133]가 대립한다. 제반 사정을 고려하면, 조세범처벌법 제3조 제5항의 기수시기 이후에도 부정행위가 성립할 수 있다고 보아야 하고,[134] 그 경우 조세포탈의 기수시기는 위 규정의 기수시기 이후 조세포탈죄의 구성요건이 실현된 시점으로 보아야 할 것이다. 대법원 판례도 같은 취지로 보인다.[135]

---

131) 이태로·한만수, 1,257쪽
132) 김종근, 158쪽. 다만, 같은 책, 196쪽은 (조세범처벌법 제3조 제5항에 규정된 기수시기 이후에 한) 경정청구에서 허위의 주장 및 자료제출을 통하여 신고나 부과처분이 경정되거나 취소되게 하여 조세를 환급받는 경우 조세의 부정환급으로서 조세포탈죄가 성립한다고 본다.
133) 지익상, 252쪽 ; 안대희 등, 332쪽은, 부과과세방식의 조세에서 신고 이후의 적극적 행위가 그 전의 적극적 행위와 관련 있는 경우에는 부정행위에 포함된다고 본다.
134) 그 상세한 이유에 관하여는 본 장 제4절 2.2. 참조
135) 대법원 1999. 4. 9. 선고 98도667 판결, 대법원 2021. 7. 29. 선고 2017도11128 판결 ; 서울행정법원 2020. 8. 14. 선고 2018구합82045 판결, 서울고등법원 2021. 10. 1. 선고 2020누55703 판결, 대법원 2022. 3. 11.자 2021두57049 판결(심리불속행)

4.2. 기수시기가 조세범처벌법 제3조 제5항에 의하여 정해지는 경우

4.2.1. 신고확정방식의 조세

(1) 기수시기

(가) 법정신고·납부기한

신고확정방식의 조세는 납세의무자의 신고에 의하여 과세표준 및 세액이 확정되는 것을 말한다.[136] 신고확정방식의 조세로는 소득세, 법인세, 부가가치세 등이 있다(국세기본법 22조 2항). 신고확정방식 조세의 포탈의 기수시기는 '신고·납부기한이 지난 때'이다(법 3조 5항 2호). '신고·납부기한'은 해당 세법에 규정된 '법정신고·납부기한'(국세기본법 45조의2 1항)을 뜻한다. 천재지변 등으로 인하여 신고·납부기한이 연장된 경우(국세기본법 6조)에는 '연장된 기한이 지난 때'가 기수시기이다.

(나) 수정신고 또는 기한후 신고의 기한

법정신고기한 후에 행해지는 수정신고 또는 기한후 신고의 기한(국세기본법 45조 1항, 45조의3 1항)은 조세포탈 기수시기의 기준이 되는 '신고·납부기한'에 해당하지 않는다. 따라서 조세포탈의 기수 이후 정부의 과세결정이 있었다거나 납세의무자가 수정신고 등으로 포탈세액을 납부하였다는 사정은, 이미 성립한 조세포탈죄에 영향을 미치지 않는다.[137] 다만, 조세포탈의 기수 이후 일정기간 내에 수정신고 또는 기한후 신고를 하는 것은 형의 임의적 감경사유에 해당한다(법 3조 3항).

(2) 신고·납부기한

(가) 법정신고·납부기한

① 소득세

㉮ 어느 과세기간[138]의 종합소득금액이 있는 거주자는, 그 과세기간의 다음 연도 5월 1일부터 5월 31일까지 그 종합소득에 대한 과세표준을 관할 세무서장에게 신고하여야 한다(소득세법 70조 1항), ㉯ 양도소득세 과세대상인 자산을 양도한 거주자는 양도소득과세표준을 일정한 기간 내에 관할 세무서장에게 예정신고하고, 세액을 납부하여야 하며(소득세법 105조 1

---

136) 본 장 제3절 1.2. 참조
137) 대법원 1985. 3. 12. 선고 83도2540 판결, 대법원 1988. 11. 8. 선고 87도1059 판결, 대법원 2011. 6. 30. 선고 2010도10968 판결
138) 소득세의 과세기간은 1월 1일부터 12월 31일까지이다(소득세법 5조 1항). 거주자가 사망한 경우의 과세기간은 1월 1일부터 사망한 날까지이고, 거주자가 주소 또는 거소를 국외로 이전('출국')하여 비거주자로 되는 경우의 과세기간은 1월 1일부터 출국한 날까지이다(소득세법 5조 2항, 3항).

항, 106조 1항), 해당 과세기간의 양도소득금액이 있는 거주자는 그 양도소득 과세표준을 그 과세기간의 다음 연도 5월 1일부터 5월 31일까지 관할 세무서장에게 신고(확정신고)하고, 세액을 납부하여야 한다(소득세법 110조 1항, 111조 1항).

② 법인세

납세의무가 있는 내국법인은 각 사업연도의 종료일이 속하는 달의 말일부터 3개월 이내에 법인세의 과세표준과 세액을 관할 세무서장에게 신고하고, 세액을 납부하여야 한다(법인세법 60조 1항, 64조 1항).

③ 부가가치세

부가가치세의 과세기간은 ㉮ 일반과세자의 경우 제1기는 1월 1일부터 6월 30일까지, 제2기는 7월 1일부터 12월 31일까지이고, ㉯ 간이과세자의 경우 1월 1일부터 12월 31일까지이다(부가가치세법 5조 1항).[139] 사업자는 예정신고기간[140]이 끝난 후 25일 이내에 각 예정신고기간에 대한 과세표준과 납부세액 등을 관할 세무서장에게 신고하고, 세액을 납부하여야 하며(부가가치세법 48조 1항, 2항), 각 과세기간에 대한 과세표준과 납부세액 등을 그 과세기간이 끝난 후 25일 이내에 관할 세무서장에게 신고(확정신고)하고, 세액을 납부하여야 한다(부가가치세법 49조 1항, 2항).

사업자가 폐업한 경우, 과세기간은 '폐업일이 속하는 과세기간의 개시일부터 폐업일까지'로 정해지고(법 5조 3항), 그 폐업일이 속한 달의 다음 달 25일까지 과세표준과 세액을 신고하여야 하므로(법 49조 1항), 위 과세기간에 속하는 부가가치세의 포탈은 위 신고·납부기한이 경과함으로써 기수에 이른다.[141]

(나) 결손금 또는 세액공제가 이월공제되는 경우

어느 과세기간에 관하여 납세의무자가 부정행위로 허위로 계상한 결손금 또는 세액공제

---

139) 대법원 2017. 12. 22. 선고 2017도12127 판결은, 변호사인 피고인이 공소외 1에 대한 상습도박 항소심 사건을 수임하면서, 2015. 12. 24.경 공소외 1로부터 수임료 20억 원을 받은 다음, 2016. 1. 7. 위 사건의 변론을 위하여 변호인선임서를 제출하고 보석청구를 하는 한편, 항소이유서를 제출하고 공판기일에 출석하여 변론하는 등 변호활동을 하다가 2016. 3. 3. 사임한 후, 2016. 4. 28. 국세청 전자세금계산서 발급 시스템을 이용하여 위 돈의 매출과 관련한 전자세금계산서를 발급한 사건에서, 피고인이 제공한 변호사로서의 역무는 2016년 제1기의 과세기간에 속하는 2016. 3. 3. 변호인을 사임함으로써 완료되었으므로, 그때를 용역의 공급시기로 보아야 하고, 위 용역에 관한 부가가치세 신고·납부기한은 2016년도 제1기분의 과세기간 종료 후 25일이 되는 2016. 7. 25.인데, 피고인은 위 신고·납부기한 전인 2016. 4. 28. 위 용역 대가에 관한 전자세금계산서를 발급하였으므로, 피고인이 부정행위로 위 수임료의 매출에 관한 부가가치세를 포탈하였다고 할 수 없다고 판단하였다.
140) 제1기의 예정신고기간은 1월 1일부터 3월 31일까지이고, 제2기의 예정신고기간은 7월 1일부터 90월 30일까지이다.
141) 대법원 2007. 2. 15. 선고 2005도9546 판결

가 해당 과세기간의 소득 또는 산출세액에서 전액 공제되지 않아서 다음 과세기간으로 이월되어 공제되는 경우, 그 이월공제되는 부분과 관련한 조세포탈의 결과는 다음 과세기간에 발생하므로, 그 조세포탈의 기수시기는 다음 과세기간에 대한 법정신고·납부기한의 경과 시로 보아야 할 것이다.[142]

(다) 예정신고 대상인 조세를 포탈한 경우

포탈대상인 조세가 예정신고의 대상인 경우(소득세법 105조, 부가가치세법 48조) 조세포탈의 기수시기가 예정신고기한의 경과 시인지, 확정신고기한의 경과 시인지 문제된다. 위와 같은 예정신고에도 잠정적이나마 확정력이 인정되므로,[143] 예정신고 시를 기수시기로 볼 여지가 전혀 없지는 않지만, 예정신고 시에 누락된 소득 등을 확정신고 시에 바로잡았다면 굳이 조세포탈로 처벌할 필요성이 크지 않은 점을 고려하면, 조세범처벌법 제3조 제5항 제2호의 기수시기인 '신고·납부기한'은 확정신고에 따른 것을 의미한다고 해석하는 것이 합리적이다.[144]

(라) 원천징수되는 조세를 포탈한 경우

원천징수의무자는 원천징수한 세액을 그 징수일이 속하는 달의 다음 달 10일까지 관할 세무서 등에 납부하고, 원천징수이행상황신고서를 관할 세무서장에게 제출하여야 한다(소득세법 128조 1항, 소득세법 시행령 185조, 법인세법 73조 1항, 98조 1항, 법인세법 시행령 115조 1항).[145]

원천징수되는 조세의 포탈의 기수시기는 다음과 같이 나누어 처리하여야 한다.

① **예납적 원천징수**: 원천징수되는 소득세·법인세가 원천납세의무자의 신고에 의하여 세액이 확정되는 경우, 해당 소득세·법인세 중 원천징수되는 부분은 '원천징수의무자의 신고·납부기한 경과 시'로, 나머지 부분은 '원천납세의무자의 신고·납부기한 경과 시'로 분할하여 각 기수시기를 판단하는 것은 부적절하므로, 그 포탈의 기수시기는 '원천납세의무자의 신고·납부기한이 지난 때'로 보아야 할 것이다.

② **완납적 원천징수**: 소득세·법인세가 원천징수됨으로써 원천납세의무자의 신고 없이 그 과세가 종결되는 경우[146]에는, 원천납세의무자의 신고·납부기한이 존재하지 않으므로,

---

142) 세액공제와 관련하여 같은 견해로, 김태희, 247쪽 및 김종근, 200쪽
143) 대법원은, 납세의무자가 양도소득세 예정신고를 한 후 그와 다른 내용으로 확정신고를 한 경우에는, 그 예정신고에 의하여 잠정적으로 확정된 과세표준과 세액은 확정신고에 의하여 확정된 과세표준과 세액에 흡수되어 소멸하고, 이에 따라 예정신고를 기초로 이루어진 징수처분 역시 효력을 상실한다고 판시하였다. 대법원 2008. 5. 29. 선고 2006두1609 판결, 대법원 2021. 12. 30. 선고 2017두73297 판결
144) 안대희 등, 394쪽 ; 김종근, 204쪽 ; 지익상, 331쪽
145) 1997. 12. 31. 개정되기 전의 구 소득세법 시행령 제185조 제1항은, 원천징수의무자가 총리령이 정하는 소득세징수액집계표를 원천징수 관할세무서장에게 제출하여야 한다고 규정하였으나, 위 개정에 따라 제출대상이 원천징수이행상황신고서로 변경되었다.

'원천징수의무자의 신고·납부기한 경과 시'를 기수시기로 보아야 할 것이다.[147] 법원도 같은 취지로 보인다.[148]

4.2.2. 부과확정방식의 조세

(1) 기수시기

부과확정방식은 과세관청의 결정·경정에 의하여 과세표준 및 세액이 확정되는 것을 말한다.[149] 부과확정방식의 조세로는 상속세와 증여세 등이 있다.

납세의무자의 신고에 의한 부과확정방식 조세의 포탈죄의 기수시기는, 원칙적으로 '해당 세목의 과세표준을 정부가 결정하거나 조사결정한 후 그 납부기한이 지난 때'이다(법 3조 5항 1호 본문). 다만, 납세의무자가 조세를 포탈할 목적으로 세법에 따른 과세표준을 신고하지 않아서 해당 세목의 과세표준을 정부가 결정하거나 조사결정할 수 없는 경우에는, 해당 세목의 과세표준의 신고기한이 지난 때가 기수시기이다(법 3조 5항 1호 단서).

납세의무자의 신고에 의한 부과확정방식 조세의 포탈이 기수에 이른 후, 정부의 과세결정이 있거나 납세의무자가 포탈세액을 납부하였더라도, 이미 성립한 조세포탈죄에 영향을 미치지 못한다.[150][151]

---

146) 이에 해당하는 것으로는 ① 분리과세이자소득 또는 분리과세배당소득 등에 대한 소득세, ② 국내사업장이 없는 비거주자 또는 외국법인의 국내원천소득에 대한 소득세(대법원 2016. 1. 28. 선고 2015두52050 판결) 또는 법인세가 있다.

147) 안대희 등, 396쪽 및 김태희, 243쪽 ; 이와 달리 현행 조세범처벌법 제3조 제5항 제2호에 대응하는 구 조세범처벌법 제9조의3 제2호를 신고확정방식 조세의 포탈의 기수시기로 보는 견해로 조해현, "원천징수 법인세에 있어서의 조세포탈의 주체와 그에 대한 원천징수의무자의 공범 가공의 가부", 대법원판례해설 제30호 (1998), 662쪽

148) 서울고등법원 1997. 9. 9. 선고 96노1193 판결(대법원 1998. 5. 8. 선고 97도2429 판결의 원심)은, 피고인과 외국법인이 공모하여 완납적 원천징수의 대상인 외국법인의 국내원천소득에 대한 법인세를 포탈한 사건에서 '원천징수한 달의 다음 달 10일'이 기수시기임을 전제로 공소시효의 완성 여부를 판단하였다. 위 사건의 경우 실제로 원천징수가 행해지지 않았으므로, 위 판결은 '원천징수한 달'의 의미를 '원천징수를 하였어야 했던 달', 즉 '지급일이 속하는 달'로 해석한 것으로 보인다.

149) 본 장 제3절 1.2. 참조

150) 대법원 2011. 6. 30. 선고 2010도10968 판결

151) 서울고등법원 2016. 1. 13. 선고 2015노791 판결은, 피고인 1이 A 명의로 상장주식을 대주주로서 보유하다가 양도하여 양도소득을 얻었음에도 그에 대한 양도소득세를 신고하지 않고 포탈한 점으로 기소되었는데, 피고인 1이 위 차명주식에 관하여 A를 자신의 부(父)의 차명주주로 신고한 행위에 대하여, 조세포탈범죄는 과세표준을 신고하지 아니함으로써 과세표준 신고기한이 경과한 때에 기수에 이르는 것이고, 그 후에 발생한 위와 같은 사정은 범죄 성립에 영향을 미치지 못한다고 판단하였다.

(2) 증여세 및 상속세 포탈죄의 기수시기

(가) 증여세 또는 상속세의 포탈 목적으로 과세표준을 신고하지 않은 경우

① 증여세와 상속세의 신고기한

㉮ 증여세 납부의무자는 증여받은 날이 속하는 달의 말일부터 3개월 이내에 증여세의 과세가액 및 과세표준을 대통령령으로 정하는 바에 따라 납세지 관할 세무서장에게 신고하여야 한다(상증세법 68조 1항 본문).[152] ㉯ 상속세 납부의무자인 상속인 또는 수유자는 상속개시일이 속하는 달의 말일부터 6개월 이내에 상속세의 과세가액 및 과세표준을 대통령령으로 정하는 바에 따라 납세지 관할 세무서장에게 신고하여야 한다(상증세법 67조 1항).[153]

② 기수시기 : 신고기한의 경과 시

증여세 또는 상속세의 납부의무자가 그 증여세 등을 포탈할 목적으로 세법에 따른 과세표준을 신고하지 않아서 해당 세목의 과세표준을 정부가 결정하거나 조사결정할 수 없는 경우에는, 해당 세목의 과세표준 신고기한(법정신고기한)이 지난 때가 기수시기이다(법 3조 5항 1호 단서).

(나) 증여세 또는 상속세의 과세표준을 허위로 과소신고한 경우

① 기수시기 : 납부고지에 따른 납부기한의 경과 시

증여세 또는 상속세의 과세표준을 허위로 과소신고한 경우, 그 증여세 등의 포탈죄의 기수시기는, 해당 세목의 과세표준을 정부가 결정하거나 조사결정한 후 그 납부기한이 지난 때이다(법 3조 5항 1호 본문). 여기서 '그 납부기한'은 '해당 세목의 과세표준을 정부가 결정하거나 조사결정한 후'의 것이므로, 납부고지(국세징수법 6조 1항)에 기재된 납부기한(지정납부기한)을 말한다.

② 세액이 전부 납부되어 납부고지에 따른 납부기한이 없는 경우

증여세 또는 상속세의 납부의무자가 세액을 과소하게 기재한 신고서를 제출하고 그 세액을 납부하였는데, 과세관청이 납세의무자가 신고한 대로 세액을 결정하는 경우, 추가로 고지할 세액이 없으므로, 과세관청은 납부고지가 아닌 증여세 또는 상속세의 결정통지만을

---

152) 다만, 비상장주식의 상장 또는 법인의 합병 등에 따른 증여세 과세표준 정산 신고기한은 정산기준일이 속하는 달의 말일부터 3개월이 되는 날로 하며, 특수관계법인과의 거래를 통한 이익의 증여 의제(이른바 일감몰아주기) 또는 특정법인과의 거래를 통한 이익의 증여 의제에 따른 증여세 과세표준 신고기한은 수혜법인 또는 특정법인의 과세표준 신고기한이 속하는 달의 말일부터 3개월이 되는 날로 한다(상증세법 68조 1항 단서).

153) 피상속인이나 상속인이 외국에 주소를 둔 경우에는 상증세법 제67조 제1항의 기간을 9개월로 한다(상증세법 67조 4항).

하게 된다(상속세 및 증여세 사무처리규정 49조 1항 2호). 위 경우 납부기한이 존재하지 않아서 조세범처벌법 제3조 제5항 제1호 본문이 적용될 수 없으므로, 어느 시점을 조세포탈죄의 기수시기로 보아야 하는지 문제된다.

과거에 부과과세방식으로 과세되었던 양도소득세의 포탈에 관한 대법원 판례[154]에 따르면, 위 사안의 경우 증여세 또는 상속세의 납부기한이 없는 이상 조세포탈죄는 기수에 이를 수 없으므로, 납세의무자의 부정행위가 있었더라도 조세포탈죄에 해당하지 않게 된다고 볼 여지가 있다. 그러나 조세범처벌법 제3조 제5항이 조세포탈죄의 기수시기를 위 규정에 정해진 시기로 한정하는 취지라고 보기 어려운 이상,[155] 조세포탈의 결과가 발생하였다고 볼 수 있는 시기 즉, 증여세액 또는 상속세액이 과소하게 확정하는 결정(부과처분)이 이루어진 시점에 조세포탈은 기수에 이른다고 보는 것이 적절하다.[156]

③ 연부연납과 조세포탈

증여세 또는 상속세의 납부세액이 2,000만 원을 초과하는 경우, 납세지 관할 세무서장은 대통령령으로 정하는 방법에 따라 납세의무자의 신청을 받아 연부연납을 허가할 수 있다(상증세법 71조 1항 1문).[157] 연부연납의 허가는 원래의 상속세 부과처분에 의하여 정해진 납부기한 자체를 변경하는 것이 아니고, 연부연납기간 내에는 상속세 체납의 책임을 묻지 않는 것에 불과하므로, 상속세의 납부기한이 경과함으로써 조세포탈행위는 기수에 이른다.[158]

---

154) 대법원 2000. 10. 11. 선고 2000도1056 판결은, 과거에 양도소득세가 부과과세방식으로 과세되었던 구 소득세법 하에서, 피고인이 주식의 매도단가를 낮추어 양도차익을 허위로 적게 신고하고 그에 따른 양도소득세만 사전납부하였는데, 관할 세무서장의 과세처분결정만 있었을 뿐 양도소득세의 납부기한이 기재된 부과처분결정을 통지한 사실이 없고, 탈루세액에 대한 납부고지통지 전 탈루세액을 전부 납부한 사건에서, 위 범칙행위는 납부기한 미경과로 미수에 그친 것이므로 조세범처벌법상 죄가 되지 않는다고 판단하였다.
155) 본 절 4.1. 참조
156) 김종근, 202쪽 및 지익상 331쪽(주 423)
157) 이 경우 납세의무자는 담보를 제공하여야 하며, 국세징수법 제18조 제1항 제1호부터 제4호까지에 따른 납세담보를 제공하여 연부연납 허가를 신청하는 경우에는 그 신청일에 연부연납을 허가받은 것으로 본다(상증세법 71조 1항 2문).
158) 대법원 1994. 8. 9. 선고 93도3041 판결 : 위 판결은 ① 상속세법 제28조 제3항 제3호는 기한전징수사유를 규정한 국세징수법 제13조 제1항 각호에 해당되어 그 연부연납기한까지 그 연부연납에 관계되는 세액의 전액을 징수할 수 없다고 인정하는 때에는 연부연납허가를 취소하고 연부연납에 관계되는 세액을 일시에 징수할 수 있도록 규정하고 있어(현행 상증세법 71조 4항 3호도 거의 동일하게 규정한다) 국세징수법 소정의 기한전징수와는 구별하고 있는 점, ② 동법 제28조의2에 의하면 연부연납허가를 받은 자는 연부연납 허가 후 30일이 경과한 다음 날부터는 별도의 이자세액을 합하여 납부하도록 하고 있는 점 등을 근거로 하였다.

4.3. 기수시기가 조세범처벌법 제3조 제5항에 의하여 정해지지 않는 경우

(1) 조세범처벌법 제3조 제5항의 기수시기 후에 부정행위가 있은 경우

조세범처벌법 제3조 제5항의 기수시기는 해당 시점 이전에 부정행위가 이루어져 조세포탈죄의 구성요건이 모두 실현된 경우를 전제로 한 것이다.[159] 따라서 부정행위 및 조세포탈의 결과가 조세범처벌법 제3조 제5항의 기수시기 이후에 이루어진 경우에는, 그에 따라 조세포탈죄의 구성요건이 실현된 시점이 기수시기라고 보아야 할 것이다.[160]

(2) 세액의 부정환급 · 공제

① 신고 · 납부한 세액을 허위의 경정청구로 환급받는 경우

납세의무자가 법정신고 · 납부기한 내에 일단 세액을 신고 · 납부하였다가 그 기한의 경과 후에 허위의 자료에 기한 경정청구를 통하여 이미 납부한 세액을 환급받은 경우에는, 법정신고 · 납부기한의 경과 시를 기수시기로 정한 국세기본법 제3조 제5항은 적용될 여지가 없고, 실제 환급을 받았을 때가 기수시기로 된다.[161]

② 허위의 결손금에 기한 소급공제에 따른 환급

중소기업인 법인 등이 어느 사업연도에 허위의 결손금을 계상하여 그 직전 사업연도에 납부한 법인세를 환급받는 경우(소급공제),[162] 그 직전 사업연도에 대한 법정신고 · 납부기한의 경과 시가 아니라 그 환급을 받는 시점이 부당환급에 의한 조세포탈의 기수시기로 될 것이다.

③ 부가가치세의 조기환급

사업자인 피고인이 거래사실이 없는 상대방으로부터 허위의 세금계산서를 교부받아 그에 따른 매입세액을 조기환급받은 경우, 신고 · 납부기한의 경과에 관계없이 실제 환급을 받은 때에 부정환급에 의한 조세포탈죄가 성립하고, 그 후에 수정신고를 하였거나 환급세액을 스스로 반납한 사실이 있다고 하더라도 달리 볼 것이 아니다.[163]

④ 세액의 부정공제의 기수시기

세액의 부정공제가 확정되는 세액을 감소시킬 뿐 세액의 환급을 야기하지 않는 경우에는, 그 기수시기는 협의의 조세포탈죄의 기수시기에 따라 정해진다.[164] 세액의 부정공제가

---

159) 본 장 제4절 2.2. 참조
160) ① 대법원 1999. 4. 9. 선고 98도667 판결, ② 대법원 2021. 7. 29. 선고 2017도11128 판결 ; 본 절 4.1. 참조
161) 김태희, 251쪽
162) 본 절 2.2.4. (2)(나) 참조
163) 대법원 2007. 12. 27. 선고 2007도3362 판결

세액의 환급을 야기하는 경우에는, 그 기수시기는 세액의 부정환급의 기수시기로 정해진다.

(3) 제2차 납세의무의 포탈의 기수시기

법원은, ① 제2차 납세의무자가 조세포탈 사건의 사실심 변론종결시까지 과세관청의 부과처분을 받지 않은 사건[165] 및 ② 제2차 납세의무자가 과세관청의 부과처분을 받고 그 납부기한의 경과 전에 해당 세액을 모두 납부한 사건[166]에서, 제2차 납세의무는 부과과세방식의 조세로서 그 포탈의 기수시기는 구 조세범처벌법 제9조의3 제1호에 의하여야 하므로, 위 각 사건은 조세포탈의 기수시기에 도달하지 않았다고 보았다.

그러나 제2차 납세의무[167]에 대하여는 납세의무자의 신고의무가 없으므로, 제2차 납세의무의 포탈은 납세의무자의 신고의무를 전제로 하는 구 조세범처벌법 제9조의3 제1호(현행법 3조 5항 1호)의 적용대상으로 보기 어렵다.[168] 따라서 이와 달리 본 위 판결들의 타당성은 의문스럽다. 제2차 납세의무의 포탈은, 결과범의 일반원칙에 따라 제2차 납세의무가 성립하고 부정행위에 따라 포탈의 결과가 발생한 시점, 즉 '제2차 납세의무의 부과가 불가능하게 또는 현저히 곤란하게 된 시점'에 기수에 이른다고 보아야 할 것이다.[169]

---

164) 어느 과세기간에 관하여 납세의무자가 허위로 계상한 세액공제가 해당 과세기간의 산출세액에서 전액 공제되지 않아서 다음 과세기간으로 이월되어 공제되는 경우, 그 이월공제되는 부분과 관련한 조세포탈의 결과는 다음 과세기간에 발생하므로, 그 조세포탈의 기수시기는 다음 과세기간에 대한 법정신고 · 납부기한의 경과 시로 보아야 할 것이다. 본 절 4.2.1. (2)(가) 참조 : 김태희, 247쪽 및 김종근, 200쪽

165) 비영리법인 A의 청산에 따라 그 잔여재산을 인도받은 법인 아닌 단체 B가 비영리법인 A의 증여세에 대한 제2차 납세의무를 회피하였는지가 문제된 사건에서, 원심은, 제2차 납세의무는 부과과세방식의 조세로서 그 포탈의 기수시기는 구 조세범처벌법 제3조의3 제1호에 의하여야 하는데, 과세관청이 제2차 납세의무의 납부통지를 하였을 뿐이고 B를 A의 증여세에 대한 제2차 납세의무자로 결정하고 조세를 부과하는 처분을 하였다는 증거가 없으므로, B의 제2차 납세의무 포탈은 아직 기수에 이르지 않았다는 이유로 해당 공소사실을 무죄로 판단하였으며, 대법원은 이를 정당한 것으로 판단하였다(서울고등법원 2014. 8. 21. 선고 2014노792 판결, 대법원 2017. 5. 17. 선고 2014도11130 판결).

166) A 교회가 주식 100%를 보유하고 있는 B 회사의 체납 세액에 대한 제2차 납세의무를 회피하기 위하여 1995년 마치 위 주식을 교인들에게 양도하는 것처럼 주식양도계약서를 허위로 작성하고 입출금 자료를 위작함으로써 교인들에게 명의신탁하여 위장분산하였고, B 회사는 1996년의 부동산 양도로 인한 법인세 등을 납부하지 않아서 체납하였으며, 세무공무원의 고발에 따라 A 교회의 담임목사인 피고인 1이 제2차 납세의무의 포탈로 기소되었는데, 과세관청이 A 교회를 B 회사의 체납 법인세 등에 대한 제2차 납세의무자로 지정하여 2001. 1. 4. A 교회에게 납부기한을 2001. 2. 1.로 정하여 납부고지를 하자, A 교회가 2001. 1. 29. 해당 세액을 전액 납부한 사안에서, 법원은, 제2차 납세의무 포탈의 기수시기는 구 조세범처벌법 제9조의3 제1호 본문에 따라 '납부기한을 경과한 때'인데, A 교회가 납부기한 내에 체납 세액을 모두 납부하였으므로, 제2차 납세의무 포탈의 기수에 이르지 않았고, 조세범처벌법에 조세포탈의 미수범 처벌 규정이 없는 이상 위 사건은 죄가 되지 않는 경우에 해당한다고 판단하였다(서울고등법원 2005. 7. 15. 선고 2002노2570 판결). 검사는 위 판결 중 조세포탈의 무죄 부분에 대하여는 상고하지 않았기 때문에 대법원은 그에 대하여 판단하지 않았다(대법원 2006. 11. 24. 선고 2005도5567 판결).

167) 본 장 제2절 1.2. (3)(가) 참조

168) 김종근, 118쪽 ; 지익상, 335쪽[주] 429]

169) 김종근, 118쪽은, 부정행위가 없었다면 부과처분이 가능했을 것으로 보이는 최초의 시점에 포탈의 결과가 발생한 것으로 보는 방안을 고려할 수 있다고 본다.

조세포탈의 고의 등

1. 고의의 일반론

(1) 고의의 요건

고의가 성립하기 위해서는, 객관적 구성요건 사실에 대한 인식(지적 요소)과 그 실현에 대한 의지적 요소가 필요하다.

① 고의의 지적(知的) 요소로 객관적 구성요건요소인 행위의 주체, 객체, 방법, 결과 및 인과관계 등에 대한 인식이 필요하다. 고의의 지적 요소가 결여된 경우 구성요건의 착오로서 고의범은 성립하지 않는다(형법 13조 본문).

② 고의의 의지적(意志的) 요소로 구성요건의 실현을 용인하는 것으로 족하다는 용인설이 대법원 판례이고,[1][2] 지배적 견해이다. 이에 따르면, 구성요건적 결과의 발생이 불확실한 경우 그 결과발생을 용인한 경우에는 미필적 고의가 인정되지만, 이를 용인하지 않은 경우에는 고의가 인정되지 않고 인식있는 과실로서 과실범의 성립 여부가 문제될 뿐이다.[3]

(2) 구성요건의 착오와 위법성의 착오

구성요건의 착오(사실의 착오)는 객관적 구성요건 사실에 대한 인식이 없는 것을 말한다. 구성요건의 착오가 있는 경우 고의가 인정되지 않으므로, 고의범이 성립하지 않는다(형법 13조 본문). 한편, 객관적 구성요건이 아닌 처벌조건, 형의 면제사유 등에 관한 착오는 범죄의 성립이나 처벌에 영향을 미치지 않는다.[4]

위법성의 착오(금지의 착오)는, 객관적 구성요건 사실에 대한 인식은 있으나, 그것이 허용된다고 오인한 경우를 말한다. 위법성의 착오는 고의에 영향을 미치지 않고, 그 오인에 정당한 이유가 있는 경우에 한하여 책임이 조각(阻却)될 뿐이다(형법 16조).[5][6]

---

1) 대법원 1985. 6. 25. 선고 85도660 판결, 대법원 2004. 2. 27. 선고 2003도7507 판결
2) 행위자가 범죄사실이 발생할 가능성을 용인하고 있었는지 여부는 행위자의 진술에 의존하지 않고 외부에 나타난 행위의 형태와 행위의 상황 등 구체적인 사정을 기초로 일반인이라면 해당 범죄사실이 발생할 가능성을 어떻게 평가할 것인지를 고려하면서 행위자의 입장에서 그 심리상태를 추인하여야 한다. 대법원 2004. 5. 4. 선고 2004도74 판결(대구지하철화재 사고현장 청소 사건)
3) ① 미필적 고의가 인정된 사례 : 대법원 1987. 1. 20. 선고 85도221 판결, 대법원 1989. 12. 26. 선고 89도2087 판결, 대법원 2011. 1. 13. 선고 2010도10029 판결, ② 미필적 고의가 부인된 사례 : 대법원 1985. 6. 25. 선고 85도660 판결, 대법원 2004. 5. 14. 선고 2004도74 판결
4) 대법원 1966. 6. 28. 선고 66도104 판결

2. 조세포탈의 고의

2.1. 개요

(1) 고의의 요건

조세포탈죄의 고의가 인정되려면, 납세의무자 또는 행위자에게 ① 납세의무의 인식, ② 부정행위에 대한 인식, ③ 자신의 부정행위로 인한 조세포탈의 결과(위험)가 발생한다는 인식이 필요하다.

조세포탈죄의 고의는 반드시 확정적인 것일 필요가 없고, 미필적 고의로 족하다.[7]

대법원은, 조세포탈죄의 범의는, 납세의무자가 자기의 행위가 사기 기타 부정한 행위에 해당하는 것을 인식하고 그 행위로 인하여 조세포탈의 결과가 발생한다는 사실을 인식하면서 부정행위를 감행하거나 하려고 하는 것을 의미한다고 본다.[8]

피고인이 조세포탈에 대한 공모와 범의를 부인하는 경우, 범의와 상당한 관련성이 있는 간접사실 또는 정황사실을 증명하는 방법에 의하여 이를 입증할 수밖에 없으며, 이때 무엇이 상당한 관련성이 있는 간접사실에 해당할 것인가는 정상적인 경험칙에 바탕을 두고 치밀한 관찰력이나 분석력에 의하여 사실의 연결상태를 합리적으로 판단하는 방법에 의하여야 한다.[9]

(2) 목적범 여부

대법원은, 조세포탈범은 고의범이지 목적범이 아니므로 피고인에게 조세를 회피하거나 포탈할 목적까지 가질 것을 요하는 것은 아니라고 본다.[10] 일반적으로 목적범에서 '목적'은 당해 구성요건 실현과 별도로 이를 초과하는 사건의 진행경과를 의미하는데(행사할 목적의 사문서위조의 경우 '행사'), 조세포탈의 결과는 조세포탈죄의 구성요건 자체이고, 조세

---

5) 대법원 2007. 5. 11. 선고 2006도1993 판결은, 형법 제16조는 단순한 법률의 부지의 경우를 말하는 것이 아니고, 일반적으로 범죄가 되는 행위이지만 자기의 특수한 경우에는 법령에 의하여 허용된 행위로서 죄가 되지 아니한다고 그릇 인식하고 그와 같이 인식함에 있어 정당한 이유가 있는 경우에는 벌하지 아니한다는 취지이므로(대법원 1994. 4. 15. 선고 94도365 판결), 피고인이 일본 영주권을 가진 재일교포로서 영리를 목적으로 관세물품을 구입한 것이 아니라거나 국내 입국 시 관세신고를 하지 않아도 되는 것으로 착오하였다는 사정만으로는 형법 제16조의 법률의 착오에 해당하지 않는다고 판단하였다.
6) 위법성의 착오에 관하여는 본 절 3. 참조
7) 대법원 1992. 3. 10. 선고 92도147 판결
8) 대법원 1999. 4. 9. 선고 98도667 판결, 대법원 2004. 9. 24. 선고 2003도1851 판결, 대법원 2006. 6. 29. 선고 2004도817 판결, 대법원 2011. 6. 30. 선고 2010도10968 판결, 대법원 2014. 5. 29. 선고 2012도11972 판결
9) 대법원 2006. 2. 23. 선고 2005도8645 판결, 대법원 2008. 4. 24. 선고 2007도11258 판결
10) 대법원 1999. 4. 9. 선고 98도667 판결, 대법원 2004. 9. 24. 선고 2003도1851 판결, 대법원 2006. 6. 29. 선고 2004도817 판결, 대법원 2013. 9. 26. 선고 2013도5214 판결

포탈의 고의와 목적은 사실상 동일한 대상에 관한 것이므로, '조세포탈의 목적범' 여부를 따지는 것은 별다른 의미가 없다. 따라서 위 판례는, 조세포탈이 부정행위의 유일하거나 주된 목적일 필요가 없고 다른 목적이 있더라도 조세포탈의 고의가 인정될 수 있다는 취지로 이해하는 것이 적절하다.

(3) 조세포탈 외의 다른 목적(사업목적 등)이 있는 경우

피고인의 부정행위에 조세포탈 외에 다른 목적이 있다고 하여 조세포탈의 고의가 부정되는 것은 아니다.[11] 법원은 ① 피고인이 경영권 방어를 위하여 제3자 명의로 차명주식을 보유하다가 양도함으로써 양도소득에 대한 소득세를 포탈한 사건에서, 조세포탈 외의 다른 사업적 목적은 조세포탈의 고의를 조각시키지 않는다고 판단하였고,[12] ② 피고인이 자신이 운영하는 회사의 수익증가를 거래상대방으로부터 은닉하여 납품가격 인하의 압박을 받지 않기 위한 목적에서 홍콩에 설립한 SPC를 거래단계에 개입시켜 이익을 이전한 사건에서 조세포탈의 고의가 인정된다고 판단하였다.[13] 위 각 경우 조세포탈 외의 다른 목적은 고의를 조각시키지 않고, 양형사유로 참작될 수 있을 뿐이다.

한편, 법원은, 피고인의 차명주식 보유가 조세포탈 목적보다는 주로 경영권의 확보·유지를 위한 것인 경우에는, 부정행위에 해당하지 않는다고 판단하였다.[14] 이에 의하면 위 경우 고의 여부와 별개로 부정행위 단계에서 조세포탈죄의 성립이 부인될 것이다.

(4) 양벌규정의 경우

업무주인 법인 등이 행위자의 조세포탈에 관하여 양벌규정에 따라 처벌되는 경우, 조세포탈의 고의는 행위자를 기준으로 판단하여야 한다.[15]

---

11) 이와 달리 이준봉, "조세포탈죄의 고의에 관한 연구", 조세법연구 [25-3](2019), 215~217쪽은, 조세범처벌법 제3조 제6항의 '적극적'이라는 문언은 납세자의 내적 또는 심리적 태도에 관한 것으로 보아야 한다는 이유로, 조세포탈이 주된 동기인 경우에만 조세포탈의 고의가 인정된다고 본다.
12) 서울고등법원 2014. 9. 12. 선고 2014노668 판결(차명주식을 경영권 방어목적으로 보유하였다는 사정은 양형이유에서 유리한 정상으로 참작되었을 뿐이다), 대법원 2015. 9. 10. 선고 2014도12619 판결
13) 대법원 2011. 1. 27. 선고 2010도1191 판결
14) 서울고등법원 2016. 1. 13. 선고 2015노791 판결, 대법원 2018. 4. 12. 선고 2016도1403 판결
15) 대법원 1983. 3. 22. 선고 81도2545 판결

2.2. 납세의무의 인식

(1) 납세의무의 존재에 대한 인식

(가) 일반론

① 납세의무의 존재에 대한 인식의 필요성

조세포탈의 고의가 인정되기 위해서는 행위자에게 납세의무의 존재에 대한 인식이 있어야 한다.[16] 납세의무의 존재에 대한 인식은 ㉮ 소득 등 과세요건사실의 존재뿐만 아니라 ㉯ 그것이 세법상 납세의무를 발생시킨다는 점(소득 등이 세법상 과세대상이라는 것)에 대한 인식까지 포함한다. 이와 관련하여 위 ㉯에 관한 인식은 법률적 평가에 관한 문제로서 불필요하다고 보는 견해가 있다.[17] 그러나 조세포탈죄는 소득의 신고누락 등 자체를 처벌하는 죄가 아니라 '조세'의 포탈을 처벌하는 죄이므로, '조세'는 포탈의 대상으로서 객관적 구성요건요소를 이룬다.[18] 그리고 부정행위로 인한 조세수입의 감소는 조세포탈죄의 객관적 구성요건에 포함된다. 그런데 만일 '소득 등이 세법상 과세대상이어서 납세의무를 발생시킨다'는 점에 대한 인식을 고의의 요소에서 제외한다면, ㉠ '포탈의 대상이 조세인 것과, ㉡ 조세포탈로 인한 국고수입의 감소가 조세포탈의 객관적 구성요건에 포함되는 것'을 설명하기 어렵다. 납세자가 신고누락 소득에 대한 세액이 '납세의무'를 통하여 국고로 들어가야 한다는 점[19]을 인식하지 못한 상태에서는 부정행위로 인한 국고수입의 감소에 대한 인식을 할 수 없기 때문이다. 따라서 조세포탈의 고의를 인정하려면 행위자에게 '소득 등 과세요건사실과 그것이 세법상 과세대상이라는 점'에 대한 인식이 있어야 한다.

② 납세의무의 존재에 대한 인식의 정도

납세의무의 존재에 대한 인식은 미필적인 것으로 족하고, 구체적이고 상세한 세법적 효과까지 인식하여야 할 필요는 없다. 따라서 법인의 대표자가 법인의 소득을 신고에서 누락하는 경우, 그로 인하여 전체적·개략적으로 법인세가 포탈될 것이라는 점을 인식하면 법인세의 포탈이 성립할 수 있고, 구체적 익금산입·손금불산입의 항목별 처리내용까지 인식

---

16) 김태희, 181쪽 ; 김종근, 219쪽 ; 지익상, 339쪽 ; 이준봉, "조세포탈죄의 고의에 관한 연구", 조세법연구 [25-3](2019), 210쪽
17) 안대희 등, 425쪽 ; 납세의무에 대한 인식을 구성요건적 고의의 요소로 보는 것은 무리라고 보는 견해로, 김영순, "조세포탈죄에 있어서 법률의 착오에 대한 소고", 세무와 회계연구 제6권 제1호 통권 제11호, 한국조세연구소, 2017, 51쪽
18) 민사소송법 기타 공법의 해석을 잘못하여 압류물의 효력이 없어진 것으로 착오하였거나 또는 봉인 등을 손상 또는 효력을 해할 권리가 있다고 오신한 경우에는 형벌법규의 부지와 구별되어 범의를 조각한다(대법원 1970. 9. 22. 선고 70도1206 판결).
19) 또는 정당한 세액과 포탈행위자가 실제로 신고한 세액의 차이

하여야 하는 것은 아니다.[20] 행위자가 납세의무의 존재가능성을 인식하면서도 그에 대한 확인이나 조사를 의도적으로 하지 않는 의도적 무지(willful blindness)[21]의 경우에도 납세의무에 대한 인식이 존재한다고 볼 수 있다. 한편, 세법상 과세대상 여부가 객관적으로 불확실한 상황에서 피고인이 전문가의 조언을 신뢰한 경우는 납세의무에 대한 인식이 없었음을 추인하게 하는 사유가 될 수 있다.[22]

③ 납세의무의 존재에 대한 인식이 없는 경우의 효과

행위자에게 납세의무의 존재에 대한 인식이 없는 경우 고의가 조각(阻却)된다. 이는 형법상 법률의 부지 또는 착오와 구별되어야 한다. 형법상 법률의 부지 또는 착오는 금지규범의 인식과 관련되고, 법률의 착오가 있는 경우 정당한 이유가 있는 때에만 처벌되지 않는다(형법 16조).[23] 이에 비하여 조세포탈죄에서 납세의무는 객관적 구성요건요소를 이루고, 그것이 결여된 경우 정당한 이유의 여부를 따지지 않고 고의가 인정되지 않는다. 만일 납세자가 납세의무의 존재를 알지 못하였다면 비록 그것이 불합리하더라도 고의가 조각되어야 하지만,[24] 그러한 경우에 해당하는지 여부는 사실인정의 문제이다. 따라서 문제된 사안에서 납세자가 납세의무의 존재를 알지 못하였다는 것이 상식과 경험칙에 반하는 경우에는 그렇게 인정되기 어려울 것이다.[25]

(나) 구체적 사례 및 유형

① 정치자금에 대한 증여세 사건

피고인은, 활동비 등 명목으로 받은 돈에 대한 과세관청의 자금출처조사 및 세금부과를 회피할 의도로, 차명계좌를 이용하여 자금세탁하는 등의 방법으로 증여재산 및 이자소득을 은닉하고 그에 대한 과세표준신고를 하지 않았고, 증여세 및 종합소득세의 포탈죄로 기소되었다. 위 사건에서 피고인은 정치자금에 대하여 세금이 부과되지 않는 것이 관행화되었으므로, 세금을 납부하여야 한다는 사실을 알지 못하였다고 주장하였다. 대법원은, 원심이

---

20) 다만, 어떤 이유로 법인의 대표자가 자신의 행위로 인하여 과소신고되는 법인의 소득항목 중 특정항목이 익금불산입·손금산입되는 것으로 착오를 한 사실이 인정된다면, 정당한 이유의 존부에 관계없이 그 부분은 조세포탈의 고의가 없는 것으로 보아야 할 것이다. 이와 달리 위 경우를 법률의 착오로 보아 정당한 이유가 있는 경우에만 고의가 조각된다고 보는 견해로, 안대희 등, 448쪽 및 지익상, 343~344쪽.
21) U.S. v. Stadtmauer, 620 F.3d 238, 245 (3rd Cir. 2010), U.S. v. Poole, 640 F.3d 114, 121 (4th Cir. 2011) ; 본 장 제1절 3.1. (2)(나)③ 참조.
22) 대법원 2008. 4. 10. 선고 2007도9689 판결
23) 대법원은, 여기서 법률의 착오는 단순한 법률의 부지를 말하는 것이 아니고, 일반적으로 범죄가 되지만 자기의 특수한 경우에는 법령에 의하여 죄가 되지 않는다고 그릇 인식한 경우를 말한다고 본다. 대법원 2002. 1. 25. 선고 2000도1696 판결 등.
24) 이준봉, 앞의 글, 224쪽 ; 미국 법원의 판결로 Cheek v United States, 498 U.S. 192, p.202 (1991). 본 장 제1절 3.1. (2)(나)③ 참조
25) Cheek v United States, 498 U.S. 192, pp.203~204 (1991).

피고인에게 증여세 및 종합소득세를 포탈할 범의가 있었다고 인정한 것은 정당하다고 판단하였다.[26]

② 게임장 경품 사건

피고인이 바다이야기 게임장 사업을 하면서 세무법인으로부터 게임 시 경품으로 제공되는 상품권이 부가가치세 과세대상에 해당하지 않는다는 설명을 듣고, 세무법인을 통하여 이용자가 게임기에 투입한 총액에서 경품으로 지급한 상품권의 총구입가액을 차감한 금액을 부가가치세 과세표준으로 하여 2005년 2기 및 2006년 1기 부가가치세의 신고·납부를 하였고, 과세관청은 상품권을 제공하는 게임장의 부가가치세 과세표준에 관하여 명확한 입장을 표명하지 않다가 사행성 게임장 사업이 크게 사회문제로 대두되자 2006. 1.경 비로소 게임 시 경품으로 제공되는 상품권이 부가가치세 과세표준에서 공제되지 않는다는 견해를 밝힌 사건에서, 대법원은 피고인에게 조세포탈의 범의가 있다고 보기 어렵다고 판단하였다.[27]

③ 인터넷 도박사이트 사건

피고인들이 필리핀 및 베트남 등지에서 국내 이용자들을 상대로 불법 인터넷 도박사이트를 운영하면서 부가가치세법에 의한 사업자등록을 하지 않고, 수입이나 매출 등을 장부에 기재하지 않으며, 위 도박사이트 이용자들로부터 돈을 다수의 차명계좌로 송금받고, 그 수익금을 다른 차명계좌로 이체시켜 현금으로 인출하는 등 그 거래내역과 수익을 은닉한 후 관할 세무서에 2014년 내지 2016년 부가가치세 및 소득세를 신고하지 않은 사건에서, ㉮ 1심은, 카지노사업의 도박수입이 부가가치세 과세대상에 해당하지 않는다는 대법원 판결[28] 이후 대법원 2017. 4. 7. 선고 2016도19704 판결[29]이 나오기 전까지, 불법 도박사이트 운영자들에게 부가가치세를 부과하는 관행이 있었음을 인정할 증거가 없는 점 등에 비추어, 일반인인 피고인들이 위 도박사이트의 운영 당시 납세의무의 존재를 알았다고 인정하기 어렵다고 판단하였다.[30] 그러나 ㉯ 2심은, 피고인들이 처음부터 도박장 사업에 수반되는 고액의 세금을 포함한 각종의 부담을 회피하기 위하여 위 도박사이트를 해외에 몰래 개설한 후 대량의 차명계좌를 이용하고 자금세탁의 수법까지 동원한 점 등을 고려하여, 피고

---

26) 대법원 1999. 4. 9. 선고 98도667 판결. 위 사건에서 피고인의 주장은 고의의 부인에 가깝게 보이는데, 원심(서울고등법원 1998. 2. 17. 선고 97노2368 판결)은, 원심은 이를 위법성의 착오(형법 16조) 주장을 한 것으로 보아 판단하여 동문서답한 느낌이 있다. 대법원은 원심의 자체적 판단이 아닌 원심이 포탈의 범의를 인정한 1심을 유지한 것이 정당하다고 하였는데, 이는 피고인의 주장을 위법성의 착오로 판단한 원심에 동조하지 않고 거리를 유지한 것으로 볼 여지도 있다.

27) 대법원 2008. 4. 10. 선고 2007도9689 판결 ; 조성권, "가. 상품권 제공 게임장에서의 부가가치세 과세표준 산정방법, …", 대법원판례해설 제76호(2008), 631쪽 이하

28) 대법원 2006. 10. 27. 선고 2004두13288 판결

29) 본 장 제3절 4.3. (2) 참조

30) 서울중앙지방법원 2019. 10. 25. 선고 2018고합1255 판결

인들에게 조세포탈의 범의를 인정하였고, 대법원은 이를 정당하다고 판단하였다.[31]

④ 양도소득세에 관한 판례의 변경

일반적으로, 어떤 행위를 한 자가 그 행위 시의 대법원 판례에 의하면 납세의무를 지지 않았으나, 이후 납세의무를 지는 것으로 판례가 변경된 경우에는, 행위자의 행위 당시 납세 의무에 대한 인식을 인정하기 어려우므로, 고의가 부정될 여지가 크다.

이와 달리 법원은, 피고인이 甲 회사로부터 토지거래허가구역 내 토지를 매수하면서 전 매차익을 얻을 목적으로 계약금만 지급한 상태에서 토지를 취득할 수 있는 권리를 乙, 丙에 게 양도하고 양도대금을 지급받은 후, 乙, 丙이 토지를 甲 회사로부터 직접 매수하는 형식 의 매매계약서를 작성하고 관할 관청의 토지거래허가를 받아 직접 소유권이전등기를 마쳤 는데, 위 행위 당시의 판례에 따르면, 피고인이 양도소득세 납부의무를 지지 않았으나,[32] 이후 위와 같은 거래를 한 경우에도 양도소득세 납부의무가 있는 것으로 판례가 변경된[33] 사안에서, 피고인의 조세포탈 고의를 인정하였으나,[34] 그 타당성은 다소 의문스럽다.

⑤ 횡령금액에 대한 소득세 포탈의 고의

법인의 경영자인 피고인이 허위의 기부금 지출 또는 채무의 변제를 가장하여 회계장부를 조작하는 방법으로 법인의 자금을 횡령한 것과 관련하여 소득처분된 근로소득에 대한 소득 세의 포탈로 기소된 사건에서, 대법원은, 피고인이 횡령행위로 인하여 취득한 이득이 과세 대상이 된다는 것을 인식하였거나 횡령행위를 은폐하기 위한 행위로 인하여 조세포탈의 결 과가 발생한다는 사실을 인식하였다고 보기 어렵다는 이유로, 피고인을 조세포탈죄로 처벌 할 수 없다고 판단하였다.[35]

⑥ 의제증여세 포탈의 고의

피고인이 2003년 차명으로 보유하고 있던 A 법인의 주식을 차명주주가 피고인의 자녀들 에게 매도하는 것처럼 가장하여 증여세를 포탈하고, 2006년 A 법인과 B 상장법인의 합병 에 의한 우회상장을 통하여 그에 따라 증가한 A 법인 주식의 가치에 대한 자녀들의 의제증 여세를 포탈한 것으로 기소된 사건에서, 검사는 2003년 차명주식 증여로 인한 증여세 포탈 에 대한 범의가 인정되는 이상 2006년 합병을 통한 우회상장에 따른 의제증여세 포탈에 대

---

31) 서울고등법원 2022. 2. 18. 선고 2019노2473 판결, 대법원 2023. 1. 12. 선고 2022도3743 판결
32) 대법원 1997. 3. 20. 선고 95누18383 전원합의체 판결, 대법원 2000. 6. 13. 선고 98두5811 판결
33) 대법원 2011. 7. 21. 선고 2010두23644 전원합의체 판결. 본 장 제3절 2.3.1. (2)(다) 참조
34) 부산고등법원 2012. 6. 28. 선고 2012노111 판결(확정). 위 판결은 대법원 2012. 2. 23. 선고 2007도9143 판결
    에 따른 환송심의 것인데, 피고인은 판례변경 전의 고의 부존재 주장을 하지 않은 것으로 보이고, 피고인의
    행위 후 판례가 변경되었다는 사정은 양형사유로만 참작되었다.
35) 대법원 2005. 6. 10. 선고 2005도1828 판결. 횡령과 소득세의 포탈에 관하여는 제3절 2.3.4. (3)(나) 참조

하여 별도의 범의가 존재할 필요가 없다고 주장하였으나, 대법원은 그와 다른 전제에서, 피고인이 2003년 A 법인의 차명주식을 자녀들에게 증여할 당시에 우회상장을 염두에 두고 B 법인을 인수하였고, 당시 합병을 통한 우회상장에 따른 의제증여세를 포탈하겠다는 범의가 있었다고 볼 수 있다고 판단하였다.[36]

⑦ 실질과세원칙이 적용되는 경우

문제된 거래에 대하여 실질과세원칙이 적용되는 경우에도 일반원칙에 따라 조세포탈의 고의가 판단되어야 한다.[37] ㉮ 소득의 실질귀속자가 타인의 명의로 거래한 경우에는, 거래명의의 위장이 소득은닉 의사를 추단시킴으로써 조세포탈의 고의를 뒷받침하는 측면이 있다. ㉯ 국세기본법 제14조 제3항에 따른 거래재구성의 경우, 재구성에 따른 납세의무의 성립 여부가 그 거래 당시 반드시 분명하지 않고 과세관청의 대응 및 법원의 판단을 기다려 비로소 종국적으로 판명되는 경우도 많으므로, 조세포탈의 고의가 쉽게 인정되지 않는 경우가 많을 것이다. 그러나 그렇다고 하여 거래재구성의 경우 언제나 당연히 조세포탈의 고의가 부정되어야 한다고 보기는 어렵다.[38]

(2) 납세의무의 범위(부정행위)에 대한 인식

납세의무자가 신고에서 누락된 납세의무 중 일부만을 인식한 경우 그 인식한 부분에 대해서만 고의가 인정되고, 나머지 부분에 대해서는 고의가 인정되지 않는다.[39] 다만, 납세의무의 인식은 정확한 금액을 특정하여 인식할 것을 요하지 않고, 행위자가 '자신의 부정행위로 인하여 포탈될 세액'이라는 정도의 인식으로 족하다고 보아야 할 것이다. 즉, 조세포탈의 고의는 원칙적으로 납세의무자가 인식한 부정행위를 기준으로 그 파급효과가 미치는 범위에서 인정된다고 보아야 한다. 그런데 소득세 포탈의 경우, 납세의무자가 세법의 전문가가 아닌 한 자신의 부정행위로 인하여 구체적으로 어떤 계정과목을 통하여 과세표준 및 세액이 얼마만큼 감소하게 될 것인지 알기 어려우므로, 납세의무에 대한 인식은 개략적인 소득

---

36) 대법원 2011. 6. 30. 선고 2010도10968 판결
37) 실질과세원칙과 조세포탈에 관하여는 본 장 제3절 2.2. (2)(다) 참조
38) 이와 달리 이준봉, "조세포탈죄의 고의에 관한 연구", 조세법연구 [25-3](2019), 229~230쪽은, 실질과세원칙의 적용으로 인하여 조세회피행위가 재구성되는 경우에는 납세의무의 충족 여부가 과세관청의 의사에 기한 재구성에 달려있는 것이므로, 납세자의 주관적인 인식 여부를 묻지 않고서 납세자가 예측할 수 없는 세법상 불확실성으로 인하여 납세자가 납세의무의 성립을 인식할 수 없는 객관적인 경우로 규범상 의제하여야 한다고 본다.
39) 일본에서는 (누락된) 소득의 일부에 대해서만 인식이 있는 경우 ① 인식이 있는 부분에 대해서만 고의가 성립한다는 견해(인식부분설)와 ② 소득의 전체에 대하여 고의가 성립한다는 견해(총세액설, 개괄고의설)가 있다. 실무상 종전에는 총세액설이 지배적이었으나, 인식부분설을 취한 예도 있다[最判 昭和 36년 7월 6일 刑集 15권 7호 1054쪽(제1심 東京地判 昭和 34년 10월 10일 刑集 15권 7호 1068쪽), 東京高判 昭和 54년 3월 19일 高裁刑集 32권 1호 44쪽, 東京地判 昭和 55년 11월 10일 判時 991호 122쪽]. 金子 宏, 租稅法, 1,125쪽

의 금액에 대한 인식으로 족하고, 개별 세법 규정이나 소득계산의 기초가 되는 구체적 수입·비용 등 계정항목에 대한 인식을 요하지 않는다고 보아야 한다.[40] 다만, 납세의무자가 문제되는 항목이 수익(익금) 또는 비용(손금)에 해당하는지 여부를 잘못 인식한 사실이 적극적으로 인정되는 경우에는, 그 부분에 대한 고의는 부인되어야 할 것이다.[41]

2.3. 부정행위, 조세포탈의 결과 및 인과관계의 인식

조세포탈의 고의가 인정되기 위해서는, 행위자에게 부정행위, 조세포탈의 결과 및 인과관계에 대한 인식이 있어야 한다. 이에 따르면 조세포탈의 고의는 '행위자가 그의 부정행위가 야기할 것으로 인식한 조세포탈 결과의 범위'까지 인정된다.

(1) 법인의 대표자가 임직원에게 부정행위를 지시한 경우 부정행위 등의 인식

법인의 대표자가 임직원에게 부정행위를 지시한 경우에는 다음과 같이 처리된다. ① 법인의 대표자가 임직원에게 포괄적으로 부정행위를 지시한 경우에는, 그 임직원이 실행한 부정행위 및 그로 인하여 발생한 조세포탈의 결과 전부에 대하여 대표자의 고의가 인정된다. ② 법인의 대표자가 임직원에게 특정한 부정행위를 지시하였는데, 임직원이 이를 초과하여 자신의 횡령을 위한 별개의 부정행위를 한 경우에는, 그 사실을 인식하고도 방치한 경우가 아닌 한, 그 초과 부분에 대하여 대표자의 고의는 인정되기 어려울 것이다. ③ 법인의 대표자가 임직원에게 지시한 부정행위 외에 임직원의 착오로 인하여 과세표준 및 세액이 과소신고된 경우에는, 임직원의 착오로 인한 과소신고 부분은 고의가 인정되지 않고 부정행위와의 인과관계도 없으므로, 조세포탈에 해당하지 않는다.

---

40) 김종근, 219쪽 ; 金子 宏, 租税法, 1,125쪽
41) 이와 달리 익금성·비손금성의 착오는 법률의 착오로 보아 정당한 이유가 있는 경우에만 고의를 조각한다고 보는 견해로, 안대희 등, 448쪽(그 이유로, ① 익금성과 비손금성의 문제는 전적으로 법적 평가에 관련된 법률상 문제이고, ② 단순일죄인 조세포탈의 고의를 계정과목별로 분리하여 그 익금성, 비손금성의 인식을 요한다고 해석하는 것은 형법이론에 반하며, ③ 복잡한 세법의 적용에 관하여 사후에 행위자의 주관을 평가하여 고의의 인정 여부를 결정하는 것은 입증의 어려움만 더하게 할 것이라는 점을 든다) 및 지익상, 434~344쪽. 그러나 ① 익금성과 비손금성의 문제는 조세포탈죄의 객관적 구성요건과 관련되므로, 금지규범의 포섭 여부 등에 관한 법적 평가의 문제와 단계를 달리하고, ② 단순일죄에서도 객관적 구성요건의 전부에 대하여 고의가 존재하여야 하므로, 그 중 일부에 대한 인식이 없는 경우 구성요건해당성이 부인되어야 하며(절도죄와 관련하여 타인의 재물이라는 인식 또는 타인의 점유물이라는 점에 대한 인식이 없는 경우), ③ 세법의 복잡성을 고려하여 조세포탈죄의 고의가 성립하기 위하여 행위자가 구체적인 세법 규정의 내용 및 그에 따른 개별 계정과목의 처리효과까지 인식하였을 것이 요구되지 않으므로, 통상적으로 부정행위를 한 자는 구체적인 세법 규정을 인식하였다는 점까지 증명될 필요는 없지만, 적어도 피고인이 어떤 세법 규정 또는 계정과목을 잘못 이해하였음이 소송상 적극적으로 인정되는 경우에는 고의를 부인하여야 하므로, 위 견해는 동의하기 어렵다.

(2) 조세포탈의 결과에 대한 인식

(가) 조세수입의 사실상 감소에 대한 인식

문제된 행위로 인하여 국가의 조세수입이 사실상 감소할 것이라는 점은 조세포탈의 결과에 포함되어 조세포탈죄의 객관적 구성요건을 이룬다.[42] 따라서 조세수입의 사실상 감소에 대한 인식이 없는 경우 고의가 조각된다.

(나) 구체적 사례

① 허위의 세금계산서를 발급한 자가 그 세금계산서상 매출세액을 납부한 경우

피고인이 타인으로부터 무거래 매입세금계산서를 발급받고 매출세액에서 위 세금계산서상 매입세액을 공제한 금액을 부가가치세액으로 신고·납부하였는데, 위 세금계산서의 발급자가 그 세금계산서에 대한 매출세액을 세무관서에 납부한 사건에서, 대법원은, 피고인이 위 매입세액의 환급을 받는 것이 결과적으로 국가의 조세수입의 감소를 가져올 것이라는 인식이 없다면 조세포탈의 고의가 인정되지 않는다고 판단하였다.[43]

한편, 납세의무자가 자신에게 허위 세금계산서를 발급한 자가 허위 세금계산서의 매출세액을 신고·납부하지 않거나 일단 납부하였다가 다시 환급받을 수 있다는 점을 인식한 경우에는 조세포탈의 범의가 인정된다.[44] 다만, 그 세액의 환급이 과세관청의 사후적 직권감액에 따른 것인 경우에는 조세포탈의 고의 여부에 고려되지 않는다.[45]

② 공동사업자가 신고누락한 세액을 다른 공동사업자 명의로 납부한 경우

공동사업을 경영하는 자가 해당 공동사업장의 사업자등록을 하면서 자신의 지분 또는 손익분배의 비율은 신고하지 않고 자신을 제외한 다른 공동사업자들만이 공동 또는 단독으로 사업을 경영하는 것처럼 신고하고, 자신의 종합소득세과세표준확정신고를 함에 있어서도 그 공동사업에서 발생한 자신의 소득금액을 종합소득금액에 합산하지 않고 누락시킴으로써 신고·납부하여야 할 종합소득세액을 일부 탈루한 채 납부한 사건에서, 대법원은, 만약

---

42) 본 장 제5절 1.2. (2) 참조
43) 대법원 1990. 10. 16. 선고 90도1955 판결, 대법원 2001. 2. 9. 선고 99도2358 판결, 대법원 2010. 1. 14. 선고 2008도8868 판결, 대법원 2011. 4. 28. 선고 2011도527 판결 ; 위 2008도8868 판결에 반대하는 견해로, 이유진, "조세포탈죄의 고의 개념과 사례 연구", 조세전문검사 커뮤니티·한국세법학회 공동학술대회, 2019, 11쪽
44) 대법원 1992. 3. 10. 선고 92도147 판결(대법원 1990. 10. 16. 선고 90도1955 판결의 재상고심), 대법원 2005. 9. 30. 선고 2005도4736 판결
45) 대법원 2019. 9. 9. 선고 2019두31730 판결은, 납세의무자에게 허위 세금계산서를 발급한 업체가 허위 세금계산서의 매출세액을 신고·납부한 후 환급받은 것이, 과세관청이 스스로 직권으로 취한 조치에 따른 것이라면, 그러한 사정은, 납세의무자가 부가가치세 신고 당시 국가의 조세수입 감소를 가져오게 될 것이라는 점을 인식하였는지 여부를 판단할 때 고려되지 않는다고 판단하였다. 안석, "'사기 기타 부정한 행위'와 관련하여 매입세액공제로 인한 국가의 조세수입 감소에 대한 인식 여부를 판단하는 기준", 대법원판례해설 제122호 (2020), 152쪽

그 공동사업자가 해당 공동사업에서 발생한 그의 소득금액에 대한 소득세를, 사업자등록을 할 때 그의 지분 또는 손익분배의 비율을 가지고 있는 것으로 신고된 다른 공동사업자의 명의로 납부하였다면, 그와 같이 납부한 세액에 관하여는 해당 공동사업자에게 사기 기타 부정한 행위로써 조세를 포탈하려는 고의가 있었다고 볼 수는 없다고 판단하였다.[46)]

3. 위법성의 인식

(1) 일반론

위법성의 인식은 행위자가 자신의 행위가 위법한 것, 즉 법에 의하여 금지된 것임을 인식하는 것을 말한다. 위법성의 인식이 고의의 요소인지, 아니면 책임의 요소인지에 관하여는 견해가 대립한다. 대법원 판례가 어느 쪽인지는 반드시 명확하지 않다.[47)]

위법성의 착오(금지의 착오)는, 객관적 구성요건 사실에 대한 인식은 있으나, 그 위법성을 인식하지 못한 경우를 말한다. 위법성의 착오는 고의에 영향을 미치지 않고, 그 오인에 정당한 이유가 있는 경우에 한하여 책임이 조각될 뿐이다(형법 16조).

대법원은, 형법 제16조는, 단순한 법률의 부지의 경우를 말하는 것이 아니고, 일반적으로 범죄가 되는 행위이지만 자기의 특수한 경우에는 법령에 의하여 허용된 행위로서 죄가 되지 아니한다고 그릇 인식하고 그와 같이 인식함에 있어 정당한 이유가 있는 경우에는 벌하지 아니한다는 취지라고 판시하였다.[48)] 그러나 금지규범의 부지로 인한 위법성의 착오도 정당한 사유가 있는 때에는 형법 제16조에 따라 책임을 조각한다고 보아야 할 것이다.[49)]

(2) 조세범에 관한 위법성의 착오

① 피고인이 활동비 등 명목으로 받은 돈에 대하여 차명계좌를 이용하여 자금세탁하는 등의 방법으로 증여재산 및 이자소득을 은닉하였는데, 조세포탈죄로 기소되자, 정치자금에

---

46) 대법원 1994. 6. 28. 선고 94도759 판결
47) 대법원은, 피고인이 가압류집행이 표시된 유체동산을 반출하여 공무상비밀표시무효로 기소되자, 위 물건에 관한 채무관계가 관계인의 합의에 따라 원만하게 해결되어 이를 이동하였다고 주장한 사건에서, 민사소송법 기타 공법의 부지는 형벌법규의 부지와 구별되어 범의를 조각한다고 판단하였다(대법원 1970. 9. 22. 선고 70도1206 판결).
48) ① 대법원 1985. 4. 9. 선고 85도25 판결, ② 대법원 1986. 6. 24. 선고 86도810 판결, ③ 대법원 1991. 10. 11. 선고 91도1566 판결, ④ 대법원 1992. 4. 24. 선고 92도245 판결, ⑤ 대법원 1995. 8. 25. 선고 95도1351 판결(피고인이 건축법상 용도변경에 허가를 받아야 함을 알지 못하였다고 주장한 사안) ; 이와 관련된 글로는 ① 강동범, "허가 등의 대상인 줄 모르고 한 행위의 형법상 취급", 형사판례연구 3호(1996), 박영사, 67~80쪽, ② 김영환, "법률의 부지의 형법해석학적 문제점", 형사판례연구 11호(2003), 박영사, 47~80쪽
49) 이것이 형법학계의 통설이다. 대법원 판례 중에도 예외적으로 금지규범의 부지로 인한 위법성의 착오를 형법 제16조의 적용대상으로 삼은 것이 있다. 대법원 2002. 5. 17. 선고 2001도4077 판결

대하여 세금이 부과되지 않는 것이 관행화되었으므로, 세금을 납부하여야 한다는 사실을 알지 못하였다고 주장한 사건에서, 법원은, 피고인이 받은 돈이 과세대상에서 제외되는 것으로 알고 있었다고 하더라도, 그러한 인식에 정당한 이유가 있다고 보이지 않으므로, 범의를 조각하지 않는다고 판단하였다.[50]

  ② A 법인의 대표이사인 피고인이 A 법인 명의로 상가건물을 매입한 후 제3자에게 미등기전매하였고, 미등기전매의 경우 세금을 납부하지 않는 것이 위법하다는 사실을 알지 못하였다고 주장한 사건에서, 법원은, 피고인이 자신의 행위가 위법한 것임을 알지 못하였다고 보이지 않고, 가사 피고인이 위법성을 인식하지 못하였다고 하더라도, 이른바 법률의 착오는 단순한 법률의 부지를 말하는 것이 아니고 일반적으로 범죄가 되는 행위이지만 자기의 특수한 경우에는 법령에 의하여 허용된 행위로서 죄가 되지 않는다고 그릇 인식하고 그러한 인식에 정당한 이유가 있는 경우를 의미하는 것이어서 피고인의 경우가 이에 해당한다고 볼 수 없다고 판단하였다.[51]

---

50) 서울고등법원 1998. 2. 17. 선고 97노2368 판결, 대법원 1999. 4. 9. 선고 98도667 판결(상고기각)
51) 서울고등법원 2001. 3. 22. 선고 2001노198 판결, 대법원 2001. 5. 29. 선고 2001도1541 판결

죄수 및 타죄와의 관계

1. 조세포탈의 죄수 : 세목과 과세단위

조세포탈범의 죄수(罪數)는 위반사실의 구성요건 충족횟수를 기준으로 정해진다.[1] 조세포탈죄 구성요건의 충족횟수는 세목과 과세단위를 기준으로 판단하여야 한다.

기간과세인 종합소득에 대한 소득세, 법인세 및 부가가치세의 포탈은 각 과세기간별로 1죄를 구성한다.[2] 동일한 매출누락 또는 가공비용계상을 통하여 소득세 또는 법인세와 부가가치세를 포탈한 경우에도 수 개의 조세포탈죄에 해당한다.

양도소득에 대한 소득세와 종합소득에 대한 소득세는 별개의 과세단위를 구성하므로, 양자의 포탈은 별개의 죄에 해당한다.

각 사업연도 소득에 대한 법인세의 포탈과 토지 등 양도소득에 대한 법인세의 포탈은 통틀어 단순일죄를 구성한다고 볼 여지가 있다.[3] 각 사업연도 소득에 대한 법인세와 청산소득에 대한 법인세는 과세단위를 달리하므로, 양자의 포탈은 별개의 죄를 구성한다.[4]

동일한 과세기간에 속하는 조세의 포탈과 부정환급은 동일한 구성요건에 속하는 것으로서 함께 단순일죄를 구성한다고 보는 것이 합리적이다. 따라서 부가가치세 신고 시 매출세액을 초과하는 허위의 매입세액을 계상함으로써 ① 매출세액에 상당하는 조세를 포탈(또는 부정공제)하고, ② 매출세액을 초과하는 부분을 부정환급받은 경우, 조세포탈과 부정환

---

1) 대법원 2000. 4. 20. 선고 99도3822 전원합의체 판결
2) 대법원 2000. 4. 20. 선고 99도3822 전원합의체 판결
3) ① 대법원 2001. 10. 30. 선고 99두4310 판결은, 2001. 12. 31. 개정되기 전의 구 법인세법에 따른 특별부가세와 각 사업연도의 소득에 대한 법인세는 별개의 과세단위를 이루므로, 각 사업연도 소득에 대한 법인세 부과처분과 토지 등 양도에 대한 특별부가세 부과처분은 별개의 과세처분으로서 당초처분과 증액경정처분에 관한 법리가 적용되지 않는다고 판단하였다. ② 위 구 법인세법상 특별부가세는 각 사업연도의 소득에 대한 '법인세'와 명칭을 달리하였고, 후자가 제2장에서 규정된 반면, 전자는 제5장에 별도로 규정되었으며, 세액공제도 전자에 대해서만 인정되고, 후자에 대하여는 인정되지 않았다. ③ 이후 2001. 12. 31. 개정된 구 법인세법 제55조의2는 세목의 명칭을 '토지 등 양도소득에 대한 법인세'로 변경하였다. ㉮ 위 개정 이후의 현행 법인세법은 '제2장 내국법인의 각 사업연도의 소득에 대한 법인세'의 하위 규정으로 토지 등 양도소득에 대한 법인세를 규정하고(법인세법 55조의2), ㉯ 각 사업연도의 소득에 대한 법인세와 토지 등 양도소득에 대한 법인세는 합산되어 산출세액을 구성하며(법인세법 55조 1항), ㉰ 양자 모두에 대하여 세액공제가 적용된다(법인세법 57조 등). 이러한 사정을 고려하면, 현행 법인세법의 토지 등 양도소득에 대한 법인세는, 과거 구 법인세법의 특별부가세와 달리, 각 사업연도의 소득에 대한 법인세와 동일한 과세단위에 속한다고 평가할 수 있다. : 같은 견해로 안대희 등, 493쪽
4) 안대희 등, 492쪽

급은 함께 단순일죄를 구성한다고 보아야 할 것이다. 이와 달리 협의의 조세포탈과 부정환급을 별개의 죄로 취급하는 견해가 있으나,[5] 그렇게 본다면 ㉮ 동일한 구성요건에 속하는 죄를 분리하여 별개의 죄로 처리하는 것이어서 부자연스럽고, ㉯ 협의의 조세포탈과 부정환급이 1개의 행위로 행해질 경우 상상적 경합 관계에 있게 되어[6] 전체가 단순일죄인 경우보다 가볍게 처벌되므로,[7] 불합리하다.

한편, 중소기업이 어느 사업연도에 허위의 결손금을 계상하여 소득에서 공제받음으로써 그 사업연도의 법인세를 포탈하고, 나머지 결손금을 직전 과세기간으로 소급공제하여 그 직전 사업연도의 법인세를 부정환급받는 경우, 법인세의 포탈과 부정환급은 서로 다른 과세기간에 대한 것이므로, 별개의 죄를 구성한다.

본세인 소득세 및 법인세의 포탈과 부가세인 농어촌특별세, 교육세의 포탈은 별개의 세목에 대한 것이므로 별도의 죄이지만, 1개의 과세표준 신고행위로 이루어지는 경우, 상상적 경합에 해당한다.[8]

증여세는 각 증여행위별로 별개의 과세단위를 구성하므로, 동일한 증여자가 동일한 수증자에게 일자를 달리하는 수 개의 증여를 하면서 증여세를 포탈한 경우 각각의 증여행위마다 1죄를 구성한다.[9]

특가법 제8조의 위반죄와 조세범처벌법 제3조의 위반죄는 특별관계[10]에 있으므로, 양자의 구성요건이 모두 충족되는 경우, 전자의 죄만 성립하고 후자의 죄는 별도로 성립하지 않는다.[11]

밀수입되는 재화에 대한 관세의 포탈과 부가가치세의 포탈은 상상적 경합 관계에 있다.[12] 관세와 개별소비세의 과세대상인 물품을 보세구역에서 밀반출하는 경우 관세의 포탈

---

5) 안대희 등, 499~501쪽
6) 상상적 경합의 요건인 1개의 행위는 실행행위의 부분적 동일성으로 족하다(이재상·장영민·강동범, 572쪽). 따라서 일반적으로 부가가치세 매출세액의 포탈은 그 신고 시에 기수에 이르는 반면, 매입세액의 부정환급은 그 환급을 받은 시점에 기수에 이름으로써, 양자는 부정행위의 범위를 달리하지만(부정환급의 경우에는 환급받는 행위까지가 부정행위에 해당할 수 있다), 그럼에도 불구하고 각 부정행위는 많은 경우 부가가치세 신고행위를 포함할 것이고, 그 경우 상상적 경합의 요건인 1개의 행위에 해당하게 된다. 이와 달리 안대희 등, 501쪽은, 부가가치세 포탈과 부정환급의 경우 동일한 신고행위에 의하여 성립하지만, 그 성립 액수가 다르고, 매출누락에 의한 부가가치세 포탈과 매입세액공제에 의한 부정환급은 전혀 다른 행위일 뿐 아니라, 액수에서 차이가 나고 그 결과도 병존적으로 존재하므로 실체적 경합이라고 보아야 한다고 주장한다. 그러나 이는 동의하기 어렵다.
7) 1개의 행위가 수 개의 죄에 해당하는 경우(상상적 경합)에는, 가장 무거운 죄에 대하여 정한 형으로 처벌된다(흡수주의, 형법 40조).
8) 안대희 등, 497쪽 ; 김종근, 52쪽
9) 안대희 등, 494쪽
10) 특별관계에 관하여는 제1편 제5장 2. (1) 참조
11) 본 장 제11절 3. 참조
12) 서울고등법원 1996. 8. 20. 선고 95노3295 판결, 대법원 1996. 12. 22. 선고 96도2354 판결(상고기각)

과 개별소비세의 포탈은 상상적 경합 관계에 있을 수 있다.[13]

2. 조세포탈죄와 다른 죄 간의 관계

(1) 조세포탈죄와 조세범처벌법에 규정된 다른 죄 간의 관계

(가) 조세포탈죄와 세금계산서 관련 범죄

조세포탈죄와 조세범처벌법 제10조의 세금계산서 관련 범죄는 별개의 행위에 의한 별개의 범죄로서 실체적 경합범 관계에 있다.[14]

(나) 조세포탈죄와 장부의 소각·파기 등 죄

세법상 장부 또는 증빙서류를 소각·파기 또는 은닉함으로써 조세를 포탈한 경우, 조세포탈죄와 장부의 소각·파기 등 죄(법 8조)의 관계에 대하여는 ① 양 죄의 실체적 경합범에 해당한다는 견해,[15] ② 장부의 소각·파기 등 죄는 조세포탈죄에 흡수되므로, 조세포탈죄만 성립한다는 견해[16]가 대립한다.

(2) 조세포탈죄와 횡령죄

(가) 불가벌적 사후행위 여부

회사 대표자가 회사자금을 인출하여 횡령하면서 경비지출을 과다계상하여 장부에 기장하고 이를 토대로 법인세 등의 조세를 과소신고·납부한 경우, 조세포탈행위는 횡령범행과 다른 새로운 법익을 침해하는 행위로서 횡령의 불가벌적 사후행위에 해당하지 않는다.[17]

---

13) 안대희 등, 498쪽
14) 대법원 2011. 12. 8. 선고 2011도9242 판결은, 세금계산서합계표를 허위기재하여 정부에 제출하는 행위를 처벌하는 구 조세범처벌법(2010. 1. 1. 전부 개정되기 전의 것) 제11조의2 제4항 제3호 소정의 죄와 사기 기타 부정한 행위로써 부가가치세 등의 조세를 포탈하거나 조세의 환급·공제를 받는 행위를 처벌하는 구 조세범처벌법 제9조 제1항 제3호 소정의 죄는 그 구성요건적 행위의 태양과 보호법익이 서로 다를 뿐 아니라 어느 한 죄의 불법과 책임의 내용이 다른 죄의 불법과 책임의 내용을 모두 포함하고 있지 않으므로, 세금계산서합계표를 허위기재하여 정부에 제출하는 방법으로 부가가치세를 포탈하거나 부가가치세의 환급·공제를 받는 경우, 구 조세범처벌법 제11조의2 제4항 제3호 소정의 죄와 같은 법 제9조 제1항 제3호 소정의 죄는 별개로 성립하고, 부가가치세를 포탈하거나 부정하게 환급·공제받는 범죄와 허위기재 세금계산서합계표를 정부에 제출하는 범죄는 법률상 1개의 행위로 볼 수 없으므로, 실체적 경합범 관계에 있다고 판시하였다. : 신종열, "허위기재 세금계산서합계표 제출 행위와 조세포탈 행위의 관계, 대법원판례해설 제90호(2012), 법원도서관, 982~1,001쪽
15) 김종근, 339쪽 : 지익상, 654쪽 : 다만, 조세포탈죄가 성립하는 경우 장부의 소각·파기 등 죄는 일반적으로 별도로 기소되지 않는다.
16) 안대희 등, 498쪽
17) 대법원 1992. 3. 10. 선고 92도147 판결

(나) 부가가치세 매출세액의 임의 사용

재화 또는 용역을 공급한 사업자가 상대방으로부터 거래징수한 부가가치세 매출세액을 납부하지 않고 임의로 사용한 경우, 횡령죄에 해당하지 않는다.[18] 다만, 위 행위는 원천징수금미납부죄(법 13조)를 구성할 수 있다.

(3) 조세포탈죄와 사기죄

대법원은, 기망행위에 의하여 조세를 포탈하거나 조세의 환급·공제를 받은 경우에는, 조세범처벌법 제9조에서 이러한 행위를 처벌하는 규정을 별도로 두고 있을 뿐만 아니라, 조세를 강제적으로 징수하는 국가 또는 지방자치단체의 직접적인 권력작용을 사기죄의 보호법익인 재산권과 동일하게 평가할 수 없으므로, 조세범처벌법 위반죄가 성립함은 별론으로 하고, 형법상 사기죄는 성립하지 않는다고 판시하였다.[19] 위 사건은 주유소 운영자가 농·어민 등에게 조특법에 정한 면세유를 공급한 것처럼 위조한 면세유류공급확인서를 정유회사에 송부하는 방법으로 정유회사를 기망하여 면세유를 공급받음으로써 면세유와 정상유의 가격 차이 상당의 이득을 취득한 사안인데, 대법원은 위 경우 정유회사에 대한 사기죄를 구성하는 것은 별론으로 하고, 국가 또는 지방자치단체를 기망하여 국세 및 지방세의 환급세액 상당을 편취한 것으로 볼 수 없다고 판단하였다.

납세의무가 성립하지 않아서 포탈대상인 조세가 없는 상태에서 부정환급을 받은 경우, '조세포탈죄는 성립하지 않고 사기죄가 성립할 수 있는 것인지' 문제된다.[20] 위 경우에도 조세포탈죄가 성립하고, 위와 같은 부정환급은 납세의무자의 신분을 요하지 않는 비신분범으로 보아야 한다.[21] 따라서 위 경우 사기죄는 성립할 수 없다고 보아야 할 것이다. 대법원은 위 경우 한때 사기죄의 성립을 인정하기도 하였으나,[22] 그 이후 사기죄는 성립하지 않는다고 판시하였다.[23]

한편, 사업자가 부가가치세 과세대상이 아님을 알면서 상대방을 기망하여 부가가치세를 거래징수한 경우에는 그 상대방에 대한 사기죄가 성립할 수 있다.[24]

---

18) 대법원 1999. 11. 26. 선고 99도1969 판결 : 부가가치세 부과대상이 아닌 거래에 관하여 공급자가 착오나 법리오해로 매출세액을 징수한 경우에도, 일단 징수한 매출세액은 공급자의 소유로 귀속되고, 공급자가 상대방에게 그 매출세액을 반환할 의무는 민사상 채무에 불과하다.
19) 대법원 2008. 11. 27. 선고 2008도7303 판결. 서경환, "기망행위에 의한 조세포탈과 사기죄의 성립 여부", 대법원판례해설 제78호(2009), 법원도서관, 591~602쪽 ; 한편, 안대희 등, 504쪽은, 조세채권이 성립하지 않는 경우 가령 허위의 매입세금계산서를 이용하여 부가가치세의 부정환급을 받은 경우에는 침해된 것은 국가의 조세부과권이 아니라 국가의 재산이므로 사기죄를 인정하여야 한다고 본다.
20) 본문의 경우 사기죄의 성립을 인정하는 견해로 안대희 등, 504쪽
21) 본 장 제2절 3.2. 참조
22) 서울고등법원 2016. 10. 14. 선고 2016노1690 판결, 대법원 2017. 2. 9. 선고 2016도17826 판결
23) 대법원 2021. 11. 11. 선고 2021도7831 판결

(4) 조세포탈죄와 사문서위조죄 및 위조사문서행사죄

사문서위조죄 및 위조사문서행사죄가 조세포탈을 위한 부정행위의 수단으로 행해졌더라도 조세포탈죄에 흡수되지 않고, 사문서위조죄 등과 조세포탈죄는 실체적 경합범 관계에 있다.[25]

(5) 조세포탈죄와 미등기전매

미등기전매에 따른 부동산등기 특별조치법 제8조 제1호의 위반죄와 조세포탈죄는 실체적 경합 관계에 있다.[26]

---

24) 대법원 1999. 11. 26. 선고 99도1969 판결
25) 대법원 1989. 8. 8. 선고 88도2209 판결
26) 대법원 2007. 10. 26. 선고 2007도5954 판결

조세포탈죄의 처벌

　조세포탈죄의 기본적 법정형은 2년 이하의 징역 또는 포탈세액, 환급·공제받은 세액('포탈세액 등')의 2배 이하에 상당하는 벌금이다(법 3조 1항 본문). 다만, 포탈세액 등이 3억 원 이상으로서, 신고·납부하여야 할 세액(납세의무자의 신고에 따라 정부가 부과·징수하는 조세의 경우 결정·고지하여야 할 세액)의 100분의 30 이상인 경우에는, 법정형은 3년 이하의 징역 또는 포탈세액 등의 3배 이하에 상당하는 벌금이다(법 3조 1항 단서 및 1호).

　한편, 포탈세액 등이 5억 원 이상인 경우에 관하여 조세범처벌법 제3조 제1항 제2호는 가중된 법정형을 규정하지만, 위 경우는 특가법 제8조 제1항의 적용대상이므로, 조세범처벌법 제3조 제1항 제2호는 적용되지 않는다.

　조세포탈죄를 상습적으로 범한 자에 대하여는 법정형의 2분의 1을 가중한다(법 3조 4항). 조세포탈죄를 범한 자에 대하여는 정상(情狀)에 따라 징역형과 벌금형을 병과할 수 있다(법 3조 2항).

　조세포탈죄를 범한 자가 포탈세액 등에 대하여 법정신고기한이 지난 후 2년 이내에 수정신고를 하거나 법정신고기한이 지난 후 6개월 이내에 기한 후 신고를 한 경우, 형을 감경할 수 있다(법 3조 3항).

면세유의 부정유통 등

1. 농어민 등에 대한 면세유의 부정유통 등

1.1. 농어민 등에 대한 석유류의 면세

사업자가 석유류를 공급하는 경우 부가가치세 납부의무가 있고(부가가치세법 3조 1항 1호, 4조 1호), 석유류를 제조하여 반출하는 자는 개별소비세, 교통 · 에너지 · 환경세, 교육세[1] 및 자동차 주행에 대한 자동차세(이하 '자동차세')의 납부의무를 진다.[2]

조특법은 농어민 등의 보호를 위하여 부가가치세 및 개별소비세 등의 면제 특례를 규정한다. 대통령령으로 정하는 농민, 임업에 종사하는 자 및 어민(이하 '농어민 등')이 농업 · 임업 또는 어업에 사용하기 위한 석유류로서 대통령령으로 정하는 것(이하 '면세유')의 공급 또는 반출에 대하여는, 부가가치세, 개별소비세, 교통 · 에너지 · 환경세, 교육세 및 자동차세가 면제된다(조특법 106조의2 1항 1호). 면세유에 대한 부가가치세 등의 면제에 관한 요건 및 절차는, '농 · 축산 · 임 · 어업용 기자재 및 석유류에 대한 부가가치세 영세율 및 면세 적용 등에 관한 특례규정'(이하 '영농기자재등면세규정')에 정해져 있다.

대통령령으로 정하는 석유판매업자가 부가가치세, 개별소비세, 교통 · 에너지 · 환경세, 교육세 및 자동차세가 과세된 상태로 공급받아 농어민 등에게 공급한 석유류가 조특법 제106조의2 제2항의 면세대상에 해당하는 경우, 석유판매업자는 대통령령으로 정하는 바에 따라 신청하여 면제되는 세액을 환급받거나 납부 또는 징수할 세액에서 공제받을 수 있다(조특법 106조의2 2항, 영농기자재등면세규정 15조의2 1항).

농어민 등이 면세유를 공급받기 위하여는, ① 농업협동조합 등 면세유류 관리기관인 조합에 농기계 등의 보유 현황과 영농 · 영림 또는 어업경영 사실을 신고하고, 그 신고내용이 달라진 사항이 있으면 그 변동 내용을 신고하여야 하며(조특법 106조의2 3항), ② 면세유류 관리기관인 조합으로부터 면세유류 구입카드 또는 출고지시서(이하 '면세유류 구입카드 등')를 발급받아야 한다(조특법 106조의2 4항). 면세유류 관리기관인 조합은, 농어민 등의 농기계 등의 보유 현황, 영농 · 영림 또는 어업경영 규모 등을 고려하여 면세유류 구입카드 등을

---

1) 개별소비세 또는 교통 · 에너지 · 환경세의 납세의무자는 교육세를 납부할 의무를 진다(교육세법 3조).
2) 개별소비세법 제3조 제2호, 교통 · 에너지 · 환경세법 제2조 제1항, 제3조 제1호, 교육세법 제3조 제2호 · 제3호, 지방세법 제135조

발급하여야 한다(조특법 106조의2 6항).

1.2. 농어민 등에 대한 면세유의 부정유통

> **제4조(면세유의 부정유통)**
> ① 「조세특례제한법」 제106조의2 제1항 제1호에 따른 석유류를 같은 호에서 정한 용도 외의 다른 용도로 사용·판매하여 조세를 포탈하거나 조세의 환급·공제를 받은 석유 판매업자(같은 조 제2항에 따른 석유판매업자를 말한다)는 3년 이하의 징역 또는 포 탈세액 등의 5배 이하의 벌금에 처한다.

(1) 본죄의 의의 및 입법취지

본죄는, 석유판매업자가 석유류를 농어민 등에게 공급할 것을 전제로 석유류를 공급받고 도 이를 다른 용도로 사용·판매하거나, 마치 농어민 등에게 석유류를 공급한 것처럼 하여 부가가치세 등을 환급·공제받은 경우에 성립한다.

본죄의 행위는 과거에는 일반적 조세포탈죄로 처벌되었으나,[3] 면세유 관련 범죄가 중대 한 사회적 문제로 되자 이를 그 처벌을 강화하기 위하여 2010년 조세범처벌법의 전부개정 시 별도의 처벌규정이 신설되었다.

(2) 본죄의 주체

본죄의 주체는 '조특법 제106조의2 제2항에 따른 석유판매업자'이고, 이는 석유정제업자, 석유수출입업자[4] 및 석유판매업자[5]를 말한다(조특법 106조의2 2항, 영농기자재등면세규정 15조의 2 1항). 위와 같은 석유판매업자 등의 대표자, 대리인, 사용인 등은 행위자(법 18조)로서 본죄 의 주체가 될 수 있다.

농어민 등은 개별소비세 등의 납세의무자가 아니므로, 석유판매업자의 대리인 등 행위자에 해당하지 않는 한, 본죄의 단독정범이 될 수는 없지만, 석유판매업자의 공범이 될 수는 있다.

---

3) 대법원 2009. 1. 5. 선고 2006도6687 판결
4) 실무상 석유정제업자 또는 석유수출입업자가 면세유를 정해진 용도 외로 유통시켜 본죄를 범하는 경우는 찾 아보기 어렵다. 김종근. 245쪽
5) 석유정제업자 등으로부터 개별소비세 등이 과세된 가격으로 석유류를 공급받아서 주유소 등에 판매하는 일 반대리점 및 석유류를 소비자에게 판매하는 주유소 등은 석유판매업자로서 개별소비세 등의 납세의무자가 아니고, 담세자에 불과하다. 따라서 석유판매업자는, 석유정제업자나 석유수출입업자의 대리인 등 행위자에 해당하지 않는 한, 조세범처벌법 제3조의 조세포탈죄의 주체가 될 수 없지만, 같은 법 제4조 제1항에 따라 본죄의 주체로 될 수는 있다. 김종근. 243쪽

(3) 농업 등 외의 다른 용도로 사용·판매

본죄의 객관적 구성요건은, ① 면세유를 조특법 제106조의2 제1항 제1호에서 정한 '농업·임업 또는 어업' 외의 다른 용도로 사용·판매하거나, ② 면세유를 농업 등 외의 용도로 공급하였음에도 농업 등의 용도로 공급한 것처럼 부가가치세 등을 환급·공제받는 것이다.

농어민 등에 대한 면세유의 부정유통은, 통상 석유판매업자가 농어민 등과 공모하여 농어민의 면세유류 구입카드로 석유류 대금을 결제한 후 해당 면세유를 농어민 등에게 출고하지 않고 제3자에게 과세가격으로 판매하는 방법으로 행해진다.[6]

본죄의 구성요건으로 '사기 기타 부정한 행위'가 규정되어 있지 않으므로, 면세유의 타용도 사용·판매 등이 부정행위에 해당하지 않는 경우에도 본죄를 구성할 수 있다.[7]

한편, 농어민 등이 발급받은 면세유류 구입카드 등으로 공급받은 석유류를 농업·임업·어업용 외의 용도로 사용한 경우에는, 대통령령으로 정하는 바에 따라 해당 석유류에 대한 부가가치세 등의 감면세액 및 그 100분의 40에 대한 가산세의 합계액을 추징한다(조특법 106조의2 9항). 농업·임업 또는 어업에 사용하기 위한 면세유를 공급받은 자로부터 취득하여 판매하는 자에 대하여는 관할 세무서장이 판매가액의 3배 이하의 과태료를 부과한다(조특법 106조의2 21항).

(4) 죄수 및 다른 죄와의 관계

석유판매업자 등이 포탈하거나 환급받은 세목별로 1죄가 성립한다. 석유판매업자 등이 면세유의 부정유통으로 인하여 개별소비세 등을 포탈하거나 환급받는 것은 1개의 행위로 볼 수 있으므로, 세목별로 성립한 여러 개의 죄는 상상적 경합 관계에 있다.

석유판매업자가 부정행위로 본죄를 범한 경우에는, 1개의 행위에 의한 상상적 경합에 해당할 수 있고, 그 경우 형이 더 무거운 본죄로 처벌될 것이다.[8]

한편, 석유판매업자가 면세유를 용도 외로 판매하면서 세금계산서를 발급하지 않고 무자료로 거래한 경우, 부가가치세, 법인세 또는 소득세의 포탈에 해당할 수 있고, 이는 본죄와 별개로 조세포탈죄를 구성하고, 양죄는 실체적 경합범 관계에 있다.[9]

---

6) 김종근, 244쪽
7) 대법원 2017. 12. 5. 선고 2013도7649 판결. 위 판결은 조세범처벌법 제5조(가짜석유제품의 제조 또는 판매)에 관한 것이지만, 본죄에도 적용될 수 있다. 김종근, 239쪽
8) 이와 달리 본죄와 조세포탈죄의 관계를 상상적 경합으로 보는 견해가 있다(안대희 등, 132쪽 ; 김종근, 247쪽). 그러나 양 죄가 특별관계에 있기 위해서는 한 죄가 다른 죄의 구성요건을 모두 포함하여야 하는데(이재상·장영민·강동범, 형법총론, 553쪽), 본죄는 조세포탈죄의 구성요건인 부정행위를 포함하지 않으므로[본절 1.2. (3) 참조], 본죄의 처벌규정이 조세포탈죄에 대한 특별법에 해당한다고 보기 어렵다.
9) 대법원 2009. 1. 5. 선고 2006도6687 판결. 위 판결에 따른 파기환송심인 창원지방법원 2009. 8. 20. 선고 2009노208 판결 및 대법원 2009. 12. 24. 선고 2009도9248 판결(상고기각)

1.3. 면세유류 구입카드 등의 부정발급

> 제4조의2(면세유류 구입카드 등의 부정발급)
> 「조세특례제한법」 제106조의2 제11항 제1호의 행위를 한 자는 3년 이하의 징역 또는 3천
> 만 원 이하의 벌금에 처한다.
>
> 조세특례제한법
> 제106조의2(농업·임업·어업용 및 연안여객선박용 석유류에 대한 부가가치세 등의 감
> 면 등)
> ⑪ 면세유류 관리기관인 조합이 제1호에 해당하는 경우에는 해당 석유류에 대한 부가가
> 치세, 개별소비세, 교통·에너지·환경세, 교육세 및 자동차세의 감면세액의 100분의
> 40에 해당하는 금액을 … 대통령령으로 정하는 바에 따라 가산세로 징수한다.
> 1. 거짓이나 그 밖의 부정한 방법으로 면세유류 구입카드 등을 발급하는 경우

　　본죄의 구성요건은, 면세유류 관리기관인 조합이 거짓이나 그 밖의 부정한 방법으로 면세유류 구입카드 등을 발급하는 행위이다.[10]

　　면세유류 관리기관은 농업협동조합·농업협동조합중앙회, 산림조합·산림조합중앙회 또는 수산업협동조합·수산업협동조합중앙회를 말한다(영농기자재등면세규정 15조 1항 2호). 면세유류 구입카드 등은 면세유류 구입카드[11] 또는 출고지시서[12]를 말한다(조특법 106조의2 4항, 영농기자재등면세규정 16조).

　　'거짓이나 그 밖의 부정한 방법'은 면세유류 구입카드 등의 발급요건이 갖추어지지 않았음에도 거짓 신청서와 증빙자료 등을 토대로 면세유류 구입카드 등을 발급하는 것을 말한다.[13] 면세유류 관리기관인 조합의 임직원은 양벌규정의 행위자로서 본죄의 주체가 될 수 있고, 조합은 양벌규정에 따라 처벌된다.[14]

　　본죄는 고의범이므로, 면세유류 관리기관인 조합이 거짓 신청서임을 알지 못하고 과실로 면세유류 구입카드 등을 발급한 경우에는 성립하지 않는다.[15]

---

10) 면세유류에 대한 부가가치세 등 면세에 관하여는 본 절 1.1. 참조
11) 면세유류 구입카드는 농민 또는 일정한 요건을 갖춘 어민이 면세유류 관리기관이 배정하는 한도 내에서 면세유를 공급받을 수 있도록 면세유류 관리기관으로부터 교부받은 직불카드 또는 신용카드를 말한다(영농기자재등면세규정 16조 1호).
12) 출고지시서는 면세유류 구입카드 발급대상이 아닌 어민 및 임업인이 면세유를 공급받을 수 있도록 면세유류 관리기관이 교부하는 출고지시서 또는 구입권을 말한다(영농기자재등면세규정 16조 2호).
13) 김종근, 255쪽
14) 김종근, 255쪽
15) 김종근, 255쪽

2. 외국항행선박 등에 대한 면세유의 부정유통

제4조(면세유의 부정유통)
② 「개별소비세법」 제18조 제1항 제11호 및 「교통·에너지·환경세법」 제15조 제1항 제3호에 따른 외국항행선박 또는 원양어업선박에 사용할 목적으로 개별소비세 및 교통·에너지·환경세를 면제받는 석유류를 외국항행선박 또는 원양어업선박 외의 용도로 반출하여 조세를 포탈하거나, 외국항행선박 또는 원양어업선박 외의 용도로 사용된 석유류에 대하여 외국항행선박 또는 원양어업선박에 사용한 것으로 환급·공제받은 자는 3년 이하의 징역 또는 포탈세액 등의 5배 이하의 벌금에 처한다.

2.1. 외국항행선박에 대한 석유류의 면세

석유류를 제조·반출하는 자 또는 그에 대한 관세의 납부의무자는 개별소비세, 교통·에너지·환경세 및 부가세인 교육세의 납부의무를 지지만,[16] 외국항행선박, 원양어업선박 또는 항공기에 사용하기 위하여 반출하는 물품에 대하여는, 관할 세무서장 또는 세관장의 승인을 받는 것을 조건으로 개별소비세, 교통·에너지·환경세 및 교육세가 면제된다.[17]

외국항행선박에 대한 석유류의 공급은 ① 외국항행선박을 보유한 회사(선사)와 국내 석유정제업자, 석유수출입업자 또는 석유판매업자 등 사이에 석유류 공급계약이 체결되고, ② 이에 따라 석유정제업자 등이 자신들과 용역계약을 체결한 해상 급유업체에 적재지시를 하며, ③ 해상급유업체는 세관에 환급대상 수출물품 적재허가 신청을 하여 적재허가[18]를 받은 후 해상에서 외국항행선박에 급유를 하는 방법으로 이루어진다.[19]

2.2. 외국항행선박에 대한 면세유의 부정유통 등

(1) 본조의 의의 및 입법취지

본죄는, 석유정제업자 등이 외국항행선박 등에 사용되는 것을 전제로 개별소비세 등을

---

16) 개별소비세법 제3조, 교통·에너지·환경세법 제2조 제1항, 제3조, 교육세법 제3조 제3호
17) 개별소비세법 제18조 제1항 제9호, 같은 법 시행령 제30조 제1항, 교통·에너지·환경세법 제15조 제1항 제3호, 같은 법 시행령 제22조, 교육세법 제3조 제3호
18) '우리나라와 외국 간을 왕래하는 선박 또는 항공기에 선용품 또는 기용품으로 사용되는 물품의 공급'은 관세 등을 환급받을 수 있는 수출에 해당한다(「수출용 원재료에 대한 관세 등 환급에 관한 특례법」 제4조 제4호, 같은 법 시행규칙 2조 4항 1호).
19) 김종근, 249쪽

면제받는 석유류를 외국항행선박 등 외의 용도로 반출하거나, 외국항행선박 등 외의 용도로 사용된 석유류를 외국항행선박 등에 사용된 것처럼 개별소비세 등을 환급·공제받음으로써 성립한다.

해상면세유의 부정유통은 과거에는 일반적 조세포탈죄로 처벌되었으나, 그 처벌을 강화하기 위하여 2010년 조세범처벌법의 전부개정 시 본죄가 신설되었다.

(2) 본죄의 주체

석유정제업자와 석유수출입업자는 개별소비세 및 교통·에너지·환경세의 납세의무자로서[20] 본죄의 주체로 될 수 있다. 석유판매업자는 개별소비세 등의 납세의무자가 아니고 그 담세자에 불과하지만, 납세의무자와 연명으로 개별소비세 등의 환급신청을 할 수 있기 때문에 본죄 중 부정환급의 주체로 될 여지가 있다.[21][22]

(3) 구성요건 : 면세유를 정해진 용도 외로 반출하거나 사용하는 행위

본죄의 구성요건은, 개별소비세 등을 면제받는 석유류를 외국항행선박 등 외의 용도로 반출하여 개별소비세 등을 포탈하거나, 외국항행선박 등 외의 용도로 사용된 석유류를 외국항행선박 등에 사용한 것처럼 개별소비세 등을 환급·공제받는 것이다.

실제로 자주 문제되는 사례는, 석유정제업자 등으로부터 해상면세유의 급유를 위임받은 급유업체가 해상면세유를 공급받는 외국항행선박의 선원 등과 공모하여 적재허가를 받은 양보다 적은 양만을 급유하고 나머지를 외국항행선박의 선원 등으로부터 저렴하게 구입하여 이를 육상 석유판매업자에게 양도하는 경우이다.[23] 위 경우 해상급유업체가 석유정제업자 등의 대리인 등에 해당하지 않는 이상, 본죄의 주체가 가담하지 않았으므로, 본죄는 성립하지 않고, 위 행위에 가담한 자들은 허위 계산서의 발급 및 수수, 법인세 등의 포탈로 처벌된다.[24]

본죄의 구성요건으로 '사기 기타 부정한 행위'가 규정되어 있지 않으므로, 해상 면세유의 타 용도 반출 등이 부정행위에 해당하지 않는 경우에도 본죄를 구성할 수 있다[25]

한편, 외국항행선박 등에 사용할 목적으로 개별소비세, 교통·에너지·환경세를 면제받는 석유류로서 외국항행선박 등 외의 용도로 반출한 것을 판매하거나 그 사실을 알면서 취득한 자에 대하여, 관할 세무서장은 판매가액 또는 취득가액의 3배 이하의 과태료를 부과·

---

20) 개별소비세법 제3조, 교통·에너지·환경세법 제2조 제1항, 제3조, 교육세법 제3조 제3호
21) 김종근, 251쪽
22) 김태희, 328쪽은 부정유통되는 면세유의 취득자를 대향범으로 본다.
23) 김종근, 252쪽
24) 김종근, 252쪽
25) 본 절 1.2. (3) 참조

징수한다(개별소비세법 29조 1항, 교통·에너지·환경세법 25조 1항).

(4) 죄수 및 다른 죄와의 관계

(가) 죄수

석유정제업자 등이 포탈하거나 환급받은 세목별로 1죄가 성립한다. 석유정제업자 등이 면세유의 부정유통으로 인하여 개별소비세 등을 포탈하거나 환급받는 것은 1개의 행위로 볼 수 있으므로, 세목별로 성립한 여러 개의 죄는 상상적 경합 관계에 있다.[26]

(나) 본죄와 조세포탈죄의 관계

① 본죄와 개별소비세 등의 포탈

부정행위로 본죄를 범하여 개별소비세 등을 포탈한 경우에는, 1개의 행위에 의한 상상적 경합에 해당할 수 있고, 그 경우 형이 더 무거운 본죄로 처벌될 것이다.[27]

② 본죄와 부가가치세 등의 포탈

외국을 항행하는 선박, 항공기 또는 원양어선에 공급하는 재화는 부가가치세법상 영세율의 적용대상이다(부가가치세법 24조 1항 3호, 같은 법 시행령 33조 2항 5호 본문). 실제로는 외국항행 선박 등에 대한 유류의 공급이 아니어서 부가가치세법상 영세율의 적용대상이 아님에도 마치 그에 해당하는 것처럼 부정행위로 영세율을 적용받는 경우, 그 판매자에게 고의가 있는 때에는 부가가치세의 포탈죄가 성립할 수 있다.[28] 위 경우 부가가치세의 포탈죄와 본죄는 행위의 숫자에 따라 상상적 경합 또는 실체적 경합의 관계에 있게 될 것이다.

---

26) 김종근, 254쪽
27) 김종근, 254쪽은 부정행위로 본죄를 범한 경우 본죄가 조세범처벌법 제3조 위반죄에 대하여 특별관계에 있기 때문에 본죄만이 성립한다고 본다. 그러나 특별관계는 한 죄가 다른 죄의 구성요건을 모두 포함하고 그 외에 추가로 다른 구성요건을 포함하는 경우(특별법)에 성립하는데[제1편 제5장 2. (1) 참조], 본죄의 구성요건은 부정행위를 포함하지 않으므로, 본죄가 조세범처벌법 제3조 위반죄에 대하여 특별관계에 있다고 보기는 어려울 것이다.
28) 제2편 제1장 제5절 2.3. (4) 참조

가짜석유제품의 제조·판매(제5조)

제5조(가짜석유제품의 제조 또는 판매)
「석유 및 석유대체연료 사업법」 제2조 제10호에 따른 가짜석유제품을 제조 또는 판매하여 조세를 포탈한 자는 5년 이하의 징역 또는 포탈한 세액의 5배 이하의 벌금에 처한다.

1. 본죄의 입법취지

과거에는 가짜석유제품의 제조·판매와 관련한 조세포탈이 일반적인 조세포탈죄로 처벌되었다. 그러나 가짜석유제품의 제조·판매가 빈발하여 사회적으로 큰 문제를 일으키자, 그 처벌을 일반적인 조세포탈죄보다 강화하기 위하여 2010. 1. 1. 조세범처벌법의 전부 개정 시 별도의 처벌규정이 신설되었다.

2. 본죄의 주체

본죄의 주체는 ① 가짜석유제품을 사업상 독립적으로 공급하는 사업자인 부가가치세 납세의무자, 가짜석유제품을 제조하여 반출하는 교통·에너지·환경세의 납세의무자와 ② 조세범처벌법 제18조의 행위자이다.

3. 구성요건

(1) 가짜석유제품의 제조 또는 판매에 따른 납세의무

(가) 가짜석유제품

가짜석유제품은, 자동차 등의 연료로 사용하거나 사용하게 할 목적으로, 석유제품에 다른 석유제품 또는 석유화학제품에 다른 석유제품 또는 석유화학제품을 혼합하는 등의 방법으로 제조된 것을 말한다(석유 및 석유대체연료 사업법 2조 10호).[1]

---

1) 석유 및 석유대체연료 사업법

(나) 가짜석유제품의 제조·판매에 대한 납세의무

① 부가가치세

가짜석유제품도 부가가치세법상 재화(부가가치세법 2조 1호)에 해당한다. 따라서 가짜석유제품을 사업상 독립적으로 공급하는 자는 부가가치세법상 사업자(부가가치세법 2조 3호)로서 부가가치세 납부의무를 진다.

② 교통·에너지·환경세 및 교육세

가짜석유제품도 교통·에너지·환경세법상 과세물품에 해당한다(교통·에너지·환경세법 2조 2항, 같은 법 시행령 3조 2호 나목). 따라서 가짜석유제품을 제조하여 반출하는 자는 교통·에너지·환경세의 납부의무가 있다(교통·에너지·환경세법 3조 1호).

교통·에너지·환경세의 납세의무자는 교육세의 납부의무를 진다(교육세법 3조 3호). 교육세의 납부의무자는 교통·에너지·환경세를 신고·납부할 때 교육세를 신고·납부하여야 한다(교육세법 9조 3항).

(2) 가짜석유제품을 제조 또는 판매하여 조세를 포탈할 것

본죄가 성립하기 위해서는 행위자가 가짜석유제품을 제조 또는 판매하여 조세를 포탈하여야 한다. 여기서 '조세를 포탈'한다는 것은, 가짜석유제품의 제조 또는 판매로 인한 교통·에너지·환경세, 교육세 및 부가가치세의 부과와 징수를 피하여 면하는 것을 말한다.[2]

대법원은, 본죄의 전신(前身)인 구 조세범처벌법 제5조의 위반죄와 관련하여, 당초 유사석유제품의 제조 등에 의한 조세포탈은 구 조세범처벌법 제9조 제1항의 일반적 조세포탈죄로 처벌되었는데, 그 처벌을 강화하기 위하여 본죄가 신설된 점, 구 조세범처벌법 제5조가 '사기나 그 밖의 부정한 행위'를 구성요건요소로 명시하고 있지 않는 점 등을 근거로, 조세의 부과와 징수를 불가능하게 하거나 현저히 곤란하게 하는 적극적인 행위를 하지 않고 단순히 유사석유제품의 제조와 관련하여 납세신고를 하지 않거나 거짓으로 신고하는 행위도

제2조(정의) 이 법에서 사용하는 용어의 뜻은 다음과 같다.

10. "가짜석유제품"이란 조연제(助燃劑), 첨가제(다른 법률에서 규정하는 경우를 포함한다), 그 밖에 어떠한 명칭이든 다음 각 목의 어느 하나의 방법으로 제조된 것으로서 「자동차관리법」 제2조 제1호에 따른 자동차 및 대통령령으로 정하는 차량·기계(휘발유 또는 경유를 연료로 사용하는 것만을 말한다)의 연료로 사용하거나 사용하게 할 목적으로 제조된 것(제11호의 석유대체연료는 제외한다)을 말한다.

    가. 석유제품에 다른 석유제품(등급이 다른 석유제품을 포함한다)을 혼합하는 방법

    나. 석유제품에 석유화학제품(석유로부터 물리·화학적 공정을 거쳐 제조되는 제품 중 석유제품을 제외한 유기화학제품으로서 산업통상자원부령으로 정하는 것을 말한다. 이하 같다)을 혼합하는 방법

    다. 석유화학제품에 다른 석유화학제품을 혼합하는 방법

    라. 석유제품이나 석유화학제품에 탄소와 수소가 들어 있는 물질을 혼합하는 방법

2) 대법원 2017. 12. 5. 선고 2013도7649 판결

여기서 말하는 조세의 포탈행위에 해당한다고 판단하였다.[3]

(3) 포탈세액의 산정

가짜석유제품을 제조·판매한 자가 가짜석유제품을 제조하기 위한 원료(등유 등)를 공급받으면서 세금계산서를 발급받지 않고 그 원료에 대하여 이미 납부된 교통·에너지·환경세의 공제를 위한 서류를 법정기간 내에 제출하지 않은 경우에는, 포탈세액을 계산할 때 그 원료에 대한 부가가치세 매입세액은 공제되지 않고, 그 원료에 대하여 이미 납부된 교통·에너지·환경세의 공제(교통·에너지·환경세법 17조)도 인정되지 않는다.[4]

(4) 기수시기

본죄의 기수시기는 일반적으로 포탈된 교통·에너지·환경세, 교육세 및 부가가치세에 대한 각 법정신고·납부기한이 경과한 시점이다.[5]

4. 고의

본죄의 고의는, 행위자가 가짜석유제품을 제조·판매하면서 사업자등록을 하지 않는 등의 사정으로 인하여 위 제조·판매에 대한 부가가치세 등이 부과되기 어렵다는 사정을 인식하고 이를 인용하면 족하다.[6]

5. 죄수 및 본죄와 다른 죄와의 관계

(1) 죄수

본죄 중에서 교통·에너지·환경세, 교육세의 포탈과 부가가치세의 포탈은 기수시기를 달리하지만, 1개의 행위로 인한 것이므로, 상상적 경합에 해당한다고 볼 여지가 있다.

---

3) 대법원 2017. 12. 5. 선고 2013도7649 판결
4) 부산고등법원(창원) 2013. 6. 14. 선고 2012노225 판결, 대법원 2017. 12. 5. 선고 2013도7649 판결
5) ① 교통·에너지·환경세의 경우, 과세물품을 제조하여 반출하는 자는 다음 달 말일까지 해당 세액을 신고·납부하여야 하고(교통·에너지·환경세법 7조 1항, 8조 1항), ② 금융·보험업자 외의 교육세 납세의무자는 교통·에너지·환경세의 법정신고납부기한에 교육세를 납부하여야 한다(교육세법 9조 2항). ③ 부가가치세는 예정신고기한이 끝난 후 25일 이내에 예정신고기간에 대한 과세표준과 납부세액 등을 신고·납부하여야 하고(부가가치세법 48조 1항, 2항), 각 과세기간이 끝난 후 25일 이내에 해당 과세기간에 대한 과세표준과 납부세액 등을 신고·납부하여야 한다(부가가치세법 49조 1항, 2항).
6) 창원지방법원 마산지원 2012. 7. 25. 선고 2011고합76 판결, 부산고등법원(창원) 2013. 6. 14. 선고 2012노225 판결, 대법원 2017. 12. 5. 선고 2013도7649 판결

(2) 본죄와 다른 죄와의 관계

(가) 본죄와 조세범처벌법 제3조 제1항의 위반죄 및 특가법 제8조의 위반죄의 관계

부정행위로 본죄를 범한 경우에는, 1개의 행위에 의한 상상적 경합에 해당할 수 있고, 그 경우 형이 더 무거운 본죄로 처벌될 것이다.[7]

특가법 제8조는 본죄에 관한 조세범처벌법 제5조를 합산대상으로 규정하므로, 본죄에 따른 포탈세액과 조세범처벌법 제3조 제1항 등에 따른 포탈세액을 합산하여 5억 원 이상인 경우 특가법 제8조가 적용된다.

(나) 본죄와 석유및석유대체연료사업법 위반죄의 관계

본죄와 석유및석유대체연료사업법 위반죄는 실체적 경합범 관계에 있다. 따라서 피고인이 유사석유제품을 판매하였다는 석유및석유대체연료사업법 위반죄의 범죄사실로 유죄판결을 받아 확정되었더라도, 위 판결의 기판력은 피고인이 위 가짜석유제품의 제조ㆍ판매로 인한 조세를 포탈하였다는 범죄사실에 미치지 않는다.[8]

---

7) 이와 달리 본죄와 조세포탈죄의 관계를 상상적 경합으로 보는 견해가 있다(김종근, 259쪽). 그러나 양 죄가 특별관계에 있기 위해서는 한 죄가 다른 죄의 구성요건을 모두 포함하여야 하는데[제1편 제5장 2. (1) 참조], 본죄는 조세포탈죄의 구성요건인 부정행위를 포함하지 않으므로(대법원 2017. 12. 5. 선고 2013도7649 판결), 본죄의 처벌규정이 조세포탈죄에 대한 특별법에 해당한다고 보기 어렵다.
8) 대법원 2017. 12. 5. 선고 2013도7649 판결 : 석유사업법 위반죄의 범죄사실은 내용이나 행위 태양, 피해법익이 조세포탈행위로 인한 공소사실과 서로 달라 석유사업법 위반죄의 범죄사실과 공소사실 사이에 기본적 사실관계의 동일성을 인정할 수 없다.

특가법 제8조에 의한 가중처벌

1. 개요

특가법은 조세범처벌법 제3조 제1항(조세포탈 등), 제4조(면세유의 부정 유통) 및 제5조 (가짜석유제품의 제조 또는 판매), 지방세기본법 제102조 제1항에 의한 조세포탈금액이 일 정한 액수 이상인 경우에 대한 별도의 구성요건을 신설하여 해당 처벌법규보다 법정형을 높이는 한편(특가법 8조), 그 공소제기에 관하여 고발이 필요하지 않은 것으로 규정한다(특가 법 16조).

2. 특가법 제8조의 구성요건

2.1. 주체(적용대상) : 자연인

대법원은, 법인에게는 징역형을 과할 수 없는 점에 비추어 볼 때, 징역형과 벌금형을 병과 하는 특가법 제8조는 조세포탈범의 법정책임자와 그 포탈행위에 가담한 공범자인 **자연인**을 가중처벌하기 위한 규정임으로, 특가법 제8조에 의하여 **법인**을 가중처벌할 수 없다고 판시 하였다.[1] 따라서 조세포탈의 행위자가 특가법 제8조에 따라 처벌되는 경우에도, 법인에게 는 조세범처벌법 위반죄가 성립할 뿐이다.

2.2. 연간 포탈세액 등

(1) '연간 포탈세액 등'의 의미

특가법 제8조 제1항이 적용되려면 연간 포탈세액 등이 5억 원 이상이어야 한다.

특가법 제8조 제1항은 '연간'이라고 규정하므로, 그 기간의 길이가 1년인 것은 명백하지 만, 그 기산점을 언제로 보아야 하는지는 분명하지 않다.[2] 대법원은, 특가법 제8조 제1항에

---

[1] 대법원 1992. 8. 14. 선고 92도299 판결
[2] 헌법재판소 1998. 5. 28. 97헌바68 결정은 특가법 제8조 제1항 중 '연간' 부분이 형벌법규의 명확성 원칙에 위배되지 않는다고 판단하였다.

서 '연간'은, 역법상의 한 해인 1월 1일부터 12월 31일까지의 1년간으로 이해하여야 하고, '연간 포탈세액 등'은 각 세목의 과세기간 등에 관계없이 각 연도별(1월 1일부터 12월 31일까지)로 포탈한 또는 부정 환급받은 모든 세액을 합산한 금액을 의미한다고 판시하였다.[3]

(2) 포탈세액의 산정방법

(가) 조세포탈의 주체별 합산

연간 포탈세액은 조세포탈의 주체인 납세의무자 또는 행위자를 기준으로 합산하여야 한다.[4] 이를 구체적으로 살펴보면 다음과 같다.

① **납세의무자**가 여러 국세, 가령 소득세와 법인세 및 부가가치세 등을 포탈한 경우, 그 포탈세액을 모두 합산하여야 한다.

② 양벌규정상 **행위자**가 여러 납세의무자의 조세를 포탈한 경우, 행위자를 기준으로 포탈세액을 합산하여 특가법 제8조 제1항의 적용 여부를 판단하여야 한다.[5] 그러한 예로는 ㉮ 피고인이 자녀들을 대리하여 차명주식을 자녀들에게 증여하였음에도 증여세를 신고하지 않는 방법으로 증여세를 포탈한 경우,[6] ㉯ 피고인이 이른바 '폭탄업체'인 법인을 수 개 설립하여 각 법인들 명의로 부가가치세를 포탈하는 경우[7]가 있다.

③ 피고인이 **납세의무자**로서 자신의 조세를 포탈하는 한편, **행위자**로서 다른 납세의무자의 조세를 포탈한 경우에는, 납세의무자로서 포탈한 세액과 행위자로서 포탈한 세액을 합산하여 특가법 제8조 제1항의 해당 여부를 판단하여야 한다.[8] 그러한 예로는, ㉮ 피고인들이 공소외인들과 공동출자한 사업에 관하여 납세의무자에 해당하는 한편, 실질적 경영자로서 공소외인들로부터 영업을 위임받아 사무를 처리하는 대리인의 지위에 있었던 사안,[9] ㉯ 피고인이 상장법인 주식을 차명으로 취득하고, 차명으로 보유 중인 비상장법인 주식을 자녀들에게 매매거래 형태로 증여한 후, 비상장법인을 상장법인에 합병시켜 합병에 따른 상장 등 이익을 증여한 다음, 차명으로 보유하는 상장법인 주식을 양도함으로써, 납세의무자로서 양도소득세를, 행위자(대리인)로서 (의제)증여세를 각 포탈한 사안[10]이 있다.

---

3) 대법원 2000. 4. 20. 선고 99도3822 전원합의체 판결. 위 판결의 반대의견은, '연간'은 기소된 최초의 포탈 등 범칙행위의 성립시기인 어느 해의 특정 시점으로부터 1년의 기간을 뜻하는 것이라고 해석하여야 한다는 입장을 취하였다.
4) 대법원 1998. 5. 8. 선고 97도2429 판결, 대법원 2005. 5. 12. 선고 2004도7141 판결, 대법원 2011. 6. 30. 선고 2010도10968 판결
5) 대법원 2018. 4. 26. 선고 2017도21429 판결
6) 대법원 2011. 6. 30. 선고 2010도10968 판결
7) 대법원 2018. 4. 26. 선고 2017도21429 판결
8) 대법원 2005. 5. 12. 선고 2004도7141 판결, 대법원 2011. 6. 30. 선고 2010도10968 판결
9) 대법원 2005. 5. 12. 선고 2004도7141 판결
10) 대법원 2011. 6. 30. 선고 2010도10968 판결

④ 피고인이 포탈된 조세의 **납세의무자도 아니고 행위자도 아닌 경우**에는, 납세의무자 또는 행위자에 대한 **공범**(공동정범 또는 종범 등)이 될 수 있을 뿐이고, 납세의무자별로 포탈세액을 합산하여야 한다. 따라서 ㉮ 1인의 **원천징수의무자**가 수인의 납세의무자와 공모하여 조세를 포탈한 경우, 조세포탈의 주체인 각 납세의무자별로 각각 1죄가 성립하고 이를 포괄하여 1죄가 성립하는 것은 아니므로, 특가법 제8조의 적용대상이 되는지 여부는 납세의무자별로 연간 포탈세액을 구분하여 판단하여야 하고, 각 포탈세액을 모두 합산하여 그 적용 여부를 판단할 것은 아니다.[11] ㉯ 피고인이 실물거래 없이 4개 회사들에게 **가공 세금계산서를 발급**하고, 위 회사들이 이를 이용하여 부정한 방법으로 부가가치세를 공제 또는 환급받은 경우, 전체 부가가치세 포탈행위를 포괄일죄로 보아 특가법 제8조의 위반죄에 대한 종범으로 처벌할 수 없고, 각 회사별 포탈세액에 따라 특가법 제8조 또는 조세범처벌법 위반죄의 종범으로 처벌하여야 한다.[12] ㉰ 수인의 사업자로부터 재화를 공급받는 자가 부가가치세 납세의무자인 공급자와 공모하여 부가가치세를 포탈한 경우에도 그 죄수는 조세포탈의 주체인 납세의무자별로 각각 1죄가 성립하고, 이를 포괄하여 1죄가 성립하는 것은 아니다.[13]

(나) 합산대상 조세

특가법 제8조 제1항은 합산대상을 '조세범처벌법 제3조 제1항, 제4조 및 제5조, 지방세기본법 제102조 제1항의 죄를 범한 자'가 '포탈하거나 환급받은 세액 또는 징수하지 아니하거나 납부하지 아니한 세액'으로 규정한다.

① 세목별 검토

조세범처벌법 제3조 제1항, 제4조(면세유의 부정 유통) 및 제5조(가짜 석유제품의 제조 또는 판매)의 조세포탈 금액은 모두 합산되어야 한다.

소득세와 지방소득세, 그리고 법인세와 법인지방소득세의 각 포탈세액은 모두 합산하여야 한다.[14] 본세와 부가세(농어촌특별세, 교육세 등)는 상상적 경합 관계에 있으므로, 중한 죄에 정한 형으로 처벌되지만(형법 40조), 특가법 제8조 제1항의 적용 여부를 판단할 때는 각 포탈세액을 합산하여야 한다.[15] 그리고 동일한 연간에 포탈된 취득세, 지방소득세, 재산세 등의 지방세도 합산되어야 한다.

부정환급받은 세액은 특가법 제8조 제1항의 문언상 합산대상에 해당함이 명백하고, 부정

11) 대법원 1998. 5. 8. 선고 97도2429 판결
12) 대법원 1997. 9. 26. 선고 97도1876 판결
13) 대법원 2008. 4. 24. 선고 2007도11258 판결(금지금 사건)
14) 김종근, 231쪽
15) 대법원 1983. 4. 26. 선고 82도2504 판결

공제받은 세액도 위 조항의 '포탈하거나 … 납부하지 아니한 세액'에 해당하므로 합산대상으로 볼 수 있다.[16]

한편, 관세의 포탈금액은 합산대상에서 제외된다(법 2조). 또한, 가산세는 세금의 형식으로 부과하는 행정상 제재로서[17] 조세포탈죄의 포탈세액에 포함되지 않으므로, 특가법 제8조 제1항의 연간 포탈세액에 합산되지 않는다.[18]

② 공동사업자의 포탈세액

㉮ 부가가치세, 개별소비세 등

공동사업자는 그 공동사업에 관계되는 국세에 관하여 연대납세의무를 진다(국세기본법 25조 1항). 따라서 공동사업자가 공동사업에 관하여 부가가치세 및 개별소비세를 포탈한 경우,[19] 각자의 지분에 관계없이 그 부가가치세 및 개별소비세 전액을 합산하여 특가법 제8조 제1항의 적용 여부를 판단하여야 한다.

㉯ 소득세

공동사업자의 소득금액은 공동사업을 경영하여 얻은 소득을 그 지분 또는 손익분배의 비율에 따라 분배한 금액이고(소득세법 43조 2항), 이를 토대로 각 공동사업자별로 소득세 납세의무를 진다(소득세법 2조의2 1항).[20] 따라서 공동사업자인 납세의무자가 사업소득에 대한 소득세를 포탈한 경우, 원칙적으로 그 소득세 전액이 아니라 해당 납세의무자에게 그 지분에 따라 배분된 소득금액에 대한 소득세를 합산하여야 한다.

다만, 공동사업자 중 1인이 다른 공동사업자들의 위임을 받아 공동사업을 경영하면서 소득세를 포탈한 경우에는, 그 소득세 중 자신의 지분에 관하여는 납세의무자로서, 다른 공동사업자의 지분에 관하여는 행위자(대리인)로서 조세포탈을 한 것으로 볼 수 있다.[21]

③ 합산되는 연도 : 조세포탈의 기수시기

포탈된 조세는 그 기수시기가 속하는 '연간'의 포탈세액에 합산된다.[22]

㉮ 피고인 회사의 1996년 부가가치세 중 1기분의 포탈은 신고·납부기한인 1996. 7. 25.이 경과함으로써, 2기분의 포탈은 신고·납부기한인 1997. 1. 25.이 경과함으로써 각 기수에 이르고, 1996년분 법인세 포탈은 신고·납부기한인 1997. 3. 31.이 경과함으로써 각 기수에

---

16) 안대희 등, 479쪽 ; 김종근, 232쪽 ; 지익상, 350쪽
17) 대법원 2021. 2. 18. 선고 2017두38959 전원합의체 판결
18) 대법원 1979. 11. 13. 선고 79도1898 판결, 대법원 1996. 12. 10. 선고 96도2398 판결
19) 대표적인 예는 유흥업소를 공동으로 경영하면서 부가가치세 및 개별소비세를 포탈한 경우이다. 안대희 등, 485쪽
20) 이는 연대납세의무에 관한 국세기본법 제25조 제1항에 대한 특칙에 해당한다(국세기본법 3조 1항).
21) 대법원 2005. 5. 12. 선고 2004도7141 판결
22) 대법원 2002. 7. 23. 선고 2000도746 판결, 대법원 2011. 6. 30. 선고 2010도10968 판결

이른 경우, 1996년 1기분 부가가치세의 포탈은 1996년 2기분 부가가치세의 포탈 및 1996년도 법인세의 포탈과 그 연도를 달리하므로, 위 1996년분 부가가치세 및 법인세 포탈 전부를 포괄하여 특가법 제8조 제1항 위반죄로 처벌할 수 없다.[23]

㈏ 피고인이 자녀들에게 차명주식을 증여한 후 해당 주식의 발행법인을 상장법인과 합병되게 함으로써 증여세와 의제증여세를 각각 포탈하였는데, 양자의 기수시기가 다른 연도에 속하는 경우에는, 특가법 제8조 제1항을 적용할 때 합산될 수 없다.[24]

3. 죄수

특가법 제8조 제1항은 연간 포탈세액이 일정액 이상이라는 가중사유를 구성요건화하여 조세범처벌법 제9조 제1항의 행위와 합쳐서 하나의 범죄유형으로 하고 그에 대한 법정형을 규정한 것이므로, 조세의 종류를 불문하고 1년간 포탈한 세액을 모두 합산한 금액이 특가법 제8조 제1항 소정의 금액 이상인 때에는 같은 항 위반의 1죄만이 성립한다.[25] 특가법 제8조의 위반죄와 조세범처벌법 제3조의 위반죄는 특별관계[26]에 있으므로, 양자의 구성요건이 모두 충족되는 경우, 전자의 죄만 성립하고 후자의 죄는 별도로 성립하지 않는다.

특가법 제8조 제1항 위반죄는 1년 단위로 하나의 죄를 구성하므로, 연도를 달리하여 성립하는 수 개의 특가법 제8조 제1항 위반죄는 실체적 경합범 관계에 있다.[27]

4. 특가법 제8조 위반죄의 처벌

4.1. 가중처벌의 내용

(1) 벌금형의 병과 등

연간 포탈세액 등이 5억 원 이상 10억 원 미만인 경우 3년 이상의 유기징역에 처하고, 10억 원 이상인 경우 무기 또는 5년 이상의 징역에 처한다(특가법 8조 1항). 위 각 경우 포탈세액 등의 2배 이상 5배 이하의 벌금을 병과한다(특가법 8조 2항).

벌금경합에 관한 제한가중 규정을 배제하는 조세범처벌법 제20조는 특가법 제8조에 따라 벌금형을 선고하는 경우에도 적용된다.[28] 따라서 수개의 특가법 제8조 위반죄 또는 특

---

23) 대법원 2002. 7. 23. 선고 2000도746 판결
24) 대법원 2011. 6. 30. 선고 2010도10968 판결
25) 대법원 2000. 4. 20. 선고 99도3822 전원합의체 판결
26) 특별관계에 관하여는 제1편 제5절 2. (1) 참조
27) 대법원 2000. 4. 20. 선고 99도3822 전원합의체 판결

가법 제8조 및 조세범처벌법의 각 위반죄로 벌금형을 선고하는 경우, '가장 중한 죄에 정한 벌금의 다액의 2분의 1을 한도로 가중하여 하나의 형을 선고하는 방식'을 적용하지 않고, 각 죄마다 벌금형을 따로 양정하여 이를 합산한 액수의 벌금형을 선고하여야 한다.[29]

(2) 현행법의 문제점

헌법재판소는 특가법 제8조 제2항의 벌금형 병과 규정이 헌법에 위반되지 않는다고 판단하였다.[30] 그러나 이미 포탈세액에 더하여 세법상 가산세를 부과받는 피고인에게 징역형을 선고하면서 추가로 무거운 벌금까지 필수적으로 병과하도록 한 것은 과도하다고 보인다. 그리고 벌금형의 필요적 병과는, 피고인에게 자력이 없어서 벌금형의 노역장 환형유치에 처해지는 경우 추가로 징역형을 선고받는 것과 같은 결과가 된다.[31] 한편, 벌금형의 필요적 병과는 법원으로 하여금 징역형의 실형을 선고하는 것을 기피하게 함으로써 오히려 엄정한 형사사법권의 행사를 저해할 여지가 있다. 따라서 특가법 제8조 제2항은 벌금형의 하한을 낮추고 징역형과 선택적 병과를 하는 것으로 개정하는 것이 합리적이다.

4.2. 고발 및 공소시효에 대한 특칙

(1) 고발전치주의의 배제

일반적인 조세범처벌법 위반죄와 달리, 특가법 제8조의 위반죄에 대하여는 고발이 없더라도 공소를 제기할 수 있다(특가법 16조). 한편, 특가법 제8조의2의 위반죄에 관하여는 그러한 특칙이 없으므로, 일반원칙으로 돌아가 고발이 있어야 공소를 제기할 수 있다.[32]

(2) 공소시효기간의 특례

특가법 제8조의 위반죄에 대한 공소시효기간은 10년이다(형소법 249조 1항 3호). 그런데 위 규정은 양벌규정의 **행위자**에 대하여만 적용되므로, 형사소송법에 따른 법인에 대한 공소시효는 5년에 불과하여(형소법 249조 1항 5호) 처벌의 불균형이 생길 수 있다. 이를 고려하여 조세범처벌법은 행위자가 특가법 제8조를 적용받는 경우 **법인**의 공소시효기간도 10년인 것으로 규정한다(법 22조 단서).

---

28) 대법원 1996. 5. 31. 선고 94도952 판결, 대법원 2001. 5. 29. 선고 2001도1541 판결
29) 제3편 제3장 제3절 3. (2)(가) 참조
30) 헌법재판소 1998. 5. 28. 97헌바68 결정, 헌법재판소 2005. 7. 21. 2003헌바98 결정, 2003헌바98 2009. 3. 26. 2008헌바52 등 결정, 2008헌바52 2015. 7. 30. 2015헌바175 결정, 2008헌바52 2015. 12. 23. 2015헌바244 결정, 헌법재판소 2019. 11. 28. 2017헌바504 등 결정
31) 헌법재판소 2019. 11. 28. 2017헌바504 등 결정의 반대의견
32) 대법원 2014. 9. 24. 선고 2013도5758 판결

제2장 세금계산서, 계산서 및 합계표 관련 범죄

제1절
세금계산서 등 관련 범죄의 공통적 판단요소

1. 세금계산서 등 관련 범죄의 체계와 개요

(1) 세금계산서 관련 범죄의 체계

조세범처벌법 제10조는 ① 제1항·제2항에서 세금계산서·계산서를 발급하지 않거나 발급받지 않는 행위 또는 세금계산서 등을 거짓으로 기재하여 발급하거나 발급받는 행위 등을, ② 제3항에서 재화 등의 공급 없이 세금계산서 등을 발급하거나 발급받는 행위 등을, ③ 제4항에서 제3항의 행위를 알선·중개한 자를 각 처벌한다.

특가법 제8조의2는, 영리목적으로 조세범처벌법 제10조 제3항 및 제4항의 죄를 범한 자가 수수한 세금계산서 등의 공급가액 합계액이 30억 원 이상인 경우 가중처벌한다.

세금계산서 관련 범죄의 체계를 표로 정리하면 다음과 같다.

규정		구성요건
조세범처벌법 제10조	제1항	세금계산서 등을 발급하여야 할 자가 이를 발급하지 않거나 거짓으로 기재하여 발급하는 행위 등
	제2항	세금계산서 등을 발급받아야 할 자가 통정하여 이를 발급받지 않거나 거짓으로 기재하여 발급받는 행위 등
	제3항	재화 등의 공급 없이 세금계산서 등을 발급하거나 발급받는 행위 등
	제4항	제3항의 행위를 알선·중개하는 행위
특가법 제8조의2		영리목적으로 조세범처벌법 제10조 제3항·제4항의 죄를 범하고, 공급가액 등의 합계액이 30억 원 이상

(2) 세금계산서 관련 범죄의 공통적 판단요소

세금계산서 관련 범죄의 성립 여부를 판단하는 과정에서 다음의 세 가지를 검토할 필요가 있다. ① 누가 재화 또는 용역을 공급하였거나 공급받은 당사자로서 부가가치세법상 세금계산서를 발급하여야 할 자 또는 발급받아야 할 자인지가 결정되어야 한다. 이와 관련하여, 타인명의 거래 등과 같이 여러 거래관련자가 있는 경우에 누가 공급의 당사자인지를 판단하여야 한다. ② 세금계산서가 발급된 경우에는 그 세금계산서의 발급행위자와 수취행위자를 결정하여야 한다. ③ 발급된 세금계산서가 부가가치세법의 발급시기 및 기재요건에 부합하는지를 확인하여야 한다. 이를 위해서는 세금계산서 등의 발급의무, 발급시기 및 발급방법 등에 관한 세법 규정을 알 필요가 있다.

이하에서는 먼저 부가가치세법에 따른 세금계산서 및 계산서 등의 일반론에 관하여 살펴보고, 이어서 부가가치세법에 따른 공급당사자의 결정 및 세금계산서의 발급·수취행위자의 판단기준에 관하여 차례로 서술하기로 한다.

2. 세금계산서 및 계산서의 일반론

2.1. 세금계산서

2.1.1. 세금계산서의 의의와 기능

전단계(前段階)세액 공제법을 채택하고 있는 현행 부가가치세법 체계에서, 세금계산서 제도는 당사자 간의 거래를 노출시킴으로써 부가가치세뿐 아니라 소득세와 법인세의 세원 포착을 용이하게 하는 납세자 간 상호검증의 기능을 한다.[1] 또한, 세금계산서는 소득세 및 법인세의 산정 시 거래의 적격증명서류의 역할을 한다(법인세법 116조 2항 3호). 그리고 재화 또는 용역을 공급받은 자가 매입세액공제를 받기 위해서는 세금계산서를 발급받아야 하므로(부가가치세법 39조 1항 2호), 세금계산서는 매입세액에 대한 법정(法定)자료에 해당한다.

---

1) 대법원 2004. 11. 18. 선고 2002두5771 전원합의체 판결

2.1.2. 세금계산서의 발급의무

(1) 재화 또는 용역을 공급하는 사업자

(가) 과세대상 재화 등을 공급한 경우

① 원칙

사업자가 부가가치세 과세대상인 재화 또는 용역을 공급하는 경우, 그 공급을 받는 자에게 세금계산서를 발급하여야 한다(부가가치세법 32조 1항). 공급되는 재화 또는 용역이 부가가치세 과세대상인 이상, 영세율이 적용되는 경우에도(부가가치세법 21조 이하), 이를 공급한 사업자는 세금계산서의 발급의무가 있다.

② 세금계산서 발급의무의 면제

세금계산서(전자세금계산서를 포함한다)를 발급하기 어렵거나 세금계산서의 발급이 불필요한 경우 등 대통령령으로 정하는 경우[2]에는, 세금계산서를 발급하지 않을 수 있다(부가가치세법 33조 1항). 대통령령으로 정하는 사업자가 신용카드매출전표 등을 발급한 경우[3]에

---

2) 부가가치세법 시행령 제71조(세금계산서 발급의무의 면제 등)

① 법 제33조 제1항에서 "세금계산서를 발급하기 어렵거나 세금계산서의 발급이 불필요한 경우 등 대통령령으로 정하는 경우"란 다음 각 호의 어느 하나에 해당하는 재화 또는 용역을 공급하는 경우를 말한다.

1. 택시운송 사업자, 노점 또는 행상을 하는 사람, 그 밖에 기획재정부령으로 정하는 사업자가 공급하는 재화 또는 용역

2. 소매업 또는 미용, 욕탕 및 유사 서비스업을 경영하는 자가 공급하는 재화 또는 용역. 다만, 소매업의 경우에는 공급받는 자가 세금계산서 발급을 요구하지 아니하는 경우로 한정한다.

3. 법 제10조 제1항, 제2항 및 제4항부터 제6항까지의 규정에 따른 재화

4. 법 제21조(제31조 제1항 제5호에 따른 원료, 같은 조 제2항 제1호에 따른 내국신용장 또는 구매확인서에 의하여 공급하는 재화와 같은 항 제2호부터 제4호까지의 규정에 따른 한국국제협력단, 한국국제보건의료재단 및 대한적십자사에 공급하는 재화는 제외한다), 제22조 및 제23조(공급받는 자가 국내에 사업장이 없는 비거주자 또는 외국법인인 경우와 법 제23조 제2항에 따른 외국항행용역으로서 항공기의 외국항행용역 및 「항공사업법」에 따른 상업서류 송달용역으로 한정한다)에 따른 재화 또는 용역

5. 제33조 제2항 제1호, 제2호, 제5호(공급받는 자가 국내에 사업장이 없는 비거주자 또는 외국법인인 경우로 한정한다), 제6호 및 제7호에 따른 재화 또는 용역과 법 제24조 제1항 제1호에 따른 외교공관등에 공급하는 재화 또는 용역

6. 부동산 임대용역 중 제65조 제1항 및 제2항이 적용되는 부분

7. 「전자서명법」 제2조 제8호에 따른 전자서명인증사업자가 같은 조 제6호에 따른 인증서를 발급하는 용역. 다만, 공급받는 자가 사업자로서 세금계산서 발급을 요구하는 경우는 제외한다.

8. 법 제53조의2 제1항 또는 제2항에 따라 간편사업자등록을 한 사업자가 국내에 공급하는 전자적 용역

9. 그 밖에 국내사업장이 없는 비거주자 또는 외국법인에 공급하는 재화 또는 용역. 다만, 다음 각 목의 어느 하나에 해당하는 경우는 제외한다.

가. 국내사업장이 없는 비거주자 또는 외국법인이 해당 외국의 개인사업자 또는 법인사업자임을 증명하는 서류를 제시하고 세금계산서 발급을 요구하는 경우

나. 「법인세법」 제94조의2에 따른 외국법인연락사무소에 재화 또는 용역을 공급하는 경우

3) 부가가치세법 시행령

제71조(세금계산서 발급의무의 면제 등)

는 세금계산서를 발급하지 않는다(부가가치세법 33조 2항).

③ 영수증의 발급

㉮ 다음의 어느 하나에 해당하는 자가 부가가치세 과세대상인 재화 또는 용역을 공급하는 경우, 세금계산서를 발급하는 대신에 영수증을 발급하여야 한다(부가가치세법 36조 1항). ㉠ 주로 사업자가 아닌 자에게 재화 또는 용역을 공급하는 사업자로서 대통령령으로 정하는 사업자,[4] ㉡ 일정한 간이과세자.[5]

㉯ 전기사업자가 산업용이 아닌 전력을 공급하는 경우 등 대통령령으로 정하는 경우, 해당 사업자는 영수증을 발급할 수 있다(부가가치세법 36조 2항).

㉰ 위 각 경우에 재화 또는 용역을 공급받는 자가 사업자등록증을 제시하고 세금계산서의 발급을 요구하는 경우로서 대통령령으로 정하는 경우에는, 그 재화 등의 공급자는 세금계산서를 발급하여야 한다(부가가치세법 36조 3항).

④ 매입자발행 세금계산서

납세의무자로 등록한 사업자로서 대통령령으로 정하는 사업자가 재화 또는 용역을 공급하고 세금계산서 발급시기에 세금계산서를 발급하지 않은 경우, 그 재화 또는 용역을 공급받은 자는 관할 세무서장의 확인을 받아 세금계산서를 발행할 수 있다(부가가치세법 34조의2 1항). 매입자발행 세금계산서에 기재된 부가가치세 매입세액은 공제를 받을 수 있다(부가가치세법 34조의2 2항).

(나) 면세대상 재화 등을 공급한 경우

사업자가 부가가치세 면세대상인 재화 또는 용역을 공급한 경우 세금계산서의 발급의무

---

② 법 제33조 제2항에서 "대통령령으로 정하는 사업자"란 제88조 제5항에 따른 사업자를 말한다.
　제88조(신용카드 등의 사용에 따른 세액공제 등)
⑤ 법 제46조 제3항에서 "대통령령으로 정하는 사업자"란 다음 각 호에 해당하지 않는 사업을 경영하는 사업자로서 법 제36조 제1항 제2호에 해당하지 않는 사업자를 말한다.
　1. 목욕 · 이발 · 미용업
　2. 여객운송업(「여객자동차 운수사업법 시행령」 제3조에 따른 전세버스운송사업은 제외한다)
　3. 입장권을 발행하여 경영하는 사업
　4. 제35조 제1호 단서의 용역을 공급하는 사업
　5. 제35조 제5호 단서에 해당하지 아니하는 것으로서 수의사가 제공하는 동물의 진료용역
　6. 제36조 제2항 제1호 및 제2호의 용역을 공급하는 사업
4) 이는 소매업, 음식점업 등을 하는 사업자를 말한다(부가가치세법 시행령 73조 1항).
5) 이는 간이과세자 중 다음의 어느 하나에 해당하는 자를 말한다.
　ⓐ 직전 연도의 공급대가의 합계액(직전 과세기간에 신규로 사업을 시작한 개인사업자의 경우 부가가치세법 제61조 제2항에 따라 환산한 금액)이 4,800만 원 미만인 자
　ⓑ 신규로 사업을 시작하는 개인사업자로서 부가가치세법 제61조 제4항에 따라 간이과세자로 하는 최초의 과세기간 중에 있는 자

가 없고(부가가치세법 32조 1항의 괄호 안), 법인세법 또는 소득세법에 따라 계산서 또는 영수증을 발급하여야 한다(법인세법 121조, 소득세법 163조).

(2) 재화의 수입

재화의 수입은 부가가치세 과세대상이다(부가가치세법 4조 2호). 재화의 수입은, 외국으로부터 국내에 도착한 물품으로서 수입신고가 수리되기 전의 것과 수출신고가 수리된 물품을 국내에 반입하는 것을 말한다(부가가치세법 13조). 세관장은 수입되는 재화에 대하여 부가가치세를 징수할 때 수입된 재화에 대한 세금계산서를 수입하는 자에게 발급하여야 한다(부가가치세법 35조 1항).

2.1.3. 세금계산서의 기재사항

(1) 관련 규정

재화 또는 용역을 공급한 사업자가 그 공급을 받는 자에게 발급하는 세금계산서에는 다음의 사항이 기재되어야 한다(부가가치세법 32조 1항). ① 공급하는 사업자의 등록번호와 성명 또는 명칭, ② 공급받는 자의 등록번호,[6] ③ 공급가액과 부가가치세액, ④ 작성 연월일, ⑤ 그 밖에 대통령령으로 정하는 사항.[7]

위 ① 내지 ④의 사항들(**필요적 기재사항**)은, 매입세액 공제를 받기 위하여 원칙적으로 반드시 사실대로 기재되어야 하는 사항이다(부가가치세법 39조 1항 2호 본문, 32조 1항 1호 내지 4호).[8] 다만, 필요적 기재사항이 사실과 다르게 적힌 경우에도, 부가가치세법 시행령 제75조[9]의 사유에 해당하는 때에는, 예외적으로 매입세액공제가 인정된다(부가가치세법 39조 1항

---

6) 공급받는 자가 사업자가 아니거나 등록한 사업자가 아닌 경우에는 대통령령으로 정하는 고유번호 또는 공급받는 자의 주민등록번호가 기재되어야 한다.

7) 이는 ⑤ 공급하는 자의 주소, ⑥ 공급받는 자의 상호 · 성명 · 주소, ⑦ 공급하는 자와 공급받는 자의 업태와 종목, ⑧ 공급품목, ⑨ 단가와 수량, ⑩ 공급 연월일, ⑪ 거래의 종류, ⑫ 사업자 단위 과세 사업자의 경우 실제로 재화 또는 용역을 공급하거나 공급받는 종된 사업장의 소재지 및 상호를 말한다(부가가치세법 32조 1항 5호, 부가가치세법 시행령 67조 2항).

8) 헌법재판소와 대법원은, 필요적 기재사항이 사실과 다르게 기재된 세금계산서에 의한 매입세액의 공제를 부인하는 구 부가가치세법 제17조 제2항 제1호가 헌법상 과잉금지원칙에 위반되지 않는다고 판단하였다[헌법재판소 2002. 8. 29. 2000헌바50 · 2002헌바56(병합) 결정, 대법원 2003. 12. 11. 선고 2002두4761 판결]. 위 헌법재판소 결정에 관하여는 반대의견이 있다.

9) 제75조(세금계산서 등의 필요적 기재사항이 사실과 다르게 적힌 경우 등에 대한 매입세액 공제)
법 제39조 제1항 제2호 단서에서 "대통령령으로 정하는 경우"란 다음 각 호의 어느 하나에 해당하는 경우를 말한다.
1. 제11조 제1항 또는 제2항에 따라 사업자등록을 신청한 사업자가 제11조 제5항에 따른 사업자등록증 발급일까지의 거래에 대하여 해당 사업자 또는 대표자의 주민등록번호를 적어 발급받은 경우
2. 법 제32조에 따라 발급받은 세금계산서의 필요적 기재사항 중 일부가 착오로 사실과 다르게 적혔으나 그

2호 단서).[10] 한편, 위 ⑤의 사항(**임의적 기재사항**)은 기재되지 않거나 사실과 다르게 기재되더라도 매입세액 공제에 영향을 미치지 않는다.

(2) 세금계산서에 기재된 공급당사자가 사실과 다른 경우의 처리

① '공급하는 사업자의 성명'이 사실과 다른 경우

세금계산서에 기재된 '공급하는 사업자의 성명'이 실제 공급자의 것이 아닌 경우, 위 세금계산서는 사실과 다르게 기재된 세금계산서에 해당하므로, 그 매입세액은 원칙적으로 매출세액에서 공제될 수 없다.[11] 다만, 실제 공급자와 세금계산서상의 공급자가 다른 경우, 재화 등을 공급받은 자가 세금계산서의 명의위장 사실을 알지 못하였고 알지 못한 데에 과실이 없는 때에는 그 세금계산서의 매입세액을 공제 · 환급받을 수 있고, 위 매입세액의 공제 · 환급 요건은 이를 주장하는 자가 입증하여야 한다.[12]

② '공급받는 사업자의 등록번호'가 사실과 다른 경우

세금계산서에 기재된 '공급받는 사업자의 등록번호'가 실제로 공급받는 자의 것이 아닌 경우, 위 세금계산서는 사실과 다르게 기재된 세금계산서에 해당하므로, 그 매입세액은 원칙적으로 매출세액에서 공제될 수 없다.[13] 다만, 사업자가, 자기의 계산과 책임으로 사업을

세금계산서에 적힌 나머지 필요적 기재사항 또는 임의적 기재사항으로 보아 거래사실이 확인되는 경우
3. 재화 또는 용역의 공급시기 이후에 발급받은 세금계산서로서 해당 공급시기가 속하는 과세기간에 대한 확정신고기한까지 발급받은 경우
4. 법 제32조 제2항에 따라 발급받은 전자세금계산서로서 국세청장에게 전송되지 아니하였으나 발급한 사실이 확인되는 경우
5. 법 제32조 제2항에 따른 전자세금계산서 외의 세금계산서로서 재화 또는 용역의 공급시기가 속하는 과세기간에 대한 확정신고기한까지 발급받았고, 그 거래사실도 확인되는 경우
6. 실제로 재화 또는 용역을 공급하거나 공급받은 사업장이 아닌 사업장을 적은 세금계산서를 발급받았더라도 그 사업장이 법 제51조 제1항에 따라 총괄하여 납부하거나 사업자 단위 과세 사업자에 해당하는 사업장인 경우로서 그 재화 또는 용역을 실제로 공급한 사업자가 법 제48조 · 제49조 또는 제66조 · 제67조에 따라 납세지 관할 세무서장에게 해당 과세기간에 대한 납부세액을 신고하고 납부한 경우
7. 재화 또는 용역의 공급시기가 속하는 과세기간에 대한 확정신고기한이 지난 후 세금계산서를 발급받았더라도 그 세금계산서의 발급일이 확정신고기한 다음 날부터 1년 이내이고 다음 각 목의 어느 하나에 해당하는 경우
    가. 「국세기본법 시행령」 제25조 제1항에 따른 과세표준수정신고서와 같은 영 제25조의3에 따른 경정 청구서를 세금계산서와 함께 제출하는 경우
    나. 해당 거래사실이 확인되어 법 제57조에 따라 납세지 관할 세무서장, 납세지 관할 지방국세청장 또는 국세청장(이하 이 조에서 "납세지 관할 세무서장 등"이라 한다)이 결정 또는 경정하는 경우
8. ~12. : 생략
10) 부가가치세법 제39조 제1항 제2호 단서의 위임에 따라 부가가치세법 시행령 제75조에 규정된 사유들은 전단계세액공제 제도의 정상적인 운영을 저해하거나 세금계산서의 본질적 기능을 해치지 않는 경우이다(대법원 2016. 2. 18. 선고 2014두35706 판결).
11) 대법원 2016. 10. 13. 선고 2016두43077 판결
12) 대법원 2002. 6. 28. 선고 2002두2277 판결
13) 대법원 2015. 12. 23. 선고 2015두50122 판결

영위하지 않는 타인의 명의를 빌려 그 타인의 명의로 사업자등록을 하고, 온전히 자신의 계산과 책임으로 사업을 영위하며 부가가치세를 신고·납부하는 경우 그 명의인의 등록번호는 실제 사업자의 등록번호로 기능하므로, 위 명의인의 등록번호가 '공급받는 자의 등록번호'로 기재된 세금계산서는 사실과 다른 세금계산서라고 할 수 없다.[14]

2.1.4. 세금계산서의 발급시기

(1) 원칙적 발급시기

사업자는 세금계산서를 재화 또는 용역의 공급시기에 그 공급받는 자에게 발급하여야 한다(부가가치세법 34조 1항).

재화의 공급시기는 ① 재화의 이동이 필요한 경우 재화가 인도되는 때이고, ② 재화의 이동이 불필요한 경우 재화가 이동가능하게 되는 때이며, ③ 위 ①, ②를 적용할 수 없는 경우 재화의 이동이 확정되는 때이다(부가가치세법 15조 1항). 할부 또는 조건부로 재화를 공급하는 경우 등의 재화의 공급시기는 대통령령으로 정한다(부가가치세법 15조 2항).

용역의 공급시기는 '역무의 제공이 완료되는 때'[15]와 '시설물, 권리 등 재화가 사용되는 때' 중 어느 하나에 해당하는 때이고, 할부 또는 조건부로 용역을 공급하는 경우 등의 용역의 공급시기는 대통령령으로 정한다(부가가치세법 16조).

(2) 발급시기의 특례

(가) 공급시기(선발급)의 특례

사업자가 다음의 어느 하나에 해당하는 경우 세금계산서를 발급하는 때를 재화 또는 용역의 공급시기로 본다(부가가치세법 17조).

① 사업자가 재화 또는 용역의 공급시기가 되기 전에 재화 또는 용역에 대한 대가의 전부 또는 일부를 받고, 그 받은 대가에 대하여 세금계산서를 발급하는 경우(1항).

② 사업자가 재화 또는 용역의 공급시기가 되기 전에 세금계산서를 발급하고 그 세금계

---

14) 대법원 2019. 8. 30. 선고 2016두62726 판결
15) 대법원 2017. 12. 22. 선고 2017도12127 판결은, 변호사인 피고인이 공소외 1에 대한 상습도박 항소심 사건을 수임하면서, 2015. 12. 24.경 공소외 1로부터 수임료 20억 원을 받은 다음, 2016. 1. 7. 위 사건의 변론을 위하여 변호인선임서를 제출하고 보석청구를 하는 한편, 항소이유서를 제출하고 공판기일에 출석하여 변론하는 등 변호활동을 하다가 2016. 3. 3. 사임한 후, 2016. 4. 28. 국세청 전자세금계산서 발급 시스템을 이용하여 위 돈의 매출과 관련한 전자세금계산서를 발급한 사건에서, 피고인이 제공한 변호사의 역무는 2016년 제1기의 과세기간에 속하는 2016. 3. 3. 변호인을 사임함으로써 완료되었으므로, 그때를 용역의 공급시기로 보아야 한다고 판단하였다. 위 사건에서 피고인은 세금계산서의 미발급이 아니라 부가가치세의 포탈로 기소되었다. 제2편 제1장 제5절 4.2.1. (2)(가) 참조.

산서 발급일부터 7일 이내에 대가를 받은 경우(2항).

③ 다음의 어느 하나에 해당하고, 사업자가 재화 또는 용역의 공급시기가 되기 전에 세금
계산서를 발급하고 그 세금계산서 발급일부터 7일이 지난 후 대가를 받은 경우(3항).

㉮ 거래 당사자 간의 계약서 · 약정서 등에 대금 청구시기(세금계산서 발급일을 말한
다)와 지급시기를 따로 적고, 대금 청구시기와 지급시기 사이의 기간이 30일 이내
인 경우

㉯ 재화 또는 용역의 공급시기가 세금계산서 발급일이 속하는 과세기간 내[16]에 도래
하는 경우

④ 사업자가 할부로 재화 또는 용역을 공급하는 경우 등으로서 대통령령으로 정하는 경
우의 공급시기가 되기 전에 세금계산서를 발급하는 경우(4항)

위 각 경우 사업자는 재화 또는 용역의 공급시기로 간주되는 시기에 세금계산서를 발급
할 수 있다(부가가치세법 34조 2항).

(나) 월합계발급 및 소급발급의 특례

다음의 어느 하나에 해당하는 경우 재화 또는 용역의 공급일이 속하는 달의 다음 달 10
일[17]까지 세금계산서를 발급할 수 있다(부가가치세법 34조 3항).

① 거래처별로 1역월(1曆月)의 공급가액을 합하여 해당 달의 말일을 작성 연월일로 하여
세금계산서를 발급하는 경우(1호)

② 거래처별로 1역월 이내에서 사업자가 임의로 정한 기간의 공급가액을 합하여 그 기간
의 종료일을 작성 연월일로 하여 세금계산서를 발급하는 경우(2호)

③ 관계 증명서류 등에 따라 실제거래사실이 확인되는 경우로서 해당 거래일을 작성 연
월일로 하여 세금계산서를 발급하는 경우(3호)

(3) 세금계산서의 발급시기와 매입세액의 공제

(가) 판례

① 대법원 2004. 11. 18. 선고 2002두5771 전원합의체 판결은, 매입세액의 공제가 부인되
는 "세금계산서의 필요적 기재사항의 일부인 '작성연월일'이 사실과 다르게 기재된 경우"
는, 세금계산서의 실제작성일이 거래사실과 다른 경우를 의미하고, 그러한 경우에도 구 부
가가치세법 시행령 제60조 제2항 제2호에 의하여 그 세금계산서의 나머지 기재대로 거래사
실이 확인된다면 위 거래사실에 대한 매입세액은 공제되어야 하지만, 이는 어디까지나 세

---

16) 공급받는 자가 제59조 제2항에 따라 조기환급을 받은 경우에는 세금계산서 발급일부터 30일 이내
17) 그 날이 공휴일 또는 토요일인 경우에는 바로 다음 영업일을 말한다.

금계산서의 실제작성일이 속하는 과세기간과 사실상의 거래시기가 속하는 과세기간이 동일한 경우(이러한 경우이면 세금계산서 상의 '작성연월일'이 실제작성일로 기재되든, 사실상의 거래시기 또는 어느 특정시기로 소급하여 기재되든 묻지 아니한다)에 한한다고 판시하였다.

② 원고로부터 공사를 도급받은 회사가 '공급받는 자'를 원고로, 작성일자를 '2011. 10. 12. 및 2011. 10. 14.'로 각 기재한 전자세금계산서 2매를 작성하여 2011. 10. 18. 국세청의 발급 시스템에 입력한 후 2011. 10. 31. 용역의 공급시기가 도래한 사안에서, 대법원은, 위 세금계산서는 사실과 다른 세금계산서에 해당하지만, 원고가 동일한 과세기간인 2011년 2기에 위 세금계산서의 대금을 지급하고, 그에 대한 용역을 제공받은 점 등에 비추어, 위 세금계산서에 대한 매입세액은 공제되어야 한다고 판단하였다.[18]

③ 세금계산서가, 재화 등의 공급시기가 속하는 과세기간이 경과한 후에 발행일자를 공급시기가 속하는 과세기간 내로 소급하여 작성·교부되었더라도, 부가가치세법 제34조 제3항의 세금계산서 발급시기 특례에 따른 경우에는, 사실과 다른 세금계산서에 해당하지 않는다.[19]

(나) 관련 규정에 의한 매입세액 공제 범위의 확대

위 2002두5771 판결 이후 개정된 부가가치세법 시행령은, 재화 또는 용역의 공급에 대한 과세기간 이후에 일정 시점까지 발급된 세금계산서에 대하여도 매입세액 공제를 인정함으로써, 위 판결보다 매입세액의 공제가 인정되는 범위를 확대하였다.[20]

---

18) 대법원 2016. 2. 18. 선고 2014두35706 판결
19) 대법원 2010. 8. 19. 선고 2008두5520 판결 : ① 원고는 2005. 6.경 소외 회사로부터 상가건물을 분양받아 2005. 6. 21. 위 부동산에 관하여 2005. 6. 9.자 매매를 원인으로 한 소유권이전등기를 마친 후 2005. 7. 9. 위 부동산을 사업장으로 하여 부동산임대업 사업자등록을 마치고, 같은 날 소외 회사로부터 위 부동산의 공급에 대하여 발행일자가 2005. 6. 21.과 2005. 6. 30.로 소급하여 작성된 세금계산서를 교부받았다. ② 원심은, 원고가 위 부동산을 공급받은 시기는 그 소유권이전등기가 이루어진 2005. 6. 21.인데, 원고는 그 공급시기가 속하는 과세기간이 경과한 후인 2005. 7. 9. 발행일자가 소급하여 작성된 위 세금계산서를 교부받았으므로, 대법원 2002두5771 전원합의체 판결의 취지에 따라 매입세액의 공제가 부인되어야 하고, 위 세금계산서의 작성·교부가 구 부가가치세법 시행령 제54조 제3호에서 정한 세금계산서의 교부특례에 따른 것이라고 하더라도 달리 볼 수 없다고 판단하였다. ③ 그러나 대법원은, 위 세금계산서는 위 세금계산서의 교부특례 조항에 따라 이 사건 부동산의 공급시기인 2005. 6. 21.이 속하는 달의 다음 달 10일 이내인 2005. 7. 9. 작성·교부되었으므로, 구 부가가치세법 제17조 제2항 제1호의2 본문에서 규정하는 '사실과 다른 세금계산서'에 해당하지 않는다고 판시함으로써, 위 2002두5771 전원합의체 판결의 적용범위를 제한하였다.
20) 현행세법에 따르면, 다음의 각 세금계산서에 의한 매입세액 공제가 인정된다(부가가치세법 39조 1항 2호 단서, 같은 법 시행령 75조 3호, 7호).
　① 세금계산서가 재화 등의 공급시기 이후 그 공급시기가 속하는 과세기간에 대한 확정신고기한까지 발급된 경우
　② 세금계산서가 해당 과세기간에 대한 확정신고기한 다음 날부터 1년 이내에 발급되고, ㉮ 과세표준수정신고서와 경정청구서를 세금계산서와 함께 제출하거나, ㉯ 해당 거래사실이 확인되어 관할 세무서장 등이

2.1.5. 세금계산서의 발급방법

법인사업자와 대통령령으로 정하는 개인사업자[21]는 세금계산서를 발급하려면 대통령령으로 정하는 전자적 방법[22]으로 세금계산서를 발급하여야 한다(전자세금계산서, 부가가치세법 32조 7항).[23]

전자세금계산서가 재화 또는 용역을 공급받는 자가 지정하는 수신함에 입력되거나 전자세금계산서 발급시스템에 입력된 때에 재화 또는 용역을 공급받는 자가 그 전자세금계산서를 수신한 것으로 본다(부가가치세법 시행령 68조 12항).

2.1.6. 수정세금계산서

사업자가 세금계산서 또는 전자세금계산서의 기재사항을 착오로 잘못 적거나, 세금계산서 또는 전자세금계산서를 발급한 후 그 기재사항에 관하여 대통령령으로 정하는 사유[24]

결정 또는 경정하는 경우

21) 부가가치세법 시행령 제68조(전자세금계산서의 발급 등)
   ① 법 제32조 제2항에서 "대통령령으로 정하는 개인사업자"란 직전 연도의 사업장별 재화 및 용역의 공급가액(면세공급가액을 포함한다. 이하 이 조에서 같다)의 합계액이 8천만 원 이상인 개인사업자(그 이후 직전 연도의 사업장별 재화 및 용역의 공급가액이 8천만 원 미만이 된 개인사업자를 포함하며, 이하 이 조에서 "전자세금계산서 의무발급 개인사업자"라 한다)를 말한다.
22) 부가가치세법 시행령 제68조(전자세금계산서의 발급 등)
   ⑤ 법 제32조 제2항에서 "대통령령으로 정하는 전자적 방법"이란 다음 각 호의 어느 하나에 해당하는 방법으로 같은 조 제1항 각 호의 기재사항을 계산서 작성자의 신원 및 계산서의 변경 여부 등을 확인할 수 있는 인증시스템을 거쳐 정보통신망으로 발급하는 것을 말한다.
   1. 「조세특례제한법」 제5조의2 제1호에 따른 전사적(全社的) 기업자원 관리설비를 이용하는 방법
   2. 재화 또는 용역을 실제 공급하는 사업자를 대신하여 전자세금계산서 발급업무를 대행하는 사업자의 전자세금계산서 발급 시스템을 이용하는 방법
   3. 국세청장이 구축한 전자세금계산서 발급 시스템을 이용하는 방법
   4. 전자세금계산서 발급이 가능한 현금영수증 발급장치 및 그 밖에 국세청장이 지정하는 전자세금계산서 발급 시스템을 이용하는 방법
23) 사업자가 전자세금계산서를 발급하였을 때에는 그 발급일의 다음 날까지 전자세금계산서 발급명세[부가가치세법 32조 1항(세금계산서의 기재사항)]를 국세청장에게 전송하여야 한다(부가가치세법 32조 5항, 부가가치세법 시행령 68조 7항, 8항).
24) 수정세금계산서의 발급사유는 다음과 같다(부가가치세법 시행령 70조 1항).
   1. 처음 공급한 재화가 환입(還入)된 경우
   2. 계약의 해제로 재화 또는 용역이 공급되지 아니한 경우
   3. 계약의 해지 등에 따라 공급가액에 추가되거나 차감되는 금액이 발생한 경우
   4. 재화 또는 용역을 공급한 후 공급시기가 속하는 과세기간 종료 후 25일(과세기간 종료 후 25일이 되는 날이 「국세기본법」 제5조 제1항 각 호에 해당하는 날인 경우에는 바로 다음 영업일을 말한다) 이내에 내국신용장이 개설되었거나 구매확인서가 발급된 경우
   5. 필요적 기재사항 등이 착오로 잘못 적힌 경우(다음 각 목의 어느 하나에 해당하는 경우로서 과세표준 또는 세액을 경정할 것을 미리 알고 있는 경우는 제외한다)

가 발생한 경우, 대통령령으로 정하는 바에 따라 수정한 세금계산서 또는 전자세금계산서를 발급할 수 있다(부가가치세법 32조 7항).

계약의 해제로 재화 또는 용역의 공급이 이루어지지 않게 되거나 처음 공급된 재화가 환입된 경우에는 붉은색 글씨로 쓰거나 음(-)의 표시를 하여 발급한다(부가가치세법 시행령 70조 1항 1호, 2호). 계약의 해지 등에 따라 공급가액에 추가되거나 차감되는 금액이 발생한 경우에는 추가되는 금액은 검은색 글씨로 쓰고, 차감되는 금액은 붉은색 글씨로 쓰거나 음(-)의 표시를 하여 발급한다(부가가치세법 시행령 70조 1항 3호).

수정세금계산서는 당초 세금계산서의 공급가액을 감액(-)할 수도 있고, 증액(+)할 수도 있다(부가가치세법 시행령 70조 1항 3, 4, 5, 6호).[25]

2.1.7. 세금계산서와 관련한 가산세

(1) 관련 규정

사업자가 다음의 어느 하나에 해당하면 해당 가산세를 납부세액에 더하거나 환급세액에서 **뺀다**(부가가치세법 60조 2항).

① 재화 등을 공급한 세금계산서의 발급시기에 세금계산서를 발급하지 않은 경우, 그 공급가액의 1% 또는 2%[26]

② 세금계산서의 필요적 기재사항의 전부 또는 일부가 착오 또는 과실로 적혀 있지 않거나 사실과 다른 경우, 그 공급가액의 1%. 다만, 대통령령으로 정하는 바에 따라 거래사실이 확인되는 경우는 제외한다.[27]

가. 세무조사의 통지를 받은 경우
나. 세무공무원이 과세자료의 수집 또는 민원 등을 처리하기 위하여 현지출장이나 확인업무에 착수한 경우
다. 세무서장으로부터 과세자료 해명안내 통지를 받은 경우
라. 그 밖에 가목부터 다목까지의 규정에 따른 사항과 유사한 경우
6. 필요적 기재사항 등이 착오 외의 사유로 잘못 적힌 경우(제5호 각 목의 어느 하나에 해당하는 경우로서 과세표준 또는 세액을 경정할 것을 미리 알고 있는 경우는 제외한다)
7. 착오로 전자세금계산서를 이중으로 발급한 경우
8. 면세 등 발급대상이 아닌 거래 등에 대하여 발급한 경우
9. 세율을 잘못 적용하여 발급한 경우(제5호 각 목의 어느 하나에 해당하는 경우로서 과세표준 또는 세액을 경정할 것을 미리 알고 있는 경우는 제외한다)
25) 대법원 2020. 10. 15. 선고 2020도118 판결의 사안
26) ① 세금계산서를 그 발급시기가 지난 후 해당 공급시기가 속하는 과세기간에 대한 확정신고기한까지 발급하는 경우에는 그 공급가액의 1%, ② 세금계산서를 해당 공급시기가 속하는 과세기간에 대한 확정신고기한까지 발급하지 않은 경우에는 그 공급가액의 2%
27) 세금계산서의 필요적 기재사항 중 일부가 착오나 과실로 사실과 다르게 적혔으나 해당 세금계산서에 적힌 나머지 필요적 기재사항 또는 임의적 기재사항으로 보아 거래사실이 확인되는 경우에는 사실과 다른 세금계산서로 보지 않는다(부가가치세법 시행령 108조 3항).

사업자가 다음의 어느 하나에 해당하면 해당 가산세를 납부세액에 더하거나 환급세액에서 **뺀다**(부가가치세법 60조 3항).

① 재화 또는 용역을 공급하지 않고 세금계산서 등을 발급하거나, 재화 등을 공급받지 않고 세금계산서 등을 발급받는 경우, 그 세금계산서 등에 적힌 공급가액의 3%

② 재화 또는 용역을 공급하고 실제로 재화 등을 공급하는 자가 아닌 자 또는 실제로 재화 등을 공급받는 자가 아닌 자의 명의로 세금계산서 등을 발급한 경우 또는 재화 등을 공급받고 실제로 재화 등을 공급하는 자가 아닌 자의 명의로 세금계산서 등을 발급받는 경우, 그 공급가액의 2%

③ 재화 또는 용역을 공급하고 세금계산서 등의 공급가액을 과다하게 기재한 경우 또는 재화 등을 공급받고 공급가액이 과다하게 기재된 세금계산서 등을 발급받는 경우, 실제보다 과다하게 기재된 부분에 대한 공급가액의 2%

(2) 세금계산서 관련 범죄와 가산세의 고려

세금계산서 관련 범죄에 대하여는 부가가치세법을 비롯한 세법상 가산세에 추가하여 형사처벌이 과해진다. 이와 관련하여 다음의 두 가지 사항을 고려할 필요가 있다.

① 동일한 행위에 대한 행정적 제재와 형사처벌은, 헌법 제13조 제1항의 이중처벌금지에 위반되지는 않지만, 그 기본정신에 배치되어 입법권의 남용에 해당하거나 비례원칙에 위반될 여지가 있고,[28] 그러한 위험성은 특별형법[29]에 따라 벌금형이 가중될수록 더욱 커진다. 따라서 세금계산서 관련 범죄의 구성요건을 해석할 때는 신중한 접근이 필요하다.

② 세금계산서 관련 범죄에 대한 형사처벌은 현행법의 체계상 가장 무거운 제재이므로, 원칙적으로 세법상 가산세의 부과요건보다 더 엄격한 요건 하에서 행해져야 한다. 따라서 세법상 가산세의 부과대상에서 제외된 것을 세금계산서 관련 범죄에 포함시키는 것은 가급적 피해야 할 것이다.[30]

---

28) 헌법재판소 1994. 6. 30. 92헌바38 결정 : 무허가건축행위에 대하여 구 건축법 제54조 제1항에 의한 형사처벌과 같은 법 제56조의2 제1항에 의한 과태료의 부과를 하는 것이 헌법 제13조 제1항의 이중처벌에 해당하는지가 문제된 사건
29) 가령 특정범죄 가중처벌 등에 관한 법률 제8조 제2항, 제8조의2 제2항
30) 다만, 예외적으로 세법상 가산세의 부과대상이 아닌 것을 세금계산서 관련 범죄의 처벌대상으로 보아야 할 때도 있다. 가령 매입처별 세금계산서합계표의 공급가액을 과소하게 기재하는 것은 부가가치세법상 가산세의 부과대상이 아니지만, 조세범처벌법 제10조 제3항 제3호의 '거짓 기재'로서 처벌대상에 해당한다고 볼 여지가 있다[제2절 3.1.2. (1)].

2.1.8. 세금계산서합계표의 제출

(1) 매출·매입처별 세금계산서합계표의 제출의무 및 기재사항

사업자는 부가가치세 예정신고 또는 확정신고를 할 때 ① 공급하는 사업자 및 공급받는 사업자의 등록번호와 성명 또는 명칭, ② 거래기간,[31] ③ 작성 연월일,[32] ④ 거래기간의 공급가액의 합계액 및 세액의 합계액, ⑤ 그 밖에 대통령령으로 정하는 사항[33]을 적은 매출처별 세금계산서합계표와 매입처별 세금계산서합계표를 함께 제출하여야 한다(부가가치세법 54조 1항).[34]

사업자가 전자세금계산서를 발급하거나 발급받고 전자세금계산서 발급명세를 해당 재화 또는 용역의 공급시기가 속하는 과세기간(예정신고의 경우에는 예정신고기간) 마지막 날의 다음 달 11일까지 국세청장에게 전송한 경우에는, 해당 예정신고 또는 확정신고 시 매출·매입처별 세금계산서합계표를 제출하지 않을 수 있다(부가가치세법 54조 2항).

부가가치세법 시행규칙에 정해진 세금계산서합계표의 서식[35]은 ㉮ '과세기간 종료일 다음 달 11일까지 전송된 전자세금계산서의 발급분 또는 발급받은 분'과 ㉯ '위 전자세금계산서 외의 발급분 또는 발급받은 분'[36]으로 구분하여 전자(㉮)의 경우에는 '매입처 수, 매수, 총공급가액 및 총세액'만을 기재하고, 후자(㉯)의 경우에는 매출·매입처별 '사업자등록번호, 상호, 매수, 공급가액, 세액'을 기재하도록 되어 있다.[37]

세금계산서를 발급받은 부가가치세 면세사업자 등은 매입처별 세금계산서합계표를 해당

---

31) 이는 해당 과세기간(신고대상기간)을 말한다(부가가치세법 시행규칙 별지 제38호 서식, 제39호 서식 중 "작성방법").

32) 이는 해당 세금계산서합계표를 작성하여 제출하는 연월일을 말한다(부가가치세법 시행규칙 별지 제38호 서식, 제39호 서식 중 "작성방법").

33) 부가가치세법 제32조 제1항 제5호에 따라 세금계산서에 적을 그 밖의 사항은 다음과 같다(부가가치세법 시행령 67조 2항). ① 공급하는 자의 주소, ② 공급받는 자의 상호·성명·주소, ③ 공급하는 자와 공급받는 자의 업태와 종목, ④ 공급품목, ⑤ 단가와 수량, ⑥ 공급 연월일, ⑦ 거래의 종류, ⑧ 사업자 단위 과세 사업자의 경우 실제로 재화 또는 용역을 공급하거나 공급받는 종된 사업장의 소재지 및 상호.

34) ① 1993. 12. 31. 개정되기 전의 구 부가가치세법 제20조에 따르면, 사업자는 부가가치세의 예정신고 또는 확정신고를 할 때 '교부하였거나 교부받은 세금계산서'를 정부에 제출할 의무가 있었다. ② 이후 1993. 12. 31. 개정된 구 부가가치세법은 위 규정의 제출대상 중 '교부한 세금계산서' 부분을 '매출처별 세금계산서합계표'로 대체하였고, ③ 1994. 12. 22. 개정된 구 부가가치세법은 위 규정의 제출대상 중 '교부받은 세금계산서' 부분까지 '매입처별 세금계산서합계표'로 대체하였다.

35) 부가가치세법 시행규칙 별지 제38호 서식, 제39호 서식

36) 여기에는 ㉠ 종이로 발급된 세금계산서와 ㉡ 과세기간 종료일 다음 날 11일까지 국세청장에게 전송되지 않은 전자세금계산서의 발급분(지연전송분)이 포함된다.

37) 후자(㉯)의 경우에는, 매출세금계산서와 매입세금계산서를 '사업자등록번호 발급분(발급받은 분)'과 '주민등록번호 발급분(발급받은 분)'으로 나누어 각각 '매출처수 또는 매입처수(⑦), 매수(⑧), 공급가액(⑨), 세액(⑩)'의 합계액을 기재하고, 매출·매입처별로 구분하여 '사업자등록번호(⑫), 상호(법인명)(⑬), 매수(⑭), 공급가액(⑮), 세액(⑯)'을 기재하도록 되어 있다.

과세기간이 끝난 후 25일 이내에 관할 세무서장에게 제출하여야 한다(부가가치세법 54조 5항).

(2) 매출·매입처별 세금계산서합계표와 가산세

사업자가 다음의 어느 하나에 해당하면 해당 가산세를 납부세액에 더하거나 환급세액에서 뺀다(부가가치세법 60조 6항, 7항).

① 예정신고·확정신고 시에 매출처별 세금계산서를 제출하지 않거나, 제출한 매출처별 세금계산서합계표에 거래처별 등록번호 또는 공급가액의 전부 또는 일부가 적혀 있지 않거나 사실과 다르게 적혀 있는 경우, 해당 부분 공급가액의 0.5%

② 예정신고·확정신고 시에 매입처별 세금계산서를 제출하지 않거나, 제출한 매입처별 세금계산서합계표에 거래처별 등록번호 또는 공급가액의 전부 또는 일부가 적혀 있지 않거나 사실과 다르게 적혀 있는 경우 또는 매입처별 세금계산서합계표의 공급가액을 사실과 다르게 과다하게 적어 신고한 경우, 해당 부분 공급가액의 0.5%

2.2. 계산서의 일반론

2.2.1. 계산서 또는 영수증의 발급의무자

사업자등록을 한 사업자 또는 법인이 재화나 용역을 공급하는 경우, 대통령령으로 정하는 바에 따라 계산서나 영수증을 작성하여 공급받는 자에게 발급하여야 하고, 매출·매입처별 계산서합계표를 대통령령으로 정하는 기한까지 관할 세무서장에게 제출하여야 한다(소득세법 163조 1항 1문, 5항, 법인세법 121조 1항 1문, 5항). 그런데 부가가치세법상 과세사업자는 세금계산서 또는 영수증을 발급하여야 하고(부가가치세법 32조 1항, 36조 1항), 부가가치세 예정신고 또는 확정신고를 할 때 매출처별 세금계산서합계표와 매입처별 세금계산서합계표를 함께 제출하여야 한다(부가가치세법 54조 1항). 부가가치세법에 따라 세금계산서 또는 영수증을 작성·발급하였거나 매출·매입처별 세금계산서합계표를 제출한 분(分)에 대하여는, 계산서 등을 작성·발급하였거나 매출·매입처별 계산서합계표를 제출한 것으로 본다(소득세법 163조 6항, 법인세법 121조 6항). 따라서 부가가치세 **면세사업자**만이 법인세법 또는 소득세법에 따른 계산서의 발급의무를 진다.

다만, 소매업·음식점업·여객운송업 등을 하는 사업자는 계산서가 아닌 영수증을 발급할 수 있다(소득세법 시행령 211조 2항, 법인세법 시행령 164조 1항).

2.2.2. 계산서의 발급시기 및 발급방법

(1) 계산서의 발급시기

계산서의 발급시기에 관하여는 부가가치세법상 세금계산서의 발급시기에 관한 규정이 준용된다(소득세법 시행령 212조 2항, 법인세법 시행령 164조 1항, 부가가치세법 32조).

(2) 계산서의 발급방법

사업자 또는 법인이 재화 또는 용역을 공급하는 때에는 '① 공급하는 사업자의 등록번호와 성명 또는 명칭, ② 공급받는 자의 등록번호와 성명 또는 명칭,[38] ③ 공급가액,[39] ④ 작성연월일, ⑤ 기타 참고사항'을 기재한 계산서 2매를 작성하여 그 중 1매를 공급받는 자에게 발급하여야 한다(소득세법 시행령 211조 1항, 법인세법 시행령 164조 1항).

① 부가가치세법 제32조 제2항에 따른 전자세금계산서를 발급하여야 하는 사업자(법인사업자와 대통령령으로 정하는 개인사업자[40]), ② 총수입금액 등을 고려하여 대통령령으로 정하는 개인사업자[41] 또는 ③ 법인은 전자계산서를 발급하여야 한다(소득세법 163조 1항 2문, 법인세법 121조 1항 2문). 전자계산서를 발급하였을 때에는 대통령령으로 정하는 기한[42]까지 대통령령으로 정하는 전자계산서 발급명세를 국세청장에게 전송하여야 한다(소득세법 163조 8항, 법인세법 121조 7항).

2.2.3. 계산서합계표의 제출

사업자 또는 법인은 발급하였거나 발급받은 계산서의 매출·매입처별 합계표를 해당 과세기간 또는 사업연도의 다음 연도 2월 10일까지 관할 세무서장에게 제출하여야 한다(소득세법 163조 5항 본문, 소득세법 시행령 212조 1항, 78조 1항, 법인세법 121조 5항 본문, 법인세법 시행령 164조 4항).[43] 부가가치세법에 따라 매출·매입처별 세금계산서합계표를 제출한 분(分)에 대

---

38) 다만, 공급받는 자가 사업자가 아니거나 등록한 사업자가 아닌 경우에는 소득세법 제168조 제5항에 따른 고유번호 또는 공급받는 자의 주민등록번호로 한다.

39) 세금계산서에는 '공급가액과 부가가치세액'이 기재되지만(부가가치세법 32조 1항 3호), 계산서에는 '공급가액'만 기재된다. 한편, 부가가치세법상 영수증에는 '공급대가', 즉, 부가가치세를 포함한 금액이 기재된다(부가가치세법 시행령 73조 7항).

40) '대통령령으로 정하는 개인사업자'는, 직전 연도의 사업장별 재화 및 용역의 공급가액(면세공급가액을 포함한다)의 합계액이 8천만 원 이상인 개인사업자(그 이후 직전 연도의 사업장별 재화 및 용역의 공급가액이 8천만 원 미만이 된 개인사업자를 포함한다)를 말한다(부가가치세법 시행령 68조 1항).

41) '대통령령으로 정하는 개인사업자'는, 직전 과세기간의 사업장별 총수입금액이 8천만 원 이상인 사업자(그 이후 과세기간의 사업장별 총수입금액이 8천만 원 미만이 된 사업자를 포함한다)를 말한다(소득세법 시행령 211조의2 2항).

42) "대통령령으로 정하는 기한"은 전자계산서 발급일의 다음 날을 말한다(소득세법 시행령 211조의2 4항).

하여는 매출·매입처별 계산서합계표를 제출한 것으로 본다(소득세법 163조 6항, 법인세법 121조 6항).

매출·매입처별 계산서합계표에는 ① 제출자의 인적사항, ② 거래기간, ③ 거래상대방인 사업자의 등록번호, 상호, ④ 계산서의 매수, ⑤ 공급가액 등을 기재하여야 한다(소득세법 시행령 212조 1항, 소득세법 시행규칙 100조 31호[44]).

3. 공급당사자의 결정

3.1. 문제의 소재

실무상 타인 명의로 사업자등록을 한 자가 재화 또는 용역을 공급하고 그 타인 명의의 세금계산서를 발급하거나, 실제로 재화 등을 공급받지 않은 자가 타인에게 공급된 재화 등에 관한 세금계산서를 수취하는 경우, 또는 기존 거래의 당사자들 사이에 제3자를 끼워넣는 경우가 있다. 이러한 경우 어떤 기준에 따라 누구를 부가가치세법상 공급당사자 즉, '재화 또는 용역을 공급한 자' 및 '공급받은 자'로 볼 것인지 문제되고, 그에 따라 세금계산서를 발급할 자 또는 수취할 자, 나아가 세금계산서 관련 범죄의 주체가 결정된다.

3.2. 판단의 기준

(1) 부가가치세 과세대상인 '공급'의 요건 : '계약상 또는 법률상 원인'

부가가치세 과세대상인 '재화 또는 용역의 공급'은 계약상 또는 법률상 원인에 따라 재화를 인도·양도하거나 용역을 공급하는 것을 뜻한다(부가가치세법 9조 1항, 11조 1항).

① 대법원은, 재화 또는 용역을 공급하거나 공급받는 자로서 공급받는 자에게 세금계산서를 교부하여야 하는 자 또는 공급하는 자로부터 세금계산서를 교부받아야 하는 자는, 공급하는 자 또는 공급받는 자와 명목상의 법률관계를 형성하고 있는 자가 아니라, 공급받는 자에게 실제로 재화 또는 용역을 공급하거나, 공급하는 사업자로부터 실제로 재화 또는 용역을 공급받는 거래행위를 한 자라고 보아야 한다고 판시하였다.[45]

---

43) 다만, 다음의 어느 하나에 해당하는 계산서의 합계표는 제출하지 않을 수 있다(소득세법 163조 5항 단서 및 1호, 2호, 3호, 법인세법 121조 5항 단서 및 1호, 2호).
　① 재화의 수입자가 세관장으로부터 발급받은 계산서의 매입처별 합계표
　② 전자세금계산서를 발급하거나 발급받고 전자세금계산서 발급명세를 대통령령으로 정하는 기한까지 국세청장에게 전송한 경우에는 매출·매입처별 계산서합계표
44) 소득세법 시행규칙 별지 제29호 서식

② 대법원은, 부가가치세는 실질적인 소득이 아닌 거래의 외형에 대하여 부과하는 거래세의 형태를 띠고 있으므로, 부가가치세법상 납세의무자에 해당하는지 역시 원칙적으로 그 거래에서 발생한 이익이나 비용의 귀속이 아니라 재화 또는 용역의 공급이라는 거래행위를 기준으로 판단하여야 하고, 부가가치세의 과세원인이 되는 재화의 공급으로서 인도 또는 양도는 재화를 사용·소비할 수 있도록 소유권을 이전하는 행위를 전제로 하므로, 재화를 공급하는 자는, 계약상 또는 법률상의 원인에 의하여 재화를 사용·소비할 수 있는 권한을 이전하는 행위를 한 자를 의미한다고 판시하였다.[46]

(2) 가장행위

가장행위는 사법상 무효이고(민법 108조 1항) 부가가치세법상 공급의 사유인 '계약상 원인'에 해당하지 않는다. 다만, 가장행위 속에 은닉된 법률행위가 유효한 경우[47]에는 그에 따라 세법적 효과가 부여되어야 한다.[48]

(3) 계약당사자의 확정

부가가치세 과세대상인 재화 또는 용역의 공급은 '계약상 또는 법률상 원인'에 따라 재화를 인도·양도하거나 용역을 공급하는 것을 뜻한다(부가가치세법 9조 1항, 11조 1항). 따라서 부가가치세법상 공급의 당사자는 원칙적으로 계약당사자를 기준으로 정해진다. 그리고 계약의 당사자는 그 계약의 해석에 따라 결정된다.

대법원 판례에 의하면, 계약을 체결하는 행위자가 타인의 이름으로 법률행위를 한 경우, 행위자 또는 명의인 기운데 누구를 계약의 당사자로 볼 것인지에 관하여 ① 행위자와 상대방의 의사가 일치한 경우에는 그 의사대로 행위자 또는 명의인을 계약의 당사자로 확정해야 하고, ② 행위자와 상대방의 의사가 일치하지 않는 경우에는 그 계약의 성질·내용·목적·체결 경위 등 그 계약 체결 전후의 구체적인 제반 사정을 토대로 상대방이 합리적인 사람이라면 행위자와 명의자 중 누구를 계약 당사자로 이해할 것인가에 따라 당사자를 결정하여야 한다.[49]

---

45) 대법원 2003. 1. 10. 선고 2002도4520 판결(끼워넣기 사안), 대법원 2008. 7. 24. 선고 2008도1715 판결(타인 간의 거래에 관하여 세금계산서를 발급한 사안)
46) 대법원 2017. 5. 18. 선고 2012두22485 전원합의체 판결
47) 대법원 1993. 8. 27. 선고 93다12930 판결
48) 대법원 1995. 2. 10. 선고 94누1913 판결
49) ① 대법원 1995. 9. 29. 선고 94다4912 판결(甲이 丙에 대한 채무를 담보하기 위하여 乙의 명의를 도용하여 보증보험계약을 체결한 사안), ② 대법원 1998. 3. 13. 선고 97다22089 판결(지입차주가 지입회사의 승낙하에 지입회사 명의로 지입차량의 할부구입계약 등을 체결한 사안)

(4) 실질과세원칙

부가가치세법은, 과세대상인 재화 등의 공급을 발생시킨 '계약상 원인'이 공급당사자 사이에 있어야 하는지에 관하여 명시적으로 언급하지 않는다. 여기에서 국세기본법 제14조의 실질과세원칙에 따라 계약당사자가 아닌 자를 부가가치세법상 공급당사자로 취급할 여지가 생긴다. 대법원도 실질과세원칙이 부가가치세에 대하여 적용된다고 본다.[50]

다만, 부가가치세의 경우 소득세 및 법인세에 비하여 실질과세원칙이 적용될 필요성은 크지 않고, 그 적용범위도 제한적이다.[51] 이와 같이 부가가치세법상 실질과세원칙의 적용범위가 소득세법 및 법인세법상 그것보다 좁기 때문에, 부가가치세법상 공급당사자와 소득의 실질귀속자가 다르게 정해지는 경우가 있을 수 있다.[52]

(5) 계약해석에 의한 당사자 확정 및 실질과세원칙의 종합적 고려

타인명의 거래에 따른 부가가치세법상 거래당사자의 결정은 계약의 해석에 의한 당사자 확정의 문제로 보는 견해가 있다.[53] 그리고 끼워넣기 사안에 관한 대법원 판례 중에는 위 당사자확정의 법리를 적용한 것으로 보이는 것도 있다.[54] 그러나 ① 당사자확정의 법리만으로 부가가치세법상 거래당사자의 결정이 필요한 모든 사안을 처리하기 어렵고, 특히 타인명의 거래에 관한 대법원 판례는 위 당사자확정의 법리로 설명하기 어려운 면이 있다. 계약의 해석에 의한 당사자 확정에서 가장 중요한 고려요소는 상대방의 실제 인식(양자의 의사가 일치한 경우) 또는 합리적으로 추정되는 인식(양자의 의사가 불일치한 경우)이다. 그런데 대법원은, 타인명의 거래에 관한 상당수 판결에서, 부가가치세법상 거래당사자를

---

50) 대법원 1987. 11. 10. 선고 87누362 판결, 대법원 2014. 5. 16. 선고 2011두9935 판결, 대법원 2016. 11. 25. 선고 2016도11514 판결(변호사명의대여) ; 위 2011두9935 판결에 대한 비판적 평석으로 강성모·박훈, "2014년도 국세기본법 및 부가가치세법 판례회고", 조세법연구 [21-1](2015), 401쪽

51) 그 이유는 다음과 같다. ① 사법상 거래당사자가 아닌 자를 실질과세원칙에 따라 부가가치세법상 공급의 당사자로 보기 위해서는 원칙적으로 조세회피목적이 인정되어야 한다. 그런데 우리나라의 부가가치세는 단일세율 체제를 취하기 때문에(부가가치세법 30조), 거래당사자가 어떤 이유로 거래의 중간에 제3자를 끼워 넣은 경우, 그 거래형식에 따라 부가가치세를 과세하더라도, 그 제3자가 매출세액을 납부하는 한, 일반적으로 부가가치세 회피의 문제는 발생하지 않는다. 또한, ② 부가가치세법상 공급의 당사자를 누구로 정하는지에 따라 해당 공급의 주체인 사업자의 부가가치세뿐만 아니라 상대방의 매입세액 공제 여부('사실과 다른 세금계산서'의 해당 여부)까지도 결정되므로, 누가 공급의 당사자인지는 사법상 형식을 존중하여 거래당사자의 예측가능성과 법적 안정성을 보장하는 방향으로 정해질 필요가 있다.

52) 대표적으로 대법원 2017. 5. 18. 선고 2012두22485 판결. 그 외의 사례로는 대법원 2017. 11. 23. 선고 2017도 13213 판결, 대법원 2018. 2. 13. 선고 2017도18890 판결, 대법원 2018. 2. 13. 선고 2018두54019 판결 및 대법원 2018. 2. 13. 선고 2018두54033 판결 등이 있다(위 사건의 개요에 관하여는 권형기·박훈, 앞의 글, 54쪽).

53) 황남석, "실물거래 없는 세금계산서의 수수로 인한 조세범처벌법 위반죄의 성부", 사법 37호(2016), 406쪽 ; 김종근, 302쪽

54) 대법원 2021. 12. 30. 선고 2017두75415 판결. 위 판례의 해설인 유성욱, "사실과 다른 세금계산서의 판단방법 …", 대법원판례해설 제130호(2022), 159~167쪽. 본 절 3. (3)(다) 참조

결정할 때, 계약해석에 의한 계약당사자의 확정기준[55]을 고려한 흔적이 없다. 오히려 거래당사자의 결정에 관한 대법원 판례 중에는 계약해석에 의한 당사자 확정의 법리가 아니라 실질과세원칙의 적용을 인정한 것도 있다.[56] ② 또한, 당초 A-C 간에 거래가 이루어지던 중 A가 B에 대한 이익분여 등의 목적으로 위 거래의 중간에 B를 끼워넣어 A-B, B-C의 거래구조로 변경하면서 종전의 A-C 간 거래조건 등이 A-B 거래에 그대로 유지되도록 정한 경우에, C가 위 거래구조 변경을 적극적으로 요구하거나 부인하지 않고 방관자적 입장을 취하면서 딱히 A와 직접 거래할 의도를 나타낸 바 없다면, 계약해석에 의한 당사자확정의 법리에 의해서는 A-B, B-C의 각 거래를 부인하고 A-C 간에 직접 계약이 체결되었다고 인정하기 어려울 것이다.[57] 이러한 사정을 감안하면, 부가가치세법상 거래당사자를 결정할 때 계약해석에 의한 당사자 확정의 법리뿐만 아니라 실질과세원칙도 함께 종합적으로 고려하여야 할 것이다.

3.3. 구체적 검토

(1) 타인명의 거래

① 대법원은, B 회사가 A 회사로부터 공사를 하도급받아 병원신축공사를 완공하였고, 그 중 일부를 원고가 C 회사의 명의만을 빌려 원고의 책임과 계산 하에 C 명의로 시공한 사건에서, 실질과세의 원칙상 원고가 위 공사에 대한 부가가치세 납세의무자에 해당한다고 판단하였다.[58]

② 실제로 상대방에게 재화나 용역을 공급함이 없이 그에 대한 세금계산서만을 발급한

---

55) 즉, '실제로 재화 등을 공급한 자와 사업자등록명의인인 제3자 중에서 누구를 상대방이 공급자로 인식하였는지 또는 상대방이 합리적인 사람이라면 누구를 공급자로 인식할 것인지'

56) 특히 대법원 2016. 11. 25. 선고 2016도11514 판결(변호사명의대여)

57) 가령 대법원 2021. 12. 30. 선고 2017두75415 판결의 사안에서, A 법인(원고)은 당초 C로부터 직접 물품(가공계육)을 공급받아오다가 A의 대표이사의 동생이 운영하는 B를 중간에 끼워넣어 B로부터 물품을 공급받는 방식의 거래를 하였다('A-C' → 'A-B, B-C'). 위 거래방식의 변경 후에도 A가 여전히 물품의 가격, 배송 등의 협의, 품질점검 등의 업무를 처리하였고, C가 직접 A에게 물품을 운송·납품하였으며, B는 C와의 거래조건을 독자적으로 결정한 바 없고 C로부터 공급받은 물품을 입고가에 일정한 금액을 가산한 금액에 A에게 판매하였으며, A로부터 대금을 지급받은 후에 비로소 C에게 물품의 매입대금을 지급하여 거래에 따른 위험을 부담하지 않았다. 위 판결은 끼워넣기 거래에 대하여 세법상 실질과세원칙을 적용하는 대신 민법상 법률행위의 해석에 의한 당사자확정의 법리를 적용한 것으로 보인다[위 판결에 대한 해설인 유성욱, "사실과 다른 세금계산서의 판단방법 …", 대법원판례해설 제130호(2022), 159~167쪽]. 그러나 위 사건에서 B-C 거래를 사법상 부인하고 C의 계약상대방을 A로 확정한다면, C가 B에 대하여 대금지급청구의 소를 제기하였을 때 청구기각 판결을 받아야 하는데, 이러한 결과가 과연 가능할 것인지, 위와 같은 계약당사자의 확정이 적절한지 다소 의문스럽다.

58) 대법원 1987. 11. 10. 선고 87누362 판결

자는 부가가치세법상 거래당사자(공급자)에 해당하지 않는다.[59]

③ 재화 등을 공급하는 사람이 실제로는 자신이 직접 사업체를 운영하여 사업자등록을 하면서 형식적으로 그 명의만을 제3자로 한 경우에는, 그 명의자인 제3자가 아니라 실제로 사업체를 운영하면서 재화 등을 공급하는 거래행위를 한 사람을 세금계산서를 발급하고 세금계산서 합계표를 기재·제출하여 부가가치세를 납부하여야 하는 주체로 보아야 한다.[60]

④ 대법원은, 피고인 1이 변호사인 피고인 2의 명의를 빌려 그 명의로 개인회생 등 사건을 독자적으로 처리하면서 담당 직원들을 직접 고용하여 급여를 지급한 반면, 피고인 2는 피고인 1이 처리한 개인회생 등 사건 관련 업무에 전혀 관여하지 않은 사건에서, 대법원은 실질과세의 원칙상 개인회생 등 사건의 처리와 관련한 거래의 사실상 귀속자는 피고인 1이라고 볼 여지가 상당하다고 판단하였다.[61]

(2) 끼워넣기 거래

A와 C가 직접 거래하다가 중간에 B를 끼워넣은 경우, 또는 처음부터 A-B, B-C 간의 형식으로 거래가 이루어졌으나 사실상 A와 C 간에 거래가 행해진 경우에 누가 해당 거래의 당사자로서 세금계산서를 수수하여야 하는지 문제된다.

① 컴퓨터 사건

A의 부산지사는 C에게 컴퓨터 및 부품을 공급하는 거래를 하고자 하였으나, A의 본사가 C에 관한 부도설 등을 이유로 거래를 하지 못하도록 지시하자, A의 부산지사는 C에게 물품을 공급하기 위하여, B에게, C가 구매하고자 하는 물품을 A가 B에게 판매한 후 B가 5%의 마진을 붙여 C에게 판매하고 그 판매대금을 B의 A에 대한 과거 외상매입금 결제에 사용하는 거래를 B에게 제안하였고, B는 이를 수락하였다. 그 과정에서 물품은 A로부터 직접 C에게 운송되었다.

대법원은, A-B, B-C 간에 상품에 관한 매매계약이 체결되고, 상품의 인도에 의하여 소유권이 이전되고 그 대금이 지급되는 등 매매거래가 실제로 이루어졌다고 볼 수 없으므로, A-B, B-C 간의 거래는 명목일 뿐이고, A가 B 명의를 빌려 C와 거래한 것으로 보아야 하고, B는 실물거래 없는 세금계산서를 수수한 것에 해당한다는 취지로 판단하였다.[62]

② 베스트플로우 사건

원고는 A 등으로부터 물품을 공급받는 거래를 하였는데, 원고의 계열 회사로서 코스닥

---

59) 대법원 2010. 1. 28. 선고 2007도10502 판결, 대법원 2014. 7. 10. 선고 2013도10554 판결
60) 대법원 2015. 2. 26. 선고 2014도14990 판결
61) 대법원 2016. 11. 25. 선고 2016도11514 판결
62) 대법원 2003. 1. 10. 선고 2002도4520 판결

상장법인인 주식회사 B(베스트플로우)가 연간 매출액 30억 원 미만이 되어 관리종목으로 지정되는 것을 막기 위하여, 위 거래의 중간에 B를 끼워넣어 B의 매출액을 부풀리기로 하였고, 이에 따라 A 등은 B에게, B는 원고에게 각 물품을 공급하는 내용의 세금계산서를 발급하였다. 대법원은, 원고가 B로부터 수취한 세금계산서는 실제로 재화를 공급한 자인 A 등으로부터 수취한 것이 아니므로, 원고는 구 법인세법 제76조 제5항에 따른 법정증빙서류 미수취가산세의 부과대상에 해당한다고 판단하였다.[63]

③ 계육(鷄肉) 사건

A 법인(원고)은 당초 C로부터 직접 물품(가공계육)을 공급받아오다가 A의 대표이사의 동생이 운영하는 B를 중간에 끼워넣어 B로부터 물품을 공급받는 방식의 거래를 하였다('A−C' → 'A−B, B−C'). 위 거래방식의 변경 후에도 A가 여전히 물품의 가격, 배송 등의 협의, 품질점검 등의 업무를 처리하였고, C가 직접 A에게 물품을 운송·납품하였으며, B는 C와의 거래조건을 독자적으로 결정한 바 없고 C로부터 공급받은 물품을 입고가에 일정한 금액을 가산한 금액에 A에게 판매하였으며, A로부터 대금을 지급받은 후에 비로소 C에게 물품의 매입대금을 지급하여 거래에 따른 위험을 부담하지 않았다.

대법원은, 위 거래는 A(원고)가 B에게 경제적 이익을 제공하기 위한 방편으로 B로부터 물품을 공급받는 외관을 갖춘 형식적인 거래이므로, A가 B로부터 수취한 세금계산서는 사실과 다른 세금계산서에 해당한다고 판단하였다.[64]

④ 원사(原絲) 사건

A 회사가 甲에게 정상가격보다 저렴한 가격('실제 판매가격')으로 원사를 공급하되, 세금계산서는 B 회사 명의의 것을 발급해주기로 합의한 후, 甲으로부터 실제 판매가격을 지급받아 B에 전달하였고, B는 위 원사대금을 A에게 다시 지급하고 원고에게 실제 판매가격에 따른 세금계산서를 발급한 사건에서, 대법원은, 위 세금계산서는 사실과 다른 세금계산서에 해당한다고 판단하였다.[65]

---

63) 대법원 2012. 4. 26. 선고 2010두24654 판결
64) 대법원 2021. 12. 30. 선고 2017두75415 판결. 위 판결은 끼워넣기 거래에 대하여 세법상 실질과세원칙을 적용하는 대신 민법상 법률행위의 해석에 의한 당사자확정의 법리를 적용하여 B-C 거래를 사법상 부인하고 C의 계약상대방을 A로 확정한 것으로 보이는데, 이러한 계약당사자의 확정이 적절한지 다소 의문스럽다 [본 절 3. (2)(마) 참조].
65) 대구지방법원 2017. 2. 9. 선고 2016고합161 판결, 대구고등법원 2017. 8. 10. 선고 2017노142 판결, 대법원 2018. 7. 20. 선고 2017도13015 판결 ; 한편, 위 사건과 관련하여, 과세관청이 甲이 B로부터 원사를 공급받은 사실이 없다고 보아 甲에게 위 세금계산서상 매입세액의 공제를 부인하여 부가가치세 부과처분을 하였는데, 대법원 2019. 9. 9. 선고 2019두31730 판결은, ㉠ 원고가 신고를 누락한 매출 부분은 매입거래에서 발생한 것이 아니라 전혀 다른 거래당사자인 C 등과의 매출거래에서 발생한 것이므로, 위 매입거래가 부정행위에 해당하는지 여부를 판단할 때에는 고려될 수 없는 점, ㉡ B는 소외인을 통하여 원고로부터 지급받은 원사

⑤ 치킨소스 사건

A-B, B-C, C-H 사이에, A사가 B사에게 치킨소스 원재료를 공급하면, B사가 이를 다시 C사에 공급하고, C사는 이를 임가공하여 H사에 소스 완제품을 공급하기로 하는 계약이 체결되었고('쟁점 거래'), 그에 따른 세금계산서가 발급되었다.

과세관청은 ㉮ B사는 H사 창업주가 그 아들인 乙에게 부를 이전하기 위하여 설립된 회사에 불과하고, 쟁점 거래는 끼워넣기 거래이므로, 위 세금계산서는 사실과 다른 세금계산서에 해당하고, ㉯ H사는 소스를 고가로 매입하는 등의 방법으로 B사에 이익을 분여하였으므로, 부당행위계산에 해당하며, ㉰ H사는 B사의 100% 주주인 H사의 창업주 아들인 乙에게 부를 이전하였으므로, 상증세법 제45조의5에 따른 특정법인과의 거래를 통한 이익의 증여의제 규정의 적용대상이라고 보아 B사 등을 고발하였다. 이에 따라 B 등은 허위세금계산서의 발급 등과 관련하여 기소되었다.

원심은, ㉮ 조세심판원이 B사가 독립적 사업주체로서 거래를 직접 수행한 것으로 보아 B사가 A로부터 발급받은 매입세금계산 및 C사에게 발급한 매출세금계산서를 정상적 세금계산서로 판단한 점, ㉯ 위 거래는 '원재료 업체 → W사 → H'를 'A → B → C → H'으로 변경한 것이어서 기존 거래의 중간에 실제 거래가 없는 업체가 끼워넣어지는 전형적인 끼워넣기에 해당하지 않고, 기존 거래가 없는 상황에서 새로운 거래가 개시되거나 거래의 중간이 아닌 그 전방에 새로운 업체가 들어간 상황을 부당한 끼워넣기라고 평가하기 위하여는 특별한 사정이 필요하다는 점 등을 이유로, 위 세금계산서가 사실과 다른 세금계산서에 해당하지 않는다고 판단하였고, 대법원은 원심의 판단을 수긍하였다.[66]

⑥ 아스팔트 사건

원고 A 회사와 특수관계에 있는 원고 B, C, D 회사는 국내외 정유사로부터 도로포장용 아스팔트를 매입하여 중국 등으로 수출하는 사업을 하였다. 원고들은 원칙적으로 정유사로부터 아스팔트를 매입하여 국내외 바이어에게 직접 판매하는 사업방식을 취하였으나, 일부 거래에 관하여는 중간에 제3자들(E 등)을 끼워넣어 '정유사 → 원고들 → 제3자들(E 등) → 원고들 → 중국 수입업체'의 방식을 취하였고, 제3자들은 원고 D에 고가의 운임을 지급하였

대금으로 위 세금계산서상의 매출세액을 모두 납부하였고, B에 대한 부가가치세 환급은 과세관청이 사후에 스스로 한 것이어서 원고의 부가가치세 신고 당시 국가의 조세수입 감소를 가져오게 될 것이라는 점을 인식하였는지 여부에 영향을 미칠 수 없는 점 등을 이유로, 원고가 사실과 다른 위 세금계산서로 매입세액을 공제받는 것이 결과적으로 국가의 조세수입 감소를 가져올 것이라는 점의 인식이 있었다고 보기 어려우므로, 국세기본법상 장기부과제척기간 및 부정과소신고가산세의 요건인 부정행위에 해당하지 않는다고 판단하였다. 위 판결에 대한 해설로, 안석, "'사기 기타 부정한 행위'와 관련하여 매입세액 공제로 인한 국가의 조세수입 감소에 대한 인식 여부를 판단하는 기준", 대법원판례해설 제122호(2020), 139쪽 이하

66) 서울북부지방법원 2021. 8. 27. 선고 2020고합344 판결, 서울고등법원 2022. 10. 14. 선고 2021노1714 판결, 대법원 2023. 5. 18. 선고 2022도13690 판결

다. 위 끼워넣기 거래에서 중국 바이어에 대한 실질적 수출과정은 모두 원고 회사들에 의하여 이루어졌고, 아스팔트 수출 시 실질적인 계약 협상 및 단가, 수량 등의 결정은 모두 원고 A와 중국 바이어 사이에서 행해졌다. 제3자들이 위 끼워넣기 거래에 참여하여 얻은 중간이윤은 현저하게 적은 편이고, 원고 A는 제3자 중 일부의 이익 중 일부를 별다른 이유 없이 회수하기도 하였다. 피고 세무서장은 위 끼워넣기 거래 중 '원고들 → 제3자들, 제3자들 → 원고들' 부분을 가공거래로 보아 해당 금액의 2%에 상당하는 부가가치세(가산세)[67]를 부과하였다.

법원은, 원고들은 중국 바이어와 직접 아스팔트 수출거래를 할 수 있었음에도, 일감몰아주기에 따른 증여이익을 회피하고 조특법 제104조의10에 따라 해운기업에 대한 법인세 특례를 적용받기 위하여 상대적으로 낮은 법인세 부담을 지는 원고 D에게 고가의 운임을 지급하면서도 과세당국의 조사를 피하기 위하여 제3자를 중간에 끼워넣는 거래를 한 것이므로, 위 끼워넣기 거래(원고들 → 제3자들, 제3자들 → 원고들)는 실물거래가 없는 가공거래에 해당한다고 판단하였다.[68]

대법원은, 위 제3자 중 E 및 그 대표이사가 조세범처벌법 위반죄로 기소된 사건에서, ① 피고인 회사(E)와 거래상대방 사이에 정상적인 물품매매거래에서 존재하였어야 할 거래조건 가격에 대한 협상, 거래서류 작성·날인 등의 절차가 실질적으로 이루어지지 않은 점, ② 피고인 회사의 대표이사가 A 회사의 전무에게 '피고인 회사는 수출실적만을 올리고 수출로 인한 이익은 모두 A 회사가 얻는 것'을 제안하였고,[69] 위 아스팔트 수출로 인한 이익을 얻을 주체는 피고인 회사가 아닌 A 회사로 보이는 점 등을 고려하여, 위 거래에 따라 발급된 세금계산서는 실물거래 없는 세금계산서에 해당한다고 판단하였다.[70]

(3) 건설업 관련

도급인과 실제로 공사도급계약을 체결한 수급인 회사가 타인으로 하여금 수급인 회사 명의로 그 시공을 수행하여 공사를 완성하게 한 사안에서, 대법원은, 수급인 회사가 용역의 공급자임을 전제로, 수급인 회사가 도급인에게 발급한 수급인 회사 명의의 세금계산서가 실물거래 없이 발급된 허위 세금계산서에 해당하지 않는다고 판단하였다.[71]

---

67) 부가가치세법 제60조 제3항 제1호(실물거래 없이 세금계산서를 발급하거나 발급받은 경우)에 따른 가산세로 보인다.
68) 서울행정법원 2019. 8. 27. 선고 2018구합58776 판결, 서울고등법원 2021. 12. 1. 선고 2019누59365 판결, 대법원 2022. 4. 28.자 2022두31723 판결(심리불속행)
69) 당시 피고인 회사의 주거래은행이 2014년 피고인 회사의 내국신용장개설한도를 증액시켜주었는데 피고인 회사의 수출실적이 저조하여 위 은행의 지점장이 불만을 토로하였기 때문에 피고인 회사의 대표이사는 위 끼워넣기 거래를 통하여 수출실적을 올려야 할 필요성이 있었다(제주지방법원 2022. 9. 29. 선고 2021노572 판결).
70) 대법원 2023. 12. 21. 선고 2022도13402 판결
71) 대법원 2008. 8. 11. 선고 2008도4930 판결

한편, 골프장 건설사업의 시행사가 골프장 건설을 위하여 자회사를 설립한 후 실제로 그 직원들을 통하여 골프장 건설공사를 진행하였음에도, 건설공사에 관하여 건설업 등록을 한 A 회사에게 위 공사를 도급하는 계약을 체결함으로써 그 건설업 명의를 대여받고 명의대여료를 지급하는 한편, A로부터 세금계산서를 발급받은 사건에서, 법원은 위 세금계산서는 조세범처벌법 제10조 제3항의 무거래 세금계산서에 해당한다고 판단하였다.[72]

4. 세금계산서의 발급행위자와 수취행위자

4.1. 판단의 기준

세금계산서 관련 범죄와 관련하여, 세금계산서가 발급된 경우 누가 그것을 발급한 자 또는 수취한 자인지, 즉 세금계산서 발급 또는 수취의 주체를 정할 필요가 있다.

(1) 원칙

대법원은 원칙적으로 자신의 의사에 따라 세금계산서에 '공급하는 자'와 '공급받는 자'로 기재된 자를 그 세금계산서를 발급하거나 수취한 주체로 본다.[73] 이에 따라 대법원은, ① A가 C에게 재화를 공급하였는데, B가 C에게 세금계산서를 발급한 사안,[74] ② A가 C에게 재화를 공급하고, B의 위임 하에 B의 사업자등록을 이용하여 C에게 세금계산서를 발급한 사안[75]에서, 각 세금계산서의 발급주체를 실제 공급자인 A가 아니라 명의인인 B로 보았고,[76] ③ A가 B로부터 재화를 공급받고, C의 동의를 얻어, 공급받는 자를 C로 기재한 세금계산서를 B로부터 발급받는 사안에서 그 세금계산서를 수취한 자는 A가 아닌 명의인 C라고 판단하였다.[77]

또한, 대법원은, 재화 또는 용역을 공급하지 않은 피고인이 타인 명의를 위조하여 그를 공급하는 자로 기재하여 세금계산서를 교부한 사건에서, 피고인이 세금계산서에 자신을 공급하는 자로 기재하지 않은 이상, (발급행위자에 해당하지 않으므로) 조세범처벌법 제10조 제3항 제1호의 무거래 세금계산서 발급죄로 처벌할 수 없고, 사문서위조죄로 처벌할 수 있

---

72) 대법원 2017. 12. 5. 선고 2017도11564 판결
73) 대법원 2015. 2. 26. 선고 2014도14990 판결
74) 대법원 2003. 1. 10. 선고 2002도4520 판결, 대법원 2008. 7. 24. 선고 2008도1715 판결, 대법원 2010. 1. 28. 선고 2007도10502 판결
75) 대법원 2012. 5. 10. 선고 2010도13433 판결. 위 판결에 대한 평석으로 한승, "자유와 책임 그리고 동행 : 안대희 대법관 재임기념", 사법발전재단, 2012, 495쪽.
76) 그 상세한 이유에 관하여는 한승, 앞의 글, 503~512쪽
77) 대법원 2012. 5. 10. 선고 2010도13433 판결. 한승, 앞의 글, 514~517쪽.

을 뿐이라고 판단하였다.[78]

한편, 세금계산서의 작성권자는 재화 등의 공급자이므로, 공급자가 세금계산서의 '공급받는 자'로 실제로 공급받지 않은 자를 기재한 경우에도 사문서위조죄가 성립하지 않는다.[79]

(2) 형식적 사업자등록명의만을 빌린 경우

재화 등을 공급하는 자가 실제로는 자신이 직접 사업체를 운영하여 사업자등록을 하면서 형식적으로 그 명의만을 제3자로 하고, 그 제3자 명의로 세금계산서를 발급한 경우, 위 사업자등록은 실질적 사업주체인 자의 것으로 볼 수 있으므로,[80][81] 세금계산서를 발급한 주체는 명의자인 제3자가 아니라 실제로 사업체를 운영하면서 재화 등을 공급한 자로 보아야 한다.[82] 따라서 A가 자신의 사업을 운영하기 위하여 B로부터 그 명의만을 빌려 사업자등록을 하고, 그에 기하여 세금계산서를 타인에게 발급하거나 타인으로부터 세금계산서를 발급받는 경우에는, 위 세금계산서의 발급·수취 주체는 A가 된다.

제3자의 사업자등록을 실제 사업자의 것으로 볼 수 있는지와 관련하여 대법원은 다음의 사항을 고려하여야 한다고 본다.

① 사업자등록을 한 경우에는 그 명의자가 그 사업에 관한 거래에서 대외적으로 권리·의무의 주체가 되는 사업자임을 밝힌 것이므로, 극히 예외적인 경우가 아니라면 그 명의자

---

78) 대법원 2014. 11. 27. 선고 2014도1700 판결 ; 이와 달리 세금계산서가 그 명의인의 의사에 의하지 않고 발급·수취된 경우에는, 그 세금계산서 발급 또는 수취의 주체는 명의인이 아니라 그 발급·수취행위를 사실상 한 자로 보아야 한다는 견해가 있으나(한승, 앞의 글, 512~517쪽 ; 김태희, 301~304쪽), 대법원은 이를 채택하지 않았다. 위 판결에 대한 비판으로, 지창구, "재화 또는 용역을 공급하지 아니한 자가 타인 명의를 위조하여 세금계산서를 발급한 경우 가공세금계산서 발급죄의 성립 여부", 사법 68호(2024), 293쪽 이하.

79) 대법원 2007. 3. 15. 선고 2007도169 판결 : 세금계산서의 '공급받는 자'는 그 문서의 내용에 불과할 뿐 작성 명의인이 아니다.

80) 한승, 앞의 글, 512쪽. 위와 같은 사업자등록의 경우 과세관청이 직권으로 사업자등록 명의를 실제 사업자인 A 명의로 정정할 수 있고(대법원 2011. 1. 27. 선고 2008두2200 판결), 실제 사업자인 A에 대해 부가가치세법 제60조 제1항 제1호의 미등록가산세가 부과되지도 않는다(대법원 1985. 1. 29. 선고 84누347 판결). 다만, 부가가치세법 제60조 제1항 제2호에 따라 명의위장등록 가산세(타인 명의의 사업 개시일부터 실제 사업을 하는 것으로 확인되는 날의 직전일까지의 공급가액합계액의 2퍼센트)는 부과될 수 있다.

81) 대법원 2019. 8. 30. 선고 2016두62726 판결 : "자기의 계산과 책임으로 사업을 영위하지 아니하는 타인의 명의를 빌린 사업자가 어느 사업장에 대하여 타인의 명의로 사업자등록을 하되 온전히 자신의 계산과 책임으로 사업을 영위하며 부가가치세를 신고·납부하는 경우와 같이 명칭이나 상호에도 불구하고 해당 사업장이 온전히 실제 사업자의 사업장으로 특정될 수 있는 경우 명의인의 등록번호는 곧 실제 사업자의 등록번호로 기능하는 것이므로, 그와 같은 등록번호가 '공급받는 자'의 등록번호로 기재된 세금계산서는 사실과 다른 세금계산서라고 할 수 없다."

82) 대법원 2015. 2. 26. 선고 2014도14990 판결은, 피고인 1 등이 공소외 1 등으로부터 명의를 빌려 사업자등록을 마치고 공소외 7 등에게 실제로 고철을 공급하면서 공소외 1 등 명의의 세금계산서를 발급한 사안에서, 실제로 사업체를 운영하는 피고인 1 등이 세금계산서를 발급한 주체임을 전제로, 피고인 1 등이 무거래 세금계산서 발급죄(법 10조 3항)로 처벌될 수 없고, 위 세금계산서를 발급받은 상대방(공소외 7 등의 영업차장 등)도 무거래 세금계산서 수취죄(법 10조 3항)로 처벌될 수 없다고 판단하였다.

의 사업자로서의 지위를 쉽게 부정하여서는 안 되고, 다른 사람의 부탁에 의하여 사업자등록을 하였다는 사정만을 가지고 섣불리 그 사업자등록이 형식적인 것에 불과하고 그 명의자가 사업자가 아니라고 단정하여서는 안 된다.[83]

② 세금계산서를 발급·수수한 주체를 예외적으로 세금계산서의 명의자와 달리, 실제로 사업체를 운영하면서 재화 등을 공급하거나 공급받은 자로 볼 수 있는지 여부는, 제3자 명의의 세금계산서를 통한 거래가 부가가치세, 소득세, 법인세의 세원포착 등 과세행정에 곤란을 야기한 정도와 세금탈루의 조장가능성을 기준으로 신중하게 판단하여야 한다.[84]

4.2. 구체적 검토

대법원 2025. 2. 27. 선고 2021도7108 판결의 사실관계 및 판단은 다음과 같다.

① A, B, C 회사는 면류와 스낵류 등의 생산과 판매를 주업으로 하는 S그룹의 계열회사들이고, B와 C는 각각 거래처로부터 라면스프의 원료와 포장박스 등을 공급받아 라면 완제품 생산업체인 A에게 공급하여 왔다. 甲은 A의 대표이사이자 S그룹의 회장으로서 S그룹의 인사, 재무 등 경영 전반을 총괄하여 왔다. 甲은 B, C 소속 직원들로 하여금 B, C가 A에게 공급하는 물품들 중 일부를 페이퍼컴퍼니인 D, E가 A에게 공급하는 것처럼 서류를 꾸미고, A가 B, C에게 지급하여야 할 공급대금을 D, E의 계좌로 지급하게 한 후, D, E 계좌로 지급된 금액을 임의로 사용하여 횡령하였다. 그 과정에서 ㉮ 실제로는 B, C가 그 거래처들로부터 물품을 공급받았음에도 마치 D, E가 이를 공급받은 것처럼 D, E는 자신들이 '공급받은 자'로 기재된 세금계산서를 발급받았고, ㉯ 실제로는 B, C가 A에게 물품을 공급하였음에도 마치 D, E가 이를 공급한 것처럼 D, E는 A에게 자신들을 '공급하는 자'로 기재한 세금계산서를 발급하였다. 甲은 위 사건과 관련하여 횡령죄 등으로 기소되었고, 법원은 D, E의 인적·물적 설비는 전적으로 B, C에 의존한 점 등을 근거로 D, E는 실질적으로 B, C에 속한 사업부서에 불과하고, B, C가 횡령범행의 피해자라고 보아, 甲에 대한 공소사실 중 횡령 부분을 유죄로 인정하였다.[85]

② 甲과 A, B, C, D는 조세범처벌법 제10조의 위반죄로 기소되었다.

---

83) 대법원 2015. 2. 26. 선고 2014도14990 판결
84) 대법원 2025. 2. 27. 선고 2021도7108 판결 : 그러한 판단을 할 때에는 명의자인 제3자와 '실제 사업체를 운영하는 자'의 경력, 지위 및 관계, 제3자 명의로 사업자등록을 하게 된 동기나 목적, 경위 및 시기, 제3자 명의로 운영하는 사업의 구체적인 내용, 그 형태나 방식, 해당 사업장에서의 수익이나 비용 등의 자금운영 및 거래방식, 세금계산서 발급·수취 등에 명의자인 '제3자'가 관여한 정도와 그와 같은 발급·수취 등을 통해 제3자가 얻은 이익의 유무 등과 같은 사정들을 종합적으로 고려하여야 한다.
85) 서울북부지방법원 2019. 1. 25. 선고 2018고합141 판결, 서울고등법원 2019. 6. 27. 선고 2019노561 판결, 대법원 2019. 12. 24. 선고 2019도9773 판결

③ 원심은, ㉮ B, C가 자기의 계산과 책임으로 사업을 영위하지 않는 D, E의 명의와 사업자등록을 이용하여 온전히 자기의 계산과 책임으로 일정한 범위의 사업을 영위하면서 해당 부가가치세를 신고 · 납부한 이상 D, E의 등록번호는 실제 사업자인 B, C의 등록번호로 기능하였다고 보아야 하고, ㉯ 명의자인 D, E가 아니라 실제로 사업체를 운영하면서 재화 또는 용역을 거래하는 행위를 한 B, C를 위 각 세금계산서를 발급 · 수취한 주체로 보아야 하며, ㉰ B, C가 위 각 세금계산서에 상응하는 거래를 한 이상, 공소사실과 같이 세금계산서를 발급 · 수취하지 않거나, 거짓으로 세금계산서를 발급 · 수취하였다고 볼 수 없다고 판단하였다.[86]

④ 그러나 대법원은, ㉮ B, C와 D, E는 그 설립이나 사업자등록이 시기를 달리하여 별도로 이루어졌고, B, C가 사업자등록 단계에서 D, E의 명의만을 빌려 B, C의 사업장에 사업자등록을 한 것으로 보이지 않는 점, ㉯ 위 각 세금계산서에 기재된 거래가 이루어진 사업장에서 이전부터 이미 B, C가 그 명의로 사업자등록을 하고 사업체를 운영하여 왔으므로, B, C 명의의 기존 사업자등록이 해당 사업장의 실제 사업자인 B, C의 사업자등록으로 기능하고 있었고, 과세당국의 입장에서는 위 사업장에 관한 D, E 명의 사업자등록의 실질적인 귀속자가 누구인지 혼동을 일으킬 가능성이 높은 점, ㉰ D, E는 명의가 이전된 거래로 인한 수익만을 올리면서 자기의 명의로 그에 대한 비용을 지출한 흔적은 거의 보이지 않고, 지출금액의 대부분은 대표이사인 甲 등의 횡령자금으로 지급되었을 뿐인 점 등을 근거로, 甲이 운영하는 회사들인 B, C는 D, E의 명의만을 빌려 사업자등록을 하고 실제 사업을 하려는 것이 아니라, 횡령의 목적으로 B, C의 매출을 D, E로 이전시키면서 D, E 명의의 기존 사업자등록을 이용하여 세금계산서를 거짓으로 발급 · 수취하거나, 거짓으로 세금계산서합계표를 작성 · 제출하는 행위를 하였다고 보아야 하는 점, ㉱ 甲은 B, C와 D, E 간의 내부거래에 대하여도 D, E 명의로 무거래 세금계산서를 발급 · 수취한 점[87] 등을 이유로, 위 각 세금계산서를 발급 · 수취하는 행위를 한 것은 실제 거래를 한 B, C가 아닌 그 명의자인 D, E라고 판단하였다.[88]

86) 서울고등법원 2021. 5. 20. 선고 2020노1601 판결
87) 이는 D, E를 B, C와는 독립적인 세금계산서의 발급 · 수취의 주체로 볼 수 있는 근거가 될 뿐만 아니라, B, C의 의사가 D, E의 명의만을 빌려 실제 사업을 할 의사였다기보다는, 세금계산서의 발급 · 수취 등에 관하여 D, E의 사업자등록을 이용할 의사였음을 보여준다.
88) 대법원 2025. 2. 27. 선고 2021도7108 판결

세금계산서 등의 미발급 또는 미수취 등

1. 세금계산서의 미발급 · 미수취 등

> 제10조(세금계산서의 발급의무 위반 등)
> ① 다음 각 호의 어느 하나에 해당하는 행위를 한 자는 1년 이하의 징역 또는 공급가액에 부가가치세의 세율을 적용하여 계산한 세액의 2배 이하에 상당하는 벌금에 처한다.
> 1. 「부가가치세법」에 따라 세금계산서(전자세금계산서를 포함한다. 이하 이 조에서 같다)를 발급하여야 할 자가 세금계산서를 발급하지 아니하거나 거짓으로 기재하여 발급한 행위
> ② 다음 각 호의 어느 하나에 해당하는 행위를 한 자는 1년 이하의 징역 또는 공급가액에 부가가치세의 세율을 적용하여 계산한 세액의 2배 이하에 상당하는 벌금에 처한다.
> 1. 「부가가치세법」에 따라 세금계산서를 발급받아야 할 자가 통정하여 세금계산서를 발급받지 아니하거나 거짓으로 기재한 세금계산서를 발급받은 행위

1.1. 의의

본조의 입법취지는, 세금계산서의 발급을 강제하여 거래를 양성화하고 세금계산서의 미발급 또는 허위 세금계산서의 발급으로 조세의 부과와 징수를 불가능하게 또는 현저히 곤란하게 하는 것을 막고자 하는 것이다.[1]

조세범처벌법 제10조 제1항 전단의 세금계산서 미발급죄와 후단의 세금계산서 미수취죄는 대향범의 관계에 있다고 볼 여지가 있다.[2] 그렇게 볼 경우 세금계산서를 발급하지 않은 자와 발급받지 않은 자 상호간에는 형법총칙의 공범 규정이 적용되지 않는다.

---

1) 대법원 1995. 7. 14. 선고 95도569 판결, 대법원 2019. 6. 27. 선고 2018도14148 판결
2) 김태희, 293쪽 ; 권형기 · 양인준, "조세범처벌법 제10조 제1항 및 제2항에서의 신분범과 대향범에 관한 소고 – 대법원 2018도14148 판결의 평석을 중심으로 –", 법조 69권 1호(통권 739호), 법조협회, 2019, 567쪽.

1.2. 구성요건

1.2.1. 범죄의 주체

(1) 세금계산서를 발급하여야 할 자와 발급받아야 할 자

본죄의 주체는 '부가가치세법에 따라 세금계산서를 발급하여야 할 자와 이를 발급받아야 할 자'이다. 본죄는 신분범이라는 것이 일반적 견해이다.[3]

부가가치세법상 '세금계산서를 발급하여야 할 자'는 ① 과세대상인 재화 또는 용역을 공급한 사업자로서 ② 부가가치세법상 세금계산서 발급의무가 면제되지 않은 자를 말한다(부가가치세법 32조, 33조). 부가가치세법상 '세금계산서를 발급받아야 할 자'는, 위와 같이 세금계산서를 발급하여야 할 자로부터 재화 또는 용역을 공급받은 자이다.

(2) 재화 또는 용역을 공급한 사업자 및 공급받은 자

부가가치세법상 세금계산서 발급의무자에 해당하기 위해서는 '재화 또는 용역을 공급한 사업자'이어야 한다(부가가치세법 32조, 33조). '사업자'는, 부가가치를 창출해낼 수 있는 정도의 사업형태를 갖추고 계속적이고 반복적인 의사로 재화 또는 용역을 공급하는 사람을 뜻한다.[4] 재화 등의 공급을 하지 않은 자는 본죄의 주체로 될 수 없다.[5]

부가가치세법상 세금계산서를 발급받아야 할 자는 사업자에 한정되지 않고, 사업자가 아닌 개인도 포함한다.

타인명의 거래 등 여러 사람이 관련된 거래의 경우, 부가가치세법상 거래당사자, 즉 재화 등을 공급하거나 공급받은 주체는 계약해석에 의한 당사자의 확정 및 실질과세원칙을 종합적으로 고려하여 정해진다.[6]

부가가치세법상 세금계산서의 발급의무자가 아닌 자도 그 발급의무자의 미발급행위에 가공하면 세금계산서 미발급죄의 공동정범이 될 수 있다.[7]

(3) 부가가치세법상 세금계산서의 발급·수취의무

(가) 부가가치세 과세대상 및 발급의무 면제대상 불해당

재화 또는 용역을 공급한 사업자가 본죄의 주체로 되려면 부가가치세법상 세금계산서의

---

3) 안대희 등, 154쪽 ; 김종근, 265쪽 ; 지익상, 564, 569쪽
4) 대법원 1989. 2. 14. 선고 88누5754 판결, 대법원 1992. 7. 24. 선고 92누5225 판결, 대법원 2005. 7. 15. 선고 2003두5754 판결, 대법원 2013. 2. 14. 선고 2010두3732 판결
5) 대법원 1999. 7. 13. 선고 99도2168 판결
6) 본 장 제1절 3.2. 참조
7) 대법원 1995. 3. 10. 선고 94도3373 판결

발급대상, 즉 해당 공급이 부가가치세 과세대상이고, 세금계산서 발급의무의 면제대상에 해당하지 않아야 한다.[8] 따라서 부가가치세 면세대상인 재화 등을 공급한 자 또는 세금계산서 발급의무의 면제대상인 일정한 간이과세자 등은 본죄의 주체로 될 수 없다.[9]

(나) 사업자등록 여부의 불고려

2013. 6. 7. 개정되기 전의 구 부가가치세법은, 세금계산서를 발급할 자를 '납세의무자로 등록한 사업자'가 재화 또는 용역을 공급하는 경우로 규정하였으므로(구 부가가치세법 16조 1항), 사업자등록을 하지 않은 자는 그 범위에서 제외되었다.[10] 그러나 2013. 6. 7. 개정된 부가가치세법은 '사업자'가 재화 또는 용역을 공급한 경우(사업자등록 여부에 관계없이) 세금계산서를 발급하여야 한다고 규정한다(부가가치세법 32조 1항). 따라서 재화 등을 공급한 자가 사업자등록을 하지 않아서 세금계산서를 발급해줄 수 없었다고 하더라도, 재화 등을 공급받은 자는 본죄의 주체로 될 수 있다.[11]

1.2.2. 세금계산서의 미발급과 미수취

(1) 세금계산서를 발급하지 않은 행위

(가) 세금계산서의 미발급

세금계산서의 '발급'은 세금계산서를 작성하여 상대방에게 교부하는 것을 말한다.[12] 전자세금계산서의 경우, 그것이 재화나 용역을 공급받는 자가 지정하는 수신함에 입력되거나 국세청장이 구축한 전자세금계산서 발급 시스템에 입력된 때에 재화나 용역을 공급받는 자가 이를 수신한 것으로 간주되므로(부가가치세법 시행령 68조 12항), 별도의 교부행위가 필요없다.

(나) 세금계산서가 발급되었으나 그 주체와 상대방이 잘못된 경우

본죄의 '발급'은 세금계산서를 발급하여야 할 자(주체)가 이를 발급받아야 할 자(상대방)에게 발급하는 것을 말한다. 따라서 세금계산서가 발급되었더라도 그 주체와 상대방이 잘못된 경우에는 본죄의 세금계산서 미발급에 해당한다.

① 재화 또는 용역을 공급한 자가 상대방에게 자기 명의 세금계산서를 발급하지 않고,

---

8) 세금계산서의 발급의무에 관하여는 본 장 제1절 2.1.2. 참조
9) 대법원 2019. 6. 27. 선고 2018도14148 판결
10) 이에 따라 대법원은 구 부가가치세법 하에서 사업자등록을 하지 않은 자가 세금계산서를 발급하지 않은 경우 본죄에 대응하는 구 조세범처벌법 제11조의2 제1항의 죄가 성립하지 않는다고 판단하였다. 대법원 1989. 2. 28. 선고 88도2337 판결, 대법원 1996. 3. 18. 선고 95도1738 판결
11) 대법원 2019. 6. 27. 선고 2018도14148 판결
12) 김태희, 290쪽

제3자 명의 세금계산서를 교부한 경우, 원칙적으로 그 제3자가 세금계산서의 발급행위자이고,[13] 재화 등의 공급자는 세금계산서를 발급하지 않았으므로, 세금계산서 미발급죄로 처벌된다.[14] 다만, 형식적으로 사업자등록만을 제3자 명의로 한 채 재화 등을 공급한 자가 그 제3자 명의 세금계산서를 발급한 경우에는, 그 공급자가 발급한 것으로 볼 수 있으므로,[15] 본죄의 세금계산서 미발급에 해당하지 않는다.[16]

② 재화 또는 용역을 공급한 자가 이를 공급받은 상대방이 아닌 제3자에게 세금계산서를 발급한 경우에도 원칙적으로 본죄의 세금계산서 미발급에 해당한다.[17]

(다) 음(-)의 수정세금계산서의 발급

세금계산서 발급의무자가 세금계산서를 발급하였다가 이후 수정세금계산서 발급사유가 없음에도 그 공급가액에 음(-)의 표시를 한 수정세금계산서를 발급한 사안에서, 대법원은, 위 경우는 조세범처벌법 제10조 제1항 제1호 전단의 '세금계산서를 발급하지 않은 행위'에 해당한다고 볼 수 없다고 판시하였다.[18] 다만, 위 경우는 조세범처벌법 제10조 제1항 제1호 후단의 '거짓 세금계산서의 발급'에 해당할 여지가 있다.[19]

(2) 세금계산서를 발급받지 않은 행위

재화 또는 용역을 공급받은 자가 공급자로부터 그 명의의 세금계산서를 발급받지 않은 경우, 제3자 명의 세금계산서를 발급받았더라도, 원칙적으로 본조의 세금계산서 미수취에 해당한다.

다만, ① 형식적으로 사업자등록만을 제3자 명의로 한 자로부터 재화 등을 공급받은 자가 제3자 명의 세금계산서를 발급받은 경우에는, 그 공급자가 발급한 세금계산서[20]를 수취

---

13) 본 장 제1절 4.1. (1) 참조 ; 이 경우 재화 등의 공급자와 제3자 사이에는 공급이 없었으므로 양자 사이에 수수된 세금계산서는 무거래 세금계산서에 해당한다. 본 장 제3절 3. (가) 참조
14) 본 절 1.2.3. (2)(가) 참조
15) 본 장 제1절 4.1. (2) 참조
16) 다만, 위 경우 세금계산서의 '공급하는 사업자'에 관한 사항을 사실과 다르게 기재한 것이므로, 거짓 세금계산서 발급죄에 해당할 수 있고, 타인명의 사업자등록에 관하여 조세범처벌법 제11조 제1항의 죄가 성립할 수 있다(대법원 2015. 2. 26. 선고 2014도14990 판결).
17) 상세한 것은 본 절 1.2.3. (2)(나) 참조
18) 대법원 2022. 9. 29. 선고 2019도18942 판결. 위 판결은 그 이유로, ① 형벌법규의 해석은 엄격하여야 하고, 문언의 가능한 의미를 벗어나 피고인에게 불리한 방향으로 해석하는 것은 죄형법정주의의 내용인 확장해석 금지에 따라 허용되지 않는 점, ② 세금계산서 발급의무자가 세금계산서를 발급한 후 이에 대한 음의 수정세금계산서를 그 발급사유 없이 발급하였다고 하더라도, 그러한 경우가 세금계산서를 아예 발급하지 않은 경우와 거래의 양성화나 조세의 부과와 징수 가능성 등의 측면에서 동일하다고 평가할 수 없는 점, ③ 세금계산서 발급의무자가 세금계산서를 발급한 후 그 공급가액에 음의 표시를 한 수정세금계산서를 발급하더라도 당초의 세금계산서가 발급되었다는 기왕의 사실 자체가 없어진다고 볼 수 없는 점을 들었다.
19) 위 2019도18942 판결에 대한 해설인 허익수, "구 조세범처벌법 제10조 제1항 제1호 전단에서 정한 세금계산서 미발급의 죄의 적용 범위", 대법원판례해설 제134호(2023), 592쪽

한 것으로 볼 수 있으므로, 본죄의 세금계산서 미수취에 해당하지 않는다. 또한, ② 형식적으로 사업자등록만을 제3자 명의로 한 자가 다른 사업자로부터 재화 등을 공급받으면서 그 제3자를 '공급받는 자'로 기재한 세금계산서를 발급받았더라도, 본죄의 세금계산서 미수취에 해당하지 않는다.[21]

(3) 고의 및 통정

(가) 고의

세금계산서 미발급죄·미수취죄는 고의범이므로, 객관적 구성요건에 대한 인식을 요한다. 본죄는 부작위범이므로 행위자에게 작위의무인 세금계산서 수수의무에 대한 인식이 필요한지 문제된다. 행정법규 위반죄에 관한 판례에 의하면, 세금계산서 수수의무가 고의의 대상에 해당할 것인지는 분명하지 않으나, 고의의 대상으로 보는 것이 합리적이다.[22] ① 사업자가 재화 등을 공급하거나 공급받는 경우 세금계산서의 수수의무가 있음은 거래의 상식에 속하므로, 일반적으로 세금계산서 수수의무에 대한 인식을 인정할 수 있을 것이다. ② 다만, 재화 등의 공급당사자가 복잡다기한 조세법규로 인하여 세금계산서 수수의무를 미필적으로도 인식하지 못한 경우에는,[23] 본죄의 고의를 인정하는 것은 부적절하고,[24] 설령 고의가 인정된다고 보더라도, 그 착오에 정당한 이유가 있으면 책임이 조각되어야 할 것이다 (형법 16조).[25]

---

20) 본 장 제1절 4.1. (2) 참조
21) 본 장 제1절 4.1. (2) 및 본 절 1.2.3. (2)(나) 참조
22) ① 대법원은, 어떤 행위를 한 자가 그것이 행정법상 허가 또는 신고의 대상인 점 또는 행정법상 의무의 존재를 알지 못한 것은 형법 제16조의 법률의 착오에 해당하지 않는다고 판단하였는데(대법원 1992. 4. 24. 선고 92도245 판결, 대법원 1994. 4. 15. 선고 94도365 판결, 대법원 2007. 5. 11. 선고 2006도1993 판결, 대법원 2011. 10. 13. 선고 2010도15260 판결), 이와 같이 위와 같은 법령상 의무의 인식이 고의의 대상이 아님을 전제로 책임조각사유의 단계에서 판단한 것으로 보인다. 이에 따르면, 부작위범에서 작위의무의 전제조건을 이루는 객관적 상황은 고의의 대상이지만, 그러한 상황에 따른 법령상 작위의무는 고의의 대상에 해당하지 않게 될 것이다.
   ② 한편, 대법원은, 피고인이 가압류집행이 표시된 유체동산을 반출하여 공무상비밀표시무효로 기소되자, 위 물건에 관한 채무관계가 관계인의 합의에 따라 원만하게 해결되어 이를 이동하였다고 주장한 사건에서, 민사소송법 기타 공법의 부지는 형벌법규의 부지와 구별되어 범의를 조각한다고 판단하였다(대법원 1970. 9. 22. 선고 70도1206 판결).
   ③ 위 ①의 판결의 사안은 거의 사회적 상식에 속하는 행정법규가 문제된 것임에 비하여, 위 ②의 판결에서는 해당 사안이 일반인이 쉽게 알기 어려운 민사집행절차의 기술적 성격에 관한 것이었다는 점이 고려된 것으로 보인다. 그런데 조세법규 중에서도 기술적이고 복잡한 부분은 민사집행절차보다도 훨씬 더 일반인이 알기 어려우므로, 이를 알지 못한 것은 위 ②의 판결에서 말하는 '민사소송법 기타 공법의 부지'에 해당한다고 볼 여지가 있고, 이는 조세범처벌법의 부지와 구별되어야 한다. 이러한 점에서 조세범의 행정범으로서의 특성을 고려할 필요가 있다.
23) 가령 재화 등의 공급자가 그 공급이 면세대상인 것으로 착오하여 세금계산서 발급의무가 없다고 인식한 경우
24) 세법상 가산세의 제재를 부과하는 것은 별론으로 한다.

(나) 통정

세금계산서 미수취죄는 세금계산서를 발급받아야 할 자가 통정하여 세금계산서를 발급받지 않은 경우에 성립한다. '통정'은 단순히 상대방의 행위(미발행·미수취)를 인식하고 묵인하는 것이 아니라, 상대방과 짜고(공동의 의사·결의) 행위를 하는 것을 말한다. 통정의 상대방은 '세금계산서를 발급하여야 할 자'이다.[26]

(4) 기수시기

세금계산서 미발급죄·미수취죄는, 거래당사자가 부가가치세법 제34조에 따른 세금계산서의 발급시기를 지나면 기수에 이른다.[27] 따라서 재화 등의 공급자가 그 공급시기에 세금계산서를 발급하지 않았더라도, 이후 부가가치세법 제34조 제3항에 따라 그 공급일이 속하는 달의 다음 달 10일까지 세금계산서를 발급하면, 본죄는 성립하지 않는다.

그러나 재화 등의 공급자가 부가가치세법상 발급시기 이후 세금계산서를 발급한 경우에는, 그 발급시점이 해당 공급시기가 속하는 과세기간에 대한 확정신고기한 내이어서 매입세액공제가 인정되더라도,[28] 본죄는 성립한다고 볼 여지가 있다.[29]

(5) 죄수

각 거래에 대하여 세금계산서를 발급·수취하여야 함에도 발급·수취하지 않은 행위(부작위)마다 1죄가 성립한다.[30] 이는, 부가가치세법상 여러 건의 거래에 대하여 1개의

---

25) 본 편 제1장 제6절 3. 참조
26) 대법원 2014. 7. 10. 선고 2013도10554 판결 ; 안대희 등, 159쪽 ; 권형기·양인준, "조세범처벌법 제10조 제1항 및 제2항에서의 신분범과 대향범에 관한 소고 - 대법원 2018도14148 판결의 평석을 중심으로 -", 법조 69권 1호(통권 739호), 법조협회, 2019, 574쪽
27) 김종근, 272쪽 ; 지익상, 572쪽
28) 세금계산서를 재화 또는 용역의 공급시기 이후에 발급받았더라도 다음의 경우에는 매입세액 공제가 인정된다(부가가치세법 39조 1항 2호 단서, 부가가치세법 시행령 75조 3호, 7호).
① 해당 공급시기가 속하는 과세기간에 대한 확정신고기한까지 발급받은 경우
② 그 세금계산서의 발급일이 확정신고기한 다음 날부터 1년 이내이고 ㉮ 과세표준신고서와 경정청구서를 세금계산서와 함께 제출하는 경우 또는 ㉯ 해당 거래사실이 확인되어 관할 세무서장 등이 결정·경정하는 경우
29) 그 이유는 다음과 같다. ① 부가가치세법은 발급시기와 매입세액의 공제 여부를 구별하여, 부가가치세법상 발급시기 이후 발급된 세금계산서에 대한 매입세액공제가 허용되는 경우(부가가치세법 시행령 75조 3호, 7호)에도, 가산세 부과대상으로 규정한다(부가가치세법 60조 2항 1호, 2호). ② 매입세액의 공제와 세금계산서 관련 범죄의 목적과 기능은 반드시 같지 않으므로, 양자를 연계시킬 필연적 이유는 없다[본 절 1.2.3. (1)(가) 참조]. ③ 부가가치세법 시행령은 세금계산서의 지연발급에 따라 납세자가 받는 매입세액 불공제의 불이익을 줄이기 위하여 지속적으로 매입세액 공제를 받기 위한 세금계산서의 발급시기를 늦추는 규정을 신설해오고 있는데(부가가치세법 시행령 75조 3호, 7호), 매입세액공제와 세금계산서 관련 범죄의 성립을 연동시킬 경우 위와 같은 규정의 신설에 따라 세금계산서 관련 범죄의 기수시기가 뒤로 늦추어짐으로써 부동적(浮動的)으로 되므로 적절하지 않다. 이와 달리 본문의 경우 세금계산서 미발급죄가 성립하지 않는다는 견해로, 김태희, 289쪽

세금계산서를 일괄발급할 수 있는 특례에 해당하는 경우에도, 그 특례에 따라 실제로 세금계산서를 발급하지 않은 이상 마찬가지라고 보아야 할 것이다.[31] 한편, 수 개의 세금계산서 미발급행위가 포괄일죄의 요건을 충족하는 경우에는 포괄하여 본죄의 일죄에 해당할 수 있다.[32]

1.2.3. 거짓 세금계산서의 발급과 수취

(1) 거짓으로 기재한 세금계산서의 발급과 수취

(가) 거짓 기재의 대상 : 필요적 기재사항

조세범처벌법 제10조 제1항 제1호 및 제2항 제1호는 '거짓'의 의미를 정의하지 않는다. ① 위 규정의 '거짓'이 그 문언상 일체의 '사실과 어긋난 것'을 의미한다고 해석할 경우 처벌대상이 지나치게 확대될 수 있는 점, ② 부가가치세법상 세금계산서의 기재사항 중 필요적 기재사항은 매입세액 공제를 받기 위하여 반드시 기재되어야 하는 것인 반면, 임의적 기재사항은 그렇지 않은 점,[33] ③ 필요적 기재사항이 사실과 다른 경우만이 가산세의 부과대상이고, 임의적 기재사항이 사실과 다른 경우는 그 대상이 아닌 점(부가가치세법 60조 2항 5호), ④ 임의적 기재사항을 사실과 다르게 기재하는 것은, 부가가치세제의 정상적 운영을 저해할 우려가 상대적으로 작은 점을 고려하면, 본죄의 객체인 '거짓으로 기재한 세금계산서'는 필요적 기재사항을 사실과 다르게 기재한 것을 말한다고 보아야 할 것이다. 이렇게 본다면 임의적 기재사항을 사실과 다르게 기재한 세금계산서는 본죄의 객체가 아니다.

한편, 필요적 기재사항이 사실과 다르게 기재되었더라도 매입세액 공제가 인정되는 경우에는 본죄의 객체인 거짓 세금계산서에 해당하지 않는다고 보는 견해가 있다.[34] 그러나 매

---

30) 김종근, 273쪽 ; 대법원은 본죄와 동일한 규정에 있는 거짓 세금계산서 수수죄의 죄수를 거짓 세금계산서의 수를 기준으로 판단하였다(대법원 1982. 12. 14. 선고 82도1362 판결).
31) 이와 달리 본문의 경우 1개의 죄로 보는 견해로 안대희 등, 182쪽 ; 그러나 본죄의 수는 세금계산서 발급·수취의무 및 그 불이행의 수로 판단하여야 할 것이다. 수개의 공급에 관하여 1개의 세금계산서를 일괄발급·수취할 수 있는 특례가 적용되는 경우에도 이는 그 '수 개의 공급에 따른 수 개의 발급·수취의무를 이행하는 방법'으로서 선택권이 부여된 것에 불과하고, 위 특례에 따라 수 개의 발급·수취의무가 1개의 발급·수취의무로 변경되는 것은 아니다.
32) 김태희, 144~145쪽 ; 가령, A가 B에게 여러 차례 재화 등의 공급을 하였음에도 세금계산서를 발급하지 않고 C에게 C를 '공급받는 자'로 기재한 세금계산서를 발급한 경우, 수 개의 무거래 세금계산서 발급행위는 포괄일죄를 구성할 수 있는데(본 장 제3절 1.3. 참조), 그 경우 수 개의 세금계산서 미발급행위도 포괄일죄를 구성한다고 보는 것이 자연스럽다.
33) 본 장 제1절 2.1.3. 참조
34) 안대희 등, 156쪽 ; 김태희, 290쪽 ; 김종근, 279쪽 ; 안창남·양수영, "세금계산서에 따른 조세범죄에 관한

입세액의 공제 관련 규정은 부가가치세 납세의무자의 불이익을 구제해주기 위한 정책적 고려 등이 상당한 정도로 고려된 것인 반면, 본죄는 사실에 부합하는 세금계산서의 기재를 통하여 부가가치세의 상호검증기능 등을 관철시키기 위한 것인 점에서, 양자는 목적과 기능을 달리하는 면이 있다. 따라서 세금계산서의 거짓 기재 여부를 판단할 때 매입세액 공제 여부를 부분적으로 고려할 수 있지만, 양자를 완전히 연계시키는 것이 적절한지 의문이고, 이는 더 신중한 검토가 필요하다고 보인다.

(나) 거짓 세금계산서

본조의 세금계산서에 종이세금계산서 외에 수정세금계산서도 포함되는지 문제된다. 수정세금계산서도 일반적인 세금계산서와 같이 증빙서류의 기능을 하고, 수정세금계산서의 거짓 기재도 일반 세금계산서의 거짓 기재와 마찬가지로 세금계산서의 수수질서를 문란하게 하는 점을 고려하면, 거짓으로 기재한 수정세금계산서의 발급·수취도 본죄에 해당할 여지가 있다.[35]

(다) 거짓 세금계산서의 발급 및 수취

세금계산서를 발급하여야 할 자(재화 등을 공급한 자)가 세금계산서를 발급받아야 할 자(재화 등을 공급받은 자)에게 거짓 세금계산서를 발급하여야 한다.

세금계산서를 발급한 자 또는 수취한 자는, 원칙적으로 세금계산서에 '공급하는 자' 또는 '공급받는 자'로 기재된 자로 정해진다.[36] 다만, 실제로는 자신이 직접 사업체를 운영하면서 형식적으로 사업자등록만을 제3자 명의로 하고, 그 제3자가 세금계산서의 '공급하는 자' 또는 '공급받는 자'로 기재된 경우에는, 해당 사업자가 그 세금계산서를 발급 또는 수취한 것으로 취급된다.[37]

(2) 유형별 검토

(가) 공급하는 자를 사실과 다르게 기재한 경우

① 원칙 : 세금계산서의 명의인이 발급행위자인 경우

재화 또는 용역을 공급하지 않은 자를 세금계산서에 공급하는 자로 기재한 경우, 가령 A가 B에게 재화 등을 공급하고 C의 동의를 얻어 C를 공급자로 기재한 세금계산서를 B에게 교부한 경우에는, 그 세금계산서의 발급주체는 원칙적으로 명의인인 C이고,[38] 다음과

연구", 조세법연구 [22-2](2016), 478쪽
35) 김종근, 284쪽 ; 허익수, "구 조세범처벌법 제10조 제1항 제1호 전단에서 정한 세금계산서 미발급의 죄의 적용 범위", 대법원판례해설 제134호(2023), 592쪽
36) 본 장 제1절 4.1. (1)
37) 본 장 제1절 4.1. (2)

같이 처리된다.

㉮ B와 C 사이에 수수된 세금계산서와 관련하여, ㉠ 세금계산서의 발급·수취행위자인 B와 C 사이에 재화 등의 공급이 존재하지 않으므로, B와 C는 무거래 세금계산서 수수죄(법 10조 3항 1호)로 처벌된다.[39] B와 C는 서로 간에 재화 등을 공급하고 공급받은 자가 아니므로, 거짓 세금계산서 수수죄는 성립하지 않는다. 한편, ㉡ A는 B에게 재화 등을 공급한 자이므로, 무거래 세금계산서 발급죄의 단독정범이 될 수 없으나, 가담 정도에 따라 B 또는 C의 무거래 세금계산서 수수죄에 대한 공동정범 또는 방조범이 될 수는 있고, 위 세금계산서의 발급행위자가 아니므로 A의 거짓 세금계산서 발급죄는 성립하지 않는다.

㉯ A와 B 사이에 세금계산서를 수수하지 않은 것에 관하여, A는 세금계산서 미발급죄로 처벌되고,[40] B는 A와 통정하였다면 세금계산서 미수취죄로 처벌된다.

② 예외 : 세금계산서의 명의인이 아닌 실제 공급자가 발급행위자인 경우

A가 실제로는 자신이 직접 사업체를 운영하면서 형식적으로만 C 명의로 사업자등록을 한 후, B에게 재화 등을 공급하고 C를 공급하는 자로 기재한 세금계산서를 발급한 경우에는, 명의인인 C가 아니라 실제 공급자인 A가 세금계산서의 발급행위자로 된다.[41]

㉮ 위 세금계산서는 실제 공급당사자인 A와 B 간에 수수된 것이므로, A와 B는 세금계산서 미발급·미수취죄 및 무거래 세금계산서 수수죄로 처벌되지 않는다.

㉯ 공급자인 A는 '공급받는 자'를 실제 공급자가 아닌 C로 기재한 세금계산서를 발급하였으므로, 위 세금계산서의 발급행위자로서 거짓 세금계산서 발급죄로 처벌된다.[42][43] 공급받은 자인 B는, 세금계산서의 거짓 기재 사실에 대한 고의[44]가 있고 공급자 A와 통정한 경우에는, 거짓 세금계산서 수취죄로 처벌될 수 있다.[45]

---

38) 본 장 제1절 4.1. (1) 참조
39) 대법원 2010. 1. 28. 선고 2007도10502 판결 ; 다만, C를 무거래 세금계산서 수취죄로 처벌하기 위해서는 재화 등을 공급하는 자인 A가 세금계산서의 발급명의인 B가 아니라는 사실을 인식하여야 하고, 그렇지 않으면 고의가 부정된다.
40) 대법원 2014. 7. 20. 선고 2013도10554 판결
41) 본 장 제1절 4.1. (2) 참조
42) 대법원 2015. 2. 26. 선고 2014도14990 판결 ; 본문의 경우 A가 B에게 교부한 세금계산서의 '공급하는 자'란에는 C의 사업자등록번호뿐만 아니라 상호·성명까지 기재되어 있을 것인데, 이는 모두 필요적 기재사항에 해당하고, 설령 그 중에서 C의 사업자등록번호를 A의 것으로 볼 수 있다고 하더라도, C의 성명이 거짓으로 기재된 사실은 변함이 없으므로, 그에 관한 거짓 세금계산서 수수죄가 성립하게 될 것이다.
43) 그 외에 A가 조세회피 또는 강제집행면탈을 목적으로 C 명의로 사업자등록을 한 경우 조세범처벌법 제11조 제1항의 죄가 성립하고, C가 A에게 자신의 성명을 사용하는 것을 허락하였다면 같은 조 제2항의 죄가 성립한다.
44) 재화 등을 공급받은 자인 B의 고의가 인정되려면 공급자 A와 사업자등록의 명의인인 B가 동일인이 아니라는 사실을 인식하여야 하고, 그러한 인식이 없다면 B의 고의가 부인되므로, B는 본죄로 처벌되지 않는다. 본 절 1.2.3. (3)(가) 참조.
45) 대법원 2015. 2. 26. 선고 2014도14990 판결이 재화 등의 공급자가 제3자를 공급받는 자로 기재한 세금계산서를

(나) 공급받는 자를 사실과 다르게 기재한 경우

① 원칙 : 세금계산서에 '공급받는 자'로 기재된 자가 그 수취행위자인 경우

재화 또는 용역을 공급한 자가 이를 공급받지 않은 자를 세금계산서에 '공급받는 자'로 기재한 경우, 가령 A가 B에게 재화 등을 공급하고 C를 공급받는 자로 기재한 세금계산서를 발급한 경우에는, 그 세금계산서를 수취한 자는 원칙적으로 명의인인 C이고,[46] 세금계산서를 수수한 당사자인 A와 C 사이에 재화 등의 공급이 존재하지 않으므로, A와 C는 무거래 세금계산서 수수죄(법 10조 3항 1호)로 처벌되고, 거짓 세금계산서 수수죄는 성립하지 않는다.[47] 한편, 공급당사자인 A와 B는 세금계산서 미발급·미수취로 처벌된다.

② 예외 : 세금계산서의 명의인이 아닌 실제 공급받은 자가 수취행위자인 경우

A가 직접 사업체를 운영하면서 형식적으로 사업자등록만을 C 명의로 한 후, B로부터 재화 등을 공급받고, C를 공급받는 자로 기재한 세금계산서를 발급받은 경우에는, 위 공급을 받은 자인 A가 세금계산서의 수취행위자에 해당한다.[48] 세금계산서의 '공급받는 자'에 관한 기재사항 중 '등록번호'만이 필요적 기재사항에 해당하는데(부가가치세법 32조 1항 2호), 위 세금계산서에 기재된 C의 등록번호를 실제 공급받은 자인 A의 것으로 볼 수 있다면,[49] 이는 '거짓 기재'에 해당하지 않으므로, A의 거짓 세금계산서 수취죄는 성립하지 않는다고 볼 여지가 있다.[50]

'거짓으로 기재한 세금계산서'로 판단하여 그 공급자의 거짓 세금계산서 발급죄가 성립할 수 있음을 인정한 이상, 이는 재화 등을 공급받는 자에 관하여도 동일하게 '거짓으로 기재한 세금계산서'로 보아야 할 것이다.

[46] 본 장 제1절 4.1. (1) 참조

[47] 이와 달리 대법원 1982. 6. 22. 선고 81도2459 판결은, 피고인이 공소외 1 등에게 물품을 공급하였음에도 위 물품을 피고인 5 회사에 판매한 것처럼 세금계산서에 허위의 기재를 하여 위 회사에 교부한 사안에서, 구 조세범처벌법 제11조의2 제1항의 허위기재의 죄(현행 조세범처벌법 10조 1항 1호)에 해당한다고 판단하였다. 그러나 위 판결은 이후의 대법원 2012. 5. 10. 선고 2010도13433 판결 등에 의하여 사실상 폐기된 것으로 볼 여지가 있고, 위 경우는 무거래 세금계산서 발급죄(10조 3항)에 해당한다고 보아야 할 것이다[본 장 제3절 1.2.2. (3)(가) 참조].

[48] 본 장 제1절 4.1. (2) 참조

[49] 이러한 경우 A는 위 세금계산서에 기한 매입세액 공제를 받을 수 있다. : 대법원 2019. 8. 30. 선고 2016두62726 판결 : "자기의 계산과 책임으로 사업을 영위하지 아니하는 타인의 명의를 빌린 사업자가 어느 사업장에 대하여 타인의 명의로 사업자등록을 하되 온전히 자신의 계산과 책임으로 사업을 영위하며 부가가치세를 신고·납부하는 경우와 같이 명칭이나 상호에도 불구하고 해당 사업장이 온전히 실제 사업자의 사업장으로 특정될 수 있는 경우 명의인의 등록번호는 곧 실제 사업자의 등록번호로 기능하는 것이므로, 그와 같은 등록번호가 '공급받는 자'의 등록번호로 기재된 세금계산서는 사실과 다른 세금계산서라고 할 수 없다."

[50] 같은 견해로 김종근, 281쪽 ; 한편, 이와 달리 A가 B에게 재화 등을 공급하고 C를 '공급하는 자'로 기재한 세금계산서를 발급하였다면 거짓 세금계산서 발급죄가 성립하게 될 것이다[앞의 (가)② 참조].

(다) 공급가액을 사실과 다르게 기재한 경우

공급가액을 실제보다 과소하게 또는 과다하게 기재한 세금계산서를 수수하는 것은 본죄를 구성한다.[51]

한편, 사업자가 특수관계자에게 정상적인 시가보다 낮은 대가로 재화 또는 용역을 공급한 것이 부당행위계산에 해당하는 경우, 그 재화 등의 시가가 공급가액으로 간주되지만(부가가치세법 29조 4항), 이러한 부당행위계산의 부인은 법률행위의 사법상 효력을 변경하는 것이 아니므로, 재화 등의 공급가액을 시가보다 낮게 기재한 세금계산서가 사실과 다른 세금계산서라고 할 수 없고,[52] 본조의 거짓 세금계산서에 해당하지 않는다고 볼 여지가 있다.[53]

(라) 작성 연월일을 사실과 다르게 기재한 경우

세금계산서의 필요적 기재사항인 '작성 연월일'이 사실과 다르게 기재된 경우에는, 매입세액 공제가 인정되더라도, 본조의 거짓 세금계산서에 해당한다고 볼 여지가 있다.[54]

한편, 세금계산서의 '작성 연월일' 및 다른 필요적 기재사항이 사실대로 기재된 경우에는, 매입세액 공제가 인정되지 않더라도, 그 세금계산서는 본조의 거짓 세금계산서에 해당하지 않는다.

(3) 고의 및 통정

(가) 고의

거짓 세금계산서 발급죄·수취죄는 고의범이므로, 해당 세금계산서의 기재사항이 '거짓'이라는 사실의 인식이 필요하다. 세금계산서를 수수한 자가 그 세금계산서의 기재사항이 사실과 다름에도 착오로 이를 인식하지 못한 경우에는 고의가 인정되지 않는다. 따라서 실제로는 직접 사업체를 운영하면서 형식적으로만 제3자 명의로 사업자등록을 한 자로부터 재화 또는 용역을 공급받은 자가, 그 공급자가 세금계산서의 명의인인 제3자와 동일인이 아니라는 사실을 알지 못한 경우에는, 고의가 인정되지 않는다.

(나) 통정

거짓 세금계산서의 수취죄는, 세금계산서를 발급받아야 할 자가 이를 발급하여야 할 자

---

51) 안창남·양수영, 앞의 글, 478쪽 주) 11 ; 공급가액을 실제 금액보다 부풀려 세금계산서에 기재한 사안으로 대법원 2009. 10. 29. 선고 2009도8069 판결, 대법원 2014. 7. 20. 선고 2013도10554 판결
52) 대법원 2004. 9. 23. 선고 2002두1588 판결
53) 김태희, 289쪽
54) 이와 달리, 매입세액 공제 여부와 본죄의 성립 여부를 연계시키는 견해에 의하면, 본문의 경우 본죄가 성립하지 않는다고 보게 될 것이다.

와 '통정하여' 거짓 세금계산서를 발급받은 경우에 한하여 성립한다. 따라서 거짓 세금계산서 수취죄가 성립하기 위해서는, 단순히 거짓 세금계산서임을 인식하고 수취하는 것으로는 족하지 않고, 그 발급자와 짜고(공동의 의사 또는 결의) 거짓 세금계산서를 수취하여야 한다.

(4) 기수시기

거짓 세금계산서의 발급죄·수취죄는 거짓 세금계산서가 발급·수취되는 즉시 기수에 이른다.[55] 따라서 재화 등의 공급자가 거짓 세금계산서를 발급한 후에 이를 바로잡는 수정세금계산서를 발급하였더라도, 이미 성립한 거짓 세금계산서 발급죄에 영향을 미치지 못한다.

(5) 죄수

거짓 기재하여 발급·수취된 세금계산서마다 1죄가 성립한다.[56] 다만, 수 개의 거짓 세금계산서 수수행위가 포괄일죄의 요건을 충족하는 경우에는, 포괄일죄에 해당할 수 있다.[57]

(6) 본죄의 처벌

본죄를 범한 자는 1년 이하의 징역 또는 공급가액에 부가가치세의 세율을 적용하여 계산한 세액의 2배 이하에 상당하는 벌금에 처한다(법 10조 1항 1호, 2항 1호). 여기서 '공급가액'은, 공급가액을 실제보다 부풀리거나 축소하여 세금계산서에 기재한 경우에는, 그 기재된 공급가액 자체가 아니라 그 공급가액과 실제 공급가액과의 차액을 말한다고 보아야 한다.[58]

---

55) 김태희, 290쪽 ; 김종근, 283쪽
56) 대법원 1982. 12. 14. 선고 82도1362 판결
57) 대법원 1982. 6. 22. 선고 81도2459 판결
58) 그 이유는 다음과 같다. ① 만일 세금계산서에 거짓으로 기재된 공급가액 자체를 벌금의 기준이 되는 공급가액으로 본다면, 공급가액의 과다기재와 과소기재 사이에 균형을 잃게 된다. 가령 ㉮ 실제 공급가액이 100만 원임에도 150만 원으로 과다하게 기재된 경우에는 위 150만 원에 부가가치세율 10%를 곱한 15만 원의 2배가 벌금의 상한이 되지만, ㉯ 실제 공급가액이 100만 원임에도 50만 원으로 과소하게 기재된 경우에는 위 50만 원에 부가가치세율 10%를 곱한 5만 원의 2배가 벌금의 상한이 되므로, 두 경우에 실제 공급가액과의 차액이 모두 50만 원으로 동일함에도 벌금의 상한이 달라지는 문제가 생긴다. ② 부가가치세법상 가산세도, 세금계산서의 공급가액을 과다하게 기재한 경우 '실제보다 과다하게 기재된 부분'에 대한 공급가액을 기준으로 산정된다(부가가치세법 60조 3항 5호, 6호).

2. 거짓 세금계산서합계표의 제출

> 제10조(세금계산서의 발급의무 위반 등)
> ① 다음 각 호의 어느 하나에 해당하는 행위를 한 자는 1년 이하의 징역 또는 공급가액에
>   부가가치세의 세율을 적용하여 계산한 세액의 2배 이하에 상당하는 벌금에 처한다.
> 3. 「부가가치세법」에 따라 매출처별 세금계산서합계표를 제출하여야 할 자가 매출처별
>   세금계산서합계표를 거짓으로 기재하여 제출한 행위
> ② 다음 각 호의 어느 하나에 해당하는 행위를 한 자는 1년 이하의 징역 또는 공급가액에
>   부가가치세의 세율을 적용하여 계산한 세액의 2배 이하에 상당하는 벌금에 처한다.
> 3. 「부가가치세법」에 따라 매입처별 세금계산서합계표를 제출하여야 할 자가 통정하여
>   매입처별 세금계산서합계표를 거짓으로 기재하여 제출한 행위

2.1. 의의

본죄는 매출·매입처별 세금계산서합계표를 제출하여야 할 자가 이를 거짓으로 기재하여 제출하는 경우에 성립한다. 본조는 매출·매입처별 세금계산서합계표의 기재내용의 진실성을 담보함으로써 부가가치세 납부세액 또는 환급세액이 적정하게 산정될 수 있도록 하는 기능을 한다.

2.2. 구성요건

2.2.1. 범죄의 주체

본죄의 주체는 '부가가치세법에 따라 매출처별 세금계산서합계표 또는 매입처별 세금계산서합계표를 제출하여야 할 자'이다(법 10조 1항 3호, 2항 3호). 여기서 매출·매입처별 세금계산서합계표를 제출하여야 할 자는 ① 부가가치세 과세사업자 및 ② 세금계산서를 발급받은 면세사업자 등을 말한다(부가가치세법 54조 1항, 5항).[59] 사업자가 전자세금계산서를 발급하거나 발급받고 전자세금계산서 발급명세를 해당 재화 또는 용역의 공급시기가 속하는 과세기간(예정신고의 경우에는 예정신고기간) 마지막 날의 다음 달 11일까지 국세청장에게 전송한 경우에는, 해당 예정신고 또는 확정신고 시 매출·매입처별 세금계산서합계표를 제

---

59) 본 장 제1절 2.1.8. 참조

출하지 않을 수 있다(부가가치세법 54조 2항).

2.2.2. 매출·매입처별 세금계산서합계표의 거짓 기재·제출

(1) '거짓 기재'의 범위

본죄가 성립하려면 매출·매입처별 세금계산서합계표를 '거짓으로 기재'하여야 한다. 조세범처벌법 제10조 제1항 제3호 및 제2항 제3호는 '거짓'의 의미를 정의하지 않으므로, '거짓 기재'의 범위가 문제된다.

매출·매입처별 세금계산서합계표에 기재되어야 할 사항은 ① 공급하는 사업자 및 공급받는 사업자의 등록번호와 성명 또는 명칭, ② 거래기간,[60] ③ 작성 연월일,[61] ④ 거래기간의 공급가액의 합계액 및 세액의 합계액, ⑤ 그 밖에 대통령령으로 정하는 사항[62]이다(부가가치세법 54조 1항).

매출·매입처별 세금계산서합계표 중 '거짓 기재'의 대상이 문제된다. ㉮ 조세범처벌법 제10조 제1항 제3호 및 제2항 제3호의 '거짓'이 그 문언에 따라 일체의 '사실과 어긋난 것'을 의미한다고 해석할 경우 처벌대상이 지나치게 확대될 수 있는 점, ㉯ 매출·매입처별 세금계산서합계표의 제출은 세금계산서의 제출을 대체하는 기능을 하므로,[63] 매출·매입처별 세금계산서합계표의 거짓 기재와 세금계산서의 거짓 기재 간의 일관성 또는 균형을 유지할 필요가 있는 점, ㉰ 위 ⑤의 사항이 거짓으로 기재된 것은 부가가치세법상 가산세의 부과대상이 아닌 점을 고려하면, 본조의 '거짓 기재'는 위 ① 내지 ④의 사항 중 '세금계산서의 필요적 기재사항'에 해당하는 것[64]이 사실과 다르게 기재된 경우를 말한다고 보아야 할 것이다.[65]

매출·매입처별 세금계산서합계표의 공급가액을 과다하게 기재하는 행위뿐만 아니라 과소하게 기재하는 행위도 본조의 구성요건에 해당한다.[66]

---

60) 이는 신고대상기간(해당 과세기간)을 말한다(부가가치세법 시행규칙 별지 제38호 서식, 제39호 서식 중 "작성방법").
61) 이는 해당 세금계산서합계표를 작성하여 제출하는 연월일을 말한다(부가가치세법 시행규칙 별지 제38호 서식, 제39호 서식 중 "작성방법").
62) 부가가치세법 시행령 제98조(세금계산서합계표)
    법 제54조 제1항 제5호에 따라 매출·매입처별 세금계산서합계표에 적을 사항은 거래처별 세금계산서 발급 매수와 그 밖에 기획재정부령으로 정하는 것으로 한다.
63) 매출·매입처별 세금계산서합계표의 제출 제도는 기존에 있던 과세관청에 대한 세금계산서의 제출 제도를 대체하여 도입되었다. 본 장 제1절 2.1.8. (1) 참조
64) 따라서 매출처별 세금계산서합계표 중 매출처(공급받는 자)의 '사업자등록번호'는 본죄의 거짓 기재의 대상이지만, '성명'은 거짓 기재의 대상이 아니다.
65) 김종근, 288쪽은. 매출·매입처별 세금계산서합계표의 기재사항 중 거짓 기재 시 매입세액공제가 허용되지 않는 중요한 사항, 즉 거래처별 등록번호 또는 공급가액에 관한 거짓 기재가 본죄의 처벌대상이라고 본다.
66) 매출·매입처별 세금계산서합계표는 연혁적으로 세금계산서를 대체하여 도입된 것인데[본 장 제1절 2.1.8.

한편, 조세범처벌법 제10조 제3항 제3호와의 관계를 고려하면, 본죄의 거짓 기재는 실물거래가 있는 매출·매입처에 관한 기재만을 의미하고, 실물거래가 없는 매출·매입처에 관한 기재는 포함하지 않는다고 보아야 할 것이다.[67]

(2) 전자세금계산서 관련

(가) 전자세금계산서 발급명세를 과세기간 종료일 다음 달 11일까지 전송한 경우

사업자가 전자세금계산서를 발급하거나 발급받고 전자세금계산서 발급명세를 과세기간 종료일 다음 달 11일까지 국세청장에게 전송한 경우에는, 해당 예정신고 또는 확정신고 시 매출·매입처별 세금계산서합계표를 제출하지 않을 수 있다(부가가치세법 54조 2항).[68] 그리고 위와 같이 '과세기간 종료일 다음 달 11일까지 전송된 전자세금계산서 발급분에 대하여는, 현행 매출·매입처별 세금계산서합계표 서식[69]에 '매출처수(매입처수), 총매수, 총공급가액, 총세액을 매출(매입)세금계산서 총합계 항목'만을 기재하도록 되어 있을 뿐, 매출·매입처별 세금계산서합계표에 기재되어야 할 사항인 '공급하는 사업자 및 공급받는 사업자의 등록번호와 성명 또는 명칭' 등을 기재하도록 되어 있지 않다. 이를 고려하여 대법원은, 사업자가 세금계산서합계표의 제출의무가 면제되는 전자세금계산서 발급분에 관하여 매출·매입처별 세금계산서합계표 서식에 해당 사항을 기재하는 것은, 과세관청의 행정편의를 도모하기 위한 참고사항에 불과할 뿐, 매출·매입처별 세금계산서합계표를 기재한 경우에 해당한다고 할 수 없으므로, 그 기재사항이 사실과 다르더라도 거짓 매출·매입처별 세금계산서합계표 제출죄가 성립할 수 없다고 판단하였다.[70]

(나) 그 외의 경우

위 (가) 외의 경우, 즉 사업자가 ① 전자세금계산서를 발급하거나 발급받고, 전자세금계산서 발급명세를 과세기간 종료일 다음 달 11일까지 국세청장에게 전송하지 않은 경우(**발급명세 지연전송분**), ② **종이세금계산서**를 발급하거나 발급받은 경우에는, 세금계산서합계표의 제출의무가 면제되지 않는다. 그러한 사업자는 매출·매입처별 세금계산서합계표 서식에 해당 사항을 기재하여 제출한 경우에는 본죄가 성립한다.

---

(1) 참조], 세금계산서의 경우 공급가액을 과다하게 기재하는 행위와 과소하게 기재하는 행위가 모두 '거짓 기재'에 해당하는 점[본 절 1.2.3. (2)(다) 참조]과의 균형을 고려하면, 매출·매입처별 세금계산서합계표의 경우에도 공급가액의 과소기재를 '거짓 기재'로 보아야 할 것이다.

67) 본 장 제2절 2.2. (3) 참조

68) 대법원 2013. 3. 28. 선고 2012두26074 판결 : 전자세금계산서를 발급한 법인사업자가 전자세금계산서 발급명세를 전송하면 부가가치세법상 세금계산서합계표 제출의무를 면하게 되어 세금계산서합계표 미제출가산세도 면하게 된다.

69) 부가가치세법 시행규칙 별지 제38호 서식, 제39호 서식

70) 대법원 2017. 12. 28. 선고 2017도12650 판결, 대법원 2018. 12. 24. 선고 2017도18698 판결

(3) 매입처별 세금계산서합계표의 경우 통정하여 거짓 기재·제출할 것

거짓 매입처별 세금계산서합계표의 제출죄가 성립하려면, 그 합계표를 제출하여야 할 자가 '통정하여' 거짓으로 기재하고 제출하여야 한다. 여기서 '통정'의 의미는 세금계산서의 미발급·미수취 및 거짓 세금계산서의 수수[71]에서와 같이 볼 수 있다. 통정의 상대방은 매입처별 세금계산서합계표에 기재된 해당 매입처가 될 것이다.

(4) 기수시기

본죄는 거짓으로 기재한 매출·매입처별 세금계산서합계표를 정부에 제출한 시점에 기수에 이른다.

(5) 죄수

(가) 본죄

거짓으로 기재하여 제출한 각 매출·매입처별 세금계산서합계표마다 1죄가 성립한다.[72] 하나의 매출·매입처별 세금계산서합계표에 여러 개의 허위 사실을 기재하여 제출한 경우, 전체로서 하나의 매출·매입처별 세금계산서합계표를 거짓으로 작성하여 제출하는 것이므로, 1죄가 성립한다.[73]

(나) 본죄와 다른 죄

거짓 세금계산서 수취죄(법 10조 2항 1호)와 거짓 매입처별 세금계산서합계표 제출죄(법 10조 2항 3호)는 실체적 경합의 관계에 있다.[74]

대법원은, 매입처별세금계산서합계표에 기재된 매입처의 공급가액에 해당하는 실물거래가 전혀 존재하지 않거나 일부 실물거래가 존재하더라도 전체적으로 그 공급가액을 부풀려 허위로 기재한 합계표를 정부에 제출한 경우, ㉮ 통정하여 일부 실물거래가 존재하나 전체적으로 공급가액을 부풀려 거짓으로 기재한 매입처별세금계산서합계표 부분에 관하여 구 조세범처벌법 제10조 제2항 제2호의 죄가 성립하고, ㉯ 그와 별도로 그 가공 혹은 허위의 공급가액 부분 전체에 관하여 위 허위기재를 내용으로 하는 구 조세범처벌법 제10조 제3항 제3호의 죄가 성립하며, 양자는 상상적 경합범의 관계에 있다고 판단하였다.[75]

---

71) 본 절 1.2.2. (3)(나) 및 1.2.3. (3)(나) 참조
72) 대법원 2011. 9. 29. 선고 2009도3355 판결 : 다만, 수 개의 매출·매입처별 세금계산서합계표 등에 기재된 공급가액을 합산한 금액이 특가법 제8조의2 제2항에 규정된 금액 이상인 경우에는 특가법 제8조의2 제1항 위반죄의 1죄만이 성립한다.
73) 대법원 2009. 8. 20. 선고 2008도9634 판결
74) 대법원 2015. 10. 15. 선고 2015도9651 판결
75) 대법원 2010. 5. 13. 선고 2010도336 판결, 대법원 2021. 2. 4. 선고 2019도10999 판결

2.3. 본죄의 처벌

본죄를 범한 자는 1년 이하의 징역 또는 공급가액에 부가가치세의 세율을 적용하여 계산한 세액의 2배 이하에 상당하는 벌금에 처한다(법 10조 1항 3호, 2항 3호). 여기서 '공급가액'은, 공급가액을 실제보다 부풀리거나 축소하여 매출·매입처별 세금계산서합계표에 기재한 경우에는, 그 기재된 공급가액 자체가 아니라 그 공급가액과 실제 공급가액과의 차액을 말한다고 보아야 한다.[76]

3. 계산서의 미발급·미수취 등

> 제10조(세금계산서의 발급의무 위반 등)
> ① 다음 각 호의 어느 하나에 해당하는 행위를 한 자는 1년 이하의 징역 또는 공급가액에 부가가치세의 세율을 적용하여 계산한 세액의 2배 이하에 상당하는 벌금에 처한다.
> 2. 「소득세법」 또는 「법인세법」에 따라 계산서(전자계산서를 포함한다. 이하 이 조에서 같다)를 발급하여야 할 자가 계산서를 발급하지 아니하거나 거짓으로 기재하여 발급한 행위
> ② 다음 각 호의 어느 하나에 해당하는 행위를 한 자는 1년 이하의 징역 또는 공급가액에 부가가치세의 세율을 적용하여 계산한 세액의 2배 이하에 상당하는 벌금에 처한다.
> 2. 「소득세법」 또는 「법인세법」에 따라 계산서를 발급받아야 할 자가 통정하여 계산서를 발급받지 아니하거나 거짓으로 기재한 계산서를 발급받은 행위

---

76) 그 이유는 다음과 같다. ① 만일 매출·매입처별 세금계산서합계표에 거짓으로 기재된 공급가액 자체를 벌금의 기준이 되는 공급가액으로 본다면, 공급가액의 과다기재와 과소기재 사이에 균형을 잃게 된다. 가령 ㉮ 실제 공급가액이 100만 원임에도 150만 원으로 과다하게 기재된 경우에는 위 150만 원에 부가가치세율 10%를 곱한 15만 원의 2배가 벌금의 상한이 되지만, ㉯ 실제 공급가액이 100만 원임에도 50만 원으로 과소하게 기재된 경우에는 위 50만 원에 부가가치세율 10%를 곱한 5만 원의 2배가 벌금의 상한이 되므로, 두 경우에 실제 공급가액과의 차액이 모두 50만 원으로 동일함에도 벌금의 상한이 달라지는 문제가 생긴다. ② 부가가치세법상 가산세도 ㉮ 매출처별 세금계산서합계표의 공급가액이 사실과 다르게 적혀 있는 경우에는 '사실과 다르게 적혀 있는 부분에 대한 공급가액'을 기준으로 산정되고(부가가치세법 60조 6항 2호), ㉯ 매입처별 세금계산서합계표의 공급가액을 ㉠ 과소하게 기재한 경우에는 매입처별 세금계산서합계표에 따르지 않고 세금계산서 등에 따라 공제받은 매입세액에 해당하는 공급가액을 기준으로 산정되며(부가가치세법 60조 7항 2호), ㉡ 과다하게 기재한 경우에는 '실제보다 과다하게 기재된 부분'에 대한 공급가액을 기준으로 산정된다(부가가치세법 60조 3항 5호, 6호).

3.1. 의의

계산서는 부가가치세 면세사업자가 공급하는 재화 또는 용역에 관하여 발행하는 서류이고, 면세사업자의 거래에 관한 증빙자료 및 과세자료의 기능을 한다.

과거의 조세범처벌법은 계산서의 미발급·미수취 및 거짓 계산서의 수수에 대한 처벌규정을 두지 않았으나,[77] 2018. 12. 31. 개정된 조세범처벌법은 그 처벌규정을 제10조 제1항 제2호 및 제2항 제2호에 신설하였다.

3.2. 구성요건

(1) 범죄의 주체

본죄의 주체는 '소득세법 또는 법인세법에 따라 계산서를 발급하여야 할 자 및 이를 발급받아야 할 자'이다.

소득세법 또는 법인세법에 따라 계산서를 발급하여야 할 자는, 부가가치세법상 면세사업자로서 소매업·음식점업·여객운송업 등을 하는 사업자가 아닌 자를 말하고,[78] 계산서를 발급받아야 할 자는 위와 같은 면세사업자로부터 공급을 받은 자를 말한다.

(2) 계산서의 미발급과 미수취

본죄의 객관적 구성요건은 계산서를 발급하지 않는 행위와 이를 발급받지 않는 행위이다. 세금계산서의 미발급·미수취죄에 관한 내용[79]은 계산서의 미발급·미수취에 대하여 대체로 적용될 수 있다. 계산서 미수취죄가 성립하려면 계산서를 발급하여야 할 자와 통정하여 계산서를 발급받지 않아야 한다.

(3) 거짓 계산서의 발급과 수취

본죄의 객관적 구성요건은 거짓 계산서를 발급하는 행위와 이를 발급받는 행위이다. 거짓 세금계산서 수수죄에 관한 내용[80]은 거짓 계산서의 수수죄에 대하여 대체로 적용될 수 있다. 거짓 계산서 수취죄가 성립하려면 계산서를 발급하는 자와 통정하여 거짓 계산서를 발급받아야 한다.

---

77) 이에 따라 사업자가 계산서를 수취하지 않거나 거짓 계산서를 수취한 경우 가산세의 제재를 받는 데 그쳤다 (소득세법 81조 3항 1호, 163조 1항, 법인세법 75조의5 1항, 116조 2항 4호).
78) 본 장 제1절 2.2.1. 참조
79) 본 절 1.2.2. 참조
80) 본 절 1.2.3. 참조

4. 거짓 계산서합계표의 제출

> 제10조(세금계산서의 발급의무 위반 등)
> ① 다음 각 호의 어느 하나에 해당하는 행위를 한 자는 1년 이하의 징역 또는 공급가액에 부가가치세의 세율을 적용하여 계산한 세액의 2배 이하에 상당하는 벌금에 처한다.
> 4. 「소득세법」 또는 「법인세법」에 따라 매출처별 계산서합계표를 제출하여야 할 자가 매출처별 계산서합계표를 거짓으로 기재하여 제출한 행위
> ② 다음 각 호의 어느 하나에 해당하는 행위를 한 자는 1년 이하의 징역 또는 공급가액에 부가가치세의 세율을 적용하여 계산한 세액의 2배 이하에 상당하는 벌금에 처한다.
> 4. 「소득세법」 또는 「법인세법」에 따라 매입처별 계산서합계표를 제출하여야 할 자가 통정하여 매입처별 계산서합계표를 거짓으로 기재하여 제출한 행위

4.1. 의의

본죄는, ① 소득세법 또는 법인세법에 따라 매출처별 계산서합계표를 제출하여야 할 자가 매출처별 계산서합계표를 거짓으로 기재하여 제출한 경우와 ② 소득세법 또는 법인세법에 따라 매입처별 계산서합계표를 제출하여야 할 자가 통정하여 매입처별 계산서합계표를 거짓으로 기재하여 제출한 경우에 성립한다.

과거의 조세범처벌법은 거짓 계산서합계표의 제출에 대한 처벌규정을 두지 않았으나, 2018. 12. 31. 개정된 조세범처벌법은 그 처벌규정을 제10조 제1항 제4호 및 제2항 제4호에 신설하였다.

4.2. 구성요건

(1) 범죄의 주체

본죄의 주체는 소득세법 또는 법인세법에 따라 매출·매입처별 계산서합계표를 제출하여야 할 자이다. '소득세법 또는 법인세법에 따라 매출·매입처별 계산서합계표를 제출하여야 할 자'는, 계산서를 발급하였거나 발급받은 사업자 또는 법인을 말한다(소득세법 163조 5항 본문, 법인세법 121조 5항 본문).[81] 전자세금계산서를 발급하거나 발급받고 전자세금계산서 발급명세를 대통령령으로 정하는 기한까지 국세청장에게 전송한 경우에는 매출·매입처별

---

81) 본 장 제1절 2.2.3. 참조

계산서합계표의 제출의무가 없다(소득세법 163조 5항 단서, 법인세법 121조 5항 단서).

(2) 계산서합계표의 거짓 기재

매출·매입처별 계산서합계표에 기재할 사항은 ① 제출자의 인적사항, ② 거래기간, ③ 거래상대방인 사업자의 등록번호, 상호, ④ 계산서의 매수, ⑤ 공급가액 등이다(소득세법 시행령 212조 1항, 소득세법 시행규칙 100조 31호[82]).

매출·매입처별 계산서합계표의 기재사항 중 '거짓 기재'의 범위는 매출·매입처별 세금계산서합계표의 거짓 기재[83]에 준하여 판단할 수 있다. 매출·매입처별 계산서합계표의 대상인 거래는 매출·매입처별 세금계산서합계표의 대상인 거래에 비하여 세법적 중요성이 낮은데,[84] 전자에 관한 계산서합계표의 거짓 기재 범위를 더 넓게 해석하여 처벌하는 것은 균형이 맞지 않기 때문이다.

한편, 사업자가 전자계산서 발급명세를 전자계산서 발급일의 다음 날까지 국세청장에게 전송한 경우, 매출·매입처별 계산서합계표의 제출의무가 면제되는데(소득세법 163조 5항 단서 및 2호, 8항), 위와 같은 전자계산서 발급분에 관하여 매출·매입처별 계산서합계표 서식에 해당 사항을 기재하는 것은, 매출·매입처별 계산서합계표의 기재에 해당하지 않으므로, 그 기재사항이 사실과 다르더라도 거짓 매출·매입처별 계산서합계표 제출죄가 성립하지 않는다.[85]

(3) 거짓으로 기재한 매출·매입처별 계산서합계표의 제출

본죄가 성립하려면, 거짓으로 기재한 매출·매입처별 계산서합계표를 정부에 제출하여야 한다. 거짓 매입처별 계산서합계표의 제출죄의 경우, 그 합계표를 제출하여야 할 자가 '통정하여' 거짓으로 기재하고 제출하여야 한다. 여기서 '통정'의 의미는 세금계산서의 미발급·미수취 및 거짓 세금계산서의 수수[86]에서와 같이 볼 수 있다. 통정의 상대방은 매입처

---

82) 소득세법 시행규칙 별지 제29호 서식
83) 본 절 2.2.2. (1) 참조
84) 특가법 제8조의2 제1항은 세금계산서 교부의무 위반 등을 가중처벌하면서 그 요건인 "공급가액 등의 합계액"에 매출·매입처별 세금계산서합계표의 공급가액은 포함시키면서도 매출·매입처별 계산서합계표의 공급가액은 제외시키고 있다.
85) 대법원 2017. 12. 28. 선고 2017도12650 판결(매출·매입처별 세금계산서합계표의 거짓 기재가 문제된 사안). 본 절 2.2.2. (2) 참조 : 소득세법 시행규칙의 매입처별 계산서합계표에는 부가가치세법상 매출·매입처별 세금계산서합계표와 마찬가지로 '과세기간 종료일 다음 달 11일까지' 전송된 전자계산서와 그 외의 계산서를 구분하여 기재하도록 정하고 있다. 그러나 사업자의 매출·매입처별 계산서합계표 제출의무가 면제되는 것은 전자계산서 발급명세를 '전자계산서 발급일의 다음 날까지' 국세청장에게 전송한 경우이고, 그 전송기한은 전자세금계산서 발급명세에 대한 것과 다르다. 따라서 거짓 매출·매입처별 계산서합계표의 제출죄에 대하여 위 판례를 적용할 때는 위와 같은 전자계산서 발급명세의 전송기한의 차이를 고려하여야 할 것이다.
86) 본 절 1.2.2. (3) 및 1.2.3. (3) 참조

별 계산서합계표에 기재된 해당 매입처가 될 것이다.

(4) 기수시기 및 죄수

본죄는 거짓으로 기재한 매출·매입처별 계산서합계표를 정부에 제출한 시점에 기수에 이른다. 거짓으로 기재하여 제출한 각 매출·매입처별 계산서합계표마다 1죄가 성립한다.

실물거래가 없는 세금계산서 등 관련 범죄

1. 실물거래 없는 세금계산서의 발급·수취

> 제10조(세금계산서의 발급의무 위반 등)
> ③ 재화 또는 용역을 공급하지 아니하거나 공급받지 아니하고 다음 각 호의 어느 하나에
> 해당하는 행위를 한 자는 3년 이하의 징역 또는 공급가액에 부가가치세의 세율을 적용
> 하여 계산한 세액의 3배 이하에 상당하는 벌금에 처한다.
> 1. 「부가가치세법」에 따른 세금계산서를 발급하거나 발급받은 행위

1.1. 의의와 입법취지

조세범처벌법 제10조 제3항 제1호는, 재화 또는 용역을 공급하거나 공급받지 않은 자가 자신을 공급하는 자로 기재한 세금계산서를 발급하거나 자신이 공급받는 자로 기재된 세금계산서를 발급받는 행위를 처벌한다.[1] 본죄는, 실물거래 없이 세금계산서를 수수하는 행위를 처벌함으로써 세금계산서 수수질서의 정상화를 도모하기 위한 것이다.[2] 헌법재판소는 본조가 죄형법정주의의 명확성원칙과 사업자의 직업수행자유를 침해하지 않는다고 결정하였다.[3] 본조의 무거래 세금계산서 발급죄와 수취죄는 대향범의 관계에 있다고 볼 여지가 있다.[4] 본죄가 신분범인지 여부에 관하여 견해가 대립한다.[5]

---

1) 대법원 2015. 2. 26. 선고 2014도14990 판결
2) 대법원 2014. 4. 30. 선고 2012도7768 판결, 대법원 2020. 10. 15. 선고 2020도118 판결
3) 헌법재판소 2019. 11. 28. 2017헌바504, 2018헌바336(병합) 결정
4) 제1편 제4장 6. (2) 참조
5) ① 재화 등을 공급하지 않거나 공급받지 않았다는 사정을 객관적 구성요건요소가 아니라 본죄의 주체가 되기 위한 신분으로 파악하는 견해로, 한승, 501쪽 및 안대희 등, 162쪽. ② 본죄가 비신분범이라고 보는 견해로, 김종근, 300쪽, 지익상, 592쪽. 본죄가 신분범인지 여부는 별다른 차이를 가져오지 않으므로, 그 구별실익은 크지 않은 것으로 보인다. 서경민, "재화나 용역을 공급하거나 공급하지 아니하고 제3자 명의 세금계산서를 발급한 경우의 형사책임에 관한 유형별 검토", 사법 제76집, 사법발전재단, 2023, 640~641쪽

1.2. 본죄의 구성요건

본죄가 성립하기 위해서는, 상호 간에 재화 또는 용역의 공급이 없는 자들 사이에 세금계산서가 수수되어야 한다.

1.2.1. 주체 : 상호 간에 재화 또는 용역의 공급이 없는 자들

본죄는 세금계산서를 발급·수취한 자들 사이에 재화 또는 용역의 공급이 없는 경우에 성립한다. 재화 등의 공급이 있었더라도, 그 당사자가 아닌 자가 세금계산서를 발급하거나 수취한 경우에는, 본죄에 해당한다.

조세범처벌법 제10조 제3항 제1호의 처벌대상에는 ① 재화 또는 용역의 공급 없이 세금계산서만을 발급하거나 발급받는 행위뿐만 아니라, ② 재화 또는 용역을 공급받은 자가 실제 공급자가 아닌 다른 사람이 작성한 세금계산서를 발급받은 경우 및 ③ 재화 또는 용역의 공급자가 실제로 공급받은 자가 아닌 다른 사람에게 세금계산서를 발급한 경우도 포함된다.[6] 무거래 세금계산서 수취죄는, 이른바 '자료상'으로부터 세금계산서를 발급받은 경우에 한정되지 않는다.[7]

부가가치세법상 재화의 공급은 계약상 또는 법률상의 모든 원인에 따라 재화를 인도하거나 양도하는 것을 말하고(부가가치세법 9조 1항), 용역의 공급은 계약상 또는 법률상의 모든 원인에 따라 역무를 제공하거나 시설물, 권리 등 재화를 사용하게 하는 것을 말한다(부가가치세법 11조 1항).

재화나 용역을 공급하기로 하는 계약을 체결하는 등 실물거래가 있다는 것은, 재화나 용역을 공급하기로 하는 구속력 있는 합의가 있음을 의미한다.[8]

타인명의 거래 또는 제3자가 중간에 끼워넣어진 거래의 경우, 세금계산서상의 공급당사자 사이에 부가가치세법상 거래가 실제로 존재하였는지 여부는, 계약의 해석에 의한 당사자확정의 법리와 실질과세원칙을 종합적으로 고려하여 결정하여야 한다.[9]

---

6) 대법원 2014. 7. 10. 선고 2013도10554 판결, 대법원 2017. 6. 29. 선고 2017도4548 판결
7) 대법원 2010. 1. 28. 선고 2007도10502 판결
8) 대법원 2012. 11. 15. 선고 2010도11382 판결, 대법원 2023. 12. 21. 선고 2022도13402 판결
9) 본 장 제1절 3.2. (5) 참조

1.2.2. 재화 등의 공급이 없는 자들 간에 세금계산서가 발급·수취될 것

본죄가 성립하기 위해서는, 재화 또는 용역의 공급이 없는 자들 간에 세금계산서가 발급·수취되어야 한다.

(1) 세금계산서를 발급하거나 수취한 자의 판단기준

세금계산서를 발급하거나 수취한 자는, 원칙적으로 자기의 의사에 따라 세금계산서에 '공급하는 자' 또는 '공급받는 자'로 기재된 자이다.[10]

예외적으로, 실제로는 자신이 직접 사업체를 운영하면서 재화 등을 공급한 자가 형식적으로 사업자등록만을 제3자 명의로 하고, 그 명의로 세금계산서를 발급한 경우에는, 세금계산서를 발급한 주체는 명의자인 제3자가 아니라 재화 등을 공급한 자로 보아야 한다.[11]

(2) 실물거래 없이 세금계산서가 수수된 경우

A가 B에게 재화 또는 용역을 공급하지 않았음에도 C의 동의하에 B에게 C 명의의 세금계산서를 교부한 경우 다음과 같이 처리된다.

① 위 경우 원칙적으로 명의인인 C가 세금계산서의 발급행위자이므로, B와 C는 무거래 세금계산서 수수죄로 처벌된다. A는 세금계산서의 발급행위자가 아니므로, 무거래 세금계산서 발급죄의 단독정범이 될 수 없지만, 가담 정도에 따라 B 또는 C의 범행에 대한 공동정범 또는 방조범이 될 수는 있다.

② 위 사례에서 A가 자신이 직접 사업체를 운영하면서 형식적으로 그 사업자등록만을 C 명의로 하였다면, 예외적으로 위 사업자등록은 실질적 사업주체인 A의 것으로 볼 수 있으므로,[12] 세금계산서의 발급행위자는 명의자인 C가 아니라 A이다. 위 경우 A는 무거래 세금계산서 발급죄로 처벌되고, C는 가담 정도에 따라 A의 범행에 대한 공동정범 또는 방조범이 될 수 있다.

(3) 실물거래의 당사자가 아닌 제3자 명의로 세금계산서가 수수된 경우

(가) 제3자의 동의가 있는 경우

실물거래가 있었으나 그 당사자가 아닌 제3자의 동의하에 제3자 명의로 세금계산서가 수수된 경우, 제3자와 공급당사자의 죄책은, 거짓 세금계산서의 수수죄 중 '공급하는 자' 또는 '공급받는 자'를 제3자로 기재한 세금계산서를 발급·수취한 행위[13]에 대한 것과 같다.

---

10) 대법원 2015. 2. 26. 선고 2014도14990 판결 : 본 장 제1절 4.1. (1) 참조
11) 대법원 2015. 2. 26. 선고 2014도14990 판결 : 본 장 제1절 4.1. (2) 참조
12) 본 장 제1절 4.1. (2) 참조
13) 본 장 제2절 1.2.3. (2)(가), (나) 참조

① 원칙 : 무거래 세금계산서 수수죄

A가 제3자인 C의 동의하에, B에게 재화 또는 용역을 공급하고 C를 '공급하는 자'로 기재한 세금계산서를 발급하거나, B로부터 재화 등을 공급받고 C를 '공급받는 자'로 기재한 세금계산서를 수취한 경우, 원칙적으로 명의인 C가 세금계산서의 발급 또는 수취행위를 한 것으로 볼 수 있다.[14]

C와 B 사이에는 재화 등의 공급이 없으므로, C와 B는 무거래 세금계산서 수수죄로 처벌된다. A는 실제 거래의 당사자이고 위 세금계산서의 발급·수수행위자가 아니므로, 무거래 세금계산서 수수죄의 단독정범이 될 수 없지만, 가담 정도에 따라 그 공동정범이나 방조범이 될 수는 있다.[15] 실제 공급당사자 A와 B는 상호 간에 세금계산서를 발급·수취하지 않았으므로, 세금계산서 미발급죄·미수취죄로 처벌될 수 있다.[16]

위 경우와 관련된 대법원 판례는 다음과 같다.

㉮ 골프장 건설사업의 시행사가 골프장 건설을 위하여 자회사를 설립한 후 실제로 그 직원들을 통하여 골프장 건설공사를 진행하였음에도, 건설공사에 관하여 건설업 등록을 한 A 회사에게 위 공사를 도급하는 계약을 체결함으로써 그 건설업 명의를 대여받고 명의대여료를 지급하는 한편, A로부터 세금계산서를 발급받은 사건에서, 법원은 위 세금계산서는 조세범처벌법 제10조 제3항의 무거래 세금계산서에 해당한다고 판단하였다.[17] 한편, 도급인과 실제로 공사도급계약을 체결한 수급인 회사가 타인으로 하여금 수급인 회사 명의로 그 시공을 수행하여 공사를 완성하게 한 경우, 수급인 회사가 용역의 공급자에 해당하므로, 수급인 회사가 자신을 '공급하는 자'로 기재하여 도급인에게 발급한 세금계산서는 조세범처벌법 제10조 제3항의 무거래 세금계산서에 해당하지 않는다.[18]

㉯ A가 B와의 도급계약에 따른 채무의 대물변제로 B에게 상가를 이전하기로 하였는데, B가 C에게 위 상가를 매도하고, A가 A, B 및 C 간의 합의에 따라 직접 C에게 상가의 소유권이전등기를 한 후 C에게 세금계산서를 발급한 경우, 위 세금계산서는 무거래 세금계산서에 해당한다.[19]

---

14) 본 장 제1절 4.1. (1) 참조
15) 대법원 2012. 5. 10. 선고 2010도13433 판결 ; 이와 달리 대법원 1982. 6. 22. 선고 81도2459 판결은, 피고인이 공소외 1 등에게 물품을 공급하였음에도 위 물품을 피고인 5 회사에 판매한 것처럼 세금계산서에 허위의 기재를 하여 위 회사에 교부한 사안에서, 구 조세범처벌법 제11조의2 제1항의 허위기재의 죄(현행 조세범처벌법 10조 1항 1호)에 해당한다고 판단하였다. 그러나 위 판결은 이후의 위 2010도13433 판결 등에 의하여 사실상 폐기된 것으로 볼 여지가 있다.
16) 대법원 2014. 7. 10. 선고 2013도10554 판결 ; 다만, 재화 등을 공급받은 자가 세금계산서 미수취죄로 처벌되기 위해서는 그 공급자와 통모한 경우이어야 한다.
17) 대법원 2017. 12. 5. 선고 2017도11564 판결
18) 대법원 2008. 8. 11. 선고 2008도4930 판결
19) 광주지방법원 2020. 9. 16. 선고 2020고단3070 판결, 광주지방법원 2021. 9. 29. 선고 2020노2522 판결, 대법원

② 예외 : 제3자의 사업자등록을 실제 거래를 한 당사자의 것으로 볼 수 있는 경우

A가, 실제로는 자신이 직접 사업체를 운영하면서 사업자등록만을 형식적으로 제3자인 C 명의로 한 후, ㉮ B에게 재화 또는 용역을 공급하고 C를 '공급하는 자'로 기재한 세금계산서를 발급하거나, ㉯ B로부터 재화 등을 공급받고 C를 '공급받는 자'로 기재한 세금계산서를 수취한 경우, 명의자인 C가 아니라 실제로 사업체를 운영하면서 재화 등을 공급하거나 공급받은 A가 세금계산서의 발급 또는 수취행위를 한 주체에 해당하므로,[20] A와 B는 무거래 세금계산서 수수죄로 처벌되지 않는다.[21]

다만, 위 ㉮의 경우 A가 세금계산서 중 '공급하는 자'를 거짓으로 기재하여 발급한 행위는 거짓 세금계산서 발급죄에 해당할 수 있지만,[22] ㉯의 경우 '공급받는 자'의 등록번호 및 성명 등을 C로 기재한 세금계산서를 수취한 것은 거짓 세금계산서 수취죄에 해당하지 않을 여지가 있다.[23]

(나) 제3자의 동의가 없는 경우

대법원은, 본조는 재화 등을 공급하지 않은 자가 자신을 공급하는 자로 기재한 세금계산서를 교부하는 행위를 처벌대상으로 규정한 것이므로, 재화 등을 공급하지 않은 자가 제3자의 명의를 위조하여 제3자를 '공급하는 자'로 기재하여 세금계산서를 발급한 경우, 무거래 세금계산서 발급죄의 주체가 될 수 없고, 사문서위조죄로 처벌될 수 있을 뿐이라고 판단하였다.[24] 위 경우 제3자도 위 세금계산서의 발급주체가 아니므로, 결국 누구에 관하여도 무거래 세금계산서 발급죄는 성립하지 않게 된다.

한편, 세금계산서의 작성권자는 그 세금계산서의 '공급하는 자'로 기재된 자이고, '공급받는 자'는 세금계산서의 작성명의인이 아니므로, 세금계산서를 작성하면서 그 '공급받는 자'란에 임의로 다른 사람을 기재하는 행위는 사문서위조죄에 해당하지 않는다.[25]

2021. 12. 7.자 2021도13970 결정 : 위 사건과 관련된 세금계산에 따른 매입세액의 불공제가 문제된 것으로 광주지방법원 2023. 6. 8. 선고 2023구합30 판결, 광주고등법원 2023. 11. 23. 선고 2023누10913 판결

20) 자기의 계산과 책임으로 사업을 영위하지 않는 타인의 명의를 빌린 사업자가, 타인의 명의로 사업자등록을 하되 온전히 자신의 계산과 책임으로 사업을 영위하며 부가가치세를 신고·납부하는 경우와 같이, 명칭이나 상호에도 불구하고 해당 사업장이 온전히 실제 사업자의 사업장으로 특정될 수 있는 경우, 명의인의 등록번호는 곧 실제 사업자의 등록번호로 기능하므로, 그와 같은 등록번호가 '공급받는 자'의 등록번호로 기재된 세금계산서는 사실과 다른 세금계산서라고 할 수 없다(대법원 2019. 8. 30. 선고 2016두62726 판결).

21) 대법원 2015. 2. 26. 선고 2014도14990 판결

22) 대법원 2015. 2. 26. 선고 2014도14990 판결

23) 본 장 제2절 1.2.3. (2)(가), (나) 참조

24) 대법원 2014. 11. 27. 선고 2014도1700 판결

25) 대법원 2007. 3. 15. 선고 2007도169 판결

1.2.3. 세금계산서

(가) 세금계산서의 범위

본조의 세금계산서는 재화 또는 용역의 '공급'에 대하여 발급·수취되는 것을 말한다. 따라서 공급가액을 증액하는 양(+)의 수정세금계산서[26]는 본조의 세금계산서'에 해당하지만, 무거래로 발급·수취된 세금계산서를 취소하는 의미로 발급·수취된 음(-)의 수정세금계산서는 본조의 세금계산서에 포함되지 않는다.[27]

수입세금계산서는 재화 또는 용역의 '공급'에 대하여 발급되는 것이 아니므로 본조의 세금계산서에 해당하지 않는다.[28]

(나) 구체적 처리

① 무거래 세금계산서를 취소하는 음(-)의 수정세금계산서를 발행한 경우

재화나 용역의 공급이 없었음에도 무거래 세금계산서를 발급·수취한 자들이 이후 이를 취소하는 의미로 음(-)의 수정세금계산서를 발급·수취한 경우, 뒤의 수정세금계산서 발급·수취행위는, 새로 재화 등을 공급하거나 공급받은 것을 내용으로 하는 것이 아니라, 앞선 무거래 세금계산서의 발급·수취를 바로잡기 위한 방편에 불과하므로, 별도로 무거래 세금계산서 발급죄·수수죄를 구성하지 않고, 이미 성립한 무거래 세금계산서 발급죄·수수죄에 영향을 미치지 못한다.[29][30]

② 무거래 세금계산서를 취소하는 음(-)의 수정세금계산서를 발행한 후 양(+)의 세금계산서를 발행한 경우

당초 실물거래 없이 가공의 세금계산서를 발급·수취한 자들이 이후 음(-)의 수정세금계산서를 발급·수취하였다가 다시 이에 대응하는 양(+)의 세금계산서를 발급·수취한 경우, 위 양(+)의 세금계산서의 발급·수취로 인하여 세금계산서의 수수질서가 침해되고 세금계산서의 증빙서류 기능이 훼손되었으므로, 그 행위는 무거래 세금계산서 발급죄에 해당한다.[31]

---

26) 본 장 제1절 2.1.6. 참조
27) 대법원 2020. 10. 15. 선고 2020도118 판결
28) 김종근, 306쪽
29) 대법원 2020. 10. 15. 선고 2020도118 판결
30) 이 경우 음(-)의 수정세금계산서를 발급·수취한 자들 상호간에는 재화 등의 공급이 없었으므로, 위 자들은 세금계산서를 발급하여야 할 자 또는 발급받아야 할 자에 해당하지 않고, 위 수정세금계산서의 발급·수취행위는 거짓 세금계산서 수수죄를 구성하지 않는다.
31) 대법원 2020. 10. 15. 선고 2020도118 판결

③ 음(−)의 수정세금계산서 대신 반대방향의 세금계산서를 발행한 경우

매매계약에 따라 재화 또는 용역의 공급을 받은 자가 그 공급자로부터 매입세금계산서를 발급받은 후 그 계약이 해제되자 수정세금계산서를 발급받아야 함에도 공급자에게 반대로 재화 또는 용역을 공급한 것처럼 매출세금계산서를 발급한 경우, 그 과세기간의 매출세액과 매입세액의 합계액에 영향을 미치지 않는다고 하더라도, 실제로 그 세금계산서에 상응하는 재화 등의 공급이 없는 이상 무거래 세금계산서 발급죄가 성립한다.[32]

④ 양(+)의 수정세금계산서를 발급한 경우

실물거래가 없는 자들 사이에서 공급가액을 증액하는 양(+)의 수정세금계산서를 발급 · 수취하는 것은 본죄에 해당한다.[33]

1.2.4. 기수시기

본죄는 실물거래 없이 세금계산서를 발급 · 수취하는 시점에 기수에 이른다.[34]

1.3. 죄수

무거래 세금계산서 발급죄 및 수취죄는 원칙적으로 각 세금계산서마다 1개의 죄가 성립한다.[35] 다만, 수 개의 무거래 세금계산서 수수행위가 포괄일죄의 요건을 충족하는 경우[36]에는, 포괄일죄에 해당할 수 있다.[37][38]

---

32) 대법원 2014. 4. 30. 선고 2012도7768 판결 : 위 사건의 원심은 피고인에게 무거래 세금계산서의 교부에 대한 범의가 인정되지 않는다고 보았으나, 대법원은 피고인에게 그러한 범의가 부정되지 않는다고 판단하였다.
33) 대법원 2020. 10. 15. 선고 2020도118 판결
34) 대법원 2020. 10. 15. 선고 2020도118 판결
35) 대법원 2006. 10. 26. 선고 2006도5147 판결
36) 즉, 수 개의 무거래 세금계산서 수수행위가 영리를 목적으로 단일하고 계속된 범의 아래 일정기간 계속하여 행하고 행위들 사이에 시간적 · 장소적 연관성이 있으며 범행의 방법 간에도 동일성이 인정되는 경우(대법원 2015. 6. 23. 선고 2015도2207 판결)
37) 대법원은 수 개의 무거래 세금계산서 수수행위 등이 포괄하여 특가법 제8조의2 위반죄를 구성할 수 있음을 인정하였다(대법원 2015. 6. 23. 선고 2015도2207 판결). 위 판결의 취지가 수 개의 무거래 세금계산서 수수행위가 특가법 제8조의2 위반죄를 구성하는 경우에만 포괄일죄를 구성할 수 있다는 것으로 보이지는 않는다. 위 판결에 대하여는 하태한, "동일한 가공거래 또는 전자세금계산서 발급분인 경우 특정범죄 가중처벌 등에 관한 법률 제8조의2 제1항의 적용 요건으로서 "공급가액 등의 합계액" 산정 대상 및 방법", 대법원판례해설 제114조(2018), 623쪽
38) 수 개의 무거래 세금계산서 수수행위가 특가법 제8조의2 위반죄에는 해당하지 않지만 포괄일죄를 구성하는 경우, ① 벌금형을 선고할 때는 경합범의 가중제한 규정이 적용되지 않고 각 죄의 벌금형을 합산하여야 하므로, 각 1죄를 구성하는 경우와 차이가 없지만(징역형을 선고하는 경우에는 차이가 있게 될 것이다), ② 일부 범행에 대한 고발의 효력 또는 확정판결의 기판력에 관하여는 각 1죄를 구성하는 경우와 다르게 될 것이다.

피고인이 운영하는 여러 회사들 간에 실물거래가 없음에도 그 중 한 회사를 대표하여 다른 회사에게 세금계산서를 발급하는 행위와 다른 회사를 대표하여 위 세금계산서를 수취하는 행위는 각각 별개의 무거래 세금계산서 수수죄를 구성한다. 이는 양죄가 대향범인지 여부와 무관하다.[39][40] 위 경우 피고인이 각 회사를 대표하여 실물거래 없이 허위 세금계산서를 발급·수취하는 행위는 1개의 행위로 평가하여야 하므로, 무거래 세금계산서의 발급죄와 그 수취죄는 상상적 경합의 관계에 있다.[41]

2. 실물거래 없는 세금계산서합계표의 거짓 기재·제출

제10조(세금계산서의 발급의무 위반 등)
③ 재화 또는 용역을 공급하지 아니하거나 공급받지 아니하고 다음 각 호의 어느 하나에 해당하는 행위를 한 자는 3년 이하의 징역 또는 공급가액에 부가가치세의 세율을 적용하여 계산한 세액의 3배 이하에 상당하는 벌금에 처한다.
3. 「부가가치세법」에 따른 매출·매입처별 세금계산서합계표를 거짓으로 기재하여 제출한 행위

---

39) 조세범처벌법 제10조 제3항 제1호의 무거래 세금계산서 발급죄와 같은 항 제2호의 무거래 세금계산서 수취죄는 대향범의 관계에 있다고 볼 여지가 있다. 여기서 대향범의 관계에 있다는 것은, 한 죄의 구성요건에 해당하는 행위 자체만으로는 다른 죄에 대한 공범으로 취급되지 않음을 의미할 뿐이고, 양 죄의 구성요건에 해당하는 행위를 각각 별도로 한 자가 양 죄로 동시에 처벌되는 것을 방해하지 않는다. 제1편 제4장 6. (2) 참조.

40) 피고인이 폭탄업체와 간판업체의 운영에 모두 관여하여 부가가치세를 포탈한 것과 관련하여, 폭탄업체와 간판업체 사이에 실물거래가 없음에도 폭탄업체가 간판업체에 무거래 세금계산서를 발급한 행위와 간판업체가 폭탄업체로부터 무거래 세금계산서를 발급받은 행위로 기소된 사안에서, ① 1심은, 무거래 세금계산서 발급죄와 무거래 세금계산서 수취죄가 대향범에 해당하고, 대향범 관계에 있는 자 사이에서는 각자 상대방의 범행에 대한 형법총칙의 공범 규정이 적용되지 않는다는 등의 이유로, 공소사실 중 무거래 세금계산서 수취 부분을 무죄로 판단하였으나, ② 2심(대전고등법원 2017. 4. 27. 선고 2016노696 판결)은 양죄는 별개의 범죄이므로, 법적 평가 역시 별개로 이루어져야 하고, 이는 대향범의 법리와 무관하다는 이유로 무거래 세금계산서 수취의 공소사실도 유죄로 인정하였다(위 판결에 대하여 대향범 주장을 하였던 피고인은 상고하지 않았기 때문에, 다른 피고인의 상고에 따른 대법원 2017. 8. 29. 선고 2017도7252 판결에는 대향범 여부에 대한 판단이 포함되지 않은 것으로 보인다).

41) 대법원 2012. 10. 25. 선고 2012도7172 판결 : 따라서 피고인이 일부 회사 명의로 허위 세금계산서를 발급한 것에 대하여 약식명령이 이미 확정된 경우 피고인이 다른 회사 명의로 허위 세금계산서를 수취하였다는 공소사실에 대하여 면소판결이 선고되어야 한다.

2.1. 의의

본죄는 재화 또는 용역을 공급하지 않거나 공급받지 않고 매출·매입처별 세금계산서합계표를 거짓으로 기재하여 정부에 제출한 경우에 성립한다. 본조는 매출·매입처별 세금계산서합계표에 실물거래 없는 매출·매입처가 기재된 경우를 그렇지 않은 경우(법 10조 1항 3호 및 2항 3호)보다 더 무겁게 처벌한다.

2.2. 구성요건

(1) 실물거래가 없음에도 매출·매입처별 세금계산서합계표를 거짓으로 기재하여 제출할 것

본죄의 구성요건을 조세범처벌법 제10조 제1항 제3호 및 제2항 제3호와 비교하면, '재화 또는 용역을 공급하지 아니하거나 공급받지 아니하고' 부분이 추가되었고, '통정하여' 부분이 빠져 있다.

본죄가 성립하기 위해서는, 매출·매입처별 세금계산서합계표의 제출자와 위 합계표에 기재된 매출처 또는 매입처 사이에 '재화 또는 용역의 공급이 없음'에도, 마치 그러한 공급이 있는 것처럼 거짓으로 매출·매입처별 세금계산서합계표를 기재하여 제출하여야 한다. 여기서 '재화 또는 용역의 공급이 없음'에 실물거래는 있지만 그 공급가액이 부풀려진 경우도 포함되는지가 문제되는데, 이에 관하여는 뒤에서 살펴보기로 한다.

매입처별 세금계산서합계표에 실물거래 사실이 없는 매입처를 거짓으로 기재한 경우에는, 조세범처벌법 제10조 제2항 제3호의 경우와 달리 '통정하여'의 요건이 필요하지 않다.

(2) 전자세금계산서

① 사업자가 전자세금계산서를 발급하거나 발급받고 전자세금계산서 발급명세를 과세기간 종료일 다음 달 11일까지 국세청장에게 전송한 경우에는, 매출·매입처별 세금계산서합계표의 제출의무가 면제된다(부가가치세법 54조 2항). 사업자가 위와 같이 세금계산서합계표의 제출의무가 면제되는 전자세금계산서 발급분에 관하여 매출·매입처별 세금계산서합계표 서식에 해당 사항을 기재하는 것은, 매출·매입처별 세금계산서합계표를 기재한 경우에 해당한다고 할 수 없으므로, 그 기재사항이 사실과 다르더라도 허위의 매출·매입처별 세금계산서합계표 기재 및 제출로 인한 조세범처벌법 위반죄가 성립할 수 없다.[42]

---

42) 대법원 2017. 12. 28. 선고 2017도12650 판결, 대법원 2018. 12. 24. 선고 2017도18698 판결. 본 장 제2절 2.2.2.
(2) 참조

한편, ② 사업자가 전자세금계산서를 발급하거나 발급받고 그 발급명세를 과세기간 종료일 다음 달 11일까지 국세청장에게 전송하지 않은 경우(발급명세 지연전송분)와 ③ 종이세금계산서를 발급하거나 발급받은 경우에는, 매출·매입처별 세금계산서합계표의 제출의무가 있으므로(부가가치세법 54조 2항), 매출·매입처별 세금계산서합계표 서식에 해당 사항을 거짓으로 기재하는 것은 본죄를 구성한다.

(3) 실물거래가 존재하지만 공급가액을 부풀려 기재한 경우의 포함 여부

대법원은, 매출·매입처별 세금계산서합계표에 기재된 매출·매입처의 공급가액에 해당하는 실물거래가 전혀 존재하지 않거나, 일부 실물거래가 존재하더라도 전체적으로 그 공급가액을 부풀려 허위로 기재한 매출·매입처별 세금계산서합계표를 정부에 제출한 경우, 위 합계표를 구성하는 개별 세금계산서를 허위기재한 경우와 달리, 그 가공 또는 허위의 공급가액 부분 전체에 관하여 조세범처벌법 제10조 제3항 제3호의 죄가 성립한다고 보았다.[43]

이에 따르면, ① 매출·매입처별 세금계산서합계표에 무거래인 매출·매입처가 기재된 바 없고, 실물거래가 있는 매출·매입처의 공급가액이 부풀려져 있을 뿐인 경우에도, 해당 공급가액의 기재액 전부에 관하여 본죄가 성립하게 된다. 그리고 ② ㉮ 매출·매입처별 세금계산서합계표에 무거래인 매출·매입처와 ㉯ 실물거래는 있으나 공급가액이 부풀려진 매출·매입처가 모두 있는 경우, 양자에 관하여 조세범처벌법 제10조 제3항 제3호의 죄가 성립하게 된다.

그러나 다음과 같은 사정을 고려하면, 매출·매입처별 세금계산서합계표에 실물거래가 없는 매출·매입처의 기재가 있는 경우에 그 공급가액으로 기재된 금액의 범위에서만 조세범처벌법 제10조 제3항 제3항의 죄가 성립하고,[44] 실물거래는 있으나 그 공급가액이 부풀려진 매출·매입처에 관하여는 조세범처벌법 제10조 제1항 제3호 또는 제3항 제3호의 죄가 성립할 뿐이라고 보는 것이 합리적이다.[45][46] ① 조세범처벌법 제10조 제3항은 제1호의 무

---

43) 대법원 2010. 5. 13. 선고 2010도336 판결, 대법원 2021. 2. 4. 선고 2019도10999 판결 ; 판례에 찬성하는 견해로, 김종근, 293쪽

44) 안대희 등, 169~170쪽도 같은 견해로 보인다. 대법원 2010. 5. 13. 선고 2010도336 판결의 원심(대전고등법원 2009. 12. 18. 선고 2009노250 판결)이 이러한 견해를 취하였다.

45) 이에 대하여 다음과 같은 반대견해가 있으나 받아들이기 어렵다.

① 안창남·양수영, "세금계산서에 따른 조세범죄에 관한 연구", 조세법연구 [22-2](2016), 495쪽은, 매출·매입처별 세금계산서합계표 1건을 제출한 경우 단순일죄만이 성립하여야 함을 전제로, 세금계산서합계표상 무거래 세금계산서와 거짓 기재된 세금계산서를 구분하여 전자에 관한 부분은 조세범처벌법 제10조 제1항으로, 후자에 관한 부분은 조세범처벌법 제10조 제3항으로 처벌하는 것은 타당하지 않다고 본다. 그러나 애초에 매출·매입처별 세금계산서합계표 1건을 제출한 경우 단순일죄만이 성립하여야 한다는 전제가 성립하는지 의문이다. 애초부터 조세범처벌법 제10조 제3항의 죄는 매출·매입처별 세금계산서합계표 중에서 위 규정의 규율대상인 매출·매입처에 관하여만 성립하고, 위 매출·매입처를 제외한 나

거래 세금계산서 수수죄와 제3호의 거짓 기재 세금계산서합계표 제출죄에 관하여 동일하게 '재화 또는 용역을 공급하지 아니하거나 공급받지 아니하고'의 문언을 사용하고, 무거래 세금계산서 수수에 실물거래가 있는 자들 사이에 수수된 세금계산서는 포함되지 않음에도, 위 판례와 같이 양 죄의 구성요건을 다르게 해석하는 것은 조문체계상 부자연스럽고, 죄형법정주의에 반할 우려가 있다. ② 또한, 세금계산서합계표의 제출의무가 그 연혁상 세금계산서의 제출의무를 대체하여 도입된 점, 매출·매입처별 세금계산서합계표에 공급가액을 부풀린 매출·매입처가 있는 경우의 죄책이 그에 더하여 무거래인 매출·매입처가 있는지 여부에 따라 달라진다는 것은 납득하기 곤란한 점[47]을 고려하면, 위 판례는 적절하다고 보기 어렵다. ③ 특히 조세범처벌법 제10조 제3항 제3호의 무거래 거짓 세금계산서합계표 제출죄는 특가법 제8조의2 위반죄의 계산기초로 되는 점에서 그 적용요건을 엄격하게 해석할 필요가 있다.

다만, 대법원 판례에 의하더라도, 매출·매입처별 세금계산서합계표에 기재된 공급가액

머지 부분에 관하여는 조세범처벌법 제10조 제3항의 죄가 성립하지 않는다[대법원도, 매출·매입처별 세금계산서합계표에 무거래인 매출·매입처와 실물거래는 있으나 공급가액이 부풀려진 매출·매입처가 모두 있는 경우에, '그 가공 혹은 허위의 공급가액 부분 전체에 관하여' 구 조세범처벌법 제10조 제3항 제3호에 해당한다고 판단함으로써(대법원 2021. 2. 4. 선고 2019도10999 판결) 그 '가공 혹은 허위의 공급가액'이 아닌 부분을 위 죄의 성립범위에서 제외하였다]. 따라서 그 나머지 부분이 다른 어떤 죄를 구성하는지 여부는 위 규정의 적용과 별다른 관련이 없다. 또한, 하나의 자연적·사실적 행위가 여러 죄의 구성요건을 충족하는 경우는 빈번히 발생한다. 다만, 그러한 경우 대체로 법조경합이나 상상적 경합 등을 이유로 가장 중한 죄에 정한 법정형으로 처벌될 뿐이다.

② 김종근, 292쪽은, ㉮ 세금계산서합계표상 공급가액의 과다기재 제출행위는 세금계산서에 관한 의무위반행위와는 별개의 의무위반행위로서 독립적으로 법적 평가가 이루어져야 하므로, 거짓된 공급가액의 현출이 세금계산서상 공급가액의 과다계상의 형태를 띠든 허위 세금계산서의 발급 형태를 띠든 그 속성은 동일하므로 세금계산서합계표 단계에서 둘을 구분할 필요가 없고, ㉯ 개개의 세금계산서를 기준으로 공급가액을 구분하여 각각에 다른 법조항을 적용하는 것은 매우 복잡하고 어렵다는 이유로, 본문의 견해에 대하여 반대한다. 그러나 ㉮ 무거래 세금계산서합계표의 거짓 기재·제출이 무거래 세금계산서의 수수와 별개의 의무위반행위라고 하여, 두 구성요건상 문언의 동일성 및 세금계산서와 그 합계표 간의 연혁적 관계 등을 무시하고 해석하는 것은 받아들이기 어렵다. 또한, 조세범처벌법이 거짓 세금계산서합계표의 제출죄를 실물거래가 없는 경우와 그렇지 않은 경우로 구분하여 별도의 구성요건을 두고 있는 이상 세금계산서합계표의 '거짓' 기재가 위 두 가지 중 어디에 속하는지를 구분할 수밖에 없다. ㉯ 세금계산서합계표의 거짓 기재 중 무거래 매출·매입처에 관한 것과 그렇지 않은 것으로 구분하는 것이 어렵고 복잡하다는 사정만으로 양자를 모두 뭉뚱그려 조세범처벌법 제10조 제3항의 죄로 처벌할 만한 사유에 해당한다고 보기는 어렵다.

46) 만일 1개의 매출·매입처별 세금계산서합계표에 무거래인 매출·매입처와 거래는 있지만 그 공급가액이 부풀려진 매출·매입처가 모두 있는 경우에는, 조세범처벌법 제10조 제3항 제3항의 죄와 같은 조 제1항 제3호 또는 제3항 제3호의 죄가 모두 성립하며, 양자는 1개의 제출행위에 의하여 범해졌으므로, 상상적 경합의 관계에 있게 되고, 형이 더 무거운 조세범처벌법 제10조 제3항 제3항의 죄로 처벌될 것이다(형법 40조).

47) 판례의 해석은 특히, 거래는 있으나 공급가액을 부풀린 매출·매입처의 공급가액에 비하여 무거래인 매출·매입처의 공급가액이 매우 작은 경우에(전자는 1억 원, 후자는 1만 원인 경우), 전체 금액을 조세범처벌법 제10조 제3항 또는 특가법 제8조의2 적용상 벌금액 산정의 기초로 되게 함으로써, 가혹하고 불합리한 결과를 가져온다.

중 실물거래가 있으나 그 공급가액이 부풀려진 경우에 전체 공급가액이 아니라 그 허위로 부풀려진 부분에 한하여 조세범처벌법 제10조 제3항 제3호의 죄가 성립한다고 보아야 할 것이다.[48]

한편, 매출·매입처별 세금계산서합계표가 오로지 실물거래 없는 공급가액으로 구성된 경우에만 본조를 적용할 수 있다고 보는 견해가 있다.[49] 그러나 위 견해에 따른다면 세금계산서합계표의 대부분을 무거래인 매출·매입처로 기재하면서 실물거래를 일부 끼워넣음으로써 본조의 적용을 쉽게 회피할 우려가 있는 점[50] 등을 고려하면, 위 견해는 채택하기 어렵다.

2.3. 죄수

거짓으로 기재하여 제출한 각 매출·매입처별 세금계산서합계표마다 1죄가 성립한다.[51] 하나의 매출·매입처별 세금계산서합계표에 여러 개의 허위 사실을 기재하여 제출한 경우, 전체로서 하나의 매출·매입처별 세금계산서합계표를 허위로 작성하여 정부에 제출하는 것이므로, 1죄가 성립한다.[52]

판례에 의하면, 실물거래의 공급가액을 부풀려 허위로 기재한 매출·매입처별 세금계산서합계표를 정부에 제출한 경우, 조세범처벌법 제10조 제3항 제3호의 죄와 제10조 제2항 제2호의 죄가 별도로 성립하고, 양자는 상상적 경합범의 관계에 있다.[53]

무거래 세금계산서 수수죄와, 그 세금계산서를 토대로 거짓으로 기재한 매출·매입처별 세금계산서합계표를 제출하는 죄는, 실체적 경합범이라고 보아야 할 것이다.[54]

---

48) 이 점은 대법원 2010. 5. 13. 선고 2010도336 판결 및 대법원 2021. 2. 4. 선고 2019도10999 판결에서는 분명하지 않았다. 그러나 대법원 2021. 9. 30. 선고 2021도6844 판결은, 피고인이 제출한 매출처별 계산서합계표의 매출금액 2,488,492,000원 중 위 960,140,000원이 실물거래로 인정되는 사안에서 허위의 매출금액 부분인 1,528,352,000원에 대하여 조세범처벌법 제10조 제3항 제4호의 '매출처별 계산서합계표를 거짓으로 기재하여 제출한 행위'에 해당한다고 본 원심을 수긍함으로써, 공급가액이 허위로 부풀려진 부분에 한하여 조세범처벌법 제10조 제3항 제4호의 죄가 성립함을 명백히 하였다.

49) 유철형, "[판세] 타인 명의 세금계산서 수수 '거짓 세금계산서' 발급에 해당하나?", 2025. 5. 19.자 세정일보. https://www.sejungilbo.com/news/articleView.html?idxno=52869

50) 안대희 등, 168쪽 ; 김종근, 292쪽

51) 대법원 2011. 9. 29. 선고 2009도3355 판결 : 다만, 수 개의 매출·매입처별 세금계산서합계표 등에 기재된 공급가액을 합산한 금액이 특가법 제8조의2 제2항에 규정된 금액 이상인 경우에는 특가법 제8조의2 제1항 위반죄의 1죄만이 성립한다.

52) 대법원 2009. 8. 20. 선고 2008도9634 판결

53) 대법원 2021. 2. 4. 선고 2019도10999 판결

54) 대법원 2014. 10. 15. 선고 2013도5650 판결[피고인에 대한 고발서에는 무거래 세금계산서의 수수만이 기재되어 있음에도, 검사가 피고인을 거짓 매입처별 세금계산서합계표의 제출죄로 기소한 사안에서, (양 죄가 실체적 경합범 관계임을 전제로) 고발의 효력이 위 공소사실에 미치지 않으므로 공소가 기각되어야 한다고 본 사례], 대법원 2017. 9. 7. 선고 2017도10054 판결, 대법원 2017. 12. 28. 선고 2017도11628 판결. 하태한, "동일한 가공거래 또는 전자세금계산서 발급분인 경우 특정범죄 가중처벌 등에 관한 법률 제8조의2 제1항

3. 실물거래 없는 계산서의 발급·수취

> 제10조(세금계산서의 발급의무 위반 등)
> ③ 재화 또는 용역을 공급하지 아니하거나 공급받지 아니하고 다음 각 호의 어느 하나에 해당하는 행위를 한 자는 3년 이하의 징역 또는 공급가액에 부가가치세의 세율을 적용하여 계산한 세액의 3배 이하에 상당하는 벌금에 처한다.
> 2. 「소득세법」 및 「법인세법」에 따른 계산서를 발급하거나 발급받은 행위

본죄는 실물거래가 없는 자들 사이에 소득세법 및 법인세법에 따른 계산서를 발급하거나 발급받는 경우에 성립한다.

본죄가 성립하기 위해서는 계산서의 발급행위자 및 수취행위자들 사이에 재화 또는 용역의 공급이 없어야 한다. 구체적인 사안에서 누가 계산서의 발급·수취행위자로 될 것인지와 재화 등의 공급이 존재하는지 여부에 관한 판단기준은 무거래 세금계산서의 수수에 관한 것과 거의 동일하므로, 후자의 내용이 대체로 적용될 수 있다.[55]

4. 실물거래가 없는 계산서합계표의 거짓 기재·제출

> 제10조(세금계산서의 발급의무 위반 등)
> ③ 재화 또는 용역을 공급하지 아니하거나 공급받지 아니하고 다음 각 호의 어느 하나에 해당하는 행위를 한 자는 3년 이하의 징역 또는 공급가액에 부가가치세의 세율을 적용하여 계산한 세액의 3배 이하에 상당하는 벌금에 처한다.
> 4. 「소득세법」 및 「법인세법」에 따른 매출·매입처별 계산서합계표를 거짓으로 기재하여 제출한 행위

본죄는 재화 또는 용역을 공급하지 않거나 공급받지 않고 매출·매입처별 계산서합계표를 거짓으로 기재하여 정부에 제출한 경우에 성립한다.

본죄가 성립하기 위해서는, 매출·매입처별 계산서합계표의 제출자와 위 합계표에 기재된 매출처 또는 매입처 사이에 '재화 또는 용역의 공급이 없음'에도, 마치 그러한 공급이 있는 것처럼 거짓으로 매출·매입처별 계산서합계표를 기재하여 제출하여야 한다. 이에 관

의 적용 요건으로서 "공급가액 등의 합계액" 산정 대상 및 방법", 대법원판례해설 제114조(2018), 636쪽 ; 이와 달리 법조경합으로 보는 견해로, 김태희, 149쪽

55) 무거래 세금계산서 수수죄의 구성요건에 관한 본 절 1.2. 참조

한 판단기준은 실물거래 없는 세금계산서합계표의 거짓 기재·제출죄에 관한 것과 거의 동일하므로, 후자의 내용이 대체로 적용될 수 있다.[56]

5. 허위 세금계산서 수수 등의 알선·중개

> 제10조(세금계산서의 발급의무 위반 등)
> ④ 제3항의 행위를 알선하거나 중개한 자도 제3항과 같은 형[57]에 처한다. 이 경우 세무를 대리하는 세무사·공인회계사 및 변호사가 제3항의 행위를 알선하거나 중개한 때에는 「세무사법」 제22조 제2항에도 불구하고 해당 형의 2분의 1을 가중한다.

5.1. 의의

본죄는 조세범처벌법 제10조 제3항의 무거래 세금계산서의 수수 등 행위를 알선하거나 중개하는 경우에 성립한다.

어떤 범죄를 알선·중개하는 행위는 경우에 따라 그 범죄의 방조범에 해당할 수 있고, 방조범의 형은 정범의 형보다 감경된다(형법 32조). 본조는 조세범처벌법 제10조 제3항의 행위를 알선·중개하는 행위를 별도의 죄로 규정함으로써 위 규정의 형과 같거나 더 무거운 형으로 처벌하는 점에서 의미가 있다.

5.2. 구성요건

(1) 범죄의 주체

본죄의 주체에는 제한이 없다. 세무를 대리하는 세무사·공인회계사 및 변호사가 본조의 알선·중개행위를 한 경우에는 조세범처벌법 제10조 제3항에 규정된 형의 2분의 1을 가중한다(법 10조 4항 2문). 이는 세무사법 제22조 제2항[58]에 대한 특칙이다. 본죄는 세무사 등의

---

56) 실물거래 없는 세금계산서합계표의 거짓 기재·제출죄의 구성요건에 관한 본 절 2.2. 참조
57) '1년 이하의 징역 또는 공급가액에 부가가치세의 세율을 적용하여 계산한 세액의 2배 이하에 상당하는 벌금'을 말한다.
58) 세무사법 제22조(벌칙)
② 세무사로서 「조세범처벌법」에 규정된 범죄와 「형법」 중 공무원의 직무에 관한 죄를 교사(敎唆)한 자는 그에 대하여 적용할 해당 조문의 형기(刑期) 또는 벌금의 3분의 1까지 가중하여 벌한다.

신분으로 인하여 형이 가중되는 부진정신분범에 해당한다.[59]

(2) 무거래 세금계산서의 수수 등을 알선·중개할 것

본죄가 성립하기 위해서는 조세범처벌법 제10조 제3항의 행위, 즉 ① 무거래 세금계산서 또는 계산서를 수수하는 행위, ② 재화 등의 공급 없이 매출·매입처별 세금계산서합계표 또는 매출·매입처별 계산서합계표를 거짓으로 기재하여 제출한 행위를 알선·중개하여야 한다.

일반적으로 '알선'은 타인 간의 일이 잘되도록 주선하는 일을 뜻하고, '중개'는 제3자로서 두 당사자 사이에서 일을 주선하는 것을 의미한다.[60] 알선·중개는 수수료를 받는 경우가 많지만,[61] 유상·무상을 묻지 않으므로, 대가를 받지 않더라도 무방하다. 본죄가 성립하기 위해서는 알선·중개에 따라 조세범처벌법 제10조 제3항의 무거래 세금계산서 등이 수수되어야 한다.

6. 특가법 제8조의2에 의한 가중처벌

특정범죄 가중처벌 등에 관한 법률
제8조의2(세금계산서 교부의무 위반 등의 가중처벌)
① 영리를 목적으로 「조세범처벌법」 제10조 제3항 및 제4항 전단의 죄를 범한 사람은 다음 각 호의 구분에 따라 가중처벌한다.
1. 세금계산서 및 계산서에 기재된 공급가액이나 매출처별 세금계산서합계표·매입처별 세금계산서합계표에 기재된 공급가액 또는 매출·매입금액의 합계액(이하 이 조에서 "공급가액등의 합계액"이라 한다)이 50억 원 이상인 경우에는 3년 이상의 유기징역에 처한다.
2. 공급가액등의 합계액이 30억 원 이상 50억 원 미만인 경우에는 1년 이상의 유기징역에 처한다.
② 제1항의 경우에는 공급가액등의 합계액에 부가가치세의 세율을 적용하여 계산한 세액의 2배 이상 5배 이하의 벌금을 병과한다.

---

59) 김종근, 47쪽
60) 2025. 5. 31.자 검색 네이버 국어사전
61) 대법원 2018. 1. 25. 선고 2017도16781 판결(피고인이 자료상에게 무자료 유류나 허위 세금계산서를 필요로 하는 주유소를 알선해주고 수수료를 받은 사안), 대법원 2019. 9. 10. 선고 2019도8109 판결

6.1. 본죄의 의의와 입법취지

특가법 제8조의2는, 영리의 목적으로 조세범처벌법 제10조 제3항 및 제4항 전단의 죄를 범하고 해당 공급가액 등의 합계액이 30억 원 이상인 경우를 별도의 구성요건으로 규정하여, 해당 범죄들을 조세범처벌법 제10조 제3항 및 제4항에 따라 처벌하는 경우보다 더 무겁게 처벌한다. 위와 같은 가중처벌 규정의 취지는 세금계산서 수수질서를 확립하여 궁극적으로 근거과세와 공평과세를 실현하기 위한 것이다.[62] 헌법재판소는 본죄 중 '영리의 목적'과 '공급가액 등의 합계액' 부분이 형벌법규의 명확성원칙에 반하지 않는다고 판단하였다.[63]

6.2. 구성요건

6.2.1. 본죄의 주체 : 자연인

특가법 제8조의2 제1항의 죄에 대하여는 징역형과 벌금형을 병과하도록 규정되어 있는데(특가법 8조의2 2항), 현행법상 법인에 대하여는 징역형을 과할 수 없는 점을 고려하면, 위 규정은 조세범처벌법을 위반한 자연인을 가중처벌하기 위한 규정으로 봄이 상당하므로, 법인은 특가법 제8조의2 제1항의 적용대상이 아니라고 보아야 할 것이다.[64] 따라서 법인의 대표자 등 행위자가 특가법 제8조의2 제1항에 따라 처벌되는 경우에도, 법인은 조세범처벌법 제10조 제3항 또는 제4항의 적용을 받는다.[65]

6.2.2. 영리의 목적

특가법 제8조의2 제1항에 해당하기 위해서는, 조세범처벌법 제10조 제3항 또는 제4항의 죄를 범한 자에게 영리의 목적이 있어야 한다.

대법원은, 영리의 목적이 '널리 경제적인 이익을 취득하고자 하는 목적'을 말하고, 과세자료의 거래를 통하여 조세를 포탈함으로써 경제적인 이익을 얻고자 하는 목적이나 부정한 이익을 얻으려는 범행의 수단으로서 재화 또는 용역을 공급하지 않거나 공급받지 않고 세금계산서를 발급하거나 발급받아 경제적인 이익을 취득하려는 목적도 여기에 해당한다고

---

62) 대법원 2020. 2. 12. 선고 2019도12842 판결
63) 헌법재판소 2013. 12. 26. 2012헌바217 결정
64) 대법원 1992. 8. 14. 선고 92도299 판결은 특가법 제8조에 관하여 위와 같은 취지로 판단하였으나, 그 판시내용은 특가법 제8조의2 제1항에 관하여도 동일하게 적용될 수 있을 것이다. 같은 견해로 김종근, 319쪽.
65) 그러한 예로 서울고등법원 2014. 11. 20. 선고 2014노1464, 2917, 3037 판결(대법원 2015. 6. 24. 선고 2014도16273 판결의 원심)

판시하였다.[66] 판례에 따르면, 간접적인 경제적 이익을 얻을 목적[67] 및 조세포탈의 목적[68]도 여기의 영리 목적에 해당한다.

대법원 판례상 영리 목적으로 인정된 것으로는 ① 허위의 거래실적을 만들어 금융기관으로부터 대출을 받거나 기존 대출금의 상환을 연장받으려는 목적,[69] ② 무자료거래로 공급받은 물품을 정상적으로 공급받은 물품인 것처럼 가장하여 판매함으로써 이익을 취득하려는 목적,[70] ③ 회사를 코스닥에 상장시키려는 목적,[71] ④ 거래규모를 부풀림으로써 관급공사의 입찰자격을 갖추려는 목적,[72] ⑤ 거짓으로 기재한 매입처별 세금계산서합계표를 제출하여 부당하게 부가가치세를 환급·공제받으려는 목적,[73] ⑥ 업무상 배임 또는 횡령의 수단으로 허위 세금계산서를 발급받은 경우,[74] ⑦ 회사의 매출과 이익을 인위적으로 신장시켜 주가부양 등을 하기 위한 목적,[75] ⑧ 건설 관련 법령에 따라 건설업 등록을 한 건설업자 명의로 해야 하는 공사의 비용을 줄이기 위하여 직영으로 공사하기 위한 목적[76]이 있다.

---

66) 대법원 2015. 5. 28. 선고 2015도146 판결 ; 위 판결의 해설에 의하면, ① '영리 목적'이 '행위자가 재화 또는 용역의 공급 없이 세금계산서 등을 수수하는 행위 자체에 관하여 대가를 받는 등 직접적인 경제적 이익을 취득할 목적'을 의미하는 것으로 해석하고, 그러한 영리 목적으로 허위 세금계산서 등 과세자료의 거래를 업으로 삼는 자료상만이 가중처벌의 대상이 된다는 견해, ② '영리 목적'을 위 ①과 같이 해석하면서도, 특가법 제8조의2는 반드시 자료상에 한하지 않고 일반적으로 과세자료의 거래를 통해 대가를 수수하는 모든 자에게 적용된다고 보는 견해, ③ '영리 목적'은 '널리 경제적인 이익을 취득할 목적'을 의미하지만, '조세포탈로 인한 경제적인 이익을 도모하려는 목적'은 제외된다고 보는 견해, ④ '영리 목적'은 '널리 경제적인 이익을 취득할 목적'을 의미하고, '조세포탈로 인한 경제적인 이익을 얻고자 하는 의사'도 포함된다고 보는 견해가 있을 수 있는데, 그 중에서 위 ④의 견해가 가장 타당하다고 보았다[이동식, "'조세포탈' 목적도 특정범죄 가중처벌 등에 관한 법률 제8조의2 제1항의 '영리 목적'에 해당하는지 여부", 대법원판례해설 제102호(2015), 582쪽 이하]. ; 이에 대하여 안대희 등, 178쪽은, ㉮ 가공세금계산서의 수취는 거의 예외 없이 부가가치세 또는 법인세의 포탈을 수반하므로, 판례와 같이 해석할 경우 영리 목적을 가중 구성요건으로 규정한 뜻이 없게 되고, 동일한 행위에 관하여 특가법 제8조 및 제8조의2에 의하여 이중의 가중처벌을 받는 경우가 생길 수 있으므로, 조세포탈의 목적은 영리 목적에서 제외하여야 하고, ㉯ 세금계산서는 경제적 이익과 관련된 사업자의 경제활동과 관련하여 발급되는 것이므로, 판례의 해석에 의하면 영리 목적이 없는 세금계산서의 발급 등을 상정하기 어려우므로, 영리 목적은 직접적인 재산상의 이익을 얻을 목적인 경우에만 인정하여야 한다고 본다. ; 판례를 비판하는 견해로 조윤희·곽태훈, "「특정범죄 가중처벌 등에 관한 법률」 제8조의2 범죄 구성요건에 관한 비판적 고찰", 조세법연구 [23-3](2017), 110쪽 ; 위 ③의 견해가 적절하다고 보는 견해로 강석규, 조세법쟁론(2020), 1633쪽
67) 대법원 2013. 11. 28. 선고 2013도4147 판결
68) 대법원 2014. 9. 24. 선고 2013도5758 판결
69) 대법원 2010. 2. 11. 선고 2009도13342 판결
70) 대법원 2010. 11. 11. 선고 2010도7289 판결, 대법원 2014. 9. 26. 선고 2014도6479 판결
71) 대법원 2011. 9. 29. 선고 2011도4397 판결, 대법원 2013. 9. 27. 선고 2013도7953 판결
72) 대법원 2011. 10. 27. 선고 2011도9592 판결
73) 대법원 2014. 9. 24. 선고 2013도5758 판결
74) 대법원 2015. 5. 28. 선고 2015도146 판결
75) 대법원 2017. 9. 21. 선고 2017도7843 판결
76) 대법원 2017. 12. 5. 선고 2017도11564 판결

6.2.3. 공급가액 등의 합계액이 30억 원 이상일 것

(1) 합산대상 : 조세범처벌법 제10조 제3항 및 제4항 전단의 세금계산서 등의 공급가액 등

(가) 합산대상 서류

특가법 제8조의2가 적용되기 위해서는, 조세범처벌법 제10조 제3항 및 제4항 전단의 대상인 '세금계산서 및 계산서에 기재된 공급가액이나 매출처별·매입처별 세금계산서합계표에 기재된 공급가액 또는 매출·매입금액의 합계액'('공급가액 등의 합계액')이 30억 원 이상이어야 한다.

공급가액 등의 합산대상은 조세범처벌법 제10조 제3항 및 제4항 전단의 세금계산서, 계산서 및 매출처별·매입처별 세금계산서합계표이므로, 같은 조 제1항 또는 제2항의 세금계산서 등은 합산대상 서류에 해당하지 않는다. 매출처별·매입처별 계산서합계표는 특가법 제8조의2에 합산대상 서류로 규정되어 있지 않으므로, 그 서류에 포함되지 않는다.[77]

(나) 포괄일죄의 성립가능성

특가법은, 제8조의 포탈세액의 합산에 관하여 '연간'이라는 기준을 규정하는 것과 달리, 제8조의2에 관하여는 그러한 기준을 규정하지 않는다. 이에 따라 위 '공급가액 등'을 어떤 기준에 따라 계산할 것인지가 문제된다.

대법원은, 조세범처벌법 제10조 제3항의 각 위반행위가 영리를 목적으로 단일하고 계속된 범의 아래 일정기간 계속하여 행하고 행위들 사이에 시간적·장소적 연관성이 있으며 범행의 방법 간에도 동일성이 인정되는 등 하나의 특가법 제8조의2 제1항 위반행위로 평가될 수 있고, 그 행위들에 해당하는 문서에 기재된 공급가액을 모두 합산한 금액이 특가법 제8조의2 제1항에 정한 금액에 해당하면, 그 행위들에 대하여 포괄하여 특가법 제8조의2 제1항 위반의 1죄가 성립될 수 있다고 판시하였다.[78]

포괄일죄의 요건인 시간적·장소적 연관성 등이 인정되는 이상, 합산대상인 공급가액 등은 반드시 동일한 과세기간 내에 발급된 허위 세금계산서 등에 기재된 것에 한정되지 않는다.[79]

---

77) 이와 달리 '매출처별·매입처별 계산서합계표'가 공급가액 등 산정의 기초가 되는 서류에 포함된다고 해석하는 견해가 있다(김종근, 318쪽). 그러나 그러한 해석은 관련 규정 문언의 가능한 의미를 벗어나는 것이고, 설령 입법의 누락 또는 오류에 해당한다고 보더라도 죄형법정주의에 따라 형벌법규의 유추적용·확장해석은 인정되지 않으므로, '매출처별·매입처별 계산서합계표'는 공급가액 등 산정의 기초인 서류에 포함되지 않는다고 보아야 할 것이다. 같은 견해로, 신종열, "구 특정범죄 가중처벌 등에 관한 법률 제8조의2 제1항 소정의 '공급가액 등의 합계액'의 의미", 대법원판례해설 제90호(2012), 1,016쪽 및 안창남·양수영, "세금계산서에 따른 조세범죄에 관한 연구", 조세법연구 [22-2](2016), 499쪽.
78) 대법원 2015. 6. 23. 선고 2015도2207 판결

1인이 여러 사업자 명의로 무거래 세금계산서를 발급하거나 거짓 매출·매입처별 세금계산서합계표를 제출한 경우에도, 각 위반행위가 포괄일죄의 요건을 충족하고, 해당 문서의 공급가액을 합산한 금액이 특가법 제8조의2에 정한 금액에 해당하면, 포괄하여 특가법 제8조의2 제1항 위반의 1죄가 성립하고, 각 사업자 명의별로 1죄가 성립하는 것이 아니다.[80]

특가법 제8조의2 위반죄로 기소된 다수의 세금계산서 관련 범죄사실이 포괄일죄의 관계에 있더라도, ① 세금계산서에 상응하는 재화 또는 용역의 공급이 있었는지 여부는 각각의 세금계산서마다 따로 판단하여야 하고,[81] ② 법원은 피고인이 무죄를 주장하는 개개의 행위별로 그 변소 내용과 관련 증거를 제대로 살펴서 공소사실별로 유죄 여부를 신중하게 판단하여야 한다.[82]

포괄일죄의 성립 여부 및 범위는 개별 사건에서 사후적으로 판단되고, 다소 불명확하다. 입법론으로는, 특가법 제8조의2에 관하여 합산되는 '공급가액 등'의 기준으로 '연간' 또는 '과세기간' 등을 규정하는 것이 바람직하다.[83]

(2) 구체적 사례별 계산방법

① 동일한 거래에 관한 무거래 세금계산서와 거짓 매출·매입처별 세금계산서합계표

동일한 거래에 대한 무거래 세금계산서 발급·수취행위와 거짓 매출·매입처별 세금계산서합계표 제출행위는 서로 구별되는 별개의 행위로서 각 행위에 따른 결과라고 할 수 있는 '공급가액' 역시 별도로 산정하여야 하며, 특가법 제8조의2의 '공급가액 등의 합계액'을 산정할 때 위와 같이 별노로 산정된 각 '공급가액'을 합산하여야 힌다.[84]

② 일부 실물거래가 존재하는 경우의 매출·매입처별 세금계산서합계표

대법원은, 매출·매입처별 세금계산서합계표에 기재된 각 매출처에 대한 또는 매입처로

---

79) 대법원 2018. 10. 25. 선고 2018도9810 판결
80) 대법원 2015. 6. 23. 선고 2015도2207 판결 : 원심은 각 사업자 명의별로 특가법 제8조의2 제1항의 위반죄의 포괄일죄가 성립하고 각 사업자 명의별로 성립한 죄는 실체적 경합 관계에 있다고 보았다. 그러나 대법원은, 각 위반행위들이 포괄하여 특가법 제8조의2 제1항의 위반죄로 평가될 수 있는지 심리하지 않았다는 이유로, 원심을 파기하였다.
81) 대법원 2014. 4. 30. 선고 2012도7768 판결
82) 대법원 2017. 12. 5. 선고 2017도11564 판결
83) 안대희 등, 181쪽
84) 대법원 2011. 9. 29. 선고 2009도3355 판결, 대법원 2017. 12. 28. 선고 2017도11628 판결 ; 하태한, "동일한 가공거래 또는 전자세금계산서 발급분인 경우 특정범죄 가중처별 등에 관한 법률 제8조의2 제1항의 적용 요건으로서 "공급가액 등의 합계액" 산정 대상 및 방법", 대법원판례해설 제114호(2018), 법원도서관, 613~651쪽 ; 이와 달리 김태희, 149~154쪽은, 동일한 거래에 대한 무거래 세금계산서 수수죄와 거짓 매출·매입처별 세금계산서합계표 제출죄는 법조경합의 관계에 있으므로 일죄로 보아야 한다고 하는데, 이에 의하면 양 서류의 공급가액을 합산하지 않고 1회만 산입하게 될 것이다.

부터의 공급가액에 해당하는 실물거래가 존재하더라도 그 공급가액을 부풀려 허위로 기재한 합계표를 정부에 제출한 경우에는, 그 허위의 공급가액 부분에 관하여 조세범처벌법 제10조의2 제3항 제3호의 '재화 또는 용역을 공급하지 않거나 공급받지 않고 매출·매입처별 세금계산서합계표를 거짓으로 기재하여 제출한 행위'에 해당한다고 본다.[85] 여기서 '허위의 공급가액 부분'은 기재된 공급가액 중에서 부풀려져 허위로 기재된 부분을 말한다고 보아야 할 것이다.[86]

③ 수정세금계산서

피고인이 실물거래 없이 세금계산서를 발급·수취한 후 그 무거래 세금계산서를 취소하는 음(-)의 수정세금계산서를 발급·수취한 경우, ㉮ 수정세금계산서의 수수는 무거래 세금계산서 수수죄에 영향을 미치지 못하므로, 무거래 세금계산서의 공급가액은 특가법 제8조의2 제1항의 적용 시 합산되지만, ㉯ 수정세금계산서의 수수는 조세범처벌법 제10조 제3항 제1호에 해당하지 않으므로, 특가법 제8조의2 제1항의 적용 시 합산되지 않는다.[87]

한편, 실물거래 없이 세금계산서를 발급한 후 양(+)의 수정세금계산서의 발급하는 것은 조세범처벌법 제10조 제3항 제1호에 해당하므로, 그 양의 수정세금계산서의 공급가액은 특가법 제8조의2 제1항의 적용 시 합산된다.[88]

④ 동일인이 운영하는 사업체들 사이에 허위 세금계산서가 발급·수취된 경우

부가가치세는 원칙적으로 사업장을 단위로 과세된다. 사업자는 사업장마다 사업자등록을 하여야 하고(부가가치세법 8조 1항), 사업장을 단위로 세금계산서를 발급·수취하고, 부가가치세를 신고·납부하여야 한다. 사업자가 운영하는 한 사업장에서 다른 사업장으로 판매목적으로 재화를 반출하는 경우 재화의 공급으로 의제되므로(부가가치세법 10조 3항), 양 사업장 간에 세금계산서가 발급·수취되어야 한다.

피고인이 재화 또는 용역을 공급하는 사업자로서 무거래 세금계산서를 발급하는 한편, 다른 별개의 사업자로서 실제로는 재화나 용역을 공급받지 않으면서 위 무거래 세금계산서를 발급받은 경우, 특정범죄가중법 제8조의2 제1항 각호 및 제2항에서 정한 공급가액 등의 합계액을 산정할 때에는 발급하는 사업자로서의 공급가액과 발급받는 사업자로서의 공급가액을 합산하여야 한다.[89] 위 경우 무거래 세금계산서의 발급으로 인한 조세범처벌법 위

---

85) 대법원 2010. 5. 13. 선고 2010도336 판결(매출처별 세금계산서합계표), 대법원 2021. 2. 4. 선고 2019도10999 판결(매입처별 세금계산서합계표)
86) 대법원 2021. 9. 30. 선고 2021도6844 판결. 본 절 2.2. (3) 참조
87) 대법원 2020. 10. 15. 선고 2020도118 판결, 대법원 2020. 11. 26. 선고 2020도11345 판결
88) 대법원 2020. 10. 15. 선고 2020도118 판결, 대법원 2020. 11. 26. 선고 2020도11345 판결
89) 대법원 2017. 9. 7. 선고 2017도10054 판결, 대법원 2020. 2. 13. 선고 2019도12842 판결, 대법원 2020. 2. 13. 선고 2019도13674 판결 ; 이영진, "피고인 운영 사업체들 간 허위세금계산서 발급·수취 시, 특정범죄가중

반죄와 그 수취로 인한 같은 법 위반죄는 상상적 경합의 관계에 있지만,[90] 특가법 제8조의2의 위반 여부를 따질 때에는 양자의 공급가액을 합산하여야 한다.[91]

6.2.4. 기수시기

1개의 조세범처벌법 제10조 제3항 또는 제4항의 위반행위가 특가법 제8조의2의 죄를 구성하는 경우에는, 그 실행행위의 종료시점에 본죄가 성립한다. 여러 개의 조세범처벌법 제10조 제3항 또는 제4항의 위반행위가 포괄하여 특가법 제8조의2의 죄를 구성하는 경우에는, 마지막에 행해진 범죄의 실행행위가 종료한 시점에 본죄가 성립한다.[92]

6.3. 죄수

여러 개의 조세범처벌법 제10조 제3항 또는 제4항의 위반행위가 포괄하여 특가법 제8조의2의 죄를 구성하는 경우에는, 특가법 제8조의2 위반죄 외에 별도로 조세범처벌법 제10조 제3항 또는 제4항의 위반죄는 성립하지 않는다.[93]

판례에 의하면, 실물거래의 공급가액을 부풀려 허위로 기재한 매출·매입처별 세금계산서합계표를 정부에 제출한 행위를 여러 차례 한 경우, 위 행위들은 각 조세범처벌법 제10조 제3항 제3호에 해당하고 포괄하여 특가법 제8조의2 위반죄를 구성할 수 있고, 그와 별도로 조세범처벌법 제10조 제2항 제2호의 죄가 성립하며, 후자의 죄와 특가법 제8조의2 위반죄는 상상적 경합범의 관계에 있다.[94]

6.4. 본죄의 처벌

(1) 법정형

조세범처벌법 제10조 제3항 및 제4항 전단에 따른 공급가액 등의 합계액이 ① 30억 원 이상 50억 원 미만인 경우 1년 이상의 유기징역에 처하고, ② 50억 원 이상인 경우 3년 이상

처벌 등에 관한 법률 제8조의2 …", 대법원판례해설 제124호 652~688쪽
90) 대법원 2012. 10. 25. 선고 2012도7172 판결. 본 절 1.3. 참조
91) 이영진, 앞의 글, 671~673, 680, 684~685쪽
92) 김종근, 323쪽 ; 지익상, 620쪽
93) 대법원 2010. 5. 13. 선고 2010도336 판결. 이는 법조경합 중에서 특별관계에 해당하는 것으로 보인다.
94) 대법원 2021. 2. 4. 선고 2019도10999 판결

의 유기징역에 처한다(특가법 8조의2 1항). 위 각 경우 공급가액 등의 합계액에 부가가치세의 세율을 적용하여 계산한 세액의 2배 이상 5배 이하의 벌금을 병과한다(특가법 8조의2 2항). 헌법재판소는 본조 중 조세범처벌법 제10조 제3항의 죄에 대하여 벌금을 병과하는 부분이 형벌과 책임 간의 비례원칙에 위배되지 않는다고 판단하였다.[95]

영세율이 적용되는 거래를 위장한 무거래 세금계산서를 발급한 행위가 특가법 제8조의2 위반죄에 해당하는 경우, 그 공급가액에 영세율이 아닌 부가가치세의 세율을 적용하여 계산한 세액을 기초로 벌금형을 병과하여야 한다.[96]

(2) 고발전치주의

특가법은 제8조의2 위반죄에 관하여는 고발전치주의(법 21조)를 배제하는 특칙을 규정하지 않으므로,[97] 국세청장 등의 고발이 있어야 공소를 제기할 수 있다.[98]

특가법 제8조의2를 구성하는 일부 범죄에 대한 고발의 효력은 특가법 제8조의2 위반죄 전부에 미친다. 피고인이 여러 사업자 명의로 허위 세금계산서를 발급하거나 허위 매출·매입처별 세금계산서합계표를 제출한 경우, 그 중 일부 사업자 명의로 허위 세금계산서를 발급·수취한 것에 대해서만 세무서장 등의 고발이 있더라도, 그 효력은 피고인의 특가법 제8조의2 제1항의 위반죄 전체에 미친다.[99]

(3) 확정판결의 기판력

확정판결의 기판력이 미치는 범위는 그 확정된 사건 자체의 범죄사실과 죄명을 기준으로 정하는 것이 원칙이다.[100]

① 특가법 제8조의2 위반죄에 대한 확정판결이 있는 경우, 그 판결의 기판력은 그 범죄사실과 포괄일죄의 관계에 있는 다른 조세범처벌법 제10조 제3항 또는 제4항의 위반행위에 대하여 미친다.

---

95) 헌법재판소 2013. 12. 26. 2012헌바217 등 결정, 헌법재판소 2019. 11. 28. 2017헌바504, 2018헌바336(병합) 결정(벌금의 병과 조항 부분이 책임과 형벌 간의 비례원칙에 위반된다는 반대의견 있음)
96) 대법원 2010. 10. 14. 선고 2010도10133 판결. 위 판결은 그 이유로, ① 구 특가법 제8조의2가 허위 세금계산서를 교부한 자 등을 처벌하는 취지는, 영리를 목적으로 허위 세금계산서를 교부하여 조세포탈을 유발하는 행위를 근절하기 위하여 그러한 행위를 하는 자를 실제로 조세를 포탈한 자에 준하여 처벌하도록 하는 것인데, 영세율이 적용되는 거래를 위장한 허위 세금계산서가 발급되더라도 허위 손금산입에 의한 법인세 등 포탈의 위험은 상존하는 점, ② 구 부가가치세법 제14조에 따른 부가가치세의 세율은 원칙적으로 100분의 10이고, 같은 법 제11조의 영세율은 수출하는 재화, 외화를 획득하는 재화나 용역의 공급 등에 한하여 예외적으로 적용되는 특별규정이지 재화와 용역의 공급이 없는 허위 세금계산서 발행의 경우에까지 적용되는 것이라고 볼 수 없는 점 등을 들었다.
97) 특가법 제8조의 죄에 관하여는 고발이 없는 때에도 공소를 제기할 수 있다는 규정이 있다(특가법 16조).
98) 대법원 2014. 9. 24. 선고 2013도5758 판결
99) 서울고등법원 2018. 4. 18. 선고 2017노3306 판결, 대법원 2018. 8. 1. 선고 2018도6685 판결
100) 대법원 2004. 9. 16. 선고 2001도3206 전원합의체 판결, 대법원 2015. 6. 23. 선고 2015도2207 판결

② 이전의 확정판결에서 조세범처벌법 제10조 제3항의 위반죄로 처벌되는 데 그친 경우에는, 설령 확정된 사건의 범죄사실이 뒤에 공소가 제기된 사건과 종합하여 특가법 제8조의2 위반의 포괄일죄에 해당하는 것으로 판단되더라도, 뒤늦게 앞서의 확정판결을 위 포괄일죄의 일부에 대한 확정판결이라고 보아 기판력이 그 사실심판결 선고 전의 특가법 제8조의2 위반 범죄사실에 미친다고 볼 수 없다.[101]

---

101) 대법원 2004. 9. 16. 선고 2001도3206 전원합의체 판결, 대법원 2015. 6. 23. 선고 2015도2207 판결

제3장 그 밖의 조세범죄

제1절
무면허 주류의 제조 및 판매

> 제6조(무면허 주류의 제조 및 판매)
> 「주류 면허 등에 관한 법률」에 따른 면허를 받지 아니하고 주류, 밑술·술덧을 제조(개인의 자가소비를 위한 제조는 제외한다)하거나 판매한 자는 3년 이하의 징역 또는 3천만 원 (해당 주세 상당액의 3배의 금액이 3천만 원을 초과할 때에는 그 주세 상당액의 3배의 금액) 이하의 벌금에 처한다. 이 경우 밑술과 술덧은 탁주로 본다.

1. 의의와 입법취지

본죄는 '주류 면허 등에 관한 법률'('주류면허법')에 따른 면허를 받지 않고 주류 등을 제조·판매하는 경우에 성립한다. 주류의 제조·판매는 주세의 납부의무와 밀접하게 관련된다.[1] 주류 등을 무면허로 제조·판매하는 것은 사실상 주세의 포탈로 귀결되므로, 본죄는 간접적 탈세범에 해당한다.[2]

---

1) 다음의 어느 하나에 해당하는 자는 주세를 납부할 의무가 있다(주세법 3조).
   ① 주류를 제조하여 제조장으로부터 반출하는 자(위탁 제조하는 주류의 경우에는 주류 제조 위탁자를 말한다)
   ② 주류를 수입하여 「관세법」에 따라 관세를 납부할 의무가 있는 자
2) 안대희 등, 136쪽 ; 金子 宏, p1123

2. 구성요건

(1) 면허를 받지 않을 것

본조의 '면허'는 주류면허법 제3조의 주류제조 면허, 제3조의 밑술 또는 술덧의 제조 면허 및 제5조의 주류판매업 면허를 말한다. 주류면허법에 의하면, 주류를 제조하려는 자는 주류의 종류별로 주류 제조장마다, 밑술 또는 술덧을 제조하려는 자는 제조장별로, 주류판매업을 하려는 자는 주류판매업의 종류별로 판매장마다 각각 일정 요건을 갖추어 관할 세무서장의 면허를 받아야 한다(주류면허법 3조 내지 5조).

주류판매업 면허를 받은 자가 그 면허받은 판매장이 아닌 장소에서 주류판매업을 하는 경우 본죄가 성립한다.[3] 주류판매업 면허를 받은 자가 주류판매정지기간 중에 한 주류판매 행위는 무면허 주류판매에 해당한다.[4]

(2) 주류 등을 제조하거나 판매할 것

본죄의 행위는 면허를 받지 않고 주류, 밑술·술덧[5]을 제조하거나 판매하는 것이다.

유흥주점에서 손님들이 먹다가 남긴 양주를 빈 양주병에 넣은 후 밀봉하는 방법으로 가짜 양주를 만드는 행위도 주류의 '제조'에 해당할 수 있다.[6] 개인의 자가소비를 위한 제조는 여기의 '제조'에서 제외된다(법 6조).

주류 등의 '판매'는 불특정 또는 다수인에게 유상으로 양도하는 것을 말하고, 무상의 교부 행위는 포함하지 않는다. 주류의 판매에 해당하기 위해서는 매매계약의 체결만으로 족하지 않으며, 현실적으로 상대방에게 인도되어야 한다.[7]

'주류를 판매한 자'는 일반적으로 자기의 계산과 책임으로 주류를 판매한 자를 가리키고, 자기의 계산과 책임으로 주류를 판매하였는지는, 거래의 형식에 구애될 것이 아니라 판촉, 주문, 배달 및 정산 등 주류 판매에 이르는 일련의 행위의 주요 부분을 실질적으로 지배·장악하고 있는지 여부를 포함하여 거래의 실질에 따라 판단하여야 한다.[8]

---

3) 대법원 1975. 1. 23. 선고 75도2553 판결
4) 대법원 1995. 6. 30. 선고 95도571 판결
5) '주류, 밑술·술덧'의 정의는 주세법에서 정하는 바에 따른다(주류면허법 2조). 주세법 제2조는 '주류, 밑술· 술덧'에 관하여 정의한다.
6) ① 서울중앙지방법원 2016. 2. 3. 선고 2015고단5969 판결, ② 전주지방법원 2017. 4. 26. 선고 2016고단1982, 2017고단236 판결, 전주지방법원 2017. 9. 8. 선고 2017노619 판결
7) 안대희 등, 136쪽
8) 대법원 2025. 5. 29. 선고 2021도97 판결 : ① 피고인은 주류도매업체인 甲 합자회사 소속 영업사원으로 甲 회사로부터 주류를 공급받아 피고인이 관리하는 거래처에 약 1년 9개월 동안 272,354,461원 상당의 주류를 공급하면서 매출에 따른 일정 비율의 수익을 분배받고 4대 보험료 및 주류 배달 영업과 관련된 각종 비용을 직접 부담하는 방식으로 무면허 주류판매업을 영위하였다는 점으로 기소되었다. ② 대법원은, ㉮ 피고인이 甲 회사의 주류를 甲 회사 명의로 거래처에 공급하였고, 거래처에 대한 주류대금 채권은 甲 회사에 귀속되었

3. 죄수

무면허 주류의 제조·판매행위별로 본죄의 1죄가 성립하지만, 수 개의 제조·판매행위가 단일하고 계속적인 범의 아래 반복되어 영업범에 해당하는 경우에는 포괄일죄로 처벌될 수 있다.[9]

무면허로 주류를 제조·판매한 자가 주세와 부가가치세 등을 포탈한 경우에는, 본죄와 조세포탈죄가 각각 성립하고, 양죄는 실체적 경합범의 관계에 있다.[10]

으며, 거래처는 甲 회사에 주류대금을 지급하였고, 거래처가 甲 회사가 아닌 피고인을 거래 상대방으로 인식하였다고 볼 만한 증거가 없으므로, 주류 공급계약의 당사자는 명의뿐 아니라 실질적으로도 甲 회사라고 볼 여지가 큰 점, ⑭ 거래처로부터 받은 주류대금의 관리와 정산도 甲 회사가 담당한 점, ⑮ 甲 회사가 피고인에 대한 급여 정산 과정에서 영업비용을 공제한 것은 甲 회사가 거래상 우월한 지위에서 취한 조치로 볼 수 있고, 피고인의 급여명세서상 미수금의 이자 상당액이 1회 반영되었다는 사정만으로 피고인이 미수금의 미결제 위험 또는 회수 지연에 따른 책임을 실질적으로 부담하였다고 보기 어려운 점, ⑯ 피고인이 거래처와 거래 여부 및 거래 조건 등을 독자적으로 결정하였다고 단정하기 어려운 점, ⑰ 피고인이 주류 재고, 파손 및 반품으로 인한 책임 등 주류 판매로 인한 각종 위험을 부담하였다거나, 甲 회사와 별개로 수익을 창출할 가능성이 있었다고 볼 만한 증거도 없는 점, ⑱ 구 조세범처벌법 제6조 위반인지와 근로기준법상 근로자인지의 판단이 항상 일치하는 것은 아니므로, 피고인과 甲 회사가 근로계약서를 작성하지 아니하였다거나, 그 밖에 피고인과 甲 회사의 관계를 통상적인 근로관계로 보기 어렵다는 사정만을 들어 피고인이 주류 판매에 이르는 주요 부분을 실질적으로 지배·장악하였다고 평가할 수 없는 점 등 제반 사정을 종합하면, 피고인이 주류 판매의 주요 부분을 실질적으로 지배·장악하였다거나 자기의 계산과 책임으로 주류를 판매하였다는 점이 합리적인 의심을 배제할 정도로 증명되었다고 보기 어렵다고 판단하였다.

9) 안대희 등, 137쪽 ; 지익상, 642쪽
10) 안대희 등, 137쪽 ; 지익상, 642쪽

1. 체납처분 면탈

> **제7조(체납처분 면탈)**
> ① 납세의무자 또는 납세의무자의 재산을 점유하는 자가 체납처분의 집행을 면탈하거나
> 면탈하게 할 목적으로 그 재산을 은닉·탈루하거나 거짓 계약을 하였을 때에는 3년
> 이하의 징역 또는 3천만 원 이하의 벌금에 처한다.

1.1. 의의와 입법취지

본죄는 국가의 조세채권 또는 그 강제징수권을 보호하기 위한 것이다.[1]

체납처분(강제징수)은, 납세자가 국세의 납부의무를 이행하지 않는 경우에 강제로 그 의무를 이행한 것과 같은 상태를 실현하는 것을 말하고, 체납자의 재산에 대한 압류, 공매, 청산의 순서로 진행된다(국세징수법 24조 이하).

본죄는 사법상 채권에 대한 강제집행면탈죄(형법 327조)와 기본적 속성을 공유한다. 한편, 조세채권은, 국가가 그에 대한 집행권원 없이도 곧바로 부과처분을 통하여 스스로 집행력을 발생시킨 후 강제징수에 나아갈 수 있는 점(자력집행권) 등에서, 사법상 채권과 차이를 보인다. 이러한 사정을 고려하면, 강제집행면탈죄의 해석론을 참고하되, 적절하게 일부 수정을 가할 필요가 있다.[2]

2010. 1. 1. 개정되기 전의 구 국세기본법 제12조는 본죄의 주체를 '체납자 또는 체납자의 재산을 점유하는 자로' 규정함으로써 '체납 전에 체납처분의 집행을 예상하고 면탈하는 행

---

1) 민사법상 채권은 그 권리자에게 속하지만, 그에 대한 강제집행의 권한은 국가에 귀속하고, 채권자는 그 채권에 관하여 판결 등의 집행권원을 얻어 법원에 강제집행을 신청할 수 있을 뿐이다. 대법원은 형법상 강제집행면탈죄는 주로 채권자의 권리를 보호하기 위한 것이라고 하거나(대법원 2011. 9. 8. 선고 2011도5165 판결), 강제집행이 임박한 채권자의 권리를 보호하기 위한 것이라고 본다(대법원 2013. 4. 26. 선고 2013도2034 판결). 이에 비하여 조세채권의 경우 국가는 판결 등의 집행권원이 없이도 스스로 강제징수할 권리를 가지므로(자력집행력), 조세채권과 그 강제징수권은 모두 국가에 귀속되고, 양자는 하나로 결합되어 있다. 따라서 체납처분면탈죄의 보호법익은 국가의 조세채권 또는 그 강제징수권으로 파악하는 것이 무방할 것이다.
2) 본 절 1.2. (2) 참조

위'를 처벌할 수 없었던 문제점이 있었다.[3] 이러한 불합리를 개선하고 처벌규정의 실효성을 제고하기 위하여 2010년 개정된 구 국세기본법 제7조는 본죄의 주체를 '납세의무자 또는 납세의무자의 재산을 점유하는 자'로 확대하였고, 이에 따라 '체납 전의 납세의무자'도 본죄의 주체에 포함되게 되었다.

지방세 및 관세에 관한 강제징수의 면탈에 관하여는 별도의 처벌규정이 있으므로,[4] 본조가 적용되지 않는다.

1.2. 구성요건

(1) 주체

본죄의 주체는 납세의무자 또는 납세의무자의 재산을 점유하는 자이다.

(가) 납세의무자

여기의 '납세의무자'는 제2차 납세의무자 및 납세보증인도 포함하지만, 원천징수의무자는 포함하지 않는다(국세기본법 2조 9호, 10호).

납세의무자의 지위는 국세기본법 제21조에 규정된 '과세요건이 충족된 때'에 성립한다. 따라서 아직 과세요건이 충족되지 않아서 납세의무자가 아닌 자가, 이후 성립할 납세의무에 대한 체납처분의 면탈 목적으로 소득의 은닉·탈루 행위를 하였더라도, 본죄는 성립하지 않는다.[5]

조세가 부과처분으로 확정된 상태에서 납세의무자가 재산은닉 등의 행위를 하였더라도, 이후 그 부과처분의 무효확인 또는 취소로 조세채권이 존재하지 않는 것으로 된 경우에는, 본죄는 성립하지 않는다고 보아야 할 것이다.[6]

---

3) 납세의무자가 납부고지를 받고 지정납부기한이 지나기 전이어서 아직 체납자가 아닌 시점에 재산의 은닉 등을 한 경우 본죄로 처벌할 수 없었다.
4) 지방세에 관한 체납처분의 면탈은 지방세기본법 제103조에 의하여 처벌되고, 관세에 관한 강제징수의 면탈은 관세법 제275조의2에 의하여 처벌된다.
5) 대법원 2022. 9. 29. 선고 2022도5826 판결은, 피고인 1이 2018. 3. 16.경 피고인 소유의 상가 분양권을 9억 원에 매도하는 계약을 체결하고 2018. 4. 20.경 매도대금을 수령함으로써 양도소득세 321,917,020원이 부과될 것으로 예상되자, 2018. 4. 20.경 체납처분의 집행을 면탈할 목적으로 위와 같이 수령한 매도대금 중 4억 1,000만 원을 배우자인 피고인 2에게 증여함으로써 체납처분의 집행을 면탈할 목적으로 그 재산을 은닉·탈루하였다는 점으로 기소된 사건에서, 피고인 1이 2018. 3. 16. 상가 분양권을 양도하는 계약을 체결하고 2018. 4. 20. 그 매매대금을 모두 지급받았으므로, 피고인 1의 양도소득세 납세의무는 매매대금을 모두 지급받은 날이 속한 달의 말일인 2018. 4. 30. 성립하고, 그 날에 상가 분양권 양도에 따른 양도소득세의 납세의무자가 되므로, 피고인 1이 납세의무자가 되기 전인 2018. 4. 20.경 위 매매대금 중 4억 1,000만 원을 피고인 2에게 증여하였다고 하더라도 피고인 1에 대하여 체납처분면탈죄가 성립한다고 볼 수 없다고 판단하였다.
6) 대법원은 형법상 강제집행면탈죄는 채권자의 권리를 주된 보호법익으로 하므로, 채권의 존재가 인정되지 않

(나) 납세의무자의 재산을 점유하는 자

'납세의무자의 재산을 점유하는 자'는 해당 재산에 대한 사실상 지배를 하는 자를 말하고, 직접점유자 및 간접점유자를 포함하지만, 예금 등에 관한 법적 명의만을 보유하는 자는 포함하지 않는다.[7]

(다) 기타의 강제징수 대상자의 포함 여부

국세징수법의 강제징수절차는 국가의 조세채권 외의 다른 공과금에 대하여도 많이 준용된다.[8] 그러나 본죄의 주체는 '납세의무자 또는 그 재산을 점유하는 자'로 한정되므로, 납세의무자 등이 아닌 공과금의 납부의무자는 국세징수법상 강제징수절차의 적용을 받더라도 본죄의 주체로 될 수 없다.[9][10]

(2) 강제징수를 당할 구체적 위험

민사법상 채무에 대한 강제집행면탈죄가 성립하기 위해서는 행위 당시 강제집행을 당할 구체적인 위험이 있는 상태이어야 한다.[11] 본죄도 강제집행면탈죄와 속성을 공유하므로, 본죄의 성립요건으로 강제징수의 구체적 위험이 있는 상태를 요한다고 보아야 할 것이다.[12]

어떤 경우에 강제징수의 구체적 위험이 있는지가 문제된다. 앞에서 본 바와 같이 조세채권은 사법상 채권과 달리 자력집행력을 가지는 점 및 사법상 채무는 막연한 변제의 다짐이나 약속만으로도 기한을 유예하는 경우가 종종 있고, 강제집행은 많은 경우 최후의 수단으로 사용되는 데 비하여, 조세채무가 제대로 확정 또는 납부되지 않은 것을 세무공무원이 발견한 경우 곧바로 징수절차에 들어갈 가능성이 상대적으로 높은 점을 고려하면, 다음과 같이 처리하는 것이 합리적이다.

① 납세의무가 성립한 후 납세의무자가 신고를 하지 않고 있는 동안에도, 관련법령상 과세자료가 과세관청에게 통보되도록 예정되어 있다면,[13] 강제징수의 구체적 위험이 있다고 볼

는 경우에는 강제집행면탈죄가 성립하지 않는다고 본다(대법원 2008. 5. 8. 선고 2008도198 판결, 대법원 2011. 9. 8. 선고 2011도5165 판결). 이는 체납처분면탈죄에도 동일하게 적용될 여지가 있다.

7) 안대희 등, 138쪽

8) 고용보험 및 산업재해보상보험의 보험료징수 등에 관한 법률 제21조의2 제2항, 제28조, 국민연금법 제57조의2 제3항, 제95조 제4항, 보조금 관리에 관한 법률 제33조의3 제1항 등

9) 국세징수법에 의한 체납처분을 면탈할 목적으로 재산을 은닉하는 등의 행위는 형법상 강제집행면탈죄의 규율대상에도 포함되지 않는다[대법원 2012. 4. 26. 선고 2010도5693 판결(반환할 보조금의 강제징수를 면탈하기 위한 재산의 은닉 등)].

10) 이와 달리 조세범처벌법 제11조(명의대여행위 등)의 구성요건인 '강제집행'에는 조세 외의 공법상 채권에 대한 강제징수가 포함된다고 볼 여지가 있다. 본 장 5절 2. (2) 참조.

11) 대법원 1979. 9. 11. 선고 79도436 판결, 대법원 1986. 10. 28. 선고 86도1553 판결 ; 강제집행을 당할 구체적인 위험이 있는 상태란 채권자가 이행청구의 소 또는 그 보전을 위한 가압류, 가처분신청을 제기하거나 제기할 태세를 보인 경우를 말한다(대법원 1996. 1. 26. 선고 95도2526 판결, 대법원 1999. 2. 29. 선고 96도3141 판결).

12) 안대희 등, 140쪽 ; 김태희, 337쪽 ; 김종근, 328쪽

여지가 있다.[14] ② 납세의무가 성립한 후 아직 부과처분 등으로 확정되지 않았더라도, 세무조사, 범칙조사 또는 수사 중에 조세포탈 사실이 객관적으로 드러난 경우에는, 강제징수의 구체적 위험이 있는 상태로 보아야 할 것이다.[15] ③ 납세의무가 성립한 후 신고 또는 부과처분에 의하여 확정된 경우에는 강제징수의 구체적 위험이 있는 상태로 보아야 한다.[16]

대법원은, 피고인이 2018. 3. 16.경 피고인 소유의 상가 분양권을 매도하는 계약을 체결하고 2018. 4. 20.경 매도대금을 수령한 후 예정신고를 하기 전인 2018. 6. 12. 부동산을 증여하여 은닉·탈루한 사건에서, '체납처분 집행을 받을 우려가 있는 상태'는 실제로 체납처분이 내려지거나 사전절차인 납부고지, 독촉 등의 절차가 진행되어야만 하는 것이 아니라, 구체적인 행위 당시의 객관적인 상황을 고려할 때 체납처분을 저지할 만한 사유가 없어 그에 따른 체납처분 절차가 행해질 것이라는 것을 인식할 수 있는 상황이면 족하고, 위 사건에서 피고인은 행위 당시 체납처분을 저지할 만한 사유가 없어 체납처분이 이루어질 것임을 인식하고 있었으므로, 체납처분을 받을 우려가 있는 객관적 상태에 있었다고 보아 체납처분면탈죄가 성립한다고 본 원심의 판단이 정당하다고 판단하였다.[17]

한편, 일부 판결은, 세금의 지정납부기한 전에 과세관청이 납세의무자에게 어떠한 독촉을 하였다는 등의 체납처분 집행이 임박하였다고 볼만한 사정이 없는 상태에서 납세의무자가 재산을 소비한 경우 체납처분면탈죄에 해당하지 않는다고 판단하였다.[18]

(3) 재산의 은닉·탈루 또는 거짓 계약

(가) 강제징수의 대상이 될 수 있는 재산

체납처분면탈죄의 객체는 체납처분의 대상으로 삼을 수 있는 것 즉, 납세의무자의 소유인 재산이어야 한다.[19] 여기에는 채무자의 제3채무자에 대한 장래의 청구권도 그것이 충분

---

13) ① 부동산등기법 제63조에 의하면, 등기관이 소유권의 보존 또는 이전의 등기(가등기를 포함한다)를 하였을 때에는 그 사실을 부동산 소재지 관할 세무서장에게 통지하여야 한다. ② 특정 금융거래정보의 보고 및 이용에 관한 법률 제10조 제1항에 의하면, 금융정보분석원장은 불법재산·자금세탁행위 등과 관련된 조세탈루 혐의의 확인을 위한 조사업무 등에 필요하다고 인정되는 경우에는, 일정한 금융거래정보를 국세청장에게 제공한다.

14) 아래 대법원 2022. 9. 29. 선고 2022도5826 판결의 사안이 이에 해당한다.

15) 안대희 등, 140쪽

16) 김종근, 329쪽

17) 대법원 2022. 9. 29. 선고 2022도5826 판결

18) ① 수원지방법원 2017. 6. 19. 선고 2016노3133 판결(납세의무자가 납세의무의 성립 전 또는 납세의무의 성립 후라도 체납처분의 집행 우려가 없는 상태에서 자신의 소득 등 재산을 진의에 의하여 정상적인 방법으로 소비한 경우라면 이러한 소비행위가 조세징수권자인 국가에 불이익을 초래하는 결과가 되었다는 사정만으로 체납처분의 집행을 면탈할 목적으로 재산을 은닉하였다고 단정할 수는 없다), 대법원 2018. 10. 12. 선고 2017도10630 판결 ; ② 대구지방법원 2017. 10. 19. 선고 2016노5397 판결, 대법원 2018. 11. 15. 선고 2017도18758 판결

19) 대법원 2013. 4. 26. 선고 2013도2034 판결(피고인이 아파트를 구입한 후 자기 명의로 등기를 할 경우 채권자

하게 표시되었거나 결정된 법률관계가 존재한다면 포함된다.[20]

(나) 재산의 은닉

재산의 은닉은, 재산의 소재를 불분명하게 하는 경우는 물론 그 소유관계를 불분명하게 하는 경우를 포함한다.[21]

재산의 은닉에 해당하는 사례로는, ① 채무자가 자기 소유의 유체동산을 모 소유의 것으로 사칭하면서 모의 명의로 제3자이의의 소를 제기하고 집행정지결정을 받아 집행을 저지하는 행위,[22] ② 담보가등기권자가 다른 채권자들의 강제집행을 불가능하게 할 목적으로 채무자와 공모하여 정확한 청산절차를 거치지 않은 채 의제자백 판결을 통하여 본등기를 경료함과 동시에 가등기 후에 경료된 가압류등기 등을 모두 직권말소하게 한 행위,[23] ③ 사업장의 유체동산에 대한 강제집행을 면탈할 목적으로 사업장에서 사용하는 금전등록기의 사업자 이름을 변경한 행위,[24] ④ 채무자 소유의 재산을 담보로 대출받은 금액을 타인 명의 계좌에 입금하는 행위[25]가 있다.

한편, ⑤ 채무자가 제3자 명의로 되어 있던 사업자등록을 또 다른 제3자 명의로 변경하였다는 사정만으로는, 그 변경이 채권자의 입장에서 볼 때 사업장 내 유체동산에 관한 소유관계를 종전보다 더 불분명하게 하여 채권자에게 손해를 입게 할 위험성을 야기한다고 단정할 수 없다.[26]

(다) 거짓 계약

거짓 계약은 진의에 기하지 않고 허위로 재산을 양도하거나 채무를 부담하는 계약을 말한다.[27]

(라) 재산의 탈루

재산의 탈루는 그 문언상, 재산을 체납처분의 대상인 책임재산에서 빼내어 제외되도록 하는 것을 말한다.[28] 그러나 이와 같이 재산의 탈루를 해석할 경우 진의(眞意)에 기한 사법

인 A 회사로부터 강제집행당할 것을 우려하여 동생인 甲 명의로 매매를 원인으로 하는 소유권이전등기를 함으로써 위 아파트를 은닉하였다고 기소된 사안에서, 피고인은 위 아파트의 소유권이전등기청구권을 취득하였을 뿐 그 소유권을 취득한 바 없으므로, 위 아파트는 피고인에 대한 강제집행이나 보전처분의 대상이 될 수 없어 강제집행면탈죄의 객체가 될 수 없다고 판단함)

20) 대법원 2011. 7. 28. 선고 2011도6115 판결
21) 대법원 2000. 7. 28. 선고 98도4558 판결
22) 대법원 1992. 12. 8. 선고 92도1653 판결
23) 대법원 2000. 7. 28. 선고 98도4558 판결
24) 대법원 2003. 10. 9. 선고 2003도3387 판결
25) 대법원 2011. 9. 8. 선고 2011도5165 판결
26) 대법원 2014. 6. 12. 선고 2012도2732 판결
27) 대법원 2001. 11. 27. 선고 2001도4759 판결

상 유효한 행위도 무제한적으로 포함하게 되어,[29] 체납처분면탈죄의 성립범위를 과도하게 넓힐 우려가 있다.[30] 이러한 점을 고려하면, 재산의 탈루는 '재산의 등가적 교환에 해당하지 않는 책임재산의 감소행위'로 제한해석하는 것이 합리적이다. 이에 따르면, 시가에 따른 매매 등 재산의 등가적 교환이 있는 경우에는, 비록 그 부동산의 매각대금이 채무변제 등으로 소비되었더라도 재산의 탈루로 보기 어려울 것이다.[31] 법원은, 납세의무자가 정상적 거래로 부동산을 양도하거나 진정한 채무를 변제한 경우 체납처분면탈죄가 성립하지 않는다고 판단하였다.[32] 다만, 재산의 매각이 등가적 교환에 해당하는 경우에도 그 매각대금의 인출 등이 재산의 '은닉'에 해당하면 본죄가 성립할 수 있다. 한편, 재산의 증여는 탈루에 해당한다.[33]

(4) 조세채권을 해할(조세의 징수를 곤란하게 만들) 위험의 야기

본죄는 구체적 위험범으로서 조세채권 또는 그 징수권을 해할 위험이 발생하면 성립하고, 현실적으로 강제징수를 면탈하는 결과가 발생하여야 하는 것은 아니다.[34]

한편, 납세의무자가 재산의 은닉 등 행위를 할 당시 납세의무자에게 조세채권을 징수하

---

28) 일본 국세징수법 제187조 제1항은 '납세자가 체납처분의 집행 ⋯ 면할 목적으로 그 재산을 은폐 또는 손괴하거나 국가에 불이익하게 처분하여 ⋯ 한 때에는, 그 자는 3년 이하의 징역 또는 이백오십만엔 이하의 벌금에 처하거나 이를 병과한다'고 규정한다. 여기서 '국가에 불이익한 처분'은 증여, 부당하게 저가의 대가에 의한 매매, 환가가 용이한 재산과 환가가 곤란한 재산의 교환, 임차권의 설정, 채무면제 기타 재산의 처분으로 인하여 국가를 불이익하게 하는 일체의 행위를 말한다(일본 국세징수법기본통달 제87조 관계 6.). 우리나라 조세범처벌법상 체납처분면탈죄에서 재산의 '탈루'는 위의 '국가에 불이익한 처분'에 대응하는 규정으로 보인다.
29) 안대희 등, 141쪽
30) 강제집행면탈죄의 경우, 채무자가 진의에 의하여 재산을 양도하였다면 그것이 강제집행을 면탈할 목적으로 이루어진 것이고 채권자의 불이익을 초래하였더라도, 강제집행면탈죄의 허위양도 또는 은닉에 해당하지 않는다(대법원 1998. 9. 8. 선고 98도1949 판결). 그리고 강제집행면탈죄에는 행위태양으로 재산의 '탈루'가 규정되어 있지 않다.
31) 김태희, 339쪽 ; 대법원은, 채무자가 그의 유일한 부동산을 매각하여 소비하기 쉬운 현금으로 바꾸는 행위는 원칙적으로 사해행위에 해당하지만, 그 부동산의 매각 목적이 채무의 변제 또는 변제자력을 위한 것이고, 그 대금이 부당한 염가가 아니며, 실제 이를 채권자에 대한 변제에 사용하거나 변제자력을 유지하고 있는 경우에는, 채무자가 일부 채권자와 통모하여 다른 채권자를 해할 의사로 변제를 하는 등의 특별한 사정이 없는 한, 사해행위에 해당하지 않는다고 본다(대법원 2015. 10. 29. 선고 2013다83992 판결).
32) ① 부산지방법원 2017. 4. 10. 선고 2016고단6923 판결(토지의 매각대금으로 토지에 관한 근저당권의 피담보채무 일부를 변제하여 근저당권설정등기를 말소한 사안), 부산지방법원 2018. 1. 11. 선고 2017노1436 판결, ② 수원지방법원 성남지원 2019. 11. 12. 선고 2019고단1336 판결(피고인이 아들에게 금원을 송금한 것이 채무의 변제를 위한 것이었다고 볼 여지가 있는 사안), 수원지방법원 2020. 6. 17. 선고 2019노6514 판결
33) 대법원 2022. 9. 29. 선고 2022도5826 판결
34) 강제집행면탈죄에 관한 판례로 ① 대법원 2008. 6. 26. 선고 2008도3184 판결(허위로 채무를 부담하고 담보목적 가등기를 경료한 것처럼 가장한 것만으로 강제집행면탈죄가 성립한다고 본 사례), ② 대법원 2012. 6. 28. 선고 2012도3999 판결(채무자가 채권자의 가압류집행을 면탈할 목적으로 제3채무자에 대한 채권을 타인에게 양도한 경우, 가압류결정 정본이 제3채무자에게 송달되기 전에 채권을 허위로 양도하였다면 강제집행면탈죄가 성립한다고 본 사례), ③ 대법원 2018. 6. 15. 선고 2016도847 판결(허위의 채무를 부담하는 내용의 공정증서를 작성하고 그에 기하여 채권압류 및 추심명령을 받은 경우 강제집행면탈죄가 성립한다고 본 사례)

기에 충분한 다른 재산이 있는 경우에는 조세채권을 해할 염려가 없으므로, 본죄가 성립하지 않는다.[35]

(5) 고의 및 체납처분 면탈의 목적

본죄가 성립하기 위해서는, 납세의무자에게 체납처분면탈죄의 객관적 구성요건에 대한 고의가 있어야 하고, 그 외에 체납처분 면탈의 목적[36]이 있어야 한다.

1.3. 다른 죄와의 관계

납세의무자가 체납처분을 면탈하기 위하여 부동산을 제3자에게 명의신탁한 경우 본죄와 부동산 실권리자 명의 등기에 관한 법률 제3조 제1항의 위반죄가 모두 성립하고, 양죄는 상상적 경합 관계로 보아야 할 것이다.[37]

2. 압수·압류물건의 은닉 등

> **제7조(체납처분 면탈)**
> ② 「형사소송법」 제130조 제1항에 따른 압수물건의 보관자 또는 「국세징수법」 제49조 제
> 1항에 따른 압류물건의 보관자가 그 보관한 물건을 은닉·탈루하거나 손괴 또는 소비
> 하였을 때에도 제1항과 같다.

(1) 주체

본죄의 주체는 형사소송법 제130조 제1항에 따른 압수물건의 보관자 또는 국세징수법 제49조 제1항에 따른 압류물건의 보관자이다.

① '형사소송법 제130조 제1항에 따른 압수물건'은 조세범칙조사에 따라 압수된 물건을 의미한다.[38] 형사소송법 제130조 제1항에 의하면, 운반 또는 보관하기 불편한 압수물은 소

---

35) 대법원 2011. 9. 8. 선고 2011도5165 판결
36) 헌법재판소는, 조세범처벌법 제7조 제1항에 규정된 체납처분면탈죄의 구성요건 중 '납세의무자가 체납처분
   의 집행을 면할 목적으로' 부분은 죄형법정주의의 명확성원칙에 위배되지 않는다고 판단하였다(헌법재판소
   2023. 8. 31. 2020헌바498 결정).
37) 법원은 본문의 경우 양죄가 실체적 경합범 관계에 있다고 보았으나[전주지방법원 정읍지원 2020. 4. 2. 선고
   2019고단577 판결, 전주지방법원 2020. 7. 23. 선고 2020노425 판결(항소기각)], 1개의 행위로 양죄가 범해졌
   으므로, 상상적 경합으로 보아야 할 것이다.
38) 김종근, 334쪽

유자 또는 적당한 자의 승낙을 얻어 보관하게 할 수 있고, 위 규정은 조세범칙조사에서의 압수 또는 수색에 관하여 준용된다(조세범처벌절차법 10조).

② 국세징수법 제49조 제1항에 따른 압류물건은, 관할 세무서장이 동산을 압류할 때 이를 운반하기 곤란하여 체납자 또는 제3자에게 보관하게 한 경우의 그 동산을 말한다.

(2) 압수물건·압류물건의 은닉, 탈루, 손괴 또는 소비

본죄는 압수물건 또는 압류물건의 보관자가 이를 은닉, 탈루, 손괴 또는 소비한 경우에 성립한다. 본죄의 행위태양에는 체납처분면탈죄와 달리 거짓 계약이 없고, 손괴 또는 소비가 추가되어 있다.

3. 체납처분면탈 등의 방조

> **제7조(체납처분 면탈)**
> ③ 제1항과 제2항의 사정을 알고도 제1항과 제2항의 행위를 방조하거나 거짓 계약을 승낙한 자는 2년 이하의 징역 또는 2천만 원 이하의 벌금에 처한다.

본죄는 체납처분면탈 행위 또는 압수·압류물건의 은닉 등 행위를 방조하거나 거짓 계약을 승낙한 경우에 성립한다.

본죄의 처벌규정이 없다면 체납처분면탈죄 등에 대한 방조는 형법상 방조범으로서 처벌되고, 그 법정형은 체납처분면탈죄 등에 대한 법정형의 2분의 1[39]로 감경될 것인데(형법 32조, 55조 1항), 본죄는 그보다 높은 법정형을 정하고 있고, 거짓 계약을 승낙한 자를 처벌대상으로 명시한 점에서 의의가 있다.

납세의무자가 체납처분의 면탈을 위하여 배우자 등에게 증여를 하는 경우, 그러한 사정을 알면서도 증여를 받은 배우자 등은 본죄에 해당할 수 있다.[40]

---

39) 1년 6월 이하의 징역 또는 1천 5백만 원 이하의 벌금
40) 대법원 2022. 9. 29. 선고 2022도5826 판결은, 피고인 1이 2018. 3. 16.경 피고인 소유의 상가 분양권을 9억 원에 매도하는 계약을 체결하고 2018. 4. 20.경 매도대금을 수령한 후 양도소득세 321,917,020원이 부과될 것으로 예상되자, 2018. 6. 12.경 피고인 소유 주택과 부속 토지의 지분 중 4분의 3을 배우자인 피고인 2에게, 나머지 지분 4분의 1을 아들인 피고인 3에게 증여한 사안에서, 피고인 1에 관하여 조세범처벌법 제7조 제1항의 위반죄, 피고인 2에 관하여 같은 조 제3항의 위반죄(제1항의 방조)를 인정한 원심의 판단이 정당하다고 판단하였다.

장부의 소각 · 파기 등

> 제8조(장부의 소각 · 파기 등)
> 조세를 포탈하기 위한 증거인멸의 목적으로 세법에서 비치하도록 하는 장부 또는 증빙서류(「국세기본법」 제85조의3 제3항에 따른 전산조직을 이용하여 작성한 장부 또는 증빙서류를 포함한다)를 해당 국세의 법정신고기한이 지난 날부터 5년 이내에 소각 · 파기 또는 은닉한 자는 2년 이하의 징역 또는 2천만 원 이하의 벌금에 처한다.

1. 의의와 입법취지

본죄는, 조세포탈을 위한 증거인멸의 목적으로 세법에서 비치하도록 하는 장부 또는 증빙서류를 국세의 법정신고기한이 지난 날부터 5년 이내에 소각, 파기 또는 은닉한 경우에 성립한다.

세법은 국세의 부과와 징수를 위하여 장부와 증빙서류를 국세부과의 일반적 제척기간 동안에는 비치하고 보존하도록 규정한다. 본죄는 이러한 장부와 증빙서류의 비치 및 보존의무의 이행을 형벌로 강제함으로써 국세의 부과권을 보장하기 위한 것이다.[1]

2. 구성요건

(1) 소각 등의 대상 : 세법에서 비치하도록 하는 장부 또는 증빙서류

본죄의 행위대상은 '세법에서 비치하도록 하는 장부 또는 증빙서류'이다. 여기의 '장부 또는 증빙서류'는 국세기본법 제85조의3 제3항에 따른 전산조직을 이용하여 작성한 것을 포함한다(법 8조).

---

[1] 김태희, 342쪽 : 이와 달리 안대희 등, 144쪽은 본죄의 입법취지가 국세의 조세형벌권 행사를 보장하기 위한 것이라고 본다. 그러나 그렇게 볼 경우 본죄는 형법상 증거인멸죄와 같은 성질을 가지게 되는데, ① 본죄의 법정형(2년 이하의 징역 또는 2천만 원 이하의 벌금)이 형법상 증거인멸죄의 그것(5년 이하의 징역 또는 700만 원 이하의 벌금)보다 현저히 낮은 점, ② 본죄가 증거인멸죄와 달리 타인의 조세뿐만 아니라 자신의 조세를 포탈하기 위한 장부의 소각 등도 포함되는 점을 설명하기 어려울 것이다.

① 국세기본법

납세자는 각 세법에서 규정하는 바에 따라 모든 거래에 관한 장부 및 증거서류를 성실하게 작성하여 갖춰 두어야 한다(국세기본법 86조의3 1항 1문).[2] 위 장부 및 증거서류는 그 거래 사실이 속하는 과세기간에 대한 해당 국세의 법정신고기한이 지난 날부터 5년간(역외거래의 경우 7년간) 보존하여야 한다(국세기본법 86조의3 2항 본문).[3] 납세자는 위 장부와 증거서류의 전부 또는 일부를 전산조직을 이용하여 작성할 수 있고, 이 경우 그 처리과정 등을 대통령령으로 정하는 기준에 따라 자기테이프, 디스켓 또는 그 밖의 정보보존 장치에 보존하여야 한다(국세기본법 86조의3 3항). 국세기본법 제86조의3 제1항을 적용하는 경우, 「전자문서 및 전자거래 기본법」 제5조 제2항에 따른 전자화문서로 변환하여 같은 법 제31조의2에 따른 공인전자문서센터에 보관한 경우에는, 제1항에 따라 장부 및 증거서류를 갖춘 것으로 본다(국세기본법 86조의3 4항 본문).[4]

② 소득세법

사업자[5]는 소득금액을 계산할 수 있도록 증명서류 등을 갖춰 놓고 그 사업에 관한 모든 거래 사실이 객관적으로 파악될 수 있도록 복식부기에 따라 장부에 기록·관리하여야 한다(소득세법 160조 1항). 업종·규모 등을 고려하여 대통령령으로 정하는 업종별 일정 규모 미만의 사업자가 대통령령으로 정하는 간편장부를 갖춰 놓고 그 사업에 관한 거래 사실을 성실히 기재한 경우에는 위 장부를 비치·기록한 것으로 본다(소득세법 160조 2항).

③ 법인세법

납세의무가 있는 법인은 장부를 갖추어 두고 복식부기 방식으로 장부를 기장하여야 하며, 장부와 관계있는 중요한 증명서류를 비치·보존하여야 한다(법인세법 112조 본문).[6]

법인은 각 사업연도에 그 사업과 관련된 모든 거래에 관한 증명서류를 작성하거나 받아서 제60조에 따른 신고기한이 지난 날부터 5년간 보관하여야 한다(법인세법 116조 1항 본문).[7]

---

2) 이 경우 장부 및 증거서류 중 「국제조세조정에 관한 법률」 제16조 제4항에 따라 과세당국이 납세의무자에게 제출하도록 요구할 수 있는 자료의 경우에는 「소득세법」 제6조 또는 「법인세법」 제9조에 따른 납세지(「소득세법」 제9조 또는 「법인세법」 제10조에 따라 국세청장이나 관할지방국세청장이 지정하는 납세지를 포함한다)에 갖춰 두어야 한다(국세기본법 86조의3 1항 2문).
3) 다만, 제26조의2 제3항에 해당하는 경우에는 같은 항에서 규정한 날까지 보존하여야 한다(국세기본법 86조의3 2항 단서).
4) 다만, 계약서 등 위조·변조하기 쉬운 장부 및 증거서류로서 대통령령으로 정하는 것은 그러하지 아니하다(국세기본법 86조의3 4항 단서).
5) 국내사업장이 있거나 제119조 제3호(국내원천 부동산소득)에 따른 소득이 있는 비거주자를 포함한다.
6) 다만, 비영리법인은 법인세법 제4조 제3항 제1호 및 제7호의 수익사업(비영리외국법인의 경우 해당 수익사업 중 국내원천소득이 발생하는 경우만 해당한다)을 하는 경우로 한정한다(법인세법 112조 단서).
7) 다만, 법인세법 제13조 제1항 제1호에 따라 각 사업연도 개시일 전 5년이 되는 날 이전에 개시한 사업연도에서 발생한 결손금을 각 사업연도의 소득에서 공제하려는 법인은 해당 결손금이 발생한 사업연도의 증명서류

법인이 대통령령으로 정하는 사업자로부터 재화나 용역을 공급받고 그 대가를 지급하는 경우에는 ㉮ 신용카드 매출전표, ㉯ 현금영수증, ㉰ 세금계산서, ㉱ 계산서 중 어느 하나에 해당하는 증명서류를 받아 보관하여야 한다(법인세법 116조 2항 본문).[8)9)]

④ 부가가치세법

사업자는 자기의 납부세액 또는 환급세액과 관계되는 모든 거래사실을 대통령령으로 정하는 바에 따라 장부에 기록하여 사업장에 갖추어 두어야 한다(부가가치세법 71조 1항).

⑤ 구체적 사례

법원은, 유흥주점을 운영하는 피고인이 일일매출현황 기록장부인 '조판지'를 수기로 작성하였다가 엑셀파일로 정리한 후 즉시 파기한 사건에서, 위 조판지는 세법에서 비치하도록 하는 장부 또는 증빙서류에 해당한다고 보기 어렵다고 판단하였다.[10)]

(2) 국세의 법정신고기한이 지난 날부터 5년 이내의 소각, 파기 또는 은닉

본죄가 성립하려면 국세의 법정신고기한이 지난 날부터 5년 이내에 세법상 장부 또는 증빙서류의 소각, 파기 또는 은닉 행위가 있어야 한다.

장부 또는 증빙서류의 '소각'은 불에 태우는 것을 말하고, '파기'는 그 외의 방법으로 그 내용을 알 수 없거나 알아보기 어렵게 만드는 것을 뜻하며, '은닉'은 장부 등의 소재를 불분명하게 하여 발견을 불가능하게 또는 곤란하게 하는 행위를 의미한다. 전산조직을 이용하여 작성한 장부 또는 증빙서류의 경우 해당 데이터를 지우는 것은 '파기'에 해당한다.[11)]

---

8) 다만, 대통령령으로 정하는 경우에는 그러하지 아니하다(법인세법 116조 2항 단서).

를 공제되는 소득의 귀속사업연도의 제60조에 따른 신고기한부터 1년이 되는 날까지 보관하여야 한다(법인세법 116조 1항 단서).

9) 법인세법 제116조 제2항을 적용할 때 법인이 다음의 어느 하나에 해당하는 경우에는 제2항에 따른 증명서류의 수취·보관 의무를 이행한 것으로 본다(법인세법 116조 3항).
　① 세금계산서를 발급받지 못하여 부가가치세법 제34조의2 제2항에 따른 매입자발행세금계산서를 발행하여 보관한 경우
　② 계산서를 발급받지 못하여 매입자발행계산서를 발행하여 보관한 경우

10) 서울고등법원 2022. 12. 8. 선고 2022노918 판결. 위 판결은 ① 당해 서류의 작성 취지 등에 따라 작성 당시부터 작성자 등에 의한 폐기가 예정된 서류는 조세범처벌법 제8조에서 정한 '세법에서 비치하도록 하는 장부'에 해당한다고 보기 어려운데, 위 조판지는 그 작성 시부터 폐기가 예정되어 있었으므로, 위 규정의 장부에 해당한다고 보기 어렵고, ② 조세범처벌법 제8조에서 정한 '세법에서 비치하도록 하는 증빙서류'는 거래사실 여부를 객관적으로 확인할 수 있도록 하는 서류로서 세법 법령 및 시행규칙 등이 정하는 기재사항에 따라 작성된 서류로 해석하여야 하는데, 위 사건의 조판지가 위 규정의 '세법에서 비치하도록 하는 장부'에 해당할 수 있을 정도로 일일매출현황이 충실하게 기재되어 있었다는 사실이 증명되었다고 볼 수 없다고 보아 공소사실 중 장부 파기로 인한 조세범처벌법 위반의 점을 무죄로 판단하였다. 이에 대하여 검사는 상고하지 않고, 피고인만이 위 판결의 유죄 부분에 대하여 상고함에 따라 위 무죄 부분은 그대로 확정되었다(대법원 2023. 8. 18. 선고 2022도16942 판결).

11) 안대희 등, 147쪽 ; 전주지방법원 2014. 4. 30. 선고 2014고단178 판결은, 세무공무원들이 피고인의 사업체에 대한 세무조사 과정에서 전산 '판매관리시스템'에서 매출 자료를 확인하려 하자, 피고인이 위 전산시스템의

소각 등의 행위는 '국세의 법정신고기한이 지난 날부터 5년 이내'에 있어야 한다. 위 기간은 국세의 일반적 부과제척기간이다(국세기본법 26조의2 1항 본문).

(3) 고의 및 조세포탈을 위한 증거인멸 목적

행위자는 본죄의 객관적 구성요건에 대한 고의와 '조세를 포탈하기 위한 증거인멸의 목적'이 있어야 한다. 여기의 증거인멸 목적은, 자신의 조세뿐만 아니라 타인의 조세를 포탈하기 위한 목적도 포함한다.[12] 행위자에게 증거인멸 목적이 있으면 족하고, 실제로 조세포탈에 이르렀는지 여부는 본죄의 성립에 영향을 미치지 않는다.[13]

3. 죄수 및 다른 죄와의 관계

(1) 죄수

원칙적으로 개개의 장부 또는 증빙서류를 소각, 파기 또는 은닉하는 행위마다 1죄가 성립한다. 수 개의 장부 등 파기 행위가 단일하고 계속된 범의 아래 연속하여 행해진 경우에는 포괄일죄에 해당한다.[14]

(2) 다른 죄와의 관계

본죄는 조세포탈 목적으로 장부 또는 증빙서류의 파기 등을 하였을 때 기수에 이른다. 조세포탈 목적으로 장부 등을 파기하였으나 조세포탈의 결과가 발생하지 않아서 조세포탈죄가 기수에 이르지 못한 경우에도, 본죄는 성립한다. 조세포탈 목적으로 장부 등을 파기하고 조세포탈의 결과까지 발생한 경우에는 본죄와 조세포탈죄가 모두 성립할 수 있고, 양죄는 실체적 경합범 관계에 있게 된다.

본죄의 보호법익을 조세형벌권이 아닌 국세의 부과권으로 본다면, 본죄는 형법상 증거인멸죄와 법조경합(특별관계)에 있지 않으므로, 양죄는 동시에 성립할 수 있고 상상적 경합관계에 있게 될 것이다.[15]

관리자에 연락을 취하여 서버를 다운시키고, 위 공무원들이 서버를 복구하는 과정에서 매출내역 일부를 보이지 않도록 하였으며, 이후 세무관서에 위 매출내역을 제출하면서 일부 자료가 삭제된 자료를 제출한 사건에서 '증빙서류를 은닉'한 것으로 판단하였다.

12) 김종근, 338쪽 ; 이와 달리 형법상 증거인멸죄는 타인의 형사사건 등에 관한 증거를 인멸하는 경우에만 성립한다.
13) 안대희 등, 145쪽
14) 안대희 등, 147쪽
15) 안대희 등, 145, 147쪽은, 본죄의 입법취지를 국가의 조세형벌권 행사를 보장하려는 것으로 보면서도 본죄와 형법상 증거인멸죄가 동시에 성립할 수 있다고 한다.

성실신고 방해

제9조(성실신고 방해 행위)
① 납세의무자를 대리하여 세무신고를 하는 자가 조세의 부과 또는 징수를 면하게 하기 위하여 타인의 조세에 관하여 거짓으로 신고를 하였을 때에는 2년 이하의 징역 또는 2천만 원 이하의 벌금에 처한다.
② 납세의무자로 하여금 과세표준의 신고(신고의 수정을 포함한다. 이하 "신고"라 한다)를 하지 아니하게 하거나 거짓으로 신고하게 한 자 또는 조세의 징수나 납부를 하지 않을 것을 선동하거나 교사한 자는 1년 이하의 징역 또는 1천만 원 이하의 벌금에 처한다.

1. 세무대리인의 거짓 신고

1.1. 의의와 입법취지

본죄는, 납세의무자를 대리하여 세무신고를 하는 자가, 조세의 부과 또는 징수를 면하게 하기 위하여 타인의 조세에 관하여 거짓으로 신고한 경우에 성립한다. 본조는, 납세의무자를 대리하여 거짓으로 세무신고를 하는 경우 그 자체로 조세포탈의 결과가 발생할 위험이 매우 크다는 점을 고려하여, 조세포탈행위와 별도로 그 수단이자 전 단계인 거짓신고행위를 처벌하는 규정이다.[1]

1.2. 구성요건

(1) 주체

(가) 납세의무자를 대리하여 세무신고를 하는 자

본죄의 주체는 납세의무자를 대리하여 세무신고를 하는 자이다. 통상적으로 세무대리를 하는 세무사, 회계사 또는 변호사 등이 본죄의 주체로 된다. 세무법인이 세무대리를 하는 경우 담당 세무사가 거짓 신고를 한 때에는, 담당 세무사는 양벌규정의 행위자로서 처벌된

---

1) 대법원 2019. 11. 14. 선고 2019도9269 판결

다(법 18조). 관련 법령에 따라 세무대리를 할 수 있는 자격이 없더라도 납세의무자로부터 위임을 받아 세무대리를 하는 자이면 본죄의 주체로 될 수 있다. 따라서 세무사 자격이 없으나 납세의무자의 위임을 받아 대여받은 세무사 명의로 납세의무자를 대리하여 세무신고를 하는 자도 본죄의 주체에 포함된다.[2]

(나) 납세의무자에 대하여 '타인'의 지위에 있는 자

본죄의 주체는 납세의무자에 대하여 '타인'의 지위에 있어야 한다. 따라서 납세의무자 본인 및 그와 동일시할 수 있는 양벌규정의 **행위자**, 즉 법인의 대표자, 법인 또는 개인의 대리인, 사용인, 그 밖의 종업원은 본죄의 주체에서 제외된다. 또한, 국세기본법 제82조 제2항에 따른 납세관리인,[3] 민법 제22조에 의한 부재자 재산관리인[4] 및 민법 제1053조에 따른 상속재산관리인[5]은 일종의 법정대리인으로서 위 행위자 중 '대리인'에 해당하여, 납세의무자에 대하여 '타인'의 지위에 있다고 보기 어려우므로, 본죄의 주체에서 제외된다고 볼 여지가 있다.[6]

다만, 비신분자인 납세의무자 본인도 세무대리인의 거짓 신고에 가담한 경우에는 본죄의 공범이 될 수 있다.[7]

---

2) 대법원 2019. 11. 14. 선고 2019도9269 판결
3) 국세기본법 제82조(납세관리인)
　① 납세자가 국내에 주소 또는 거소를 두지 아니하거나 국외로 주소 또는 거소를 이전할 때에는 국세에 관한 사항을 처리하기 위하여 납세관리인을 정하여야 한다.
　② 납세자는 국세에 관한 사항을 처리하게 하기 위하여 변호사, 세무사 또는 「세무사법」에 따른 세무사등록부 또는 공인회계사 세무대리업무등록부에 등록한 공인회계사를 납세관리인으로 둘 수 있다.
　③ 제1항과 제2항에 따라 납세관리인을 정한 납세자는 대통령령으로 정하는 바에 따라 관할 세무서장에게 신고하여야 한다. 납세관리인을 변경하거나 해임할 때에도 또한 같다.
　④ 관할 세무서장은 납세자가 제3항에 따른 신고를 하지 아니할 때에는 납세자의 재산이나 사업의 관리인을 납세관리인으로 정할 수 있다.
4) 민법 제22조(부재자의 재산의 관리)
　① 종래의 주소나 거소를 떠난 자가 재산관리인을 정하지 아니한 때에는 법원은 이해관계인이나 검사의 청구에 의하여 재산관리에 관하여 필요한 처분을 명하여야 한다. 본인의 부재 중 재산관리인의 권한이 소멸한 때에도 같다.
5) 민법 제1053조(상속인 없는 재산의 관리인)
　① 상속인의 존부가 분명하지 아니한 때에는 법원은 제777조의 규정에 의한 피상속인의 친족 기타 이해관계인 또는 검사의 청구에 의하여 상속재산관리인을 선임하고 지체없이 이를 공고하여야 한다.
6) 이와 달리 납세관리인, 상속재산관리인 등을 본죄의 주체로 보는 견해로 안대희 등, 148쪽 및 김태희, 346~347쪽.
7) 대법원은 타인을 교사하여 자기의 형사사건에 관한 증거를 위조하게 한 경우 증거위조교사죄의 성립을 인정한다(대법원 2011. 2. 10. 선고 2010도15986 판결). ; 이와 달리 김종근, 341쪽은, "타인의 조세에 관하여 거짓으로 신고"라는 구성요건으로 인하여 본인에 해당하는 납세의무자 등은 비록 세무대리인의 거짓 신고에 가담하였다 할지라도 원칙적으로 공범으로 처벌할 수 없다고 본다.

(2) 거짓 신고

여기의 '신고'는 세법상 납세의무에 관한 신고를 말하고, 신고확정방식 조세의 확정을 위한 신고뿐만 아니라 부과확정방식 조세의 협력의무 이행을 위한 신고를 포함한다.[8]

납세의무자를 대리하여 불복청구를 하는 것은 본죄의 '신고'에 해당하지 않으므로, 허위의 사유에 기하여 이의신청·심사청구 또는 심판청구를 하였더라도 본죄에 해당하지 않는다.[9]

본죄의 신고는 납세의무자를 대리하는 자에 의한 것을 말하므로, 제3자의 탈세제보를 포함하지 않는다.[10]

(3) 고의 및 조세의 부과·징수를 면하게 할 목적

본죄가 성립하려면, 타인의 조세에 관하여 거짓 신고를 한 자에게 그 거짓 신고라는 사실에 대한 고의와 조세의 부과·징수를 면하게 할 목적이 있어야 한다. 따라서 세무대리인이 납세의무자의 말을 믿고 신고하려는 내용이 사실과 다르다는 것을 알지 못한 채 거짓 신고를 한 경우에는 본죄로 처벌되지 않는다.

2. 미신고 등의 선동·교사

2.1. 의의

본죄는, 납세의무자로 하여금 과세표준의 신고를 하지 않게 하거나, 거짓으로 신고하게 하는 경우 또는 조세의 징수나 납부를 하지 않을 것을 선동하거나 교사하는 경우에 성립한다.

본죄는 이른바 반(反)조세운동 등을 처벌하기 위한 것이다.[11] 일본에서는 1940년대에 심한 반조세운동이 전개되면서 납세제도의 유지와 언론의 자유를 조화하기 위하여 1948년 구 국세범칙취체법 제22조에 탈세선동 등의 죄가 신설되었고, 이후 해당 규정은 국세통칙법 제126조로 옮겨졌다.[12][13]

---

8) 안대희 등, 149쪽 ; 김태희, 347쪽
9) 안대희 등, 149쪽
10) 안대희 등, 149쪽. 따라서 제3자가 거짓 탈세제보를 한 경우 본죄가 성립하지 않고, 형법상 무고죄(156조)가 성립할 수 있을 뿐이다.
11) 김종근, 342쪽
12) 國稅通則法(基礎)、稅務大學校, 2025(令和 7年度版), p129
13) 국세통칙법 제126조
   ① 납세자가 하여야 할 국세의 과세표준의 신고(그 수정신고를 포함한다. 이하 이 조에서 「신고」라 한다)를 하지 않는 것, 허위의 신고를 하는 것 또는 국세의 징수나 납부를 하지 않는 것을 선동한 자는 3년 이하의 구금형 또는 이십만 엔 이하의 벌금에 처한다.
   ② 납세자가 하여야 할 신고를 하지 않게 하기 위하여, 허위의 신고를 하게 하기 위하여 또는 국세의 징수

1957. 5. 7. 제정된 구 조세범처벌법 제14조는 ① 제1항에서 '납세의무자로 하여금 과세표준의 신고를 하지 아니하게 하거나 허위의 신고를 하게 하거나 조세의 징수나 납부를 하지 않을 것을 선동 또는 교사한 자'를, ② 제2항에서 '납세의무자로 하여금 신고를 하지 아니하게 하거나 허위의 신고를 하게 하거나 또는 조세의 징수나 납부를 하지 아니하게 할 목적으로 폭행 또는 협박을 가한 자'를 각 처벌대상으로 규정하였다.[14)15)] 위 규정은 2010. 1. 1. 구 조세범처벌법의 개정 시 제9조로 옮겨지면서 현재와 같이 일부 변경되었다. 그러나 위 개정에 따라 변경된 문언은 상당한 해석론적 문제를 불러일으키므로,[16)] 위 개정의 타당성은 매우 의문스럽다.

2.2. 구성요건

(1) 과세표준의 신고를 하지 않게 하거나 거짓 신고를 하게 하는 행위

본죄의 구성요건 중 첫 번째는 '납세의무자로 하여금 과세표준의 신고를 하지 아니하게 하거나 거짓으로 신고하게' 하는 것이다.

우리나라는 일본[17)]과 달리 과세표준의 미신고 또는 허위신고 자체를 처벌하는 규정을 두고 있지 않다. 이에 따라 납세의무자로 하여금 과세표준 신고를 하지 않거나 거짓으로 신고하는 경우, 납세의무자 본인의 미신고 등은 범죄를 구성하지 않음에도 그 교사범만이 본죄로 처벌되는 불합리한 상황이 생길 수 있다.[18)] 그러므로 본조를 그 문언대로 해석하여 위와 같은 행위 일반이 모두 본조를 구성한다고 보는 것은 위헌적 결과에 이를 수 있다. 이를 피하기 위해서는, 2010년 개정 전의 구 조세범처벌법 제14조 제1항 및 현재의 조세범처벌법 제9조 제2항 후단을 참고하여, 합헌적 법률해석[19)]에 의하여 본죄의 성립범위를, 본범의 성

또는 납부를 하지 않게 하기 위하여 폭행 또는 협박을 가한 자도 전 항과 같다.
14) 1957. 5. 7. 제정된 구 조세범처벌법 제14조
　① 납세의무자로 하여금 과세표준의 신고(申告의 修正을 包含한다. 以下 申告라 稱한다)를 하지 아니하게 하거나 허위의 신고를 하게 하거나 조세의 징수나 납부를 하지 않을 것을 선동 또는 교사한 자는 2년 이하의 징역 또는 30만 원 이하의 벌금에 처한다.
　② 납세의무자로 하여금 신고를 하지 아니하게 하거나 허위의 신고를 하게 하거나 또는 조세의 징수나 납부를 하지 아니하게 할 목적으로 폭행 또는 협박을 가한 자는 3년 이하의 징역 또는 50만 원 이하의 벌금에 처한다.
15) 1957. 5. 7. 제정된 구 조세범처벌법 제14조에 관한 국회 심의에 관하여는 제10회 국회정기회의속기록 제66조의 5, 9, 13쪽
16) 본 절 2.2. (1) 참조
17) 일본의 경우 단순무신고행위는 단순무신고포탈죄 또는 단순무신고죄로 처벌되고, 고의로 한 허위의 과소신고는 조세포탈죄로 처벌된다[제1장 제1절 3.2. (1)(나), (다) 및 (2)(나)].
18) 김종근, 343쪽
19) 대법원 2021. 2. 18. 선고 2017두38959 전원합의체 판결

립 여부와 별개로 교사범 자체의 행위태양에 따른 고유한 불법이 인정되는 경우로 한정할 필요가 있다. 이러한 점을 고려하면, 납세의무자로 하여금 과세표준을 신고하지 않게 하거나 거짓으로 신고하게 하는 행위를 '선동'하거나 '폭행 또는 협박'에 의하여 한 경우에 한하여 본죄가 성립한다고 보는 것이 합리적이다.[20]

본죄는 피교사자인 납세의무자가 과세표준의 신고를 하지 않거나 거짓으로 신고하여야 기수에 이르므로, 납세의무자가 그것을 승낙하지 않거나 승낙하였더라도 이를 실행하지 않은 때에는 본죄가 성립하지 않는다.[21]

(2) 조세의 징수나 납부를 하지 않을 것을 선동·교사하는 행위

본죄의 구성요건 중 두 번째는 '조세의 징수나 납부를 하지 않을 것을 선동하거나 교사' 하는 것이다.

선동 또는 교사의 대상은 납세의무자에 한정되지 않고, 원천징수의무자, 징수 담당 공무원 등 징수 또는 납부에 관계되는 자를 포함한다.[22]

본죄의 '선동'은, 조세가 징수 또는 납부되지 않도록 할 것을 목표로 피선동자들에게 조세의 미징수·미납부를 결의, 실행하도록 충동하고 격려하는 일체의 행위로서, 다수인의 심리상태에 영향을 주는 방법으로 내란의 실행욕구를 유발 또는 증대시킴으로써 집단적인 조세의 미징수·미납부의 결의와 실행으로 이어지게 할 수 있는 파급력이 큰 행위를 말하고, 피선동자들이 반드시 조세의 미징수·미납부를 결의할 것을 요하지 않는다고 보아야 할 것이다.[23]

본죄의 '교사'는 피교사자에게 조세의 징수 또는 납부를 하지 않을 것을 결의하게 하는 것을 말한다. 그러나 조세의 납부의무자가 이를 납부하지 않는 행위 자체만으로는 일반적으로 죄를 구성하지 않는데,[24] 이와 같이 피교사자의 행위가 정범으로 처벌되지 않음에도 교사자의 교사행위를 처벌하는 것이 타당한지 의문스럽다. 본조가 없더라도, 피교사자의 행위가 조세범처벌법 위반죄를 구성하는 경우에는, 그에 대한 교사행위는 그 죄의 교사범으로 처벌될 수 있다(형법 31조). 따라서 입법론으로는 본조의 교사 부분은 삭제하는 것이 합리적이다.

---

20) 입법론으로 본문과 같이 개정하여야 한다는 견해로 김종근, 343쪽
21) 김종근, 343쪽
22) 안대희 등, 150쪽 ; 김태희, 349쪽 ; 김종근, 343쪽
23) 대법원 2015. 1. 22. 선고 2014도10978 전원합의체 판결 ; 김종근, 344쪽
24) 예외적으로 원천징수의무자가 정당한 이유 없이 세금을 납부하지 않은 경우 조세범처벌법 제13조 제2항에 따라 처벌된다.

제5절
명의대여행위 등

> **제11조(명의대여행위 등)**
> ① 조세의 회피 또는 강제집행의 면탈을 목적으로 타인의 성명을 사용하여 사업자등록을 하거나 타인 명의의 사업자등록을 이용하여 사업을 영위한 자는 2년 이하의 징역 또는 2천만 원 이하의 벌금에 처한다.
> ② 조세의 회피 또는 강제집행의 면탈을 목적으로 자신의 성명을 사용하여 타인에게 사업자등록을 할 것을 허락하거나 자신 명의의 사업자등록을 타인이 이용하여 사업을 영위하도록 허락한 자는 1년 이하의 징역 또는 1천만 원 이하의 벌금에 처한다.

1. 의의와 입법취지

본죄는, 조세의 회피 또는 강제집행의 면탈을 목적으로 타인의 성명을 사용하여 사업자등록을 하거나 타인 명의의 사업자등록을 이용하여 사업을 영위한 경우, 또는 같은 목적으로 자신의 성명을 사용하여 타인에게 사업자등록을 할 것을 허락하거나 자신 명의의 사업자등록을 타인이 이용하여 사업을 영위하도록 허락한 경우에 성립한다.

사업자는 사업 개시일부터 20일 이내에 관할 세무서장에게 사업장마다 사업자등록을 신청하여야 한다(부가가치세법 8조 1항, 법인세법 111조 1항, 법인세법 시행령 154조 1항, 소득세법 168조 1항, 소득세법 시행령 220조 1항).

사업자등록은 과세관청으로 하여금 부가가치세의 납세의무자를 파악하고 그 과세자료를 확보하게 하는 기능을 한다.[1] 본죄는, 사업자등록 명의의 대여에 따라 진정한 사업자에 대한 조세의 부과 또는 강제집행이 곤란하게 되는 것을 방지하기 위한 것이다.

타인의 허락 하에 그 명의의 사업자등록이 사용된 경우, 그 명의의 대여죄와 명의의 사용죄는 대향범의 관계에 있다.

---

1) 대법원 1983. 3. 8. 선고 87누156 판결

2. 구성요건

(1) 객관적 구성요건

(가) 타인의 명의를 사용한 사업자등록 등

본죄의 행위는, 타인의 성명을 사용하여 사업자등록을 하거나, 타인 명의의 사업자등록을 이용하여 사업을 영위하는 것이다.

① 타인의 성명을 '사용'하여 사업자등록을 하는 것은 타인을 사업자로 하여 사업자등록을 신청하여 그 타인이 사업자로 등록되게 하는 것을 뜻한다.[2] 타인의 성명을 '사용'하는 것은 일반적으로 타인의 허락 하에 이루어지지만, 일방적으로 타인의 명의를 도용하는 것도 포함한다.[3] 법인의 사업자등록을 하면서 그 대표자 성명을 다른 사람의 것을 사용한 경우는 본죄의 구성요건에 해당하지 않는다.[4]

② 타인 명의의 사업자등록을 '이용'하여 사업을 영위하는 것은 이미 타인 명의로 마쳐진 사업자등록을 자신의 사업에 이용하는 것을 의미한다.[5] 이에 해당하려면, 타인 명의로 사업자등록을 한 경우와의 균형상, 원칙적으로 해당 사업에 관한 세금계산서가 그 타인 명의 사업자등록번호로 상당한 기간에 걸쳐 지속적으로 수수되어야 하고, 일시적으로 몇 차례 수수한 것만으로는 족하지 않다고 보아야 할 것이다.

(나) 사업자등록명의의 대여 등

타인에게 자신의 성명을 사용하여 사업자등록을 할 것을 허락하거나, 자신 명의의 사업자등록을 이용하여 사업을 영위하도록 한 자는 본죄로 처벌된다. 명의자가 타인에게 자신의 성명을 사용한 사업자등록 등을 '허락'하여야 하므로, 명의자의 허락이 없음에도 타인이 무단으로 명의를 도용한 경우에는 본죄가 성립하지 않는다.

(2) 고의 및 조세회피 또는 강제집행 면탈의 목적

본죄가 성립하려면 행위자에게 고의와 조세의 회피 또는 강제집행 면탈의 목적이 있어야 한다.

본죄는 조세포탈을 주된 규율대상으로 하는 조세범처벌법에 규정되어 있고, 조세포탈죄를 보완하는 측면이 있는 점, 사법상 채무에 대한 강제집행과 관련해서는 형법에 별도로 강제집행면탈죄가 있는 점을 고려하면, 본죄의 '강제집행'은 세법에 따른 강제징수[6]를 의미

---

2) 김종근, 346쪽
3) 안대희 등, 186쪽
4) 대법원 2016. 11. 10. 선고 2016도10770 판결
5) 김종근, 346쪽

한다고 보아야 할 것이다.[7]

조세의 회피 또는 강제집행 면탈의 목적은, 명의대여의 성질상 그에 의하여 은닉되는 명의차용자의 조세를 회피하거나 그 강제집행을 면탈할 목적을 말한다.

유흥주점이나 자료상 등이 세금을 납부할 능력이 없는 무자력자를 사업자등록 명의인으로 하는 경우, 실제로는 1인의 단독사업임에도 소득의 분산을 위하여 공동사업자인 것처럼 사업자등록을 하는 경우, 조세회피 또는 강제집행 면탈의 목적이 인정될 수 있다.[8]

조세회피 등의 목적이 있는지 여부는 각 행위자별로 판단하여야 한다. 따라서 타인의 명의를 사용하여 사업자등록을 한 자에게 조세회피의 목적이 있는 경우에도, 그 타인은 명의사용자에게 조세회피 목적이 있다는 것을 모를 수 있고, 위 경우 그 타인에 관하여는 본죄가 성립하지 않게 된다.

3. 죄수 및 다른 죄와의 관계

본죄는 사업자등록마다 1죄를 구성한다.[9] 따라서 1인이 타인들 명의로 수 개의 사업자등록을 한 경우 수 죄가 성립하고, 그 수 죄는 상상적 경합 또는 실체적 경합 관계에 있다.

타인의 명의를 사용하여 사업자등록을 한 후 조세포탈을 하거나 실물거래 없이 세금계산서를 발급한 경우, 본죄와 조세포탈죄 또는 세금계산서 관련 범죄는 실체적 경합 관계에 있다.[10]

---

6) 국세징수법에 따른 강제징수 절차는 조세 외의 공과금에 대한 강제징수에도 준용된다(고용보험 및 산업재해보상보험의 보험료징수 등에 관한 법률 21조의2 2항, 28조, 국민연금법 57조의2 3항, 95조 4항, 보조금 관리에 관한 법률 33조의3 1항 등). 그런데 위와 같은 공과금에 대한 강제징수는 강제집행면탈죄의 보호대상에서 제외되는 점(대법원 2015. 3. 26. 선고 2014도14909 판결)을 고려하면, 본죄의 '강제집행'은 세금뿐만 아니라 위와 같은 공과금의 강제징수도 포함한다고 볼 여지가 있다. 한편, 위와 같은 공과금의 납부의무자는 조세범처벌법 제7조에 의한 체납처분면탈죄의 주체에 포함되지 않는다[본 장 제2절 1.2. (1)(다) 참조].
7) 안대희 등, 186쪽 ; 김태희, 350쪽 ; 김종근, 346쪽
8) 안대희 등, 185쪽 ; 김종근, 347쪽
9) 안대희 등, 187쪽 ; 김태희, 352쪽
10) 안대희 등, 187쪽

납세증명표지의 불법사용 등

제12조(납세증명표지의 불법사용 등)

다음 각 호의 어느 하나에 해당하는 자는 2년 이하의 징역 또는 2천만 원 이하의 벌금에 처한다.

1. 「주류 면허 등에 관한 법률」 제22조에 따른 납세증명표지(이하 이 조에서 "납세증명 지"라 한다)를 재사용하거나 정부의 승인을 받지 아니하고 이를 타인에게 양도한 자
2. 납세증명표지를 위조하거나 변조한 자
3. 위조하거나 변조한 납세증명표지를 소지 또는 사용하거나 타인에게 교부한 자
4. 「인지세법」 제8조 제1항 본문에 따라 첨부한 종이문서용 전자수입인지를 재사용한 자

1. 납세증명표지의 불법사용

1.1. 의의와 입법취지

본조는, 납세증명표지를 재사용하거나 정부의 승인을 받지 않고 이를 타인에게 양도하는 행위, 납세증명표지를 위조하거나 변조하는 행위 또는 위조하거나 변조한 납세증명표지를 소지 또는 사용하거나 타인에게 교부하는 행위를 처벌한다.

위와 같은 행위들은 주세의 포탈에 이용되는 전형적 수단에 해당하기 때문에 본죄는 이를 별도의 구성요건으로 정하여 처벌한다.

1.2. 구성요건

(1) 납세증명표지

납세증명표지는, 국세청장이 주세 보전을 위하여 필요하다고 인정되는 경우에 대통령령으로 정하는 바에 따라 반출하는 주류의 용기에 하게 한, '주세법 제10조 및 제13조에 따른 납세 또는 주세법 제20조에 따른 면세 사실을 증명하는 표지'를 말한다(주류 면허 등에 관한 법률[1] 22조 1항). 국세청장은 주세 보전을 위하여 필요하다고 인정하는 경우에는 기획재정부령으로 정하는 주류[2]에 대하여 납세증명표지로서 납부 또는 면세 사실을 증명하는 증지

('납세증지')를 그 용기에 붙이도록 할 수 있다(주류면허법 시행령 30조 1항 1문).[3]

다만, 주류제조자가 주류의 반출을 객관적으로 확인할 수 있는 자동계수기(自動計數器)를 설치한 경우에는, 관할 지방국세청장의 승인을 받아 납세증지를 붙이지 않을 수 있다(주류면허법 시행령 30조 2항).

'주세납세증명표지에 관한 명령 위임 고시'에 따르면, 주류제조자는 주류를 출고할 때 원칙적으로 주류의 용기에 주세의 납세 또는 면세사실을 증명하는 주세납세증지를 부착하여야 하고(2조 1항), 주세의 납세 또는 면세사실을 증명하는 주세납세병마개를 사용하는 때에는 주세납세증지를 부착한 것으로 보며, 납세병마개 또는 납세증표를 사용한 주류의 출고 예정일 1일 전까지 납세병마개 또는 납세증표 사용신고서를 관할 세무서장에게 제출해야 한다(2조 2항).

(2) 납세증명표지의 재사용·무단양도, 위조·변조 등

본죄의 행위는, 납세증명표지를 재사용하거나 정부의 승인 없이 타인에게 양도하는 것, 납세증명표지를 위조하거나 변조하는 것, 위조하거나 변조한 납세증명표지를 소지 또는 사용하거나 타인에게 교부하는 것이다. 위 행위가 있는 시점에 본죄는 기수에 이른다.

한편, 납세증명표지를 정부의 승인 없이 양도한 경우, 양수인은 양도인의 죄에 대하여 대향범 관계에 있어서 형법총칙상 공범 규정이 적용되지 않고, 본조에 양수인에 대한 처벌규정이 없으므로, 양수인은 본죄로 처벌되지 않는다.[4]

1.3. 죄수 및 조세포탈과의 관계

본죄는 납세증명표지의 불법사용 행위마다 1죄가 성립한다. 납세증명표지를 재사용하거나 위조·변조하는 행위 및 위조·변조한 납세증명표지를 타인에게 교부하는 행위는 각각 별개의 죄를 구성한다.[5]

위조·변조한 납세증명표지를 주류의 용기에 부착함으로써 주세를 포탈한 경우 본죄와 주세의 포탈죄는 실체적 경합범 관계에 있다.[6]

---

1) 이하 '주류면허법'이라 한다.
2) 이는 '탁주·약주, 청주, 맥주, 과실주, 소주, 위스키, 브랜디, 일반증류주, 리큐르, 기타 주류'를 말한다(주류면허법 시행규칙 9조).
3) 이 경우 주류제조자가 납부 또는 면세 사실을 증명하는 병마개('납세병마개') 또는 증표('납세증표')를 사용하는 경우에는 납세증지를 붙인 것으로 본다(주류면허법 시행령 30조 1항 2문).
4) 대법원 1970. 11. 30. 선고 70도2112 판결 ; 김태희, 354쪽
5) 안대희 등, 189쪽
6) 안대희 등, 189쪽 ; 김종근, 349쪽

2. 전자수입인지의 재사용

(1) 인지세와 전자수입인지

국내에서 재산에 관한 권리 등의 창설·이전 또는 변경에 관한 계약서나 이를 증명하는 그 밖의 문서를 작성하는 자는 그 문서에 대한 인지세를 납부할 의무가 있다(인지세법 1조). 인지세는 과세문서에 '수입인지에 관한 법률' 제2조 제2항[7] 제1호에 따른 종이문서용 전자수입인지('종이문서용 전자수입인지')를 첨부하여 납부하고(인지세법 8조 1항 본문),[8] 이 경우 전자수입인지업무 대행기관이 제공하는 정보통신망[9]에 종이문서용 전자수입인지를 사용하였음을 입력하는 방식으로 소인(消印)하여야 한다(인지세법 10조).

(2) 구성요건 및 죄수 등

본죄는 인지세법 제8조 제1항 본문에 따라 과세문서에 첨부된 종이문서용 전자수입인지를 재사용하는 경우에 성립한다.[10]

재사용한 인지의 수만큼 본죄가 성립하고, 각 죄는 일반적으로 실체적 경합범 관계에 있을 것이다.[11] 종이문서용 전자수입인지의 재사용으로 인지세를 탈루한 경우에는, 본죄와 조세포탈죄가 각각 성립하고, 양죄는 실체적 경합범 관계에 있다.[12]

---

7) 수입인지에 관한 법률 제2조(수입인지의 발행 및 관리)
　② 전자수입인지는 발행 형태 및 과세문서의 특성에 따라 다음 각 호로 구분한다.
　1. 종이문서용 전자수입인지: 종이문서에 첨부하는 출력물 형태의 전자수입인지
　2. 전자문서용 전자수입인지: 전자문서에 붙이는 전자적 정보형태의 전자수입인지
8) 다만, 대통령령으로 정하는 바에 따라 인지세액에 해당하는 금액을 납부하고 과세문서에 인지세를 납부한 사실을 표시함으로써 종이문서용 전자수입인지를 첨부하는 것을 갈음할 수 있다(인지세법 8조 1항 단서).
9) 전자수입인지를 판매하는 인터넷사이트를 말한다.
10) 2012. 12. 18. 개정되기 전의 구 인지법 제10조는 인지를 붙였으면 과세문서의 지면과 인지에 걸쳐 작성자의 도장이나 서명으로써 소인하도록 규정하였으나, 위 개정에 따라 전자적 소인으로 변경하였다. 이에 따라 2018. 12. 31. 개정되기 전의 구 조세범처벌법 제12조 제4호는 「인지세법」 제10조에 따라 소인(消印)된 인지를 재사용한 자'를 본조의 처벌대상으로 규정하였으나, 위 개정에 따라 현재와 같이 변경되었다.
11) 김태희, 355쪽
12) 김태희, 355쪽

원천징수의무의 불이행

> 제13조(원천징수의무자의 처벌)
> ① 조세의 원천징수의무자가 정당한 사유 없이 그 세금을 징수하지 아니하였을 때에는 1천만 원 이하의 벌금에 처한다.
> ② 조세의 원천징수의무자가 정당한 사유 없이 징수한 세금을 납부하지 아니하였을 때에는 2년 이하의 징역 또는 2천만 원 이하의 벌금에 처한다.

1. 의의와 입법취지

본조는 원천징수의무자가 정당한 사유 없이 그 세금을 징수하지 않는 행위와 원천징수의무자가 징수한 세금을 정당한 사유 없이 납부하지 않는 행위를 처벌한다.

원천징수는, 소득을 지급하는 자가 지급받는 자가 부담하는 세액의 지급을 유보함으로써 징수하여 국가에 납부하도록 하는 제도를 말한다. 원천징수는, 조세징수를 효율적으로 낮은 비용으로 하게 하고, 탈세를 방지하며, 조세수입을 조기에 확보하는 등의 기능을 한다.

이러한 원천징수 제도는, 국가가 원천징수의무자에게 아무런 대가도 지급하지 않으면서 세금의 징수의무를 부과하는 점에서, 헌법에 위반되는지 여부의 논의가 있다.[1] 원천징수의무가 이행되지 않은 경우 세법상 가산세가 부과되는데(국세기본법 47조의5), 본조는 여기에 더하여 형사처벌까지 가한다.[2] 또한, 원천징수대상 소득의 주체인 납세의무자는 조세를 납부하지 않더라도 부정행위를 하지 않는 한 처벌되지 않는 것에 비하여, 원천징수의무자가 그 의무를 불이행한 경우 정당한 이유가 없으면 처벌된다. 이러한 사정을 고려하면, 본조를 해석할 때 원천징수의무자에게 과도한 부담이 과해져서 위헌적인 상황에 이르지 않도록 신중할 필요가 있다.

---

1) 대법원과 헌법재판소는 원천징수 제도가 헌법에 위반되지 않는다고 판단하였다(대법원 1989. 1. 17. 선고 87누551, 552 판결, 헌법재판소 2009. 2. 26. 2006헌바65 결정).
2) 미국 세법 제7202조 및 독일 조세기본법 제380조도 원천징수의무의 불이행 및 미납부를 처벌한다.

2. 구성요건

(1) 주체 : 원천징수의무자

원천징수의무자는 세법상 원천징수대상 소득을 지급하는 자를 말한다. 원천징수의무자가 법인인 경우 그 대표자 등도 행위자로서 본죄의 주체가 될 수 있다(법 18조).

(가) 원천징수대상 소득

원천징수대상 소득은 다음과 같다.

① 소득세법 : ㉮ 거주자 또는 비거주자의 이자소득,[3] 배당소득, 대통령령으로 정하는 사업소득, 근로소득, 연금소득, 기타소득, 퇴직소득, 대통령령으로 정하는 봉사료(소득세법 127조 1항), ㉯ 비거주자의 국내원천 이자소득 · 배당소득 · 선박등임대소득 · 인적용역소득 · 부동산등양도소득 · 사용료소득 · 유가증권양도소득 · 기타소득(소득세법 156조 1항)

② 법인세법 : ㉮ 내국법인[4]의 이자소득, 투자신탁이익(법인세법 73조 1항), ㉯ 외국법인의 국내원천 이자소득 · 배당소득 · 선박등임대소득 · 인적용역소득 · 부동산등양도소득 · 사용료소득 · 유가증권양도소득 · 기타소득(법인세법 98조)

③ 농어촌특별세법 : 소득세법에 따른 원천징수의무자가 '조특법 · 관세법 · 지방세법 및 지방세특례제한법에 따라 소득세 등의 감면을 받는 소득금액'을 지급하는 때에는 소득세법의 원천징수의 예에 따라 농어촌특별세를 징수하여 신고 · 납부하여야 한다(농어촌특별세법 7조 3항, 5조 1항 1호, 2호).

(나) 소득의 실질귀속자에 대한 지급

대법원 판례에 따르면, ① 외국법인에게 국내원천소득을 지급하는 자는, 그 소득의 귀속명의와 다른 실질적 귀속자가 따로 있는지를 조사하여 실질적 귀속자를 기준으로 원천징수할 의무가 있지만, ② 국내원천소득을 지급하는 자가 거래 또는 소득의 지급과정에서 성실하게 조사하여 확보한 자료 등을 통해서도 그 소득의 실질적 귀속자가 따로 있다는 사실을 알 수 없었던 경우까지 실질적 귀속자를 기준으로 원천징수할 의무가 있다고 볼 수는 없다.[5] 따라서 위 ②의 경우 국내원천소득의 지급자가 그 소득의 명의인에게 지급하였다면

---

3) 대법원 1986. 12. 23. 선고 84도852 판결은, 법인이 불분명한 채권자에게 사채이자를 지급한 것과 관련하여 피고인들이 이자소득에 대한 소득세를 원천징수하지 않았다는 점으로 기소된 사건에서, 법인이 불분명한 채권자에게 사채이자를 지급한 경우 이를 대표자에 대한 상여로 하여 그에 대한 갑종근로소득세를 납부하여야 하고, 그와 별도로 사채이자에 대한 소득세를 원천징수하여 납부할 의무는 없으므로, 위 원천징수의무불이행의 공소사실에 대한 무죄를 선고한 원심이 정당하다고 판단하였다.

4) 대통령령으로 정하는 금융회사 등의 대통령령으로 정하는 소득은 제외한다.

5) 대법원 2013. 4. 11. 선고 2011두3159 판결, 대법원 2013. 10. 24. 선고 2011두22747 판결, 대법원 2016. 11. 9. 선고 2013두23317 판결

원천징수의무를 이행한 것이 되므로, 정당한 이유의 존부를 따질 필요도 없이 본죄에 해당하지 않는다.

(2) 원천징수의 미이행 또는 원천징수금의 미납부

(가) 원천징수의 미이행

본조 제1항의 '세금을 징수하지 아니'하는 행위는, 원천징수의무자가 소득자에게 소득을 지급하면서 원천징수세액을 유보하지 않은 채 지급하는 것을 말한다.

여기서 '지급'은 현실의 지급을 의미한다. 따라서 ① 원천징수대상 소득의 지급시기가 도래하였으나 그 소득을 미처 지급하지 못하고 있는 경우에는 본죄가 성립하지 않는다. 또한, ② 소득이 실제 지급되지 않았음에도 세법 규정에 따라 지급된 것으로 의제되는 경우(소득세법 131조,[6] 135조, 145조의2 등)에도, 현실적 지급이 행해진 것이 아니므로, 본죄가 성립하지 않는다. 한편, 현실의 지급은 현실적으로 채권을 변제하는 것뿐만 아니라 상계나 이자소득의 원본산입 등으로 그 지급채무를 소멸시키는 것을 포함한다.[7]

(나) 원천징수금의 미납부

원천징수의무자는 원천징수한 세액을 원칙적으로 그 징수일이 속하는 달의 다음 달 10일까지 관할 세무서 등에 납부하여야 한다(소득세법 128조 1항, 법인세법 73조 1항).[8] 원천징수의무자가 원천징수한 세액을 위 시기까지 납부하지 않으면 본죄가 성립한다. 본죄는 원천징수의무자가 세액을 원천징수한 것을 전제로 하므로, 원천징수의무자가 소득의 지급을 하지 않았거나 지급을 하면서 원천징수하지 않은 경우에는 본죄가 성립할 여지가 없다. 이는 현

---

6) 소득세법 제131조(이자소득 또는 배당소득 원천징수시기에 대한 특례)
　　① 법인이 이익 또는 잉여금의 처분에 따른 배당 또는 분배금을 그 처분을 결정한 날부터 3개월이 되는 날까지 지급하지 아니한 경우에는 그 3개월이 되는 날에 그 배당소득을 지급한 것으로 보아 소득세를 원천징수한다. 다만, 11월 1일부터 12월 31일까지의 사이에 결정된 처분에 따라 다음 연도 2월 말일까지 배당소득을 지급하지 아니한 경우에는 그 처분을 결정한 날이 속하는 과세기간의 다음 연도 2월 말일에 그 배당소득을 지급한 것으로 보아 소득세를 원천징수한다.
　　② 「법인세법」 제67조에 따라 처분되는 배당에 대하여는 다음 각 호의 어느 하나에 해당하는 날에 그 배당소득을 지급한 것으로 보아 소득세를 원천징수한다.
　　1. 법인세 과세표준을 결정 또는 경정하는 경우: 대통령령으로 정하는 소득금액변동통지서를 받은 날
　　2. 법인세 과세표준을 신고하는 경우: 그 신고일 또는 수정신고일
7) 안대희 등, 194쪽
8) 다만, ① 직전 연도의 상시고용인원이 20명 이하인 원천징수의무자(금융보험업을 영위하는 자를 제외한다) 또는 종교단체는, '법인세법 제67조에 따라 처분된 상여·배당 및 기타소득에 대한 원천징수세액' 등 외의 원천징수세액을 그 징수일이 속하는 반기의 마지막 달의 다음 달 10일까지 납부할 수 있다(소득세법 128조 2항). ② 상시고용인원이 20인 이하인 원천징수의무자(금융보험업을 영위하는 법인을 제외한다)로서 원천징수 관할 세무서장으로부터 원천징수세액을 반기별로 납부할 수 있도록 승인을 얻거나 국세청장이 정하는 바에 따라 지정을 받은 자는, 그 징수일이 속하는 반기(半期)의 마지막 달의 다음 달 10일까지 납부할 수 있다(법인세법 73조 9항, 법인세법 시행령 115조 2항).

실의 지급이 없음에도 세법에 따라 지급이 있은 것으로 의제되는 경우에도 같다.

(3) 정당한 사유의 부존재

'정당한 사유'는 원천징수의무 불이행의 위법성 또는 책임을 조각시키는 사유를 말한다.[9] 본죄에 관한 위법성조각사유는 생각하기 어려우므로, 정당한 사유는 주로 적법행위의 기대가능성이 없는 경우를 뜻하는 것으로 보아야 할 것이다. 적법행위의 기대가능성 유무는 행위 당시의 구체적 상황하에 행위자 대신에 사회적 평균인을 두고 그 관점에서 판단하여야 한다.[10] 이를 구체화하면, '정당한 사유'는 납세의무자가 그 의무를 알지 못한 것이 무리가 아니었다고 할 수 있어 그를 정당시 할 수 있는 사정이 있거나, 그 의무의 이행을 당사자에게 기대하는 것이 무리라고 하는 사정이 있을 때 등 그 의무해태를 탓할 수 없는 사정을 말한다고 보아야 할 것이다.[11]

원천납세의무자가 원천징수를 원하지 않았다거나,[12] 원천징수의무자가 원천징수한 세액을 경제적 곤란으로 납부하지 못한 것은 정당한 사유에 해당하지 않는다.[13]

(4) 고의

원천징수의무의 존재, 즉 원천징수의무자가 지급하는 소득이 세법상 원천징수의 대상이라는 점은 고의의 대상이라고 볼 여지가 있다.[14]

원천징수의무에 대한 인식이 고의에 포함되지 않는다고 보더라도, 세법상 가산세의 면제사유인 정당한 사유가 있는 경우, 즉 세법의 해석상 의의(疑意)로 인한 견해의 대립이 있는 등으로 말미암아 납세의무자가 그 의무를 알지 못하는 것이 무리가 아니라고 할 수 있는

---

9) 안대희 등, 193쪽
10) 대법원 2008. 10. 23. 선고 2005도10101 판결
11) 대법원 2003. 1. 10. 선고 2001두7886 판결, 대법원 2005. 4. 15. 선고 2003두4089 판결. 위 판결은 원천징수의무 불이행에 대한 가산세의 면제사유에 관한 것인데, 본죄의 '정당한 사유'에도 적용할 수 있을 것이다. 김종근, 355쪽
12) 서울중앙지방법원 2010. 6. 17. 선고 2009고합768 판결(대법원 2011. 3. 24. 선고 2010도13345 판결의 1심)
13) 안대희 등, 193쪽
14) 행정법규 위반죄에 관한 판례에 의하면, 원천징수의무의 존재가 본죄의 고의의 대상에 포함될 것인지는 불분명하다[본 편 제2장 제2절 1.2.2. (3)(가) 참조]. ① 대법원은, 어떤 행위를 한 자가 그것이 행정법상 허가 또는 신고의 대상인 점 또는 행정법상 의무의 존재를 알지 못한 것은 형법 제16조의 법률의 착오에 해당하지 않는다고 판단하였는데(대법원 1992. 4. 24. 선고 92도245 판결, 대법원 1994. 4. 15. 선고 94도365 판결, 대법원 2007. 5. 11. 선고 2006도1993 판결, 대법원 2011. 10. 13. 선고 2010도15260 판결), 이와 같이 책임조각사유의 단계에서 판단한 것은 위와 같은 법령상 의무의 인식이 고의의 대상이 아님을 전제로 하는 것으로 보인다. ② 한편, 대법원은, 피고인이 가압류집행이 표시된 유체동산을 반출하여 공무상비밀표시무효로 기소되자, 위 물건에 관한 채무관계가 관계인의 합의에 따라 원만하게 해결되어 이를 이동하였다고 주장한 사건에서, 민사소송법 기타 공법의 부지는 형벌법규의 부지와 구별되어 범의를 조각한다고 판단하였다(대법원 1970. 9. 22. 선고 70도1206 판결). ③ 원천징수에 관한 조세법규 중에서 기술적이고 복잡한 부분을 알지 못한 것은 위 ②의 판결에서 말하는 '민사소송법 기타 공법의 부지'에 해당한다고 볼 여지가 있다.

사정이 있는 경우[15])에는, 형법상 법률의 착오(16조) 또는 본조의 '정당한 사유'에 해당하므로, 본죄가 성립하지 않는다고 보아야 할 것이다.

(5) 기수시기

본죄는, 원천징수의무자가 소득을 지급하면서 세액을 유보하여 원천징수하지 않은 시점 또는 원천징수한 세액을 세법상 납부시기까지 납부하지 않은 시점에 기수에 이른다.

3. 죄수 및 다른 죄와의 관계

(1) 죄수

피고인이 수인의 근로자에게 수개월에 걸쳐 근로소득을 지급하면서 소득세를 원천징수하지 않은 경우, 매월 근로소득을 지급할 때 근로소득자 전부에 대하여 하나의 포괄일죄가 성립하고, 매월 근로소득의 지급 시 소득세를 원천징수하지 않은 죄와 연말정산에 따른 소득세를 원천징수하지 않은 죄는 실체적 경합범의 관계에 있다.[16]

(2) 다른 죄와의 관계

원천징수의무자는 원천징수대상인 조세의 납부의무자가 아니므로 그 조세에 관한 포탈죄의 단독정범이 될 수는 없지만, 원천납세의무자의 포탈에 가담한 경우에는 조세포탈죄의 공동정범이 될 수 있다.[17][18]

---

15) 대법원 2002. 8. 23. 선고 2003두4089 판결, 대법원 2011. 2. 10. 선고 2008두2330 판결
16) 대법원 2011. 3. 24. 선고 2010도13345 판결 : 피고인이 근로소득에 대한 원천징수를 이행하지 않았다고 하여 구 조세범처벌법 위반죄로 기소된 사안에서, 원심이 각 사업연도별로 하나의 범죄가 성립하는 것을 전제로 범죄사실을 특정하여 이를 유죄로 인정한 것은 위법하다고 판단한 사례
17) 대법원 1998. 5. 8. 선고 97도2429 판결 : 원천징수의무자가 납세의무자와의 약정으로 원천징수세액을 자신이 부담하기로 약정한 경우 '언제나 조세범처벌법 제11조의 범죄만 성립될 수 있을 뿐 납세의무자의 조세포탈에 대한 공범이 성립될 수 없다'고 할 수는 없다.
18) 원천징수의무자가 원천납세의무자의 포탈에 가담하면서 원천징수의무를 불이행한 경우에는 본조의 원천징수의무 불이행죄와 조세포탈죄(공동정범)에 모두 해당할 수 있고, 두 죄가 1개의 행위로 행해진 경우에는 상상적 경합에 해당하게 될 것이다.

제8절

거짓 근로소득 원천징수영수증의 발급 등

> **제14조(거짓으로 기재한 근로소득 원천징수영수증의 발급 등)**
> ① 타인이 근로장려금(「조세특례제한법」 제2장 제10절의2에 따른 근로장려금을 말한다)을 거짓으로 신청할 수 있도록 근로를 제공받지 아니하고 다음 각 호의 어느 하나에 해당하는 행위를 한 자는 2년 이하의 징역 또는 그 원천징수영수증 및 지급명세서에 기재된 총급여·총지급액의 100분의 20 이하에 상당하는 벌금에 처한다.
> 1. 근로소득 원천징수영수증을 거짓으로 기재하여 타인에게 발급한 행위
> 2. 근로소득 지급명세서를 거짓으로 기재하여 세무서에 제출한 행위
> ② 제1항의 행위를 알선하거나 중개한 자도 제1항과 같은 형에 처한다.

1. 의의와 입법취지

(1) 의의

본죄는, 타인으로부터 근로를 제공받지 않았음에도 그 타인에게 근로장려금을 거짓으로 신청할 수 있도록 거짓 근로소득 원천징수영수증을 발급하거나 근로소득 지급명세서를 세무서에 제출하는 경우에 성립한다. 본조는, 거짓 근로소득 원천징수영수증의 발급 및 거짓 근로소득 지급명세서의 제출을 처벌함으로써 부당하게 근로장려금이 지급되는 것을 막기 위한 규정이다. 본죄는 근로장려금의 부정환급에 대한 방조범에 해당하는 행위를 별도의 구성요건으로 정한 것이다.

(2) 근로장려세제

사업소득, 근로소득 또는 종교인소득이 있는 거주자로서 대통령령으로 정하는 자의 연간 총소득의 합계액이 총소득기준금액 미만이고, 가구원 재산의 합계액이 2억 4,000만 원 미만인 경우, 그 거주자는 해당 소득세 과세기간의 근로장려금을 신청할 수 있다(조특법 100의3 1항). 근로장려금을 신청하는 자는 그 신청 시에 근로소득 등의 원천징수영수증 등을 첨부하여 제출하여야 한다(조특법 100조의6 1항, 조특법 시행령 100조의7 2항). 근로장려금은 총급여액 등을 기준으로 일정한 구분에 따라 계산된다(조특법 100조의5). 관할 세무서장은 일정 기간 내에 근로장려금을 결정하여야 하고, 이에 따라 결정된 근로장려금은 이를 환급받는 사람

이 이미 납부한 해당 소득세 과세기간의 소득세액으로 본다(조특법 100조의7). 관할 세무서장은 위와 같이 결정된 근로장려금을 환급세액으로 하여 국세기본법 제51조를 준용하여 환급한다(조특법 100조의8 1항). 관할 세무서장은 근로장려금을 결정한 후 그 결정에 탈루나 오류가 있을 때에는 근로장려금을 경정하여야 한다(조특법 100조의10 1항).

(3) 지급명세서와 간이지급명세서

소득세 납세의무가 있는 개인에게 '이자소득, 배당소득, 원천징수대상 사업소득, 근로소득, 퇴직소득, 연금소득, 기타소득 등'을 국내에서 지급하는 자는, 대통령령으로 정하는 바에 따라 지급명세서를, 그 지급일이 속하는 과세기간의 다음 연도 2월 말일까지 원천징수 관할 세무서장 등에게 제출하여야 한다(소득세법 164조 1항).

소득세 납세의무가 있는 개인에게 '일용근로자가 아닌 근로자에게 지급하는 근로소득, 원천징수대상 사업소득 등'을 국내에서 지급하는 자는, 대통령령으로 정하는 바에 따라 간이지급명세서를, 그 소득 지급일이 속하는 달의 다음 달 말일까지 원천징수 관할 세무서장, 지방국세청장 또는 국세청장에게 제출하여야 한다(소득세법 164조의3 1항).

이러한 지급명세서와 간이지급명세서는 근로장려금을 결정하는 근거자료가 된다.

2. 구성요건

본조의 행위는 '근로소득 원천징수영수증을 거짓으로 기재하여 타인에게 발급한 행위'와 '근로소득 지급명세서를 거짓으로 기재하여 세무서에 제출한 행위'이다.

실제로 타인으로부터 근로를 제공받지 않았거나 근로를 제공받았더라도 총급여액을 거짓으로 근로소득 원천징수영수증에 기재한 경우, 또는 실제로 근로를 제공한 사람이 아닌 다른 사람을 근로자로 근로소득 원천징수영수증에 기재한 경우에는, 거짓 기재에 해당한다.

한편, 근로장려금의 지급대상에 사업소득 및 종교인소득이 있는 자도 포함되지만, 그러한 자에 대한 원천징수영수증 및 소득의 지급명세서는 본죄의 객체에서 제외되어 있으므로, 향우 입법적 보완이 필요하다.[1]

---

1) 김종근, 359쪽

3. 죄수 등

(1) 죄수

거짓으로 기재하여 발급하거나 제출한 근로소득 원천징수영수증 또는 근로소득 지급명세서마다 1죄가 성립한다.

(2) 근로장려금을 부정환급받은 자의 죄책

근로장려금은 이를 환급받는 사람이 납부한 소득세액으로 간주되고, 국세환급금의 절차에 따라 환급되는 점(조특법 100조의7 4항, 100조의8 1항)을 고려하면, 거짓 근로소득 원천징수영수증을 첨부하여 허위의 근로장려금 신청을 하는 것은 부정행위에 해당하고, 그에 따라 근로장려금을 환급받는 것은 조세의 부정환급으로서 조세포탈죄에 해당할 여지가 있다.

제9절

조세정보, 금융정보 등의 불법제공 등

1. 금융정보 등의 불법제공

○ 조세범처벌법

제15조(해외금융계좌정보의 비밀유지 의무 등의 위반)

① 「국제조세조정에 관한 법률」 제38조 제2항부터 제4항까지 및 제57조를 위반한 사람은 5년 이하의 징역 또는 3천만 원 이하의 벌금에 처한다.

② 제1항의 죄를 범한 자에 대해서는 정상(情狀)에 따라 징역형과 벌금형을 병과할 수 있다.

○ 국제조세조정에 관한 법률

제36조(조세정보 및 금융정보 등의 교환)

① 우리나라의 권한 있는 당국은 조세의 부과와 징수, 조세 불복에 대한 심리(審理) 및 형사 소추 등을 위하여 필요한 조세정보[납세의무자를 최종적으로 지배하거나 통제하는 개인(이하 "실제소유자"라 한다)에 대한 정보를 포함한다. 이하 같다]와 국제적 관행으로 일반화되어 있는 조세정보를 다른 법률에 어긋나지 아니하는 범위에서 획득하여 체약상대국과 교환할 수 있다.

② 과세당국은 제1항에 따른 조세정보의 교환을 위하여 필요한 경우 납세의무자의 실제소유자 정보를 납세의무자에게 요구할 수 있으며, 과세당국이 납세의무자에게 요구할 수 있는 실제소유자 정보의 범위 및 실제소유자 정보의 요구ㆍ제출 등에 필요한 사항은 대통령령으로 정한다.

③ 우리나라의 권한 있는 당국은 체약상대국의 권한 있는 당국이 조세조약에 따라 거주자ㆍ내국법인 또는 비거주자ㆍ외국법인의 금융정보(「금융실명거래 및 비밀보장에 관한 법률」 제2조 제3호에 따른 금융거래의 내용에 대한 정보 또는 자료를 말한다. 이하 같다)를 요청하는 경우 「금융실명거래 및 비밀보장에 관한 법률」 제4조에도 불구하고 다음 각 호의 어느 하나에 해당하는 금융정보의 제공을 금융회사등(같은 법 제2조 제1호에 따른 금융회사등을 말한다. 이하 같다)의 특정 점포에 요구할 수 있다. 이 경우 그 금융회사등에 종사하는 사람은 요구받은 금융정보를 제공하여야 한다.

1. 조세에 관한 법률에 따라 제출의무가 있는 과세자료에 해당하는 금융정보
2. 상속ㆍ증여재산의 확인에 필요한 금융정보
3. 체약상대국의 권한 있는 당국이 조세 탈루 혐의를 인정할 만한 명백한 자료를 확인하기 위하여 필요한 금융정보

4. 체약상대국 체납자의 재산조회에 필요한 금융정보

5. 체약상대국의 권한 있는 당국이 「국세징수법」 제9조 제1항 각 호의 어느 하나에 해당하는 사유로 필요한 금융정보

④ 우리나라의 권한 있는 당국은 제3항에 따라 체약상대국의 권한 있는 당국이 요청하는 정보가 다음 각 호에 해당하는 경우에는 그 금융정보의 제공을 금융회사등의 장에게 요구할 수 있다. 이 경우 그 금융회사등에 종사하는 사람은 요구받은 금융정보를 제공하여야 한다.

1. 특정 금융거래와 관련된 명의인의 인적 사항을 특정할 수 없는 집단과 관련된 정보인 경우

2. 「상속세 및 증여세법」 제83조 제1항에 따른 금융재산 일괄 조회에 해당하는 정보인 경우

⑤ 제3항 및 제4항에도 불구하고 우리나라의 권한 있는 당국은 상호주의 원칙에 따라 체약상대국에 금융정보를 제공하는 것을 제한할 수 있다.

⑥ 우리나라의 권한 있는 당국은 조세조약에 따라 체약상대국과 상호주의에 따른 정기적인 금융정보등(금융정보 및 그 밖에 금융거래의 내용에 관한 정보 또는 자료로서 대통령령으로 정하는 정보 또는 자료를 말한다. 이하 같다)의 교환을 위하여 필요한 경우 「금융실명거래 및 비밀보장에 관한 법률」 제4조 및 그 밖에 금융거래 정보·자료의 제공에 관한 법률에도 불구하고 체약상대국의 조세 부과 및 징수와 납세의 관리에 필요한 거주자·내국법인 또는 비거주자·외국법인의 금융정보등의 제공을 금융거래회사등(금융거래를 하는 법인 또는 단체로서 대통령령으로 정하는 법인 또는 단체를 말한다. 이하 같다)의 장에게 요구할 수 있다. 이 경우 그 금융거래회사등에 종사하는 사람은 대통령령으로 정하는 바에 따라 이를 제공하여야 한다.

⑦ 금융거래회사등은 국가 간 금융정보등의 교환을 지원하기 위하여 제6항에 따른 요구가 없는 경우에도 그 사용 목적에 필요한 최소한의 범위에서 해당 금융거래회사등의 금융거래 상대방(조세조약에 따른 체약상대국이 아닌 다른 국가의 금융거래 상대방을 포함한다. 이하 같다)에 대한 납세자번호(개별 국가에서 납세자 식별을 위하여 부여된 고유번호를 말한다)를 포함한 인적 사항 등을 미리 확인·보유할 수 있다.

⑧~⑩ : 생략

제38조(비밀유지의무 등)

② 금융회사등 또는 금융거래회사등에 종사하는 사람은 제36조 제3항·제4항 및 제6항을 위반하여 금융정보 또는 금융정보등의 제공을 요구받으면 그 요구를 거부하여야 한다.

③ 제36조 제3항·제4항·제6항 및 제7항에 따라 금융정보 또는 금융정보등을 알게 된 사람은 그 금융정보 또는 금융정보등을 체약상대국의 권한 있는 당국 외의 자에게 제공 또는 누설하거나 그 목적 외의 용도로 이용해서는 아니 되며, 누구든지 금융정보 또는 금융정보등을 알게 된 사람에게 그 금융정보 또는 금융정보등의 제공을 요구해서는 아니 된다.

④ 제3항과 제36조 제3항, 제4항 및 제6항을 위반하여 제공되거나 누설된 금융정보 또는

> 금융정보등을 취득한 사람은 그 위반 사실을 알게 된 경우 그 금융정보 또는 금융정보 등을 타인에게 제공하거나 누설해서는 아니 된다.

1.1. 의의와 입법취지

(1) 의의 등

본죄는 금융회사 등이나 금융거래회사 등에 종사하는 사람, 조세정보의 제공과정에서 금융정보 등을 알게 된 사람 또는 불법 제공된 금융정보 등을 취득한 사람이 비밀유지의무 등을 위반한 경우에 성립한다. 본조의 취지는, 외국에 대한 금융정보의 제공 과정에서 수집된 납세자의 금융정보 등이 그 수집 목적과 무관하게 제공·이용하는 행위 등을 처벌함으로써, 위 금융정보 등의 오·남용을 방지하고 납세자의 사생활의 비밀 등 헌법상 기본권에 대한 제한을 최소화하고자 하는 것으로 보인다.

(2) 과세정보의 국가간 교환

과거부터 납세의무자가 거주지국 외의 해외금융계좌 등을 조세의 회피 또는 포탈의 수단으로 사용하는 사례가 많았고, 각국은 그러한 과세정보를 입수하기 위하여 여러 가지 노력을 기울여 왔다.[1] ① 우리나라가 다른 국가들과 체결한 조세조약에는, 조세의 부과·징수, 조세와 관련된 소추 등을 위한 정보의 교환이 규정되어 있다. ② 우리나라는 2010. 5. 27. 과세정보의 교환을 위한 다자조약인 조세행정공조협약(CMAATM)[2] 및 그 개정 의정서에 서명하고 2012. 3. 26. 그 비준서를 기탁하였다.[3] ③ 우리나라는 2015. 6. 10. 미국과 사이에는 별도로 금융정보자동교환 협정을 체결하여 그에 따라 과세정보를 교환하고 있고, 현재까지 10여 개의 조세피난처 국가들과 사이에 조세정보교환협정(TIEA)[4]을 체결하였다.[5] 이러한 여러 가지 조약에 따른 정보제공의무 등을 이행하기 위하여 국제조세조정법

---

1) 조세정보의 교환에 관한 국제적 흐름에 관하여는 ① 이은미, "조세피난처에 대한 국제적 대응과 조세정보교환협정", 조세학술논집 제26집 제2호(2010), 309쪽 이하, ② 이은미, "역외자산의 정보수집 및 정보교환제도에 관한 고찰"(이하 "이은미b"라 한다), 조세연구 제11권 제3집(통권 제18권), 한국조세연구포럼, 2011, 59쪽 이하
2) "The Convention on Mutual Administrative Assistance in Tax Matters"
3) 외교통상부의 인터넷 사이트 중 '조약정보/양자조약' 참조. https://www.mofa.go.kr/www/wpge/m_3834/contents.do ; 우리나라 과세당국은 2014년 조세행정공조협약을 근거로 한 금융정보 자동교환의 절차를 구체적으로 규정한 다자간 조세정보 자동교환 협정(MCAA)에 서명하였다.
4) "Agreement for the Exchange of Information Relating to Taxes"
5) 우리나라 조세정보교환협정 체결현황에 대하여는 ① https://www.data.go.kr/data/15051152/fileData.do 및 ② 외교통상부의 인터넷 사이트 중 '조약정보/양자조약' 참조. https://www.mofa.go.kr/www/wpge/m_3834/contents.do 참조

('국조법')은 제36조에서 조세정보 및 금융정보 등의 교환에 관한 내용을 규정한다.[6]

1.2. 구성요건

(1) 국조법 제38조 제2항의 위반행위

금융회사 등[7] 또는 금융거래회사 등[8]에 종사하는 사람이 제36조 제3항·제4항 및 제6항을 위반하여 금융정보 또는 금융정보 등[9]의 제공을 요구받는 경우, 그 요구를 거부하여야 함에도 그에 응한 경우 본죄가 성립한다.

본죄는 고의범이므로, 행위자에게 해당 금융정보 등의 제공요구가 국조법 제36조 제3항·제4항 및 제6항을 위반한 것이라는 점에 대한 인식이 필요하고, 그러한 인식 없이 착오 또는 과실로 해당 금융정보 등을 제공한 경우에는 본죄가 성립하지 않는다고 볼 여지가 있다.

(2) 국조법 제38조 제3항의 위반행위

① 국조법 제36조 제3항·제4항·제6항 및 제7항에 따라 금융정보 또는 금융정보 등을 알게 된 사람이, 그 금융정보 또는 금융정보 등을 체약상대국의 권한 있는 당국 외의 자에게 제공 또는 누설하거나 그 목적 외의 용도로 이용하는 경우, 또는 ② 누구든지 금융정보 또는 금융정보 등을 알게 된 사람에게 그 금융정보 또는 금융정보 등의 제공을 요구하는 경우, 본죄가 성립한다.

(3) 국조법 제38조 제4항의 위반행위

국조법 제38조 제3항과 제36조 제3항, 제4항 및 제6항을 위반하여 제공되거나 누설된 금융정보 또는 금융정보 등을 취득한 사람이, 그 위반 사실을 알게 된 후 그 금융정보 또는 금융정보 등을 타인에게 제공하거나 누설한 경우, 본죄가 성립한다.

---

6) 국조법 시행령 제74조는 요청에 따른 조세정보 및 금융정보의 교환에 관하여, 제75조는 정기적인 금융정보 등에 관하여 각 규정한다. 그리고 국조법 시행령 제76조의 위임에 따라 기획재정부 고시로 「정보교환협정에 따른 금융정보자동교환 이행규정」이 제정되었다.
7) '금융회사 등'은 '금융실명거래 및 비밀보장에 관한 법률 제2조 제1호에 따른 금융회사 등을 말한다(국조법 36조 3항 1문).
8) '금융거래회사 등'은 금융거래를 하는 법인 또는 단체로서 대통령령으로 정하는 법인 또는 단체를 말한다(국조법 36조 6항 1문).
9) '금융정보 등'은 금융정보 및 그 밖에 금융거래의 내용에 관한 정보 또는 자료로서 대통령령으로 정하는 정보 또는 자료를 말한다(국조법 36조 6항 1문).

2. 해외금융계좌정보의 불법제공 등

○ 조세범처벌법

제15조(해외금융계좌정보의 비밀유지 의무 등의 위반)

① 「국제조세조정에 관한 법률」 제38조 제2항부터 제4항까지 및 제57조를 위반한 사람은 5년 이하의 징역 또는 3천만 원 이하의 벌금에 처한다.

② 제1항의 죄를 범한 자에 대해서는 정상(情狀)에 따라 징역형과 벌금형을 병과할 수 있다.

○ 국제조세조정에 관한 법률 제38조(비밀유지의무 등)

제57조(해외금융계좌정보의 비밀유지)

① 세무공무원은 해외금융계좌정보를 타인에게 제공 또는 누설하거나 목적 외의 용도로 사용해서는 아니 된다. 다만, 「국세기본법」 제81조의13 제1항 각 호의 어느 하나에 해당하는 경우에는 그 사용 목적에 맞는 범위에서 해외금융계좌정보를 제공할 수 있다.

② 제1항에 따라 해외금융계좌정보를 알게 된 자는 이를 타인에게 제공 또는 누설하거나 그 목적 외의 용도로 사용해서는 아니 된다.

○ 국세기본법

제81조의13(비밀 유지)

① 세무공무원은 납세자가 세법에서 정한 납세의무를 이행하기 위하여 제출한 자료나 국세의 부과·징수를 위하여 업무상 취득한 자료 등(이하 "과세정보"라 한다)을 타인에게 제공 또는 누설하거나 목적 외의 용도로 사용해서는 아니 된다. 다만, 다음 각 호의 어느 하나에 해당하는 경우에는 그 사용 목적에 맞는 범위에서 납세자의 과세정보를 제공할 수 있다.

1. 국가행정기관, 지방자치단체 등이 법률에서 정하는 조세, 과징금의 부과·징수 등을 위하여 사용할 목적으로 과세정보를 요구하는 경우
2. 국가기관이 조세쟁송이나 조세범 소추(訴追)를 위하여 과세정보를 요구하는 경우
3. 법원의 제출명령 또는 법관이 발부한 영장에 의하여 과세정보를 요구하는 경우
4. 세무공무원 간에 국세의 부과·징수 또는 질문·검사에 필요한 과세정보를 요구하는 경우
5. 통계청장이 국가통계작성 목적으로 과세정보를 요구하는 경우
6. 「사회보장기본법」 제3조 제2호에 따른 사회보험의 운영을 목적으로 설립된 기관이 관계 법률에 따른 소관 업무를 수행하기 위하여 과세정보를 요구하는 경우
7. 국가행정기관, 지방자치단체 또는 「공공기관의 운영에 관한 법률」에 따른 공공기관이 급부·지원 등을 위한 자격의 조사·심사 등에 필요한 과세정보를 당사자의 동의를 받아 요구하는 경우
8. 「국정감사 및 조사에 관한 법률」 제3조에 따른 조사위원회가 국정조사의 목적을 달성하

기 위하여 조사위원회의 의결로 비공개회의에 과세정보의 제공을 요청하는 경우
9. 다른 법률의 규정에 따라 과세정보를 요구하는 경우
④ 제1항에 따라 과세정보를 알게 된 사람은 이를 타인에게 제공 또는 누설하거나 그 목적 외의 용도로 사용해서는 아니 된다.

2.1. 의의

본죄는 세무공무원이 해외금융계좌정보를 타인에게 제공·누설하거나 목적 외의 용도로 사용하는 경우에 성립한다. 본죄는 세무공무원이 해외금융계좌정보에 관하여 국세기본법 제81조의13 제4항에 따라 부담하는 비밀유지의무의 위반에 대한 형사적 제재이다.

2.2. 구성요건

본죄의 행위는 세무공무원이 해외금융계좌정보[10]를 타인에게 제공 또는 누설하거나 목적 외의 용도로 사용하는 것이다. 다만, 국세기본법 제81조의13 제1항에 따라 조세의 부과 등을 위하여 해외금융계좌정보를 제공하는 행위는 본죄의 처벌대상에서 제외된다.

국세기본법 제81조의13에 따라 과세정보를 제공받아 알게 된 사람 중 공무원이 아닌 사람은 형법이나 그 밖의 법률에 따른 벌칙을 적용할 때에는 공무원으로 본다(국세기본법 81조의13 6항).

본죄에 대하여는 양벌규정이 적용되지 않는다(법 18조 본문).[11] 이는 행위자인 세무공무원이 속한 법인인 국가가 자신에 대하여 스스로 형벌권을 행사하는 것은 상정하기 어렵기 때문으로 보인다.

---

10) "해외금융계좌정보"란 다음 각 정보를 말한다(국조법 52조 3호).
　① 보유자의 성명·주소 등 신원에 관한 정보
　② 계좌번호, 해외금융회사 등의 이름, 매월 말일의 보유계좌 잔액의 최고금액 등 보유계좌에 관한 정보
　③ 국조법 제53조 제2항에 따른 해외금융계좌 관련자에 관한 정보
11) 제1편 제3장 2.1.1. (3) 참조

제16조(해외금융계좌 신고의무 불이행)
① 「국제조세조정에 관한 법률」 제53조 제1항에 따른 계좌신고의무자로서 신고기한 내에 신고하지 아니한 금액이나 과소 신고한 금액(이하 이 항에서 "신고의무 위반금액"이라 한다)이 50억 원을 초과하는 경우에는 2년 이하의 징역 또는 신고의무 위반금액의 100분의 13 이상 100분의 20 이하에 상당하는 벌금에 처한다. 다만, 정당한 사유가 있는 경우에는 그러하지 아니하다.
② 제1항의 죄를 범한 자에 대해서는 정상에 따라 징역형과 벌금형을 병과할 수 있다.

1. 의의와 입법취지

해외금융계좌의 신고 제도는, 거주자와 내국법인이 보유하는 해외금융계좌 관련 정보를 관할 세무서장에게 신고하도록 함으로써 재산의 불법적 해외반출 및 역외소득 탈루를 사전에 억제하고 기왕의 재산 반출자를 과세권 내로 유인함으로써 해외탈세 차단을 위한 제도적 기초를 마련하고 세원기반 확대 및 세수증대를 도모하려는 취지에서 도입되었다.[1]

① 2010. 12. 27. 개정된 구 「국제조세 조정에 관한 법률」('국조법')은 일정금액을 초과하는 해외금융계좌를 보유하는 자에게 신고의무를 부과하고, 이를 위반하면 과태료의 제재를 가하는 것으로만 규정하였다(구 국제조세조정법 34조, 35조).[2] ② 이후 2013. 1. 1. 개정된 구 국조법 제34조의2는 신고의무 위반금액이 50억 원을 초과하는 경우 형사처벌하는 규정을 두었고, ③ 이후 2018. 12. 31. 위 법의 개정 시 해당 규정이 삭제되면서 같은 내용의 규정이 구 조세범처벌법 제16조에 신설되었다.

본조는 해외금융계좌의 미신고를 처벌함으로써 해외금융계좌 신고 제도의 실효성을 보장하기 위한 것이다.

해외금융계좌 신고의무의 위반자가 조세범처벌법 제16조에 따라 처벌되거나 같은 법 제15조에 따른 통고처분을 이행한 경우에는 과태료가 면제된다(국조법 90조 4항). 이에 따라 현

---

1) 대법원 2020. 3. 12. 선고 2019도11381 판결
2) 그 입법취지 및 검토에 관하여는 김광묵(국회 기획재정위원회 전문위원), "국제조세조정에 관한 법률 일부개정법률안(이혜훈 의원 대표발의) 검토보고", 2009. 11., 4쪽 이하

행세법상 해외금융계좌 신고의무의 위반금액이 50억 원을 넘는지 여부에 따라 그에 대한 제재가 과태료인지 아니면 형사처벌인지가 달라진다.[3]

2. 구성요건

2.1. 주체 : 해외금융계좌의 신고의무자

해외금융계좌를 보유한 거주자 및 내국법인 중에서 해당 연도의 매월 말일 중 어느 하루의 해외금융계좌 잔액이 대통령령으로 정하는 금액(5억 원)을 초과하는 자는, 해외금융계좌정보를 다음 연도 6월 1일부터 30일까지 관할 세무서장에게 신고하여야 한다(국조법 53조 1항, 국조법 시행령 92조 3항).

(1) 거주자 및 내국법인

(가) 원칙

국조법상 '거주자' 및 '내국법인'은 각각 소득세법 및 법인세법에 따라 판단하여야 한다. 소득세법상 거주자는 '국내에 주소를 두거나 183일 이상의 거소를 둔 개인'을 말하고(소득세법 1조의2 1호), 법인세법상 내국법인은 '본점, 주사무소 또는 사업의 실질적 관리장소가 국내에 있는 법인'을 말한다(법인세법 2조 2호). 대법원은, 피고인 회사가 외국에 설립되었지만 국내에 사업의 실질적 관리장소를 둔 사안에서 내국법인으로서 해외금융계좌 신고의무를 부담한다고 본 원심을 수긍하였다.[4] 거주자 및 내국법인의 판정은 신고대상 연도 종료일을 기준으로 한다(국조법 시행령 92조 2항).

---

3) 과태료 부과의 제척기간은 '질서위반행위가 종료된 날부터 5년'이고(질서위반행위규제법 19조 1항), 공소시효는 '범죄행위를 종료한 때부터 5년'이므로(형사소송법 249조 1항 5호, 252조 1항), 해외금융계좌 신고의무 위반의 경우 과태료 목적상 '질서위반행위의 종료일'과 공소시효 목적상 '범죄행위의 종료일'은 원칙적으로 동일하므로, 신고의무 위반금액이 50억 원을 초과함에도 형사처벌될 수 없어서 과태료의 부과대상이 되는 경우는 있기 어려울 것이다.

4) 대법원 2024. 6. 17. 선고 2023도11189 판결 ; 위 판결에 대한 해설로 김병주, "구 「국제조세조정에 관한 법률」 제34조 제1항에 따른 해외금융계좌 신고의무자인 '내국법인'과 구 법인세법 제1조 제1호에 따른 '내국법인'의 의미가 같은지 여부", 대법원판례해설 제40호(2024), 748쪽 ; 위 사건에서 피고인 회사는 2012. 8. 21. 내국법인 A에 의하여 싱가포르에 설립되었는데, 당시는 아직 법인세법에 '사업의 실질적 관리장소가 국내에 있는 법인'을 내국법인으로 보는 규정('실질적 관리장소 기준')이 도입되기 전이었고, 위 규정은 이후 2018. 12. 24. 개정된 법인세법에 들어갔다. 그리고 위 사건에서 피고인 회사의 신고의무위반이 문제되는 것은 그 중간인 2014년에 피고인 회사가 보유한 해외금융계좌의 잔액이었다. 위 사건과 같이 외국에 설립된 법인이 국내에 사업의 실질적 관리장소를 두고 있는 상황에서 법인세법에 '실질적 관리장소 기준'이 도입되는 경우 해당 시점을 기준으로 외국법인에서 내국법인으로 바뀌게 된다. 위 대법원 판결에 따르면, 독자적으로 '내국법인'의 정의 개념을 두지 않고 법인세법상 그것을 차용하고 있는 국조법에서도 법인세법상 '실질적 관리장소 기준'의 도입에 따라 사후적으로 '내국법인'의 정의가 변경된다.

(나) 예외 : 신고의무의 면제

다음의 어느 하나에 해당하는 자에 대하여는 신고의무를 면제한다(국조법 54조).

① ㉮ 외국인 거주자로서 해당 과세기간 종료일 10년 전부터 국내에 주소나 거소를 둔 기간의 합계가 5년 이하인 자, ㉯ 재외국민(재외동포의 출입국과 법적 지위에 관한 법률 2조 1호)으로서 해당 신고대상 연도 종료일 1년 전부터 국내에 거소를 둔 기간의 합계가 182일 이하인 사람, ㉰ 대통령령으로 정하는 국제기관에 근무하는 사람 중 대통령령으로 정하는 사람

② ㉮ 국가, 지방자치단체 및 공공기관, ㉯ 국제적 합의에 의하여 설립된 기관

③ 금융회사 등(국조법 36조 3항)

④ 해외금융계좌 관련자 중 다른 공동명의자 등의 신고를 통하여 본인의 해외금융계좌정보를 확인할 수 있게 되는 등 대통령령으로 정하는 요건에 해당하는 자

⑤ 다른 법령에 따라 국가의 관리·감독이 가능한 기관으로서 대통령령으로 정하는 자

⑥ 해외금융신탁명세(국조법 58조 3항)를 제출할 때 해외금융계좌정보를 함께 제출한 자

⑦ 조세조약에 따라 체약상대국의 거주자로 인정된 자[5]

(2) 해외금융계좌

해외금융계좌에 해당하기 위해서는 해외금융회사 등에 개설된 계좌이어야 한다.

'**해외금융회사 등**'은 국외에 소재하는 ① 금융 및 보험업과 이와 유사한 업종을 하는 금융회사, ② 가상자산사업자(가상자산 이용자 보호 등에 관한 법률[6] 2조 2호) 및 이와 유사한 사업자로서 대통령령으로 정하는 자[7]를 말한다(국조법 52조 1항 본문). 이 경우 내국법인의 국외사업장을 포함하고, 외국법인의 국내사업장은 제외한다(국조법 52조 1항 단서). 따라서 국내은행의 외국지점은 해외금융회사등에 포함되지만, 외국은행의 국내지점은 그에 포함되지 않는다.

'**해외금융계좌**'는 해외금융회사등과 금융거래[8] 및 가상자산거래[9]를 위하여 해외금융회사등에 개설한 계좌로서 다음 각 목의 계좌를 말한다(국조법 52조 2호).

---

5) 위 규정은 2024. 12. 31. 국조법의 개정 시 추가되었다.

6) 이하 본절에서 '가상자산이용자보호법'이라 한다

7) 여기서 "대통령령으로 정하는 자"란 금융회사등 또는 외국의 금융 관련 법령에 따라 설립된 금융회사등 중 이와 유사한 금융회사등과 「특정 금융거래정보의 보고 및 이용 등에 관한 법률」 제2조 제1호 하목의 가상자산사업자 또는 외국의 가상자산 관련 법령에 따라 설립된 가상자산사업자 중 이와 유사한 가상자산사업자(이하 "가상자산사업자등"이라 한다)를 말한다(국조법 시행령 92조 1항). 위 규정의 "금융회사등"은 「금융실명거래 및 비밀보장에 관한 법률」 제2조 제1호에 따른 금융회사등을 말한다(국조법 시행령 74조 1항).

8) 여기서 금융거래는 「금융실명거래 및 비밀보장에 관한 법률」 제2조 제3호의 금융거래 및 이와 유사한 거래를 포함한다.

9) 여기서 가상자산거래는 「특정 금융거래정보의 보고 및 이용 등에 관한 법률」 제2조제2호라목의 가상자산거래 및 이와 유사한 거래를 포함한다.

① 은행업무(은행법 27조)와 관련하여 개설한 계좌

② 증권(자본시장법 4조) 및 이와 유사한 해외증권의 거래를 위하여 개설한 계좌

③ 파생상품(자본시장법 5조) 및 이와 유사한 해외파생상품의 거래를 위하여 개설한 계좌

④ 가상자산(가상자산이용자보호법 2조 1호) 및 이와 유사한 자산의 거래를 위하여 국외에 있는 같은 조 제2호의 가상자산사업자 및 이와 유사한 사업자에 개설한 계좌

⑤ 위 ①부터 ④까지에서 규정한 계좌 외의 계좌로서 그 밖에 금융거래 또는 가상자산거래를 위하여 해외금융회사등에 개설한 계좌

(3) 해외금융계좌의 실질적 소유자, 공동명의인

다음의 각 구분에 따른 자('해외금융계좌 관련자')는 해당 해외금융계좌를 각각 보유한 것으로 본다(국조법 53조 2항).[10]

(가) 명의자와 실질적 소유자가 다른 경우

해외 금융계좌의 명의자와 실질적 소유자가 다른 경우에는 그 명의자와 실질적 소유자가 신고의무자이다(국조법 53조 2항 1호).

여기서 '실질적 소유자'는, 해당 계좌의 명의와는 관계없이 해당 해외금융계좌와 관련한 거래에서 경제적 위험을 부담하거나 이자·배당 등의 수익을 받거나 해당 계좌를 처분할 권한을 가지는 등 해당 계좌를 사실상 관리하는 자를 말한다(국조법 시행령 94조 1항). 위 규정을 적용할 때 내국인이 외국법인의 의결권 있는 주식의 100%를 직접 또는 간접으로 소유[11]한 경우에는 그 내국인을 실질적 소유자에 포함한다(국조법 시행령 94조 2항 본문). 다만, 해당 외국법인이 우리나라와 조세조약을 체결하고 시행하는 국가에 소재하는 경우에는 그렇지 않다(국조법 시행령 94조 2항 단서). 한편, 자본시장법상 집합투자기구 등을 명의인으로 하는 해외금융계좌를 통하여 투자한 자는 실질적 소유자로 보지 않는다(국조법 시행령 94조 3항).[12]

---

10) 이 경우 해외금융계좌 관련자는 해당 계좌의 잔액 전부를 각각 보유한 것으로 본다(국조법 시행령 92조 6항).

11) 내국인과 국세기본법 제2조 제20호 가목 또는 나목의 관계에 있는 자가 직접 또는 간접으로 소유한 주식을 포함한다.

12) 국조법 시행령 제94조(해외금융계좌의 실질적 소유자)

③ 제1항 및 제2항 본문에도 불구하고 다음 각 호의 어느 하나에 해당하는 자를 명의인으로 하는 해외금융계좌를 통해 투자한 자는 실질적 소유자로 보지 않는다.

1. 「자본시장과 금융투자업에 관한 법률」 제9조 제18항에 따른 집합투자기구 또는 이와 유사한 외국에서 설립된 집합투자기구(같은 법 제279조 제1항에 따라 금융위원회에 등록된 것으로 한정한다)

2. 「자본시장과 금융투자업에 관한 법률」 제8조 제3항에 따른 투자중개업자 또는 같은 법 제294조에 따른 한국예탁결제원

3. 「자본시장과 금융투자업에 관한 법률 시행령」 제103조에 따른 금전신탁계약의 신탁업자

4. 「벤처투자 촉진에 관한 법률」 제2조 제11호에 따른 벤처투자조합

해외금융계좌 신고제도는 실질과세원칙에 따른 납세의무에 어떤 영향을 미치거나 납세의무자의 범위를 확대하는 것이 아니므로, 해외금융계좌의 신고의무를 지는 실질적 소유자는 세법상 실질과세원칙에 따른 소득세 등의 납세의무자와 별도로 판단하여야 한다.[13]

(나) 공동명의계좌

해외금융계좌가 공동명의계좌인 경우 각 공동명의자가 신고의무자이다(국조법 53조 2항 2호). 해외금융계좌가 공동명의계좌인지 여부와 해당 해외금융계좌의 공동명의자를 판단할 때에는 해당 해외금융회사 등이 소재한 국가의 법령에 따른다(국조법 시행령 92조 7항).[14]

(4) 월말 전체 해외금융계좌의 잔액 합계액이 5억 원을 초과할 것

신고대상인 해외금융계좌에 해당하기 위해서는, 신고대상 연도의 매월 말일 중 어느 하루의 해외금융계좌 잔액(해외금융계좌가 여러 개인 경우에는 각 해외금융계좌 잔액을 합산한 금액)이 5억 원을 초과하여야 한다(국조법 53조 1항, 국조법 시행령 92조 3항).

매월 말일 해외금융계좌 잔액은, 신고의무자가 보유한 각 해외금융계좌의 자산에 대하여 일정한 구분에 따라 산정한 금액을 해당 표시통화의 환율로 각각 환산한 후 더하여 산출한다(국조법 시행령 93조 1항 1문).[15]

합산대상인 해외금융계좌는 원칙적으로 거래실적 등이 없는 계좌, 연도 중에 해지된 계좌 등 해당 연도 전체 기간 중에 보유한 모든 계좌를 포함한다(국조법 시행령 93조 2항 본문). 다만, 다음의 각 계좌는 제외된다(국조법 시행령 93조 2항). ①「보험업법」에 따른 보험상품 및 이와 유사한 해외보험상품으로서 순보험료가 위험보험료만으로 구성되는 보험계약에 해당하는 금융계좌, ②「근로자퇴직급여 보장법」에 따른 퇴직연금제도 및 이와 유사한 해외퇴직연금제도에 따라 설정하는 퇴직연금계좌로서 일정한 요건을 모두 갖춘 계좌

---

13) 대법원 2020. 3. 12. 선고 2019도11381 판결 : 2015. 2. 3. 개정되기 전의 구 국조법 시행령 제50조 제4항이 해외금융계좌의 실질적 소유자는 "해당 계좌의 명의와는 관계없이 해당 해외금융계좌와 관련한 거래에서 경제적 위험을 부담하거나 이자·배당 등의 수익을 획득하거나 해당 계좌를 처분할 권한을 가지는 등 해당 계좌를 사실상 관리하는 자(내국법인이 외국법인의 의결권 있는 주식의 100분의 100을 직접 또는 간접으로 소유한 경우 그 내국법인을 포함하되, 조세조약의 체결 여부 등을 고려하여 기획재정부장관이 정하는 경우에는 그러하지 아니하다)로 한다."고 규정한 것은 2018. 12. 31. 개정되기 전의 구 국조법 제34조 제6항의 위임범위를 일탈한 것으로 볼 수 없다.
14) 다만, 해외금융계좌 관련자 중 어느 하나가 국조법 시행령 제92조 제5항에 따라 본인의 해외금융계좌정보를 함께 제출함에 따라 납세지 관할 세무서장이 다른 관련자가 보유한 모든 해외금융계좌정보를 확인할 수 있는 경우에는, 그 다른 관련자의 신고의무는 면제된다(국조법 54조 4호, 국조법 시행령 95조 4항).
15) 이 경우 피상속인 명의의 해외금융계좌를 여러 사람이 공동으로 상속받은 경우에는 계좌잔액 중 공동상속인 각자의 상속분에 해당하는 금액만큼만 환산하여 더한다(국조법 시행령 93조 2항).

(5) 신고의무의 내용

해외금융계좌의 신고의무자는 다음 연도 6월 1일부터 30일까지 해외금융계좌정보를 관할 세무서장에게 제출하여야 한다(국조법 53조 1항).

해외금융계좌정보는 ① 보유자의 성명·주소 등 신원에 관한 정보, ② 계좌번호, 해외금융회사등의 이름, 매월 말일의 보유계좌 잔액의 최고금액 등 보유계좌에 관한 정보, ③ 해외금융계좌 관련자에 관한 정보를 말한다(국조법 52조 3호).

해외금융계좌정보의 신고의무자가 신고기한까지 신고하지 않거나 과소 신고한 경우, 과세당국이 과태료를 부과하기 전까지 해외금융계좌정보를 수정신고할 수 있다(국조법 55조 1항, 2항).

(6) 신고의무위반에 대한 과태료 등

해외금융계좌의 신고의무자가 신고기한까지 해외금융계좌정보를 신고하지 않거나 과소 신고한 경우, 신고대상 계좌별로 '① 신고하지 않은 경우에는 미신고 금액, ② 과소신고한 경우에는 실제 신고한 금액과 신고하여야 할 금액과의 차액'을 합하여 그 합계액의 20% 이하에 상당하는 과태료를 부과한다(국조법 90조 1항). 다만, 해외금융계좌 신고의무의 위반자가 조세범처벌법 제16조에 따라 처벌되거나 같은 법 제15조에 따른 통고처분을 이행한 경우에는 과태료가 면제된다(국조법 90조 4항).

해외금융계좌 신고의무의 위반이 있는 경우, 해당 과세당국은 그 신고의무자에게 신고의무 위반금액의 출처에 대한 소명을 요구할 수 있고(국조법 56조 1항),[16] 신고의무위반금액이 50억 원을 초과하는 때에는 국세청장은 국세정보위원회의 심의를 거쳐 그 위반자의 인석사항 등을 공개할 수 있다(국세기본법 85조의5 1항 4호, 2항).

2.2. 신고의무 위반금액이 50억 원을 초과할 것

해외금융계좌의 신고의무자가 신고기한 내에 신고하지 않은 금액이나 과소 신고한 금액이 50억 원을 초과하여야 한다(법 16조 1항).

---

16) 신고의무자가 신고의무 위반금액의 출처에 대하여 소명하지 않거나 거짓으로 소명한 경우에는, 소명하지 않거나 거짓으로 소명한 금액의 20%에 상당하는 과태료를 부과한다(국조법 90조 2항 본문). 다만, 천재지변 등 대통령령으로 정하는 부득이한 사유가 있는 경우에는 과태료를 부과하지 않는다(국조법 90조 2항 단서).

2.3. 고의

본죄는 고의범이므로, 신고의무 위반의 객관적 구성요건 즉, 해외금융계좌 신고의무의 대상자에 해당하고, 신고의무 위반금액이 50억 원을 초과한다는 사실에 대한 고의가 있어야 한다.

2.4. 정당한 사유가 없을 것

해외금융계좌의 신고의무자가 신고의무를 위반하였고, 그 위반금액이 50억 원을 초과하더라도, 정당한 사유가 있는 경우에는 처벌되지 않는다(법 16조 1항 단서). 여기의 '정당한 사유'는 적법행위의 기대가능성이 없는 경우를 뜻하는 것으로 볼 수 있다. 적법행위의 기대가능성 유무는 행위 당시의 구체적 상황하에 행위자 대신에 사회적 평균인을 두고 그 관점에서 판단하여야 한다.[17]

2.5. 기수시기

본죄는 해외금융계좌의 신고의무자가 신고대상 연도의 다음 해 6월 1일부터 30일까지 해외금융계좌의 신고를 하지 않음으로써 기수에 이른다.

3. 죄수

본죄는 신고대상 연도별로 1죄가 성립하고, 여러 신고대상 연도별로 성립한 수개의 죄는 실체적 경합범 관계에 있다.

4. 처벌

(1) 관련 규정

본죄를 범한 자는 2년 이하의 징역 또는 신고의무 위반금액의 13% 이상[18] 또는 20%

---

17) 대법원 2008. 10. 23. 선고 2005도10101 판결
18) 2018. 12. 31. 개정되기 전의 구 국조법에 처벌규정이 있을 때에는 벌금형의 하한이 없었으나, 위 개정으로 해당 내용이 구 조세범처벌법으로 옮겨지면서 벌금형의 하한이 추가되었다.

이하에 상당하는 벌금에 처하고(법 16조 1항 본문), 정상에 따라 징역형과 벌금형을 병과할 수 있다(법 16조 2항).

(2) 문제점 및 입법론

해외금융계좌의 신고 제도는 과거에 과세당국이 해외금융계좌의 정보를 입수할 방안이 충분하지 않았던 상황에서 도입되었는데, 이후 조세행정공조협약에 따른 다자간 정보교환 협정이 활성화되었고, 이를 통하여 현재 우리나라와 여러 국가들 간에 금융정보의 자동교환이 이루어지고 있으며, 그에 따라 교환되는 해외금융계좌의 정보는 본조에 규정된 신고 대상 해외금융계좌의 그것과 거의 동일한 것으로 보인다. 이에 따라 현재 시점에서 해외금융계좌의 미신고를 일률적으로 처벌하고 본조와 같이 무거운 벌금을 과하는 것이 적정한지 의문스럽다. 따라서 우리나라와 조세행정공조협약 또는 다자간 정보교환협정을 체결한 국가에 소재한 해외금융계좌의 경우에는, 계좌의 실질적 소유자가 명의인과 다른 경우에만 미신고를 처벌하거나, 이에 해당하지 않는 경우에는 벌금액을 낮추는 것을 검토할 필요가 있다.

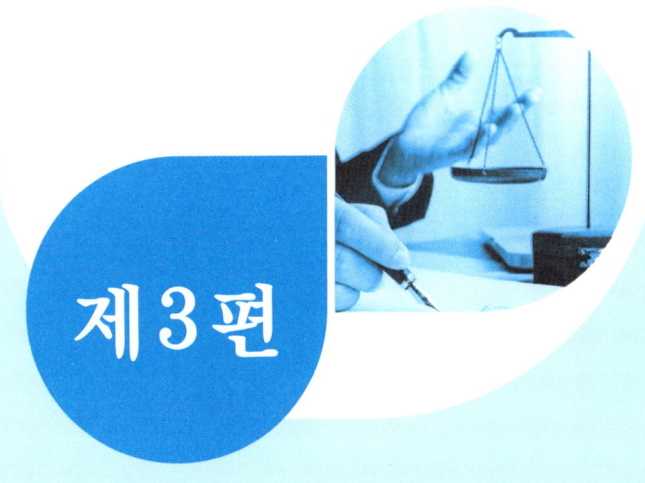

제3편

조세범죄의 처벌절차

제1장　조세범칙 사건의 조사와 처리

제1장

제1절
조세범칙조사

1. 조세범칙조사의 의의

(1) 조세범칙조사의 의미와 적용법령

　조세범칙조사는 세무공무원이 조세범칙행위 등을 확정하기 위하여 조세범칙사건에 대하여 행하는 조사활동을 말한다(조세범처벌절차법 2조 3호). 조세범칙사건은 조세범칙행위의 혐의가 있는 사건을 의미하고, 조세범칙행위는 조세범처벌법 제3조부터 제16조까지의 죄에 해당하는 위반행위를 말한다(조세범처벌절차법 2조 1호, 2호). 조세범처벌절차법은 조세범칙조사에 관하여 규정한다. 조세에 관한 사항에 대하여는 행정조사기본법이 적용되지 않는다(행정조사기본법 3조 2항 5호).

(2) 법적 성격 : 행정절차

　조세범칙조사는 기본적으로 행정절차에 해당하고, 형사절차의 일환으로 볼 수 없다.[1] 따라서 형사소송법상 수사절차에 관한 규정은 조세범칙조사에 적용되지 않는다. 다만, 조세범칙사건에 관한 조사사무처리규정은 형사소송법상 수사절차와 유사한 내용을 일부 포함한다.

　한편, 관세법상 세관공무원은 관세범에 관하여 사법경찰관리의 직무를 수행하므로(관세법 295조), 세관공무원의 관세범 조사는 수사에 해당하고,[2] 관세법에 규정되지 않은 사항에 관하여는 형사소송법의 적용을 받는다(관세법 319조).

---

1) 대법원 2022. 12. 15. 선고 2022도8824 판결
2) 김민정, 세관조사와 관세형사법, 박영사, 2021, 601쪽

2. 조세범칙조사의 관할 및 조세범칙조사심의위원회

(1) 조세범칙조사의 관할과 담당공무원

조세범칙사건은 해당 사건의 납세지를 관할하는 세무서장의 관할에 속하지만, 대통령령으로 정하는 중요한 사건[3]의 경우 지방국세청장의 관할로 할 수 있다(조세범처벌절차법 3조 1항).

조세범칙조사의 담당자는, 세무에 종사하는 공무원으로서 소속 지방국세청장의 제청으로 지방검찰청의 검사장이 지명하는 공무원('세무공무원')이다(조세범처벌절차법 2조 4호).[4]

세무공무원이 사법경찰관리에 해당하는지가 문제된다. 우리 헌법상 수사기관의 조직에 관하여 입법자는 넓은 범위의 재량을 가지므로,[5] 조세범칙조사의 주체인 세무공무원을 사법경찰관리로 할 것인지 여부는 입법정책에 속한다. 가령, 관세법은 세관공무원이 관세범에 관하여 사법경찰관리의 직무를 수행한다고 규정한다(관세법 295조). 그러나 조세범에 관하여는 그러한 규정이 없다.[6] 대법원은, 조세범칙조사를 담당하는 세무공무원은, 그 업무의 내용과 실질이 수사절차와 유사하더라도, 형사소송법상 사법경찰관리 또는 특별사법경찰관리에 해당하지 않는다고 판단하였다.[7]

(2) 조세범칙조사심의위원회

조세범칙조사심의위원회('위원회')는 지방국세청에 설치되고, 범칙위원회는 위원장 1명을 포함하여 20명 이내의 위원으로 구성된다(조세범처벌절차법 5조 2항). 위원회의 위원 중 공무원이 아닌 사람은 형법이나 그 밖의 법률에 따른 벌칙을 적용할 때 공무원으로 본다(조세범처벌절차법 5조 4항).

위원회는 다음의 각 사항을 심의한다(조세범처벌절차법 5조). ① 조세포탈사건에 대한 조세범칙조사의 실시, ② 조세범칙처분 없이 조세범칙조사를 종결하려는 경우 그 종결에 관한

---

3) 이는 ① 지방국세청장이 세무조사를 한 조세범칙사건, ② 그 밖에 조세범칙조사 대상자가 경영하는 사업의 종류 및 규모, 조세포탈 혐의금액 등을 고려하여 지방국세청장이 직접 조사할 필요가 있다고 인정하는 사건을 말한다(조세범처벌절차법 시행령 2조 1항).

4) 대법원 1997. 4. 11. 선고 96도2753 판결은, 세무공무원이 관할 검찰청 검사장에 의하여 범칙사건의 조사자로 지명되지 않아서 통고처분이나 고발을 할 권한이 없는 경우, 그 권한자에게 범칙사건 조사 결과에 따른 통고처분이나 고발조치를 건의하지 않았다고 하더라도 직무유기죄가 성립하지 않는다고 판단하였다.

5) 헌법재판소 2001. 10. 25. 2001헌바9 결정

6) 「독점규제 및 공정거래에 관한 법률」 위반행위를 조사하는 공정거래위원회 소속 공무원에 관하여도 같다.

7) 대법원 2022. 12. 15. 선고 2022도8824 판결. 위 판결에 대한 평석으로, 조현락, "조세범칙사건에서 세무공무원이 작성한 심문조서의 증거능력", 사법 제64호(2023), 973쪽 ; 이와 달리 조세범칙사건을 담당하는 세무공무원이 사법경찰관리의 지위를 갖는다는 견해로 ① 신동운, "조세범칙사건의 처리절차", 법학 39권 2호(1998), 서울대학교 법학연구소, 129쪽, ② 김태희, "조세범칙조사시 세무공무원이 작성한 심문조서의 증거능력", 조세법연구 [25-3](2019), 403쪽

사항, ③ 조세범칙처분의 결정, ④ 조세범칙조사의 기간 연장 및 조사범위 확대, ⑤ 조세범 처벌법 제18조에 따른 양벌규정의 적용

3. 조세범칙조사의 대상 및 개시

(1) 대상의 선정

지방국세청장 또는 세무서장('지방국세청장 등')은 다음의 어느 하나에 해당하는 경우 조세범칙조사를 실시하여야 한다(조세범칙처벌절차법 7조 1항).

① 조세범칙혐의가 있는 자를 처벌하기 위하여 증거수집 등이 필요한 경우

② 연간 조세포탈 혐의금액 등이 대통령령으로 정하는 금액 이상인 경우[8]

지방국세청장 등은 조세범칙사건에 대하여 조세범칙조사를 실시하려는 경우, 원칙적으로 위원회의 심의를 거쳐야 한다(조세범칙처벌절차법 7조 2항 본문).[9]

---

[8] 조세범칙처벌절차법 시행령 제6조(조세범칙조사 대상의 선정)
  ① 법 제7조 제1항 제2호에서 "연간 조세포탈 혐의금액 등이 대통령령으로 정하는 금액 이상인 경우"란 다음 각 호의 어느 하나에 해당하는 경우를 말한다.
  1. 연간 조세포탈 혐의금액 또는 연간 조세포탈 혐의비율이 다음 표의 구분에 따른 연간 조세포탈 혐의금액 또는 연간 조세포탈 혐의비율 이상인 경우

연간 신고수입금액	연간 조세포탈 혐의금액	연간 조세포탈 혐의비율
가. 100억 원 이상	20억 원 이상	15% 이상
나. 50억 원 이상 100억 원 미만	15억 원 이상	20% 이상
다. 20억 원 이상 50억 원 미만	10억 원 이상	25% 이상
라. 20억 원 미만	5억 원 이상	

  2. 조세포탈 예상세액이 연간 5억 원 이상인 경우
  ② 제1항 제1호를 적용할 때 다음 각 호의 어느 하나에 해당하는 경우에는 연간 신고수입금액을 20억 원 미만으로 본다.
  1. 「국세기본법」 제2조 제15호에 따른 과세표준신고서를 제출하지 아니한 경우(「부가가치세법」 제69조에 따라 납부의무가 면제된 경우는 제외한다)
  2. 「부가가치세법」 제8조 또는 「소득세법」 제168조에 따른 등록을 하지 아니한 경우
  ③ 제1항에 따른 신고수입금액은 개별 세법에 따른 법정신고기한 이내에 신고(「국세기본법」 제2조 제15호에 따른 과세표준신고서의 제출을 말한다)하거나 「국세기본법」 제45조의3에 따라 기한 후 신고한 수입금액으로 한다.
  ④ 제1항에 따른 조세포탈 혐의금액은 「조세범처벌법」 제3조 제6항에 따른 사기나 그 밖의 부정한 행위로써 조세를 포탈하거나 조세의 환급·공제를 받은 혐의가 있는 금액으로 한다.
  ⑤ 제1항에 따른 조세포탈 혐의비율은 조세포탈 혐의금액을 신고수입금액으로 나눈 비율로 한다.
  ⑥ 제1항에 따른 조세포탈 예상세액은 조세포탈 혐의금액에 대하여 세법에 따라 산정한 포탈세액(가산세는 제외한다)으로 한다.
  ⑦ 제2항부터 제6항까지의 규정에 따른 연간 신고수입금액 등의 산정 기준 및 방법은 국세청장이 정하여 고시한다.

(2) 조세범칙조사 통지

세무공무원이 조세범칙조사를 개시하는 경우 대상자에게 조세범칙조사 통지를 하여야 한다(조사사무처리규정 81조 1항).

4. 조세범칙조사의 방법과 범위

(1) 혐의자 또는 참고인의 심문

세무공무원은 조세범칙조사를 하기 위하여 필요한 경우 조세범칙행위 혐의자 또는 참고인을 심문할 수 있다(조세범처벌절차법 8조). 조사공무원은 조세범칙행위 혐의자 또는 참고인을 심문하기 위하여 필요한 경우 출석을 요구할 수 있다(조사사무처리규정 85조). 그러나 혐의자 등이 이에 응하여 출석할 의무는 없다.[10]

세무공무원은 조세범칙행위 혐의자 등을 심문하기 전에 진술거부권 및 변호인의 조력을 받을 권리 등을 고지하여야 한다(조사사무처리규정 87조의2 1항). 세무공무원은 심문을 한 경우 그 조서에 그 경위를 기록하여 심문을 받은 사람에게 확인하게 한 후 그와 함께 서명날인을 하여야 한다(조세범처벌절차법 11조 본문).

(2) 혐의자 또는 참고인에 대한 압수·수색 등

세무공무원은 조세범칙조사를 위하여 필요한 경우 조세범칙행위 혐의자 또는 참고인을 압수·수색할 수 있다(조세범처벌절차법 8조).

세무공무원이 압수 또는 수색을 하기 위해서는, 근무지 관할 검사에게 신청하여 관할 지방법원 판사가 발부한 압수·수색영장이 있어야 한다(조세범처벌절차법 9조 1항 본문). 다만, ① 조세범칙행위가 진행 중인 경우, 또는 ② 장기 3년 이상의 형에 해당하는 조세범칙행위 혐의자가 도주하거나 증거를 인멸할 우려가 있어서 압수·수색영장을 발부받을 시간적 여유가 없는 경우에는, 해당 혐의자 등에게 그 사유를 알리고 영장 없이 압수 또는 수색할 수 있다(조세범처벌절차법 9조 1항 단서). 위 경우 압수 또는 수색한 때부터 48시간 이내에 관할

---

9) 다만, 조세범칙행위가 진행 중이거나 도주·증거인멸의 우려가 있는 경우에는, 지방국세청장은 국세청장의 승인을, 세무서장은 관할 지방국세청장의 승인을 받아 위원회의 심의를 거치지 않을 수 있다(조세범처벌절차법 7조 2항 단서).

10) 범칙조사보다 조사기관에게 더 강한 권한이 부여되는 형사절차에서도 피의자신문은 임의수사의 한 종류에 불과하고, 피의자는 출석요구에 응할 의무가 없다. 한편, 형사절차에서는 피의자가 정당한 이유 없이 출석요구에 불응하는 경우 체포영장의 발부사유가 되고(형사소송법 200조의2 1항), 이를 통하여 피의자의 출석을 사실상 강제할 수 있다. 그러나 범칙조사는 수사절차가 아니므로, 조세범칙행위 혐의자가 출석에 불응하더라도 체포영장의 발부사유에 해당하지 않는다.

지방법원 판사에게 압수·수색영장을 청구하여야 한다(조세범처벌절차법 9조 2항).

한편, 국세기본법 제81조의6 제3항 각 호의 어느 하나에 해당하는 경우, 세무공무원은, 범칙조사 목적에 필요한 최소한의 범위에서, 납세자, 소지자 또는 보관자 등 정당한 권한이 있는 자가 임의로 제출한 장부 등을, 납세자의 동의를 받아 압수·수색영장 없이 세무관서에 일시 보관할 수 있다(국세기본법 81조의10 2항, 조사사무처리규정 79조 1항).

(3) 금융거래정보의 제공요구 및 출국금지의 요청 등

조사관서의 장은 조세범칙조사에 필요한 경우 금융회사 등에 금융거래정보 등의 제공을 요청할 수 있다(금융실명거래 및 비밀보장에 관한 법률 4조 1항 단서 및 2호).

조사관서의 장은 법무부장관에게 조세범칙행위 혐의자나 중요한 참고인에 대한 출국금지를 요청할 수 있다(출입국관리법 4조 1항 6호, 출입국관리법 시행규칙 6조의2 1항 7호, 8호, 조사사무처리규정 85조).

국세청장·지방국세청장 등은 조세범칙조사를 실시하기 위하여 필요한 경우에는 다른 국가기관에 협조를 요청할 수 있다(조세범처벌절차법 6조 1항). 위 협조요청을 받은 국가기관은 특별한 사유가 없으면 요청에 따라야 한다(조세범처벌절차법 6조 2항).

(4) 범칙조사 범위의 확대

세무공무원은, 구체적인 세금탈루혐의가 여러 과세기간 또는 다른 세목까지 관련되는 것으로 확인되는 경우 등 대통령령으로 정하는 경우에는, 범칙조사의 범위를 확대할 수 있다(국세기본법 81조의9 1항). 이에 따라 세무공무원이 범칙조사의 범위를 확대하는 경우 그 사유와 범위를 범칙혐의자에게 통지하여야 한다(국세기본법 81조의9 2항).

5. 조세범칙처분

(1) 위원회의 심의

지방국세청장 등은 조세범칙사건에 대하여 조세범칙처분을 하려는 경우 위원회의 심의를 거쳐야 한다(조세범처벌절차법 14조 1항 본문). 지방국세청장 등은 위원회에 심의를 요청한 때에는 즉시 그 사실을 조세범칙처분의 대상자에게 통지하여야 하고, 위 통지를 받은 자는 대통령령으로 정하는 바에 따라 위원회에 의견을 제출할 수 있다(조세범처벌절차법 14조 2항, 3항).

다만, 도주나 증거인멸의 우려가 있는 경우에는, 지방국세청장은 국세청장의 승인을, 세무서장은 관할 지방국세청장의 승인을 받아 위원회의 심의를 거치지 않을 수 있다(조세범처벌절차법 14조 1항 단서).

(2) 조세범칙처분의 종류

조세범칙사건에 대한 처분에는 ① 통고처분, ② 고발, ③ 무혐의가 있다(조세범처벌절차법 13조).

지방국세청장 등은, 조세범칙조사를 하여 조세범칙행위의 확증을 갖지 못하였을 때에는, 그 뜻을 조세범칙행위 혐의자에게 통지하고, 물건을 압수하였을 때에는 그 해제를 명하여야 한다(조세범처벌절차법 19조).

제2절
통고처분

1. 통고처분의 의의와 성격

지방국세청장 또는 세무서장은, 조세범칙행위의 확증을 얻었을 때에는, 그 대상자에게 벌금 등을 납부할 것을 통고하여야 한다(조세범처벌절차법 15조 1항). 이를 통고처분이라 한다.[11]

통고처분에는 이를 강제로 실현하는 집행력이 없고, 그 이행 여부는 범칙행위자의 의사에 달려 있으며, 이를 이행하지 않을 경우 세무서장 등은 고발로써 형사절차로 이행되게 할 수 있을 뿐이다. 통고처분은 행정기관인 세무서장 등이 하는 것이지만, 그에 따라 벌금이 납부되면 확정판결과 같은 효력을 가진다(조세범처벌절차법 15조 3항). 이와 같이 통고처분은 형벌인 벌금을 과하는 것이지만 일반적인 형벌의 부과·집행절차와 상당히 다르기 때문에 통고처분의 성격에 관하여는 다양한 견해가 있다.[12]

대법원은, 조세범칙사건에 대한 통고처분은, 법원에 의하여 자유형 또는 재산형에 처하는 형사절차에 갈음하여, 과세관청이 조세범칙자에 대하여 금전적 제재를 통고하고 이를

---

11) 관세법 제311조, 도로교통법 제138조, 출입국관리법 제102조 및 경범죄 처벌법 제7조 등에도 통고처분이 규정되어 있다.
12) 통고처분의 법적 성격에 관하여는 ① 준형사적 성격을 갖는다고 보는 과형처벌설, ② 행정처분설, ③ 처분청과 범칙행위자 간의 화해로 보는 설 등이 있다. 신동희, "조세범처벌절차법상 통고처분에 대한 검토", 조세학술논집 제17집(2001), 한국국제조세협회, 155~158쪽. 오영근·이중교·김진수, 조세범처벌법 개정방향에 관한 연구, 한국조세연구원, 2008, 211쪽

이행한 조세범칙자에 대하여는 고발하지 아니하고 조세범칙사건을 신속·간이하게 처리하는 절차로서, 형사절차의 사전절차로서의 성격을 가진다고 본다.[13]

통고처분제도는, 세무공무원으로 하여금 조세범칙 사건의 전문적이고 신속한 처리를 하게 함으로써 수사기관 및 법원의 업무부담을 경감시킬 수 있는 이점이 있다.

조세범칙행위를 어떤 절차와 방법에 따라 처벌할 것인지는 입법정책에 속하지만,[14] 법관에 의한 재판을 받을 권리(헌법 27조 1항) 등 헌법상 제한을 따라야 한다. 형벌은 원칙적으로 법원의 재판을 통하여 부과된다.[15] 예외적으로 도로교통법 등에는 행정기관의 통고에 의하여 범칙행위자로 하여금 범칙금을 납부하게 하는 제도가 있지만, 그 범칙금은 소액에 그친다(도로교통법 163조).[16] 이에 비하여 조세포탈에 대한 통고처분의 경우, 포탈세액이 특가법 제8조의 적용요건에 미달하는 한 포탈세액의 3배에 이르는 벌금이 부과될 수 있으므로(법 3조 1항 단서),[17] 조세범죄의 통고처분은 일반 형사소송절차에 대한 중대한 예외에 해당한다. 다만, 통고처분을 받은 범칙행위자는 이를 불이행함으로써 고발을 거쳐 법관에 의한 형사재판을 받을 기회가 보장되어 있으므로, 통고처분 제도가 헌법에 위반된다고 보기는 어렵다.[18]

2. 통고처분의 요건과 절차

(1) 통고처분의 요건

지방국세청장 등은 조세범칙행위의 확증을 얻었을 때에는 통고처분을 하여야 한다(조세범처벌절차법 15조 1항). 다만, 조세범처벌절차법 제17조 제1항의 즉시 고발사유가 있는 경우에는, 통고처분을 하지 않고 고발을 하여야 한다.

---

13) 대법원 2016. 9. 28. 선고 2014도10748 판결
14) 일본 국세통칙법은 간접국세에 관해서만 통고처분을 인정하고, 그 외의 국세에 관하여는 범칙이 있다고 판단되는 경우 검사에게 고발하여야 한다고 규정한다(일본 국세통칙법 155조, 157조).
15) 일반 형사소송절차의 경우 벌금은 검사의 공소제기 및 법원의 판결 또는 검사의 청구에 의한 법원의 약식명령을 통하여 과해진다. 경미한 죄에 관하여 경찰서장이 즉결심판청구를 한 경우에도 법원의 심판에 의하여 형이 부과된다(즉결심판에 관한 절차법 3조 내지 12조).
16) 도로교통법상 범칙금의 범위는 1만 원 내지 16만 원이다(도로교통법 162조 1항, 도로교통법 시행령 93조 1항 별표 9, 10).
17) 세금계산서 관련 범죄에 대한 통고처분의 경우, 공급가액이 특가법 제8조 및 제8조의2의 적용요건에 미달하는 한 공급가액에 부가가치세의 세율을 적용하여 계산한 세액의 3배에 이르는 벌금이 부과될 수 있다(법 10조 3항).
18) 헌법재판소 1998. 5. 28. 96헌바4 결정은, 통고처분을 행정심판이나 행정소송의 대상에서 제외하는 구 관세법 제38조 제3항 제2호(현행 관세법 119조 1항 1호)가 법관에 의한 재판받을 권리를 침해하거나 적법절차의 원칙에 저촉된다고 볼 수 없다고 판단하였다. 안대희 등, 1,039쪽도 같은 취지이다.

(2) 통고처분의 절차, 내용 및 방식

(가) 통고처분의 절차와 방식

지방국세청장 등은, 조세범칙조사를 마친 날(위원회의 심의를 거친 경우에는 위원회의 의결이 있은 날)부터 10일 이내에, 조세범칙행위자 및 조세범처벌법 제18조에 따른 법인 또는 개인별로 통고서를 작성하여 통고하여야 한다(조세범처벌절차법 시행령 12조 1항). 벌금 상당액의 산정기준은 조세범처벌절차법 시행령 제12조 제2항의 별표에 규정되어 있다.

통고서에는 그 이유를 구체적으로 밝히고 벌금 상당액 등을 기재하여야 한다(조세범처벌절차법 15조 1항). 통고서의 양식은 조사사무처리규정 별지에 정해져 있다.

(나) 통고처분의 상대방

통고처분의 상대방이 누구인지는 통고서의 기재내용을 종합하여 판단하여야 할 것이다. 대법원은, 법인의 대표자가 허위 매입세금계산서를 수취하는 범칙행위를 한 것과 관련하여, 지방국세청장이 법인에게 벌금 1억 4,300만 원의 통고처분을 하였는데, 그 통고서에는 법인만이 범칙자로 기재되어 있고, 통고서의 별지에는 행위자인 법인의 대표자에 대하여는 벌금을 100% 감면한다는 내용이 기재되어 있었으며, 이후 법인이 벌금을 납부하지 않자, 지방국세청장이 법인과 대표자를 각 고발한 사건에서, 위 통고서는 법인에게 통고처분을 알리는 서면이고, 대표자에게 벌금을 면제하는 내용의 통고처분을 알리는 서면으로 보기 어려우므로, 대표자에 대한 고발은 적법하다는 취지로 판단하였다.[19]

(다) 통고서의 송달

세무공무원은 형사소송법에 준하여 통고서를 직접 또는 등기우편으로 송달하여야 한다(조세범처벌절차법 시행령 13조).

(3) 벌금 상당액의 기준

통고처분의 벌금 상당액은 다음과 같이 정해진다(조세범처벌절차법 시행령 별표).

---

19) 대법원 2014. 10. 15. 선고 2013도5650 판결 : 원심(수원지방법원 2013. 4. 24. 선고 2012노4145 판결)은, 위 통고서가 벌금의 납부를 면제하는 내용의 통고처분이므로, 그 통고처분대로라면 대표자인 피고인은 벌금을 납부할 의무가 없고, 피고인이 위 통고처분에서 부과된 의무를 이행하지 않는 경우를 상정할 수 없으므로, 조세범처벌절차법 제12조 제1항에 따라 피고인을 고발할 수 없다는 이유로 공소기각판결을 하였다. 대법원은, 원심의 위와 같은 판단은 받아들일 수 없지만, 위 사건의 경우 고발된 피고인의 범칙사실과 공소사실은 동일성이 인정되지 않으므로, 공소를 기각한 원심의 결론은 정당하다고 판단하였다.

① 각 범칙행위별로 다음의 개별기준에 따라 벌금 상당액을 정한다.

조세범 처벌법	유형	기준금액	해당 범칙행위일 이전 최근 3년간		
			1차 위반	2차 위반	3차 이상 위반
제3조	제1항 본문 (포탈세액 3억 원 미만)	포탈세액	0.5배	1배	2배
	제1항 단서 (포탈세액 3억 원 이상)		0.5배	2배	3배
제10조	제1항(세금계산서 발급의무 위반)	산출세액[20]	0.5배	1배	2배
	제2항(세금계산서 수취의무 위반)		0.5배	1배	2배
	제3항(실물거래없는 세금계산서의 발급·수취)		1배	2배	3배
	제4항(제3항의 알선·중개)		1배	2배	3배
	제4항(세무사 등)		1.5배	3배	4.5배

② 조세범칙행위를 상습적으로 한 경우 벌금 상당액의 50%를 가중한다.

③ 조세범칙행위자가 세무조사 또는 조세범칙조사의 개시 전에 수정신고 또는 기한 후 신고를 한 경우 일정한 기준에 따라 벌금 상당액을 감경한다.

④ 타인의 조세범칙행위를 방조한 자는 벌금 상당액을 감경할 수 있다.

⑤ 조세범칙행위자가 심신미약자이거나 청각 및 언어 장애인인 경우 벌금 상당액의 50%를 감경한다.

⑥ 조세범처벌법 제3조부터 제6조까지, 제10조 및 제12조부터 제14조까지에 따른 조세범칙행위가 경합하는 경우, 벌금 상당액을 합산한다.

⑦ 이상에 따라 산정된 벌금 상당액이 조세범처벌법에 따라 산정된 벌금액의 상한을 초과하는 경우 그 상한을 벌금 상당액으로 본다.

3. 통고처분의 효과

3.1. 공소시효의 정지

통고처분이 있는 경우 통고일부터 고발일까지의 기간 동안 공소시효는 정지된다(조세범

---

20) 공급가액에 부가가치세의 세율을 적용하여 산출한 세액

처벌절차법 16조). 과거에는 통고처분이 있는 경우 공소시효의 진행이 중단되는 효과가 인정되었으나, 2023. 1. 17. 조세범처벌절차법의 개정에 따라 공소시효가 정지되는 것으로 변경되었다. 통고처분 후 고발이 있은 경우 나머지 공소시효기간이 진행한다.

3.2. 통고처분의 이행

3.2.1. 일사부재리

통고를 받은 자가 통고대로 이행한 경우, 동일한 사건에 대하여 다시 조세범칙조사를 받거나 처벌받지 않는다(조세범처벌절차법 15조 3항).

(1) 일사부재리의 요건

(가) 통고처분의 적법·유효성

통고처분의 이행에 일사부재리의 효력이 인정되려면 통고처분이 적법·유효하게 행해진 것이어야 한다.

다음의 경우에는 통고처분의 이행에 일사부재리의 효력이 인정되지 않는다.

① **특가법 제8조 위반**의 조세포탈죄에 대하여는 세무서장 등이 통고처분을 할 권한이 없으므로, 세무서장이 위 조세포탈죄에 대하여 통고처분을 하였다면 이는 중대하고 명백한 하자 있는 무효의 처분이므로 피고인이 통고처분을 이행하였다고 하더라도 효력이 없다.[21][22]

② **즉시고발 후의 통고처분** : 지방국세청장 또는 세무서장이 조세범칙사건에 대하여 통고처분을 거치지 않고 즉시 고발하였다면, 이로써 조세범칙사건에 대한 조사 및 처분 절차는 종료되고 형사사건 절차로 이행되어 지방국세청장 등으로서는 동일한 조세범칙행위에 대하여 더 이상 통고처분을 할 권한이 없다. 따라서 지방국세청장 등이 조세범칙행위에 대하여 고발을 한 후에 동일한 조세범칙행위에 대하여 통고처분을 하였더라도, 이는 법적 권한 소멸 후에 이루어진 것으로서 특별한 사정이 없는 한 효력이 없고, 조세범칙행위자가 이러한 통고처분을 이행하였더라도 일사부재리의 원칙이 적용될 수 없다.[23]

---

21) 대법원 1982. 11. 23. 선고 81도1737 판결
22) 이와 달리 대법원은, 원동기장치자전거를 운전한 피고인의 음주측정거부가 도로교통법상 통고처분의 대상이 아님에도 경찰이 착오로 통고처분을 하고, 피고인이 범칙금을 납부하였는데, 검사가 피고인을 음주측정거부죄로 기소한 사건에서, 위 통고처분이 법령을 잘못 적용한 것이라고 하더라도 피고인의 범칙금 납부에 의하여 확정판결에 준하는 효력이 발생하였다는 이유로 면소판결을 선고한 원심을 수긍하였다(대법원 2025. 5. 1. 선고 2025도1447 판결).
23) 대법원 2016. 9. 28. 선고 2014도10748 판결

(나) 통고처분의 이행

일사부재리의 효력이 인정되려면, '통고대로 이행'하여야 한다. 그런데 '통고서를 송달받은 날부터 15일 이내'의 이행기한은 조세범처벌절차법에 규정되어 있고, 실무상 통고서에는 위 이행기한 외에 별도의 기한은 기재되지 않는 것으로 보인다. 그리고 조세범처벌절차법은, 위 이행기한 내에 이행하지 않았더라도 '고발되기 전에 통고대로 이행'하였을 때에는 고발의 대상이 아닌 것으로 규정하여, 위 이행기한 이후에 '통고대로 이행'할 가능성을 인정한다(조세범처벌절차법 17조 2항 단서). 그렇다면, 위 15일의 이행기한 이후 고발 전에 이행한 경우도 일사부재리 효력의 요건인 '통고대로 이행하였을 때'로 볼 여지가 있다.

(2) 일사부재리의 효력 및 범위

통고를 받은 자가 통고대로 이행한 경우, 동일한 사건에 대하여 다시 조세범칙조사를 받거나 처벌받지 않는다(조세범처벌절차법 15조 3항). 통고처분을 이행한 범칙행위자에 대하여 공소가 제기된 경우 면소판결을 하여야 한다(형사소송법 326조 1호).[24)25)]

일사부재리의 효력은 통고처분의 범칙행위와 **동일한 사건**에 관하여 생긴다. 여기서 동일한 사건의 범위는 판결의 기판력과 같은 기준에 따라 정해진다.[26)] ① **상상적 경합** 관계에 있는 수개의 죄 중 일부에 대한 통고처분이 이행된 경우 나머지 죄에 대하여 일사부재리의 효력이 미친다. 그러나 ② **실체적 경합** 관계에 있는 수개의 죄 중 일부에 대한 통고처분 이행의 일사부재리 효력은 나머지 죄에 미치지 않는다. ③ 통고처분의 대상인 허위 세금계산서 발급죄(법 10조 3항)가 다른 허위 세금계산서 발급죄와 함께 특가법 제8조의2 위반의 **포괄일죄**를 구성하는 경우에도, 일사부재리의 효력은 그 다른 죄에 미치지 않는다.[27)]

---

24) 경범죄처벌법 제8조 제3항은 '범칙금 통고처분을 받은 사람이 범칙금을 납부한 경우 그 범칙행위에 대하여 다시 처벌받지 아니한다'고 규정한다. 대법원은 위 규정이 범칙금의 납부에 확정판결의 효력에 준하는 효력을 인정하는 것이라고 본다(대법원 2003. 7. 11. 선고 2002도2642 판결, 대법원 2011. 1. 27. 선고 2010도11987 판결). 이는 조세범죄에 대한 통고처분에 관하여 규정한 조세범처벌법 제15조 제3항의 해석에도 동일하게 적용될 수 있다.

25) 이와 달리 법령에 일정한 사유가 있으면 '다시 공소를 제기할 수 없다'고 규정된 경우에 다시 공소가 제기되었다면 면소판결이 아니라 공소기각 판결을 하여야 한다[대법원 1985. 5. 28. 선고 85도21 판결(소년법상 보호처분), 대법원 2017. 8. 23. 선고 2016도5423 판결(가정보호처분)]. ; 과거에 2011. 12. 31. 개정되기 전의 구 조세범처벌절차법은 범칙자가 통고처분을 이행한 경우 동일한 사건에 대하여 '소추받지 아니한다'라고 규정하였으므로, 공소가 제기되면 공소기각 판결을 하여야 한다고 볼 여지가 있었다[신동은, "조세범칙사건의 처리절차", 서울대학교 법학 제39권 제2호(1998), 서울대학교 법학연구소, 139쪽]. 지방세기본법 제123조는 현재도 범칙자가 통고대로 이행한 경우 동일한 사건에 관하여 '소추받지 아니한다'고 규정한다. 따라서 위 경우 공소가 제기된다면 공소기각 판결을 하여야 할 것이다[김종근, 60쪽 각주 110)].

26) 기판력이 미치는 범위에 관하여는 본 편 제3장 제4절 2. (3) 참조

27) 포괄일죄를 구성하는 죄들 중 일부에 대한 통고처분의 이행으로 인하여 나머지 죄들에 일사부재리의 효력이 미치려면 통고처분이 포괄일죄인 특가법 제8조의2를 적용한 것이어야 한다. 그런데 특가법 제8조의2는 징역형을 과하도록 규정되어 있으므로, 통고처분에서 적용될 수 없다.

(3) 기타

통고처분에 따라 벌금이 납부된 경우, 사법경찰관 또는 검사에게 이관되지 않고 사건이 종결되므로, 수형인명부나 수사자료표에 기재되지 않는다(형의 실효 등에 관한 법률 3조 내지 5조의2).

3.2.2. 통고처분에 따른 벌금의 납부 후 과세처분이 취소된 경우

납세의무자가 통고처분에 따라 벌금을 납부하는 한편 과세처분에 불복하여 과세처분이 취소된 경우, 통고처분의 효력 및 그에 따라 납부된 벌금의 반환 여부가 문제된다.

(1) 재심(再審)의 가능 여부

'통고처분은 확정판결과 동일한 일사부재리의 효력을 가지므로, 형사소송법상 재심의 대상이고, 과세처분이 취소된 것은 형사소송법 제420조 제5호의 재심사유에 해당한다'고 생각할 여지가 있다. 그러나 ① 재심에 의하여 통고처분을 취소하는 것은 통고처분의 취소 후 그 사건을 법원이 심리·판단할 수 있음을 전제로 하는데, 통고처분의 취소에 따라 사건이 공판절차로 이행한다는 규정이 없는 점, ② 소추조건인 고발 및 검사의 공소제기가 없는 점을 고려하면, 법원이 재심절차에서 통고처분의 취소 후 해당 사건을 심리·판단할 근거가 없다. 결국 통고처분은 재심의 대상에 해당한다고 보기 어렵다.

(2) 과세관청의 직권취소 여부

행정해석은, 범칙행위가 당초부터 없었음이 밝혀진 경우 이를 원인으로 한 벌금의 통고처분을 경정결정하는 것이 정당하다고 본다.[28]

(3) 부당이득반환청구 여부

만일 통고처분과 관련된 과세처분이 취소되었음에도 세무서장 등이 통고처분을 직권취소하지 않는다면, 통고처분에 따라 벌금을 납부한 자가 국가에 대하여 부당이득반환청구를 할 수 있는지 문제된다. 이에 관하여는 긍정설[29]과 부정설[30][31]이 대립하고, 현재 이에 관

---

28) 재조세 1231-3304, 1978. 11. 3.
29) 최명근, 세법학총론 개정증보판(2003), 세경사, 819쪽 ; 소순무·윤지현, 조세소송, 조세통람, 2020, 978쪽 ; 전정욱·곽태훈, "통고처분에 승복한 범칙자의 불복 가능성 - 부당이득반환청구 소송을 중심으로 -", 인권과 정의 제496호(2021), 대한변호사협회, 245쪽
30) 신동희, "조세범처벌절차법상의 통고처분에 대한 검토", 조세학술논문집 제17집(2001), 한국국제조세협회, 169쪽 ; 안대희 등, 1039쪽
31) 일본 최고재판소 1987.(소화 62년) 11. 5. 판결은, 통고 시에 범칙의 심증을 얻은 것에 관하여 합리성이 있다

한 대법원 판례는 아직 없다.[32] 통고처분에 따라 벌금이 납부된 경우 일사부재리의 효력이 발생하는 점을 고려하면, 선뜻 부당이득반환청구를 인정하기 어려운 면이 있다. 그러나 통고처분 이후 관련된 과세처분이 취소된 경우 통고처분을 재심 등으로 다툴 수 있는 제도를 마련하지 않은 것은 국가의 잘못이고(입법의 불비), 그로 인한 불이익을 납세의무자에게 부담시키는 것은 불합리하므로, 위 경우 부당이득반환청구를 인정하는 것이 적절하다.

3.2.3. 통고처분의 무효와 부당이득반환

통고처분도 그 하자가 중대하고 명백한 경우에는 당연무효일 수 있다.

대법원은, 원고가 2002년 '무면허 주류도매업을 운영하면서 세금계산서를 교부하지 않고 주류를 판매한 혐의'에 관하여 통고처분을 받고 그에 따른 벌과금을 납부한 후, 2005년 '주류도매업을 운영하면서 무자료 주류를 공급받아 판매하는 방법으로 1997년부터 2001년까지의 부가가치세 및 소득세를 포탈하였다'는 혐의로 기소되었으나, 그 형사사건에서 '원고가 독립적인 사업주체로서 주류도매업을 운영하여 소득을 얻었음'을 전제로 하는 공소사실에 대하여 증거부족을 이유로 무죄판결을 받게 되자, 국가에 납부한 벌과금 상당액을 부당이득반환청구한 사건에서, 세금계산서를 수수하지 않는 방법으로 부가가치세 등을 포탈한 경우 세금계산서교부의무위반죄와 조세포탈죄는 별개로 성립하므로, 위 통고처분은 적법하다고 판단하였다.[33]

3.3. 통고처분의 불이행

(1) 통고처분에 대한 불복 여부

통고처분은 행정쟁송의 대상이 되는 처분이 아니므로,[34] 불복의 대상에서 제외된다(국세

고 인정되는 경우, 후에 범칙사실이 존재하지 않는 것으로 판단되더라도 통고는 위법·무효가 아니고, 통고처분에 따른 벌금의 납부가 법률상 원인을 결여한 것으로 되지 않는다고 판단하였다.

32) ① 인천지방법원 2012. 9. 5. 선고 2011가단95891 판결은 긍정설을 취하였다(통고처분의 원인과 관련된 부가가치세가 취소되고 범칙행위가 존재하지 않는 경우, 통고처분은 행정처분이 아니어서 공정력이 인정되지 않으므로 중대·명백한 하자의 존재 여부에 관계없이 무효이고, 국가는 통고처분의 상대방에게 벌금상당액을 부당이득으로 반환할 의무가 있다). 그런데 그 항소심인 인천지방법원 2013. 8. 20. 선고 2012나31550 판결은, 1심과 달리 통고서의 기재사항이 제대로 기재되지 않아서 통고처분이 무효라는 이유로 통고처분 상대방의 부당이득반환청구를 인정하였다. ② 부산지방법원 2016. 12. 19. 선고 2016가합45536 판결도 통고처분 상대방의 부당이득반환청구를 인정하였으나, 통고서의 기재사항이 제대로 기재되지 않았음을 이유로 하였다.

33) 대법원 2012. 5. 9. 선고 2010두24326 판결

34) 대법원 1979. 6. 12. 선고 79누89 판결, 대법원 1980. 10. 14. 선고 80누380 판결 ; 일본 최고재판소 1979.(소화 47년) 4. 20. 판결

기본법 55조 1항 단서 및 1호, 지방세기본법 89조 2항 2호, 관세법 119조 1항 1호[35]). 따라서 통고처분을 받은 자는 이를 불이행한 후 고발된 사건에 대한 검사의 기소 여부를 기다려 기소된 경우 그에 대하여 다투어야 할 것이다.

(2) 지방국세청장 등의 고발

통고처분을 받은 자가 통고서의 송달일부터 15일 이내에 통고대로 이행하지 않은 경우, 지방국세청장 등은 고발하여야 한다(조세범처벌절차법 17조 2항 본문). 다만, 15일이 지났더라도 고발되기 전에 통고대로 이행하였을 경우에는 그렇지 않다(조세범처벌절차법 17조 2항 단서).

국세청은, 세무서장이 통고처분 불이행을 이유로 수사기관에 고발한 후 조세범칙자가 통고처분을 이행할 경우 세무서장은 1심 판결선고 전까지 고발을 취소할 수 있다고 본다.[36]

제3절

고발

---

1. 고발의 의의

고발은 고소권자와 범인 이외의 자가 수사기관에 범죄사실을 신고하여 범인의 소추를 구하는 의사표시를 말한다. 일반 범죄에 대한 고발은 수사의 단서에 그치지만, 조세범죄에 대한 고발은 공소제기의 조건에 해당한다(법 21조).

2. 고발의 요건과 절차

(1) 고발의 주체

조세범죄의 고발은 국세청장, 지방국세청장 또는 세무서장이 할 수 있다(법 21조).

---

35) 헌법재판소 1995. 10. 5. 96헌바4 결정 : 통고처분은 상대방의 임의의 승복을 그 발효요건으로 하기 때문에 그 자체만으로는 통고이행을 강제하거나 상대방에게 아무런 권리의무를 형성하지 않으므로, 행정심판이나 행정소송의 대상으로서의 처분성을 부여할 수 없고, 통고처분에 대하여 이의가 있으면 통고내용을 이행하지 않음으로써 고발되어 형사재판절차에서 통고처분의 위법·부당함을 얼마든지 다툴 수 있으므로, 구 관세법 (1983. 12. 29. 개정된 것) 제38조 제3항 제2호가 법관에 의한 재판을 받을 권리를 침해한다든가 적법절차의 원칙에 저촉된다고 볼 수 없다.
36) 조사기획과-172, 2010. 1. 21.

제3자도 형사소송법의 일반원칙에 따라 고발할 수 있으나(형소법 234조 1항), 이러한 고발은 수사단서의 제공에 불과하고, 조세범죄의 소추조건으로서의 효력이 없다.

(2) 고발의 사유

(가) 즉시고발

다음의 어느 하나에 해당하는 경우, 지방국세청장 등은 통고처분을 거치지 않고 그 대상자를 즉시 고발하여야 한다(조세범처벌절차법 17조 1항).

① 정상(情狀)에 따라 징역형에 처할 것으로 판단되는 경우
② 통고처분을 하더라도 통고대로 이행할 자금이나 납부 능력이 없다고 인정되는 경우
③ 거소가 분명하지 않거나 서류의 수령을 거부하여 통고처분을 할 수 없는 경우
④ 도주하거나 증거를 인멸할 우려가 있는 경우

(나) 통고처분의 불이행

통고처분을 받은 자가 통고서의 송달일부터 15일 이내에 통고대로 이행하지 않은 경우, 지방국세청장 등은 고발하여야 한다(조세범처벌절차법 17조 2항 본문). 다만, 15일이 지났더라도 고발되기 전에 통고대로 이행하였을 때에는 그렇지 않다(조세범처벌절차법 17조 2항 단서).

(3) 고발의 방식과 절차

고발은 서면 또는 구술로써 검사 또는 사법경찰관에 대하여 하여야 한다(형소법 237조 1항).[37] 고발서의 기재사항 및 양식은 조사사무처리규정에 정해져 있다(별지 제46호 서식). 지방국세청장 등은 조세범칙행위 혐의자를 고발한 경우 압수물건이 있는 때에는 압수목록을 첨부하여 검사에게 인계하여야 한다(조세범처벌절차법 18조 1항). 검사 또는 사법경찰관이 구술에 의한 고소 또는 고발을 받은 때에는 조서를 작성하여야 한다(형소법 237조 2항). 고발의 기간에 관하여는 고소와 달리 제한이 없다.[38]

(4) 범칙사실의 특정

조세범처벌법에 의한 고발은 고발장에 범칙사실의 기재가 없거나 특정이 되지 않은 때에는 부적법하지만, 반드시 공소장 기재요건과 동일한 범죄의 일시·장소를 표시하여 사건의 동일성을 특정할 수 있을 정도로 표시하여야 하는 것은 아니고, 조세범처벌법이 정하는 어

---

37) 안대희 등, 1051쪽은 조세범칙사건에서 세무공무원이 심문조서의 작성과 증거의 수집 등 수사절차와 사실상 동일한 절차를 거치므로 다시 사법경찰관에게 고발을 하는 것은 부적절하다고 본다.
38) 고소는 범인을 알게 된 날부터 6월 내에 하여야 하지만(형소법 230조 1항), 형사소송법은 고발에 관하여 고소기간에 관한 제230조 제1항을 준용하지 않는다.

떠한 태양의 범죄인지를 판명할 수 있을 정도로 표시하면 족하다.[39] 고발사실의 특정은 고발장에 기재된 범칙사실과 세무공무원의 보충진술 기타 고발장과 같이 제출된 서류 등을 종합하여 판단하여야 한다.[40]

(5) 고발요건의 심사 여부

대법원은, 조세범처벌절차법에 즉시고발을 할 때 고발사유를 고발서에 명기하도록 하는 규정이 없을 뿐만 아니라, 원래 즉시고발권을 세무공무원에게 부여한 것은 세무공무원으로 하여금 때에 따라 적절한 처분을 하도록 할 목적으로 특별사유의 유무에 대한 인정권까지 세무공무원에게 일임한 취지라고 볼 것이므로, 조세범칙사건에 대하여 관계 세무공무원의 즉시고발이 있으면 그로써 소추의 요건은 충족되는 것이고, 법원은 본안에 대하여 심판하면 되는 것이지 즉시고발 사유에 대하여 심사할 수 없다고 판시하였다.[41] 이에 따르면, 세무공무원이 고발서에 즉시고발 사유를 기재하지 않거나 즉시고발사유가 없음에도 통고처분을 거치지 않고 즉시고발을 한 경우에도, 법원은 그 고발의 효력을 문제삼아 공소기각 판결을 할 수 없고, 실체 심리를 하여야 할 것이다. 그러나 ① 조세범처벌절차법이 즉시고발의 사유를 구체적으로 규정하는 점, ② 검사의 공소제기도 소추재량권을 현저히 일탈한 경우 그 효력이 부인되는 이상,[42] 소추조건인 고발의 요건이 반드시 법원의 심사대상에서 제외된다고

---

39) 대법원 2000. 4. 21. 선고 99도3403 판결
40) 대법원 2009. 7. 23. 선고 2009도3282 판결 : "기록에 의하면, 종로세무서장은 2007. 7. 18. 서울중앙지방검찰청 검사장에게, 공소외인 주식회사 영업이사로서 위 법인을 운영하는 실행위자인 피고인이 ○○쥬얼리 등 46개 폭탄업체, 도관업체의 대표이사 또는 실사업주 등과 순차적으로 공모하여, 2001. 4. 3.부터 2004. 5. 10. 까지 위 폭탄업체가 영세율 또는 면세로 매입하여 과세로 매출하는 금지금 40,196㎏, 공급가액 529,176,428,002원을 △△쥬얼리 등 도관업체를 통하여 순차적으로 매입하여 매출함으로써 폭탄업체인 위 ○○쥬얼리 등 46개 업체가 조세의 부과와 징수를 영구적으로 불가능하게 하거나 현저히 곤란하게 하는 위계 기타 부정한 적극적인 행위 등을 통한 사기 기타 부정한 행위로써 부가가치세 합계 금 52,917,642,807원을 포탈함으로써 조세범처벌법 제9조 제1항 제3호 및 특정범죄가중처벌 등에 관한 법률 제8조 및 제8조의2를 위반하였다고 피고인을 고발한 사실(수사기록 889~892면), 거기에다가 위 46개 폭탄업체에 대해서는 개개 폭탄업체별로 죄명, 범칙자의 주소·성명, 범칙년월일 및 범칙사실 등이 구체적으로 기재된 각 고발장이 검사에게 제출되어 있는 사실(수사기록 893~1703면)을 알 수 있는바, 이러한 사실들을 위 법리에 비추어 살펴보면, 위 각 고발장에 기재되어 있는 고발사실을 통하여 피고인의 조세포탈 범칙행위가 조세범처벌법이 정하는 어떠한 태양의 범죄인지를 판명할 수 있을 정도로 확정되었다고 할 것이므로, 결국 이 사건 종로세무서장의 고발은 이 사건 공소사실에 대하여 피고인의 처벌을 구하는 의사표시로서 유효하다고 할 것이다."
41) 대법원 1996. 5. 31. 선고 94도952 판결(서울지방국세청장이 조세포탈혐의로 피고인 회사와 상피고인 1을 고발하는 고발서의 죄명란에 "1. 조세범처벌법 제9조 제1항 제1호 위반, 2. 특가법 제8조 제1항 제1호 위반"으로 기재하고 "고발규정"란에 "특가법 제8조 제1항 제1호에 해당되므로 조세범처벌절차법 제9조 제3항 규정에 의하여 즉시고발"이라고 기재하여 통고처분절차를 거치지 않은 채 즉시고발한 사건에서, 피고인 회사는 특가법위반죄로 의율할 수 없으므로, 피고인 회사에 대하여는 아무런 고발사유의 기재 없이 즉시고발되었다고 판단한 사례), 대법원 2007. 11. 15. 선고 2007도7482 판결(즉시고발사유의 기재 없이 즉시고발을 한 사안), 대법원 2014. 10. 15. 선고 2013도5650 판결
42) 대법원 2021. 10. 14. 선고 2016도14772 판결

볼 것은 아닌 점을 고려하면, 조세범처벌절차법상 즉시고발의 사유가 없음이 객관적으로 명백함에도 합리적 이유 없이 행해진 즉시고발은 무효라고 보는 것이 합리적이다.[43]

3. 고발의 효과

지방국세청장 등의 고발은 조세범칙행위에 대한 공소제기의 조건이다(법 21조).

(1) 주관적 범위

고발의 효력은 고발장에 **피고발인**으로 지정된 자에 대하여만 미친다. 고발서에서 피고발인으로 누가 지정되었는지는 고발서의 기재내용을 종합하여 판단하여야 할 것이다. 대법원은, 고발장에서 피고발인을 공소외 주식회사로 명시하고 위 법인의 등록번호와 대표자의 성명·주민등록번호·주소를 기재하였을 뿐인 경우, 대표자인 피고인 개인까지 피고발자로 표시한 것이라고 볼 수는 없다고 판단하였다.[44] 고발서에서 피고발인으로 지정되지 않은 자는, 고발원인 사실에 그 범칙행위가 기재되어 있더라도, 고발된 것으로 볼 수 없다.[45]

친고죄에서, 공범 중 일부에 대한 고소의 효력이 다른 공범자에게도 미치는 것(주관적 불가분, 형소법 233조)과 달리, 고발에 대하여는 주관적 불가분의 효력이 인정되지 않는다. 따라서 고발의 구비 여부는 **양벌규정**에 의하여 처벌받는 자연인인 행위자와 법인에 대하여 **개별적**으로 논하여야 한다.[46] 그러므로 법인에 대한 고발의 효력은 행위자인 대표자에게 미치지 않는다.

(2) 객관적 범위

(가) 일반원칙

고발의 효력은 고발장에 기재된 **범죄사실과 동일성**이 인정되는 사실 전부에 미친다. 조세범칙사건에 대한 고발의 효력은 범칙사건에 관련된 범칙사실의 전부에 미치고 한 개의 범칙사실의 일부에 대한 고발은 그 전부에 대하여 효력이 생긴다.[47] 대법원은, 고발의 효력

---

43) 안대희 등, 1056쪽 ; 일본 법원은 합리적 이유 없는 자의적 고발은 허용되지 않는다는 입장을 취한다(안대희 등, 1055쪽). ; 대법원 2014. 10. 15. 선고 2013도5650 판결은, 중부지방국세청장이 공소외 1 회사에게 벌금의 통고처분을 한 후 공소외 1 회사가 위 벌금을 납부하지 않자 공소외 1 회사와 행위자인 피고인을 고발하였는데, 위 고발서에 통고처분 불이행으로 인한 고발에 관한 구 조세범처벌절차법 제12조 제1항이 기재된 사건에서, 피고인에 관한 고발사유의 기재가 잘못되었지만, 중부지방국세청장이 공소외 1 회사와 함께 피고인을 함께 고발한 것이 명백히 자의적인 판단이라고 할 수 없다고 보았다. 이는 세무서장 등의 고발이 명백히 자의적인 경우 무효로 될 수 있다고 볼 여지를 남겨놓은 것으로 보인다.
44) 대법원 2004. 9. 24. 선고 2004도4066 판결
45) 김종근, 65쪽
46) 대법원 2004. 9. 24. 선고 2004도4066 판결

이 미치는 객관적 범위를 공소장변경이 가능한 범위와 동일하게 파악한다.[48] 상상적 경합 관계에 있는 수 개의 죄 중 일부에 대하여만 고발이 있은 경우에도, 그 효력은 나머지 죄에 대해서도 미친다.[49]

한편, 수 개의 범칙사실 중 일부에 대해서만 고발이 있는 경우, 고발장에 기재된 범칙사실과 동일성이 인정되지 않는 다른 범칙사실에 대해서는 고발의 효력이 미치지 않는다.[50]

(나) 구체적 검토

① 동일한 과세기간 내에서의 포탈세액 변경

법인세, 종합소득에 대한 소득세 및 부가가치세의 포탈죄는 일정한 과세기간을 단위로 하여 성립한다. 따라서 법인세 등의 포탈에 관한 범죄사실의 동일성은 **동일한 과세기간**에 대한 것인지 여부를 기준으로 판단하여야 한다. 공소장변경에 의하여 피고인인 폭탄업체의 부가가치세 포탈기간이나 포탈세액이 당초보다 추가 또는 변경되었으나, 공소장변경 전·후의 포탈기간은 동일한 과세기간에 속하는 사건에서, 대법원은, 공소장변경 전의 포탈기간 및 그 액수에 관한 세무공무원의 고발의 효력은 공소장변경 후의 포탈액수에 대하여도 미친다고 판단하였다.[51]

② '허위 세금계산서 발급의 중개' → '허위 세금계산서의 발급'

고발장에 '피고인은 공소외인이 재화나 용역을 공급하지 아니하고 허위세금계산서를 발급하는 행위를 중개하였다.'는 범칙사실이 기재되고, 공소장에는 '피고인은 공소외인과 공모하여 재화나 용역을 공급하지 아니하고 허위세금계산서를 교부하였다.'는 공소사실이 기재된 사건에서, 대법원은, 양자 사이에 법률적 평가에 차이가 있을 뿐 기본적 사실관계의 동일성이 인정되므로, 위 공소는 유효한 고발에 따라 적법하게 제기되었다고 보았다.[52]

③ 조세범처벌법 제10조 제3항에 관한 고발과 특가법 제8조의2 등

세무공무원이 피고인을 조세범처벌법 제10조 제3항의 죄로 고발하였는데, 검사가 위 고발에 포함되지 않은 다른 조세범처벌법 제10조 제3항의 위반행위로 피고인을 기소하였고, 양 범죄사실이 포괄하여 특가법 제8조의2 위반죄를 구성하는 경우, 그 고발의 효력은 특가

---

47) 대법원 2009. 7. 23. 선고 2009도3282 판결
48) 대법원 2005. 1. 14. 선고 2002도5411 판결, 대법원 2009. 7. 23. 선고 2009도3282 판결, 대법원 2022. 6. 30. 선고 2018도10973 판결
49) 가령, 개별소비세의 포탈과 농어촌특별세의 포탈이 상상적 경합 관계에 있는데 전자에 대해서만 고발이 이루어진 경우 그 효력은 후자에 대하여도 미친다. 안대희 등, 492쪽
50) 대법원 2014. 10. 15. 선고 2013도5650 판결
51) 대법원 2009. 7. 23. 선고 2009도3282 판결
52) 대법원 2022. 6. 30. 선고 2018도10973 판결

법 제8조의2 위반죄를 구성하는 후자의 공소사실에도 미친다.[53]

④ 피고인이 여러 사업자 명의로 허위 세금계산서를 발급·수취한 경우

피고인이 여러 사업자 명의로 허위 세금계산서를 발급·수취한 행위가 포괄하여 특가법 제8조의2 제1항 위반의 1죄를 구성하는 경우, 피고인이 일부 사업자 명의로 허위 세금계산서를 발급한 것에 대해서만 세무서장 등의 고발이 있더라도, 그 효력은 피고인의 특가법 제8조의2 위반죄 전체에 미친다.[54]

한편, 피고인이 여러 사업자 명의로 허위 세금계산서를 발급·수취한 행위가 특가법 제8조의2 제1항 위반의 포괄일죄를 구성하지 않고 각각 별도로 조세범처벌법 제10조 제3항의 위반죄에 해당하는 경우에는, 고발의 효력은 각 죄별로 따져야 한다.[55]

⑤ 범죄사실의 동일성이 인정되지 않는 경우

고발서에 범칙사실로 피고인의 '허위(무거래) 세금계산서 수취'가 기재되어 있는데, 검사가 피고인을 '허위 매입처별 세금계산서합계표의 제출행위'로 기소한 사건에서, 대법원은, 위 고발된 범칙사실과 공소사실의 동일성이 인정되지 않고, 위 고발의 효력은 위 공소사실에 미칠 수 없으므로, 공소기각 판결을 하여야 한다고 판단하였다.[56]

세무서장이 세무사인 피고인에 대하여 '피고인이 납세자의 허위 세금계산서 발행 및 수취 사실을 알고서도 부가가치세 신고를 거짓으로 하게끔 방조한 행위'[법 9조(성실신고방해행위)]로 고발하였는데, 검사가 '피고인이 납세자가 허위 매입처별 세금계산서합계표를 제출하는 것을 방조한 행위'로 공소를 제기한 사안에서, 법원은, 위 고발의 효력은 공소사실에 미치지 않는다는 이유로, 공소기각판결을 하였다.[57]

---

53) 서울고등법원 2019. 9. 19. 선고 2018노2956 판결, 대법원 2019. 12. 13. 선고 2019도14765 판결 : 피고인이 매입처별 세금계산서합계표를 거짓으로 기재하여 제출한 점으로 기소되었는데, 소송 과정에서 위 합계표 중 전자세금계산서 발급명세 제출분에 해당하는 부분에 관하여 무죄 취지로 판단되자(대법원 2017. 12. 18. 선고 2017도12650 판결), 검사가 '피고인이 위 매입처별 세금계산서합계표 중 무죄 부분의 기초가 된 무거래 전자세금계산서를 수취한 것'으로 공소사실을 변경한 사안

54) 서울고등법원 2018. 4. 18. 선고 2017노3306 판결, 대법원 2018. 8. 1. 선고 2018도6685 판결 : 피고인 A가 G, I, K 회사를, 피고인 B가 M, P, R 회사를 각 운영하는 외관을 취하였으나, 사실상 피고인들이 위 6개 회사를 공동으로 운영하면서 무거래 세금계산서를 수수하였는데, 세무공무원 등이 피고인 A에 대하여는 G, I, K 명의 무거래 세금계산서 수수에 관해서만, 피고인 B에 대하여는 M, P, R 명의 무거래 세금계산서 수수에 관해서만 고발을 하였더라도, 피고인들이 G, I, K, M, P, R 명의로 무거래 세금계산서를 발행·수취한 행위들은 포괄일죄에 해당하므로, 위 고발의 효력은 피고인 A, B의 각 포괄일죄 전부에 미친다고 본 사례

55) 서울고등법원 2018. 4. 18. 선고 2017노3306 판결, 대법원 2018. 8. 1. 선고 2018도6685 판결

56) 대법원 2014. 10. 15. 선고 2013도5650 판결

57) 서울고등법원 2015. 11. 27. 선고 2015노427 판결, 대법원 2016. 7. 14. 선고 2015도19648 판결

4. 고발의 취소 및 추완 등

(1) 불기소처분 후의 공소제기

세무공무원의 고발에 대하여 검사가 일단 불기소처분을 하였다가 이후 공소를 제기하는 경우, 종전 고발의 효력은 여전히 유효하므로, 공소를 제기할 때 새로운 고발이 있어야 하는 것은 아니다.[58]

(2) 고발의 취소

세무공무원은 1심 판결선고 전까지 고발을 취소할 수 있다.[59] 국세청은, 세무서장이 통고처분 불이행을 이유로 수사기관에 고발한 후 조세범칙자가 통고처분을 이행할 경우 세무서장은 1심 판결선고 전까지 고발을 취소할 수 있다고 본다.[60]

고발의 취소는 고발과 같은 방법으로 할 수 있다(형소법 239조, 237조 1항).

조세범처벌법 위반죄에 대한 고발이 취소된 경우, 검사는 공소를 제기할 수 없고, 이미 공소가 제기되어 있는 경우라면 법원은 공소기각 판결을 하여야 한다(형소법 327조 5호).

세무공무원이 고발을 취소한 경우에는 다시 고발할 수 없다고 보아야 할 것이다(형소법 232조 2항의 준용).[61]

(3) 고발의 추완

조세범처벌법 위반죄의 경우 고발은 소추조건이므로 공소제기 당시 존재하여야 한다. 세무공무원의 고발없이 조세범칙사건의 공소가 제기된 후에 세무공무원이 그 고발을 하였다 하여도 그 공소제기절차의 무효가 치유된다고는 볼 수 없다.[62]

---

58) 대법원 2009. 10. 29. 선고 2009도6614 판결
59) 대법원 1957. 3. 29. 선고 4290형상58 판결 : 세무공무원의 고발이 1심 판결선고 이후에 있었으므로, 그 효력이 없다고 본 사례
60) 조사기획과-172, 2010. 1. 21.
61) 형사소송법은 고소취소 후 재고소의 제한을 규정한 제232조 제2항을 고발취소의 경우에 준용하지 않지만, 대법원 판례가 명문의 규정이 없음에도 고소취소의 시한에 관한 형사소송법 제232조 제1항을 고발취소의 경우에도 준용하는 점(대법원 1957. 3. 29. 선고 4290형상58 판결)을 고려하면, 제232조 제2항도 고발취소에 대하여 준용된다고 보는 것이 합리적이다.
62) 대법원 1970. 7. 28. 선고 70도942 판결

제2장 조세범죄의 수사와 공소제기

1. 고발 전의 수사

조세범죄에 대한 수사는 많은 경우 지방국세청장 등의 고발에 따라 개시되지만, 반드시 그러한 것은 아니다. 대법원은, 세무공무원 등의 고발이 있어야 논할 수 있는 죄에 있어서 고발은 이른바 소추조건에 불과하고 당해 범죄의 성립 요건이나 수사의 조건은 아니므로, 고발이 있기 전에 수사를 하였다고 하더라도, 그 수사가 장차 고발이 있을 가능성이 없는 상태하에서 행해졌다는 등의 특단의 사정이 없는 한, 고발이 있기 전에 수사를 하였다는 이유만으로 그 수사가 위법하다고 볼 수는 없다고 판시하였다.[1] 따라서 지방국세청장 등의 고발이 있기 전에도 조세범죄에 대한 인지수사는 가능하다.

2. 압수 · 수색

형사소송법상 압수 · 수색에 관한 규정의 개요는 다음과 같다.

(1) 압수 · 수색의 요건 및 유형

① 검사 또는 사법경찰관은, 범죄수사에 필요한 때에는, 피의자가 죄를 범하였다고 의심할 만한 정황이 있고, 해당 사건과 관계가 있다고 인정할 수 있는 것에 한정하여 원칙적으로 영장에 의하여 압수, 수색 또는 검증을 할 수 있다(형소법 215조). ② 예외적으로, ㉮ 타인의 주거 등에서의 피의자 수색, ㉯ 체포현장에서의 압수 · 수색 · 검증, ㉰ 체포현장 또는 범

---

1) 대법원 1995. 2. 24. 선고 94도252 판결

행 중이거나 범행 직후의 범죄장소에서의 긴급을 요하는 압수·수색·검증, ㉜ 체포된 자가 소유·소지 또는 보관하는 물건 등에 대한 압수·수색·검증은 영장없이 압수·수색을 할 수 있다(형소법 216조 1항, 3항, 217조 1항). 위 ㉯, ㉠, ㉜의 경우 압수한 물건을 계속 압수할 필요가 있을 때에는 사후에 지체 없이 영장을 받아야 한다(형소법 216조 3항, 217조 2항). ③ 검사 또는 사법경찰관은 피의자 또는 기타 인이 유류한 물건이나 소유자, 소지자 또는 보관자가 임의로 제출한 물건[2]을 영장없이 압수할 수 있다(형소법 218조).[3]

(2) 압수·수색의 범위와 방법

(가) 압수·수색의 범위 : 객관적·인적 관련성

압수·수색은 필요한 최소한도의 범위 안에서 하여야 한다(형소법 199조 1항 단서). 압수·수색을 하기 위해서는 압수·수색의 대상이 해당 사건과 관련성을 가져야 한다(형소법 215조). 따라서 압수·수색의 목적이 된 범죄나 이와 관련된 범죄의 경우에는 그 압수·수색의 결과를 유죄의 증거로 사용할 수 있지만, 영장 발부의 사유로 된 범죄 혐의사실과 무관한 별개의 증거를 압수하였을 경우 이는 원칙적으로 유죄 인정의 증거로 사용할 수 없다. 압수·수색영장의 범죄 혐의사실과 관계있는 범죄는, '압수·수색영장에 기재한 혐의사실과 객관적 관련성이 있고 압수·수색영장 대상자와 피의자 사이에 인적 관련성이 있는 범죄'를 의미한다. ① 혐의사실과의 객관적 관련성은, 압수·수색영장에 기재된 혐의사실 자체 또는 그와 기본적 사실관계가 동일한 범행과 직접 관련되어 있는 경우는 물론 범행 동기와 경위, 범행 수단과 방법, 범행 시간과 장소 등을 증명하기 위한 간접증거나 정황증거 등으로 사용될 수 있는 경우에도 인정될 수 있다.[4] ② 피의자와 사이의 인적 관련성은, 압수·수색영장에 기재된 대상자의 공동정범이나 교사범 등 공범이나 간접정범은 물론 필요적 공범 등에 대한 피고 사건에 대해서도 인정될 수 있다.[5]

---

2) 임의제출의 주체는 '소유자, 소지자 또는 보관자'이므로, 피의자가 소유하는 물건을 소지하거나 보관하는 자도 그 물건을 임의로 제출할 수 있다. 대법원 2008. 5. 15. 선고 2008도1097 판결은, 교도관이 재소자로부터 맡아 보관하는 비망록을 검사에게 임의로 제출하고 검사를 이를 압수한 사안에서, 그 비망록의 증거사용에 의하여 재소자의 사생활의 비밀 기타 인격적 법익이 침해되는 등의 특별한 사정이 없는 한, 그 압수절차가 피고인의 승낙 및 영장 없이 행해졌다고 하더라도 위법하지 않다고 판단하였다.
3) 과거에는 수사기관이 과세관청의 고발에 대하여 고발인 조사를 하면서 조세범칙조사 관련 자료를 주로 임의제출 형식으로 교부받았으나, 최근에는 개인정보보호 문제가 중요하게 되면서 실무상 조세범칙 사건의 자료 중에 개인정보보호가 문제될 수 있는 것이 포함되어 있는 경우 검사가 과세관청에 대한 압수·수색영장을 발부받은 후 과세관청으로부터 해당 자료를 제출받는 방법으로 확보하기도 한다(지익상, 74쪽).
4) 대법원 2017. 1. 25. 선고 2016도13489 판결, 대법원 2017. 12. 5. 선고 2017도13458 판결, 대법원 2020. 2. 13. 선고 2019도14341, 2019전도130 판결 등. 이러한 객관적 관련성은 압수·수색영장에 기재된 혐의사실의 내용과 수사의 대상, 수사 경위 등을 종합하여 구체적·개별적 연관관계가 있는 경우에만 인정된다고 보아야 하고, 혐의사실과 단순히 동종 또는 유사 범행이라는 사유만으로 객관적 관련성이 있다고 할 것은 아니다.
5) 대법원 2017. 1. 25. 선고 2016도13489 판결, 대법원 2018. 10. 12. 선고 2018도6252 판결

(나) 피의자의 참여권 등

피의자와 변호인은 압수·수색영장의 집행에 참여할 수 있다(형소법 219조, 121조). 압수·수색영장을 집행할 때에는 미리 집행일시와 장소를 참여권자에게 통지하여야 한다. 다만, 참여권자가 참여하지 않는다는 의사를 명시한 때 또는 급속을 요하는 때에는 예외로 한다(형소법 219조, 122조).

압수·수색영장은 처분을 받는 자에게 반드시 제시하여야 하고, 처분을 받는 자가 피의자인 경우에는 그 사본을 교부하여야 한다(형소법 219조, 118조). 압수한 경우에는 목록을 작성하여 소유자, 소지자, 보관자 기타 이에 준하는 자에게 교부하여야 한다(형소법 219조, 129조 본문).[6]

(3) 전자정보(디지털 증거)의 압수·수색

(가) 업무환경의 변화와 디지털 증거의 중요성

과거에는 종이로 된 장부나 증빙 등이 조세포탈 사건의 주된 자료였다. 그러나 최근에는 기업의 회계나 세무신고 등 사무처리가 컴퓨터의 전사적 자원관리 시스템(ERP)을 중심으로 행해지고, 업무연락도 상당 부분 메신저나 메일 등을 통하여 이루어지면서, 조세포탈 사건의 증거에서 컴퓨터, 외장 하드드라이브, USB, 휴대전화, 메신저의 대화 내용 또는 이메일 등이 차지하는 비중이 갈수록 커져가고 있다. 이에 따라 위와 같은 전자정보(디지털 증거)의 압수·수색이 수사의 핵심으로 되었다.

(나) 압수·수색영장에 의한 압수

① 전자정보에 대한 압수·수색의 방법

압수의 목적물이 컴퓨터용디스크, 그 밖에 이와 비슷한 정보저장매체인 경우에는, 기억된 정보의 범위를 정하여 출력하거나 복제하여 압수하여야 한다. 다만, 범위를 정하여 출력 또는 복제하는 방법이 불가능하거나 압수의 목적을 달성하기에 현저히 곤란하다고 인정되는 때에는 정보저장매체등을 압수할 수 있다(형소법 219조, 106조 3항[7]).

수사기관의 전자정보에 대한 압수·수색은 ㉮ 원칙적으로 '영장 발부의 사유로 된 범죄혐의사실과 관련된 부분만을 문서 출력물로 수집하거나 수사기관이 휴대한 저장매체에 해

---

6) 대법원 2018. 2. 8. 선고 2017도13263 판결 : 압수물 목록은 피압수자 등이 압수처분에 대한 준항고를 하는 등 권리행사절차를 밟는 가장 기초적인 자료가 되므로, 수사기관은 이러한 권리행사에 지장이 없도록 압수 직후 현장에서 압수물 목록을 바로 작성하여 교부해야 하는 것이 원칙이다. 이러한 압수물 목록 교부 취지에 비추어 볼 때, 압수된 정보의 상세목록에는 정보의 파일 명세가 특정되어 있어야 하고, 수사기관은 이를 출력한 서면을 교부하거나 전자파일 형태로 복사해 주거나 이메일을 전송하는 등의 방식으로도 할 수 있다.

7) 형사소송법 제106조 제3항은 대법원 2015. 7. 16.자 2011모1839 전원합의체 결정의 원심이 심리되는 중인 2011. 7. 18. 신설되었다.

당 파일을 복제하는 방식(**현장 선별** 방식)'으로 이루어져야 하고, ⓝ '**저장매체** 자체를 직접 반출하거나 저장매체에 들어 있는 전자파일 전부를 하드카피나 이미징 등 형태('**복제본**') 로 수사기관 사무실 등 외부로 반출하는 방식'으로 압수 · 수색하는 것은, 현장의 사정이나 전자정보의 대량성으로 관련 정보 획득에 긴 시간이 소요되거나 전문 인력에 의한 기술적 조치가 필요한 경우 등 범위를 정하여 출력 또는 복제하는 방법이 불가능하거나 압수의 목 적을 달성하기에 현저히 곤란하다고 인정되는 때에 한하여 예외적으로 허용될 수 있을 뿐 이다.[8)9)]

② 저장매체 또는 복제본을 외부로 반출한 경우

㉮ **저장매체 또는 복제본에 있는 전자정보의 탐색 · 복제 · 출력 대상**

전자정보를 현장 선별 방식으로 압수 · 수색하는 것이 불가능하거나 곤란하여 저장매체 자체 또는 복제본을 외부로 반출한 경우, 그 저장매체 자체 또는 복제본을 탐색하여 혐의사 실과 관련된 전자정보를 문서로 출력하거나 파일로 복제하는 일련의 과정 역시 전체적으로 하나의 영장에 기한 압수 · 수색의 일환에 해당하므로, 그러한 경우의 문서출력 또는 파일 복제의 대상 역시 저장매체 소재지에서의 압수 · 수색과 마찬가지로 혐의사실과 관련된 부 분으로 한정되어야 한다. 따라서 저장매체 또는 복제본에서 혐의사실과 관련된 전자정보 이외에 이와 무관한 전자정보를 탐색 · 복제 · 출력하는 것은 위법한 압수 · 수색에 해당하 므로, 허용될 수 없다. 다만, 전자정보에 대한 압수 · 수색이 종료되기 전에 혐의사실과 관련 된 전자정보를 적법하게 탐색하는 과정에서 별도의 범죄혐의와 관련된 전자정보를 우연히 발견한 경우라면, 수사기관은 더 이상의 추가 탐색을 중단하고 법원에서 별도의 범죄혐의 에 대한 압수 · 수색영장을 발부받은 경우에 한하여 그러한 정보에 대하여도 적법하게 압수 · 수색을 할 수 있다.[10)]

---

8) 대법원 2015. 7. 16.자 2011모1839 전원합의체 결정
9) 대검찰청 예규인 「디지털 증거의 수집 · 분석 및 관리 규정」 제20조에 의하면, 정보저장매체 등에 기억된 전 자정보를 압수하는 경우 ① 해당 정보저장매체 등의 소재지에서 수색 또는 검증한 후 범죄사실과 관련된 전 자정보의 범위를 정하여 출력하거나 복제하는 방법('현장 선별 방식')으로 하고, ② 위 ①에 따른 압수 방법의 실행이 불가능하거나 그 방법으로는 압수의 목적을 달성하는 것이 현저히 곤란한 경우에는 압수 · 수색 또는 검증 현장에서 정보저장매체 등에 들어 있는 전자정보 전부를 복제하여 그 복제본을 정보저장매체등의 소재 지 외의 장소로 반출할 수 있으며, ③ 위 ①, ②에 따른 압수 방법의 실행이 불가능하거나 그 방법으로는 압수 의 목적을 달성하는 것이 현저히 곤란한 경우에는 피압수자 등이 참여한 상태에서 정보저장매체 등의 원본을 봉인하여 정보저장매체 등의 소재지 외의 장소로 반출할 수 있다고 정해져 있다. 경찰청 훈령인 「디지털 증거 의 처리 등에 관한 규칙」 제14조 내지 제16조도 위와 유사한 내용을 정한다.
10) 대법원 2015. 7. 16.자 2011모1839 전원합의체 결정

㉯ 무관정보의 삭제 · 폐기 · 반환

수사기관이 저장매체 자체 또는 복제본에서 혐의사실과 관련된 전자정보('유관정보')를 선별하여 압수한 후에도 혐의사실과 무관한 전자정보('무관정보')를 삭제 · 폐기 · 반환하지 않은 채 그대로 보관하고 있다면, 무관정보 부분에 대하여는 압수의 대상이 되는 전자정보의 범위를 넘어서는 전자정보를 영장 없이 압수 · 수색하여 취득한 것이어서 위법하고, 사후에 법원으로부터 압수 · 수색영장이 발부되었다거나 피고인이나 변호인이 이를 증거로 함에 동의하였다고 하여 그 위법성이 치유된다고 볼 수 없다.[11]

③ 피의자 등의 참여권

㉮ 현장 선별 방식

수사기관이 정보저장매체의 정보 중에서 범죄 혐의사실과 관련 있는 정보를 선별한 다음 정보저장매체와 동일하게 비트열 방식으로 복제하여 생성한 파일('이미지 파일')을 제출받아 압수하였다면, 이로써 압수의 목적물에 대한 압수 · 수색 절차는 종료된 것이므로, 수사기관이 수사기관 사무실에서 위와 같이 압수된 이미지 파일을 탐색 · 복제 · 출력하는 과정에서도 피의자 등에게 참여의 기회를 보장하여야 하는 것은 아니다.[12]

㉯ 저장매체 또는 복제본을 외부로 반출한 경우

전자정보의 저장매체 또는 복제본을 수사기관 사무실 등으로 옮겨 복제 · 탐색 · 출력하는 경우에도, 그러한 일련의 과정에서 형사소송법 제219조, 제121조에 규정된 피압수 · 수색 당사자나 변호인에게 참여의 기회를 보장하고 혐의사실과 무관한 전자정보의 임의적인 복제 등을 막기 위한 적절한 조치를 취하는 등 영장주의 원칙과 적법절차를 준수하여야 한다.[13]

(다) 임의제출물의 압수

범죄혐의사실과 관련된 전자정보와 그렇지 않은 전자정보가 혼재되어 있는 정보저장매체나 복제본을 수사기관에 임의제출하는 자는, 제출 및 압수의 대상이 되는 전자정보를 개별적으로 지정하거나 그 범위를 한정할 수 있다. 수사기관이 위와 같은 정보저장매체를 임의제출

---

11) 대법원 2022. 1. 14.자 2021모1586 결정, 대법원 2024. 4. 16. 선고 2020도3050 판결 : 사후에 법원으로부터 복제본을 대상으로 압수 · 수색영장을 발부받아 집행하였다고 하더라도, 이는 압수 · 수색절차가 종료됨에 따라 당연히 삭제 · 폐기되었어야 할 전자정보를 대상으로 한 것으로 위법하다.
12) 대법원 2018. 2. 8. 선고 2017도13263 판결
13) 대법원 2015. 7. 16.자 2011모1839 전원합의체 결정 : 만약 그러한 조치가 취해지지 않았다면, 피압수자 측이 참여하지 아니한다는 의사를 명시적으로 표시하였거나 절차 위반행위가 이루어진 과정의 성질과 내용 등에 비추어 피압수자 측에 절차 참여를 보장한 취지가 실질적으로 침해되었다고 볼 수 없을 정도에 해당한다는 등의 특별한 사정이 없는 이상, 압수 · 수색이 적법하다고 평가할 수 없고, 비록 수사기관이 저장매체 또는 복제본에서 혐의사실과 관련된 전자정보만을 복제 · 출력하였다 하더라도 달리 볼 것은 아니다.

의 방식으로 압수할 때, 제출자의 구체적인 제출 범위에 관한 의사를 제대로 확인하지 않는 등의 사유로 인해 임의제출자의 의사에 따른 전자정보 압수의 대상과 범위가 명확하지 않거나 이를 알 수 없는 경우에는, 임의제출에 따른 압수의 동기가 된 범죄혐의사실과 관련되고 이를 증명할 수 있는 최소한의 가치가 있는 전자정보에 한하여 압수의 대상이 된다.[14]

피의자가 소유·관리하는 정보저장매체를 피의자 아닌 피해자 등 제3자가 임의제출하는 경우에는, 임의제출의 동기가 된 범죄혐의사실과 구체적·개별적 연관관계가 있는 전자정보에 한하여 압수의 대상이 되는 것으로 더욱 제한적으로 해석하여야 한다.[15]

제2절
조세범죄의 공소제기

1. 고발전치주의

조세범칙행위에 대해서는 세무서장 등의 고발이 없으면 검사는 공소를 제기할 수 없다(법 21조). 따라서 조세범죄에 대하여는 국세청장 등의 고발이 있어야 검사가 기소할 수 있다. 세무서장 등의 고발이 있는 경우 그 효력은 고발장에 기재된 범죄사실과 동일성이 인정된 사실 전부에 미친다.[16]

특가법 제8조의 위반죄는 고발이 없어도 공소제기가 가능하지만(특가법 16조), 특가법 제8조의 죄로 공소제기한 후 심리과정에서 포탈세액이 5억 원 미만이어서 조세범처벌위반죄에 불과한 것으로 밝혀진 경우, 고발이 없으면 처벌할 수 없다.[17] 이러한 이유로 실무상 검사는 특가법 제8조의 위반죄를 인지수사한 경우에도 과세관청의 고발을 받아서 기소하는

---

14) 대법원 2021. 11. 18. 선고 2016도348 전원합의체 판결 : 이때 범죄혐의사실과 관련된 전자정보에는 범죄혐의사실 그 자체 또는 그와 기본적 사실관계가 동일한 범행과 직접 관련되어 있는 것은 물론 범행 동기와 경위, 범행 수단과 방법, 범행 시간과 장소 등을 증명하기 위한 간접증거나 정황증거 등으로 사용될 수 있는 것도 포함될 수 있다.

15) 대법원 2021. 11. 18. 선고 2016도348 전원합의체 판결 : 피해자 등 제3자가 피의자의 소유·관리에 속하는 정보저장매체를 영장에 의하지 않고 임의제출한 경우에는, 실질적 피압수자인 피의자가 수사기관으로 하여금 그 전자정보 전부를 무제한 탐색하는 데 동의한 것으로 보기 어려울 뿐만 아니라 피의자 스스로 임의제출한 경우 피의자의 참여권 등이 보장되어야 하는 것과 견주어 보더라도, 특별한 사정이 없는 한 형사소송법 제219조, 제121조, 제129조에 따라 피의자에게 참여권을 보장하고 압수한 전자정보 목록을 교부하는 등 피의자의 절차적 권리를 보장하기 위한 적절한 조치가 이루어져야 한다.

16) 본 편 제1장 제3절 3. 참조

17) 대법원 2008. 3. 27. 선고 2008도680 판결

것이 일반적이다.[18]

한편, **특가법 제8조의2**의 위반죄에 관하여는 특가법 제16조와 같은 특칙이 없으므로, 조세범처벌법 제21조에 따라 고발이 있어야 공소를 제기할 수 있다.[19]

2. 공소시효

(1) 공소시효의 기간

(가) 형사소송법

공소시효의 기간은 범죄의 법정형(法定刑)을 기준으로 정해진다(형소법 249조 1항).

범죄 후 **법률의 개정**에 의하여 법정형이 가벼워진 경우에는, 형법 제1조 제2항에 의하여 당해 범죄사실에 적용될 가벼운 법정형(신법의 법정형)이 공소시효기간의 기준으로 된다.[20] 따라서 관세법위반 행위가 그 행위 당시에는 특가법위반에 해당하였으나, 이후 특가법의 개정에 따라 특가법의 적용대상에서 제외되어 관세법에 따라 처벌받게 된 경우, 그 공소시효는 관세법의 법정형에 따라 정해진다.[21]

(나) 조세범죄의 공소시효기간

① 조세범처벌법 제3조부터 제14조까지의 죄, 특가법 제8조 및 제8조의2

조세범처벌법 제3조부터 제14조까지에 규정된 범칙행위의 공소시효의 기간은 7년이다(법 22조 본문).[22]

특가법 제8조 제1항 제1호 위반죄의 행위자에 대한 공소시효 기간은 15년이고, 같은 항 제2호 위반죄의 행위자에 대한 공소시효 기간은 10년이다(형소법 249조 1항 2호, 3호). 위 경우 행위자의 업무주인 법인에 대한 공소시효 기간은 10년이다(법 22조 단서).[23]

특가법 제8조의2 위반죄의 행위자에 대한 공소시효 기간은 10년이다(형소법 249조 1항 3호). 위 경우의 업무주인 법인의 공소시효 기간은 조세범처벌법 제22조 단서의 적용대상이 아니므로, 같은 조 본문에 따라 7년이 된다.[24]

---

18) 김종근, 69쪽 ; 지익상, 23쪽
19) 대법원 2014. 9. 24. 선고 2013도5758 판결
20) 대법원 1987. 12. 22. 선고 87도84 판결, 대법원 2008. 12. 11. 선고 2008도4376 판결
21) 대법원 2008. 12. 11. 선고 2008도4376 판결
22) 조세범처벌법 제3조의 조세포탈죄의 법정형은 최고 3년 이하의 징역 등이므로, 형사소송법의 일반적 기준에 따르면 그 공소시효는 5년이 된다(형소법 249조 1항 5호). 그러나 조세포탈죄는 통상 그 기수시기인 신고 · 납부기한이 경과한지 상당한 기간이 지난 후 세무조사 등에 의하여 드러나는 경우가 많으므로, 처벌의 실효성을 보장하기 위하여 공소시효를 더 길게 정한 것이다. 안대희 등, 209쪽
23) 공소시효에 관한 조세범처벌법의 개정 경위 및 찬반론에 관하여는 김태희, 123~125쪽

② 조세범처벌법 제15조와 제16조의 죄

조세범처벌법 제15조와 제16조의 죄에 관하여는 위 법 제22조에 언급이 없으므로, 위 죄들의 공소시효기간은 형사소송법에 따라 정해진다. 이에 의하면, 조세범처벌법 제15조의 죄의 공소시효 기간은 7년이고, 같은 법 제16조의 죄의 공소시효 기간은 5년이다(형소법 249조 1항 4호, 5호).[25]

(2) 공소시효의 기산일

공소시효는 범죄행위의 종료 시부터 진행한다(형사소송법 252조 1항). 여기서 '범죄행위의 종료 시'는, 즉시범(상태범)의 경우 구성요건에 해당하는 결과가 발생한 때를 의미한다.[26] 조세포탈죄의 공소시효는 기수에 이른 날부터 진행한다.[27]

포괄일죄의 공소시효는 최종의 범죄행위가 종료한 때부터 진행한다.[28] 따라서 포괄일죄인 특가법 제8조의2 위반죄의 공소시효는 최종적으로 무거래 세금계산서의 수수 등을 한 날부터 진행한다.

(3) 공소시효의 정지

(가) 공소시효 정지사유

① 공범에 대한 기소

공범에 대하여 공소가 제기된 경우, 공소시효의 진행이 정지되고, 공소기각 또는 관할위반의 재판이 확정된 때부터 진행한다(형소법 253조 1항). 공범에 대한 공소제기로 인한 공소시효의 정지는 다른 공범자에 대하여 효력이 미치고, 해당 사건의 재판이 확정된 때부터 진행한다(형소법 263조 2항).

양벌규정의 행위자와 영업주인 납세의무자는 공범 관계에 있지 않으므로, 어느 1인이 기소된 경우 그에 따른 공소시효 정지의 효력은 다른 자에게 효력이 미치지 않는다.[29] 또한, 대향범 관계에 있는 자들에 대하여는 형법총칙의 공범 규정이 적용되지 않으므로, 그 중 1인이 기소되더라도 다른 1인에 대한 공소시효는 정지되지 않는다.[30]

---

24) 지익상, 28쪽
25) 김종근, 70쪽 ; 지익상, 27쪽
26) 대법원 1997. 11. 28. 선고 97도1740 판결(성수대교붕괴 사건), 대법원 2003. 9. 26. 선고 2002도3924 판결
27) 대법원 2006. 10. 13. 선고 2006오2 판결, 대법원 2019. 10. 17. 선고 2018도16652 판결
28) 대법원 2002. 10. 11. 선고 2002도2939 판결, 대법원 2012. 9. 13. 선고 2010도17418 판결
29) 대법원 2025. 5. 1. 선고 2024도15290 판결
30) 대법원 2015. 2. 12. 선고 2012도4842 판결

② 형사처분을 면할 목적의 국외 체류

범인이 형사처분을 면할 목적[31]으로 국외에 있는 경우, 그 기간 동안 공소시효는 정지된다(형소법 253조 3항). 여기서 '범인이 형사처분을 면할 목적으로 국외에 있는 경우'는 '범인이 국내에서 범죄를 저지르고 형사처분을 면할 목적으로 국외로 도피한 경우'에 한정되지 않고, '범인이 국외에서 범죄를 저지르고 형사처분을 면할 목적으로 국외에서 체류를 계속하는 경우'도 포함한다.[32]

③ 통고처분

조세범칙행위에 대한 통고처분이 있는 경우, 통고일부터 고발일까지의 기간 동안 공소시효는 정지된다(조세범처벌절차법 16조). 과거에는 통고처분이 있는 경우 공소시효의 진행이 중단되는 것으로 규정되었으나, 2023년 법 개정에 따라 현재와 같이 공소시효 정지의 효력만이 있는 것으로 변경되었다.

(나) 공소시효 정지사유의 소멸

공소시효 정지사유가 소멸한 경우 나머지 공소시효기간이 진행한다.

(4) 공소시효 완성의 여부 및 효과

(가) 공소장변경과 공소시효의 완성 여부

공소장변경이 있는 경우 공소시효의 완성 여부는 당초의 공소제기 시점을 기준으로 판단하여야 하고 공소장변경 시를 기준으로 삼을 것이 아니다.[33]

---

31) '형사처분을 면할 목적'은, 국외 체류의 유일한 목적으로 되는 것에 한정되지 않고, 범인이 가지는 여러 국외 체류 목적 중에 포함되어 있으면 충분하다. 범인이 국외에 있는 것이 형사처분을 면하기 위한 방편이었다면 '형사처분을 면할 목적'이 있었다고 볼 수 있고, '형사처분을 면할 목적'과 양립할 수 없는 범인의 주관적 의사가 명백히 드러나는 객관적 사정이 존재하지 않는 한 국외 체류기간 동안 '형사처분을 면할 목적'은 계속 유지된다고 볼 것이다. 대법원 2005. 12. 9. 선고 2005도7527 판결, 대법원 2012. 7. 26. 선고 2011도8462 판결, 대법원 2015. 6. 24. 선고 2015도5916 판결
32) 대법원 2015. 6. 24. 선고 2015도5916 판결 ; 대법원 2024. 7. 31. 선고 2024도8683 판결은, 피고인이 해외금융계좌정보의 신고의무자로서 신고기한 내에 50억 원을 초과하는 해외금융계좌정보를 관할 세무서장에 신고하지 않음으로써 국조법을 위반하였고, 그로 인한 범죄의 공소시효 기산일인 2017. 7. 1.부터 5년의 공소시효 완성을 얼마 남겨두지 않은 2022. 4. 22. 홍콩으로 출국하여 그곳에서 체류하던 중 2022. 6. 7. 위 국조법 위반행위에 대한 20억 원의 과태료 부과 사전통지를 받음으로써 위 국조법 위반행위가 문제된다는 사실을 인식하였음에도, 곧바로 귀국하지 않고 공소시효기간이 도과한 2022. 7. 28. 귀국한 사건에서, 피고인이 2022. 6. 7.부터 피고인이 입국한 전날인 2022. 7. 27.까지 형사처분을 면할 목적으로 국외에 체류하였으므로, 위 기간 동안 공소시효가 정지되었다고 보아야 한다고 판단하였다.
33) 대법원 1982. 5. 25. 선고 82도535 판결, 대법원 2002. 10. 11. 선고 2002도2939 판결 ; 본 편 제3장 제1절 2.4. (3) 참조

(나) 공소시효 완성의 효과

공소시효가 완성된 경우 검사는 불기소처분(공소권 없음)을 하여야 하고, 공소가 제기된 후 공소시효의 완성이 밝혀진 경우 법원은 면소판결을 하여야 한다(형사소송법 326조 3호).

3. 공소장의 기재

3.1. 공소사실의 특정

(1) 일반적 기준

공소장에는 피고인·죄명·공소사실 및 적용법조를 기재하여야 한다(형소법 254조 3항).

(가) 공소사실의 기재

공소사실의 기재는 범죄의 시일, 장소와 방법을 명시하여 사실을 특정할 수 있도록 하여야 한다(형소법 254조 4항). 위 규정의 취지는, 법원의 심판대상을 한정하고 피고인의 방어 범위를 특정하여 그 방어권 행사를 쉽게 해주기 위한 것이므로, 검사는 '범죄의 일시·장소 및 방법'의 세 가지 요소를 종합하여 다른 사실과의 특정이 가능하도록 범죄 구성요건에 해당하는 구체적 사실을 기재하여야 한다.[34] 공소사실의 특정을 필요 이상 엄격하게 요구하는 것은 공소의 제기와 유지에 장애를 초래할 수 있으므로, 범죄의 일시는 이중기소나 공소시효에 저촉되지 않을 정도로, 장소는 토지관할을 가늠할 수 있을 정도로, 방법은 범죄 구성요건을 밝히는 정도로 기재하면 족하다.[35] 위 특정을 위한 요소 중 일부가 다소 불명확하게 적시되어 있더라도, 그와 함께 기재된 다른 사항에 의하여 공소사실을 특정할 수 있으면 공소제기의 효력에 영향이 없지만, 그 경우에도 피고인의 합리적인 방어권 행사에 지장을 초래해서는 안 된다.[36] 공소장에 범죄의 일시, 장소 등이 구체적으로 적시되지 않았더라도, 구성요건 해당 사실을 다른 사실과 식별할 수 있는 정도에 반하지 않고, 공소범죄의 성격에 비추어 그 개괄적 표시가 부득이하며, 피고인의 방어권 행사에 지장이 없다고 보이는 경우에는, 공소 내용이 특정되지 않았다고 볼 수 없다.[37] 공소사실이 특정되지 않은 공소제기는 무효이므로, 공소기각 판결의 사유에 해당한다(형소법 327조 2호).[38]

---

34) 대법원 2000. 10. 27. 선고 2000도3082 판결, 대법원 2006. 6. 15. 선고 2005도3777 판결(유사석유제품 제조), 대법원 2006. 9. 8. 선고 2006도388 판결(노동조합의 운영에 대한 개입), 대법원 2016. 5. 26. 선고 2015도 17674 판결(특허권 침해)
35) 대법원 1998. 5. 29. 선고 97도1126 판결
36) 대법원 2005. 6. 24. 선고 2005도1014 판결
37) 대법원 1994. 12. 9. 선고 94도1680 판결, 대법원 2002. 10. 11. 선고 2002도2939 판결
38) 공소사실이 특정되지 않은 경우 법원은 검사에게 석명을 구하여 특정을 요구하여야 하고, 그럼에도 검사가

(나) 죄명과 적용법조의 기재

공소장의 죄명과 적용법조는 공소의 범위를 확정하는 데 보조기능을 한다.[39]

(2) 조세범죄의 경우

(가) 조세포탈

① 기간과세되는 세목

㉮ 개개의 소득 및 은닉행위

2010년 개정되기 전의 구 조세범처벌법 하에서, 대법원은, 법인세·종합소득세·부가가치세와 같은 기간과세에서 조세포탈죄의 공소사실은 일정한 기간의 과세표준과 세액에 관하여 그 납기에 과소신고·납부하여 포탈하였다는 것이고, 과세기간 내의 물품거래 등 개별적 행위 그 자체가 공소사실은 아니므로, 과세기간 동안의 물품거래에 관한 개별적 거래일시, 장소 및 가액은 공소사실에 명시할 필요가 없다고 보았다.[40]

그러나 2010년 개정된 구 조세범처벌법 제3조 제6항 제1호 내지 제7호가 정면으로 소득은닉행위를 부정행위의 유형으로 규정함에 따라 위와 같은 종래의 판례를 계속 유지하기는 어렵게 되었다. 현행 조세범처벌법 하에서 소득은닉행위는 소득의 허위과소신고·허위불신고와 함께 실행행위를 구성하지만, 법인세 등 기간과세의 경우 한 과세기간에 많은 수의 소득 및 그 은닉행위가 일어나고, 그 일시·장소 및 방법을 일일이 개별적으로 특정하여 기재하는 것은 공소의 제기와 유지에 장애를 초래할 수 있으므로, 주요한 행위태양을 유형별로 개략적으로 기재히는 정도로 족하다고 보아야 할 것이다.[41]

이를 특정하지 않는다면 그 부분의 공소를 기각할 수밖에 없다(대법원 2016. 12. 15. 선고 2015도3682 판결).

39) 대법원 2018. 7. 24. 선고 2018도3443 판결 ; 이재상·조균석·이창온, 323쪽

40) ① 대법원 1983. 2. 22. 선고 81도2460 판결(부가가치세 포탈의 공소사실의 특정을 위하여 개별적 물품매출거래의 일시, 장소 및 가액을 명시할 필요가 없다), ② 대법원 2010. 9. 9. 선고 2008도11254 판결(피고인이 납품받은 가액을 허위로 조작하는 방법으로 비용을 과대계상하여 종합소득세를 포탈하였다는 점으로 기소된 사건에서 공소사실에 납품업체 및 시기별 과다계상된 매입금액의 액수 등이 구체적으로 기재되어 있지 않더라도 공소사실이 특정되어 있다고 보아야 한다고 판단한 사례)

41) 대법원 2011. 11. 24. 선고 2009도7166 판결은, 피고인에 대한 공소사실의 요지가, '피고인이 이른바 폭탄업체, 과세도관업체, 바닥업체 등의 운영자와 공모하여 금지금 폭탄영업의 방법으로 부가가치세를 포탈하였다'는 것인 사건에서, 피고인의 금지금 거래와 관련한 거래기간, 거래수량, 폭탄업체별 포탈세액, 폭탄업체, 과세도관업체, 바닥업체의 명칭 및 바닥업체의 운영자가 특정되어 있으므로, 비록 수입업체, 영세·면세도관업체에 관한 내용, 폭탄업체 및 과세도관업체의 운영자 이름, 공모의 일시·장소 등이 구체적으로 기재되어 있지 않았다고 하더라도 이로 인하여 법원의 심판대상이 불분명해진다거나 피고인의 방어권 행사에 지장이 초래된다고 보기 어렵고, 따라서 공소사실이 불특정된 것으로 볼 수는 없다고 판단하였다.

㉯ 개개 수익 · 비용의 계정항목 등

포탈소득의 기초로 되는 수익 · 비용의 구체적 유형은 피고인의 방어권 행사에 필요하므로, 원칙적으로 공소사실에 기재되어야 할 것이다.[42] 이는, 법원이 공소의 기초로 된 계정과목과 다른 계정과목에 기한 포탈소득을 인정하기 위해서는 공소장변경이 필요하다고 보아야 하는 점[43]을 고려하더라도, 그러하다. 익금 또는 수입금액의 누락은 매출누락과 그 외의 것으로 유형별로 구분되어야 하고, 가공비용도 그 유형에 따라 구분되어 기재되어야 한다.[44] 이와 같이 공소장에 포탈소득과 관련된 수익 · 비용의 유형을 기재하면 족하고, 개개의 수익 · 비용을 일일이 기재할 필요는 없을 것이다.

부가가치세 포탈에서, 해당 과세기간에 사업자에게 과세대상인 공급과 면세 · 비과세되는 공급이 모두 있고, 전자 또는 후자만이 조세포탈과 관련된 경우에는, 해당 부분이 구분되어 특정되어야 할 것이다.[45]

㉰ 포탈세액

포탈세액이 공소사실의 특정에서 포탈소득의 구체적 내역에 대한 기재를 완화하는 것을 보완하는 기능을 하는 점,[46] 포탈세액이 조세포탈죄의 벌금형을 정하고 특가법 제8조에 의한 가중처벌 여부를 결정하는 기준인 점을 고려하면, 포탈세액은 원칙적으로 공소사실에 특정되어야 하고, 범위를 설정하여 표시하거나 개략적인 액수('약 ~원')를 표시하는 것은 허용되지 않는다.[47]

㉱ 기수시기

조세포탈의 기수시기는 공소시효의 기산일과 관련되므로,[48] 공소사실에 명확히 기재되

---

42) 이와 달리 안대희 등, 1079쪽은, 개개의 계정과목은 주요사실이 아니고 주요사실이 되는 소득금액을 뒷받침하는 입증항목에 불과하여 단순히 공격방어의 대상으로 취급되더라도 충분하므로 공소사실에 계정과목의 내용을 명시할 필요가 없다고 본다. 그러나 조세포탈의 기초가 되는 계정과목은 조세포탈의 '방법'에 해당하는 중대한 쟁점에 해당할 수 있고, 피고인의 방어권 행사에 큰 영향을 미치므로 적어도 유형별로 개략적으로라도 공소사실에 기재되어야 할 것이다.

43) 안대희 등, 1,079쪽

44) 가령 가공비용은 허위의 매입에 기한 가공매출원가, 가공채무에 대한 이자, 가공인건비 등으로 구분되어야 한다.

45) 안대희 등, 297쪽

46) 기간과세의 포탈에 대한 공소사실에서 해당 과세기간에 행해진 개개 소득 은닉행위의 일시 · 장소 및 방법을 개략적으로만 기재하도록 허용하는 상황에서, 포탈세액까지 개략적으로 기재할 수 있게 할 경우, 심판의 대상이 불분명해지고 피고인의 방어에 상당한 지장을 초래할 우려가 있다.

47) 안대희 등, 295, 1078쪽 ; 대법원은 배임죄의 경우 재산상 손해액이 확정될 필요가 없다고 보지만(대법원 1983. 12. 27. 선고 83도2602 판결), 이는 재산상의 손해가 현실적으로 발생한 손해뿐만 아니라 재산상 실해 발생의 위험도 포함하는 점(대법원 2009. 10. 29. 선고 2009도7783 판결)을 고려한 것으로 보이므로, 위 83도2602 판결을 조세포탈죄에 대하여 적용하기는 어려울 것이다.

48) 대법원 2006. 10. 13. 선고 2006오2 판결, 대법원 2019. 10. 17. 선고 2018도16652 판결

어야 한다. 따라서 기소된 조세포탈의 기수시기가 조세범처벌법 제3조 제5항 등에 따라 언제인지를 명확히 밝혀야 한다.[49]

② 기간과세되는 세목이 아닌 경우

기간과세되는 세목이 아닌 조세, 가령 증여세의 경우, 원칙적으로 그 과세요건사실의 일시, 장소 및 방법이 구체적으로 기재되어야 한다.

(나) 세금계산서 등 관련 범죄

① 조세범처벌법 위반죄

무거래 세금계산서 수수죄(법 10조 3항 1호)는 각 세금계산서마다 하나의 죄가 성립하므로, 세금계산서마다 그 공급가액이 공소장에 기재되어야 개개의 범죄사실이 구체적으로 특정되었다고 볼 수 있고, 세금계산서의 총 매수와 그 공급가액의 합계액이 기재되었다고 하여 공소사실이 특정되었다고 볼 수는 없다.[50]

거짓 매출·매입처별 세금계산서합계표 제출죄(법 10조 1항 3호, 2항 3호)의 경우에는 그 거짓으로 기재된 매출·매입처별 공급가액 및 그 거짓의 개략적 원인을 공소장에 기재하면 족하고, 그 금액을 구성하는 개개의 세금계산서 금액을 특정할 필요는 없을 것이다.

② 특가법 제8조의2 위반죄 등

포괄일죄의 경우 그 죄를 구성하는 개개의 행위를 구체적으로 특정하지 않더라도, 전체 범행의 시기와 종기, 범행방법, 범행횟수 또는 피해액의 합계 및 피해자나 상대방을 명시하면 이로써 그 공소사실은 특정된다.[51] 이에 따라 대법원은, 수 개의 세금계산서 관련 범행이 포괄일죄를 구성하는 경우, 공소장에 전체 범행의 시기와 종기, 상대방 및 공급가액의 총합계액을 명시하면 족하고, 개개 세금계산서의 수수행위를 특정하지 않아도 된다는 취지로 판단하였다.[52]

그러나 수 개의 무거래 세금계산서 수수행위 등이 포괄하여 조세범처벌법 제10조 제3항

---

49) 조세포탈죄의 기수시기에 관하여는 제2편 제1장 제5절 4. 참조
50) 대법원 2000. 11. 24. 선고 2000도3945 판결, 대법원 2006. 10. 26. 선고 2006도5147 판결, 대법원 2007. 6. 29. 선고 2007도2076 판결
51) 대법원 1982. 6. 22. 선고 81도2459 판결, 대법원 1997. 5. 30. 선고 97도414 판결
52) 대법원 1982. 6. 22. 선고 81도2459 판결 : "피고인 4 주식회사에 대한 공소사실의 요지는, 같은 피고인이 1978. 6. 9.부터 그해 12. 31.까지 사이에 폴리프로피렌 화이바 102,520키로그람을 공소외 풍창면업 등 제련업소에 대금 48,399,215원에 판매하고 또 1979. 1. 1.부터 그해 12. 31까지 사이에 같은 물품 241,382키로그람을 위 공소외인들에게 대금 148,273,327원에 판매하고도 그에 대한 부가가치세법상의 세금계산서를 작성교부하지 아니하고 위 물품을 피고인 5 주식회사에 판매한 것처럼 세금계산서에 허위의 기재를 하여 이를 위 회사에 교부하였다는 것인바, 위와 같은 공소사실기재에 의하면 피고인 4 주식회사에 대한 범죄사실은 특정되었다고 볼 수 있으므로 원심이 이를 유효한 공소제기로 취급하여 1978. 6. 9.부터 1979. 12. 31.까지의 행위를 통틀어 포괄일죄로 판단한 조치는 정당하고…"

위반 또는 특가법 제8조의2 위반의 일죄를 구성하는 경우, 개개의 무거래 세금계산서 수수행위 등을 특정하는 것이 그리 어렵지 않고, 피고인의 방어권 행사에 필요한 점[53]을 고려하면, 원칙적으로 개개의 무거래 세금계산서 수수행위 등의 일시·공급가액 및 상대방이 특정되어야 할 것이다.[54]

3.2. 예비적 또는 택일적 기재

(1) 일반원칙

검사는 공소장에 수 개의 범죄사실과 적용법조를 예비적 또는 택일적으로 기재할 수 있다(형사소송법 254조 5항). 대법원은, 수 개의 범죄사실 상호간에 범죄의 일시·장소·수단 및 객체가 달라서 범죄사실의 동일성이 인정되지 않는 경우에도 이를 예비적 또는 택일적으로 기재할 수 있다고 판단하였다.[55] 공소장변경에 의하여 예비적·택일적 공소사실을 기재하는 것은 기존 공소사실과 동일성이 인정되는 범위에서만 허용된다(형소법 298조 1항).[56]

공소사실을 예비적·선택적으로 기재한 경우에, 법원이 주위적 공소사실 또는 선택적 공소사실 중 일부를 유죄로 인정하는 때에는, 예비적 또는 나머지 선택적 공소사실에 대하여 판단할 필요가 없다.[57] 법원은 주위적 공소사실에 대한 판단 없이 예비적 공소사실을 판단할 수 없고,[58] 주위적 공소사실을 무죄로 판단하는 경우에는 예비적 공소사실에 대하여도

---

53) 대법원 2017. 12. 5. 선고 2017도11564 판결은, 특가법 제8조의2 위반죄의 경우 다수의 세금계산서 관련 범죄사실이 포괄일죄의 관계에 있더라도, 법원은 피고인이 무죄를 주장하는 개개의 행위별로 그 변소 내용과 관련 증거를 제대로 살펴서 공소사실 범죄행위별로 유죄가 인정되는지 여부를 신중하게 판단하여야 한다고 판시하였다. 이는 특가법 제8조의2 위반죄를 구성하는 다수의 세금계산서 관련 범죄사실이 공소사실에 특정되는 것을 전제로 한다.

54) 실무상으로도 검사는 특가법 제8조의2 위반죄를 구성하는 개개의 무거래 세금계산서 수수행위 등의 일시, 금액 및 상대방 등을 특정하여 별지로 공소장에 첨부하는 것이 일반적이다.

55) 대법원 1966. 3. 24. 65도114 전원합의체 판결: "이렇게 본다 하여도 공소장에 수개의 범죄사실을 특정하여 기재하고 있느니만큼 피고인의 방어권행사에 경합범으로 기소된 경우에 비하여 더 지장이나 불이익을 준다고 볼 수 없을 것일 뿐만 아니라 위와 같은 택일적 또는 예비적 기소는 검사의 기소편의주의의 입장에서도 법률상 용인될 것": 판례에 반대하는 견해는, 공소사실의 동일성이 인정되지 않는 수개의 범죄사실의 예비적·택일적 기재를 허용하는 것은 불확정적인 조건부 공소제기를 인정하는 것이 되고, 동일성이 인정되지 않는 수개의 범죄사실은 경합범으로 기소하여야 한다는 점을 근거로 든다. 이재상·조균석·이창온, 형사소송법, 325쪽

56) 이 점에서 대법원 1966. 3. 24. 65도114 전원합의체 판결에 따르면, 공소사실의 예비적·택일적 기재는 공소장변경 제도와 정합성을 갖지 못하게 된다. 다만, 실무상 처음 기소하는 단계에서 공소사실의 예비적·택일적 기재를 하는 경우는 드물고, 공소사실의 예비적·택일적 기재는 공판절차의 진행 과정에서 당초의 공소사실이 유죄로 인정되기 어려울 때, 특히 1심에서 무죄로 판단된 경우에 항소심에서 주로 이루어진다. 따라서 위 대법원 판결이 적용되는 경우는 많지 않다.

57) 이 경우 검사는 예비적 또는 나머지 선택적 공소사실에 대한 법원의 판단이 없음을 이유로 상소할 수 없다.

판단하여야 한다. 법원이 택일적 공소사실 중 일부를 무죄로 판단하는 경우, 나머지에 대하여도 판단하여야 한다. 적용법조의 예비적·택일적 기재도 위와 같은 방법으로 처리된다.

(2) 조세범죄의 경우

(가) 예비적 기재

예비적 공소사실 또는 적용법조가 기재된 사례는 다음과 같다.

① 비상장법인 차명주식의 증여(㉮), 비상장법인 신주인수자금의 제공(㉯) 및 비상장법인과 상장법인의 합병에 따른 우회상장(㉰)이 행해진 사안에서, 당초 위 ㉮, ㉯, ㉰에 관한 증여세의 포탈을 특가법위반(조세)죄의 포괄일죄로 기소하였다가, 항소심에서 위 ㉮의 증여세 포탈 및 ㉰의 의제증여세 포탈로 인한 각 특가법위반(조세)죄의 경합범으로 하는 공소사실 및 적용법조의 예비적 기재를 추가한 사건[59]

② 홍콩의 페이퍼컴퍼니 명의로 얻은 주식의 양도소득 및 배당과 관련하여 ㉮ 위 소득이 피고인에게 귀속됨을 전제로, 피고인이 그에 대한 양도소득세 등을 포탈하였음을 주위적 공소사실로, ㉯ 내국법인이 위 소득의 실질적 귀속자임에도 내국법인의 대표이사인 피고인이 그 법인세를 포탈하였음을 제1예비적 공소사실로, ㉰ 위 소득이 페이퍼컴퍼니에게 귀속함을 전제로, 그 소득이 구 국조법 제17조의 배당간주세제에 따라 주주인 내국법인에게 배당된 것으로 간주됨에도 피고인이 그 법인세를 포탈하였음을 제2예비적 공소사실로 기소한 사건[60]

(나) 택일적 기재

택일적 공소사실의 예로는, 피고인이 A 또는 B로부터 국민주택채권 2,770장을 증여받고 이를 은폐하는 부정행위를 함으로써 증여세를 포탈하였다는 점으로, 즉 동일한 목적물에 관하여 'A로부터 받은 증여'에 대한 증여세의 포탈과 'B로부터 받은 증여'에 대한 증여세의 포탈을 택일적 공소사실로 하여 기소된 사안[61]이 있다.

---

58) 대법원 1976. 5. 26. 선고 76도1126 판결
59) 서울고등법원 2010. 8. 6. 선고 2010노565 판결(대법원 2011. 6. 30. 선고 2010도10968 판결의 원심판결) : 피고인은 2003. 9.경 차명으로 보유하던 비상장법인인 A 회사의 주식을, 그 차명주주들이 피고인의 자녀들에게 매매하는 것처럼 가장하여 증여하고, 2003. 12. 26. 피고인의 자금으로 자녀들로 하여금 A 회사의 유상증자에 따른 신주를 인수하게 한 후, 2006. 7.경 A 회사를 코스닥 상장법인인 B에 흡수합병되게 함으로써 우회상장을 통하여 자녀들이 B의 상장주식을 취득하게 하였다. 검사는 당초 '피고인의 ㉠ 2003년 9월경 차명주식 증여와 ㉡ 2003. 12. 26. 유상증자에 따른 증여세 포탈의 점 및 ㉢ 2006년 7월 합병을 통한 우회상장에 따른 의제증여세 포탈의 점'을 모두 특가법위반(조세)죄의 포괄일죄로 기소하였다가, 항소심에서 예비적으로 '피고인의 ㉠ 2003년 9월경 차명주식 증여에 따른 증여세 포탈로 인한 특가법위반(조세)죄와 ㉡ 2006년 7월경 합병을 통한 우회상장에 따른 의제증여세 포탈로 인한 특가법위반(조세)죄'를 경합범으로 기소하여 적용법조를 추가하였다.
60) 대법원 2020. 12. 30. 선고 2018도14753 판결. 제2편 제1장 제4절 3.3.5. (8) 참조

4. 공소의 취소 및 재기소

공소는 제1심 판결의 선고 전까지 취소할 수 있다(형사소송법 255조 1항). 공소의 취소는 서면으로 하여야 하지만, 공판정에서는 구술로 할 수 있다(형사소송법 255조 2항). 공소가 취소된 경우, 법원은 공소기각 결정을 하여야 한다(형사소송법 328조 1항 1호).

공소취소에 따라 공소기각 결정이 확정된 경우, 공소취소 후 그 범죄사실에 대한 다른 중요한 증거를 발견한 경우[62]에 한하여 다시 공소를 제기할 수 있다(형사소송법 329조).[63] 형사소송법 제329조에 의한 재기소의 제한은 범죄사실의 내용을 추가 변경하여 재기소하는 경우에도 마찬가지로 적용된다.[64] 형사소송법 제329조를 위반하여 공소가 제기된 경우, 법원은 공소기각 판결을 하여야 한다(형사소송법 327조 4호).

공소사실을 그와 동일성이 인정되는 한도에서 변경한 경우 공소의 일부 취소가 있는 것으로 보아 그 부분에 관한 공소기각 결정을 할 것은 아니고, 위와 같이 변경된 공소사실이 최초 공소제기 당시의 공소사실로 다시 변경된 경우에도 공소가 취소된 공소사실에 대하여

---

61) 대법원 2006. 12. 22. 선고 2004도7232 판결 : ① 1심은 위 공소사실 중 ㉮ 피고인이 A로부터 국민주택채권 1,013장을 증여받았음을 전제로 한 부분을 유죄로 인정하고, ㉯ 나머지 국민주택채권 1,757장에 관하여는 피고인이 A 또는 B로부터 증여받았다고 볼 증거가 없다는 이유로 무죄로 판단하였다. ② 2심은 위 나머지 1,757장(㉯)에 관하여 피고인이 B로부터 증여받았다고 보아 그 부분 공소사실도 유죄로 인정하였다. ③ 대법원은 다음과 같이 판단하였다. 검사가 수 개의 가분적인 증여대상물에 대하여 증여자를 택일적으로 기재하여 증여세 포탈죄로 공소제기한 경우, ㉮ 법원은, ㉠ 특정 증여대상물에 대하여 택일적으로 기재된 증여자 중 한쪽을 증여자로 인정하여 유죄로 판단하는 경우에는 다른 쪽이 증여자에 해당하는지에 관하여 따로 심판할 필요가 없지만, ㉡ 특정 증여대상물에 대하여 택일적으로 기재된 증여자 중 어느 쪽도 증여자로 인정되지 않는다고 보아 무죄로 판단하는 경우에는 택일적으로 기재된 증여자 모두에 관하여 증여자로 인정할 수 없는 이유를 밝혀야 하고, ㉯ 검사는 ㉠ 특정 증여대상물에 대하여 택일적으로 기재된 증여자 중 한쪽을 증여자로 인정하여 유죄로 판단한 부분에 관하여 다른 쪽을 증여자로 인정하지 않았다는 이유로 불복할 수는 없지만, ㉡ 특정 증여대상물에 대하여 택일적으로 기재된 증여자 중 어느 쪽도 증여자로 인정되지 않는다는 이유로 무죄로 판단한 부분에 관하여는 택일적으로 기재된 증여자 중 적어도 어느 한 쪽은 증여자에 해당한다는 취지로 불복할 수 있다. 나아가 대법원은 ㉰ 원심이 피고인이 B로부터 국민주택채권을 증여받았다고 인정한 부분은 위법하다고 판단하였다.

62) '다른 중요한 증거를 발견한 경우'는 공소취소 전의 증거만으로는 증거 불충분으로 무죄가 선고될 가능성이 있으나 새로 발견된 증거를 추가하면 충분히 유죄의 확신을 가지게 될 정도의 증거가 있는 경우를 말하고 (대법원 1977. 12. 27. 선고 77도1308 판결), 공소취소 전에 충분히 수집 또는 조사하여 제출할 수 있었던 증거들은 새로 발견된 증거에 해당한다고 보기 어렵다(대법원 2024. 8. 29. 선고 2020도16827 판결).

63) 대법원 2009. 8. 20. 선고 2008도9634 판결은, 검사가 '피고인이 2006년 1기 매출처별 세금계산서합계표에 기재된 12개의 거래처 중 A, B 등 2개 거래처에 재화 또는 용역을 공급한 사실이 없음에도 재화나 용역을 공급한 것처럼 허위기재한 매출처별 세금계산서합계표를 정부에 제출한 사실'로 공소를 제기하였다가 취소한 후, 위 매출처별 세금계산서합계표에 기재된 내용 중 위 'B' 부분을 포함한 나머지 11개 매출처에 대한 부분이 허위 기재되었다는 사실에 관한 증거가 새로 발견되자, 위 매출처별 세금계산서합계표 부분에 관하여 새로 발견된 증거에 기하여 피고인에 대하여 위 'B' 부분을 포함한 11개 매출처의 매출액에 관한 사항을 허위기재한 매출처별 세금계산서합계표를 정부에 제출한 사실로 다시 공소를 제기한 사건에서, 위 공소의 제기는 적법하다고 판단하였다.

64) 대법원 2009. 8. 20. 선고 2008도9634 판결

다시 공소가 제기된 것이 아니므로, 이에 대하여 공소기각 판결을 선고할 수도 없다.[65] 포괄일죄로 기소된 공소사실 중 일부가 공소장변경의 방식으로 철회된 경우 형사소송법 제329조에 의한 재기소의 제한이 적용되지 않는다.[66]

5. 불기소처분

5.1. 검사의 소추재량

조세범칙사건의 혐의가 인정되는 경우에도, 해당 피의자를 기소할 것인지 여부 또는 어떤 방식의 재판(약식명령 또는 공판절차)을 청구할 것인지는 원칙적으로 검사의 재량에 속한다(형소법 247조, 448조). 다만, 검사가 소추재량권을 현저하게 일탈한 경우에는 공소권남용으로서 공소기각 판결의 사유(형소법 327조 2호)에 해당한다.[67]

조세범칙사건의 실무상, ① 종범의 불법성 및 비난가능성이 정범에 비하여 더 큰 경우에는, 종범만을 기소하고 정범에 대하여는 통고처분으로 종결하거나 불기소처분하는 경우도 있다. 그 예로는, ㉮ 자료상이 여러 사업체에 발급하여 판매한 세금계산서를 이용한 법인세 또는 소득세의 포탈에 관하여 공범인 자료상만을 기소하는 경우, ㉯ 종교단체 관련자가 다수인에게 허위의 기부금 납입증명서를 발급해주어 허위로 소득공제를 받게 한 것과 관련하여, 소득세 포탈의 종범인 종교단체 관련자만을 종범으로 기소하는 경우를 들 수 있다.[68] 위 경우들은 공소권남용에 해당하는 소추재량권의 일탈로 보기 어려울 것이다.[69]

또한, 실무상 ② 포탈된 법인세가 전액 납부된 경우 그 행위자인 대표자만 기소하고 법인에 대하여는 기소유예로 처리하는 경우도 있다.

5.2. 불기소처분과 과세처분취소소송

과세처분과 관련된 혐의사실에 대하여 검사가 불기소처분(혐의없음)을 하는 경우 그 과세처분에 대한 행정소송에 어떤 영향을 미치는지 문제된다. 행정재판에서 법원은 검사의 무혐의불기소처분 사실에 구속되지 않고 증거에 의한 자유심증으로 그와 반대되는 사실을

---

65) 대법원 2003. 10. 9. 선고 2002도4372 판결
66) 대법원 2004. 9. 23. 선고 2004도3203 판결
67) 대법원 2001. 9. 7. 선고 2001도3026 판결, 대법원 2021. 10. 14. 선고 2016도14772 판결
68) 안대희 등, 460쪽
69) 대법원 1997. 9. 26. 선고 97도1876 판결은, 정범을 기소하지 않고 종범만을 기소하였다고 하여 형평성에 위반된 것으로 볼 수 없다고 판단하였다.

인정할 수 있다.[70] 검사의 무혐의결정에 대하여 확정된 형사판결[71]과 동일한 증거가치를 부여할 수는 없으므로, 법원이 검사의 무혐의결정 이유와 배치되게 사실인정을 하였다고 하여 채증법칙에 위반된다고 볼 수 없다.[72]

법원이 검사의 불기소처분과 다르게 판단한 사례로는 ① 검사가 피고인의 행위가 양도소득세의 포탈에 해당하지 않는다고 보아 불기소처분을 하였으나, 과세관청이 부정행위에 해당한다고 보아 부당가산세를 부과한 사건,[73] ② 원고가 거래처로부터 소득을 해외계좌로 수령하여 조세를 포탈하였다는 혐의로 고발된 것에 대하여 검사가 불기소처분을 하였으나, 법원이 이를 부정행위로 보아 소득세 부과처분에 대하여 10년의 부과제척기간을 적용한 사건,[74] ③ 검사가 토지의 취득·양도 주체가 명의인임을 전제로 세금계산서 관련 혐의에 대하여 불기소처분을 하였으나, 법원이 토지의 취득·양도 주체를 명의인이 아닌 실매수자로 볼 여지가 있다고 판단한 사건,[75] ④ 검사가 무거래 세금계산서의 수수 혐의에 대하여 불기소처분을 하였으나, 법원이 해당 세금계산서가 실물거래 없이 발행된 것으로서 그 매입세액이 불공제되어야 한다고 판단한 사건[76] 등이 있다.

---

70) 대법원 1987. 10. 26. 선고 87누493 판결
71) 동일한 사실관계에 관하여 확정된 형사판결은 행정사건의 유력한 증거자료가 되므로, 다른 증거들에 비추어 형사판결의 사실판단을 채용하기 어렵다고 인정되는 특별한 사정이 없는 한 그와 반대되는 사실을 인정할 수 없다(대법원 1997. 9. 30. 선고 97다24276 판결).
72) 대법원 1995. 12. 26. 선고 95다21884 판결
73) 대법원 2017. 10. 26. 선고 2017두42255 판결 : 원고가 부동산을 임대하여 임차인들이 이를 사업장으로 이용하고 주택으로 사용하지 않은 사실을 알고 있음에도, 위 부동산을 양도하면서 매매계약서의 제목을 '단독주택 매매계약서'로 기재한 후, 세액의 절감효과가 있는 주택의 양도로 양도소득세를 신고·납부하였는데, 그로 인한 양도소득세 포탈 혐의에 대하여 검사가 '혐의없음'의 불기소처분을 하였으나, 과세관청이 부정행위에 해당함을 이유로 부당과소신고가산세를 부과한 사건에서, 대법원은, 위 부당과소신고가산세의 부과처분이 적법하다고 판단하였다.
74) 서울고등법원 2021. 6. 24. 선고 2020누42677 판결, 대법원 2021. 11. 11.자 2021두46957 판결(심리불속행)
75) 대법원 2025. 3. 27. 선고 2023두37865 판결은, 부동산 매매업, 분양대행업 등을 목적으로 하는 원고 법인은, 개인인 A 등으로 하여금 원고가 조달한 자금으로 농지를 매수하게 한 후 A 등과 사이에 위 농지에 관하여 분양대행계약을 체결하고, 위 농지를 분할하여 제3자들에게 매각하였고, A 등은 분양대금의 약 65%에 이르는 금액을 분양대행수수료로 원고에게 지급하고, 그 중 약 6%만을 매도차익으로 취득하였는데, 세무서장은 위 농지의 실매수자인 원고가 위 농지를 A 등이 취득한 것같은 외관을 만든 것으로 보아 원고와 그 대표자를 특가법위반(허위세금계산서 교부) 등으로 고발하였으나, 검사는 원고 및 그 대표자에게 불기소처분(혐의없음)을 한 사건에서, 원고가 위 농지를 취득하여 양도한 것으로 재구성할 여지가 크다고 판단하였다.
76) 인천지방법원 2022. 8. 26. 선고 2020구합56111 판결, 서울고등법원 2023. 7. 20. 선고 2022누59556 판결, 대법원 2023. 12. 7.자 2023두50271 판결(심리불속행)

제3장 조세범죄의 재판

심판의 대상과 공소장변경

1. 심판의 대상

1.1. 법원의 심판대상 및 불고불리의 원칙

법원의 심판대상은 공소장에 기재된 공소사실이고, 불고불리의 원칙상 법원은 공소장에 기재되지 않은 공소사실을 유죄로 인정할 수 없다.[1]

공소장에 기재된 공소사실은 현실적 심판대상이고, 공소사실과 동일성이 인정되는 사실은 공소장변경에 의하여 현실적 심판대상으로 될 수 있다는 점에서 잠재적 심판대상에 해당한다.[2]

1.2. 법원이 공소장과 달리 판단할 수 있는 경우

(1) 원칙

법원은, 피고인의 방어권 행사에 실질적 불이익을 초래할 염려가 없는 경우에 한하여, 공

---

1) 대법원 2016. 2. 18. 선고 2014도3411 판결 : "검사는, 위 어드레스 커미션 및 리베이트가 A홀딩과 B의 소득이라면 이는 A홀딩과 B의 배당가능 유보소득에 해당하고 국제조세 조정에 관한 법률 제17조에 따라 시도홀딩 등의 100% 주주인 피고인 권혁에게 배당간주소득으로서 납세의무가 성립한다는 취지로 주장한다. 그러나 이 사건에서 검사는 피고인 1이 어드레스 커미션 등을 직접 수수함으로써 소득세법에 따라 부담하는 납세의무에 관하여만 조세포탈죄로 기소하였을 뿐이므로, 공소장변경이 없이는 위 어드레스 커미션 등이 A홀딩 등에 귀속됨으로써 국조법에 따라 피고인 1에게 배당간주되어 발생하는 납세의무에 관한 조세포탈죄로 처벌할 수 없다."
2) 이재상 · 조균석 · 이창온, 356쪽

소장에 기재된 공소사실과 다른 범죄사실을 인정할 수 있다.[3] 피고인의 방어권 행사에 실질적 불이익을 초래할 염려가 있는 경우에는, 법원이 공소장의 공소사실과 다른 범죄사실을 인정하는 것이 허용되지 않는다.[4]

(2) 구성요건이 동일한 경우

공소사실과 동일한 구성요건에 속하는 범죄사실을 인정하면서 공소사실의 일시 등을 다르게 인정하는 것은, 피고인의 방어권 행사에 실질적 불이익의 염려가 없으면 허용된다.[5]

검사가 공소사실의 기초로 삼지 않은 누락소득에 대한 조세포탈을 법원이 인정하는 것은, 그것이 심리과정에서 쟁점으로 다투어지지 않았다면, 기소된 포탈세액의 범위 내이더라도, 피고인의 방어권 행사에 실질적 불이익을 초래할 염려가 있으므로, 허용되지 않는다고 보아야 할 것이다.[6] 그러나 검사가 공소를 제기한 후 심리과정에서 공소사실의 기초로 삼은 소득항목을 변경하였고, 그에 관하여 심리가 이루어졌다면, 법원은 공소장변경 없이도 그 변경된 소득항목에 기하여 포탈세액을 인정할 수 있다.[7]

---

3) 대법원 1999. 4. 15. 선고 96도1922 전원합의체 판결(강제추행치상 → 강제추행)
4) 대법원 1999. 4. 9. 선고 98도667 판결("피고인이 1993. 12.부터 1995. 12.까지의 사이에 매월 금 5,000만 원씩 합계 금 12억 5,000만 원의 금품을 수수하였다." → "1993. 10.경 금 50억 원이 예금된 피고인의 가명 계좌를 실명전환받는 금융상의 편의제공과 그 금원을 보관·관리하게 하면서 1993. 12.부터 1995. 12.까지 매월 금 5,000만 원의 이자를 지급받는 금융상의 편의제공을 받아 그 각 이익을 수수하였다."), 대법원 2015. 11. 12. 선고 2015도12372 판결
5) 대법원 1992. 12. 22. 선고 92도2596 판결, 대법원 1994. 9. 9. 선고 94도998 판결
6) 안대희 등, 1,083쪽도 같은 취지로 보인다.
7) 대법원 2018. 10. 25. 선고 2017도6913 판결
　① 피고인 5 회사의 대표이사인 피고인 1이 피고인 5 회사의 공장에서 생산된 섬유제품을 무자료로 거래처에 판매하고, 그 대금을 현금으로 지급받아 개인적 용도 등에 사용하는 한편, 법인세 및 부가가치세 신고 시 위 매출액을 누락시킨 사건에서, 검사는 '피고인 1이 피고인 5 회사의 섬유제품을 횡령하였고, 피고인 5 회사의 섬유제품을 대리점에 세금계산서의 발행 없이 무자료로 판매하여 매출을 누락하는 등으로 법인세 및 부가가치세를 포탈하였다'는 점 등으로 기소하였다.
　② 원심은 '피고인 1이 섬유제품을 횡령하였음'을 전제로 섬유제품의 시가 상당액을 피고인 5 회사의 익금으로 산정하여 법인세의 포탈을 인정하였다. 그러나 대법원은, 횡령행위의 객체를 무자료로 거래한 섬유제품이 아니라 그 판매대금이라고 판단하여, 이와 달리 본 원심을 파기·환송하였다(대법원 2016. 8. 30. 선고 2013도658 판결).
　② 환송 후 원심에서 검사는 공소사실 중 횡령 부분에 관하여는 횡령행위의 객체를 '섬유제품의 판매대금'으로 변경하였으나, 조세포탈 부분에 관하여는 공소장변경을 하지 않았고, 원심은 공소장변경 없이 섬유제품 판매대금의 횡령액을 기준으로 조세포탈 세액을 산정하였다. 대법원은, 환송 후 원심에서 섬유제품 판매대금 횡령액에 관한 피고인들의 주장과 그에 따른 심리가 이루어진 이상, 피고인들의 방어권 행사에 실질적인 불이익을 초래할 염려가 없었다고 보이므로, 원심의 위와 같은 조치는 정당하다고 판단하였다.

(3) 구성요건이 다른 경우

(가) 축소사실의 인정

① 축소사실의 인정가능성

법원은, 공소사실의 동일성이 인정되는 범위 내에서 공소가 제기된 범죄사실에 포함된 더 가벼운 범죄사실이 인정되는 경우, 심리의 경과에 비추어 피고인의 방어권 행사에 실질적 불이익을 초래할 염려가 없다고 인정되는 때에는, 직권으로 공소장에 기재된 공소사실과 다른 범죄사실을 인정할 수 있다.[8)9)]

따라서 특가법 제8조의 위반죄로 기소된 경우 법원이 공소장변경 없이 조세범처벌법 제3조의 위반죄로 인정하거나, 특가법 제8조의2 위반죄로 기소된 경우에 조세범처벌법 제10조 제3항의 위반죄로 인정하는 것은, 일반적으로 가능하다.

② 축소사실의 인정의무 여부

법원이 공소가 제기된 범죄사실에 포함된 가벼운 범죄사실을 인정할 수 있는 경우에 ㉮ '공소가 제기된 범죄사실과 비교할 때 실제로 인정되는 범죄사실이 중대하여 공소장이 변경되지 않았다는 이유로 이를 처벌하지 않는다면 현저히 정의와 형평에 반하는 경우'에는, 직권으로 그 다른 범죄사실을 인정하여야 한다.[10)]

검사가 특가법 제8조 위반죄로 공소를 제기하였는데, 법원이 심리한 결과 포탈세액이 특가법 제8조의 기준금액에 미달하고 조세범처벌법 위반죄만이 성립할 수 있는 경우에, 위 공소가 조세범치벌법 위반죄의 공소시효기간이 지난 후에 제기되었다면, 법원은 면소판결을 하여야 한다(형사소송법 326조 3호).[11)]

한편, 법원이 공소가 제기된 범죄사실에 포함된 가벼운 범죄사실을 인정할 수 있더라도 위 ㉮의 경우에 해당하지 않는 때에는 직권으로 그 범죄사실을 인정하지 않았다고 하여 위

---

8) 대법원 1996. 5. 10. 선고 96도755 판결, 대법원 2008. 5. 29. 선고 2007도7260 판결, 대법원 2014. 3. 27. 선고 2013도13567 판결

9) 미국 연방형사절차규칙(Federal Rules of Criminal Procedure)도 배심원이 기소된 죄에 포함된 가벼운 죄 (lesser-included offense)를 유죄로 판단할 수 있다고 규정한다[제31조(c)]. 이에 관하여는 제2편 제1장 제1절 3.1. (1) 참조.

10) 대법원 1999. 11. 9. 선고 99도3674 판결, 대법원 2003. 5. 13. 선고 2003도1366 판결, 대법원 2006. 4. 13. 선고 2005도9268 판결

11) 대법원 1998. 5. 8. 선고 97도2429 판결 : 이는 공소사실인 가중적 구성요건이 무죄이고, 법원이 그 공소사실에 포함된 기본적 구성요건(축소사실)에 대하여 심판의무를 지는 경우에, 그 기본적 구성요건에 관하여 공소기각 또는 면소의 사유가 있는 때에는, 주문에서 공소기각 또는 면소를 선고하여야 한다는 판례와 궤를 같이한다(대법원 1990. 3. 13. 선고 89도2360 판결, 대법원 1994. 11. 11. 선고 94도2349 판결, 대법원 1996. 2. 23. 선고 95도1642 판결, 대법원 2011. 7. 28. 선고 2009도9122 판결). 위 경우 판결 주문의 표시방법에 관하여는 이주원, 형사소송법 제5판, 박영사, 2023, 629~630쪽.

법한 것이라고 볼 수 없다.[12)]

대법원은, 검사가 추정계산한 포탈세액을 토대로 조세포탈로 기소한 것에 대하여, 원심이 검사의 추정계산방법이 합리성과 객관성을 갖지 못한다는 이유로 무죄로 인정한 사건에서, 원심이 직권으로 포탈세액을 추정계산하여 공소사실에 포함된 일부 범죄사실을 유죄로 인정하지 않았다고 하여 이를 현저히 정의와 형평에 반하는 것이라고 할 만한 사정이 없다고 판단하였다.[13)]

(나) 정범 또는 공범을 달리 판단하는 경우

단독범으로 기소된 피고인을 법원이 다른 사람과 공모하여 범행을 한 것으로 인정하는 것은, 피고인에게 불의의 타격을 주어 그 방어권의 행사에 실질적 불이익을 줄 우려가 없는 경우에는, 공소장변경을 요하지 않는다.[14)]

피고인이 공동정범으로 기소되었는데, 심리과정에서 방조범으로 인정될 수 있는지에 대하여 전혀 언급되거나 공방이 이루어진 바 없고, 공소장변경과 관련된 논의가 없었던 경우, 법원이 공소장변경 없이 피고인을 방조범으로 인정하는 것은 허용되지 않는다.[15)]

(4) 적용법조를 달리 판단하는 경우

공소장에 적용법조를 기재하는 이유는 공소사실의 법률적 평가를 명확히 하여 공소의 범위를 확정하는 데 보조기능을 하도록 하고, 피고인의 방어권을 보장하고자 함에 있을 뿐이고, 법률의 해석 및 적용 문제는 법원의 전권이므로, 법원은 원칙적으로 검사의 공소장 기재 적용법조에 구속되지 않는다.[16)]

따라서 공소장의 적용법조에 오기·누락이 있거나, 적용법조에 해당하는 구성요건이 충

---

12) 대법원 1993. 12. 28. 선고 93도3058 판결, 대법원 1996. 2. 23. 선고 94도1684 판결, 대법원 1997. 2. 14. 선고 96도2234 판결, 대법원 2001. 12. 11. 선고 2001도4013 판결
13) 대법원 2007. 8. 23. 선고 2006도5041 판결
14) 대법원 1991. 5. 28. 선고 90도1977 판결
15) 대법원 2011. 11. 24. 선고 2009도7166 판결 : "이 사건 기록에 의하면, 피고인은 폭탄업체를 정범으로 한 조세포탈범행의 공동정범으로 공소가 제기되어 제1심에서는 공소사실대로 공동정범으로 인정된 사실, 이에 대하여 피고인이 공동가공의 의사 및 실행행위의 분담 등을 다투며 항소하여 항소심에서 위 쟁점들을 중심으로 공방이 이루어진 사실, 반면 제1심 및 항소심 심리과정에서 피고인이 공동정범이 아닌 방조범으로서 유죄라고 인정될 수 있는지에 대해서는 전혀 언급되거나 공방이 이루어진 바가 없고, 공소장변경과 관련된 논의도 없었던 사실, 그럼에도 원심은 피고인이 조세포탈의 공동정범으로 인정되지는 않지만 그 방조범으로는 인정이 된다고 하여 공소장변경 없이 조세포탈범행의 방조범으로 유죄의 판결을 선고한 사실을 알 수 있다. 위와 같은 이 사건 심리의 경과에 관한 사실관계를 앞서 본 공동정범과 방조범의 차이에 따른 방어권 행사의 본질적·기능적 차이점과 공소장변경에 관한 법리에 비추어 보면, 법원이 위와 같이 최종판결에서 갑자기 직권으로 방조범의 성립을 인정하게 되면 피고인의 방어권행사에 실질적 불이익을 초래할 우려가 있다고 하지 않을 수 없다."
16) 대법원 2018. 7. 24. 선고 2018도3443 판결

족되지 않는 경우, 법원은 피고인의 방어에 실질적인 불이익을 주지 않는 한도에서 공소장 변경절차를 거침이 없이 직권으로 공소장 기재와 다른 법조를 적용할 수 있다.[17)]

대법원은, 공소외 2 회사의 대표이사인 피고인 1과 회계담당자인 피고인 2가 공소외 1 회사와 실물거래를 하고 위 회사로부터 공급가액을 부풀려 허위 기재를 한 세금계산서를 교부받은 것에 대하여 '조세범처벌법 제11조의2 제4항 제1호(현행법 10조 3항 1호)'를 적용법조로 하여 기소된 사건에서, 위 공소사실의 내용은 구 조세범처벌법[18)] 또는 개정 조세범처벌법[19)] 제11조의2 제2항의 위반에 해당하고, 같은 조 제2항을 적용하는 것이 피고인들의 방어에 실질적인 불이익을 준다고 할 수 없으므로, 위 공소사실을 같은 조 제2항에 의하여 유죄로 인정할 수 있다고 판단하였다.[20)]

다만, 어느 범죄사실이 일반법과 특별법에 모두 해당하는 경우에 검사가 형이 더 가벼운 일반법의 범죄로 기소하였다면, 법원은 형이 더 무거운 특별법을 적용하여 특별법위반의 죄로 처단할 수 없다.[21)] 따라서 조세포탈에 의한 조세범처벌법 제3조의 위반죄로 기소된 경우에 법원이 포탈세액이 5억 원 이상이라는 이유로 특가법 제8조를 적용할 수는 없다. 세금계산서와 관련하여 조세범처벌법 제10조의 위반죄로 기소된 경우에도 공소장변경 없이 특가법 제8조의2를 적용하는 것은 인정되지 않는다.

법률의 개정을 전·후하여 형의 경중의 차이가 없고 경과규정도 없는 경우, 검사가 개정 후 신법의 적용을 구하였더라도 법원은 행위시법인 구법을 적용할 수 있다.[22)]

(5) 죄수를 달리 판단하는 경우

법원이 공소장에 기재된 공소사실의 죄수에 대한 법적 평가만을 달리하여 판단히는 것은 원칙적으로 공소장변경 없이도 가능하다.[23)]

---

17) ① 대법원 2001. 2. 23. 선고 2000도6113 판결(공소장의 적용법조에 형법 제260조 제1항이 누락된 사건), ② 대법원 2006. 4. 14. 선고 2005도9743 판결(특가법 5조의3 1항 2호, 형법 268조 → 특가법 5조의3 1항 1호, 형법 268조 : "공소장의 적용법조의 오기나 누락으로 잘못 기재된 적용법조에 규정된 법정형보다 법원이 그 공소장의 적용법조의 오기나 누락을 바로잡아 직권으로 적용한 법조에 규정된 법정형이 더 무겁다는 이유만으로 그 법령적용이 불고불리의 원칙에 위배되어 위법하다고 할 수 없다."), ③ 대법원 2006. 4. 28. 선고 2005도4085 판결(형법 347조 1항→ 형법 347조 2항, 1항)
18) 2004. 12. 31. 개정되기 전의 것을 말한다.
19) 2010. 1. 1. 개정되기 전의 것을 말한다.
20) 대법원 2012. 11. 15. 선고 2010도11382 판결
21) 대법원 2007. 12. 27. 선고 2007도47479 판결[형법 332조·329조·330조(상습절도죄) → 특가법 5조의4 1항, 형법 329조·330조 : (×)], 대법원 2008. 3. 14. 선고 2007도10601 판결[형법 130조(제3자뇌물공여) → 특가법 2조 1항, 형법 130조 : (×)]]
22) ① 대법원 2002. 4. 12. 선고 2000도3350 판결, ② 서울고등법원 2007. 5. 23. 선고 2006노1181, 2006노2407(병합), 2007초기138 판결 : 공소장의 적용법조로 2005. 12. 29. 개정된 구 특가법 제8조 제1항이 기재되었으나, 공소장변경 없이 행위시법인 위 개정 전의 구 특가법 제8조 제1항을 적용한 사안[대법원 2007. 10. 11. 선고 2007도4697 판결(상고기각)]

2. 공소장변경

2.1. 공소장변경의 의의

공소장변경은, 검사가 법원의 허가를 얻어 공소장에 기재된 공소사실 또는 적용법조를 추가·철회 또는 변경하는 것을 말한다(형사소송법 298조 1항). 공소장변경은, 법원의 심판대상에 변경을 가져오는 점에서, 공소장에 기재된 일시나 피고인의 성명 등에 관한 명백한 오기를 고치는 공소장의 정정[24])과 구별된다. 또한, 공소장변경은 공소사실의 동일성이 유지되는 한도에서만 허용되는 점에서, 공소사실의 추가는 추가기소와, 공소사실의 철회는 공소의 취소[25])와 각각 구별된다.

공소장변경 제도는, 공소장에 기재된 공소사실과 동일성이 인정되는 사실을 법원의 심판대상으로 함으로써 적정한 형벌권의 발동을 가능하게 하는 한편, 피고인의 방어권을 보장하는 기능을 한다.[26]

2.2. 공소장변경의 허용범위

(1) 일반적 기준

공소장변경은 **공소사실의 동일성**이 인정되는 범위에서만 허용된다(형사소송법 298조 1항). 공소사실의 동일성은 그 사실의 기초가 되는 사회적 사실관계가 기본적인 점에서 동일하면 그대로 유지되고, 기본적 사실관계의 동일성을 판단함에 있어서는 그 사실의 동일성이 갖는 기능을 염두에 두고 피고인의 행위와 그 사회적인 사실관계를 기본으로 하되 규범적 요소도 아울러 고려하여야 한다.[27]

조세포탈의 경우, 공소장변경의 기준인 공소사실의 동일성은, 원칙적으로 과세단위를 기준으로 하되, 여러 과세단위를 합산한 별도의 구성요건(특가법 8조)이 문제되는 경우에는 그 구성요건에 포함되는 전체 과세단위를 기준으로 하여야 할 것이다.

---

23) 대법원 1980. 12. 9. 선고 80도2236 판결(실체적 경합범 → 상상적 경합범), 대법원 1987. 7. 21. 선고 87도546 판결(실체적 경합범 → 포괄일죄), 대법원 2005. 10. 28. 선고 2005도5996 판결(포괄일죄 → 실체적 경합범)
24) 대법원 1984. 9. 25. 선고 84도1610 판결, 대법원 1997. 11. 28. 선고 97도2215 판결
25) 공소장에 기재된 수개의 공소사실이 경합범의 관계에 있어서 동일성이 인정되지 않는 경우, 그 중 일부를 철회하는 것은 공소장변경의 방식이 아니라 공소취소의 절차에 따라야 한다(대법원 1982. 3. 23. 선고 81도 3073 판결, 대법원 1992. 4. 24. 선고 91도1438 판결).
26) 이재상·조균석·이창온, 357쪽
27) 대법원 1994. 3. 22. 선고 93도2080 전원합의체 판결, 대법원 1999. 5. 14. 선고 98도1438 판결

(2) 구체적 검토

(가) 기간과세되는 세목

① 공소장변경 전·후의 과세기간이 동일한 경우

기간과세되는 세목(소득세, 법인세 또는 부가가치세)의 포탈의 경우, 기존 공소사실과 변경하려는 공소사실이 동일한 과세기간에 대한 것인 경우에는, 공소사실의 동일성이 인정되므로, 공소장변경이 허용된다. 따라서 ㉮ 법인세 포탈로 기소된 경우에 기존 공소사실과 동일한 사업연도에 대한 법인세의 포탈을 추가하는 것은 가능하다.[28] ㉯ 부가가치세 포탈로 기소된 경우에 기존 공소사실과 동일한 과세기간의 범위 내에서 포탈기간이나 포탈액수를 추가 또는 변경하는 것은 인정된다.[29]

② 공소장변경 전·후의 과세기간이 다른 경우

기존 공소사실과 변경하고자 하는 공소사실이 과세기간을 달리하는 경우에는 원칙적으로 공소사실의 동일성이 인정되지 않는다.[30] 다만, 공소장변경의 전·후에 걸쳐 소득의 발생원인인 사실은 동일하고 그 귀속시기에 관한 세법적 평가만을 달리하는 경우에는 공소사실의 동일성이 인정된다고 볼 여지가 있다.

(나) 세목을 달리하는 경우

기존 공소사실과 변경하고자 하는 공소사실이 포탈대상 세목을 달리하는 경우에는, 원칙적으로 공소사실의 동일성이 인정되기 어려우므로, 공소장변경이 허용되지 않는다.

① 대법원은, 피고인이 회사의 대표이사로서 점포를 타인에게 임대한 것처럼 위장하여 부가가치세를 포탈하였다는 점으로 기소되었는데, 원심이 피고인이 위 회사로부터 타인의

---

28) 대법원 2005. 1. 14. 선고 2002도5411 판결 : ① 피고인 회사의 대표이사인 피고인 1은 피고인 회사가 이전부터 보유하고 있던 차명주식을 1997년 장부에 계상하면서 마치 이를 그 해에 새로 매수하는 것처럼 회계처리하는 한편, 현금을 인출하여 비자금 관리계좌에 입금함으로써 해당 자산을 법인의 회계장부에서 유출시켰으나 이후 법인의 자산으로 계속 보유·관리하였다. ② 검사는, 피고인 1 등이 위 현금의 장부 유출 및 가공경비의 계상 등에 의하여 피고인 회사의 1997 내지 1999 사업연도 법인세를 포탈하였다는 혐의로 기소하였다. 1심은, 위 현금의 장부 유출은 피고인 회사의 1997 사업연도의 소득에 영향을 미치지 않으므로, 해당 사업연도 법인세의 포탈에 해당하지 않는다고 판단하였다. ③ 이에 검사는 항소한 후 원심에서 '피고인 1과 피고인 회사가 1998년 차명주식의 매도 시 처분손실을 과다계상하여 1990년도 법인세를 포탈하였다'는 내용을 예비적 공소사실로 추가하는 공소장변경 신청을 하였고, 원심은 이를 허가하고 위 부분을 유죄로 인정하였다(여기서 '처분손실의 과다계상'은 실제의 취득가액에 따른 매출원가와 차명주주로부터 매입하는 가액에 따른 매출원가의 차이를 말하는 것으로 보이고, 피고인 회사는 차명주식을 1998년에 매도하였으나, 그 대금의 정산이 1999년에 이루어져서 해당 처분손실이 1999 사업연도에 귀속된 것으로 보인다). ④ 대법원은, 검사가 피고인 1을 피고인 회사의 1999 법인세의 포탈죄로 기소한 이상 공소장변경을 통하여 그 범행의 태양, 포탈액수 등을 예비적으로 변경하는 것은 허용되어야 하므로, 위 공소장변경은 적법하다고 판단하였다.

29) 대법원 2009. 7. 23. 선고 2009도3282 판결

30) 안대희 등, 1,082쪽

이름을 빌려 점포를 임차하여 직접 경영하여온 사실을 인정하고 공소사실에 대하여 무죄를 선고한 사건에서, 공소장변경이 없는 위 사건에서 피고인이 직접 경영함으로 인한 판매수 입금을 과소신고한 점에 대하여 범죄성립 여부를 심리·판단하지 않았다 하여 심리미진의 위법이 있다고 할 수 없다고 판단하였다.[31] 위 판결은 마치 피고인의 소득세 포탈로 공소장 변경을 하는 것이 가능한듯한 설시를 하고 있으나, 법인이 납세의무자임을 전제로 피고인 을 그 행위자로 기소한 사안에서 피고인의 소득세 포탈로 공소장변경을 하는 것은 허용되 지 않는다고 보아야 한다.[32]

② 대법원은, 피고인 甲 주식회사의 실질적 운영자이자 개인사업자인 피고인 乙이 甲 회 사의 법인세 신고를 하면서 사기 기타 부정한 행위로써 법인세를 포탈하였다는 내용으로 기소된 사안에서, 피고인들에 대한 법인세 포탈의 공소사실에 피고인 乙에 대한 종합소득 세 포탈의 예비적 공소사실을 추가하는 검사의 공소장변경허가신청을 불허한 원심의 조치 가 정당하다고 판단하였다.[33]

다만, 기존 공소사실과 상상적 경합관계(가령, 본세의 포탈과 부가세의 포탈)에 있는 조 세범칙행위를 추가하는 것은 허용된다.[34]

(다) 특가법 위반죄와 조세범처벌법 위반죄

① 특가법 제8조 위반죄와 조세포탈죄

특가법 제8조 위반죄는 '연간'을 기준으로 1죄가 성립하므로, 특가법 제8조 위반죄로 기 소된 경우에 해당 '연간'에 포함되는 한 기존 공소사실과 다른 세목의 조세 포탈을 추가하 는 것도 가능하다.[35] 특가법 제8조 위반죄로 기소되었는데 심리도중 포탈세액이 5억 원 미 만으로 밝혀진 경우 단순조세포탈죄로 변경하는 것도 인정된다.

1개의 세목에 대한 단순조세포탈로 기소된 경우에 동일한 '연간'에 속하는 다른 세목의 포탈액을 합쳐서 특가법 제8조 위반으로 공소장변경을 하는 것도 허용된다.[36]

---

31) 대법원 1983. 6. 14. 선고 82도2711 판결
32) 안대희 등, 303쪽
33) 대법원 2015. 6. 11. 선고 2013도9330 판결 : 위 판결의 원심은 당초에 기소된 법인세포탈죄와 검사가 예비적 으로 추가한 종합소득세포탈죄는 ① 과세대상, ② 납세의무자, ③ 과세대상소득, ④ 세율, ⑤ 최저한세, ⑥ 과세표준계산, ⑦ 기장의무 ⑧ 기수시기 ⑨ 포탈세액 등 주요한 부분에서 그 공소사실의 기본적 동일성이 인정되지 않고, 피고인의 방어권행사에 실질적인 불이익을 초래하며, 심급의 이익을 박탈한다는 이유 등으 로 위 공소장변경을 불허하였다. ; 이에 대한 비판적 평석으로 이기영, "하나의 소득원천에 대한 조세포탈죄 사이의 공소장변경 허가에 대한 연구", 서울법학 제30권 제4호, 서울시립대학교 법학연구소, 2023, 264쪽 이 하가 있다. 그러나 공소장변경의 허용기준이 되는 공소사실의 동일성은 사회적 사실관계를 기본으로 하되 규범적 요소도 고려하여야 하므로(대법원 1994. 3. 22. 선고 93도2080 전원합의체 판결), 당초 기소된 포탈의 대상인 세목과 전혀 다른 세목으로 공소장을 변경하는 것은 허용하기 어려울 것이다.
34) 안대희 등, 1,082쪽
35) 안대희 등, 1,082쪽

② 특가법 제8조의2 위반죄와 세금계산서 관련 범죄

포괄일죄에서는 공소장변경을 통한 종전 공소사실의 철회 및 새로운 공소사실의 추가가 가능하므로, 공소장변경의 허가 여부를 결정할 때, 포괄일죄를 구성하는 개개 공소사실별로 종전 것과의 동일성 여부를 따지기보다는, 변경된 공소사실이 전체적으로 포괄일죄의 범주 내에 있는지 여부, 즉 단일하고 계속된 범의하에 동종의 범행을 반복하여 행하고 그 피해법익도 동일한 경우에 해당한다고 볼 수 있는지 여부에 초점을 맞추어야 한다.[37]

검사가 당초 피고인의 거짓 매입처별세금계산서합계표 제출 행위에 대하여 특가법 제8조의2를 적용하여 기소하였는데,[38] 그 중 전자세금계산서 발급명세 전송분에 대한 부분이 대법원에서 무죄로 판단되자,[39] 환송 후 원심에서 그 무죄 부분에 해당하는 매입처별세금계산서합계표의 원인이 된 각 허위의 전자세금계산서 수취의 점을 추가하고 기존의 공소사실을 철회하는 공소장변경신청을 하였으나, 원심이 이를 불허한 사건에서, 대법원은, 검사가 공소장변경을 신청한 공소사실과 종전 공소사실은 하나의 특가법 제8조의2 제1항 위반 행위로 평가될 수 있으므로 포괄하여 1죄에 해당하고, 원심이 공소장변경을 불허한 것은 위법하다고 판단하였다.[40]

(라) 죄수의 변경

당초 수 개의 조세포탈행위를 묶어서 하나의 포괄일죄로 기소하였다가 이후 그 중 일부 조세포탈행위들의 실체적 경합범으로 공소장변경을 하는 것은 허용된다.[41]

2.3. 공소장변경의 절차

검사는 법원에 공소장변경허가를 신청할 수 있다(형사소송법 298조 1항 1문).[42] 검사가 신청한 공소장변경이 공소사실의 동일성을 해하지 않는 경우, 법원은 이를 원칙적으로 허가하여야 한다(형사소송법 298조 1항 2문). 즉, 위 경우 법원의 허가는 의무적이다.[43][44] 공소장변경

---

36) 안대희 등, 1,082쪽
37) 대법원 2006. 4. 27. 선고 2006도514 판결[특가법위반(뇌물)죄 사건]
38) 수 개의 세금계산서 관련 범행들은 일정 요건을 충족하면 포괄하여 하나의 특가법 제8조의2 위반죄를 구성할 수 있다. 제2편 제2장 제3절 6.2.3. (1)(나) 참조
39) 대법원 2017. 12. 28. 선고 2017도12650 판결. 제2편 제2장 제2절 2.2.2. (2) 참조
40) 대법원 2018. 10. 25. 선고 2018도9810 판결
41) 대법원 2011. 6. 30. 선고 2010도10968 판결. 위 사건의 공소장변경의 내용에 관하여는 제2장 제2절 3.2. (2) (가) 참조
42) 검사가 공소장변경을 하고자 하는 경우 원칙적으로 법원에 공소장변경허가신청서를 제출하여야 한다(형사소송규칙 142조 1항). 다만, 법원은 피고인이 재정하는 공판정에서 피고인에게 이익이 되거나 피고인이 동의하는 경우 구술에 의한 공소장변경을 허가할 수 있다(형사소송규칙 142조 5항).

은 항소심에서도 허용된다.[45)]

　법원은 심리의 경과에 비추어 상당하다고 인정할 때에는 공소사실 또는 적용법조의 추가 또는 변경을 요구하여야 한다(형사소송법 298조 2항). 형사소송법 제298조 제2항의 문언상 법원의 공소장변경요구가 의무인 것처럼 보이지만, 대법원은 법원의 공소장변경요구가 법원의 권한에 불과하고 법원이 공소장변경요구를 하지 않았다고 하여 심리미진의 위법이 있는 것은 아니라고 본다.[46)]

2.4. 공소장변경의 효과

(1) 현실적 심판대상

　공소장변경에 따라 추가·변경된 공소사실은 법원의 현실적 심판대상이 된다.[47)]

(2) 고발의 효력

　대법원 판례는 고발의 효력이 미치는 범위와 공소장변경이 가능한 범위를 동일하게 보므로,[48)] 종전 공소사실에 대한 고발의 효력은 원칙적으로 변경된 공소사실에 대하여도 미친다. 따라서 어느 사업연도의 법인세 포탈이 기소된 후 예비적으로 그 사업연도의 법인세 포탈액을 추가하는 공소장변경이 이루어진 경우, 당초의 공소사실과 예비적 공소사실은 일죄의 관계에 있으므로, 당초의 공소사실에 대한 고발의 효력은 예비적 공소사실에 미친다.[49)]

---

43) 대법원 1999. 4. 13. 선고 99도375 판결, 대법원 2013. 9. 12. 선고 2012도14097 판결, 대법원 2021. 7. 21. 선고 2020도13812 판결
44) 다만, ① 법원이 적법하게 공판의 심리를 종결하고 판결선고기일을 고지한 후 검사가 변론재개신청과 공소장변경을 신청한 경우에는, 법원은 종결한 심리를 재개하여 공소장변경을 허가할 의무가 없다. 대법원 1985. 6. 11. 선고 85도325 판결, 대법원 2003. 12. 26. 선고 2001도6484 판결, 대법원 2018. 10. 12. 선고 2018도11229 판결. ② 공소장변경이 소송절차에서 피고인의 지위를 과도하게 불안정하게 하고, 피고인의 방어권을 본질적으로 침해하는 것과 같은 특별한 사정이 있는 경우 그러한 공소장변경은 원칙적으로 허용될 수 없다. 다만, 위와 같은 특별한 사정이 있더라도 공소장변경 없이는 적정절차에 의한 신속한 실체적 진실의 발견이라는 형사소송의 목적에 비추어 현저히 정의와 형평에 반하는 결과를 초래하는 경우에는 예외적으로 그러한 공소장변경도 허용될 여지가 있으나, 그러한 예외가 인정되는지 여부도 피고인의 법적 안정성 보장과 공소장변경제도의 가치 등을 고려하여 매우 엄격하고 신중하게 판단해야 한다. 대법원 2024. 12. 12. 선고 2020도11949 판결
45) 대법원 2014. 1. 16. 선고 2013도7101 판결, 대법원 2016. 1. 14. 선고 2013도8118 판결
46) 대법원 1979. 11. 27. 선고 79도2410 판결, 대법원 1985. 7. 23. 선고 85도1092 판결, 대법원 2009. 5. 14. 선고 2007도616 판결, 대법원 2011. 1. 13. 선고 2010도5994 판결
47) 공소장변경에 따라 공소사실이 변경되거나 심판의 대상이 제1심과 달라진 경우에는 항소심은 제1심 판결을 파기하고 변경된 공소사실에 대하여 새로이 심리·판단하여야 한다(대법원 2017. 12. 22. 선고 2017도14879 판결). 그러나 공소장변경이 단순히 오기를 정정하거나 기존 공소사실의 내용을 보충하거나 상세하게 설명하는 정도에 불과하여 항소심의 심판대상이 제1심과 실질적으로 달라졌다고 평가되지 않는다면 제1심 판결을 직권으로 파기할 필요가 없다(대법원 2025. 3. 13. 선고 2024도2200 판결).
48) 제1장 제3절 3. (2)(가) 참조

(3) 공소장변경과 공소시효의 완성 여부

공소장변경이 있는 경우 ① 공소시효 기간은 변경된 공소사실을 기준으로 하지만, ② 공소시효의 완성 여부는 당초의 공소제기 시점을 기준으로 판단하여야 하며, 공소장변경 시를 기준으로 삼을 것이 아니다.[50] 이는 기존 공소사실에 예비적 공소사실이 추가되는 경우에도 같다.[51] 따라서 특가법 제8조의 위반죄로 공소가 제기되었다가 이후 공판절차에서 포탈세액이 5억 원 미만으로 확인되어 조세범처벌법 위반죄로 공소장변경이 이루어진 경우, 공소시효의 완성 여부는 공소장변경 시점이 아니라 최초의 공소제기 시점을 기준으로 판단하여야 한다.

제2절
조세범죄의 증명

1. 형사법상 증거 및 증명의 일반원칙

사실의 인정은 증거에 의하여야 한다(형소법 307조 1항). 이를 증거재판주의라 한다. 여기서 '사실'은 '범죄될 사실(형소법 323조 1항)'을 말하고, '증거'는 '증거능력 있고 적법한 증거조사를 거친 증거'를 말한다.[52]

증거의 증명력은 법관의 자유판단에 의한다(형소법 308조). 범죄사실의 인정은 합리적인 의심이 없는 정도의 증명에 이르러야 한다(형소법 307조 2항).

2. 증거능력

2.1. 진술증거의 증거능력

전문증거(傳聞證據), 즉 공판준비 또는 공판기일에서의 진술에 대신하여 진술을 기재한 서류나 공판준비 또는 공판기일 외에서의 타인의 진술을 내용으로 하는 진술은, 형사소송

---

49) 대법원 2005. 1. 14. 선고 2002도5411 판결
50) 대법원 1982. 5. 25. 선고 82도535 판결, 대법원 2002. 10. 11. 선고 2002도2939 판결
51) 대법원 1992. 4. 24. 선고 91도3150 판결
52) 이재상·조균석·이창온, 599쪽

법 제311조 내지 제316조에 규정된 것 외에는, 증거로 될 수 없다(형소법 310조의2). 이를 전문법칙이라 한다.

검사 또는 사법경찰관이 작성한 피의자신문조서 또는 피고인이 아닌 자의 진술을 기재한 조서는 형사소송법 제312조에 따라 증거로 할 수 있고,[53] 형사소송법 제311조·제312조 외에 피고인 또는 피고인이 아닌 자가 작성한 진술서나 그 진술을 기재한 서류[54]는 형사소송법 제313조에 따라 증거로 할 수 있다.[55]

대법원은, 조세범칙조사를 담당하는 세무공무원이 피고인이 된 혐의자 또는 참고인에 대하여 심문한 내용을 기재한 조서는, 검사·사법경찰관 등 수사기관이 작성한 조서와 동일하게 볼 수 없으므로, 형사소송법 제312조에 따라 증거능력의 존부를 판단할 수는 없고, 피고인 또는 피고인이 아닌 자가 작성한 진술서나 그 진술을 기재한 서류에 해당하므로, 형사소송법 제313조에 따라 공판준비 또는 공판기일에서 작성자·진술자의 진술에 따라 성립의 진정함이 증명되고 나아가 그 진술이 특히 신빙할 수 있는 상태 아래에서 행하여진 때에 한하여 증거능력이 인정된다고 판단하였다.[56]

---

53) 검사 또는 사법경찰관이 작성한 피의자신문조서는, 적법한 절차와 방식에 따라 작성되고, 공판기일에 그 피의자였던 피고인 또는 변호인이 그 내용을 인정할 때에 한하여 증거로 할 수 있다(형소법 312조 1항, 3항). 검사 또는 사법경찰관이 피고인이 아닌 자의 진술을 기재한 조서는, 적법한 절차와 방식에 따라 작성된 것으로서, 그 조서가 검사 또는 사법경찰관 앞에서 진술한 내용과 동일하게 기재되어 있음이 원진술자의 공판준비 또는 공판기일에서의 진술이나 영상녹화물 또는 그 밖의 객관적인 방법에 의하여 증명되고, 조서에 기재된 진술이 특히 신빙할 수 있는 상태하에서 행하여졌으며, 피고인 또는 변호인이 공판준비 또는 공판기일에 그 기재 내용에 관하여 원진술자를 신문할 수 있었던 때에는, 증거로 할 수 있다(형소법 312조 4항). 형사소송법 제312조 제1항, 제2항은 피고인 또는 피고인이 아닌 자가 수사과정에서 작성한 진술서에 관하여 준용된다(형소법 312조 5항).
54) 대법원 2014. 1. 16. 선고 2013도5441 판결(선거관리위원회의 문답서), 대법원 2015. 2. 26. 선고 2014도16973 판결(금융감독원 소속 검사역이 작성한 문답서)
55) 대법원 2022. 4. 28. 선고 2018도3914 판결(국무조정실 산하 정부합동공직복무점검단 소속 점검단원이 피고인의 진술을 기재한 서류) : 형사소송법 제313조 소정의 '피고인의 진술을 기재한 서류'는, 공판준비 또는 공판기일에서의 그 작성자의 진술에 의하여 그 서류에 기재된 피고인의 진술 내용이 피고인이 진술한 대로 기재된 것임(성립의 진정함)이 증명되고, 그 진술이 특히 신빙할 수 있는 상태에서 행해진 때에는, 피고인의 진술에도 불구하고, 증거로 할 수 있다. 위 판결은 형사소송법 제313조 제1항의 '특신상태'가 증거능력의 요건을 완화하는 기능을 하는 것으로 이해하는 것이다(완화요건설). 이주원, 형사소송법 제5판, 박영사, 2023, 533쪽
56) 대법원 2022. 12. 15. 선고 2022도8824 판결 : 이때 '특히 신빙할 수 있는 상태'란 조서 작성 당시 그 진술내용이나 조서 또는 서류의 작성에 허위 개입의 여지가 거의 없고, 그 진술내용의 신빙성과 임의성을 담보할 구체적이고 외부적인 정황이 있는 경우를 의미하는데, 조세범처벌절차법 및 이에 근거한 시행령·시행규칙·훈령(조사사무처리규정) 등의 조세범칙조사 관련 법령에서 구체적으로 명시한 진술거부권 등 고지, 변호사 등의 조력을 받을 권리 보장, 열람·이의제기 및 의견진술권 등 심문조서의 작성에 관한 절차규정의 본질적인 내용의 침해·위반 등도 '특히 신빙할 수 있는 상태' 여부의 판단에 있어 고려되어야 한다.

2.2. 전자정보(디지털 증거)의 증거능력

(1) 적법한 압수·수색절차에 따라 수집되었을 것

압수된 전자정보가 증거능력을 갖기 위해서는 적법한 압수·수색에 따라 수집된 것이어야 한다. 따라서 ① 정보저장매체로부터 압수·수색영장의 발부사유인 범죄 혐의사실과 관련된 부분만을 문서 출력물로 수집하거나 수사기관의 저장매체에 해당 파일을 복제하는 방식으로 압수할 수 있음에도, 저장매체 자체 또는 저장매체에 들어있는 전자파일 전부를 복제본으로 반출하는 것은 위법하므로,[57] 이에 따라 압수된 전자정보는 증거능력이 부정될 수 있다. 또한 ② 전자정보에 대한 압수·수색 과정에서 피의자 등의 참여권이 보장되어야 하고,[58] 그렇지 않은 경우 해당 전자정보의 증거능력이 부정될 수 있다.

(2) 무결성과 동일성

대법원은, 압수물인 디지털 저장매체로부터 출력한 문건을 증거로 사용하기 위해서는, 디지털 저장매체 원본에 저장된 내용과 출력한 문건의 동일성이 인정되어야 하고, 이를 위해서는 디지털 저장매체 원본이 압수 시부터 문건 출력 시까지 변경되지 않았음(무결성)이 담보되어야 한다고 판시하였다.[59][60]

---

57) 대법원 2015. 7. 16.자 2011모1839 전원합의체 결정. 제2장 제1절 2. (3)(나) 참조.

58) 대법원 2015. 7. 16.자 2011모1839 전원합의체 결정. 제2장 제1절 2. (3)(나) 참조 : 위 결정의 반대의견은, 위법하게 압수된 증거의 증거능력을 배제하는 것이 헌법과 형사소송법이 형사소송에 관한 절차 조항을 마련하여 적법절차의 원칙과 실체적 진실 규명의 조화를 도모하고 이를 통하여 형사 사법 정의를 실현하려 한 취지에 반하는 결과를 초래하는 것으로 평가되는 예외적인 경우, 그 증거를 유죄 인성의 증거로 사용할 수 있으므로(대법원 2007. 11. 15. 선고 2007도3061 전원합의체 판결), 정보저장매체의 복제본에 대한 압수·수색 과정에서 피의자 등의 참여권이 보장되지 않았다고 하여 곧바로 압수·수색의 취소를 명할 수 없고, 그러한 위법의 정도가 중대하여 장차 법정에서 증거능력이 인정될 가능성이 없어야 압수·수색의 취소를 명할 수 있다고 주장하였으나, 다수의견은 이를 채택하지 않았다.

59) 대법원 2007. 12. 13. 선고 2007도7257 판결 : "특히 디지털 저장매체 원본을 대신하여 저장매체에 저장된 자료를 '하드카피' 또는 '이미징'한 매체로부터 출력한 문건의 경우에는 디지털 저장매체 원본과 '하드카피' 또는 '이미징'한 매체 사이에 자료의 동일성도 인정되어야 할 뿐만 아니라, 이를 확인하는 과정에서 이용한 컴퓨터의 기계적 정확성, 프로그램의 신뢰성, 입력·처리·출력의 각 단계에서 조작자의 전문적인 기술능력과 정확성이 담보되어야 한다."

60) 출력 문건과 정보저장매체에 저장된 자료가 동일하고 정보저장매체 원본이 문건 출력 시까지 변경되지 않았다는 점은, ① 피압수·수색 당사자가 정보저장매체 원본과 '하드카피' 또는 '이미징'한 매체의 해쉬(Hash) 값이 동일하다는 취지로 서명한 확인서면을 교부받아 법원에 제출하는 방법에 의하여 증명하는 것이 원칙이나, 그와 같은 방법에 의한 증명이 불가능하거나 현저히 곤란한 경우에는, ② 정보저장매체 원본에 대한 압수, 봉인, 봉인해제, '하드카피' 또는 '이미징' 등 일련의 절차에 참여한 수사관이나 전문가 등의 증언에 의해 정보저장매체 원본과 '하드카피' 또는 '이미징'한 매체 사이의 해쉬 값이 동일하다거나 정보저장매체 원본이 최초 압수 시부터 밀봉되어 증거 제출 시까지 전혀 변경되지 않았다는 등의 사정을 증명하는 방법 또는 ③ 법원이 그 원본에 저장된 자료와 증거로 제출된 출력 문건을 대조하는 방법 등으로도 그와 같은 무결성·동일성을 인정할 수 있으며, 반드시 압수·수색 과정을 촬영한 영상녹화물 재생 등의 방법으로만 증명하여야 한다고 볼 것은 아니다(대법원 2013. 7. 26. 선고 2013도2511 판결).

전자문서를 수록한 파일 등의 경우에는, 성질상 작성자의 서명 혹은 날인이 없을 뿐만 아니라 작성자·관리자의 의도나 특정한 기술에 의하여 내용이 편집·조작될 위험성이 있음을 고려하여, 원본임이 증명되거나 혹은 원본으로부터 복사한 사본일 경우에는 복사 과정에서 편집되는 등 인위적 개작 없이 원본의 내용 그대로 복사된 사본임이 증명되어야만 하고, 그러한 증명이 없는 경우에는 쉽게 증거능력을 인정할 수 없다. 그리고 증거로 제출된 전자문서 파일의 사본이나 출력물이 복사·출력 과정에서 편집되는 등 인위적 개작 없이 원본 내용을 그대로 복사·출력한 것이라는 사실은, 전자문서 파일의 사본이나 출력물의 생성과 전달 및 보관 등의 절차에 관여한 사람의 증언이나 진술, 원본이나 사본 파일 생성 직후의 해시(Hash)값 비교, 전자문서 파일에 대한 검증·감정 결과 등 제반 사정을 종합하여 판단할 수 있다. 이러한 원본 동일성은 증거능력의 요건에 해당하므로 검사가 그 존재에 대하여 구체적으로 주장·증명해야 한다.[61]

(3) USB에 저장된 파일에 대한 압수 사건

대법원 2018. 2. 8. 선고 2017도13263 판결의 사안 및 판단은 다음과 같다.

(가) 압수의 적법성

이 사건에서 문제된 USB에 저장된 파일의 압수과정은 다음과 같다. ① 甲은 피고인 1의 지시를 받아 유흥주점과 관련한 장부를 업무상 필요에 따라 USB('이 사건 USB')에 파일 형태로 작성·관리하였다. 수사기관은 피고인 1에 대한 조세포탈 혐의와 관련하여 법원으로부터 압수·수색·검증영장을 발부받은 후, 그 집행 현장에서 甲이 사용하던 이 사건 USB에서 조세포탈 장부가 담긴 파일로 추정되는 엑셀파일이나 문서파일들을 추출한 뒤 이를 논리적 이미징 작업을 하여 이 사건 USB 이미지 파일을 압수하였다.[62] ② 수사기관은 이 사건 USB에 저장된 파일의 해시(Hash)값과 논리적 이미징 작업을 한 파일의 해시값을 각각 컴퓨터 바탕화면에 띄워놓고 甲에게 보여주면서 양자의 동일성을 확인하도록 하였고, 甲은 이 사건 사실확인서의 '피압수자 등 관계자 확인란'에 서명하였다. ③ 이 사건 영장의 집행과정에서 수사기관은 압수·수색 현장에 있던 甲에게도 참여권을 고지하였는데, 甲은 옆에 있는 다른 방에 머무르면서 필요한 경우 압수·수색 현장으로 출입하였다.

대법원은, 위 압수 과정에서 피압수자인 피고인 1 등의 참여권이 충분히 보장되었고, 이 사건 USB에 저장된 파일을 선별하여 이미징한 이 사건 USB 이미지 파일이 적법하게 압수되었다고 판단하였다.

---

61) 대법원 2018. 2. 8. 선고 2017도13263 판결
62) 그 과정에서 범죄 혐의와 무관한 일부 파일들이 복제되기는 하였으나, 甲도 거기에 자신의 개인 신상과 관련된 파일은 없었다고 진술하였고, 이러한 파일들이 다른 범죄 혐의와 관련된 전자정보도 아니었다.

(나) 무결성과 동일성 여부

검사는 이 사건 USB 이미지 파일에서 추출된 이 사건 판매심사 파일 등 개별 파일들('이 사건 개별 파일들')과 추출목록 파일('이 사건 목록 파일')이 저장된 CD를 포탈세액 산정의 증거로 제출하였다. 대법원은, ① 이 사건 개별 파일들은 포렌식 이미징 작업을 거친 이미지 파일이 아니어서 이 사건 USB 이미지 파일과 동일한 형태의 파일이 아닌데, 이 사건 USB 이미지 파일이 어떠한 형태의 변환 및 복제 등 과정을 거쳐 이 사건 CD에 일반 파일 형태로 저장된 것인지를 확인할 자료가 제출된 바 없는 점, ② 이 사건 목록 파일에는 이 사건 개별 파일들 숫자보다 많은 파일 관련 이름, 생성·수정·접근 시각, 파일 크기, MD5 해시값, 경로 정보가 저장되어 있고, 이 사건 개별 파일들의 해시값과 이 사건 목록 파일상 해당 파일별 해시값을 비교해 보았을 때 일부 파일의 해시값이 동일하지 않은 점 등을 고려하여, 이 사건 판매심사 파일이 이 사건 USB 내 원본 파일을 내용의 변개 없이 복제한 것이 확인되지 않음에도, 이 사건 판매심사 파일과 그 출력물에 대하여 이 사건 USB 내 원본 파일 내용과의 동일성을 인정할 수 있어 증거능력이 인정된다고 본 원심의 판단은 위법하다고 판결하였다.[63]

3. 증명책임과 사실인정

3.1. 증명책임

(1) 일반원칙

형사재판에서 공소사실, 처벌조건인 사실, 형의 가중·감면사유인 사실 및 소송조건에 대한 증명책임은 검사에게 있다.[64]

(2) 조세포탈 사건

조세포탈죄의 구성요건인 '납세의무의 존재, 부정행위, 조세포탈의 결과(포탈세액), 부정행위와 조세포탈 결과 간의 인과관계'에 대한 증명책임은 검사에게 있다.

① 소득귀속자의 증명

소득세 또는 법인세의 포탈이 인정되려면, 문제되는 소득이 피고인에게 귀속한다는 점이

---

63) 파기환송 후의 원심은 검사의 추가 입증에 기초하여 판매심사 파일 등은 원본과의 동일성·무결성이 인정되므로 증거능력이 있다고 판단하였고(부산고등법원 2020. 2. 6. 선고 2018노121 판결), 대법원은 이러한 원심의 판단을 수긍하였다(대법원 2020. 7. 23. 선고 2020도2466 판결).
64) 이재상·조균석·이창온, 608~610쪽

입증되어야 한다. 따라서 소득의 명의인이 아닌 피고인이 그 실질귀속자임을 전제로 소득세 또는 법인세의 포탈로 기소된 경우에는, 해당 소득이 피고인에게 실질적으로 귀속한다는 점을 검사가 증명하여야 한다.[65]

② 귀속시기의 증명

기간과세되는 소득세·법인세·부가가치세 포탈의 경우에는, 누락된 소득 또는 공급의 귀속시기, 즉 문제되는 소득 등이 공소사실에 기재된 과세기간에 속한다는 점에 대하여 검사에게 증명책임이 있다.[66]

③ 손금 요건의 증명

대법원은 '법인세법에 의하면 법인이 사업집행상의 필요에 의하여 비용을 지출한 경우 손금으로 인정받을 수 있는 항목 및 그 용인한도액은 법정되어 있으므로, 비용의 허위계상 또는 과다계상의 방법으로 공금을 정식경리에서 제외한 뒤 그 금액 상당을 손금으로 처리한 경우, 그 금액들이 전부 회사의 사업집행상 필요한 용도에 사용되었더라도, 그 용도를 구체적으로 밝혀 그것이 손비로 인정될 수 있는 항목이고 손금 용인한도액 내의 전액임을 입증하지 못하는 이상 조세포탈의 죄책을 면할 수 없다'고 판단하였다.[67]

그러나 위 판결의 타당성은 다음과 같은 이유로 의문스럽다. ㉮ 대법원은 조세소송에서 '과세처분의 적법성에 대한 입증책임이 과세관청에게 있지만, 그 입증의 곤란이나 당사자 사이의 형평을 고려하여 납세의무자로 하여금 입증케 하는 것이 합리적인 경우 입증의 필요를 납세의무자에게 돌려야 한다'고 판단함[68]으로써 과세관청의 입증부담을 경감시킨다. 조세소송의 경우 민사소송법이 준용되므로(행정소송법 8조 2항), 과세요건 사실의 증명이 '고도의 개연성(蓋然性)'의 증명도(證明度)에 이르면 족하다.[69] 따라서 과세요건 사실에 관한 입증의 부담을 납세의무자에게 지우는 것이 상대적으로 유연하게 인정될 여지가 있다. 그러나 조세포탈의 형사소송에서는 합리적 의심의 여지가 없는 정도의 증명이 필요하므로(형사소송법 307조 2항), 포탈대상인 납세의무의 존재에 관한 사실상 추정을 하거나 그에 관한

---

65) 대법원 2024. 4. 12. 선고 2023도539 판결 ; 제2편 제1장 제3절 2.2. (2) 참조
66) 대법원은 어느 사업연도의 소득에 대한 법인세 과세처분의 적법성이 다투어지는 경우 과세소득이 있다는 사실 및 그 소득이 당해 사업연도에 귀속되었다는 사실을 과세관청이 입증하여야 한다고 판시하였다(대법원 2000. 2. 25. 선고 98두1826 판결, 대법원 2007. 6. 28. 선고 2005두11234 판결). 그렇다면 납세의무를 전제로 한 공소사실이 조세행정사건보다 더 엄격하게 증명되어야 하는 조세포탈사건에서도 해당 소득의 귀속시기에 대한 증명책임이 검사에게 있다고 보아야 할 것이다. 제2편 제1장 제3절 2.4. (1) 참조
67) 대법원 2002. 9. 24. 선고 2002도2569 판결, 대법원 2007. 6. 1. 선고 2005도5772 판결
68) 대법원 1992. 7. 28. 선고 91누10909 판결, 대법원 2004. 9. 23. 선고 2002두1588 판결, 대법원 2005. 6. 10. 선고 2004두14168 판결 ; 송동진, 법인세법, 601쪽 참조
69) 민사사건에 관하여는 대법원 1990. 6. 26. 선고 89다카7730 판결, 대법원 2010. 10. 28. 선고 2008다6755 판결, 행정사건에 관하여는 대법원 2018. 4. 12. 선고 2017두74702 판결

입증의 부담을 피고인에게 지우는 것은 신중하여야 하고, 입증의 부담을 피고인에게 지우는 경우에도 그 전제가 되는 상황을 더 엄격하게 판단할 필요가 있다. ㉯ 법인세법상 '사업 관련성과 통상성 또는 수익관련성이 있는 비용'은 일반적으로 전액 손금으로 인정된다(법 19조 2항).[70] 위 판례에서 '회사의 사업집행상 필요한 용도에 사용'되었다는 부분과 법인세법상 손금 요건 간의 관계는 분명하지 않으나, 다음과 같이 처리하여야 할 것이다.[71] 적어도 법인세법상 일반적 손금 요건이 충족되었음이 입증된 경우, 즉 '법인의 정식경리에서 제외된 자금이 회사의 사업집행상 필요한 용도에 사용되었고, 그 통상성이 인정되거나, 그 자금의 사용이 법인의 수익과 관련된 것임'이 입증된 경우에는, 원칙적으로 그 자금의 사용액 전부가 손금에 산입되므로, 이와 달리 예외적으로 손금산입의 한도가 정해진 접대비 등에 해당한다는 사정에 관하여는 원칙으로 돌아가 검사가 증명하여야 할 것이다.

3.2. 형사재판의 사실인정

(1) 자유심증주의

증거의 증명력은 법관의 자유판단에 의한다(형소법 308조).

(가) 증명력의 자유로운 평가

① 인적 증거 및 증거서류

법원은 증인의 증언,[72] 피고인의 진술[73] 및 증거서류[74]의 증명력을 자유롭게 평가할 수 있다.

② 간접증거 또는 정황증거

법원은 간접증거 또는 정황증거에 의해서도 사실을 인정할 수 있다.[75] 피고인이 조세포탈 또는 세금계산서 관련 범행에 대한 **범의를 부인**하는 경우에는, 사물의 성질상 고의와

---

70) 예외적으로 접대비 등의 경우에만 손금한도액이 정해져 있다.
71) 검사가 조세포탈죄의 구성요건인 포탈세액을 입증할 책임이 있으므로, 그 산정의 전제가 되는 부외자금의 사용처 및 그 사용액의 손금성 여부에 관하여 '합리적인 의심이 없는 정도의 증명'을 해야 한다는 견해로, 곽태훈, "조세포탈죄에서 포탈세액의 입증 문제 - 손금성 경비의 입증책임 문제를 중심으로 -", 변호사 제53집, 서울지방변호사회, 2020.
72) 대법원 2006. 4. 14. 선고 2005도9561 판결
73) 대법원 2012. 6. 14. 선고 2011도15653 판결
74) 대법원 2015. 8. 20. 선고 2013도11650 전원합의체 판결
75) 대법원 2011. 5. 26. 선고 2011도1902 판결, 대법원 2017. 5. 30. 선고 2017도1549 판결 : 주요사실의 전제가 되는 간접사실의 인정은 합리적 의심을 허용하지 않을 정도의 증명이 있어야 하고, 그 하나하나의 간접사실이 상호 모순, 저촉이 없어야 함은 물론 논리와 경험칙, 과학법칙에 의하여 뒷받침되어야 한다.

상당한 관련성이 있는 간접사실을 증명하는 방법에 의하여 입증할 수밖에 없고, 무엇이 상당한 관련성이 있는 간접사실에 해당할 것인지는 정상적인 경험칙에 바탕을 두고 치밀한 관찰력이나 분석력에 의하여 사실의 연결상태를 합리적으로 판단하는 방법에 의하여야 한다.[76]

③ 감정결과

감정인의 감정결과의 판단도 원칙적으로 법관의 자유심증에 의한다.[77] 다만, 과학적 증거방법은, 그 전제로 하는 사실이 모두 진실임이 입증되고 그 추론의 방법이 과학적으로 정당하여 오류의 가능성이 전무하거나 무시할 정도로 극소한 것으로 인정되는 경우에는, 법관이 사실인정을 함에 있어 상당한 정도로 구속력을 가지므로, 합리적 근거 없이 함부로 이를 배척할 수 없다.[78]

④ 관련 사건의 판결

형사재판에서 관련된 민사사건의 판결에서 인정된 사실은 공소사실에 대하여 유력한 자료이지만, 형사법원은 반드시 그에 구속되지 않고 증거에 의하여 민사판결에서 확정된 사실과 다른 사실을 인정할 수 있다.[79] 한편, 대법원은, 납세의무자에 대한 조세포탈의 형사 피고 사건의 계속 중 포탈세액에 관한 부과처분을 취소하는 행정판결이 확정된 이상 형사재판에서 별도로 행정판결과 모순·저촉되는 납세의무의 범위를 확정할 수 없다고 판단하였으나,[80] 그 타당성은 의문스럽다.[81]

---

76) 대법원 2008. 4. 24. 선고 2007도11258 판결(조세포탈, 금지금 사건), 대법원 2012. 11. 15. 선고 2010도11382 판결(무거래 세금계산서의 발급)
77) 대법원 1976. 3. 23. 선고 75도2068 판결, 대법원 1995. 2. 24. 선고 94도3163 판결(심신장애 유무에 대한 정신감정결과)
78) 대법원 2009. 3. 12. 선고 2008도8486 판결. 이를 위해서는 그 증거방법이 전문적인 지식·기술·경험을 가진 감정인에 의하여 공인된 표준 검사기법으로 분석을 거쳐 법원에 제출된 것이어야 할 뿐만 아니라 그 채취·보관·분석 등 모든 과정에서 자료의 동일성이 인정되고 인위적인 조작·훼손·첨가가 없었음이 담보되어야 한다(대법원 2010. 3. 25. 선고 2009도14772 판결).
79) 대법원 1983. 6. 28. 선고 81도3011 판결, 대법원 1996. 8. 23. 선고 95도192 판결, 대법원 2006. 2. 10. 선고 2003도7487 판결, 대법원 2010. 2. 25. 선고 2008도8356 판결 ; 이는 형사사건의 사실인정은 민사나 행정 사건보다 더 높은 심증의 정도를 요구하기 때문으로 보인다. 이와 달리 관련 형사재판의 판결이 확정된 경우 관련 민사재판 및 행정재판에서는 관련 형사판결에 따라 사실인정을 하여야 하는 사실상 기속을 받는다[본장 제4절 3.1. (1) 참조].
80) 대법원 1982. 3. 23. 선고 81도1450 판결. 위 판결은, 행정처분의 취소하는 행정판결의 효력이 당사자 이외의 제3자에게도 미치고, 이는 승소한 원고의 구제를 실효성 있게 하기 위하여 부여된 특수한 효력이므로, 위 사건과 같이 조세부과처분의 취소판결이 확정된 경우에 그 판결에 의하여 확정된 부과처분 그 자체의 위법 여부 및 부과 금액이 형사사건의 선결문제로 되는 경우에는 형사사건의 법원은 행정사건의 판결에 따라야 하고 이와 저촉되는 다른 판단을 한다면 취소의 행정판결에 위와 같은 효력이 인정되는 취지가 몰각되는 결과가 되므로 이에 어긋나는 판단을 할 수가 없다고 보았다.
81) 제2편 제1장 제3절 1.3. 및 5.1. 참조

형사재판에서 다른 형사사건의 확정판결에서 인정된 사실은 특별한 사정이 없는 한 유력한 증거자료가 되지만,[82] 해당 형사재판에서 제출된 다른 증거에 비추어 관련 형사사건 확정판결의 사실판단을 그대로 채택하기 어렵다고 인정될 경우에는 이를 배척할 수 있다.[83]

(나) 자유심증주의의 한계 및 예외

증거의 증명력에 대한 법관의 판단은 논리와 경험칙에 합치하여야 하므로, 법원의 증거판단이 논리와 경험칙에 반하여 합리성이 없는 때에는 위법한 것이 된다.[84]

형사소송법 제56조[85]는 공판조서의 증명력에 관하여, 제310조[86]는 자백의 증명력에 관하여 자유심증주의에 대한 예외를 규정한다.

(2) 범죄사실의 인정에 필요한 심증의 정도

범죄사실의 인정은 합리적인 의심[87]이 없는 정도의 증명에 이르러야 한다(형소법 307조 2항). 공소사실에 대한 증명이 합리적인 의심이 없는 정도에 이르지 못한 경우에는 법원은 무죄를 선고하여야 한다(형소법 325조 후단, in dubio pro reo).[88]

---

82) 대법원 2009. 6. 25. 선고 2008도10096 판결
83) 대법원 2012. 6. 14. 선고 2011도15653 판결, 대법원 2014. 3. 27. 선고 2014도1200 판결, 대법원 2020. 3. 12. 선고 2018도20188 판결
84) 대법원 1993. 6. 11. 선고 92도3370 판결, 대법원 2011. 1. 27. 선고 2010도12728 판결
85) 형사소송법 제56조(공판조서의 증명력)
   공판기일의 소송절차로서 공판조서에 기재된 것은 그 조서만으로써 증명한다.
86) 형사소송법 제310조(불이익한 자백의 증거능력)
   피고인의 자백이 그 피고인에게 불이익한 유일의 증거인 때에는 이를 유죄의 증거로 하지 못한다.
87) 형사재판에서 유죄의 인정을 위한 심증형성의 정도는 모든 가능한 의심을 배제할 정도에 이를 것까지 요구하는 것은 아니고, 증명력이 있는 증거를 합리적 근거가 없는 의심을 일으켜 배척하는 것은 자유심증주의의 한계를 벗어나는 것으로서 허용될 수 없다. 여기서 합리적 의심은 모든 의문, 불신을 포함하는 것이 아니라 논리와 경험칙에 기하여 요증사실과 양립할 수 없는 사실의 개연성에 대한 합리성 있는 의문을 의미하고, 단순히 관념적인 의심이나 추상적인 가능성에 기초한 의심은 합리적 의심에 포함되지 않는다(대법원 2008. 12. 11. 선고 2008도7112 판결, 대법원 2011. 1. 27. 선고 2010도12728 판결).
88) 형사재판에서 유죄의 인정은 법관으로 하여금 합리적인 의심을 할 여지가 없을 정도로 공소사실이 진실한 것이라는 확신을 가지게 하는 증명력을 가진 증거에 의하여야 하므로, 그러한 증거가 없다면 설령 피고인에게 유죄의 의심이 간다 하더라도 피고인의 이익으로 판단할 수밖에 없다(대법원 2000. 2. 25. 선고 99도4305 판결, 대법원 2006. 4. 27. 선고 2006도735 판결).

조세범의 양형

1. 양형의 과정

개별 사건에서 구체적인 형이 선고되기까지는 3단계의 과정을 거쳐야 한다. ① 먼저 각 형벌법규에 규정된 형(**법정형**)에서 출발하여 법정형이 수개인 경우 형의 종류를 선택하고, ② 다음으로 그 형에 가중·감경을 하여 선고할 수 있는 형의 범위(**처단형**)를 정한 후, ③ 마지막으로 그 범위 내에서 구체적 형(**선고형**)을 정하여 선고하게 된다(법정형 → 처단형 → 선고형). 처단형은 '형의 선택 → 법률상 가중·감경 → 경합범 가중 → 작량감경(형법 53 조)'의 과정을 거쳐서 정해진다.[89]

2. 법률상 가중·감경 사유

형의 **가중사유**로는 누범가중(형법 35조)과 경합범가중(형법 38조) 등이 있다. 세무사가 조세범처벌법에 규정된 범죄를 교사(教唆)한 경우 해당 조문의 형기(刑期) 또는 벌금의 3분의 1까지 가중하여 벌한다(세무사법 22조 2항).

형의 **감경사유**로는 방조범(형법 32조), 사후적 경합범(형법 39조 1항), 자수(형법 52조 1항)[90]가 있다. 법인에게 자수감경에 관한 형법 제52조 제1항을 적용하기 위하여는 법인의 이사 기타 대표자가 수사책임이 있는 관서에 자수한 경우에 한하고, 그 위반행위를 한 직원 또는 사용인이 자수한 것만으로는 위 규정에 의하여 형을 감경할 수 없다.[91]

---

89) 형의 가중·감경은 '① 각칙 조문에 따른 가중, ② 형법 제34조 제2항에 따른 가중, ③ 누범가중, ④ 법률상 감경, ⑤ 경합범 가중, ⑥ 정상참작 감경'의 순서로 행해진다(형법 56조).

90) 자수는, 법인이 자발적으로 자신의 범행을 수사기관에 신고하고 그 소추를 구하는 의사표시를 함으로써 성립하고, 범행이 발각된 후에 수사기관에 자진 출석하여 범죄사실을 자백한 경우도 포함한다(대법원 1997. 3. 20. 선고 96도1167 전원합의체 판결, 대법원 2004. 10. 14. 선고 2003도3133 판결, 대법원 2011. 11. 22. 선고 2011도12041 판결). 수사기관의 직무상의 질문 또는 조사에 응하여 범죄사실을 진술하는 것은 자백일 뿐 자수로 되지 않는다(대법원 2004. 10. 14. 선고 2003도3133 판결).

91) 대법원 1995. 7. 25. 선고 95도391 판결

3. 경합범의 처리

(1) 형법상 경합범의 처리

경합범은 수개의 행위로 수개의 죄를 범한 경우를 말하고, 여기에는 ① 판결이 확정되지 않은 수개의 죄(동시적 경합범) 및 ② 금고 이상의 형에 처한 판결이 확정된 죄와 그 판결 확정 전에 범한 죄(사후적 경합범)가 있다(형법 37조).

동시적 경합범의 경우, 각 죄에 정해진 형[법정형(법정형이 수개인 경우에는 그중에서 선택된 형)]이 유기징역, 유기금고 또는 벌금형으로서 동종의 형인 경우, 가장 무거운 죄에 정한 형의 장기 또는 다액에 **2분의 1**을 **가중**하되, 각 죄에 정한 형의 장기 또는 다액을 합산한 형기 또는 액수를 한도로 한다(형법 38조 1항 2호, 가중주의). 이는 각 죄에 관하여 선택된 징역 또는 벌금형의 단순합산에 따른 형벌의 가혹성을 완화하는 기능을 한다. 위와 같이 정해진 형의 범위에서 법원은 해당 사건에 대한 구체적 형을 정하게 된다.[92]

(2) 조세범처벌법 제20조 : 벌금경합에 관한 제한가중의 배제

(가) 벌금의 합산

① 적용대상 : 행위자

조세범처벌법 제20조는 '범칙행위를 한 자'에 대해서는 형법 제38조 제1항 제2호 중 벌금경합에 관한 제한가중규정을 적용하지 않는다고 규정한다. 위 규정은 형법의 일반원칙에 대한 예외에 해당하므로 엄격하게 해석할 필요가 있는 점 및 죄형법정주의를 고려하면, 위 규정은 '범칙행위를 한 자'가 아닌 양벌규정에 따라 처벌되는 업무주인 법인 또는 개인에 대하여는 적용되지 않는다고 보아야 할 것이다.[93]

② 벌금형의 합산

조세범처벌법 제20조는 '형법 제38조 제1항 제2호 중 벌금경합에 관한 제한가중규정을 적용하지 아니한다'고 규정한다. 그 의미는, 판결이 확정되지 아니한 수개의 범칙행위를 동시에 벌금형으로 처벌할 때 형법 제38조 제1항 제2호 본문에서 규정하는 '가장 중한 죄에 정한 벌금의 다액의 2분의 1을 한도로 가중하여 하나의 형을 선고하는 방식'을 적용하지 않는다는 취지이므로, 수 개의 조세범처벌법 위반죄에 대해서 벌금을 병과하는 경우에는

---

92) 가령 사기죄의 법정형은 10년 이하의 징역 또는 2,000만 원 이하의 벌금이고(형법 347조 1항), 절도죄의 법정형은 6년 이하의 징역 또는 1,000만 원 이하의 벌금이다(형법 329조). 피고인에 대한 사기와 절도의 공소사실이 모두 유죄로 인정되는 경우, 법원이 각 죄에 대하여 각각 징역형을 선택하였다면, 법원이 선고할 수 있는 형의 범위(처단형)는 징역 1월 이상 15년{= Min[10년×(1+1/2), 10년+6년]} 이하가 된다(형법 42조 1문, 38조 1항 2호).

93) 서울고등법원 2021. 5. 20. 선고 2020노63 판결

각 죄마다 **벌금형**을 따로 양정하여 이를 **합산**한 액수의 벌금형을 선고하여야 한다.[94] 조세범처벌법 제20조는 특가법 제8조에 따라 벌금형을 선고하는 경우에도 적용된다.[95]

한편, 조세범처벌법 제20조는 징역형의 경합에 대하여는 적용되지 않으므로, 수 개의 조세범처벌법 위반죄에 대하여 **징역형**을 선고하는 경우에는 일반원칙으로 돌아가 형법 제38조 제1항 제2호의 경합범 제한가중 규정을 따라야 한다.

(나) 본조의 문제점과 입법론

헌법재판소는 조세범처벌법상 벌금경합 시 제한가중의 배제 규정에 대하여 합헌결정을 하였다.[96] 그러나 ① 사기죄 등 상당수 재산죄보다 법정형이 낮게 정해진 조세범칙행위에 관하여 벌금경합의 가중제한 규정을 배제하여 더 높은 벌금을 선고할 수 있도록 하는 것은 일관성이 없는 점, ② 징역형과 벌금형의 경우에 경합범의 제한가중 규정의 배제 여부에 차이를 둘 필요가 있는 것인지 의문스러운 점, ③ 징역형을 선택한 경우보다 죄질이 더 가벼운 벌금형의 경우에만 경합범의 제한가중 규정을 배제하는 것은 균형이 맞지 않는 점을 고려하면, 조세범처벌법 제20조는 전체 형법체계와의 정합성을 결여하는 것이므로 이를 삭제하는 것을 검토할 필요가 있다.

4. 양형기준

대법원에 설치된 양형위원회는, 법관이 합리적인 양형을 도출하는 데 참고할 수 있는 구체적이고 객관적인 양형기준을 설정하거나 변경한다(법원조직법 81조의6 1항). 법관은 형의 종류를 선택하고 형량을 정할 때 양형기준을 존중하여야 하지만, 양형기준은 법적 구속력을 갖지 않는다(법원조직법 81조의7 1항). 법원이 양형기준을 벗어난 판결을 하는 경우에는 판결서에 양형의 이유를 적어야 한다(법원조직법 81조의7 2항 본문).

---

94) 대법원 1996. 5. 31. 선고 94도952 판결, 대법원 2009. 7. 23. 선고 2009도3131 판결, 대법원 2018. 5. 31. 선고 2018도2425 판결
95) 대법원 1996. 5. 31. 선고 94도952 판결, 대법원 2001. 5. 29. 선고 2001도1541 판결
96) 헌법재판소 1998. 5. 28. 97헌바68 결정 : "조세범처벌법 제4조 제1항은 조세포탈행위에 대한 벌금형의 병과에 있어서 벌금경합에 관한 형법상의 제한가중규정인 형법 제38조 제1항 제2호의 적용을 배제하도록 규정하고 있다. 그러나 수개의 조세포탈행위에 대한 처벌에 있어서 형법상의 벌금제한가중규정을 준용할 것인가의 문제는 결국 조세포탈죄의 법정형에 관한 문제이고 국가의 입법정책에 속하는 문제로서, 조세포탈범의 처벌에 있어서 그 행위의 반사회성, 반윤리성에 터잡아 그에 대한 징벌의 강도를 높이기 위해 위와 같이 일부 형법규정의 적용을 배제한 입법자의 의도는 우리의 경제현실이나 사회실정 및 국민의 법감정을 고려할 때 합리적인 것이라 할 수 있고 그것이 형벌체계상의 균형을 잃고 형벌 본래의 목적과 기능을 넘어선 과잉처벌이라고 볼 수 없으므로 위 조세범처벌법 조항은 헌법 제11조의 평등의 원칙이나 헌법 제37조 제2항에서 유래하는 과잉금지의 원칙에 위배된다 할 수 없다."

대법원은, 양형기준이 발효하기 전에 공소가 제기된 범죄에 대하여 양형기준을 참고하여 형을 양정한 사안에서, 양형기준은 법관이 양형을 하는 데 참고할 수 있는 기준으로서 마련된 것이고, 양형을 할 때 참고자료에 제한이 없으므로, 피고인에게 불리한 법률을 소급하여 적용한 위법이 있다고 할 수 없다고 판단하였다.[97] 양형위원회 운영규정 제20조도 같다.[98] 이에 따르면, 범죄 후 양형기준이 수정된 경우, 별도의 적용시기를 정하지 않았다면, 양형을 할 때 그 수정된 양형기준을 참고할 수 있을 것이다.[99]

조세범죄에 관하여는 '조세범죄 양형기준'이 설정되어 있다. 조세범죄 양형기준은 조세범죄에 대하여 징역형이 선고되는 경우만을 다루고 있고, 벌금형에 관하여는 언급하지 않는다.[100]

5. 형의 선고

(1) 징역형

징역은 무기 또는 유기로 하고 유기는 1개월 이상 30년 이하로 한다(형법 42조).[101]

(2) 벌금형 및 노역장유치

벌금을 선고할 때 이를 납입하지 않는 경우의 노역장 유치기간을 정하여 동시에 선고하여야 한다(형법 69조 1항). 노역장 유치기간은 1일 이상 3년 이하이고, 1억 원 이상의 고액 벌금에 대하여는 최소유치기간[102]이 정해져 있다(형법 69조 2항, 70조 2항).

(3) 형의 선고유예와 집행유예

1년 이하의 징역 등 또는 벌금형을 선고할 경우 피고인이 뉘우치는 정상이 뚜렷할 때에는 형의 선고를 유예할 수 있다(형법 59조 1항).[103] 3년 이하의 징역이나 500만 원 이하의 벌

---

97) 대법원 2009. 12. 10. 선고 2009도11448 판결
98) 양형위원회 운영규정
   제20조(양형기준의 효력발생시기)
   양형기준은 양형위원회규칙(이하 "규칙"이라고 한다) 제6조 제1항의 규정에 따라 관보에 게재된 날 이후 공소가 제기된 범죄에 대하여 적용한다. 다만, 위원회는 관보게재일 이후의 날을 지정하여 양형기준의 적용시기를 달리 정할 수 있다.
99) 조세범죄 양형기준은 2013. 2. 4. 의결되어 2013. 7. 1.부터 시행되었고, 이후 2023. 4. 24. 수정되어 2023. 7. 1.부터 시행 중이다.
100) 조세범죄 양형기준의 내용은 본 편 부록 참조
101) 다만, 유기징역에 대하여 형을 가중하는 때에는 50년까지로 한다(형법 42조 단서).
102) 선고하는 벌금이 1억 원 이상 5억 원 미만인 경우에는 300일 이상, 5억 원 이상 50억 원 미만인 경우에는 500일 이상, 50억 원 이상인 경우에는 1,000일 이상의 노역장 유치기간을 정하여야 한다(형법 70조 2항).
103) 대법원 2003. 2. 20. 선고 2001도6138 전원합의체 판결 : 선고유예의 요건 중 '개전의 정상이 현저한 때'라고 함은, 반성의 정도를 포함하여 널리 형법 제51조가 규정하는 양형의 조건을 종합적으로 참작하여 볼 때

금의 형을 선고할 경우 정상에 참작할 사유가 있는 때에는 1년 이상 5년 이하의 기간 형의 집행을 유예할 수 있다(형법 62조 1항).[104]

형을 병과할 경우에는 그 형의 일부에 대하여 선고 또는 집행을 유예할 수 있다(형법 59조 2항, 62조 2항). 따라서 특가법 제8조 위반죄에 대하여 징역형과 벌금형이 병과되는 경우 그 중 어느 하나의 형만을 집행유예하거나 선고유예할 수 있다.

제4절
판결의 효력

1. 형의 집행

유죄판결에 따른 형의 집행절차는 형법 66조 이하 및 형사소송법 제459조 이하에 규정되어 있다.[105]

2. 확정판결의 기판력(일사부재리)

(1) 의의

헌법 제13조 제1항은 '모든 국민은 동일한 범죄에 대하여 거듭 처벌받지 아니한다'고 규정한다. 형사소송법은, 유죄·무죄 또는 면소의 확정판결이 있는 경우 면소판결을 하도록 규정한다(형소법 326조 1호). 이에 따라 유죄·무죄 또는 면소의 확정판결이 있는 경우 그 판결의 심판대상과 동일성이 인정되는 사건에 대하여는 실체의 심리·판결을 할 수 없는 효력이 발생한다. 이를 일사부재리의 효력 또는 협의의 기판력이라 한다.[106]

형을 선고하지 않더라도 피고인이 다시 범행을 저지르지 않으리라는 사정이 현저하게 기대되는 경우를 가리킨다.

104) 법인의 대표자에 대하여 벌금형을 선고유예를 하였다고 하여 반드시 그 법인에 대하여도 벌금형의 선고유예를 하여야 하는 것은 아니다(대법원 1995. 12. 12. 선고 95도1893 판결).

105) 벌금 등의 재판은 민사집행법의 집행에 관한 규정을 준용하여 집행하지만(형소법 477조 3항), 국세징수법에 따른 체납처분의 예에 따라 집행할 수도 있다(형소법 477조 4항). 조세 등에 관한 법령에 의한 벌금의 재판을 받은 자가 재판확정 후 사망한 경우에는, 그 상속재산에 대하여 벌금을 집행할 수 있다(형소법 478조).

106) 대법원 판례는 일사부재리의 효력을 '기판력'으로 표현한다(대법원 2015. 6. 23. 선고 2015도2207 판결 등). 한편, 학설상으로는 일사부재리 효력이 확정판결의 기판력에 포함되는지, 아니면 그와 별개로 헌법 제13조 제1항의 이중위험금지에서 파생되는 것인지에 관하여 견해가 대립한다. 이재상·조균석·이창온, 803쪽

(2) 일사부재리 효력이 발생하는 재판

일사부재리 효력이 발생하는 재판은 확정된 유죄·무죄의 실체판결과 면소판결이다(형소법 326조 1호). 여기의 유죄판결은 약식명령(형사소송법 448조)과 '조세범처벌절차법에 따른 통고처분이 이행된 경우'[107]를 포함한다.

(3) 일사부재리 효력이 미치는 범위

(가) 원칙

일사부재리 효력은 확정판결의 범죄사실과 동일성이 인정되는 사실에 미친다. 대법원은, 범죄사실의 동일성 여부는 사실의 동일성이 갖는 법률적 기능을 염두에 두고 피고인의 행위와 그 사회적인 사실관계를 기본으로 하되 그 규범적 요소도 고려하여 판단하여야 한다고 본다.[108]

(나) 포괄일죄

확정판결의 기판력이 미치는 범위는 확정된 사건 자체의 범죄사실과 죄명을 기준으로 정해지므로,[109] 확정판결에서 포괄일죄로 처벌되었는지 아니면 단순범죄로 처벌되었는지에 따라 그 기판력(일사부재리 효력)이 미치는 범위가 달라진다.

① 확정판결에서 포괄일죄로 처벌된 경우

확정판결의 전·후에 걸쳐 포괄일죄의 범행이 행해진 경우에 확정판결의 일사부재리 효력은 사실심리가 가능한 최후의 시점인 '사실심 판결 선고시까지' 행해진 범행에 대하여 미친다.[110] 따라서 피고인을 특가법 제8조의2 제1항 위반의 포괄일죄로 처벌하는 판결이 확정된 경우, 그 기판력은 위 확정판결의 사실심 판결 선고시까지 행해지고 위 확정판결의 범죄사실과 포괄일죄 관계에 있는 조세범처벌법 제10조 제3항 등의 위반죄에 미친다.

포괄일죄의 관계에 있는 일련의 범행 중간에 동종의 죄에 대한 확정판결이 있는 경우, 포괄일죄 중 확정판결의 사실심 선고시 후에 행해진 범죄는 그 전에 행해진 범죄와 별개의 독립된 범죄로 분단된다.[111] 그러나 포괄일죄의 범행 중간에 이종의 죄에 대한 확정판결이

---

107) 통고처분을 받은 자가 통고대로 이행하였을 때에는 동일한 사건에 대하여 다시 조세범칙조사를 받거나 처벌받지 아니한다(조세범처벌절차법 15조 3항). 이는 조세범처벌절차법에 따른 통고처분의 이행에 확정판결에 준하는 효력을 인정한 것으로 볼 수 있다. 본 편 제1장 제2절 3.2.1. 참조
108) 대법원 1994. 3. 22. 선고 93도2080 전원합의체 판결(장물취득죄와 강도상해죄는 그 수단, 방법, 상대방 등 범죄사실의 내용이나 행위가 별개이고, 행위의 태양(態樣)이나 피해법익도 다르고 죄질에도 현저한 차이가 있으므로, 동일성이 있다고 보기 어렵다고 한 사례), 대법원 1998. 8. 21. 선고 97도2487 판결
109) 대법원 2015. 6. 23. 선고 2015도2207 판결
110) 대법원 1983. 4. 26. 선고 82도2829 판결
111) 대법원 2000. 2. 11. 선고 99도4797 판결, 대법원 2017. 5. 17. 선고 2017도3373 판결 ; 공소제기된 범죄사실

있는 경우에는, 포괄일죄가 2개의 죄로 분리되지 않고 확정판결 후 최종의 범죄행위시에 완성된다.[112]

② 확정판결에서 단순범죄로 처벌된 경우

대법원은, 상습범으로서 포괄일죄의 관계에 있는 여러 개의 범죄사실 중 일부에 대하여 유죄판결이 확정된 경우에, 그 확정판결의 사실심판결 선고 전에 저질러진 나머지 범죄에 관하여 제기된 공소에 대하여 면소판결을 하기 위해서는, 전의 확정판결에서 해당 피고인이 상습범으로 기소되어 처단되었어야 하고, 상습범이 아닌 **기본 구성요건**의 범죄로 처단되는 데 그친 경우에는, 전의 확정판결에서 유죄로 판단된 범죄사실과 위 나머지 범죄사실이 **상습범**의 포괄일죄에 해당하더라도, 전의 확정판결의 기판력이 그 사실심판결 선고 전의 나머지 범죄에 미친다고 볼 수 없다고 판시하였다.[113]

대법원은, 확정판결의 기판력이 미치는 범위는 확정된 사건 자체의 범죄사실과 죄명을 기준으로 정하는 것이 원칙이므로, 그 전의 확정판결에서 **조세범처벌법 제10조 제3항** 각 호의 위반죄로 처단되는 데 그친 경우에는, 확정된 사건의 범죄사실이 뒤에 공소가 제기된 사건의 범죄사실이 **특가법 제8조의2 제1항** 위반의 포괄일죄에 해당하는 것으로 판단되더라도, 앞의 확정판결을 포괄일죄의 일부에 대한 확정판결이라고 보아 기판력이 사실심판결 선고 전의 특가법 제8조의2 제1항 위반 범죄사실에 미친다고 볼 수 없다고 판단하였다.[114]

특가법 제8조 위반죄는 포괄일죄는 아니지만 그와 유사하므로, 위와 같은 관계는 특가법 제8조 위반죄와 포탈세액을 구성하는 조세범처벌법 제3조 위반죄의 관계에도 적용될 여지가 있다.

(다) 상상적 경합

상상적 경합 관계에 있는 수개의 죄 중 일부에 대한 확정판결이 있는 경우, 그 기판력은 다른 죄에 대하여도 미친다.[115]

피고인이 운영하는 여러 회사들 사이에 실물거래가 없음에도 각 회사를 대표하여 세금계산서를 발급하고 수취하는 행위를 한 것으로 기소되었는데, 피고인이 일부 회사 명의로 무

(❶)과 추가로 발견된 범죄사실(❸) 사이에 포괄일죄의 관계에 있는 또 다른 범죄사실(❷)에 대한 유죄의 확정판결이 있는 경우, 그에 의하여 전·후 범죄사실의 일죄성은 분단되어 공소제기된 범죄사실(❶)과 판결이 확정된 범죄사실(❷)만이 포괄일죄를 구성하고, 추가로 발견된 확정판결 후의 범죄사실(❸)은 그것과 경합범 관계에 있는 별개의 포괄일죄가 되므로, 검사는 확정판결 후의 범죄사실(❸)을 공소장변경절차에 의하여 공소사실로 추가할 수 없고, 별개의 독립한 범죄로 공소를 제기하여야 한다(대법원 2000. 3. 10. 선고 99도2744 판결, 대법원 2017. 4. 28. 선고 2016도21342 판결).

112) 대법원 2002. 7. 12. 선고 2002도2029 판결, 대법원 2003. 8. 22. 선고 2002도5341 판결
113) 대법원 2004. 9. 16. 선고 2001도3206 전원합의체 판결
114) 대법원 2015. 6. 23. 선고 2015도2207 판결
115) 대법원 2011. 2. 24. 선고 2010도13801 판결

거래 세금계산서를 발급한 것에 대하여 약식명령이 이미 확정된 사건에서, 대법원은, 위 경우 무거래 세금계산서 발급죄와 그 수취죄는 상상적 경합의 관계에 있으므로, 피고인이 다른 회사 명의로 무거래 세금계산서를 수취하였다는 공소사실에 대하여 면소판결이 선고되어야 한다고 판단하였다.[116]

피고인이 영리를 목적으로 재화 또는 용역을 공급하지 않거나 공급받지 않고 거짓 매출·매입처별 세금계산서합계표를 제출한 범죄사실 등에 관하여 특가법 제8조의2 위반죄로 유죄판결을 받고 확정되었는데, 그 항소심 판결선고 전의 동종 범행에 관하여 조세범처벌법 제10조 제2항 제2호의 위반죄로 기소된 사건에서, 후자의 공소사실은 조세범처벌법 제10조 제3항 제3호에 해당하고 전체적으로 포괄하여 특가법 제8조의2 위반죄를 구성할 수 있으며, 그 경우 특가법 제8조의2 위반죄는 조세범처벌법 제10조 제2항 제2호와 상상적 경합 관계에 있으므로, 위 확정판결의 기판력은 위 공소사실에 미친다고 판단하였다.[117]

(라) 실체적 경합

실체적 경합범 관계에 있는 수 개의 죄 중 일부에 대한 확정판결의 기판력은 나머지 죄에 대하여 미치지 않는다.

3. 조세형사판결과 조세법률관계

3.1. 조세형사판결의 조세행정사건에 대한 영향

(1) 판례

민사소송 또는 행정소송에서, 확정된 형사판결의 판단을 채용하기 어렵다고 볼 특별한 사정이 없는 한 그와 배치되는 사실을 인정할 수 없다.[118] 형사사건의 유죄판결은, 범죄사실에 대하여 합리적 의심을 배제할 정도의 확신에 기초한 것이므로, 그 범죄사실과 관련하여 인정된 사실은 관련 조세행정사건에서 강한 증명력을 갖는다.[119]

---

116) 대법원 2012. 10. 25. 선고 2012도7172 판결
117) 대법원 2021. 2. 4. 선고 2019도10999 판결. 따라서 원심은, 위 공소사실에 해당하는 조세범처벌법 제10조 제3항 제3호의 위반죄가 판결이 확정된 특가법 제8조의2 위반죄와 포괄일죄의 관계에 있는지를 심리하고 그 결과에 따라 확정판결의 기판력이 미치는지 여부를 판단하였어야 하였으나, 이를 하지 않았기 때문에 심리미진의 위법이 있는 것으로 판단되었다.
118) 대법원 1999. 11. 26. 선고 98두10424 판결
119) 대법원 2019. 9. 9. 선고 2019두31730 판결 : '원고가 2009. 1. 31.부터 2014. 9. 30.까지 사실은 A로부터 원사를 공급받은 사실이 없음에도 이를 공급받은 것처럼 거짓으로 기재된 세금계산서를 발급받는 방법으로 공급가액 합계 9,546,605,457원의 이 사건 세금계산서를 발급받았다'는 범죄사실로 유죄판결을 선고받아 그 판결이 확정된 사실에 비추어, 원고가 A로부터 그 세금계산서상의 공급자가 실제 공급자와 다르게 적힌

다만, 민사책임과 형사책임은 지도이념과 증명책임, 증명의 정도 등에서 서로 다른 원리가 적용되므로,[120] 형사재판에서 공소사실에 대한 합리적 의심을 배제할 정도로 확신하기 어렵다는 이유로 무죄가 선고되었다고 하여 그러한 사정만으로 민사책임을 부정하여야 하거나 공소사실의 전제가 된 징계사유를 부정하여야 하는 것은 아니다.[121] 위 경우 무죄의 선고는, 공소사실의 존재 여부에 대한 적극적 판단이 아니라 그러한 판단의 불가능 또는 곤란 상태(in dubio)를 표시하는 것이기 때문이다. 따라서 조세포탈 관련 형사재판에서 공소사실에 대하여 합리적 의심을 배제할 정도로 확신하기 어렵다는 이유로 무죄가 선고되었다고 하여 조세행정사건에서 반드시 납세의무 또는 부정행위의 존재를 부정하여야 하는 것은 아니다.

조세사건의 판결 중에 형사사건의 판결이유와 다르게 판단한 예로 다음의 것이 있다. 상장법인의 최대주주 등인 원고들이 증권회사 직원으로 하여금 같은 시간에 동일한 가격의 매도·매수호가를 주문 제출하게 함으로써 특수관계인들에게 상장주식을 상증세법상 할증평가를 한 금액보다 낮은 가액에 매도하게 한 것과 관련하여, 원고들이 위 주식거래와 관련하여 소득세를 포탈하였다는 혐의로 기소된 후, 그 형사사건에서 위 주식거래는 특정인 간의 매매로 보기 어려워 부당행위계산에 해당하지 않는다는 이유로 무죄판결을 선고받고 위 판결이 확정되었는데,[122] 위 거래와 관련한 소득세 부과처분이 다투어진 사건에서, 법원은, 위 거래는 특수관계인 외의 자를 통하여 이루어진 특수관계인 간의 거래로서 소득세법상 양도소득의 부당행위계산에 해당한다고 판단하였다.[123]

(2) 조세형사판결을 증거로 사용할 때 고려할 사항

실무상 동일한 납세의무자에 대하여 법인세 또는 소득세 등의 과세처분에 대한 행정사건

'사실과 다른 세금계산서'를 교부받았다고 판단한 사안

120) 형사소송에서 범죄사실의 증명은 합리적 의심의 여지가 없는 정도에 이르러야 한다[본 장 제2절 3.2. (2) 참조]. 이에 비하여 민사소송이나 행정소송에서 사실의 증명은, 경험칙에 비추어 모든 증거를 종합적으로 검토하여 볼 때 어떤 사실이 있었다는 점을 시인할 수 있는 고도의 개연성을 증명하는 것이면 충분하다(대법원 2010. 10. 28. 선고 2008다6755 판결, 대법원 2018. 4. 12. 선고 2017두74702 판결).

121) ① 대법원 2015. 3. 12. 선고 2012다117492 판결(의료과실에 관한 형사재판에서 업무상 과실과 상해나 사망의 결과 발생 사이에 인과관계가 있다는 점을 합리적 의심을 배제할 정도로 확신하기 어렵다는 이유로 공소사실에 관하여 무죄가 선고되었다고 하여 그러한 사정만으로 의료과오로 인한 민사책임이 부정되는 것은 아니다), ② 대법원 2018. 4. 12. 선고 2017두74702 판결(성희롱 관련 형사재판에서 성희롱 행위가 있었다는 점을 합리적 의심을 배제할 정도로 확신하기 어렵다는 이유로 공소사실에 관하여 무죄가 선고되었다고 하여 그 성희롱을 사유로 한 징계처분의 당부를 다투는 행정소송에서 징계사유의 존재를 부정할 것은 아니다)

122) 대법원 2021. 6. 24. 선고 2021도436 판결. 제2편 제1장 제4절 3.3.3. (2)(가) 참조

123) 서울고등법원 2023. 10. 27. 선고 2022누56304 판결(대법원 2023두60957호로 상고심 계속 중). 다만, 위 판결은, 원고들의 행위가 주식거래로 인한 양도소득을 적극적으로 은닉하는 부정행위로 볼 수 없다고 판단하였다.

과 조세포탈에 대한 형사사건이 동시에 진행되는 경우가 종종 있다. 그러한 경우 가급적 상대적으로 더 높은 전문성을 가지는 행정사건의 재판부가 먼저 납세의무의 존부 및 범위에 관하여 판단을 하고, 이를 전제로 형사사건의 재판부가 조세포탈 여부의 판단을 하는 것이 바람직할 것이다. 그러나 실제로는 납세의무자인 피고인이 구속되어 있는 경우 구속기간의 제한 등으로 인하여 형사사건이 더 빨리 진행되고, 행정사건의 재판부는 형사판결에 나타난 납세의무의 판단을 토대로 판결하는 경우가 상당수 있다. 이는 부득이한 측면이 있지만, 행정사건의 재판부로서는 형사판결 중 특히 사실인정이 아닌 납세의무에 관한 법률적 평가(소득의 귀속시기 등)에 관한 부분은 만연히 받아들일 것이 아니라 더 주의깊게 검토할 필요가 있을 것이다.

3.2. 형사판결과 후발적 경정청구

과세표준신고서를 법정신고기한까지 제출한 자 또는 국세의 부과처분을 받은 자는, 최초의 신고 · 결정 또는 경정에서 과세표준 및 세액의 계산 근거가 된 거래 또는 행위 등이 판결에 의하여 다른 것으로 확정된 경우, 일정 기간 내에 후발적 경정청구를 할 수 있다(국세기본법 45조의2 2항). 이와 관련하여 과세처분을 받은 자가 형사판결에서 납세의무자가 아니라는 판단을 받은 것이 후발적 경정청구사유에 해당하는지 문제된다. 대법원은, 형사사건의 판결은 과세처분에 대한 후발적 경정청구사유에 해당하지 않는다는 취지로 본다.[124]

---

124) ① 대법원 2009. 1. 30.자 2008두21171 판결(심리불속행) : 실질주주로부터 주식을 명의신탁받은 원고가 그 주식의 발행법인이 실시한 유상증자에 참여하여 신주를 인수하였고, 당시 신주인수를 포기한 특수관계인으로부터 이익을 분여받았다는 이유로 증여세 부과처분을 받았는데, 원고가 위 주식을 실질주주에게 반환하지 않고 유상증자에 참여한 후 주권을 양도함으로써 실질주주가 당초 명의신탁한 주식 가치 해당분을 횡령하였다는 이유로 형사사건에서 유죄판결을 받게 되자, 위 증여세 부과처분에 대한 경정청구를 한 사안에서, 위 형사사건의 판결은 후발적 경정청구사유에 해당하지 않는다고 본 사례, ② 대법원 2016. 3. 24.자 2015두60143 판결(심리불속행) : 원고 법인이 거래처에 제품을 공급하던 중 그 대표이사인 B 등이 설립한 C 법인을 거래의 중간에 끼워넣어 C에게 제품을 저가로 양도하였다는 이유로 법인세 및 부가가치세의 부과처분을 받은 후, B가 형사사건에서 업무상 배임에 대한 무죄판결을 받고, 민사사건에서 원고에 대한 손해배상책임이 없다는 판결을 받은 사안에서, 형사사건의 무죄판결 및 민사사건의 판결은 후발적 경정청구사유에 해당하지 않는다고 본 사례, ③ 대법원 2020. 1. 9. 선고 2018두61888 판결 : 국내 소비자들로부터 영국 현지 물품을 주문받아 판매하는 인터넷 온라인 쇼핑몰 운영자인 원고가 배송한 물품에 대하여 국내 소비자들을 납세의무자로 하여 관세법 제94조 제4호에 따른 소액물품 감면대상에 해당한다고 수입신고를 하자, 관할 세관장이 원고에게 관세법을 위반한 사실이 확인되었다는 이유로 관세 및 과소신고가산세 등을 부과 · 고지하였는데, 원고가 이와 관련하여 관세법 위반죄로 기소되었다가 무죄판결이 선고 · 확정되자 이를 근거로 위 부과처분에 대하여 경정청구를 하였으나 관할 세관장이 거부한 사안에서, ㉮ 원심은, 원고에게 무죄를 선고한 관련 형사판결에 의하여 당초 부과처분의 과세표준과 세액의 계산근거가 된 거래 또는 행위, 즉 원고가 물품을 해외 판매자로부터 수입하여 국내 소비자에게 판매하였다는 내용의 거래 또는 행위가 다른 내용의 것으로 확정되어 관세법 제38조의3 제3항 및 관세법 시행령 제34조 제2항 제1호에 정한 후발적 경정청구사유에 해당한다고 보았으나, ㉯ 대법원은 원심 판단에 법리오해의 잘못이 있다고 판단하였다.

그러나 ① 형사판결에서 공소사실의 인정 여부를 확신할 수 없다는 이유로 무죄판결을 선고한 경우에는 후발적 경정청구사유로 보기 어렵겠지만, ② 형사사건(특히 조세포탈 사건)의 판결이유에서 납세의무의 존부나 범위가 명시적·적극적으로 판단된 경우에는 후발적 경정청구사유로 보는 것이 합리적이다.[125]

4. 확정판결에 대한 재심

대법원은, 조세포탈을 유죄로 인정한 형사판결 이후 ① 해당 조세의 부과처분을 취소하는 행정소송의 판결이 확정되거나,[126] ② 조세심판원의 재조사결정에 따라 과세관청이 부과처분을 취소한 경우,[127] 이는 '무죄 또는 더 가벼운 죄를 인정할 명백한 증거가 새로 발견된 때'(형소법 420조 5호)로서 재심사유 또는 상고이유에 해당한다고 본다.[128] 위의 재심사유는, 상고이유서 제출기간 이후에 발생하여 상고이유서에 포함되지 않은 때에도 상고심의 직권 심판대상이 된다(형사소송법 384조 단서, 383조 3호).[129]

다만, 과세처분을 취소하는 판결은, 조세포탈죄의 요건인 '납세의무의 성립에 관한 하자'를 이유로 하는 경우에 한하여 재심사유로 되고, 부과제척기간의 경과나 부과절차 등 '납세의무의 확정에 관한 하자'만을 이유로 한 경우는 재심사유에 해당하지 않는다고 보아야 할 것이다.[130] 대법원이 재심사유로 인정한 과세처분취소 판결 등도 모두 납세의무의 성립에 관한 하자를 이유로 한 것이었다.[131]

한편, 대법원은, 피고인 등이 공모하여 사설 스포츠 도박 인터넷사이트를 개설·운영하면서 발생한 소득을 관할 세무서에 신고하지 않는 방법으로 종합소득세를 포탈하였다고 하

---

125) 유철형, "후발적 경정청구사유인 '판결'의 범위에 관한 연구 - 대법원 2020. 1. 9. 선고 2018두61888 판결을 중심으로 -", 조세법연구 [26-3](2020), 167~168쪽 ; 이중교(2024), 201쪽
126) 대법원 1985. 10. 22. 선고 83도2933 판결, 대법원 2019. 9. 26. 선고 2017도11812 판결
127) 대법원 2015. 10. 29. 선고 2013도14716 판결
128) ① 대법원 1985. 10. 22. 선고 83도2933 판결, ② 대법원 2015. 10. 29. 선고 2013도14716 판결, ③ 대법원 2019. 9. 26. 선고 2017도11812 판결
129) 대법원 1985. 10. 22. 선고 83도2933 판결
130) 제2편 제1장 제3절 5.1. 참조
131) ① 대법원 1985. 10. 22. 선고 83도2933 판결(피고인에 대한 부가가치세 등 부과처분을 그에 대응하는 매출액의 신고누락이 없거나 실제 금액을 초과하였다는 이유로 취소하는 판결이 확정된 사안), ② 대법원 2015. 10. 29. 선고 2013도14716 판결(과세관청이 피고인이 실질적으로 운영하는 공소외 회사가 계상한 외주공사비가 가공경비라는 등의 이유로 그 금액을 손금불산입하여 공소외 회사에게 법인세 부과처분을 하였는데, 조세심판원은 '공소외 회사가 외상매입금을 지급하면서 이를 외주공사비 항목으로 회계처리하였다'고 볼 여지가 있다는 이유로 재조사결정을 하였고, 이에 과세관청은 공소외 회사가 외상매입금을 지급하면서 외주공사비 계정을 사용하였다는 이유로 조세심판원의 결정에 따른 후속처분으로서 당초의 부과처분 중 일부 세액 부분을 취소한 사안), ③ 대법원 2019. 9. 26. 선고 2017도11812 판결(피고인 및 공소외 회사에 대한 소득세, 법인세 및 부가가치세 부과처분이 그 원인이 된 매출누락액 산정 방법이 위법하다는 이유로 취소하는 판결이 확정된 사안)

여 기소된 사안에서, 신고납부방식의 조세인 종합소득세를 포탈한 경우 신고·납부기한이 지난 때에 조세포탈행위의 기수가 되므로, 납부기한 후에 몰수나 추징의 집행이라는 후발적 사유가 발생하여 당초의 부과처분을 경정하더라도 조세포탈죄의 성립에 영향을 미치지 않는다고 판단하였다.[132] 이는 이미 범죄가 성립한 이후의 사정은 그 범죄에 영향을 미치지 않는다는 형사법의 일반원칙[133]에 따른 것으로 보인다.

---

132) 대법원 2017. 4. 7. 선고 2016도19704 판결
133) 조세포탈이 기수에 이른 후 포탈세액의 수정신고 또는 납부는 조세포탈죄의 성립에 영향을 미치지 않는다. 대법원 1985. 3. 12. 선고 83도2540 판결, 대법원 1988. 11. 8. 선고 87도1059 판결

부록

조세범죄 양형기준

(2023. 4. 24. 수정, 2023. 7. 1. 시행)

조세범죄의 양형기준은 조세포탈 등(조세범처벌법 제3조 제1항, 지방세기본법 제102조 제1항), 상습조세포탈 등(조세범처벌법 제3조 제4항, 지방세기본법 제102조 제5항), 특정범죄가중법상 조세포탈(특정범죄가중법 제8조 제1항), 세금계산서 발급의무 위반 등(조세범처벌법 제10조 제3항, 제4항), 특정범죄가중법상 세금계산서 교부의무 위반 등(특정범죄가중법 제8조의2 제1항)의 죄를 저지른 성인(19세 이상) 피고인에 대하여 적용한다.

[형종 및 형량의 기준]

Ⅰ. 형종 및 형량의 기준

1. 일반 조세포탈

유형	구분	감경	기본	가중
1	3억 원 미만	~ 8월	6월 ~ 10월	8월 ~ 1년2월
2	3억 원 이상, 5억 원 미만	6월 ~ 1년	8월 ~ 1년2월	1년 ~ 2년
3	5억 원 이상	8월 ~ 1년6월	1년 ~ 2년	1년6월 ~ 2년6월

* 포탈세액 등이 3억 원 이상, 5억 원 미만이면서 그 포탈세액 등이 신고·납부세액 또는 결정·고지세액의 100분의 30 이상인 경우는 3유형에 포섭

구분		감경요소	가중요소
특별 양형 인자	행위	• 사실상 압력 등에 의한 소극적 범행 가담 • 실제 이득액이 경미한 경우 • 단지 조세의 납부시기가 연기되는 결과를 발생시킨 것임이 명백한 경우 • 미필적 고의로 조세포탈행위를 저지른 경우	• 계획적·조직적 범행 • 2년 이상의 계속적·반복적 범행 • 피지휘자에 대한 교사
	행위자 /기타	• 청각 및 언어 장애인 • 심신미약 • 자수·내부비리 고발 또는 수정신고	• 동종 누범 • 상습범인 경우 • 세무를 대리하는 세무사·공인회계

구분		감경요소	가중요소
		· 기한 후 신고 • 포탈한 조세를 상당 부분 납부한 경우 등	사 · 변호사의 중개 · 알선 · 교사행위 또는 세무공무원의 범행
일반 양형 인자	행위	• 경제적으로 급박한 상황에서 조세포탈을 저지른 경우 • 포탈한 세액 중 일정 부분 이상이 징수되었거나 징수되리라 예상되는 경우 • 소극 가담	• 포탈한 조세의 징수를 회피하기 위하여 재산을 은닉한 경우 • 서면에 의한 경고, 회계감사 또는 과세관청의 실지조사에도 불구하고 범행을 계속한 경우 • 세무공무원과 결탁한 경우 • 세무조사 등을 방해한 경우
	행위자 /기타	• 진지한 반성 • 형사처벌 전력 없음 • 포탈한 조세의 납부를 위한 진지한 노력	• 이종 누범 또는 누범에 해당하지 않는 동종 실형전과(집행종료 후 10년 미만)

2. 특가법상 조세포탈

유형	구분	감경	기본	가중
1	5억 원 이상, 10억 원 미만	1년6월 ~ 2년6월	2년 ~ 4년	3년 ~ 5년
2	10억 원 이상, 200억 원 미만	2년6월 ~ 5년	4년 ~ 6년	5년 ~ 8년
3	200억 원 이상	4년 ~ 7년	5년 ~ 9년	8년 ~ 12년

구분		감경요소	가중요소
특별 양형 인자	행위	• 사실상 압력 등에 의한 소극적 범행 가담 • 실제 이득액이 경미한 경우 • 단지 조세의 납부시기가 연기되는 결과를 발생시킨 것임이 명백한 경우 • 미필적 고의로 조세포탈행위를 저지른 경우	• 계획적 · 조직적 범행 • 피지휘자에 대한 교사
	행위자	• 청각 및 언어 장애인	• 동종 누범

구분		감경요소	가중요소
일반양형인자	/기타	• 심신미약 • 자수 · 내부비리 고발 또는 수정신고 · 기한 후 신고 • 포탈한 조세를 상당 부분 납부한 경우 등	• 세무를 대리하는 세무사 · 공인회계사 · 변호사의 중개 · 알선 · 교사행위 또는 세무공무원의 범행
	행위	• 경제적으로 급박한 상황에서 조세포탈을 저지른 경우 • 포탈한 세액 중 일정 부분 이상이 징수되었거나 징수되리라 예상되는 경우 • 소극 가담	• 포탈한 조세의 징수를 회피하기 위하여 재산을 은닉한 경우 • 서면에 의한 경고, 회계감사 또는 과세관청의 실지조사에도 불구하고 범행을 계속한 경우 • 세무공무원과 결탁한 경우 • 세무조사 등을 방해한 경우
	행위자/기타	• 진지한 반성 • 형사처벌 전력 없음 • 포탈한 조세의 납부를 위한 진지한 노력	• 이종 누범 또는 누범에 해당하지 않는 동종 실형전과(집행종료 후 10년 미만)

3. 일반 허위 세금계산서 수수 등

유형	구분	감경	기본	가중
1	30억 원 미만	~ 10월	6월 ~ 1년	10월 ~ 1년2월
2	30억 원 이상, 50억 원 미만	6월 ~ 1년	8월 ~ 1년2월	1년 ~ 2년
3	50억 원 이상	8월 ~ 1년6월	1년 ~ 2년	1년6월 ~ 2년6월

구분		감경요소	가중요소
특별양형인자	행위	• 사실상 압력 등에 의한 소극적 범행 가담 • 실제 이득액이 경미한 경우 • 조세포탈의 목적이 없거나 조세포탈의 결과가 발생하지 않은 경우	• 계획적 · 조직적 범행 • 영리를 목적으로 계속적 · 반복적으로 한 범행(1유형) • 피지휘자에 대한 교사
	행위자/기타	• 청각 및 언어 장애인 • 심신미약	• 동종 누범 • 세무를 대리하는 세무사 · 공인회계

구분		감경요소	가중요소
		• 자수 · 내부비리 고발	사 · 변호사의 중개 · 알선 · 교사행위 또는 세무공무원의 범행
일반 양형 인자	행위	• 범죄수익 대부분을 소비하지도 못하고 보유하지도 못한 경우 • 소극 가담	• 세무공무원과 결탁한 경우 • 세무조사 등을 방해한 경우 • 우월적 지위를 이용하여 거래중단 등을 내세우며 거래처에 허위 세금계산서 수수를 요구한 경우
	행위자 /기타	• 진지한 반성 • 형사처벌 전력 없음	• 이종 누범 또는 누범에 해당하지 않는 동종 실형전과(집행종료 후 10년 미만)

4. 특가법상 허위 세금계산서 수수 등

유형	구분	감경	기본	가중
1	30억 원 이상, 50억 원 미만	6월 ~ 1년6월	1년 ~ 2년	1년6월 ~ 3년
2	50억 원 이상, 300억 원 미만	1년6월 ~ 2년6월	2년 ~ 4년	3년 ~ 5년
3	300억 원 이상	2년 ~ 4년	3년 ~ 6년	5년 ~ 7년

구분		감경요소	가중요소
특별 양형 인자	행위	• 사실상 압력 등에 의한 소극적 범행 가담 • 실제 이득액이 경미한 경우 • 조세포탈의 목적이 없거나 조세포탈의 결과가 발생하지 않은 경우	• 계획적 · 조직적 범행 • 피지휘자에 대한 교사
	행위자 /기타	• 청각 및 언어 장애인 • 심신미약 • 자수 · 내부비리 고발	• 동종 누범 • 세무를 대리하는 세무사 · 공인회계사 · 변호사의 중개 · 알선 · 교사행위 또는 세무공무원의 범행
일반 양형 인자	행위	• 범죄수익 대부분을 소비하지도 못하고 보유하지도 못한 경우 • 소극 가담	• 세무공무원과 결탁한 경우 • 세무조사 등을 방해한 경우 • 우월적 지위를 이용하여 거래중단

구분	감경요소	가중요소
		등을 내세우며 거래처에 허위 세금계산서 수수를 요구한 경우
행위자/기타	• 진지한 반성 • 형사처벌 전력 없음	• 이종 누범 또는 누범에 해당하지 않는 동종 실형전과(집행종료 후 10년 미만)

II. 유형의 정의

1. 일반 조세포탈

아래 구성요건 및 적용법조에 해당하는 행위를 의미한다(이하 같음).

구성요건	적용법조	법정형
일반 조세포탈로서 포탈세액이 5억 원 미만인 경우	조세범처벌법 제3조 제1항 본문, 지방세기본법 제129조 제1항 본문	2년 이하 징역 또는 포탈세액 등의 2배 이하 벌금(병과 가능)
일반 조세포탈로서 ① 포탈세액이 3억 원 이상 5억 원 미만인 경우이고, 포탈세액 등이 신고세액 등의 30/100 이상인 경우, ② 포탈세액이 5억 원 이상인 경우	조세범처벌법 제3조 제1항 단서, 지방세기본법 제129조 제1항 단서	3년 이하 징역 또는 포탈세액 등의 3배 이하 벌금(병과 가능)
상습조세포탈	조세범처벌법 제3조 제4항, 지방세기본법 제129조 제5항	조세범처벌법 제3조 제1항 및 지방세기본법 제129조 제1항이 규정한 법정형의 1/2 가중

가. 제1유형 : 포탈세액, 환급·공제받은 세액(이하 '포탈세액 등'이라 한다)이 3억 원 미만인 경우를 의미한다.

나. 제2유형 : 포탈세액 등이 3억 원 이상, 5억 원 미만인 경우를 의미한다.

다. 제3유형 : 포탈세액 등이 3억 원 이상, 5억 원 미만이면서 그 포탈세액 등이 신고·납부세액 또는 결정·고지세액의 100분의 30 이상인 경우, 포탈세액 등이 5억 원 이상인 경우를 의미한다.

2. 특가법상 조세포탈

구성요건	적용법조	법정형
포탈세액 등이 연간 5억 원 이상, 10억 원 미만인 경우	특가법 제8조 제1항 제2호	3년 이상 징역, 포탈세액 등의 2배 이상 5배 이하에 상당하는 벌금형을 병과
포탈세액 등이 연간 10억 원 이상인 경우	특가법 제8조 제1항 제1호	무기 또는 5년 이상 징역, 포탈세액 등의 2배 이상 5배 이하에 상당하는 벌금형을 병과

가. 제1유형 : 포탈하거나 환급받은 세액 또는 징수하지 아니하거나 납부하지 아니한 세액 (이하 '포탈세액 등'이라 한다)이 연간 5억 원 이상, 10억 원 미만인 경우를 의미한다.
나. 제2유형 : 포탈세액 등이 연간 10억 원 이상, 200억 원 미만인 경우를 의미한다.
다. 제3유형 : 포탈세액 등이 연간 200억 원 이상인 경우를 의미한다.

3. 일반 허위 세금계산서 수수 등

구성요건	적용법조	법정형
재화 또는 용역의 공급 없이 세금계산서 등을 발급하거나 발급받는 행위 또는 거짓으로 기재한 매출·매입처별 세금계산서합계표 등의 제출	조세범처벌법 제10조 제3항	3년 이하 징역 또는 공급가액 등에 부가가치세 세율을 적용한 세액의 3배 이하의 벌금(병과 가능)
위 행위의 알선·중개행위	조세범처벌법 제10조 제4항	3년 이하 징역 또는 공급가액 등에 부가가치세 세율을 적용한 세액의 3배 이하의 벌금(병과 가능)

가. 제1유형 : 재화 또는 용역을 공급하지 아니하거나 공급받지 아니하고 발급하거나 발급받은 세금계산서 및 계산서에 기재된 공급가액이나 매출처별세금계산서합계표나 매입처별세금계산서합계표에 기재된 공급가액 또는 매출·매입금액의 합계액(이하 '공급가액 또는 매출·매입금액의 합계액'이라 한다)이 30억 원 미만인 경우를 의미한다(위 행위를 알선하거나 중개한 경우도 포함한다. 이하 같다).
나. 제2유형 : 공급가액 또는 매출·매입금액의 합계액이 30억 원 이상, 50억 원 미만인 경우를 의미한다.
다. 제3유형 : 공급가액 또는 매출·매입금액의 합계액이 50억 원 이상인 경우를 의미한다.

4. 특가법상 허위 세금계산서 수수 등

가. 제1유형 : 영리를 목적으로 재화 또는 용역을 공급하지 아니하거나 공급받지 아니하고 발급하거나 발급받은 세금계산서 및 계산서에 기재된 공급가액이나 매출처별세금계산서합계표나 매입처별세금계산서합계표에 기재된 공급가액 또는 매출·매입금액의 합계액(이하 '공급가액 또는 매출·매입금액의 합계액'이라 한다)이 30억 원 이상, 50억 원 미만인 경우를 의미한다(위 행위를 알선하거나 중개한 경우도 포함한다. 이하 같다).

나. 제2유형 : 공급가액 또는 매출·매입금액의 합계액이 50억 원 이상, 300억 원 미만인 경우를 의미한다.

다. 제3유형 : 공급가액 또는 매출·매입금액의 합계액이 300억 원 이상인 경우를 의미한다.

구성요건	적용법조	법정형
영리를 목적으로 한 행위로서 공급가액 등의 합계액이 30억 원 이상 50억 원 미만인 경우	특가법 제8조의2 제1항 제2호	1년 이상의 징역, 공급가액 등의 합계액에 부가가치세 세율을 적용한 세액의 2배 이상 5배 이하의 벌금을 병과
영리를 목적으로 한 행위로서 공급가액 등의 합계액이 50억 원 이상인 경우	특가법 제8조의2 제1항 제1호	3년 이상의 징역, 공급가액 등의 합계액에 부가가치세 세율을 적용한 세액의 2배 이상 5배 이하의 벌금을 병과

Ⅲ. 양형인자의 정의

1. 일반 조세포탈 / 특가법상 조세포탈[1]

가. 실제 이득액이 경미한 경우

• 피고인이 범행을 통하여 실제로 취득한 이익이 포탈세액에 비하여 미미한 경우로서 다음 요소 중 하나 이상에 해당하는 경우를 의미한다.
  - 행위자 개인에게 조세포탈로 인한 이익이 귀속되지 아니한 경우
  - 실제 거래는 있었으나 매입 세금계산서를 수취하지 못하여 허위의 세금계산서를 조작하여 조세포탈에 이른 경우
  - 그 밖에 이에 준하는 경우

---

1) 일반 허위 세금계산서 수수 등/특정범죄가중법상 허위 세금계산서 수수 등에도 적용되는 동일한 명칭의 양형인자의 경우 따로 정의하지 않는 한 이와 같다.

나. 단지 조세의 납부시기가 연기되는 결과를 발생시킨 것임이 명백한 경우

- 법인세, 소득세, 부가가치세 등의 기간과세에 있어서 과세표준에 산입될 익금이나 손금의 확정시기의 조작 등 단지 조세의 납부시기가 연기되는 결과를 발생시킨 것임이 명백한 경우를 의미한다.

  ※ "실제 이득액이 경미한 경우"는 중복하여 적용하지 아니함.

다. 계획적·조직적 범행

- 다음 요소 중 하나 이상에 해당하는 경우를 의미한다.
  - 범행의 수단과 방법을 사전에 치밀하게 계획한 경우
  - 다수인이 역할을 분담하여 조직적으로 범행한 경우
  - 증거인멸을 사전에 치밀하게 준비한 경우
  - 그 밖에 이에 준하는 경우

라. 내부비리 고발

- 구조적 탈세행위에 가담해 온 피고인이 범죄를 단절시키고자 하는 자발적 동기에서 내부비리를 고발함으로써 수사 또는 세무조사가 개시된 경우를 의미한다.

마. 수정신고·기한 후 신고

- 포탈세액에 대하여 국세기본법 제45조(또는 지방세기본법 제50조)에 따라 법정신고기한이 지난 후 2년 이내에 수정신고를 하거나 같은 법 제45조의3(또는 지방세기본법 제52조)에 따라 법정신고기한이 지난 후 6개월 이내에 기한 후 신고를 한 경우를 의미한다.

바. 포탈한 조세를 상당 부분 납부한 경우 등

- 다음 요소 중 하나 이상에 해당하는 경우를 의미한다.
  - 피고인이 포탈세액 중 약 2/3 이상을 자진하여 납부한 경우(국세기본법 제51조의 국세환급금의 충당에 의한 경우를 포함)
  - 피고인이 담보의 제공이나 분할납부의 약속 등으로 장래 포탈세액 중 약 2/3 이상을 자진하여 납부할 것임이 명백한 경우
  - 그 밖에 이에 준하는 경우

사. 포탈한 세액 중 일정 부분 이상이 징수되었거나 징수되리라 예상되는 경우

- 피고인의 재산에 체납처분이 집행되어 포탈세액 중 약 1/3 이상이 징수되었거나 징수되리라 예상되는 경우(국세기본법 제51조의 국세환급금의 충당에 의한 경우를 포함)를 의미한다.

아. 소극 가담

- 피고인이 수동적으로 참여하거나 범행 수행에 소극적인 역할만 담당한 경우를 의미한다.

자. 포탈한 조세의 징수를 회피하기 위하여 재산을 은닉한 경우

- 재산을 의도적으로 은닉하여 포탈세액의 징수에 지장을 초래하는 경우를 의미한다.
- 다만, 조세범처벌법 제7조, 지방세기본법 제130조에 해당하는 경우와 같이 별도의 범죄에 해당하는 경우는 제외한다.

차. 진지한 반성

- 범행을 인정한 구체적 경위, 피해 회복 또는 재범 방지를 위한 자발적 노력 여부 등을 조사, 판단한 결과 피고인이 자신의 범행에 대하여 진심으로 뉘우치고 있다고 인정되는 경우를 의미한다.

카. 형사처벌 전력 없음

- 피고인이 해당 범행 전까지 단 한 번도 범행을 저지르지 아니한 경우를 의미한다. 다만, 상당한 기간에 걸쳐 반복적으로 범행한 경우는 제외한다.

2. 일반 허위 세금계산서 수수 등 / 특가법상 허위 세금계산서 수수 등

가. 사실상 압력 등에 의한 소극적 범행가담

- 다음 요소 중 하나 이상에 해당하는 경우를 의미한다.
  - 거래처와의 관계를 유지하기 위하여 거래처의 요구로 허위 매출세금계산서를 교부한 경우
  - 그 밖에 이에 준하는 경우

나. 조세포탈의 목적이 없거나 조세포탈의 결과가 발생하지 않은 경우

- 단순한 외형 부풀리기 등을 위한 허위 세금계산서 관련 범죄로서 조세포탈의 목적이 없거나 조세포탈의 결과와 관련이 없는 경우를 의미한다.

Ⅳ. 양형인자의 평가원칙

1. 형량범위의 결정방법

• 형량범위는 특별양형인자를 고려하여 결정한다.

• 다만, 복수의 특별양형인자가 있는 경우에는 아래와 같은 원칙에 따라 평가한 후 그 평가 결과에 따라 형량범위의 변동 여부를 결정한다.

　① 같은 숫자의 행위인자는 같은 숫자의 행위자/기타인자보다 중하게 고려한다.

　② 같은 숫자의 행위인자 상호간 또는 행위자/기타인자 상호간은 동등한 것으로 본다.

　③ 위 ①, ② 원칙에 의하여도 형량범위가 확정되지 않는 사건에 대하여는 법관이 위 ①, ② 원칙에 기초하여 특별양형인자를 종합적으로 비교·평가함으로써 형량범위의 변동 여부를 결정한다.

• 양형인자에 대한 평가 결과 가중요소가 큰 경우에는 가중적 형량범위를, 감경요소가 큰 경우에는 감경적 형량범위를, 그 밖의 경우에는 기본적 형량범위를 선택할 것을 권고한다.

2. 선고형의 결정방법

• 선고형은 위 1항에 의하여 결정된 형량범위 내에서 일반양형인자와 특별양형인자를 종합적으로 고려하여 결정한다.

Ⅴ. 공통원칙

1. 양형기준상 권고 형량범위의 특별 조정

　① 특별양형인자에 대한 평가 결과 가중영역에 해당하는 사건에서 특별가중인자만 2개 이상 존재하거나 특별가중인자가 특별감경인자보다 2개 이상 많을 경우에는 양형기준에서 권고하는 형량범위 상한을 1/2까지 가중한다.

　② 특별양형인자에 대한 평가 결과 감경영역에 해당하는 사건에서 특별감경인자만 2개 이상 존재하거나 특별감경인자가 특별가중인자보다 2개 이상 많을 경우에는 양형기준에서 권고하는 형량범위 하한을 1/2까지 감경한다.

2. 양형기준상 권고 형량범위와 법률상 처단형 범위와의 관계

• 양형기준에서 권고하는 형량범위가 법률상 가중/감경에 의한 처단형 범위와 불일치하는 경우에는 법률상 처단형의 상한 또는 하한에 따른다.

3. 법률상 임의적 감경사유의 처리 방법

• 양형기준의 양형인자표에 포함된 법률상 임의적 감경사유에 대하여 법관이 법률상 감경을 하지 않기로 하는 경우에는 정상참작감경 사유로 고려한다.

Ⅵ. 다수범죄 처리기준

1. 적용범위

• 양형기준이 설정된 범죄 사이의 형법 제37조 전단 경합범에 대하여 적용한다. 다만, 양형기준이 설정된 범죄와 양형기준이 설정되지 아니한 범죄 사이의 형법 제37조 전단 경합범에 관하여는 그 하한은 양형기준이 설정된 범죄의 양형기준상 형량범위의 하한에 따른다.

2. 기본범죄 결정

• 기본범죄는 형종 선택 및 법률상 가중/감경을 거친 후 형이 가장 중한 범죄를 의미한다. 다만, 위 범죄의 양형기준상 형량범위 상한이 이와 경합되는 범죄의 양형기준상 형량범위 상한보다 낮은 경우에는 경합되는 범죄를 기본범죄로 한다.

3. 동종경합범 처리방법

• 일반 조세포탈 범죄 사이의 동종경합범, 특가법상 조세포탈 범죄 사이의 동종경합범, 일반 허위 세금계산서 수수 등 범죄 사이의 동종경합범, 특가법상 허위 세금계산서 수수 등 범죄 사이의 동종경합범에 대하여는 아래의 다수범죄 처리방법을 석용한나.
  ① 포탈세액 또는 공급가액 등의 합계액을 합산한 금액을 기준으로 결정하되, 그 유형 중에서 제반 사정을 고려하여 적정하다고 판단되는 형량범위 영역을 선택한다.
  ② 다만, 합산 결과 가장 중한 단일범죄보다 유형이 1단계 높아지는 경우에는 형량범위 하한의 1/3을 감경하고, 가장 중한 단일범죄보다 유형이 2단계 이상 높아지는 경우에는 형량범위 하한의 1/2을 감경하되, 가장 중한 단일범죄에 적용되는 유형의 형량범위 하한을 한도로 한다.
• 일반 조세포탈 범죄, 특가법상 조세포탈 범죄, 일반 허위 세금계산서 수수 등 범죄, 특가법상 허위 세금계산서 수수 등 범죄 사이의 경합범에 대하여는 아래의 '이종경합범 처리방법'의 예에 따른다.

4. 이종경합범 처리방법

- 이종경합범에 대하여는 양형기준상 하나의 범죄로 취급되는 경우 외에는 아래의 다수범 죄 가중방법을 적용한다.
  ① 2개의 다수범에 있어서는, 기본범죄의 형량범위 상한에 다른 범죄의 형량범위 상한의 1/2을 합산하여 형량범위를 정한다.
  ② 3개 이상의 다수범에 있어서는, 기본범죄의 형량범위 상한에 다른 범죄 중 형량범위 상한이 가장 높은 범죄의 형량범위 상한의 1/2, 두 번째로 높은 범죄의 형량범위 상한의 1/3을 합산하여 형량범위를 정한다.
  ③ 기본범죄의 형량범위 하한보다 다른 범죄의 형량범위 하한이 높은 경우에는 다수범죄 처리 결과로 인한 형량범위 하한은 다른 범죄의 형량범위 하한으로 한다.
- 다만, 일반 조세포탈 범죄 사이의 동종경합범, 특가법상 조세포탈 범죄 사이의 동종경합 범, 일반 허위 세금계산서 수수 등 범죄 사이의 동종경합범, 특가법상 허위 세금계산서 수 수 등 범죄 사이의 동종경합범이 포함되어 있는 경우에는 먼저 위 각 동종경합범에 대한 처리방법을 적용하여 산출한 각 형량범위를 기준으로 위 다수범죄 가중방법을 적용한다.

[집행유예 기준]

I. 집행유예 기준

1. 조세포탈 유형

구분	부정적	긍정적
주요 참작사유	• 계획적 · 조직적 범행 • 2년 이상의 계속적 · 반복적 범행(일반 조세포탈 유형) • 세무를 대리하는 세무사 · 공인회계사 · 변호사의 중개 · 알선 · 교사행위 또는 세무공무원의 범행 • 동종 전과[5년 이내의, 금고형의 집행유예 이상 또는 3회 이상 벌금(집행유예 포함)]	• 사실상 압력 등에 의한 소극적 범행가담 • 실제 이득액이 경미한 경우 • 단지 조세의 납부시기가 연기되는 결과를 발생시킨 것임이 명백한 경우 • 포탈한 조세를 상당부분 납부한 경우 등 • 형사처벌 전력 없음 • 자수, 내부비리 고발 또는 수정신고 · 기한 후 신고
일반 참작사유	• 동종 전과 및 통고처분 등 제재조치를 받은 전력 또는 2회 이상 금고형의 집행유예 이상 전과 • 사회적 유대관계 결여 • 진지한 반성 없음 • 공범으로서 주도적 역할 • 포탈한 조세의 징수를 회피하기 위하여 재산을 은닉한 경우 • 서면에 의한 경고, 회계감사 또는 과세관청의 실지조사에도 불구하고 범행을 계속한 경우 • 세무공무원과 결탁한 경우 • 세무조사 등을 방해하거나 범행 후 증거은폐 또는 은폐 시도 • 포탈한 조세의 납부를 위한 진지한 노력 없음	• 경제적으로 급박한 상황에서 조세포탈을 저지른 경우 • 포탈한 세액 중 일정 부분 이상이 징수되었거나 징수되리라 예상되는 경우 또는 포탈한 조세의 납부를 위한 진지한 노력 • 사회적 유대관계 분명 • 진지한 반성 • 금고형의 집행유예 이상 전과 없음 • 공범으로서 소극 가담 • 피고인의 건강상태가 매우 좋지 않음 • 피고인의 구금이 부양가족에게 과도한 곤경을 수반

2. 허위 세금계산서 수수 등 유형

구분	부정적	긍정적
주요 참작사유	• 계획적 · 조직적 범행 • 영리를 목적으로 계속적 · 반복적으로 한 범행(일반 허위 세금계산서 수수 등 1유형) • 세무를 대리하는 세무사 · 공인회계사 · 변호사의 중개 · 알선 · 교사행위 또는 세무공무원의 범행 • 동종 전과[5년 이내의, 금고형의 집행유예 이상 또는 3회 이상 벌금(집행유예 포함)]	• 사실상 압력 등에 의한 소극적 범행가담 • 실제 이득액이 경미한 경우 • 조세포탈의 목적이 없거나 조세포탈의 결과가 발생하지 않은 경우 • 형사처벌 전력 없음 • 자수, 내부비리 고발
일반 참작사유	• 동종 전과 및 통고처분 등 제재조치를 받은 전력 또는 2회 이상 금고형의 집행유예 이상 전과 • 사회적 유대관계 결여 • 진지한 반성 없음 • 공범으로서 주도적 역할 • 세무공무원과 결탁한 경우 • 우월적 지위를 이용하여 거래중단 등을 내세우며 거래처에 허위 세금계산서 수수를 요구한 경우 • 세무조사 등을 방해하거나 범행 후 증거은폐 또는 은폐 시도	• 허위 매출금액에 대한 세액을 납부한 경우 • 범죄수익 대부분을 소비하지 못하고 보유하지도 못한 경우 • 사회적 유대관계 분명 • 진지한 반성 • 금고형의 집행유예 이상 전과 없음 • 공범으로서 소극 가담 • 피고인의 건강상태가 매우 좋지 않음 • 피고인의 구금이 부양가족에게 과도한 곤경을 수반

II. 집행유예 참작사유의 정의

• 양형인자와 동일한 집행유예 참작사유
  - 양형인자의 정의 부분과 같다.
• 전과의 기간 계산
  - 전과의 기간은 집행유예 및 벌금은 판결 확정일, 실형은 집행 종료일로부터 범행시까지로 계산한다.

Ⅲ. 집행유예 참작사유의 평가원칙

• 권고되는 형이 징역형인 경우 그 집행 여부를 판단함에 있어 주요참작사유는 일반참작사유보다 중하게 고려함을 원칙으로 하되, 권고 기준은 아래와 같다.

　① 주요긍정사유만 2개 이상 존재하거나 주요긍정사유가 주요부정사유보다 2개 이상 많을 경우에는 집행유예를 권고한다.

　② 주요부정사유만 2개 이상 존재하거나 주요부정사유가 주요긍정사유보다 2개 이상 많을 경우에는 실형을 권고한다.

　③ 위 ① 또는 ②에 해당하나 일반부정(긍정)사유와 일반긍정(부정)사유의 개수 차이가 주요긍정(부정)사유와 주요부정(긍정)사유의 개수 차이보다 많은 경우이거나, 위 ① 또는 ②에 해당하지 않는 경우에는 집행유예 참작사유를 종합적으로 비교·평가하여 집행유예 여부를 결정한다.

색인

판 례 색 인

하급심

헌법재판소

■ 저 | 자 | 소 | 개 ■

■ 송 동 진

· 서울대학교 경제학과 졸업(1993)
· 제42회 사법시험 합격
· 청주지방법원 판사
· 인천지방법원 판사
· 서울중앙지방법원 판사
· 네덜란드 Leiden University 법과대학 연수
· 서울남부지방법원 판사
· 서울시립대학교 세무전문대학원 석사(2013)
· 법무법인 바른 조세부문 파트너 변호사
· 서울시립대학교 세무전문대학원 박사(2017)
· 서울지방국세청 조세범칙조사심의위원회 위원(전)
· 기획재정부 세제발전심의위원회 위원(전)
· 서울지방국세청 조세법률고문(전)
· 국세청 조세법률고문(전)
· 현재) 법무법인 위즈 구성원 변호사

조세형사법

2025년 7월 28일 초판 인쇄
2025년 8월 11일 초판 발행

저   자 송   동   진
발 행 인 오   연   관
발 행 처 **삼일피더블유씨솔루션**

저자협의
인지생략

서울특별시 용산구 한강대로 273 용산빌딩 4층
등록번호 : 1995. 6. 26 제3 - 633호
전   화 : (02) 3489 - 3100
F A X : (02) 3489 - 3141
I S B N : 979 - 11 - 6784 - 429 - 3 93360

※ '삼일인포마인'은 '삼일피더블유씨솔루션'의 단행본 브랜드입니다.

※ 파본은 교환하여 드립니다.   정가 70,000원